中原经济区

金融发展研究

2015

中国人民银行郑州中心支行
河南省金融学会　编

中国金融出版社

责任编辑：张智慧　王雪珂
责任校对：潘　洁
责任印制：陈晓川

图书在版编目（CIP）数据

中原经济区金融发展研究.2015（Zhongyuan Jingjiqu Jinrong Fazhan Yanjiu 2015）/中国人民银行郑州中心支行，河南省金融学会编.—北京：中国金融出版社，2016.12

ISBN 978 - 7 - 5049 - 8763 - 1

Ⅰ.①中…　Ⅱ.①中…②河…　Ⅲ.①地方金融—经济发展—研究—河南—2015　Ⅳ.①F832.761

中国版本图书馆 CIP 数据核字（2016）第 249089 号

出版
发行　**中国金融出版社**

社址　北京市丰台区益泽路 2 号
市场开发部　（010）63266347，63805472，63439533（传真）
网 上 书 店　http://www.chinafph.com
　　　　　　（010）63286832，63365686（传真）
读者服务部　（010）66070833，62568380
邮编　100071
经销　新华书店
印刷　保利达印务有限公司
尺寸　169 毫米×239 毫米
印张　36
字数　660 千
版次　2016 年 12 月第 1 版
印次　2016 年 12 月第 1 次印刷
定价　78.00 元
ISBN 978 - 7 - 5049 - 8763 - 1/F.8323
如出现印装错误本社负责调换　联系电话（010）63263947

序

  2015 年，河南省深入贯彻党的十八大、十八届三中全会及经济金融工作会议精神，主动适应经济发展新常态，科学贯彻执行稳健货币政策，深化区域金融改革，有效防控和化解区域金融风险，切实提升金融服务和管理水平。全省金融业总体运行平稳，信贷投放平稳较快增长，直接融资功能增强，社会融资结构持续优化，保险业保障能力逐步增强，证券业实现快速发展，多层次资本市场体系进一步完善，金融生态环境建设加快推进，金融在河南省经济社会健康快速发展中发挥了重要作用。

  2014 年以来，国内外经济形势错综复杂，不稳定不确定因素增多，世界经济深度调整，全球经济增长乏力，国内经济下行压力凸显，经济发展方式转变任重道远，"三去一降一补"任务艰巨，脱贫攻坚战役正酣，河南省也面临着稳增长、促改革、调结构、强支撑、控风险、惠民生的重大任务。作为现代经济核心的金融，如何面对国内外严峻复杂形势和一系列重大风险挑战，如何在新一轮经济社会变革浪潮中稳健发展壮大，如何在中原崛起河南振兴富民强省中更好发挥作用，是河南省金融系统必须密切关注和深入思考的重大课题。

  为更好地研究解决当前经济金融中出现的矛盾和问题，人民银行郑州中心支行以年度重点课题研究制度为平台，按照"突出重点、创新亮点、整合支点、有效转化"的工作思路，组织调动全省金融系统研究力量，结合金融工作重点和地方发展实际，致力于金融理论创新和实践经验总结。经全省人民银行系统的深度参与和共同努力，每年都形成了大量有价值的研究成果。汇集、梳理、推介这些研究成果，加快转化和应用，进而为金融系统和地方相关决策部门提供理论参考，对更好推进金融改革和发展，更好发挥金融职能有重大意义。

《中原经济区金融发展研究（2015）》以区域金融改革发展理论为指导，汇集了2015年度河南省人民系统重点研究课题的优秀成果，较为全面、系统地展示了区域金融研究特色。所研究的领域涵盖了区域金融改革与发展、农村金融、普惠金融、金融扶贫、中小企业融资与风险管理、航空经济金融、金融业务与经营、金融创新、金融市场、金融监管等诸多方面，既涉及区域金融业改革发展问题，又涉及金融部门高效履职问题，体现了宏观分析与微观视野、课题研究与社会实践的有机结合。

新形势下，河南省人民银行系统研究工作将以党的十八大、十八届三中、五中全会，以及中央经济工作会议、人民银行工作会议精神为指导，围绕河南五大国家战略规划实施及区域金融改革发展，把握经济发展新常态，紧跟理论前沿动态，坚持问题导向，着眼长远发展，立足河南，面向全国，注重课题研究的系统性、连续性、创新性、实用性，更好服务于科学决策，助力中原更加出彩。

我们的研究成果难免存在不足之处，期待更多有志之士批评指正，帮助我们不断完善和丰富成果，同时也期待这些成果能有效转化，付诸于实践。

河南省人民银行重点课题学术委员会
2016 年 10 月

目　　录

逆周期银政企信用关系构建问题研究

——基于市场失灵、政府失灵和差别准备金动态调整机制视角

中国人民银行郑州中心支行货币信贷管理处课题组①

摘要： 一个完整的经济周期包括繁荣、衰退、萧条、复苏四个阶级。在繁荣阶段，一方面银行盲目乐观，争相争夺客户资源，过度投放信贷。另一方面企业获取金融资源相对容易，资金来源充足，易于盲目扩大投资。因此，在繁荣时期，容易积聚产能过剩和信贷风险。在经济下行的衰退和萧条阶段，银行相继抽贷、惜贷，企业融资难、融资贵问题突出。正是银行和企业这种顺周期的银企关系加剧了经济的周期性波动。同时，也在繁荣时期就埋下了金融风险。这种顺周期银企关系的实质是市场失灵的表现，如果政府能在经济周期的不同阶段采取适当的措施，打造良性的逆周期银政企合作关系，将会大大减少经济的周期性波动，促进经济平稳健康发展。因此，打造逆周期银政企合作关系具有重要的现实意义。此外，针对当前经济下行背景下银行、政府、企业在融资过程中的互信危机问题深入研究，也具有深刻的现实意义。

本文在进行相关理论及文献综述的基础上，对我国银政企顺周期关系的存在性和表现形式进行了计量检验和调查研究分析，介绍了我国逆周期货币信贷调控的实践——差别准备金动态调整机制引入及发展完善过程，在深入总结逆周期银政企信用关系构建的国际经验的基础上，给出了逆周期银政企关系构建的完整框架。

关键词： 逆周期关系　市场失灵　政府失灵　差别准备金动态调整机制

---

① 课题主持人：翟向祎；
课题组成员：许艳霞、李伟、李玉欣、沈志宏、乔斐、雷杰。

第一章　导　论

一、研究背景与意义

一个完整的经济周期包括繁荣、衰退、萧条、复苏四个阶段。在繁荣阶段，一方面银行容易盲目乐观，形成过度信贷投放。另一方面企业获取金融资源相对容易，易于盲目扩大投资。因此，在繁荣时期，容易积聚产能过剩和信贷风险。在经济下行的衰退和萧条阶段，银行相继抽贷、惜贷，容易造成资金紧张，企业融资难、融资贵问题突出。正是银行和企业这种顺周期的银企关系加剧了经济的周期性波动。同时，也在繁荣时期就埋下了金融风险。这种顺周期银企关系的实质是市场失灵的表现，如果政府能在经济周期的不同阶段采取适当的措施，打造逆周期的银政企合作关系，将会大大减少经济的周期性波动，促进经济平稳健康发展。因此，打造逆周期银政企合作关系具有重要的现实意义。

二、研究思路

首先梳理国内外有关逆周期银政企关系的研究理论，基于理论综述，运用实证研究和调查分析的方法，分析银企信贷关系和政府行为的顺周期性及其现实表现；其次介绍我国逆周期调控操作实践——差别准备金动态调整机制的产生、发展过程，并对差别准备金动态调整机制与逆周期调控的有效性进行实证检验，为下文分析奠定现实基础；最后介绍国外逆周期调控成功经验，为构建逆周期调控框架提供经验借鉴，随之给出进一步完善差别准备金动态调整机制、构建逆周期银政企信用关系的完整框架。

三、可能的创新点

一是研究内容。现有研究多是集中在银企信贷关系顺周期性方面，而本文提出了银企信贷关系顺周期性这一问题的主要矛盾是政府失灵，引入了政府行为的顺周期性，提出构建逆周期的银政企信用关系，这在目前研究中还比较新颖。

二是研究视角。同时基于市场失灵和政府失灵的角度，来研究银企信贷关系和政府行为顺周期性，这是本文另一个可能的创新点。

三是政策操作。提出从差别准备金动态调整机制入手，来构建逆周期银政企信用关系，并对我国差别准备金动态调整机制进行了详细的介绍，这也是目前研究中比较少见的政策切入点。

第二章　文献综述

一、银企关系顺周期（信贷顺周期）研究

在西方发达国家的金融系统中，顺周期性的存在较为普遍。许多学者认为，银行等金融机构天生具有顺周期性的倾向，这一理论最早由伯南克（Bernanke）和盖特勒（Gertler）在 1986 年提及，并在 1996 年正式提出。查尔斯·古德哈特（Charles Goodhart，2004）等人指出，金融自由化加剧了银行的顺周期性。查尔斯·古德哈特（Charles Goodhart，2004）等人研究发现，监管也增加了银行的顺周期性倾向。琳达·艾伦和安东尼·桑德斯（Linda Allen 和 Anthony Saunders，2004）认为，金融监管对整体宏观经济所带来的影响无疑加剧了经济周期的波动，这是一种风险资本要求的顺周期性调整。卡什亚普和斯坦（Kashyap 和 Stein，2004）利用美国 1998—2002 年贷款违约概率，马克·伊林和格雷顿·波林（Mark Illing 和 Graydon Paulin，2005）利用加拿大 1984—2003 年银行系统的数据，分别进行了理论上的模拟后均发现，资本监管导致了银行系统和银行个体更大的顺周期性。

中国的一些学者通过研究发现，中国经济的一些金融变量在近年来也逐渐呈现出一定程度的顺周期性。于泽（2008）指出，中国的 M_2 目前呈现顺周期性，货币政策没能逆风向而动。周助新、胡王婉（2009）利用中国 1953—2008 年的数据进行分析后认为，中国的信贷数量存在着顺周期性。巴曙松（2010）认为，中国房地产业的"助涨助跌"加剧了金融的顺周期性，进而加剧了中国经济周期的波动。曾刚（2009）指出，并不是说资本监管框架导致了银行信贷以及其他金融变量和经济运行的周期性波动。李文泓（2011）采用实证分析和规范分析相结合的方法研究了资本监管、贷款损失准备和公允价值会计准则等外部规则导致的顺周期性形成机制，并提出了一个较为完整的逆周期监管框架。

二、政府失灵和宏观调控问题研究

国外学者对政府话题所展开的经济学分析较早。18 世纪 70 年代，亚当·斯密就对政府在经济中的角色进行了定位。为应对市场失灵集中爆发引发的危机，约翰·梅纳德·凯恩斯建立国家干预理论。布坎南指出在政治市场中官员同样会追求个人权力、地位和威望等利益，政治世界并非是完美的。图洛克研究指出，在不完全竞争市场中，会造成社会利益的损失。肯尼斯·阿罗通过研究发现著名的"不可能定理"。查尔斯·沃尔夫从政府供给与需求两方面对政府缺陷

进行了分析，他指出，成本与收入相分离导致政府运行高成本、低效率，而追求内在性的组织目标则会使政府难以通过履行公共职能来追求社会福利最大化。约瑟夫·斯蒂格利茨通过研究后认为不完全信息、激励不足、浪费及私人部门对公共项目反映难以预见是造成政府失灵的主要原因。

胡祖六（1998）认为亚洲银行体系的脆弱性根源于更深层的体制和政策层面，普遍存在的政府对银行过度干预和政府担保，扭曲了银行的经营动机，使银行贸然扩张信贷，承担过度的风险。张国庆（1998）指出，政府公共政策的滞后、失误以及缺乏足够的前瞻性，政府公共行政能力的弱化以及缺乏足够的坚定性，是造成东南亚金融危机的主因。林毅夫（1999）认为，政府对银行信贷的干预、为举借外债提供担保、不恰当的金融自由化政策等，诱发了风险增大和危机发生。魏遥（2003）认为，政府的自利倾向导致的寻租行为增加了银行的不良债权。

三、宏观审慎监管方面的研究

目前国内外对宏观审慎监管的研究主要是规范性研究，重要的研究有，Borio（2003）清晰地界定了宏观审慎监管的内涵，比较了其与微观审慎监管的差异。Brunnermeier 等（2009）对系统性风险的产生原因以及如何监管做了理论上的分析，指出基于单个银行的微观审慎监管是金融系统脆弱性的重要源泉。Kashyap，Rajan 和 Stein（2010）指出了为什么仅仅依靠微观审慎监管会导致金融系统的脆弱性，并列举了一系列宏观审慎监管政策工具。Naoyuki Yoshinot（2009）等人从理论视角分析了如何根据各国具体国情及经济周期的变化情况来构建动态资本，实现资本监管的逆周期。Benanke（2009）认为建立前瞻式的拨备制度是缓解顺周期性可行方法。

危机发生后，国内学者也对宏观审慎监管做了相当多的研究。周小川认为，对金融机构尤其是对银行业金融机构的监管中，资本充足率要求是最重要的约束机理之一。为了克服现有资本充足率的周期性，可以让负责整体金融稳定的部门发布季度景气与稳定系数，金融机构和监管机构可以使用该系数乘以常规风险权重后得到新的风险权重，进而得出资本充足率要求和其他控制标准来反映整体金融稳定的逆周期要求。对于银行逆周期监管工具专门和系统的研究，目前的文献还较少。

四、货币政策非对称性研究

在 20 世纪 30 年代西方发达国家反经济危机的实践中，人们认识到了货币政策只对反通胀有效而对反经济萧条无效的非对称性问题。Chami 和 Cosimano

（2001）认为银行资本监管会造成货币政策效果的非对称性，这取决于货币政策属于扩张性还是紧缩性。在实行扩张性货币政策时，贷款需求增加会产生单一的"金融加速器"效应（Bernanke 等人，1996），造成银行净利息收益的上升，促使银行扩张贷款和资本。在货币政策紧缩时，他们认为除了存在"金融加速器效应"外，还存在第二种效应——银行资本加速器（Bank Capital Accelerator）效应。罗伯特·R. 布里斯和乔治·G. 考夫曼（Robert R Bliss 和 George G Kaufman，2003）在分析美国的货币政策和资本监管时也指出，信贷紧缩的可能性以及抑制繁荣的货币政策往往比刺激复苏的货币政策更有效。Bliss 和 Kaufman（2003）指出，在经济高涨期和紧缩性货币政策条件下，中央银行可以通过控制银行的准备金对银行产生有效的约束，在刺激银行信贷扩张方面，资本约束将会限制货币政策的有效性，货币政策稳定经济的能力是非对称的。

　　国内学者对这一问题的研究始于 1998 年的通货紧缩，2000 年后有日益增多的趋势。陆磊（2005）把非对称性货币政策假说称为中国货币理论面临的革命。赵进文和闵捷（2005）研究发现，在 1993 年第一季度至 2004 年第二季度，我国货币政策在效果上表现出明显的非对称性，具有很强的非线性特征。因而，他们认为，在今后继续执行稳健的货币政策中，更应从政策体制的连续性、政策结构的均衡性等方面给予关注，尤其应着力研究转换的拐点对宏观经济的冲击。刘明（2006）研究得出，中国货币政策的非对称性和"阈值"的存在是由于微观信贷市场的信贷配给造成的。曹家和（2004）探讨在货币政策效应存在非对称性的情况下，如何实施货币政策以更好地发挥货币政策效应。

第三章　银政企信贷关系顺周期性及其表现

第一节　银企信贷关系顺周期性及其表现（市场失灵问题）

一、银企信贷关系顺周期存在性的实证检验

（一）研究变量与模型介绍

1. 研究变量选取。本文的数据时间窗口为 1998—2014 年，研究对象为我国国内生产总值（GDP）增长率和银行贷款余额（Loan）增长率的季度数据，数据来源于国家统计局。本文所选用的研究变量如下：（1）人民币贷款同比增长率（季度）（Loan），反映国内金融机构信贷投放量同期相比的增长程度；（2）国内生产总值同比增长率（季度）（GDP），说明宏观经济总量同期相比的增长速率；（3）人民币贷款同比增长率的变动（季度）（DLoan），反映国内金融机构信贷投放量同期相比的增长程度的变化；（4）国内生产总值同比增长率的变动（季度）（DGDP），说明宏观经济总量同期相比的增长速率的变化。引入了实证模型 VEC 模型进行参数估计。本文所有的实证分析均通过 Eviews6.0 来进行实现，下面就将所涉及的实证模型介绍如下。

2. 向量误差修正模型（VEC）。VAR 模型虽然解决了 OLS 模型的序列自相关问题，但同时也忽略了 OLS、VAR 模型都没有考虑误差修正项，因而也忽略了前期均衡误差的影响。一般来说，若非平稳序列经过一阶差分处理后变成平稳序列，则原始序列就为一阶单整序列；若两个非平稳序列之间存在一个平稳的线性组合，则这两个序列就具有协整关系：若两个序列之间存在协整关系，那么它们之间就存在着长期均衡关系。而在短期内出现的失衡，就是均衡误差。通过均衡误差可以把短期波动和长期均衡联系起来。Engle 和 Granger（1987）证明了若两时间序列是协整序列，那么一定存在一个误差修正表达式；反之，若存在一个误差修正表达式，则可推得两时间序列是协整序列。进而他们提出了基于具有协整关系的双变量向量误差修正模型，即：

$$DLoan_t = C_{loan} + \lambda_{loan} Z_{t-1} + \sum_{i=1}^{n} \beta_{loan,i} DLoan_{t-i} + \sum_{i=1}^{n} \theta_{loan,i} DGDP_{t-i} + \varepsilon_{loan,t} \quad (1)$$

$$DGDP_t = C_{gdp} + \lambda_{gdp} Z_{t-1} + \sum_{i=1}^{n} \beta_{gdp,i} DGDP_{t-i} + \sum_{i=1}^{n} \theta_{gdp,i} DGDP_{t-i} + \varepsilon_{gdp,t} \quad (2)$$

在（1）（2）式中，Δ 表示各时间序列数据均经过一阶差分处理，C_{gdp}、C_{loan} 均为常数项，Z_{t-1} 为误差修正项，VEC 模型与 VAR 模型相比，增加了一个误差修正项，它是一个平稳的线性组合，而 λ_{gdp}、λ_{loan} 分别是误差修正项的回归系数，它们可以被解释为误差修正因子的调节速度，测度每个市场对偏离长期均衡状态以多快的速度作出修正回调反应。它们的符号代表修正的方向，正号表示正向修正机制，反之则为负向修正机制。系数的数值大小衡量了市场恢复均衡状态速度的快慢，数值越大则表征恢复速度越快，反之越慢。

（二）实证分析

1. 平稳性检验。由于国内生产总值同比增长率（季度）（GDP）、人民币贷款同比增长率（季度）（Loan）时间序列数据非平稳，因此在进行模型估计前，对数据进行一阶对数差分运算。数据处理的结果通过 ADF 平稳性检验，结果如表 3 - 1 所示：在 1% 的置信水平、5% 的置信水平下，DGDP、DLoan 序列零假设可以被拒绝，说明 DGDP、DLoan 序列是平稳的，即 GDP、Loan 是一阶单整序列。由以上平稳性检验可知，该回归模型的所有变量经过相应的数据处理后，都表征出平稳时间序列的数据特征（见表 3 - 1）。

表 3-1　　　　　　　　Augmented-Dickey—Fuller 平稳性检验结果

研究变量	ADF 统计量	1% 显著性 水平临界值	5% 显著性 水平临界值	10% 显著性 水平临界值	平稳性
DLOAN	-6.71231	-3.533204	-2.90621	-2.590628	平稳
DGDP	-5.55623	-3.533204	-2.90621	-2.590628	平稳

2. Johanson 协整检验。协整检验是用来刻画非平稳经济变量长期均衡关系的重要工具，存在协整关系的非平稳性经济变量的非均衡误差应该是平稳的。本文采用 Johansen 协整检验（迹统计量），对于贷款投放同比增速与国内生产总值同比增速这对时间序列组进行检验，实证分析结果见表 3-2。

表 3-2　　　　　　　　　Johanson 协整检验结果

研究变量	原假设	特征值	迹统计量	5% 显著性 水平临界值	P 值
LOAN 与 GDP	None	0.135672	14.50719	15.49471	0.0700
	At most 1*	0.074466	5.030010	3.841466	0.0249
DLOAN 与 DGDP	None*	0.321771	46.10724	15.49471	0.0000
	At most 1*	0.282624	21.25796	3.841466	0.0000

之前进行了 ADF 检验，发现两个变量均为一阶单整，并且具有共同的趋势成分，具备进行协整检验的前提。我们用 Eviews6.0 软件中的 Johansen 协整检验，选择第四个假设方程，即序列的协整方程既有确定性时间趋势又有截距，同时滞后两阶。可以看出，Loan 与 GDP 在 5% 显著性水平存在协整关系，DLOAN 与 DGDP 在 1% 显著性水平存在协整关系，这说明 Loan 和 GDP 之间、DLOAN 与 DGDP 存在长期稳定关系，具有共同的随机趋势。

3. 格兰杰因果检验。本文将被解释变量与解释变量因子进行格兰杰因果检验，考量贷款余额同比增速与国内生产总值（GDP）同比增速的格兰杰因果关系，则相应的检验结果如表 3-3 所示。检验结果显示，贷款规模波动与经济增长变动存在双向因果关系。

表 3-3　　　　　　　　格兰杰因果检验结果

原假设	F - 统计量	P 值
LOAN does not Granger Cause GDP	2.92806	0.0611
GDP does not Granger Cause LOAN	4.45276	0.0157
D (GDP) does not Granger Cause D (LOAN)	3.82478	0.0273
D (LOAN) does not Granger Cause D (GDP)	6.65986	0.0024

4. 银企信贷关系顺周期存在性模型的参数估计

（1）VEC 模型最佳滞后阶数的确定。滞后期的判别有 5 种标准，即 LR 准则、FPE 准则、AIC 准则、SC 准则和 HQ 准则，综合评定选择最小最佳的滞后阶数。五种标准一致显示，最优滞后期为 2 期。

表 3 - 4　　　　　　　　　确定 VEC 模型滞后期的各统计量的值

Lag	LogL	LR	FPE	AIC	SC	HQ
0	266.7886	NA	7.14e - 07	- 8.47705	- 8.339816	- 8.423168
1	357.4346	169.5959	4.36e - 08	- 11.27208	- 10.99762	- 11.16432
2	367.7588	18.65008*	3.56e - 08*	- 11.47609*	- 11.06439*	- 11.31444*
3	369.8720	3.681049	3.79e - 08	- 11.41522	- 10.86629	- 11.1997
4	371.2132	2.249883	4.14e - 08	- 11.32946	- 10.64329	- 11.06005
5	372.4088	1.928381	4.55e - 08	- 11.23899	- 10.41559	- 10.9157
6	376.4073	6.191158	4.58e - 08	- 11.23895	- 10.2783	- 10.86177

（2）模型参数估计。VEC 模型的参数估计结果显示，两者之间存在正相关关系，即当经济形势向好时，贷款总额增速也随之相应增长，而当经济增长减速时，贷款总额增长率也会出现相应下滑，说明银行存在信贷顺周期性。同时，误差修正项系数为正，说明在信贷投放与宏观经济运行具有正向调整机制，即当宏观经济呈现繁荣时，银行的信贷投放会倾向于增加；宏观经济萧条时，银行的信贷投放倾向于收缩，这也从一个侧面反映了银行信贷顺周期的存在性，具体见表 3 - 5。

表 3 - 5　　　　　　　银企信贷关系顺周期存在性的模型参数估计结果

Error Correction:	D（GDP）	D（LOAN）
CointEq1	- 0.060619	0.216402
	(0.03106)	(0.09399)
	[- 1.95168]	[2.30250]
D（GDP（- 1））	0.108817	- 1.326354
	(0.12400)	(0.37520)
	[0.87758]	[- 3.53502]
D（GDP（- 2））	0.115036	- 0.189665
	(0.12981)	(0.39279)
	[0.88620]	[- 0.48287]

续表

Error Correction：	D（GDP）	D（LOAN）
D（LOAN（-1））	0.063255	0.351119
	(0.04193)	(0.12686)
	[1.50874]	[2.76770]
D（LOAN（-2））	0.016387	0.200735
	(0.04183)	(0.12657)
	[0.39176]	[1.58597]
C	-4.62E-06	-0.000361
	(0.00095)	(0.00288)
	[-0.00485]	[-0.12534]
R-squared	0.193622	0.341403
Adj. R-squared	0.125284	0.285590
Sum sq. resids	0.003480	0.031866
S. E. equation	0.007680	0.023240
F-statistic	2.833328	6.116875
Log likelihood	227.4075	155.4383
Akaike AIC	-6.812537	-4.598103
Schwarz SC	-6.611825	-4.397390
Mean dependent	-3.08E-05	-0.000542
S. D. dependent	0.008212	0.027496
Determinant resid covariance（dof adj.）		3.19E-08
Determinant resid covariance		2.62E-08
Log likelihood		382.8546
Akaike information criterion		-11.34937
Schwarz criterion		-10.88104

二、银企信贷关系顺周期性的现实表现

本部分基于河南省中小企业担保圈担保链贷款风险发生发展、蔓延及救助等分析银企信贷关系顺周期的表现。选取河南省内担保圈担保链问题比较突出的许昌、新乡、焦作、安阳、洛阳、周口、南阳7个地市进行重点调查，调查对象为卷入担保圈担保链问题的企业。本次调查基本情况：调查样本企业45家，收回有效调查表和调查问卷45份。以下基于收回的调查表分析河南省金融机构顺周期信贷行为的表现。

（一）经济繁荣时，贷款条件较为宽松，银行过度授信

为应对国际金融危机的不利影响，2009 年国家开始实施积极的财政政策和适度宽松的货币政策，宏观调控开始全面转向扩张，对银行信贷规模不再实施硬约束。在此背景下，河南省金融机构在内部考核机制的激励下，逐步加大信贷投放力度，放松信贷授信条件，互保、循环担保等担保条件被银行接受并逐步流行起来，至此河南省中小企业担保圈担保链贷款风险发生发展并蔓延开来。从调查情况看，在河南省担保圈担保链贷款问题初期（即 2009 年初至 2012 年末），金融机构对企业贷款需求的满足状况较好，企业的贷款申请和贷款需求满足程度较高，贷款利率较为优惠。同时，贷款担保条件较宽松：一是担保条件较简单，企业只要有合适的担保机构或抵质押物即可获得银行贷款；二是贷款抵质押条件较为宽松，银行贷款的抵押率（每单位抵押物获得的银行贷款）较高；三是银行逐步接受企业互保、循环担保等形式的担保条件；四是企业资产负债比例趋于上升（见表 3 - 6）。

表 3 - 6　　　　　　　　经济繁荣时的授信条件（2009—2012 年）

	平均数	中位数	众数	最大值	最小值
利率	1.2	1.2	1.2	1.8	1
抵押率	59.32%	52.32%	40.00%	95.73%	32.26%
负债比例	49.02%	50.01%	57.44%	64.28%	22.40%

注：①抵押率 = 贷款金额/抵押物评估价值；

②负债比例 = 负债金额/资产金额。

表 3 - 7　　　　　　　　经济周期不同阶段银行贷款担保及附加条件

时期	经济繁荣时期（2009—2012 年）	经济下行时期（2013—2015 年）
贷款担保要求	单一担保条件：信用、担保、抵押（三者之一即可）接受互保联保贷款	不接受无抵押或担保的信用贷款不接受仅提供担保的保证贷款不接受互保、联保形式的贷款
贷款附加条件	以全部或部分贷款开立银行承兑汇票、存入保证金存款	开立银行承兑汇票；收取中间业务费；先归还已有贷款才可以获得新的授信

（二）经济下行时，贷款条件趋于严格，银行信贷紧缩

2013 年，我国经济形势平稳向好、稳中有进，同时存在一定的物价上行压力。人民银行稳健货币政策转向"稳中偏紧"，同时，保持定力，精准发力，坚定总量稳定的政策取向，控制货币信贷和社会融资总量增长偏快势头。2014 年，全球经济和中国经济发展步入"新常态"，全球经济进行深刻的再平衡，我国经

济由中高速增长转变为中低速增长，金融领域中被高速增长掩盖下的风险逐步暴露，银行不良贷款持续暴露，金融机构授信趋紧，前期积累的中小企业担保圈担保链贷款风险逐步显现并蔓延，金融机构开始竞相抽贷。同时，进一步收紧对中小微型企业的信贷条件，小微企业贷款需求满足率下降：一是对小微企业的贷款定价普遍提高，小微企业融资难、融资贵问题更为突出；二是贷款担保条件更为严格，担保条件更多，贷款企业仅仅提供合适担保机构一般是得不到银行贷款的，银行通常还会要求贷款企业提供合适的抵质押品。同时，金融机构对担保链上的授信客户开始解链，一方面是收回已有的授信，另一方面银行不再接受企业互保的贷款条件；三是在此过程中贷款抵押率趋于下降，每单位价值的贷款需要企业提供更多的抵质押物；四是在此过程中由于银行贷款较难获得，企业的负债比例趋于下降（见表3-8）。

表3-8　　　　　　　　经济下行时的授信条件（2013—2015年）

	平均数	中位数	众数	最大值	最小值
利率	1.3	1.3	1.3	1.9	1
抵押率	45.78%	50.00%	30.00%	79.26%	12.90%
负债比例	41.63%	43.81%	43.81%	57.00%	24.82%

注：①抵押率＝贷款金额/抵押物评估价值；

②负债比例＝负债金额/资产金额。

第二节　政府行为顺周期性及其表现（政府失灵问题）

一、政府行为顺周期的表现

在我国，政府行为顺周期的表现主要在于：

一是政府常常干预市场行为，即为了实现经济发展目标，制定一些不适宜的发展战略或规划，推动经济步入上升和繁荣阶段。随着资产价格提高，信贷风险降低，企业预期收益上升，信贷需求增加；银行倾向于放松信贷条件，发放更多贷款。受现有的财政预算体制影响，积极财政政策下政府的高投资需求往往转化为政府主导的各类项目对信贷资金的巨额需求。为了支持地方重点项目建设，政府常常介入银行的信贷活动。银行根据地方政府财政收支状况和偿还能力作出判断，忽视了对具体贷款的债项评级，弱化了对项目收益和风险的甄别与控制。相当一部分信贷资源被投向并不具备市场竞争力的行业和企业，甚至以平台贷款的形式转为地方政府的"第二财政"。随着信用风险敞口不断扩大，信贷资产风险迅速膨胀。

二是在信贷风险暴露时不能及时介入、有效解决问题。经济下行和衰退时期，家庭收入和企业现金流减少，实体经济财务状况恶化，可用于抵押和担保的资产价值下降，银行贷款成本和违约率上升，信贷风险明显增加。银行倾向于增加资本、提高信贷条件和收缩信贷，加剧企业和个人的资金紧张程度。政府部门应对不及时或行动滞后于事态发展，往往错过最佳时机，降低政策效果。当银行风险有向危机演化的可能时，政府出于社会稳定和短期利益考虑，通过直接或间接财政补贴维护银行业稳定。从中国近年来对出现危机金融机构的处置看，大多采用行政救助、牺牲财政利益换取银行业发展，利用市场退出的方式很少，缺乏化解风险的配套措施。政府非理性地介入风险处置过程，导致一些本应破产倒闭的银行勉强维持经营。银行对政府形成依赖，产生道德风险，扭曲并破坏了优胜劣汰的生存竞争规则，金融生态环境趋于恶化。

二、政府行为顺周期的现实表现——以河南省为例

新常态下，受经济下行压力加大、产能过剩问题突出、社会资金供需失衡、投融资渠道狭窄等多重因素影响，河南省担保圈担保链问题在多个地区暴露，银行业风险防控面临较大挑战。2015年，河南省政府工作报告要求"坚决制止、打击非法集资活动，妥善化解部分行业特困企业和金融、房地产、地方债务、社会领域积累的风险，坚决守住不发生区域性系统性风险底线"。在担保圈担保链问题发生、发展和蔓延的过程中，政府的监管和救助也存在缺位和越位的现象，主要表现在：

第一，政府通过行政手段干预企业发展。数据表明，近年来河南省上市公司非关联担保大幅增加，这种担保不是发生在有控制或从属关系的企业之间，带有浓厚的行政色彩，连带责任风险不断上升。河南省曾为非关联方提供担保的上市企业中，新野纺织的控股股东是新野县财政局，银鸽投资的实际控制人是漯河市财政局，太龙药业的最终控制人是巩义市竹林镇政府。部分企业自身经营出现亏损，但仍在政府的协调下为其他企业提供担保，最终受互保问题牵涉，陷入更加困难的境地。

第二，政府没有尽到事前监管责任。根据对河南省45家卷入担保圈风险企业的调查，有97%的企业认为应该在刚刚出现风险苗头或风险还未暴露时提前介入。但是，从河南省的情况看，政府在出现区域性担保链风险、银行普遍抽贷后才出面协调，此时，地方政府已经没有办法掌控局面，外地金融机构纷纷抽回贷款，政府没有能力有效协调解决问题了。因此，据被调查企业反映，直至目前，政府的救助并无实质性解决问题的措施，比如政府性担保公司在担保链风险暴露后、企业融资更加困难时并没有放松担保费用、反担保等担保条件

（见表 3 – 9）。

表 3 – 9　　　　　地方政府协调解决担保链风险问题最佳时机满意度

地方政府最佳介入时间		地方政府实际介入时间		地方政府解决问题不力原因	
提前介入	33.33%	能够及时介入	12.50%	没有能力	4.17%
刚出现风险苗头时	62.50%	介入时间滞后	83.33%	成本太大	62.50%
出现地区性风险时	4.17%	目前尚无实质救助行为	4.17%	介入滞后失去解决问题能力	33.33%

第三，政府部门职能交叉与监管真空并存，监管效果受到影响。2008 年，全球金融危机导致中小企业经营和融资陷入困境，信用担保机构代偿率（代替企业偿还银行贷款）不断上升。随着中央财政弥补担保机构损失、工信部要求发展担保业并加大对中小企业的支持力度，河南省担保机构迅速发展。至 2010 年底，获得省工信厅备案证的担保机构多达 1 383 家。由于担保公司、典当行、小额贷款公司分属工信厅、商务局和金融办监管，职能交叉与监管真空并存，缺乏整体的发展规划和明确的行业规范，部分担保机构无序竞争、非法集资、高息放贷，最终导致资金链断裂，引发挤兑风波。截至 2014 年 9 月 12 日，河南省拥有融资性担保机构经营许可证的企业减少至 343 家（见图 3 – 1）。

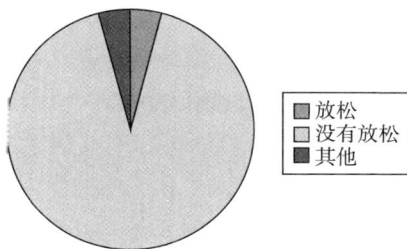

注：其他指被调查企业无与政府性担保公司合作过。

图 3 – 1　政府性担保公司协调解决担保链风险问题时是否放松担保条件

第四，风险处置不力，市场惩戒机制缺失。在担保圈风险化解过程中，地方政府承担了重要的协调和处置工作。但企业间关系错综复杂、交织渗透，区域内多个重点企业和金融机构牵涉其中，债权人多、涉案金额大。由于担心查封企业导致破产，激化矛盾，政府主要以维稳和引导为主，没有严格追究企业法律责任。贷款展期、续贷、"债务平移"、引入战略投资、建立"风险池"等措施，没有触及担保圈实质，只是延缓风险集中爆发的时间。市场惩戒机制缺失，违约成本较低，企业间相互拖欠货款、挤占资金、随意担保的行为没有得到根本遏制。被调查企业认为，政府对担保链风险处置不力的原因开始是没有意识到问题的严重性，后期是风险持续蔓延后化解问题的成本过高甚至超出地方政府的能力范围等。

第四章　银政企信贷关系顺周期性的外在动因

第一节　基于市场失灵的分析（银企信贷行为顺周期性）

一、有限理性导致银企信贷行为顺周期性

商业银行信贷行为，简单地说，就是商业银行通过调控其资产负债表中的贷款类资产组合，实现其安全性、流动性、收益性的三者之间不同组合的偏好，具有趋利性本能。建立在现代微观经济学基础上的商业银行理论认为，商业银行是经营货币资金业务的特殊企业，其经济人本能决定信贷行为的基本动因是追求利润最大化。现代经济博弈论和信息经济学认为，商业银行本质从事的是一种特殊的市场契约，其功能在于吸收和控制信息，发挥中介作用，降低借贷双方的交易成本，并从中获得自身生存所必需的资金，信贷行为所追求的就是利润。同样，由于商业银行信贷行为执行人员的有限理性，信贷行为可能表现出顺周期。

二、信息不对称导致银企信贷行为顺周期性

信息的不对称是指在经济市场活动中双方对信息的获取能力存在差异，从而使得其中一方处于相对的劣势，从而不能正确而全面地认清经济市场的发展和变化，而导致错误决策的产生，引发经济活动交易效率的降低。在通常情况下，商业银行为了降低信贷的风险性，会同时结合信贷者的信用评估、资产水平与当前经济市场的整体形势来综合判断，即可以表述为，在经济呈上升状态时，商业银行采取扩张的信贷政策，其信贷标准随之降低，一些原本不具备信贷资格和能力的信贷者可以顺利地获得信贷；反之，商业银行采取限制性的信贷政策，其信贷标准随之提高，一些原本具备信贷资格和能力的信贷者往往难以取得信贷。

三、经济周期波动的外部影响导致银企信贷行为顺周期性

商业银行信贷活动由于和市场经济的发展息息相关，因此本身即存在着周期性。在整体经济市场呈发展上升趋势的过程中，市场的整体经济水平较为乐

观，银行的资金储备充足，贷款企业和个人盈利能力相对较强，还贷能力较为乐观，贷款违约率较低，相对于利益的获取，银行对资金储备量并不过度重视。而在经济衰退阶段，市场的整体经济水平都不容乐观，贷款者违约率上升，盈利能力降低，大量不良资产出现，银行出于自身风险性考虑，需要足够的资金储备量来维持其资金流动能力，防止其整个经营运作出现吃紧，因此往往采取相对紧缩的信贷政策。

第二节　基于政府失灵的分析（政府行为顺周期性）

一、经济繁荣时，政府对过度信贷投放存在"漠视"

（一）地方政府职能越位导致政府对银企信贷关系顺周期存在"漠视"

在资源稀缺情况下，由于个体利益与集体利益之间的冲突，"经济人"政府同样存在外部性和"搭便车"行为，导致出现"个体理性与集体非理性"的局面，这是一种政府失灵的表现。具体表现为在我国目前的经济体制和政治体制格局下，地方政府主导辖区经济增长的最优选择是以破坏宏观经济的平稳运行和持续发展为代价追求地方经济的高速增长。这种行为选择对于地方政府而言，是一种理性的选择，是对自身利益的最大化追求。但从全国而言，从中央政府的角度思考，地方政府的这种理性行为导致"集体的非理性"（见表4-1）。

表4-1　　　一次横向博弈下各地方政府的支付矩阵（个体理性与集体非理性）

		地方政府 B	
		鼓励投资和贷款	抑制盲目投资和贷款
地方政府 A	鼓励投资和贷款	(0.5, 0.5)	(1, 0)
	抑制盲目投资和贷款	(0, 1)	(1, 1)

（二）政府行为的短期化导致政府对银企信贷关系顺周期存在"漠视"

在官员任期制度和政绩考核制度作用下，政府行为表现出很强的"短期化"倾向。在以 GDP 等经济指标考核政绩优劣的前提下，新官员上任后，出于自己政治前途和政治命运的考虑，总是热衷于那些具有很强的"政绩或业绩"显示功能的项目，通常这些项目是短期化，不持续或长期成本极高的。但更为关键的是，由于政府短期化行为的"收益与成本不对称分担"机制，本届政府享有了短期行为所带来的收益却不会承担任何对应的成本，更加剧了政府的"短视"和政府行为的"短期化"倾向。例如地方政府为追求短期经济效益和辖区 GDP

的快速增加，短期内会漠视甚至鼓励辖内企业过度负债、过度投资、盲目扩张以及重复建设等不利于经济长期发展的行为（见表4-2）。

表4-2　一次纵向博弈下历届地方政府的支付矩阵（收益与成本不对称分担）

		下届政府	
		鼓励投资和贷款	抑制盲目投资和贷款
本届政府	鼓励投资和贷款	(0.5, 0.5)	(1, 0)
	抑制盲目投资和贷款	(0, 1)	(1, 1)

二、经济下行时，政府失去对信贷紧缩的调控能力

（一）有限知识导致政府失去调控信贷顺周期的有利时机

信息是决策的前提和基础。在政府干预经济的行为中，其决策是否科学、有效，首先取决于政府是否充分了解经济运行的情况，其次则取决于政府是否具有处理信息的能力。然而，由于政府游离于微观经济活动中，对经济活动结果没有切实的利益关系，以及决策程序和决策层级的冗杂，导致政府在决策中面临诸多信息不充分的约束，如政府的信息敏感度低、信息传递速度慢、信息处理能力低、对信息的关切度不够等问题。在政府决策的信息基础出现偏差的情况下，即使政府干预经济的愿望是良好的，也难以保证政府决策的科学性和政府行为的理性，难免会出现"政府失灵"的局面。在信贷扩张过程中，政府由于有限知识或有限能力造成不能正确识别信贷扩张的泡沫程度，因而无法在正确的时机出手干预信贷行为，致使银企信贷关系的顺周期性无法及时纠正。

（二）有限能力导致政府失去调控信贷紧缩问题的能力

由于信息不完全、信息质量问题以及预期和信息的不对称，政府往往无法做出正确有效的决策以应对经济下行所引发的复杂局面，不能对信贷紧缩进行良好的控制，进而加剧信贷投资的泡沫风险。经济下行时，企业经营和财务状况出现困难，银行为了控制风险、防止信贷资产损失，就会对贷款企业进行集体"抽贷"，对申请贷款企业"惜贷"。另外，我国信贷市场上银行、企业与政府之间的预期和信息的不对称性，特别是政府信息方面的局限性，应对突如其来的信贷紧缩时，无法准确把握时机采取针对性措施，所出台政策往往也会缺乏差别性和针对性，对突如其来的下行局面失去控制能力，以致加速经济下行和信贷紧缩的速度。

第五章　差别准备金动态调整机制与逆周期调控

第一节　差别准备金动态调整工具与逆周期调控

一、差别准备金动态调整工具简介

（一）差别准备金动态调整工具的定义

差别准备金动态调整是指将金融机构存款准备金与其资本充足率、资产质量状况等指标挂钩，在确定差别存款准备金缴纳标准时，主要基于银行信贷投放与社会经济主要发展目标的偏离程度，以及具体金融机构对整个偏离的影响，同时考虑金融机构的系统重要性和各机构的稳健状况及执行国家信贷政策情况，根据资本充足率、动态拨备率、杠杆率和流动性比率等监管指标，按月测算及实施差别存款准备金。差别准备金动态调整重在引导并激励金融机构自我调整信贷投放，保持稳健经营。

（二）差别准备金率的基本计算公式及计算方法

1. 基本计算公式及指标解释

$$基本公式：Ri = \alpha iC \times i - Ci$$

其中，Ri 是 i 银行的差别准备金率，Ci 为金融机构实际资本充足率，αi 为稳健性调整参数，主要依据以下因素确定并赋值：一是银行稳定性状况。根据流动性、不良贷款、拨备等符合监管指标的情况，并参考年度审计结论、信用评级、内控水平、支付及案件等因素赋值。二是信贷政策执行情况。结合金融机构的信贷结构、信贷投向，特别是对"三农"和中小企业的信贷投放等情况加以确定和调整；$C \times i$ 为按宏观审慎要求测算出的资本充足率。

$$按宏观审慎要求测算出的资本充足率（C \times i）$$
$$= 最低资本充足率要求 + 系统重要性附加资本 + 资本缓冲要求$$

其中，最低资本充足率要求为8%或4%（农信社在起始阶段按4%掌握）；系统重要性附加资本根据金融机构的系统重要性程度，在0.5%~1%之间赋值。具体测算时，以纳入差别准备金实施范围的资产规模最大的金融机构为参照机构并赋值为1%，其他机构按与参照机构的资产规模比值情况相应赋值，基本公式为：

$$i行系统重要性附加资本 = 0.5\% + (1\% - 0.5\%) \times i行资产规模／最大行资产规模$$

如某银行资产规模是最大银行资产规模的60%，其系统重要性附加资本为 $0.5\% + 0.5\% \times 60\% = C.8\%$。

资本缓冲要求 ＝ 留存资本缓冲(暂定为 0) ＋ 逆周期资本缓冲

2. 逆周期资本缓冲基本计算公式及指标解释

逆周期资本缓冲旨在抑制金融体系顺周期波动，防范金融机构受到来自信贷过快增长导致系统性风险的影响，其取值为大于等于零。

逆周期资本缓冲 ＝ βi[贷款增速 i －（目标 GDP 增速 ＋ 目标 CPI）]

其中，βi 为 i 行对整体信贷顺周期贡献度参数，一是参考巴塞尔协议Ⅲ的思路，根据全部 GDP 偏离长期趋势的程度测算宏观经济热度；二是根据不同银行系统重要性差异调整其对整体信贷偏离度的贡献。贷款增速 i 为 i 行上年末人民币贷款余额同比增速，要求采用 12 个月移动平均处理。

βi ＝ 系统重要性参数 × 宏观经济热度参数

系统重要性参数反映了不同银行系统重要性差异调整对整体信贷偏离度的贡献，在 0.5 ~ 1 之间赋值；宏观经济热度参数根据政府公布的 GDP 预期目标下限掌握。GDP 预期目标为 10%（含）以上的，宏观经济热度参数按 2 掌握，GDP 预期目标低于 10% 的，宏观经济热度参数按 1 掌握。

i 行系统重要性参数 ＝ i 行系统重要性附加资本 × 100

　　　　　　　　＝ [0.5% ＋（1% －0.5%）× i 行资产规模／最大行资产规模] × 100

3. 差别准备金率的完整计算公式

Ri ＝ αi {最低资本充足率要求 ＋ 0.5% ＋ 0.5% × i 行资产规模／最大行资产规模 ＋ 0 ＋ [（0.5% ＋ 0.5% × i 行资产规模／最大行资产规模）× 100 × 宏观经济热度参数] × [i 行贷款增速 －（目标 GDP 增速 ＋ 目标 CPI）]} － Ci

二、差别准备金动态调整机制与逆周期调控的关系

（一）差别准备金动态调整机制按照经济增长的实际有效需求合理安排信贷投放，可以为经济发展创造更加良好的货币环境

差别准备金动态调整政策在测算法人金融机构合意贷款时，参考了地方 GDP 增长预期、CPI 控制目标等社会经济发展要求，并把实体经济的有效信贷需求作为判断信贷投放是否合理适度的重要评价标准之一，目的是引导金融机构按照经济增长的实际有效需求合理安排信贷投放，引导货币信贷及社会融资规模平稳适度增长，保持合理的市场流动性，为经济持续健康发展营造良好的货币金融环境。

（二）差别准备金动态调整机制不通过市场化手段，为金融机构提供了一套自我调节信贷行为的弹性机制

差别准备金动态调整政策不同于 1998 年之前的行政性规模控制，合意贷款的测算过程公开透明，各金融机构可以根据差别准备金动态调整公式测算出本

机构的合意贷款，避免了行政性规模控制可能对金融机构正常经营行为产生的影响，提高了货币政策的公信力。通过机构内部测算，各金融机构完全可以对照差别准备金政策要求，在自身信贷政策执行情况、经营稳健水平等方面寻找差距，自觉控制信贷投放冲动，自发调整信贷行为，增强风险防范能力，从而提高整个金融体系的稳健程度。

（三）差别准备金动态调整机制要求保持信贷投放平稳增长，防止大起大落

金融机构在利益驱动下，往往存在"早投放、早受益"的信贷投放冲动，导致年初信贷快速增长，年中和年末信贷增长有限，这种大起大落的信贷投放节奏有可能打乱企业与个体扩大经营和再生产等计划安排，加剧经济波动程度，不利于持续、平稳地支持经济发展。差别准备金动态调整政策要求金融机构保持合理平稳的投放节奏，依据实体经济发展的需要给予持续、稳定的支持，通过营造稳定的货币环境和良好的金融环境，促进经济持续、稳定、协调发展。

第二节　我国差别准备金动态调整机制与逆周期调控实践及有效性

一、差别准备金动态调整机制实施以来的信贷投放与经济增长

从图 5-1 可以看出，2011 年 1 月实施差别准备金动态调整政策四年多以来，我国贷款在保持较快发展的同时，呈现如下积极变化。

一是信贷投放更加平稳，表现为贷款增速在年度间、月度间趋于平滑和稳定，避免了 2011 年前的大起大落（见表 5-1）。

表 5-1　　　　　　差别准备金动态调整机制实施前后贷款离散度

年份	全国	河南省
2009	0.068249	0.067814
2010	0.046047	0.04988
2011	0.03857	0.031073
2012	0.040104	0.043825
2013	0.036857	0.037922
2014	0.034308	0.047426
2015 年 1~5 月	0.015775	0.015754

注：贷款离散度以月末贷款余额计算；数据来源于人民银行网站和人民银行郑州中支调查统计处信贷收支月报。

二是贷款投放实现了与经济的相互促进、协调发展，表现为经济增长保持

平稳，有效规避了经济增速的大起大落和周期性波动。

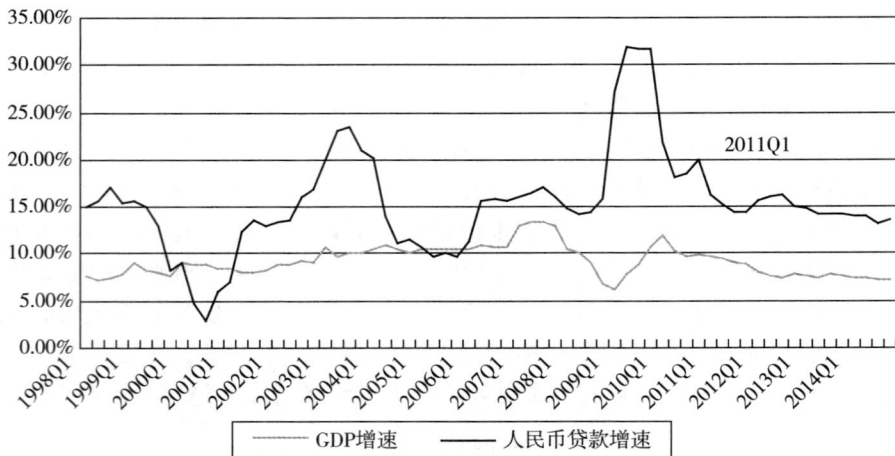

图 5 − 1　GDP 增速和贷款增速

三是信贷结构持续优化，信贷投放对稳增长、促转型和保民生的支持作用不断增强。截至 2015 年 6 月末，金融机构本外币涉农贷款余额 25.1 万亿元，同比增长 11.5%，占各项贷款的比重为 27.7%；人民币小微企业贷款余额为 16.2 万亿元，同比增长 14.5%，比同期大型和中型企业贷款增速分别高 5.2 个和 3.3 个百分点，比同期各项贷款增速高 1.1 个百分点。

二、实证检验及结论

本部分在第三章对信贷顺周期存在性实证检验的基础上，对 VEC 模型加以改进，加入虚拟变量 D，以考察差别准备金动态调整机制的实施效果。变量选取及相关的平稳性检验、协整检验以及格兰杰检验等在此不再重复。虚拟变量 D 的赋值如下：

$$D = \begin{cases} 0 & \text{政策出台前（2011 年前）} \\ 1 & \text{政策出台后（2011 年（含）后）} \end{cases}$$

加入虚拟变量 D 的 VEC 模型结果如表 5 − 2 所示。

加入虚拟变量 D 的 VEC 模型的参数估计结果显示，实施差别准备金动态调整机制以来，银行虽然仍存在信贷顺周期性。但是，从虚拟变量 D 的系数看，均为负值，说明差别准备金动态调整机制在一定程度上抑制了信贷的顺周期性，并平滑了经济的周期性波动。

表 5 – 2   **加入虚拟变量 D 的银企信贷关系 VEC 模型参数估计**

Vector Error Correction Estimates

Error Correction:	D（GDP）	D（LOAN）
CointEq1	− 0. 181625	0. 182341
	（0. 06043）	（0. 19649）
	[− 3. 00575]	[0. 92798]
D（GDP（−1））	0. 151246	− 1. 425563
	（0. 12067）	（0. 39238）
	[1. 25343]	[− 3. 63310]
D（GDP（−2））	0. 144235	− 0. 278249
	（0. 12740）	（0. 41427）
	[1. 13218]	[− 0. 67167]
D（LOAN（−1））	0. 047720	0. 306496
	（0. 04111）	（0. 13367）
	[1. 16086]	[2. 29286]
D（LOAN（−2））	0. 004833	0. 141071
	（0. 04018）	（0. 13065）
	[0. 12030]	[1. 07977]
C	0. 000914	0. 000514
	（0. 00108）	（0. 00353）
	[0. 84265]	[0. 14571]
D1	− 0. 003763	− 0. 003662
	（0. 00235）	（0. 00763）
	[− 1. 60439]	[− 0. 48008]
R – squared	0. 260178	0. 302188
Adj. R – squared	0. 183645	0. 230001
Sum sq. resids	0. 003193	0. 033764
S. E. equation	0. 007420	0. 024127
F – statistic	3. 399545	4. 186160
Log likelihood	230. 2071	153. 5586
Akaike AIC	− 6. 867912	− 4. 509496
Schwarz SC	− 6. 633747	− 4. 275331
Mean dependent	− 3. 08E − 05	− 0. 000542

续表

Vector Error Correction Estimates		
Error Correction：	D（GDP）	D（LOAN）
S. D. dependent	0.008212	0.027496
Determinant resid covariance（dof adj.）		3.20E－08
Determinant resid covariance		2.55E－08
Log likelihood		383.7793
Akaike information criterion		－11.31628
Schwarz criterion		－10.78105

第六章　逆周期银政企信用关系构建的国际经验

第一节　巴塞尔委员会国际银行资本监管制度改革总体方案

2010 年 9 月 12 日，巴塞尔委员会决策委员会会议正式宣布了国际银行资本监管制度改革总体方案。考虑到银行在危机中表现出来的巨大损失和顺周期性，委员会提出了通过资本留存建立超额资本缓冲和建立逆周期资本缓冲的改革措施。2011 年 1 月，欧洲银行系统风险监管委员会正式启动，泛欧宏观审慎监管体系开始形成。

一、资本留存缓冲

资本留存缓冲的含义是银行在正常时期，积累资本缓冲从而拥有超额资本，以备在损失出现的时候使用。从建立资本留存的实践来看，最佳的做法是要求银行在压力时期以外保持比最低资本要求更高的超额资本，在压力时期使用超额资本吸收损失，以保证银行持有的资本仍然高于最低监管标准。如果压力时期使用了超额资本后，银行应该通过内部资本积累或者从外部融资的方式来补充，以恢复到使用前的超额资本水平，内部积累的方式包括减少分红、减少对管理层、员工的奖金发放以及减少符合规定的股份回购等。外部融资包括增发股份和资本性金融工具等。对于耗尽超额资本的银行，继续向除存款人和一般债权人以外的利益相关者（股东、员工和其他资本提供者）支付回报，并以此显示经济实力和经营状况良好的做法，不能够被接受。在金融危机中，一些银行就在财务状况和资本充足状况恶化时，仍然支付资本收益，向管理层发放巨额奖金。这显然与上述最佳做法背道而驰。为此，委员会提出参照最佳实践，建立资本留存缓冲的国际规则，加强银行在压力时期的抗风险能力和稳健性。

一是要求银行增加 2.5% 的普通股资本缓冲，从而使普通股资本充足率达到 7% 的超额资本水平，这远远高于 4.5% 的最低资本要求。如果实际资本低于这个超额资本水平，就要限制银行资本收益的分配。实际资本比超额资本低得越多，越接近最低资本要求，受到的限制越大；实际资本高于超额资本的话，就不受限制。表 6 - 1 是巴塞尔委员会提出的递进式强制性资本留存比率标准（BCBS 2009c）。

表 6 - 1   银行的最低资本留存比率标准

普通股一级资本比率（%）	最低资本留存比率（%） （用未分配利润的百分比来表示）
4.5 ~ 5.125	100
5.125 ~ 5.75	80
5.75 ~ 6.375	60
6.375 ~ 7.0	40
>7.0	0

二是要求通过留存缓冲建立的超额资本，应该符合标准的普通股资本，以确保其质量，能够在持续经营的情况下吸收损失。

三是首先在并表层面实施，对于单个银行机构层面，由监管当局根据其与并表集团的关系确定留存比例。

四是应该避免将超额资本的水平视为建立了一个新的最低资本监管要求。监管当局对于不符合超额资本要求的银行，不应当实施资本收益分配以外的限制。这些限制包括业务准入，机构扩张等与银行正常经营紧密联系的方面。另一方面，监管当局应该对银行实施留存达到超额资本要求的实践予以规定，否则可能出现银行长期在超额资本和最低资本要求之间持续经营的现象。

五是允许银行从 2016 年 1 月开始实施资本留存，以每年提高 0.625% 的速度，在 2019 年底完成增加 2.5% 额外普通股资本的任务。

二、逆周期资本缓冲

在要求银行正常时期保持高于最低资本要求的超额资本水平外，委员会还要求银行根据监管当局的规定建立逆周期资本缓冲。如果一国政府根据货币供应与 GDP 的比例或者其他指标判断认为，已经存在信贷过度增长的情况，整个金融系统的系统风险正在逐渐积累，就可以要求银行增加 0 ~ 2.5% 的逆周期资本缓冲，从而约束银行进一步放贷的能力，避免银行对实体经济扩张的进一步推动；如果过度信贷增长的情况已经不存在，当局可以取消相应的逆周期资本缓冲要求，提高银行放贷的能力，尽快促进实体经济的复苏。关于逆周期资本缓冲，有以下几点需要注意：

一是与上述资本留存缓冲 2.5% 的要求不同，逆周期资本缓冲要求是根据信贷周期情况，在 0 ~ 2.5% 之间动态调整的。这就要求政府对周期的判断要准确并且要在一段时间内保持一致，否则会形成频繁调整缓冲要求，不利于稳定预期，达不到逆周期的作用。

二是这里的资本缓冲可以是普通股资本，也可以是其他完全具有损失吸收能力的一级资本。委员会也正在制定相应的标准和指引，明确普通股资本以外能够作为逆周期资本缓冲的具体要求。在正式标准出台之前，逆周期资本缓冲只能由普通股资本来充当。

三是由于每个国家和地区在信贷周期方面不可能同步，政府对形势的判断也不尽相同，因此不同国家和地区的逆周期资本缓冲要求也会有差距。为此，国际活跃银行需要就自身持有不同国家和地区的风险暴露所对应的逆周期资本缓冲进行加总处理。处理的原则是根据各个机构在特定地区的私人部门信用风险暴露占全部私人部门信用风险暴露的比重，来确定加总的权数。如果对于交易对手信用风险暴露是基于 VaR 模型计算得到的，需要银行和监管当局合作找到适当的方法对相应的信用风险进行转换后确定风险权重来确定。

四是如果达不到逆周期资本缓冲的要求，银行在资本收益分配方面将要受到限制，同时允许银行从 2016 年开始经过 4 年的过渡期达到要求。这两点和以上资本留存缓冲是一样的原则，具体情况见表 6 - 2。

表 6 - 2　　　　　　　　单个银行最低逆周期资本缓冲标准

普通股一级资本比率（%）	最低资本留存比率（%）（用未分配利润的百分比来表示）
第一分位数的资本留存超额资本内	100
中分位数的资本留存超额资本内	80
第二分位数的资本留存超额资本内	60
最大值的资本留存超额资本内	40
超过最大值的资本留存超额资本	0

五是监管当局一旦决定增加逆周期资本缓冲的要求，应在生效之前一年内提前通知，以便银行能够尽早作相应的安排。但如果决定取消或者降低要求的话，这一决定马上生效。

表 6 - 3 列示了将资本留存缓冲和逆周期资本缓冲两个因素合并后，银行资

本收益分配将受到的影响（见表6-3）。

表6-3　　　银行遵守2.5%的逆周期要求时单个银行最低资本储备标准

普通股一级资本比率（%）	最低资本留存比率（%） （用未分配利润的百分比来表示）
4.5~5.75	100
5.75—7.0	80
7.0~8.25	60
8.25~9.5	40
>9.5	0

值得注意的是，尽管逆周期资本缓冲在一定程度上能够防止经济上行时信贷过快增长、经济下行时信贷过快紧缩，降低信贷波动幅度，但是它的首要目标不是直接调控信贷，也不是调控宏观经济，而是避免银行业因信贷过快增长而导致损失。逆周期资本缓冲的关键是选取合适的经济指标作为经济上行周期和经济下行周期的触发条件，即通过相关变量确定银行是否应该累积或者释放资本缓冲，以此为基础确定合理的逆周期资本水平。目前的主流观点认为，不同的变量指标在判断经济上行期和经济下行期的表现并不一样，应该将经济上行期的逆周期资本缓冲累积和经济下行期的逆周期资本缓冲释放分开来考虑，分别选取不同的变量指标进行操作。

巴塞尔委员会在 Basel（Ⅲ）和《各国监管当局实施逆周期资本缓冲指引》中建议，可根据信贷/GDP 指标对长期趋势的偏离度来确定经济上行周期应计提的逆周期性资本缓冲的数量。然而，经济下行期的资本释放是逆周期资本缓冲框架的难点，目前尚未找到一个或者一组变量来引导逆周期资本的释放，巴塞尔委员会建议各国根据本国的宏观和微观层面的信息，综合分析一系列指标，找出适合本国的逆周期资本缓冲释放机制。

第二节　西班牙建立动态拨备制度

一、西班牙动态拨备制度的基本内容

（一）动态拨备制度的基本原理

动态拨备的基本原理就是在经济形势好的时期增加拨备覆盖预期损失，而在坏的时期使用这些拨备抵补真实的贷款损失。具体来说，就是在经济繁荣期，银行的贷款和利润大幅增加。但由于预计未来将出现经济衰退，贷款损失将增加，因此，要求银行依据预期贷款损失计提拨备，用于弥补实际发生经济衰退

时专项拨备不足弥补的贷款损失缺口，减少因收缩信贷、增加资本而对经济运行造成更大影响。

在动态拨备体制下，贷款损失拨备由一般拨备、专项拨备和动态拨备组成。其中，动态拨备按季提取，其金额等于潜在风险估计值与同期提取专项拨备的差额，如果差额为正，就从损益账户中提取动态拨备；如果差额为负，就调减动态拨备，并以收入形式转回损益账户。在动态拨备制度下，由于动态拨备基金具有蓄水池功能，因此，能够产生逆周期调节作用。

（二）西班牙动态拨备制度

1. 旧的动态拨备制度（2000年7月至2004年）。该制度规定了内部模型法与标准法两种拨备计提方法。

内部模型法适用于已建立内部模型的银行。该类银行可以根据超过一个经济周期的历史数据，在将信贷资产根据风险因素予以分组后，运用内部模型估算应提取的动态拨备。但用于估算的内部模型及历史数据需要经过监管部门审核确认。

标准法适用于未开发内部模型的银行。这类银行由监管部门根据事先设定的六种风险类别和对应的动态拨备系数计算应提取的动态拨备。这六种风险类别为：（1）无风险类，如公共部门贷款，设置的拨备系数为0；（2）低风险类，如抵押贷款的风险敞口小于或等于抵押资产价值的80%，且长期债券的信用评级在A级以上，设置的拨备系数为0.1%；（3）中低风险类，如金融租赁和不满足低风险类的其他抵押贷款，设置的拨备系数为0.4%；（4）中等风险类，不满足低风险类或中低风险类的商业贷款，设置的拨备系数为0.6%；（5）中高风险类，如购买耐用消费品的个人消费贷款，设置的拨备系数为1%；（6）高风险类，如信用卡、经常账户及信用账户透支，设置的拨备系数为1.5%。

2. 新的动态拨备制度（2005年至今）。根据2004年IFRS的指导原则，西班牙央行于2005年正式实施新的动态拨备制度，在新的制度框架下，所有的银行必须按照统一的规定提取拨备。新动态拨备制度可以用下式直观说明：

$$GP_t = \sum (\alpha_i \times \Delta L_{it}) + \sum (\beta_i - SP_{it}/L_{it})L_{it}$$

其中，GP_t表示贷款损失拨备总额；α表示一般拨备参数；β表示一个长周期内的专项拨备平均系数；i表示贷款类别；t表示会计年份；L表示贷款余额；SP表示当年提取的专项拨备。

$\sum (\beta_i - SP_{it}/L_{it})L_{it}$是发挥动态拨备作用的关键，在经济繁荣时期，第$i$类贷款的专项拨备水平（$SP_i/L_i$）低于历史平均水平（$\beta_i$）时，将增加动态拨备基金，反之则调低动态拨备基金。

为实现监管要求与会计标准相兼容的目标，西班牙央行引入参数 α，确定为以往经济周期中性年份信贷损失状况的平均估计值，这一规定使商业银行根据以往信贷损失状况，而不是对经济预期来提取拨备，因而避免了商业银行与监管部门在经济走势预期方面可能出现的分歧。

新的动态拨备制度依然将贷款资产的风险划为六类，风险种类的划分方法不变，α 和 β（专项拨备历史平均水平）根据风险种类而赋予不同的参数值。其中，对于无风险类，α 和 β 均为 0；对于低风险类，α 为 0.6%，β 为 0.11%；对于中低风险类，α 为 1.5%，β 为 0.44%；对于中等风险类，α 为 1.8%，β 为 0.65%；对于中高风险类，α 为 2.0%，β 为 1.1%；对于高风险类，α 为 2.5%，β 为 1.64%。为避免过度提取动态拨备或动态拨备提取不足以覆盖贷款损失，西班牙央行规定动态拨备基金的上限为贷款固有风险敞口的 1.25 倍、下限为潜在风险敞口的 10%。

二、西班牙动态拨备制度的经验总结

因动态拨备制度是逆周期调节的宏观审慎管理工具之一，其作用对象主要是集中在存款类金融机构。从这一点来看，那些银行间接融资规模大、经济周期波动明显的新兴国家尤为适用。从时机上看，动态拨备制度适合在经济繁荣时期引入和实施。因为在经济繁荣期，信贷快速增长，信贷风险也处于加速形成和积聚期，而这一时期专项拨备也处于较低水平，需要通过动态拨备补充拨备总额。

西班牙的实践经验表明，动态拨备制度虽然有助于调节拨备水平，平滑信贷投放的波动，仍不足以完全解决信贷周期问题。由于信贷周期有着极其复杂的形成与演变机制，且与经济周期紧密相连，因此，要更好地调节信贷周期波动，需要依靠货币政策、财政政策等多种政策工具组合。

第三节　德国建立临时救援基金

一、金融市场稳定基金的出台背景

2007 年爆发的金融危机使发达国家的经济在不同程度上受到了波及，美国雷曼兄弟银行的破产对德国经济造成了严重的影响。由于雷曼兄弟宣告在房地产市场上的投资失败以后，在德国扮演着重要作用的德国地产融资抵押银行（Hypo Real Estate，HRE）因此也受到重创而濒临破产。而 HRE 银行是具有系统重要性的银行，让其破产极有可能引发金融系统性风险，HRE 银行一旦倒闭将会给德国的国民经济带来不可估量的后果。因此联邦政府首先出台的应对金融危机的措施就将目标确定为稳定银行和金融系统、维持并重新刺激银行间贷款往来。2008 年 10 月 17 日德国议会通过了《金融市场稳定法》，决定设立金融市场稳定基金（Financial Market stabilisation Fund，SoFFin）。

二、SoFFin 的救助措施

SoFFin 可以对危机中的问题银行提供三种救助措施。第一种救助措施是担保。德国联邦财政部被授权向问题金融机构提供高达 4 000 亿欧元的债务担保基金，以弥补流动性资金的短缺和支持资本再融资。联邦政府可以不经联邦参议院的同意，自行制定担保种类或者覆盖风险种类。由联邦财政部提供债务和应付款项为担保，因此由于金融危机而陷入困境的问题银行得到相关的救助，SoF-Fin 提供担保的期限为 36 个月到 60 个月，其担保数额取决于被担保机构的资金基础，担保数额为该公司包括其子公司的资本总额。

第二种措施是进行资本重组。按规定，该基金有权参与问题银行的资本重组。联邦政府首先启动设立了 1 000 亿欧元的特别基金，资金的有效支配时间为 2009 年 12 月 31 日。但是在超出有限期后该基金应当继续对已经实施的稳定措施继续承担责任。问题银行在通过救助度过危机后，应当重新定位自己的商业模式以免再次陷入经营危机。其中 800 亿欧元是用来收购金融机构的问题资产并通过参股或者匿名股东的方式对问题银行进行投资，剩下的 200 亿欧元供联邦财政部支配。资本重组的目的是向问题银行注入必要的资金以维持正常经营。投资的资金应当按照市场价格获得报酬。

第三种措施是承担风险头寸。该基金有权承担风险，但是原则上该基金只能接管或者担保问题银行有限的风险头寸，例如债权或者证券。在 2010 年 12 月 31 日之前，SoFFin 在金融市场稳定局的支持下，有权建立自己的问题解决机构，该机构的实质是消化问题银行的不良资产。问题银行不仅可以将结构化证券也可以将其他的风险资产如不良贷款，或者不再是银行战略性业务的部门等转移到该机构，此举将会给银行留下一定的缓和时间使问题银行改变经营战略。在此过程中，问题银行的股东将会对该问题解决机构负责，也就是由银行股东弥补该决议机构产生的任何损失。金融市场稳定局对该机构的运行进行法律监督，尤其是涉及损失赔付的情况。一旦该机构的不良资产被清除，金融市场稳定局有权解散该机构。

三、德国救援基金的实施效果

德国应对 2008 年金融危机的措施中最重要的是果断地对银行进行了救助。根据德国央行和金融监管局对 20 家德国银行的调查得出，在金融危机爆发时，德国银行体系所持不良证券规模接近 3 000 亿欧元，其中四分之一应被减记。除上面提到的 HRE 银行以及为中小企业提供信贷的德国工业信贷银行（IKB）外，问题最严重的是几家大私有银行，即德意志银行、德累斯顿银行以及商业银行。而业务范围主要在国内的公有储蓄银行和合作银行情况相对较好，坏账不多。但私有信贷银行毕竟占德国银行总资产的近一半，其坏账必然拖累其向企业提供信贷的能力。因此，德国政府果断向银行伸出救助之手，注入资金，进行担保，甚至进行国有化，保护了银行危机中的信贷能力，保证了德国经济的正常运转。

第七章　构建逆周期银政企信用关系的完整框架与政策构想

第一节　逆周期银政企关系构建的完整框架

一、逆周期银政企关系构建的总体构想

本章将在前文研究结论的基础上，从货币政策、地方政府、银行自身及监管三个层面来研究如何构建逆周期银政企信用关系的问题。主要内容包括三部分：第一部分是货币政策层面，在选择适当宏观审慎性指标和构建逆周期因子基础上，重点研究如何完善差别准备金逆周期调控机制；第二部分是地方政府层面，针对货币政策非对称性的缺陷，在经济下行阶段建立政府性救援基金，通过提供担保、帮助资产重组、承担风险等措施来平缓银政企关系顺周期性；第三部分是银行自身及监管层面，为缓释银企间逆周期信贷关系，银行应建立自律和长效机制维持稳定的银企关系，建立前瞻性的动态贷款损失拨备制度。图 7-1 为总体构想图。

二、逆周期银政企关系构建的功能模块

构建逆周期银政企信用关系是以缓解银政企关系顺周期性、熨平宏观经济周期性波动、促进经济平稳发展为主要目的，集合完善准备金动态调整机制、建立政府性救援基金、动态拨备制度三大功能模块（见图 7-2），选择适合国情、省情的宏观审慎性指标，构建逆周期因子，从货币政策层面进行逆周期调控，防患于未然；针对货币政策在经济下行阶段无力的缺陷，建立政府性救援基金，从政府层面施以援手缓解周期性下行波动程度，确保经济平稳运行；银行层面建立自律和长效机制，维持长期稳定的银企管理，建立前瞻性的动态贷款损失拨备制度，缓释信贷关系的顺周期性。

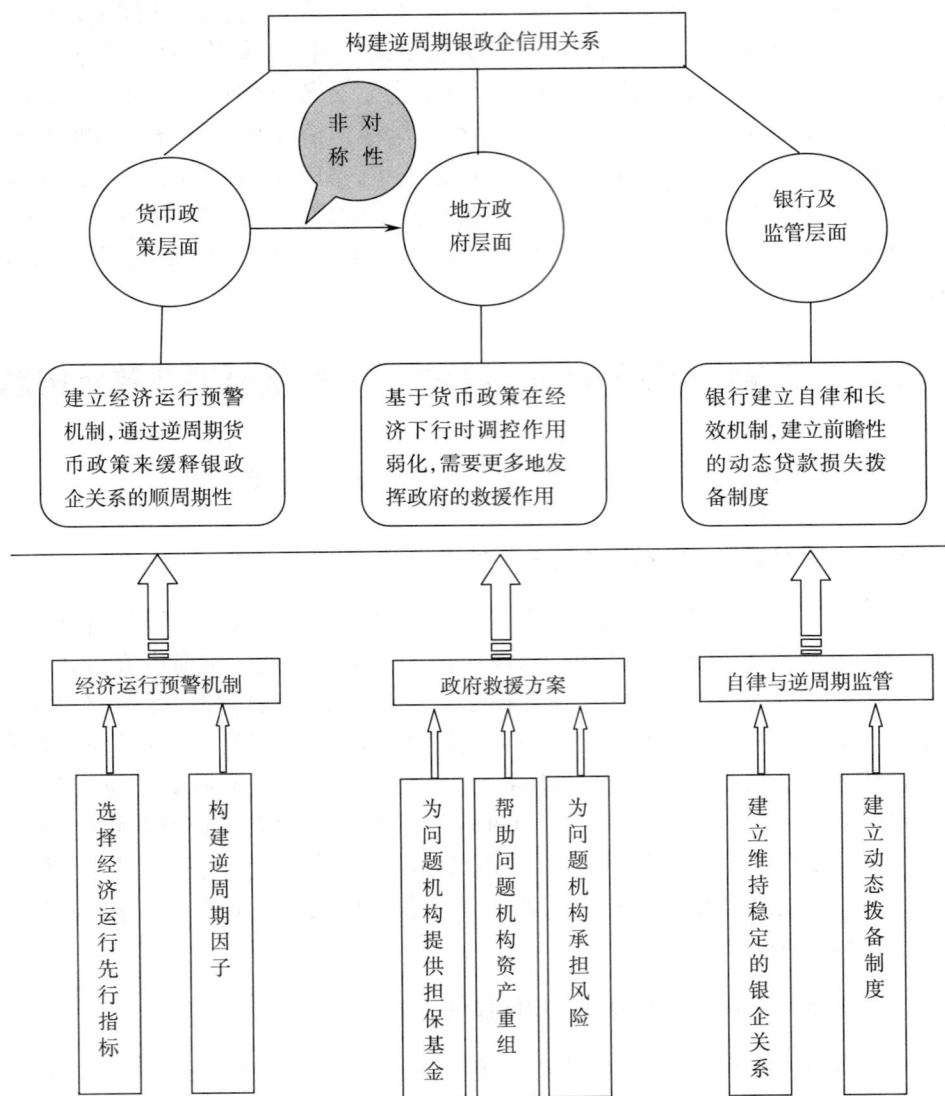

图 7 - 1　构建逆周期银政企信用关系总体构想图

三、逆周期银政企关系构建的政策着力点

（一）货币政策能够防患于未然

由于紧缩性的货币政策能有效实现抑制信贷过快增长的效果，而逆周期信用关系构建的关键是在经济繁荣时防患于未然，因此，逆周期银政企信用关

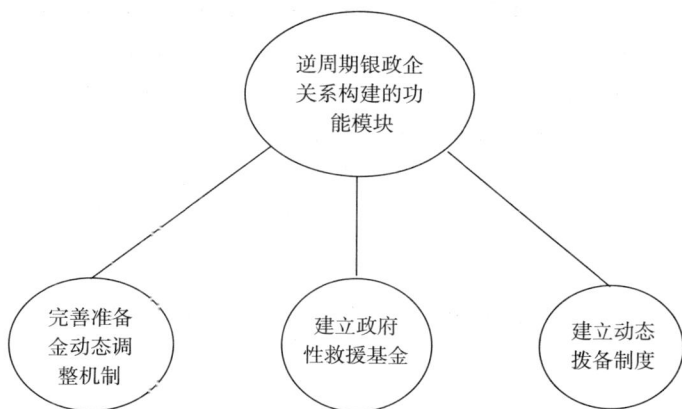

图7-2　构建逆周期银政企关系功能模块示意图

系构建的政策着力点应该是放在货币政策层面。但是，基于货币政策效果的非对称性，货币政策在经济下行时的调控作用弱化，因此，在经济下行时需要引入政府性救援，更多地发挥政府的作用。

（二）政府担当起经济下行时的调控作用

货币政策效力在政策方向上存在着非对称性对成功实现经济宏观调控的启示意义是明显的，中国扩张性货币政策无效或弱效、紧缩性货币政策在短期内有效，提醒我们要正确判断经济的走势，建立经济景气预警机制，密切监视关键经济变量的变化，谨防经济陷入衰退。在经济已经下行时，尤其需要慎重考虑政策搭配，我们虽然不能因为"扩张性货币政策无效或弱效"就放弃货币政策刺激经济的努力，但是要对扩张性的货币政策能够取得的效果有一个谨慎的预期，提高财政政策在衰退期宏观调控中的地位。可以借鉴上文中关于德国临时救援基金的经验，在经济下行时引入政府性救援基金，促进经济的快速反弹。

（三）银行应建立自律和长效机制平滑信贷顺周期性

银行在建立自律和长效机制的基础上，还应建立具有前瞻性的动态贷款损失拨备制度以平滑信贷行为的顺周期性。

第二节　完善差别准备金逆周期调控机制（货币政策层面）

一、构建银企信用关系的先行指标

（一）国外宏观审慎监管预警指标集梳理

1. 亚洲开发银行宏观审慎监管指标集

　　亚洲开发银行宏观审慎监管指标集（Macro – prudential Indicators，MPIs）是 2001 年亚洲开发银行在亚洲金融危机的背景下基于对菲律宾、印度尼西亚、越南、泰国、斐济以及中国台湾等亚洲发展中国家和地区的历史数据的研究建立的一套宏观审慎监管预警指标集。该指标集包括了当时国际上通用的 43 个宏观审慎监管指标以及新增的 79 个宏观审慎监管指标（见表 7 – 1）。亚洲开发银行宏观审慎监管指标集是一个庞大的指标集，涵盖方面广，内容详细而具体，但这也是其可操作性差的根源所在。

表 7 – 1　　　　亚洲开发银行制定的宏观审慎监管指标集（MPIs）

指标名称	指标数目
外债及外部资金流量	8
货币及信贷	17
银行体系	14
利率	12
资本市场	9
贸易、汇率以及国际储备	10
商业调查数据：制造业、建筑业、零售批发贸易及服务业	9

　　数据来源：ADB，Compilation，Analysis and Interpretation of Commonly Agreed Macro – Prudential Indicators，2001。

　　2. 欧洲中央银行银行并表宏观审慎监管指标集

　　银行并表宏观审慎监管指标集（CBD – based MPIs）是欧洲央行于 2006 年以欧元区整个金融体系为监管对象建立的，2008 年 7 月美国次贷危机期间再次修订（见表 7 – 2）。该指标集以欧元区银行业的合并报表为基础，进行监管，认为通过对基于银行业合并报表的指标进行监测，即可有效实现对银行系统性风险的监控。

表 7 – 2　　　欧洲中央银行基于银行业合并数据的宏观审慎监管指标集

指标类型	指标名称
收入组成	净利息收入占总运营收入比重等 5 项指标
支出组成	人力费用占总支出比重等 3 项指标
效率	支出收入比、支出收入比超过 80% 的银行的资产份额
盈利能力指标	股本收益率等 3 项指标
收入、支出及利润项占总资产比重	净利息收入占总资产比重等 16 项指标
资本充足率	整体偿付比率等 10 项指标

续表

指标类型	指标名称
规模	银行部门总资产
资产组成	信贷机构贷款占总资产比例等 9 项指标
负债组成	存款总额与总资产比值等 10 项指标
表外业务	信贷产品与总资产比值等 3 项指标
流动性指标	流动性指标（现金、短期政府债券）等 5 项指标

数据来源：ECU，For the Macro - Prudential Analysis of the Banking Sector，2008。

3. 国际货币基金组织金融健全指标集

在 21 世纪初，国际货币基金组织（IMF）就引入了一套金融健全指标（Financial Soundness Indicators，FSIs，见表 7 - 3）。金融危机后，国际货币基金组织一直致力于探究更完善的维持全球金融体系稳定的方法。2011 年 9 月，国际货币基金组织发布了《全球金融稳定报告》，在报告中增加了 7 个系统性风险的预警指标，并对这些指标的预警能力进行了实证分析（见表 7 - 4）。

表 7 - 3   国际货币基金组织存款机构 2003 年金融健全指标（FSIs）核心集

资本充足情况	资本金充足率、核心资本金充足率
资产质量	不良贷款率、不良贷款拨备率、不同部门贷款占总贷款比例、重大资本敞口
盈利情况	资产回报率、股本回报率、息差收入占总收入比例、非利息支出占总收入比例
流动性	资产久期、负债久期、外汇未平仓净额与资本比率

数据来源：IMF，Financial Soundness Indicators，2003。

表 7 - 4   IMF 2011 年新增宏观审慎监管预警指标集

预警指标	描述
信贷与国内生产总值比	在金融危机前 1 ~ 2 年每年增长超过 3%
存贷比	危机出现前会超过 120%
私人部门的外币债务	在金融系统压力迅速积累的过程中增长 10% ~ 25%，在危机后 12 个月会缩小
银行的外币债务占国内存款比	在危机前两年增加 32% ~ 38%
信贷增长率	实行固定利率的国家远高于平时
实际有效汇率	在新兴经济体中，危机形成过程中会迅速上升
房地产价格	在金融部门压力出现前两年，房地产价格平均会上升 10% ~ 12%

数据来源：IMF，Global Financial Stability Report，September 2011。

4. 宏观审慎监管近似同步指标集

宏观审慎监管近似同步指标是金融市场上已经存在的一些成熟的指标，这些指标的设立目的不一定是为宏观审慎监管服务，但其数值的波动与金融系统性风险有一定的同步性或近似同步性，因此可以起到警示风险到来的作用。这些指标具有高频、市场化的特点，因此更利于在短期监管中使用。国际货币基金组织在 2011 年提出了 10 项宏观审慎监管近似同步指标（near－coincident indicators，见表 7－5），并对这 10 大指标与美国金融体系压力的同步性进行了实证检验，在检验中 IMF 发现这 10 项宏观审慎监管近似同步指标值变动与美国的金融系统压力变动有一定的同步性，可以起到一定的危机预测作用。

表 7－5　　　　　　国际货币基金组织宏观审慎监管近似同步指标

不同期限国债收益率差（Yield Curve）	10 年期国债和 3 个月国债的收益率之差
时变条件风险值（Time－Varying Co-VaR）	给定一个金融机构及其他变量时，金融体系资产的市值收益率的回归系数
滚动条件风险值（Rolling CoVaR）	资产市值的周收益率的 200 周滚动回归系数。它没有将其他变量纳入考虑范畴
危机联合概率（Joint probability of distress，JPoD）	基于单个金融机构资产价值隐性变化的概率分布函数的多变量分布函数
瑞士信贷恐惧晴雨表（Credit Suisse Fear Barometer）	投资者对 3 个月到期、无升水的利率上下限产品（卖出标普 500 看涨期权同时买入等价的标普 500 看跌期权）的定价
银行违约距离（Distance to Default of banks）	银行系统离开违约点的标准差值
迪堡—伊尔马兹值（Diebold－Yilmaz）	利用金融机构信贷违约互换息差周回报率的 80 周滚动自回归的方差分解矩阵衡量溢出效应
芝加哥交易所期权交易波动指数（VIX）	利用标普 500 期权价格衡量市场对接下来 30 天波动率的期望值
伦敦同业拆借——银行间隔夜拆借息差（LIBOR－OIS Spread）	衡量在伦敦同业拆借市场中同业拆借的违约风险
系统流动性风险指标（Systemic Liquidity Risk Indicator，SLRI）	衡量主要市场间套利条件的消除度，可作为测量全球流动性压力的指标

数据来源：IMF，Global Financial Stability Report，September 2011。

（二）我国判断银企关系先行指标的选择

选择一项好的先行指标应当遵循完整性、可操作性、适用性和风险预警有效性的原则。根据国际研究经验：一是 IMF（2000）对金融体系稳健性的宏观审慎性指标的研究中，开展了 15 项实证分析，其中第 12 项——贷款对 GDP 占比的上升趋势被看做是能够预测未来经济危机的指标。二是巴塞尔委员会在 Basel（Ⅲ）和《各国监管当局实施逆周期资本缓冲指引》中建议，可根据信贷/GDP 指标对长期趋势的偏离度来确定经济上行周期应计提的逆周期性资本缓冲的数量。结合我国现阶段银企关系主要表现为信贷关系的实际，同时兼顾我国金融市场系统性风险的形成因素，本文选取贷款增速对 GDP 增速的偏离度作为判断银企关系的先行指标。

二、构建银企信用关系逆周期调控因子

（一）构建信贷顺周期热度参数

构建信贷顺周期热度参数旨在准确把握金融体系是否存在信贷顺周期波动，即以信贷顺周期热度参数判断银企信贷行为是否在合理范围。参考本节第一部分的分析结论，参照盛松成关于合理 M_2 增速的观点（合理 M_2 增速为 GDP + CPI + 2 至 3 个百分点），我们根据整个经济体全部信贷增速与目标 GDP、目标 CPI 偏离的长期趋势来构建信贷顺周期热度参数，即

信贷顺周期热度 = 贷款增速 −（目标 GDP 增速 + 目标 CPI）−（2% 或 3%）

信贷顺周期热度参数计算公式中最后一项数值取值 2% 还是 3% 视宏观经济热度参数而定，当宏观经济热度参数大于 1 时，取值 2；反之，当宏观经济热度参数小于 1 时，取值 3。

（二）构建逆周期信贷调控因子

构建逆周期信贷调控因子旨在抑制金融体系信贷顺周期波动，防范金融机构受到来自信贷过快增长导致系统性风险的影响。

逆周期信贷调控因子 = 1+ 信贷顺周期热度
= 1+[贷款增速 −（目标 GDP 增速 +目标 CPI）−（2%,3%）]

三、完善差别准备金动态调整机制构建逆周期银企关系

（一）加入逆周期信贷调控因子后的逆周期资本缓冲要求

逆周期资本缓冲 = βi[贷款增速 i −（目标 GDP 增速 + 目标 CPI）]
= 系统重要性参数 × 宏观经济热度参数 × 逆周期信贷调控因子
× [贷款增速 i −（目标 GDP 增速 + 目标 CPI）]
= 系统重要性参数 × 宏观经济热度参数 ×（1+ 信贷顺周期热度）
× [贷款增速 i−（目标 GDP 增速 +目标 CPI）]
= 系统重要性参数 × 宏观经济热度参数
× {1 +[贷款增速 −（目标 GDP 增速 + 目标 CPI）−（2%,3%）]}
× [贷款增速 i −（目标 GDP 增速 + 目标 CPI）]

注：贷款增速指整个社会的整体贷款增速，贷款增速 i 指单个金融机构的贷款增速。

（二）加入逆周期信贷调控因子后的资本缓冲要求

资本缓冲要求 = 留存资本缓冲 + 逆周期资本缓冲

= 留存资本缓冲 + 系统重要性参数 × 宏观经济热度参数

× {1 + ［贷款增速 − （目标 GDP 增速 + 目标 CPI） − （2%,3%）］}

× ［贷款增速 i − （目标 GDP 增速 + 目标 CPI）］

（三）加入逆周期调控因子后的差别准备金率

差别准备金率 Ri = αi（最低资本充足率要求 + 系统重要性附加资本

+ 加入逆周期调控因子后的资本缓冲要求）− Ci

Ri = αi{最低资本充足率要求 + 系统重要性附加资本

+ 留存资本缓冲 + 系统重要性参数 × 宏观经济热度参数

× {1 + ［贷款增速 − （目标 GDP 增速 + 目标 CPI） − （2%,3%）］}

× ［贷款增速 i − （目标 GDP 增速 + 目标 CPI）］ − Ci

Ri 是 i 银行的差别准备金率；Ci 为金融机构实际资本充足率；αi 为稳健性和结构性调整参数，主要依据以下因素确定并赋值：一是银行稳定性状况。二是结构性参数。依据经济结构调整和转型升级需要，结合金融机构信贷结构、信贷投向等加以确定和调整。

四、货币政策非对称性下的差别准备金动态调整机制的进一步完善

当经济持续处于下行通道，即实际 GDP 增速持续低于目标 GDP 增速，需要采取扩张性宏观调控政策刺激经济时，就需要进一步调整差别准备金动态调整机制，原因是扩张性货币政策的无效性（即扩张性货币政策无法实现刺激经济的目的）。基于此，改进差别准备金动态调整机制的方法是：在经济下行期将信贷顺周期热度参数取值为 −1%，这样逆周期信贷调控因子就为：

逆周期信贷调控因子 = 1 + 信贷顺周期热度

= 1 + （−1）

= 0

在逆周期信贷调控因子为 0 的情况下，加入逆周期信贷调控因子后的逆周期资本缓冲要求就调整为：

逆周期资本缓冲 = βi［贷款增速 i − （目标 GDP 增速 + 目标 CPI）］

= 系统重要性参数 × 宏观经济热度参数 × 逆周期信贷调控因子

× ［贷款增速 i − （目标 GDP 增速 + 目标 CPI）］

= 0

相应地，加入逆周期调控因子后的差别准备金率为：

差别准备金率 Ri = αi（最低资本充足率要求 + 系统重要性附加资本

　　　　　　　 + 加入逆周期调控因子后的资本缓冲要求）- Ci

　　　　　　　 = αi（最低资本充足率要求 + 系统重要性附加资本）- Ci

第三节　逆周期银政企关系构建的配套政策

一、建立政府性担保基金（地方政府层面）

由于小微企业大多处在产业链的最末端，抗风险能力差，企业的生产经营很容易受到经济波动的影响，在经济增长放缓时期，小微企业资金链开始紧张，企业还款能力下降，进而导致银行不良贷款上升。因此，在经济下行时期，银企信用关系收缩主要体现在银行对小微企业愈加惜贷上。针对经济下行时期"扩张性货币政策无效或弱效"的问题，德国建立了一种市场稳定基金来进行危机时金融系统的紧急救援，我们可以借鉴上文中德国临时救援基金的思路，结合地方实际情况，从地方政府层面引入政府性担保基金，以修复经济下行时的银企关系，弥补"扩张性货币政策无效或弱效"的问题，进一步完善逆周期银企关系。

（一）政府性担保基金发挥作用的制度安排

1. 成立专门机构管理政府性担保基金

建立小企业管理局（或小企业服务局），通过直接援助、提供咨询等，专门行使为小微企业提供贷款担保、争取政府订单，并对小微企业主提供培训和指导的职能。在小微企业贷款融资方面，小企业管理局并不直接向小微企业提供贷款，而是通过与银行合作的方式为小企业提供贷款担保。目前，我省各级地方政府都建立了政府背景的担保机构，但总体来看，政府背景的担保机构在行政隶属关系及机构性质方面鱼龙混杂，担保基金规模偏小、担保能力有限，远远发挥不了经济下行对小微企业的贷款担保能力。因此，政府性担保基金发挥作用的第一个制度安排是整合政府性担保机构，成立一家政府性担保公司，该政府性担保公司在行政关系上隶属工信部门的小企业管理局。第二个制度安排是提高政府担保基金规模，资金来源于两种渠道：一是地方财政注资；二是与小企业管理局有合作关系的商业银行缴存。

2. 提供多样化贷款项目

在具体贷款项目方面，小企业管理局根据贷款对象不同需求，应该设计多样化的贷款项目，以满足不同业务类型及发展状况的小微企业的资金需求。这些贷款项目包括：

第一类，小额贷款项目担保。主要提供额度较小的短期贷款，该贷款项目实际贷出额度 10 万元以下。

第二类，中长期贷款项目担保。提供长期固定利率贷款，用于小微企业购买固定资产扩张企业规模及企业技术升级等。

第三类，灾难贷款担保。主要针对小微企业的房地产、个人、资产、机械设备、存货在遭到破坏或毁损时，提供贷款担保，以帮助小微企业度过危机，避免因资金短缺而使损失进一步扩大。

3. 获得贷款的程序

小微企业需要获得银行贷款，需要经过如下程序：

第一，自筹启动资金。小微企业必须要有三分之一的自筹资金。

第二，制定资金周转计划。小微企业要有一个详细可信的资金周转计划，以确保有足够的资金来源还贷。

第三，足够的抵押物。小微企业主必须向银行申明个人资产，比如房子、汽车、贵重财物，以及这些资产能否用作贷款抵押。

第四，资信调查及审贷。银行对小微企业进行资信调查，了解其信用状况，分析其资金周转计划，分析贷款和资产比例。在此过程中，企业主应主动和银行联系，说服银行提供贷款，并最好提供长期低息贷款。

第五，提供担保。银行如果认为可以贷款，但缺乏担保，这时银行就与小企业管理局联系，要求其为借款企业提供担保。小企业管理局工作人员再次审核贷款申请资料、作出是否提供担保的决定。

4. 担保比例安排

小企业管理局提供贷款的大部分而不是全部担保：一是 50 万元及其以下的贷款担保率不超过 85%；二是 50 万元以上的贷款担保率不超过 75%；三是担保的最高额度为 500 万元，担保率为 50%。

5. 流动性安排

银行可将这部分贷款进行资产证券化，在市场上交易流通。如果借款的小微企业出现资金周转困难，连续两个月未能偿还贷款本息，银行可以向小企业管理局要求代为偿付担保部分的贷款本息，同时，终止贷款。这时小企业管理局也可以说服银行延长贷款偿付期，或者减免部分本息，同时给企业提供管理等方面的咨询，助其渡过难关，以争取三方共赢。

小企业管理局的目的是使有前景的企业起死回生，如果遇到乱花钱的企业，小企业管理局要采取措施，冻结小微企业主个人资产，然后拍卖。

只要把贷款偿还处理好，小微企业的正常关闭不影响以后开办新的企业时再申请贷款及担保。

（二）政府信用担保的优势

一是不需要大量的财政资金投入，仅以少量的担保基金就可以撬动大量的商业银行贷款支持小微企业发展；二是依靠商业银行对小微企业的资信和风险评估（政府只做复核贷款资料工作），大大减轻了政府的负担，而商业银行在贷款审核方面更专业化，也可以提高贷款效率和贷款质量；三是政府担保也不是来单照收，一旦借款企业出现问题，政府负担大部分，银行也要分担风险，这样可以约束银行审慎放贷；四是银行更有积极性，因为政府担保而且是现金担保，比处置借款人抵押担保更加便捷、高效、经济，比商业担保更可靠；五是小微企业实惠更多。小微企业可以政府担保，不必寻求商业担保，也不必采用企业互保方式，可以节省担保费用，也不会因为互保拖累正常经营的企业。

二、改善外部监管（监管层面）

根据上文中对西班牙成功动态拨备案例的介绍，可以看出西班牙拨备模式要求金融机构在经济繁荣时期识别贷款损失的缺陷，这使机构在经济恶劣的时候能获得更多的利润。西班牙模式代替了在经济向好时期较高的经济增长率、较低的损失拨备和经济恶化时期较低的经济增长率、较高的损失拨备，这使整个经济周期看起来更加平缓，波动显得不那么剧烈。银行将在经济繁荣期拥有相对更多的损失拨备，这在降低了银行收入的同时也降低了银行对迅速增加贷款的激励；在经济衰退期，银行拨备相对更少，这使得银行收入的减速趋缓，银行也有更大的激励继续放贷，这对整体经济的剧烈波动起到了一定的缓释作用。

我国从1988年设立贷款损失拨备制度到现在，银行贷款损失准备长时间处于一种短缺的状态。伴随着银行业整体改革层次的进一步加深，我国根据一定比例计提贷款损失拨备逐渐过渡到实施高强度的资本监管手段，在这一过程中逐步增强了银行判断、测量、控制风险的能力。当前我们需要不断吸取和借鉴国际资本监管经验，进一步改善外部资本监管，可以在政策上尝试一些制度和方法来缓释金融的顺周期效应，主要有：

（一）建立前瞻的、事前的资本监管制度

通过在经济好转时期增加资本比率的方法来减缓风险的集结，然后让它们在经济衰退时吸收损失。基于事前对资产风险变化的预期来调整资本要求，以此替代现有的基于事后风险发现的资本监管制度。尽管使用这种方法后顺周期性仍然存在，但这种前瞻性的、风险资本要求的调整将会平滑经济周期的波峰和波谷。

（二）加强审慎性监管和市场的透明度

更加审慎的监管和透明的市场，能够减少经济衰退时由资本要求带来的顺周期性。一直以来，我们过分依赖最低资本的监管对金融市场的作用，而事实证明审慎性监管和市场的透明恰恰能弥补资本监管带来的一些缺陷和弊端。监管者应该考虑如何通过审慎的行为来限制顺周期性，因为它们可以更具有针对性且操作的滞后性更短。

郑州航空港综合试验区建设
金融支持问题研究

中国人民银行鹤壁市中心支行课题组[①]

摘要： 2013 年 3 月，郑州航空港经济综合试验区上升为国家战略，在经济发展模式转轨和经济增长方式转变的"新常态"下，试验区逐步承担起了中原经济区对外开放窗口和融入全球产业体系节点的重要角色，正在成为推动河南省经济持续快速增长的新引擎。金融是现代经济的核心，区域经济社会发展离不开区域内外强有力的金融支持，其中区域内金融发展是支持区域发展的金融内因，区域外金融支持是支持区域发展的外因，区域发展初期主要依靠区域外的金融支持，区域的持续发展更多地依靠区域内金融平台的支持。金融支持对于试验区建设具有不可替代的重要作用。本课题同时分析了如何推动外部金融支持试验区发展和试验区如何构建支持自身发展的金融平台。

从结构和逻辑上来说，本课题在总结国内外航空港建设金融支持经验和梳理典型航空港金融平台建设经验的基础上，明确了试验区自身金融发展的四个定位：建设国际航空物流金融中心、建设国家航空指向型产业供应链金融示范区、建设中部地区离岸金融和航空金融中心。

从满足大枢纽、大物流、大产业和大都市发展需要的角度分析了试验区发展的金融需求，从直接金融和间接金融供给的角度分析了试验区发展的金融供给状况。

详细分析了国家、河南省、郑州市、试验区四级体制平台对试验区金融支持的具体政策特征，构建了试验区金融支持的政策矩阵。

在理论和实际分析的基础上，本课题提出了加快试验区发展的金融支持具体路径：引导金融资源聚集、对接金融需求主体。并从目标和行动计划两个方面给出了试验区发展离岸金融、供应链金融、互联网金融、航空金融、传统金

---

① 课题主持人：钮旺；
课题组成员：闫晓峰、王伟、冯晓斌、常宝玺。

融和金融服务后台等金融业态发展的路径和规划。

本课题在分析当前国家金融政策和试验区当前金融支持状况的基础上，提出了金融支持试验区发展的四个突破口选择：认真梳理航空港综合试验区项目，积极申请国家专项债券资金，争取抵押补充贷款资金；构建境内外资金流动渠道，推动港区企业/项目跨境融资；由财政部、民航总局和河南省联合发起组建中国航空发展银行；通过资产证券化融资，促进金融资产流动。

关键词： 郑州航空港　金融支持　经济区

一、序论

（一）研究背景

2013 年 3 月 7 日，国务院批准《郑州航空港经济综合试验区发展规划》（以下简称《规划》），标志着郑州航空港经济综合试验区（以下简称试验区）成为国家批准的第一个以航空经济为引领的国家级新区。试验区目前正处于发展的关键时期：试验区产业体系正在逐步形成，集聚效应开始显现。如在手机行业方面，已有富士康、中兴、酷派等 50 多家手机整机企业和配套企业入驻，这些企业约占全球供货量的八分之一；在物流企业方面已有 UPS、顺丰等多家航空物流企业和欧洲制造之窗、中瑞大宗商品交易中心等多家商贸物流企业入驻。在航空运输方面，截至 2014 年底，郑州新郑机场已开通航线 180 多条，比 2013 年新增 40 条，其中全货运国际航线 28 条，比 2013 年新增 9 条；2014 年前 10 个月郑州机场累计完成旅客吞吐 1 332.37 万人次，同比增长 21.6%；完成货邮吞吐 30.05 万吨，同比增长 73.3%，两项增幅均排名中国大型机场第一。迅速崛起的郑州机场，正不断发挥出强劲的磁石效应，吸引大批企业入驻，共享发展机遇。

金融是经济的核心，是地区发展的重要因素。试验区建设正处于发展的关键时期。如何获得金融支持、运用好金融手段促进航空港战略目标的实现，关系到中原经济区建设与发展。同时，在航空港的战略定位中融入金融功能定位，也有助于推动金融与航空港试验区相互支持，共同成长。

理论模型解释了金融体系对经济增长的作用机制。AK 模型是最简单的内生增长模型，总产出是总资本的线性函数：

$$Y_t = AK_t \tag{1}$$

假设该国家或地区人口不增长，该经济体只生产一种简单的产品，该产品既可用于消费也可用于投资（投资时，折旧率为 δ，总投资等于：

$$I_t = K_{t+1} - (1 - \delta)K_t \tag{2}$$

假设在一个没有政府的封闭式的经济体内，资本市场的均衡条件是总储蓄

S_t 等于总投资 I_t。由于金融成本的存在，使得 $(1-\varphi)$ 比例的储蓄会在转换为投资过程中损耗掉，则

$$\varphi S_t = I_t \tag{3}$$

$t+1$ 期的增长率 g_{t+1} 为

$$g = \frac{Y_{t+1}}{Y_t} - 1 = \frac{K_{t+1}}{K_t} - 1 \tag{4}$$

结合式（3）和式（4）可以得到稳定状态下的经济增长率为

$$g = A\frac{1}{Y} - \delta = A\varphi s - \delta \tag{5}$$

式中，总储蓄率 $s = \dfrac{S}{Y}$。

式（5）显示，金融体系可以通过影响 φ（储蓄转化为投资的比例）、A（资本的边际社会生产率）和 s（私人储蓄率）来影响经济增长率 g。

因此，首先金融功能的健全可以将更高比例的储蓄转化为投资从而促进经济增长。金融体系的一个最大并且重要的功能是把储蓄转化为投资。在把储蓄转化为投资的过程中，因为金融体系的成本以及自身效率损失，只能将 ϕ 比例的储蓄转化为投资，金融的发展会提高 ϕ 的比例，从而促进经济增长，使增长率增加。其次银行和金融市场的发展能够提高资源配置的效率，能把资金配置到资本边际产品较高的项目中去，从而促进经济增长。最后，金融发展可以改变一国居民的储蓄率，从而影响经济增长。金融体系通过这三种方式来提升储蓄转换率 ϕ、提高资本边际生产率 A 和储蓄率 s，从而促进一个国家的经济增长。因此，金融功能的健全会促进郑州航空经济的发展。

试验区金融发展亟待明确科学的金融定位。试验区发展中五大定位的实现离不开金融的支持，但截至目前试验区发展缺少金融定位。试验区金融定位的缺失使得航空港金融发展缺乏长远系统的规划，不利于利用当前金融行业变革的机遇，不利于吸引金融机构在试验区发展业务。

（二）研究意义

1. 提高效率，加快基础设施建设。金融支持对航空港试验区经济发展有两方面的促进作用：一是可以增加要素总量，起到要素的集聚效应；二是通过提高要素生产率，如资本的生产效率，投融资效率等来促进经济发展。

2. 促进产业升级。首先，金融业的发展直接体现为金融业的产出扩大，在统计核算中表现为第三产业增长加快，比重增大，实现产业结构的优化。其次，金融业的发展可以促进各产业不同程度的增长，整体提升区域经济总量。

3. 明确金融发展定位，建立市场导向的国际物流金融中心。明确金融定位

是航空港发展的当务之急，结合航空港发展的五大定位，打造市场导向的国际物流金融中心，同时促进以航空经济为引领的现代产业基地、内陆地区对外开放重要门户、现代航空大都市、中原经济区核心增长极等战略定位目标的实现，实现金融与试验区发展的良性互动。

（三）研究现状

在中国知网以"郑州航空港"为主题进行搜索，共查到自2013年至今公开发布的文献339篇，其中与金融有关的只有4篇，占比只有1.2%，说明现有关于金融支持郑州航空港的研究是不足的。李智（2013）提出利用多种融资模式支持航空港建设，魏华阳（2013）认为通过金融创新度对郑州航空港发展目标的支持，胡义芳（2014）提出了积极构建完善的金融支持体系、培养高素质的金融人才等促进郑州航空港区建设发展的金融政策，王超美等（2014）建议在鼓励现有银行尽早入驻的同时，谋划设立专门为港区建设和发展提供金融服务的区域性、专业性银行，形成省内银行服务主体多元、结构丰富和良性互动的银行体系，以满足不同产业和企业的融资需求。从现有的研究看，既缺乏对港区金融定位的全面研究，也缺乏契合实际的分析和政策建议。本研究填补了国内该领域的空白（见图1）。

（四）研究思路

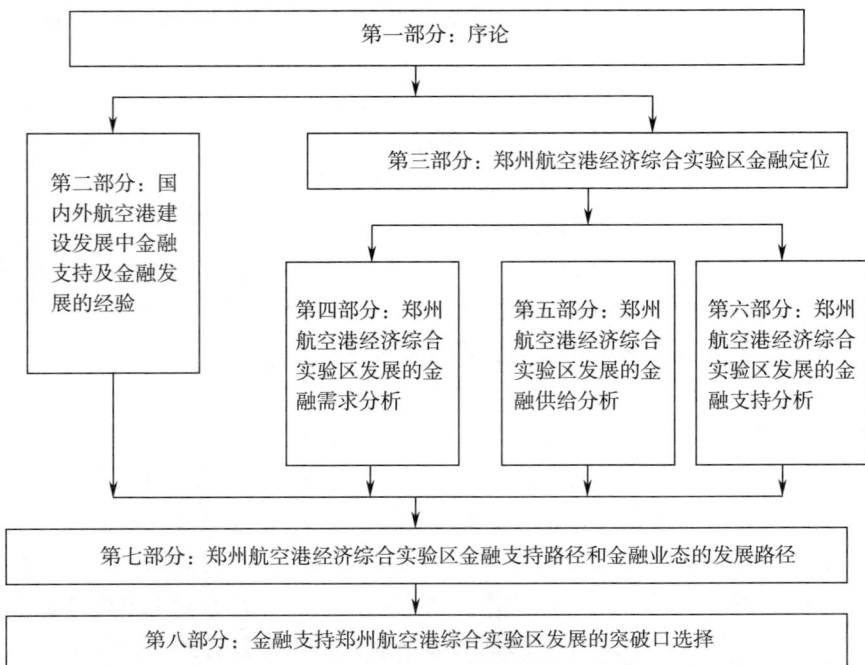

图1　郑州航空港经济综合试验区金融问题研究路径示意图

二、国内外航空港建设发展中金融支持及金融发展的经验

（一）国内外航空港建设金融支持的经验

关于国内外航空港建设发展中金融支持的研究主要是围绕基础设施建设融资展开。

1. 国内外航空港建设发展中金融支持的渠道与方式

金融支持航空港建设发展的两种渠道，一是直接投资，二是通过资本市场间接融资。一些金融组织如世界银行、亚洲开发银行等曾作为机场建设的直接投资者，另外航空港也可以在资本市场发行各种债券或普通股股票等获得金融支持。

金融支持航空港建设发展的三种方式。（1）贷款，包括银行信贷和外国政府贷款。银行信贷按资金性质，分为流动资金贷款、固定资产贷款和专项贷款三类。（2）发行证券。主要是发行股票和债券，证券融资一般包括首次公开发行股票融资，引入包括航空公司、机场管理公司或其他利益相关企业及财团作为战略投资者进行股权融资。债券发行分为发行普通债券和政府支持（信用担保或税收优惠）债券。（3）资产证券化。主要是将某种具有未来现金流的资产以证券的方式销售出去，使这些资产的原始所有人因此取得建设所需资金，同时，购买了证券的人取得了这些资产所产生现金的权利。

金融支持渠道与方式选择的影响因素。（1）不同的金融支持渠道与方式具有不同的特征，因此机场基础设施建设发展中的金融支持范围涵盖一种或多种渠道与方式；每种渠道与方式的构成和比例关系在一定时期内具有稳定性。（2）不同基础设施建设项目需要不同的金融支持。各机场功能区由于其建设和营运成本不同，相应的活动金融支持的难易程度和方式也不尽相同。

2. 航空港建设发展中金融支持的基本模式

金融支持模式主要是以下四种：BOT、特许经营、股权出售、同行拍卖。下面以大型国际机场基础设施建设发展为例予以说明。

（1）BOT（Build Operate Transfer）

机场基础设施建设发展资金需求量大，投资周期长，风险较大，一般企业或贷款单位不能承受庞大的资金需求。通过 BOT 融资能够在一定程度上分散项目的风险和投资者的风险，增加项目的债务承受能力，而且能够把项目开发各方面的因素结合起来，减少项目融资者的自有资金投入，提高项目的投资收益率。同时该模式还能够发挥政府的调控作用，并在项目产权期满收归国有（见表1）。

表 1　　　　　　　　　　部分国际机场基础设施建设 BOT 案例

机场基础设施	时间	合同年限（年）	承包商
加拿大：Toronto3 号航站楼	1987	结束	Lockheed consortium
英国：Birmingham Eurohub	1989	结束	Birmingham airport，British Airways，National Car parks 等
希腊：Athens	1996	30	希腊政府 55%；Hocktief 45%
匈牙利：Budapest 国际机场航站楼	1997	12	Aeroport de Montreal consortium
菲律宾：Manila 国际机场航站楼	1999	25	Fraport consortium
美国：New York JFK 国际机场 4 号航站楼	1997	20	Schiphol consortium
埃及：Sharm El Sheikh	2001	25	YVRAS consortium

资料来源：Anne Graham. Managing Airports—an international perspective（Second edition）. Elsevier Butterworth – Heinemann. 2003，P. 25。

（2）特许经营（Concession）

金融机构通过购买特许经营权或租赁权，获得对机场基础设施经营一段确定期限的权利，通常在 20～30 年左右，一般涉及初始支付和年费支付。采用特许经营模式，特许经营者承担了所有的经济风险，并对机场基础设施运行和未来投资负有责任。由于机场基础设施只被交给特许经营者一段固定的时间，相对于资产出售，政府所有者仍然对机场基础设施拥有相当大的控制力（见表 2）。

表 2　　　　　　国际上机场基础设施建设中特许经营模式的部分案例

机场	时间	特许年限（年）	特许经营者
哥伦比亚：Barraanquilla	1997	15	AENA consortium
英国：Luton	1998	30	AGI
墨西哥：Pacific Group	1999	15	Bechtel/Barclaysconsortium AENA consortium
坦桑尼亚：Kilimanj aro International Airport	1998	25	Mott Macdonald consortium（政府拥有部分股份）
乌拉圭：Montevideo	1999	25	YVRAS consortium
哥斯达黎加：San Jose	1999	20	TBI
哥伦比亚：Cali	2000	20	AENA consortium
墨西哥：North Central Group	2000	15	AdP consortium
秘鲁：Lima	2000	20	Fraport/Bechtel consortium
阿曼：Seebfi Salahah	2001	25	BAA consortium
马耳他	2002	65	Vienna Airport consortium
牙买加：Monteta Bav	2003	30	YVRAS consortium

资料来源：Anne Graham. Managing Airports—an international perspective（Second edition）. Elsevier Butterworth – Heinemann. 2003，P. 24。

（3）股权出售（Share Flotation）

通过股权出售，机场基础设施的所有者放弃了全部或部分所有权，同时将经济风险和有效控制权转交给了新的股权所有者。股权出售消除或一定程度上减少了政府参与投资的必要性，并为机场基础设施未来投资筹集了资金，或将筹集的资金直接交由政府支配（见表3）。

表3　　　　　　　**机场基础设施建设发展中股权出售的部分案例**

机场	时间	出售类型
英国：BAA	1987	100% IPO
意大利：Rome	1997	45.5% IPO
新西兰：Auckland	1998	51.6% IPO
马来西亚：Malaysia Airports	1999	18% IPO
中国：BCIA	2000	35% IPO 和同行拍卖
瑞士：Zurich	2000	22% IP 和 28% Secondary offering
德国：Fraport	2001	29% IPO

资料来源：Anne Graham. Managing Airports—an international perspective（Second edition）. Elsevier Butterworth – Heinemann. 2003，P. 20。

（4）同行拍卖（Trade Sale）

通过同行拍卖，机场基础设施或整个机场基础设施被卖给同行业者或投资财团。在拍卖的时候，战略伙伴的管理和技术经验将与经济实力一样，都要考虑进去（见表4）。

表4　　　　　　　**机场基础设施建设发展中同行拍卖的部分案例**

机场	时间	出售股数%	主要购买者
英国：Liverpool	1990	76	British Aerospace
澳大利亚：Brisbane	1997	100	BAA
Skavsta Stockholm	1998	90	TBI
新西兰：Wellington	1998	66	Fraport
比利时：Liege	1999	25	AdP
美国：Niagara Falls	2000	100	Cintro
意大利：Turin	2000	41	Benetton consortium
澳大利亚：Syney	2002	100	Macquarie/Hochtief

资料来源：Anne Graham. Managing Airports—an international perspective（Second edition）. Elsevier Butterworth – Heinemann. 2003，P. 22。

3. 国际国内航空港建设发展中金融支持的经验做法

（1）国际上航空港建设发展中金融支持的经验做法

①美国：大中型机场发行债券，小型机场由联邦基金资助

第一，发行机场专项债券是美国大中型机场基础设施建设获得金融支持的

主要方式。基本做法：机场当局是筹资和还贷的主体；机场专项债券是政府债券，政府对投资回报给予税收优惠；发行机场专项债券有担保，机场和大型航空公司签订的新机场或机场新建、扩建设施的使用协议是主要的担保形式；债券年限一般为20~25年，其长短取决于所使用的领域。

第二，对小型或偏远地区机场基础设施建设的金融支持由联邦基金提供。根据联邦航空局的规定，联邦政府将会承担小型机场改造成本的90%。

②日本：对机场基础设施建设获得金融支持进行分类管理

日本将机场定位于不以盈利为目的的公共产品，机场建设和融资以政府预算、财政投入为主，政府利用财政资金或通过政府信用的担保吸收部分民间资本，为机场建设或扩建提供资金。日本政府将全部的民用机场分为四类，分别进行管理（见表5）。

表5　　　　　　　　　日本机场基础设施建设的主要融资方式

设施分类	机场类别	一类机场	二类（A）机场	二类（B）机场	三类机场
基础设施	跑道、滑行道和机坪	政府	机场所在地政府2/3，地方自治体1/3	中央政府55%，地方政府45%	中央政府55%
辅助设施	导航辅助设施和一关三检设施	政府	政府	政府	政府
辅助设施	排水设施、供电设施、道路、停车库和桥梁	政府	中央政府	中央政府55%	中央政府50%

资料来源：日本国土交通运输省民航局网站。

③英国：以出售股份吸收社会资本

1986年后，英国最主要的19个机场基础设施中的16个机场基础设施或进行公开上市，或出售全部或部分所有权给私营机构（见表6）。

表6　　　　　　　　　部分英国机场基础设施股份转让情况

机场（集团）名称	实施民营化方案	年份
英国机场管理集团（7个机场）	出售全部股份给私营机构	1987
NOttingham	出售全部股份给私营机构	1993
BelfastIni	管理层收购	1994
Birminghan	出售51%股份给私营机构	1997
LUton	出售全部股份给私营机构	2001

资料来源：英国民航局和机场网站。

（2）国内航空港建设发展中金融支持的经验做法

从新中国成立至 20 世纪 80 年代初期，机场基础设施的建设主要由国家财政拨款，不涉及金融支持。80 年代后期起，部分机场基础设施开始采用银行贷款等方式自筹资金，1990 年全国民航固定资产投资总量中银行贷款占比最高，达 37.9%。1993 年，民航部门开始征收"民航基础设施建设基金"，较大程度地改变了中国内地机场的融资结构。随着我国机场体制改革的不断深入和外部直接融资环境的改善，机场基础设施通过直接融资的比例持续增加。厦门机场、深圳机场等 6 家机场于 1998—2004 年分别在国内 A 股市场或香港证券联合交易所发行股票，共融资超过近 80 亿元（见表 7）。

表 7　　　　　　　　　　国内部分机场上市融资情况

机场名称	上市日	IPO 数额（亿元）
厦门机场公司	1996.04.17	2.31
深圳机场集团	1998.02.18	19.23
上海机场公司	1998.03.11	6.38
北京首都机场	2000.02.01	27.4
海口美兰机场	2002.11.18	1
白 云 机 场	2004.04.28	22.83

资料来源：各上市公司网站；其中首都机场和美兰机场 IPO 金额为港元。

一般而言，大型国际机场基础设施在借助金融市场获得支持方面形式更为多样，手段更为灵活，如浦东国际机场和杭州萧山国际机场（见表 8）。

而对中小型机场基础设施，特别是中西部机场，我国政府一直实行补助和扶持政策。

表 8　　　　　　　浦东国际机场和杭州萧山国际机场融资情况

浦东国际机场		杭州萧山国际机场
一期	二期	
总投资约为 130.56 亿元： （1）上海市市财政投入 30 亿元； （2）虹桥机场股份有限公司上市募集资金 20 亿元； （3）申请日元贷款 400 亿日元（34 亿元人民币）； （4）国家开发银行贷款 30 亿元； （5）法国政府贷款 4 275 万法郎； （6）浦东发展银行及其他银行贷款 16.56 亿元（包括法国政府贷款）。	总投资为 207.75 亿元： （1）民航总局安排民航基金 8.7 亿元； （2）上海市政府安排专项资金 40 亿元； （3）银行贷款 110 亿元（占机场工程投资的 55.8%）。 另：2007 年上海国际机场股份有限公司发行公司债券 25 亿元，期限 10 年，采用固定利率方式。票面年利率为 5.20%。	以增资并购的形式引入香港机场管理局共同投资和经营管理杭州萧山国际机场。合资公司注册资本为 56.86 亿元，香港机管局注资 19.9 亿元，占 35% 的股权。

资料来源：政府网站和各上市公司网站资料整理。

（二）国际国内航空港金融平台建设的经验

我们对新加坡、伦敦、香港和上海在建设金融中心方面的经验进行了总结（见表9）。

表9　　　　　　　　国际国内航空港金融中心建设经验

新加坡	伦敦	香港	上海
1. 大力发展离岸业务。积极鼓励和支持离岸金融业态和离岸金融业务创新。 2. 对新加坡元使用严格管制。通过实施分类许可证制度，严格限制外资银行经营新加坡元业务。 3. 为金融业发展特别是离岸金融业务发展不断推出优惠税收政策。 4. 对金融业实施严格高标准的监管。	1. 集聚良好的基础设施。 2. 集聚庞大的金融机构。 3. 集聚强力的科技支撑。 4. 集聚显著的区位优势。 5. 集聚最优的人力资本。 6. 集聚独特的文化优势。 7. 集聚高端的战略制度。	1. 通过金融开放吸引外资金融机构。 2. 针对性地设置了外资金融机构进入本地的管道。 3. 培养和招揽专业的人才资源。 4. 建立完善的金融监管体系。 5. 良好的法治环境。	1. 发挥金融要素市场优势，全面提升金融创新效应。 2. 依托长三角城市群，立足发展国内经济。 3. 坚持制度创新，大胆"先行先试"。金融领域的许多改革措施都放在此先行先试，一批有重大影响的基础金融产品和金融衍生品都诞生在上海。 4. 实施扶持政策，优化发展环境。

（三）结语

从上述国内外航空港建设过程中金融支持的经验来说，都是采取多种融资渠道弥补建设资金的不足，而且在融资中充分利用市场机制，实现合作各方共赢，不仅有效地提高了投资效率，而且为各方继续加深金融合作奠定了良好的基础。总结国内外金融中心的建设经验，重视城市发展中金融功能定位，实行差异化发展战略是它们金融发展甚至是城市发展获得成功的关键。

三、郑州航空港经济综合试验区金融定位

（一）国际航空物流金融中心

依托航空港试验区国际航空物流中心建设，大力发展物流金融，打造国际航空物流金融中心。物流金融是指银行和第三方物流企业在供应链运作的全过程中，向客户提供的融资、结算、资金汇划、信息查询等服务。它将金融活动引入到物流中，组织和调节物流运作过程中的货币资金运动，实现物流、信息流与资金流的有效融合。

物流金融涉及三个主体：第三方物流企业、融资企业（供应链企业）和金融机构。物流企业与金融机构联合为资金需求企业提供融资，三者在物流金融

实验区定位：

以航空经济为引领的现代产业基地

⬇

金融发展定位：

国家航空指向型产业供应链金融示范区

⬇

模式：金融机构作为供应链的核心方，为供应链上的各个企业客户提供综合金融、产融结合、产业联盟、结算和数据等多项服务平台。

效果：以服务航空指向型产业为导向，以共享资源为基础，搭建产业联盟平台，实现关联方增值。

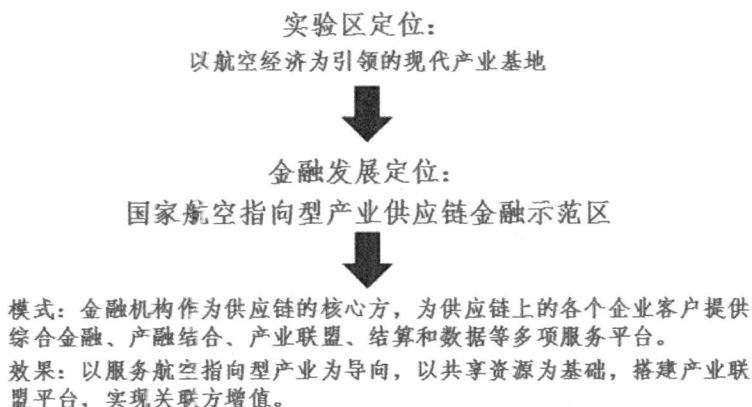

图 2　郑州航空港经济综合试验区国际航空物流金融中心发展定位模式图

活动中紧密合作实现"共赢"。

（二）国家航空指向型产业供应链金融示范区

依托航空港试验区豪集的航空设备制造维修、航空物流等重点产业、与航空关联的高端制造业和现代服务业龙头企业，分析研究航空指向型产业供应链横向、纵向的行业特点、金融需求、资金流向，对供应链金融服务进行全局的规划，设计出有针对性的金融服务模式，实现全方位的金融服务和资金流的闭合循环，为将航空港试验区建成全球生产和消费供应链重要节点提供金融支撑。

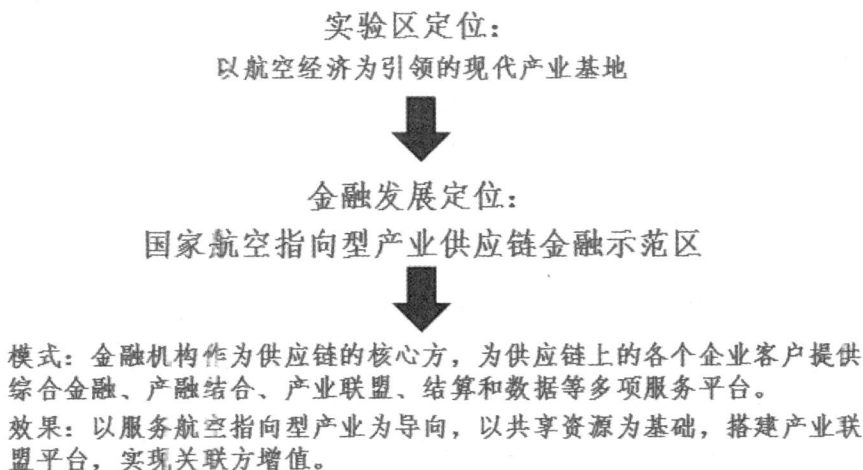

实验区定位：

以航空经济为引领的现代产业基地

⬇

金融发展定位：

国家航空指向型产业供应链金融示范区

⬇

模式：金融机构作为供应链的核心方，为供应链上的各个企业客户提供综合金融、产融结合、产业联盟、结算和数据等多项服务平台。

效果：以服务航空指向型产业为导向，以共享资源为基础，搭建产业联盟平台，实现关联方增值。

图 3　试验区国家航空指向型产业供应链金融示范区发展定位模式图

供应链金融经营过程中，金融机构作为供应链的核心方，要为供应链上的各个企业客户提供综合金融、产融结合、产业联盟、结算和数据等多项服务平台，即金融机构要超越过去单纯的资金提供方角色，成为企业的金融和咨询服务提供商；要帮助没有条件成立结算中心、财务公司的中小企业持续发展，帮助企业降低管理成本，提高资金使用效率；要为供应链内部企业提供数据信息的整合、交互和处理的服务，改变传统供应链金融中信息缺失、信息不对称等弊端，从而推动整体供应链内部企业的对接效率和整个供应链的凝聚力；要结合航空指向型产业特征，对内部企业进行有效整合，以服务产业为导向，以共享资源为基础，搭建产业联盟平台，实现关联方增值。

（三）中部地区离岸金融中心

航空港试验区是中国首个航空港经济发展先行区，它以河南省郑州市新郑国际机场附近的新郑综合保税区为核心，在区域功能、管理体制、优惠政策、海关监管等方面与自由贸易区存在相同之处，可视为自由贸易区的一种雏形或过渡。保税港区作为我国开放程度最高、对外经济联系最为紧密的特殊经济区域，是我国经济对外开放的门户区。这也使得保税区成为巨量国际资金流动的节点，发展离岸金融成为必然，离岸金融的开展将对保税区国际中转、国际配送、国际采购、国际贸易等功能的实现形成重要的金融支撑。

实验区定位：
内陆地区对外开放重要门户、自由贸易区重要组成部分

⬇

金融发展定位：
中部地区离岸金融中心

⬇

模式：在我国金融体系之外，形成由非居民参与的资金融通模式。
效果：对保税区、自贸区范围内的国际中转、国际配送、国际采购、国际贸易等功能的实现形成重要的金融支撑。

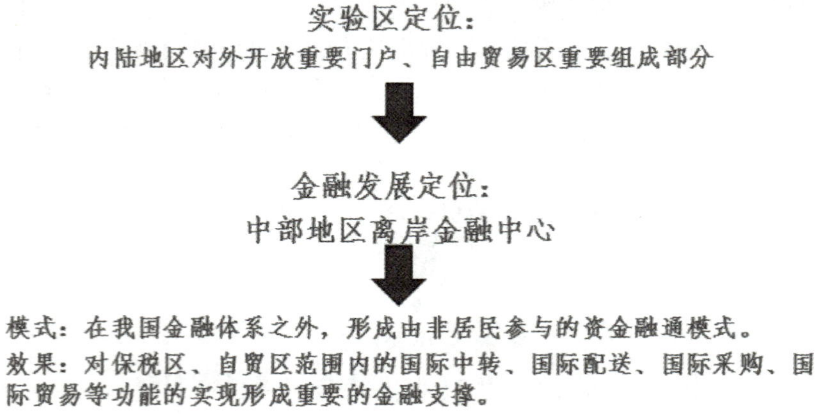

图4　试验区中部地区离岸金融中心发展定位模式图

保税区具备发展离岸金融所需的灵活的管理政策、优惠的税收安排等基础条件，也具备了国际上自由贸易区所具有的基本优势，具有真正意义上的"境内关外"的特征和接近自由贸易港的政策模式，建设中部地区离岸金融中心条件已具备。

（四）中部地区航空金融中心

广义航空金融是指和航空产业相关的所有金融活动的集合，狭义航空金融是指具有明显的航空产业特性的金融活动，主要指航空租赁。伴随着我国航空

运输业的快速发展和国家相关政策的大力扶持，航空金融业发展面临着重大的发展机遇。近年来，试验区航空产业发展强劲，旅客吞吐量、航空货运2011—2013年两年分别增长了50.90%和198.02%，货邮吞吐增速连续三年位居全国第一，开通航线持续增长，UPS、俄罗斯空桥、国泰、国货航、中邮等航空公司入驻，带来了巨大的航空金融需求。航空业务的快速发展扩大了对飞机的需求，作为航空公司购置飞机的主要途径，近年来世界范围内通过租赁形式引进飞机的比重超过80%，航空租赁业未来发展潜力巨大。

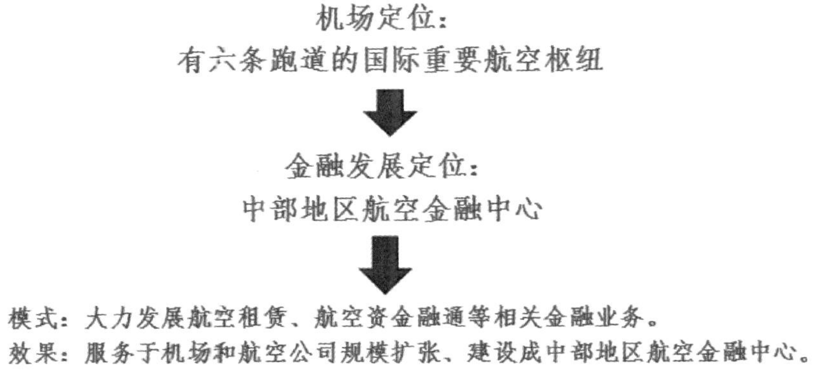

机场定位：
有六条跑道的国际重要航空枢纽

⬇

金融发展定位：
中部地区航空金融中心

⬇

模式：大力发展航空租赁、航空资金融通等相关金融业务。
效果：服务于机场和航空公司规模扩张、建设成中部地区航空金融中心。

图5 试验区中部地区航空金融中心发展定位模式图

今后十到二十年是我国飞机租赁业发展的黄金时期。航空港试验区应当牢牢把握有利时机，立足建设中部地区航空金融中心，大力发展航空租赁等相关金融业务。

四、郑州航空港经济综合试验区发展的金融需求分析

（一）大枢纽建设的金融需求

航空枢纽位于中枢辐射航线网络的重要节点上，具有较大业务规模和较高中转比例与中转效率的机场。航空枢纽的一般特征包括：一是拥有优越的航空地理位置。航空枢纽往往位于地区航线结构的中心，自然适航条件好。优越的地理位置、较低的绕航系数，对于航空公司来说，意味着更低的成本，对于旅客和货主来说，意味着可以更快速地进行中转，更少的等待时间。二是具有较大的空运市场需求和中转客货运需求。一方面，航空枢纽所在地区往往拥有发达的本地经济，从而能创造出充沛的本地客货运市场需求；另一方面，航空枢纽优越的地理位置、完善的航线网络、高效的中转流程，必将为其提供较大的中转客货需求。三是拥有实力雄厚的基地航空公司。枢纽机场一般由1~2家基地航空公司占据主导地位。四是拥有发达的地面交通网络。航空枢纽应具备发达的地面集疏运交通网络，以确保进出机场客货流的高效与便捷。

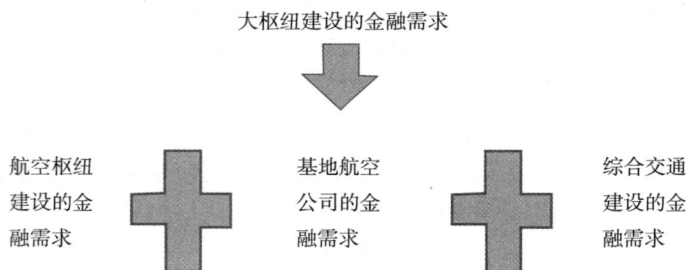

图6 郑州航空港经济综合试验区大枢纽建设金融需求结构示意图

按照《规划》，航空港试验区枢纽建设需要金融资源的支持，重点发展与航空港经济密切相关的金融租赁、离岸结算、航运保险、贸易融资等业务；引进和培育一批规模大、影响力强的租赁企业，发展飞机和大型设备租赁业务；吸引跨国公司设立财务中心、结算中心，开展离岸结算等业务；支持金融机构围绕贸易融资需求开展金融创新，发展供应链融资和进出口贸易融资，拓展航空运输保险业务。

（二）大物流发展的金融需求

《规划》中明确指出，将航空港试验区"逐步发展成为全国重要的国际航空物流中心"，并且从特色产品物流、航空快递物流、国际中转物流、航空物流配套服务四个方面明确了发展航空物流产业的路径和措施。要促进物流业的大发展必须大力发展物流金融。

图7 郑州航空港经济综合试验区大物流发展金融需求结构示意图

首先，物流金融可以解决物流企业部分融资需求。随着中国物流企业的迅速发展，许多物流企业特别是中小物流企业面临着越来越严重的融资瓶颈。银行对中小物流企业的信贷条件远高于对大型物流企业的条件，且中长期融资渠道不畅。目前，中小物流企业获得的银行贷款期限一般不超过半年，主要用于填补流动资金缺口，而用于进行技术改造和基本设施建设的中长期融资需求难以满足。

其次，物流金融作为一种新的盈利模式，正在成为业内关注的目标。目前，基础性的物流业务操作，如仓储、运输，利润率已经越来越低，物流的主要利润来源已经转向各种增值服务。"未来的物流企业谁能掌握金融服务，谁就能成为最终的胜利者。"这是 UPS 的发展战略之一，目前物流金融已经成为该公司第一位的利润来源。

最后，物流金融是物流企业获取新的竞争优势的有效途径。物流金融使得物流企业得以控制全程供应链，保证特殊产品的运输质量，长期稳住客户。在供应链管理模式发展下，企业逐渐转而强调跨企业界限的整合，使得顾客关系的维护与管理越来越重要。

（三）大产业发展的金融需求

航空港试验区经济总量快速增长，产业经济迅猛发展。从 2010 年到 2013 年，地区生产总值增长了 11.5 倍，财政总收入增长了 7.8 倍，固定资产投资增长了 4 倍。外贸进出口总额有了质的突破，在 2010 年试验区的外贸进出口总额极少，到了 2011 年就达到了 89 亿美元，2012 年又实现了增长翻两番的突破，达到了 280 亿美元，到了 2014 年，在国际经济形势发展并不乐观的情形下，试验区的外贸进出口依然保持了强劲增长，达到了 379 亿美元。2010 年试验区工业总产值为 58 亿元，2011 年为 423 亿元，2012 年达到 1 208 亿元，2013 年达到 1 740 亿元，试验区工业总产值的发展在最近四年中，每年都快速发展。而规模以上工业增加值从 2010 年到 2013 年，有了近 20 倍的增长。这样的速度无论是在全国还是全球都是少有的。根据最新的统计资料，2013 年新郑保税区的进出口总额仅次于昆山综保区，在全国排名第二。具体如图 8 所示：

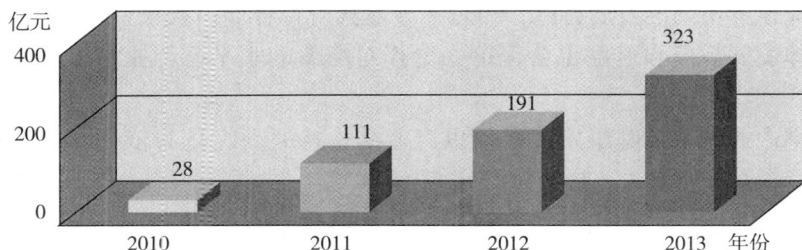

图 8　2010—2013 年试验区地区生产总值

关于金融对产业发展的作用和影响，经济理论界已经形成了一些研究。希克斯（Hicks）认为，18 世纪的许多技术发明并没有全部必然地点燃英国工业革命之火，相反，具有高度流动性的金融市场却使长期的和巨大的投资成为可能①。依据他的观点，英国工业革命中所使用的技术在工业革命之前就已经存在，真正引发工业革命的是金融系统的创新而不是通常所说的技术创新，金融部门广泛动员社会资金，促进资本流动，对当时规模浩大的经济社会建设发挥了重要的作用。现代经济学家更多地从产业结构角度考察金融发展对产业发展的影响和作用。拉詹和津加莱斯从一个国家内不同行业对外源融资的依赖程度，考察了一国金融发展水平及产业增长水平指标之间的相互关系，他们发现，一个国家金融体系发育程度的不同，会影响具有不同技术创新特质产业的增长，进而影响一国的经济增长②。其他一些学者也通过研究发现，金融市场的发展提高了资本在产业间的配置效率，金融市场发展良好的国家投资于成长性产业的资金较多，而投资于衰退产业的资金较少③。同时，金融市场发展水平越高的国家，各产业之间有着越高的相互关联的增长率，从而产业发展得越快④。如前所述，临空产业发展的关键在于产业结构的优化升级。而产业结构优化升级实质是经济资源在各个产业部门重新组合和优化配置的过程，即通过生产要素在不同产业和不同部门间转移，实现不同产业和不同部门间边际成本和边际产出的调整。在经济货币化时代，经济资源的组合与配置往往表现为资本在各个产业部门间的组合与配置，而资本的组合与配置又有赖于金融体系自身金融功能的发挥。所以，金融支持临空产业发展内在机理主要在于金融体系通过资本供给和资本配置机制，发挥金融功能，促进产业结构合理化和高级化，进而推动产业结构优化升级。

在市场经济条件下，资本是一种核心战略性要素，金融发展水平越高，金融体系越健全，金融功能越完善，相对来说资本要素价格也越便宜，资本要素也越容易获得，各产业部门发展就能够在整体上获得充裕的资金支持，且能够依据产业自身不同的发展特点，相对平等地获得符合部门发展需要的资本投入，产业总体发展规模和速度也会保持一个相对均衡的水平，产业结构会趋于合理化。

临空产业的持续健康发展必须以产业结构持续高级化为依托。金融通过资

---

① 约翰·希克斯著、厉以平译：《经济史理论》，商务印书馆1987年版，第131页。

② G. Raghuram, Rajah, Luigi Zingales, "Financial dependence and growth," American Economic Review, 1998, 88, 3: 559-586.

③ Jeffrey Wurgler, "Financial markets and the allocation of capital", Journal of Financial Economics, 2000, 58 (1-2): 187-214.

④ R. Fishman, I. Love, "Trade Credit, Financial Intermediary Development and Industry Growth," Journal 0, Finance, 2003, 58, 1: 353-374.

本供给和资本配置作用规定了产业结构变动的方向和效率，支持技术进步、产业融合和新兴产业发展，增强产业发展素质，提升产业附加值水平，促进产业结构高级化。

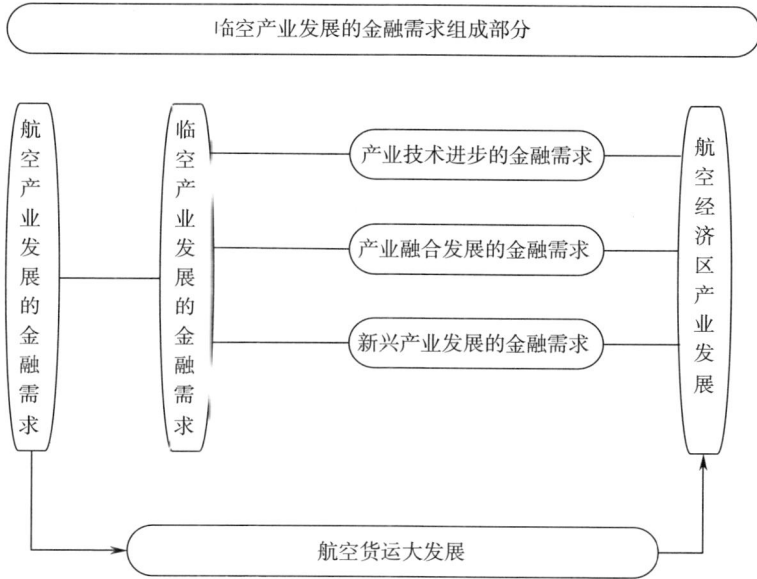

图9　郑州航空港经济综合试验区大产业发展金融需求路径示意图

（四）大都市发展的金融需求

航空大都市基础设施建设是城镇化进程中的重要物质构成，始终发挥基础性支撑功能，是城镇发展的命脉所在。航空大都市基础设施所提供的产品具备为生活与生产提供服务的职能，以乘数效应拉动经济增长，带来几倍于投资额的社会总需求和国民收入，同时城镇化的实现是一个漫长复杂的过程，需要大量资金作为后盾，2012年郑州航空港航空大都市基础设施建设需要的资金超过3千亿元，庞大的资金需求量除了财政拨款之外更离不开金融体系的支持，金融支持航空大都市基础设施建设按照主体不同可大致归为两大类：第一类是依靠市场推动形成的市场性金融支持，第二类是依靠政府推动的政策性金融支持。通过这两类支持模式实现区域内航空大都市基础设施和服务网络改善以及提高城镇集聚力和生产效率等，引导城镇经济结构调整。

首先，引导城镇经济结构调整与发展需要金融支持。金融机构支持航空大都市基础设施建设一要根据自身安全性、流动性与收益性原则对具有竞争性的投资项目进行筛选；二要根据市场资金供求状况决定利率与收益大小，实现资

大都市建设的金融需求

都市基础设施建设的金融需求

都市公共服务提供的金融需求

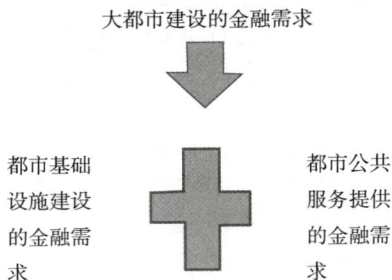

图10　郑州航空港经济综合试验区大都市建设金融需求结构示意图

金从低效率项目转移到高效率项目，提高航空大都市基础设施建设整体水平，实现市场性金融在提供资金支持同时改善经济结构。

其次，满足航空大都市基础设施建设总量需求需要金融支持。政府相关部门通过调整货币供应量为航空大都市基础设施提供宏观环境，然后采取一定信用担保、再贴现等倾斜优惠政策引领商业性金融机构对航空大都市基础设施建设的金融支持；或建立相应的政策性金融机构，通过带有政策性的投资、贴现、担保等形式实现资金的融通。

最后，提高城镇聚集力需要金融支持。金融通过提高资源配置效率筛选具有投资潜力的投资者，使其拥有足够资金，保证航空大都市基础设施建设资金流动来源。

（五）郑州航空港经济综合试验区金融需求总量预测

根据以上大枢纽建设、大物流发展、大产业发展和大都市建设金融需求流量的测算。试验区至2030年，年均金融需求流量总量约为42 000亿元人民币。

五、郑州航空港经济综合试验区发展的金融供给分析

从国内外航空港及工业园的建设经验看，航空港经济是典型的资本密集型发展模式，资金筹集是航空港区建设发展期的核心环节。

（一）郑州航空港经济综合试验区发展的直接金融供给分析

1. 政府债券资金直接投入，助力基础设施建设

2012年以来，河南省政府累计投入84.9亿元资金助力航空港建设，其中，投入地方债券资金20亿元，专项用于支持郑州机场二期工程建设项目资本金和试验区重大公益性航空大都市基础设施建设资金；省财政拨付18亿元资金助力郑州新郑机场二期工程建设。

2. 郑州航空港城市发展基金成功设立，拓展直接融资渠道

郑州航空港城市发展基金由航空港试验区与惠银东方（北京）投资管理公司联合设立，基金规模 100 亿元，是全国第一只国家战略区域发展产业基金。郑州航空港城市发展基金将发挥种子基金功能，通过杠杆效应有望撬动超过 1 000 亿元的各类资金共同投入航空港建设，有力推进港区快速发展。

3. 搭建省区合作投融资平台，助力航空港 PPP 项目

河南富港投资控股有限公司是由河南省豫资城乡投资发展有限公司（省级投融资公司）与郑州航空巷兴港投资发展有限公司（试验区的投融资主体）共同出资组建。预计未来 3～5 年，该公司将通过直接投资、新型城镇化基金等多种方式投资 500 亿元用于亥区 PPP 项目，预计可带动其他社会资本达 3 000 亿元，推动试验区航空大都市基础设施建设快速发展。

4. 证券机构与港区开展合作，打通企业融资渠道

（1）与河南证监局签署合作备忘录。河南证监局将积极向全国各类证券机构推介航空港试验区，争取 3～5 家国内外知名证券机构在郑州设立区域性总部。每年组织召开项目融资洽谈会，支持全国各类证券公司通过资产证券化、发债、再融资及其他创新融资等方式服务航空港试验区建设，对于积极支持郑州市和试验区建设的金融机构，经郑州市政府推荐，在项目审批等方面给予绿色审批通道。

（2）与中原证券开展战略合作。2014 年 8 月 19 日上午，中原证券与郑州航空港经济综合试验区签署战略合作仪式。中原证券将在试验区开展发债、资产证券化、符合条件的企业新三板上市等业务。

（二）郑州航空港经济综合试验区发展的间接金融供给分析

1. 央行和外汇局在金融政策方面大力支持

2014 年，人民银行郑州中心支行和外汇局河南省分局就支持航空港试验区发展联合出台意见，加大对试验区金融及外汇管理的支持力度。围绕对试验区建设的信贷支持，提出了包括引导金融机构加大有效信贷投放，鼓励金融机构结合试验区特点开展有针对性的金融创新，支持企业和金融机构在银行间市场进行直接融资，支持试验区内金融机构、企业和个人创新开展跨境人民币业务，支持企业利用境内境外两种资源缓解企业融资困难等 5 条措施。在政策支持方面，提出搭建政、银、企交流平台，扩大试验区银企合作；支持试验区发行市政项目建设票据等新型债务融资工具等。在资金方面，准备 5 亿元再贷款，专项用于支持试验区内符合条件的地方法人金融机构扩大信贷投放；准备 5 亿元再贴现，优先为试验区内中小企业签发的票据办理再贴现；预备 10 亿元常备借贷便利，专项用于为试验区内地方法人金融机构提供流动性支持；对于试验区内符合条件的企业申请信用短期外债和开展外保内贷业务，优先予以支持。

在促进贸易投资便利化方面，支持跨国公司开展总部外汇资金集中运营管理试点，使其能够集中调配境内外成员企业外汇资金；支持开展跨境电子商务外汇支付业务试点，便利机构和个人开展跨境电子商务交易，推动跨境电子商务发展；支持符合条件的非金融机构申请在试验区内开办个人本外币兑换特许业务，优化和提升试验区投资环境。

2. 银行在信贷投入、支付结算方面大力支持

截至 2015 年，已有国家开发银行、建设银行、中国银行、交通银行、中国农业银行、中国工商银行、中信银行、中原证券等 8 家金融机构与航空港试验区签订战略合作协议，意向性授信总金额近 3 500 亿元。

目前，航空港试验区已引入银行类金融机构 14 家，其中大型商业银行 5 家、股份制商业银行 3 家、城市商业银行 3 家、农村金融机构 3 家，设立网点及自助设施 41 处，从业人员 468 人；截至 2015 年 10 月，试验区累计获得银行机构贷款批复 622.79 亿元，到位资金 581.32 亿元，强有力地支持了试验区的建设发展。同时，金融机构还优先为试验区提供全方位、综合性的金融服务。

3. 信托计划支持拓宽航空港区基础设施建设融资渠道

截至 2015 年 10 月，航空港区累计获得信托贷款批复额度 56.9 亿元，到位资金 56.9 亿元。其中，中原信托贷款 30 亿元，依据中原信托有限公司与航空港试验区达成的战略合作协议，发行信托计划募集的资金用于支持试验区道路交通、市政服务等航空大都市基础设施建设。

4. 融资租赁助力航空指向型产业发展

截至 2015 年 10 月，航空港区累计获得融资租赁批复额度批复 7.2 亿元，到位 5.9 亿元。河南中原融资租赁有限公司成功组建，注册资本金 6 400 万元，将进一步填补富士康科技集团产业链上下游企业的融资需求，改善产业链企业经营环境，扶持上下游产业链发展。

5. 投资担保公司有效搭建金融机构与港区企业桥梁

郑州航空港经济综合试验区投资担保有限公司 2014 年 4 月成立，注册资本金 1 亿元，是试验区唯一的国有控股融资性担保平台。公司发展目标是三年内注册资本金达到 10 亿元，担保责任余额达到 100 亿元。担保有限公司为试验区基础建设项目 BT 合作单位和区内优质企业提供综合金融服务。包括：（1）银行融资担保。（2）资本市场融资担保，合同履约担保。（3）财务顾问及投融资咨询服务。

6. 跨境人民币贷款融资拓宽港区企业融资渠道

人民银行郑州中心支行根据航空港试验区企业需求，设计出了"跨境人民币贷款"和"人民币贸易融资资产跨境转让"两项创新政策。2015 年 7 月，试

验区5家企业，成功从海外银行现场办理跨境人民币贷款24亿元，人民币贸易融资资产跨境转让17亿元。至此，只要是在航空港区注册成立并在区内实际经营或投资的企业，以及参与航空港区重点项目投资、建设的河南省辖内企业，并符合相关条件的，都可以从境外银行借入人民币资金，用于试验区内生产经营、区内及境外项目建设等业务，并且不限定跨境人民币贷款来源的国家和地区。跨境人民币贷款拓宽了港区企业融资渠道，降低了融资成本。

7. 针对港区建设资金需求定向设计金融产品、创新融资模式

各金融机构积极开展金融创新，依据航空港试验区金融需求设计金融产品。如中行河南省分行结合郑州航空港区建设实际，创新设计了"基金＋股权投资＋回购"的融资模式。一方面，以股权形式投资棚户区改造项目，5年的融资期限有效满足了港区建设长周期的资金需求；另一方面，一次性以较低利率融资近20亿元，为客户单位节省了大量的财务费用。近年来中行还创新设立了智能终端出口退税资金池、开展了叙做股权投资基金业务等。

六、郑州航空港经济综合试验区发展的金融支持分析

（一）国家层面的金融支持特征分析

国务院正式批复《郑州航空港经济综合试验区发展规划》，郑州成为27个省（区、市）的51个城市先后提出的54个航空经济区中唯一一个国家级的航空港综合试验区。作为全国首个上升为国家战略的航空港经济发展先行区，国家将在口岸通关、航线航权、财税金融、土地管理、服务外包等方面给予试验区政策支持。其意义在于，在中国内陆地区形成一个重要的国际航空物流中心，直接与全球资源对接。

1. 国家给予郑州航空港经济综合试验区的金融支持政策

2013年3月，国务院正式批复了《规划》。批复要求，试验区建设要进一步解放思想、抢抓机遇、大胆探索、先行先试，以郑州大型航空枢纽为依托，以发展航空货运为突破口，着力推进高端制造业和现代服务业集聚，着力推进产业与城市融合发展，着力推进对外开放合作和体制机制创新，探索以航空港经济促进发展方式转变新模式，将试验区打造成国际航空物流中心、以航空经济为引领的现代产业基地、内陆地区对外开放重要门户、现代航空都市和中原经济区核心增长极。

金融支持政策：对试验区具备条件的金融机构适时探索开展综合经营试点。按照国务院批准的相关专项政策，对在综合保税区设立融资租赁公司购买25吨以上飞机给予相应的优惠政策。研究在综保区设立财务中心的跨国公司开设离岸账户，集中管理境外成员公司的外汇资金。具体办法由财政部、人民银行会

同有关部门制定。

2. 航空港区可复制推广的上海自贸区金融政策

（1）金融政策。个人其他经常项下人民币结算业务、外商投资企业外汇资金意愿结汇、银行办理大宗商品衍生品柜台交易涉及的结售汇业务、直接投资项下外汇登记及变更登记下放银行办理、跨国公司外汇与人民币资金集中营运管理等已在全国复制推广。

（2）市场准入政策。允许融资租赁公司兼营与主营业务有关的商业保理业务、允许设立外商投资资信调查公司、允许设立股份制外资投资性公司、融资租赁公司设立子公司不设最低注册资本限制、允许内外资企业从事游戏游艺设备生产和销售等。

2015年7月，商务部通知，将上海自贸区融资租赁行业改革试点经验在全国范围内推广，包括允许融资租赁公司兼营与主营业务有关的商业保理业务，融资租赁公司设立子公司不设最低注册资本限制。

（二）河南省政府的金融支持特征分析

为加快推进航空港试验区建设，河南省政府在2013年就出台了《河南省人民政府办公厅关于支持郑州航空港经济综合试验区发展的意见》（豫政办〔2013〕93号），共7大类81条。省政府在资金和政策方面给予金融发展以直接支持。

1. 直接给予资金方面支持

省政府通过地方政府债券、专项资金等方式，直接支持航空港区重点航空大都市基础设施建设；通过投资设立发展基金、投融资合作平台、投资担保公司等方式，汇聚资金，助力航空港区建设发展；制定省金融业发展奖补政策，对于金融机构在港区设立的新设总部和区域性总部的，以及投资我省重点基础设施领域企业的，给予一定金额（比例）的奖补。

2. 积极创造条件，支持金融机构与航空港试验区开展深入合作

一是支持银行业金融机构与试验区签订战略合作协议，制定专门的信贷支持策略和管理方案；二是支持保险资产管理公司在试验区设立航空大都市基础设施投资计划、不动产投资计划和项目资产投资计划等产品，引入保险资金投资试验区建设；三是鼓励试验区内银行或信托公司发行面向保险资金的专项理财产品和信托投资产品，支持试验区内大型企业设立面向保险资金的债券融资计划；四是支持出口信用保险公司在试验区开展进出口保险业务。

3. 支持金融创新

一是支持试验区率先开展融资租赁业务，积极探索离岸金融、信托、债券等金融创新；二是支持融资租赁机构通过上市和发行企业债券、公司债券，探

索在银行间债券市场融资，拓宽直接融资渠道；三是支持试验区加快科技金融改革创新，支持银行业金融机构在试验区开展知识产权质押等灵活多样的金融创新服务，在试验区设立专营科技支行，重点支持拥有自主创新产品、技术或商业模式的科技创新型企业破解融资难问题。

（三）郑州市政府的金融支持特征分析

由于管理级别和管理体制的因素，郑州市政府对于航空港试验区的支持主要体现在渠道畅通和金融互补、协同发展方面。

1. 航空港试验区项目申报办结日缩短，确保"快通"

根据河南省政府的政策，航空港拥有权限内的"拍板权"，凡符合国家产业政策的建设项目，一律由其自行审批、核准或登记备案。郑州市政府还下发《郑州航空港经济综合试验区与省直部门建立直通车制度有关服务工作的通知》（以下简称《通知》）明确：航空港的民生、基建项目，郑州市的办结时限都规定在3日内。

2. 资金补助更快捷，实现"直通"并"翻倍"

航空港的"钱袋"将直接与省财政的"钱袋"挂钩。《通知》规定，航空港领财政补助，将直接在省级科技计划项目中申报。河南省财政安排给航空港试验区的专项补助和债券资金，也将直接下达。在科技创新补助方面，只要符合要求，航空港试验区能在省、市两级申领两份资金。

3. 打造郑州区域金融中心，汇聚金融资源助力港区发展

近年来，郑州市金融市场规模不断壮大，金融机构日益密集，金融设施明显改善，已初步形成银行、证券、保险、期货、信托各业并举，调控、监管和经营各类机构并存，网络发达、功能先进、服务高效、运行稳健的金融服务体系。截至2014年，郑东新区累计入驻金融机构224家，涵盖银行、证券、保险、期货，财务公司、信托公司、要素市场、股权投资基金、担保、融资租赁等各个业态；驻区银行存款余额占全省近七成，贷款余额占全省的2/3，保险业保费收入占全省一半以上，金融业增加值占区域生产总值50%。郑州，河南省金融机构、企业总部最集中、最具活力的区域，高素质金融人才的聚集地，必将汇聚要素资源为航空港区的建设发展提供有力支撑。

（四）试验区管委会的金融支持特征分析

航空港区管理委员会为全力保障航空港试验区建设所需资金，加快各项融资工作的落实专门成立了郑州航空港经济综合试验区管委会设立试验区融资工作推进领导小组。主要工作：（1）建立完善管委会、区相关部门、金融机构、区属企业和投融资专家的合作机制，搭建合作平台，加强信息交流与沟通，协调、配合推动融资工作，促进重大项目建设，推动全区经济社会发展。（2）建

立和完善融资工作相关部门的沟通协调机制，组织相关部门和单位召开融资工作协调会，协调解决融资工作中存在的问题和困难。（3）指导区属企业进行融资方式的创新，拓宽融资渠道。推动其通过发行企业债券、中期票据等债务性融资工具以及上市融资、项目融资、信托融资、租赁融资等方式筹集资金。（4）创建良好金融生态环境。持续深入推进金融风险防范和信用体系建设，促进试验区金融业健康有序发展；开展信用企业创建活动，不断提高企业及公众的诚信意识；建立中小企业信用增级机制，形成守信者增信的导向。（5）做好落实国、省、市的优惠政策配套落实工作。切实将各项优惠政策落到实处，保证贷款贴息等各项补贴资金及时到位。

七、郑州航空港经济综合试验区金融支持路径与金融业态的发展路径

（一）支持扩大郑州航空港综合试验区金融供给的路径

通过金融对经济的渗透、支撑和保障功能，实现资源优化配置，更好地促进航空港快速发展，需要一个与航空港建设相配套的、系统的、具备开放视野的金融政策支撑体系。

1. 明确金融政策目标，制定区域金融规划

按照区域经济金融协同发展、相互推动、共同提升的总体目标，结合试验区建设发展进程，制定带有阶段性目标的金融规划。统筹安排区域金融布局、金融机构及金融市场建设、金融生态环境建设。

2. 加快推进区域金融要素市场建设

一是加快推进河南股权交易中心建设，充分发挥其在中小企业股权登记、转让、交易和融资等方面的重要作用，提高企业直接融资比例。二是建立试验区产权交易市场，通过股权、债权、物权和知识产权交易，丰富融资渠道，提高资源配置效率。三是根据试验区经济发展情况，依托国际大宗商品供应链产业园，择机建立相应的大宗商品交易市场，创新交易方式，完善价格形成机制，健全商品市场体系。

3. 促进金融体系不断完善

一是大力吸引境内外银行落户，争取国内有关大型商业银行在试验区（或郑州市）设置区域性总部或其他功能性中心。二是适时组建基于试验区（或郑州市）及中原地区的财产保险公司、基金管理公司等地方性非银行金融机构。三是继续做大做强郑州市商品交易所。加大扶持和改革力度，推动郑州市商品交易所进一步向能源原材料领域扩张，加快与国际接轨的步伐。四是构建包括担保公司、小贷公司和融资租赁等公司在内的完整金融机构体系，扩大金融服务的覆盖面。借鉴天津东疆保税区的SPV租赁模式或上海自贸区融资租赁模式，

加大产业政策的扶持力度，促进航空租赁公司设立和发展，并给予相关的扶持与优惠政策，鼓励租赁公司通过增资扩股、兼并重组等手段扩大经营规模。

4. 构建良好金融生态环境

优良的金融生态环境对发展金融产业、提高区域经济竞争力、促进地方经济快速健康发展等具有重要意义。一是建立畅通稳健的金融监管与协调机制，建立金融风险预警机制，有效防范和控制金融风险。二是加强金融人才培养和引进，为试验区建设提供更多的智力支持。三是加强诚信环境建设，充分完善征信系统，营造良好信用环境。

5. 发展壮大离岸金融业务，建设离岸金融中心

充分发挥综合保税区建设在航空港试验区内的独特优势，大力发展试验区离岸金融业务，通过税收优惠、政策扶持等措施，积极鼓励外资金融机构在此设立离岸金融机构，并在充分防范金融风险的前提下，探索建立离岸存款向港区企业提供外汇贷款的转换机制，达到为区内企业拓宽融资渠道，促进港区快速发展的目的。

表10　　　　　　　　政策支持扩大金融供给的路径

支持扩大航空港试验区金融供给的政策建议			
支持政策提供方及其政策特征　　　　　金融供给主体	港区管委会 平台承接	郑州市政府 疏通执行	省级政府 资源整合	国家层面 宏观政策
直接融资主体	1. 引进和培育直接融资三体 2. 做好项目/企业融资的服务工作 3. 做好人才引进	1. 推动区域性金融中心的建设，建立健全金融要素市场 2. 做好人才引进	1. 加快建立股权交易市场 2. 组建港区发展投资基金和产业发展基金 3. 制定金融业发展奖补政策	总体：有序推进金融改革，建设完善的金融市场
间接融资主体	1. 引进和培育间接融资主体 2. 做好金融生态环境建设 3. 做好人才引进	1. 推动区域性金融中心的建设，不断完善金融体系 2. 推动离岸金融中心建设 3. 做好人才引进	1. 推动离岸金融中心建设，积极申报自贸区 2. 推动金融改革，做好改革试点经验的落地工作 3. 制定金融业发展奖补政策	总体：有序推进金融改革，做好金融试点经验的及时推广

（二）满足郑州航空港综合试验区金融需求的路径

1. 金融支持机场、航空公司发展方面

针对机场、航空公司的金融需求具有额度大、期限长等特点，建议采用政策性、开发性、市场化的融资组合，弥补其资金供求缺口。

第一，加大各级政府对航空大都市基础设施和公共服务设施建设的直接投资支持力度。加强地方政府债券资金、财政预算资金、专项拨款、航空大都市基础设施和公共服务设施定额补贴等方式支持航空港试验区的航空大都市基础设施建设，扩大航空大都市基础设施项目贷款贴息规模。

第二，充分利用银团贷款支持试验区航空大都市基础设施和公共服务设施项目。发挥政府主导作用，将符合产业规划的大型项目向商业银行推介。同时，探索开展外币银行贷款，拓宽银团贷款的资金来源。

第三，依托特许权经营和预期现金流，采用 PPP 模式融资。在利益共享、风险共担的前提下实现公共利益最大化，同时要保证社会投资者有合理的收益并防范社会投资者利用公共服务的资源垄断乱收费高收费。特许期限结束时，社会投资者再将该设施移交给政府部门，转由政府指定部门经营和管理。

第四，通过融资租赁解决航空公司的金融需求。借鉴天津、上海等地经验，制定促进租赁业发展的政策，积极引进国银租赁、中银航空租赁、工银租赁等具有飞机及航空设备租赁经验的租赁机构，同时加快培育试验区内法人融资租赁公司，通过融资租赁模式为第三方物流企业提供资金融通。

2. 航空物流企业的金融需求方面

一是建立面向航空物流企业的发展基金。按照专家管理、组合投资、利益共享、风险共担的原则，建立面向物流企业的发展基金。可以利用财政补贴等方式引导大中型国有企业、私有企业及私人进行投资，扩大资金筹集面。

二是鼓励与支持金融机构与物流企业合作、构建平台，开展动产质押融资、仓单融资、保兑仓融资、应收账款融资等物流金融业务，基于整个供应链的视角整合供应商、生产商、分销商、需求商并给予物流金融支持，为采购、生产、销售、消费服务提供便利的金融环境。

三是金融机构与物流企业合作开展进出口贸易融资业务，主要应包括：进出口信用证、打包贷款、出口订单融资、进口未来货权融资以及国际赊销贸易中应收账款融资与规模化的应收账款池融资等业务。

四是通过融资租赁解决航空公司的金融需求。

3. 航空指向型企业的金融需求方面

一是通过资本市场直接融资。推动企业通过资本市场股权融资，并积极促成已上市企业的再融资。建立扶持基金，从政策和制度上推进先进制造业企业在境内外上市直接融资。加快上市企业经营效益的巩固，提升持续再融资能力。

二是建立加快航空执行性产业投资基金。充分发挥产业投资基金支持实体经济发展的作用，推动航空指向型企业设立具有一定行业背景的产业投资基金。

三是支持航空指向型企业发行企业债券，直接筹集发展资金。支持重点高端制造业上市企业申请发行公司债，积极策划多家中小制造业企业联合发行中小企业集合债券筹集资金。

四是鼓励外来资本参股、并购，吸引更多市场资金。充分利用金融市场，挖掘金融战略合作机会，以获得更多的建设资金。

4. 政府融资、建设平台的金融需求方面

一是发挥土地储备中心的融资作用。在与银行的合作中，充分用好已有的授信额度。（1）前期土地一级开发部分由土地储备中心作为借款人，采用土地抵押方式，以土地出让收入和财政的补贴共同作为还款来源向银行申请贷款。（2）一二级联动模式。直接授权给项目开发实施公司，由实施公司进行一级土地开发、后续建设一体的园区开发模式，直接向银行贷款，后续土地成本溢出部分直接返还给开发公司，依靠土地收入和二级建设销售收入等综合还款。

二是运用好地方债和国家政策性银行专项金融债。背靠省级政府代为举借用于港区建设的郑州市和港区管委会的地方政府债券，并在债务规模上予以倾斜；争取省级自留部分重点支持航空港区重点工程建设；积极申报国家政策性银行专项金融债支持项目，争取资金。

三是充分发挥融资平台的作用，通过 PPP 模式融资。

表 11 政策支持满足航空港试验区金融需求的路径

支持政策提供方及其政策特征　　　金融需求主体	港区管委会	郑州市政府	省级政府	国家层面
	平台承接	疏通执行	资源整合	宏观政策
机场、航空公司	土地融资 财政预算资金 PPP 项目融资 银团贷款 项目融资 贷款贴息	财政预算资金 银团贷款 项目融资 贷款贴息	地方政府债券 国家政策性银行的专项金融债 财政预算资金 专项资金支持 公共设施定额补贴 贷款贴息	财政预算资金 民航基金 专项资金支持 贷款贴息 国际贷款

满足航空港试验区金融需求的政策建议

满足航空港试验区金融需求的政策建议			
支持政策提供方及其政策特征 ＼ 金融需求主体	港区管委会	郑州市政府	省级政府	国家层面
	平台承接	疏通执行	资源整合	宏观政策
航空物流企业	专项发展基金 项目融资 贷款贴息	银团贷款 航空租赁 项目融资 仓储融资 全程物流链融资	财政预算资金 专项资金支持 债券融资 贷款贴息	民航基金 国际贷款
航空指向型企业	出口信贷、产业发展基金、土地融资、创新产业孵化基金	出口信贷 信用证 贷款贴息	产业投资/发展基金 贷款贴息 专项扶持基金 税收政策 发行企业债 资本市场融资/股权交易市场	贷款贴息、税收政策，发行企业债，资本市场融资/股权交易市场
政府融资建设平台	土地融资 PPP项目融资 资产证券化	资产证券化	PPP项目融资 地方政府债券 政策性银行专项金融债	国际贷款 政策性银行专项金融债

注：上表中纵向代表金融需求方，横向代表金融支持政策的提供方，中间部分则是政策提供方可选择的能够满足航空港区金融需求的金融服务方式（金融业务）。

（三）金融业态发展路径及规划

1. 发展离岸金融业务

（1）目标

到2017年，至少一家具有离岸金融牌照的大型商业银行在航空港设立离岸金融业务中心。

（2）行动计划

力争实现航空港自由贸易区申报成功（2016年）。

力争将离岸金融服务规划至郑州航空港经济综合试验区（2016年）。

力争在航空港建立离岸金融创新试验区。许可商业银行设立离岸金融业务中心，建立分离型、适度渗透的离岸金融模式（2016—2017 年）。

引进具有离岸牌照的商业银行，力争实现郑州成为离岸金融业务试点城市（2015—2016 年）。

鼓励和推动境内关外企业，开设离岸金融账户，发展离岸金融业务。重点支持企业通过航空港试验区离岸金融业务中心在境外发行债券。对保税区和保税物流区企业提供结算、贷款、存款等金融服务（2016—2017 年）。

支持保税区和保税物流区发展电子元器件现货贸易，远期合约及期权合约交易。支持郑商所与郑州综保区联合开展保税期货交割业务（2017 年）。

2. 发展供应链金融业务

（1）目标

积极争取商业保理试点，推动大型制造业企业、商业银行和第三方物流企业在航空港区创办财务公司和商业保理公司，为供应链上及经销网络上的中小企业创新融资安排。

（2）行动计划

在规范合法的条件下允许保理公司开展应收账款的催收、信用风险控制与坏账担保。参照上海和天津的政策，申请发展商业保理方面的支持政策。鼓励商业银行开发创新型的面向核心企业供应链及经销网络中小企业的金融服务方案（2015—2016 年）。

在电子信息、装备制造、食品深加工、物流运输等我省优势行业和重点领域扩大供应链金融业务。强化优质核心企业对资金流、信息流、物流的有效整合，鼓励中小企业利用供应链金融业务对其自身实现信用增级（2015—2016 年）。

引进银行系商业保理公司。鼓励和支持设立保理业务专营机构，开展保理业务，为卖方提供贸易融资、销售分户账管理、应收账款管理、信用风险控制和坏账担保等综合性金融服务（2016—2017 年）。

鼓励以供应链核心企业及与其有紧密股权及业务联系的财务公司、保理公司及商业银行通过相互参股的股权交叉和互派董事的人事交叉形成金融生态圈（2016—2017 年）。

3. 互联网金融业务

发展具有郑州特色的第三方支付。郑州市是首家跨境贸易电子商务服务试点项目的获批城市，也是全国唯一一个利用综合保税监管场所进行试点的城市。郑州的独特优势在于其 E 贸易方式可以用"行邮税"替代"关税"，从而实现跨境小额贸易的低成本。

（1）目标

以 E 贸易为抓手，通过 E 贸易流程设计，形成郑州航空港经济综合试验区金融创新的亮点所在。力争在 2017 年实现引进至少一家大型的第三方支付公司，并使之享有基于 E 贸易的金融牌照。实现 E 贸易业务中贸易业务布局于综合保税区，第三方支付业务集中于郑州航空港经济综合试验区的目标。

（2）行动计划

争取国务院、外汇管理局、出入境检验检疫局、央行、商务部等相关政策部门支持，在郑州航空港经济综合试验区试点基于 E 贸易的电商牌照，互联网金融牌照。争取给予郑州航空港经济综合试验区引进的第三方支付公司在支付结算，行邮税征收等方面给予先行先试的政策，在货币兑换手续费方面给予一定程度的优惠（2015 年）。

积极协调外汇局、海关等部门，形成创新性的支付和结算形式，从而促进电商，互联网金融企业在郑州航空港经济综合试验区的聚集（2016—2017 年）。

建立政策与企业的协调机制，支持亚马逊、京东、腾讯、阿里、1 号店等互联网企业参与郑州 E 贸易流程设计（2015—2016 年）。

通过奖补政策引进阿里、腾讯、酷派、360 等具有第三方支付金融牌照及正在谋求第三方支付金融牌照的电商企业在郑州航空港经济综合试验区设立分公司（2016—2017 年）。

4. 航空金融业务

（1）发展目标

在航空港区设立航空金融功能区。力争 2016 年底前通过引进或组建的形式设立一家飞机租赁公司，并逐步建立完善的配套政策措施；力争 2016 年底前通过信托开始销售飞机资产的信托基金；力争 2016 年底前通过银行和信托及其他中介，开始实施基于飞机资产为主体的资产证券化项目；力争 2016 年底前由保险机构推出基于前述资产证券化产品的信用违约掉期产品。

（2）行动计划

①借鉴天津东疆保税区的 SPV 租赁模式发展经验及其航空金融创新发展经验，制定航空金融发展规划（2015 年）。

②谋划设立航空金融功能区，推进各项支持政策年底前具体到位，特别是关于飞机租赁政策、资产证券化政策及证券化的信用违约掉期政策（2015 年）。

构建航空金融企业一站式服务和审批绿色通道。推动区内会计、审计、税务、保险、评估、咨询、代理、报关、律师、仲裁等领域专业配套服务发展（2015 年）。

积极招募区外有意向航空金融业企业进驻航空金融功能区，推进区内航空金融企业大力创新（2016—2017 年）。

③引进成立航空租赁公司

推动国内外有意向进驻试验区的航空金融机构设立专业目的子公司开展航空租赁业务（2015—2016年）。

通过政策优惠引进具备规模的航空租赁公司，谋划设立河南省航空金融租赁公司。积极推进航空租赁公司业务开展，鼓励引导航空租赁公司开发航空租赁的创新模式，设立单机、单船、大型设备租赁等项目子公司和功能创新平台公司，开展航空器（材）和大型设备等租赁业务（2016—2017年）。

5. 传统金融业务

（1）银行业务

①目标

银行业务规模力争与试验区产业发展相适应，逐步提高银行业务规模占试验区GDP（投资）比重。

②行动计划

继续加大银行类金融机构的引入力度，通过大力推动航空港区金融功能区的建设吸引外资银行、中资银行、村镇银行/贷款公司等新型金融落户（2015—2016年）。

（2）期货业务

①目标

依托中国（郑州）国际大宗商品产业园和郑州商品交易所，不断丰富交易品种，将航空港试验区建设成为国际上有影响力的大宗商品交易中心。

②行动计划

加快推进中国（郑州）国际大宗商品产业园建设，同时提前开展招商，引入大宗商品供应链核心企业，支持其在园区建设总部基地（2015—2016年）。

依托富士康为代表的在全国具有重要影响能力的企业，着力推动和发展电子元器件的大宗交易品种的挂牌交易和合理定价（2015—2017年）。

不断丰富交易品种，逐步增加如原油、有色金属、钢铁、农产品、铁矿石、煤炭等能源商品、基础原材料等品种（2015—2017年）。

（3）保险业务

①目标

实现与航空快递、国际中转物流相关的货运保险、责任保险等业务全覆盖，扩大出口信用覆盖面，引导保险资金落地。

②行动计划

争取2～3家保险机构在试验区设立区域总部、研发中心、后援中心、灾备中心等（2015—2017年）。

立足郑州航空港经济综合试验区建设需要，争取4家以上保险机构通过项目投资、股权投资、债权投资等各种形式，为其轨道交通等重大基础设施和民生工程建设以及新能源、新材料等战略性新兴产业提供长期稳定资金支持。鼓励保险机构参与产业投资基金、科技成果转化引导基金、小额贷款公司、证券期货投资基金、私募基金等的发起设立（2015—2016年）。

大力发展出口信用保险，扩大保单项下贸易融资规模，为企业扩大出口和"走出去"提供投资、运营、劳动用工等方面的一揽子保险服务。加大出口信用保险对自主品牌、自主知识产权、战略性新兴产业的支持力度，重点支持高科技、高附加值的机电产品和大型成套设备出口，简化审批程序，降低出口信用保险投保门槛，全面提升出口信用保险承保覆盖率（2015—2016年）。

6. 发展金融后台

（1）目标

打造中部地区的金融后台服务中心。力争在2017年实现3家以上商业化的第三方金融后台服务外包企业落户郑州。

（2）行动计划

进一步优化金融基础设施，规划设计郑州航空港经济综合试验区金融基础设施建设发展计划。其中包括：规划设计航空港试验区核心地段社会公用的，统一的双路供电备份网络，保证24小时不断电；协调市政和公交公司，规划设计新的公交站点、线路及班次；协调中国移动、联通及电信等服务商，研究在试验区提供包月不限流量的WIFI接入服务的可能性及可行性，推动无线数据网络在试验区的全覆盖。规划数字城市建设；进一步完善试验区高校园区和职业培训基础的建设，为金融后台服务人才的培养创造更好的条件（2015年）。

落实2015年提出的关于优化金融基础设施建设的各项规划。调研试验区主要商业银行、保险公司、券商等大型金融机构，了解其现有的后台服务部门。并在调研的基础上推出优惠政策（如税收返还），鼓励后台服务部门成立独立子公司，并提供第三方后台服务（2016年）。

调研全国各主要商业银行、保险公司、券商等大型金融机构，了解已开展或准备开展第三方服务外包的金融后台服务公司的现状及规划。从较为简单金融后台服务公司，如：劳动密集的呼叫中心、培训中心、客服中心入手，开展招商工作；并开展面向银行卡中心，结算中心，数据中心，研发中心的引进工作。实现3家以上的大型第三方金融后台服务外包公司落户郑州航空港经济综合试验区（2016—2017年）。

八、金融支持航空港综合试验区发展的突破口选择

（一）认真梳理试验区项目，积极申请国家专项债券资金，争取抵押补充贷款（PSL）资金

为拉动地方基建投资，合理引导社会资金投资方向，促进经济结构调整，国家推出了国家政策性银行的专项金融债，主要用于补充地方建设项目资本金。此专项债券由国开行、农发行向邮储银行定向发行专项建设债券，中央财政按照专项建设债券的90%给予贴息，国开行、农发行利用专项建设债券筹集资金、建立专项建设基金，主要采用股权方式投入，用于项目资本金投入、股权投资和参与地方投融资公司基金。在项目单位使用该资金的成本方面，以专项资金固定投资回报率0.5%~1%为准。专项基金一定期限后（5~10年）通过一定渠道退出。航空港试验区要抓住这个历史机遇，认真梳理港区项目，合理选择符合条件的项目推荐上报，争取国家债券资金支持。同时发挥好引导功能作用，定向引导社会资金，发挥银行资金的杠杆作用，支持试验区建设发展。

2015年10月，信贷资产质押再贷款试点逐步在全国范围内铺开，人民银行应提前做好内部评级的前期准备工作，并积极向总行申请，争取早日进入试点范围，在资金使用上向航空港试验区倾斜。航空港试验区金融机构则需提前准备，按照标准筛选合适的企业/信贷资产。

（二）构建境内外资金流动渠道，推动港区企业/项目跨境融资

构建和完善人民币回流渠道和机制，帮助港区企业通过境外人民币离岸中心融资。首先，随着跨境人民币业务的快速发展和中国央行与国外央行货币互换规模的不断增加，境外人民币快速增加。其次，目前国外主要发达经济体均保持低利率甚至零率政策，资金收益率低，而国内利率具有明显优势。这二者构成了人民币回流国内的基础，选取港区优质企业，通过合适的方式实现跨境融资，既增加了航空港区企业资金供给，拓宽了融资渠道，降低了资金成本，又推动了人民币国际化进程。

（三）由财政部、民航总局和河南省联合发起组建中国航空发展银行

国内外大量研究和实践表明，地方经济的发展越来越离不开地方银行体系的支持。凡经济发展快、发展好的地方，都有与当地经济相适应的银行机构。就航空港试验区而言，无论是当下还是未来，临空经济的建设与发展，都离不开强有力的金融支持。这不仅需要有更多的银行入驻，还需要专业的金融服务，尤其是为临空经济提供更具有针对性的、个性化的服务。因此，设立专门为临空经济发展提供金融服务的航空发展银行，有利于形成银行服务主体多元的、结构丰富和良性互动的银行体系，满足试验区临空产业的融资需求。

1. 性质任务

中国航空发展银行的主要任务是：按照国家的法律、法规和方针、政策，以政府信用为基础，筹集临空产业政策性信贷资金，承担国家规定的临空政策性和商业性金融业务，代理财政性资金的拨付，为航空产业和临空经济发展服务。中国航空发展银行在业务上接受中国人民银行和中国银行业监督管理委员会的指导和监督。

2. 注册资本金

建议规模2 000亿~3 000亿元，股权结构采用财政部、航空管理局和河南省政府联合注资。

3. 业务范围

（1）办理民航公司贷款。

（2）办理机场建设贷款和开发贷款。

（3）办理航空港区企业贷款和科技贷款。

（4）办理航空租赁企业贷款。

（5）代理财政资金拨付。

（6）办理业务范围内企事业单位的存款机协议存款、同业存款等业务。

（7）办理开户企事业单位结算。

（8）发行金融债券。

（9）资金交易业务。

（10）办理代理保险、代理资金结算、代收代付等中间业务。

（11）办理民航公司和航空港区企业进出口贸易项下的国际结算业务以及与国际业务相配套的外汇存款、外汇汇款、同业外汇拆借、代客外汇买卖和结汇、售汇业务。

（12）办理经国务院或中国银行业监督管理委员会批准的其他业务。

（13）办理投资业务。

（四）通过资产证券化融资，促进金融资产流动

选择航空港试验区内企业融资主体信用评级在AA - 级以上，且拥有的资产能够在未来产生稳定现金流，对此部分资产进行资产证券化，由证券公司成立发起相关的资产管理专项计划，向投资者公开募集资金。航空港试验区适合证券化的融资主体包括工程建设公司，城建公司，租赁公司，水务公司，高速公路，航空公司，轨道交通企业等众多的企业；试验区适合证券化的资产包括：BT合同的回购款，贷款合同项下的债权，租赁合同的租金收益，供水系统水费收入，污水处理系统排污费收入，航空、路桥收入等。

土地当量相关问题研究

中国人民银行南阳市中心支行课题组[①]

摘要： 近年来，粮食安全和耕地保护问题与急速增加的土地需求形成了尖锐的矛盾。为缓解这一矛盾，必须有一套全新的思路，打通土地跨区域流通这一藩篱。本文依据土地发展权和粮食安全理论，首次提出了用人均一年消耗的能量确定为 1 标准土地生产当量概念。在此基础上，论文首先针对土地当量交易的三种情况，即土地流转、当量配额交易、失地农民补偿，创新地给出了政府与市场共同决定的土地定价模型；其次借鉴碳交易市场，提出建立土地当量交易一、二级市场的架构，同时，从交易机制、定价机制、交易市场预设效果等方面对市场制度进行了构建；最后对进行土地当量交易的法律属性进行分析，提出需确立土地当量规范标准、制定《土地当量交易法》、制定配套行政法规规章等，为土地当量交易做好立法准备，以确保土地当量交易市场的有序、高效运转。

第一部分　导　论

一、研究的背景及意义

党的十八大以来，习近平总书记从我国发展全局出发，深刻阐述了粮食安全的重大理论与实践问题，明确提出要构建新形势下的国家粮食安全战略，强调要从治国安邦的高度认识粮食安全的极端重要性，把确保国家粮食安全放在经济工作的首位。

长期以来，我国的土地制度，充满了高度计划的色彩，即严控土地供给、严控市场需求。客观来看，通过这样的管理方式，确实在很长时间内守住了 18

[①]　课题主持人：赵德旺；
　　课题组成员：李相才、陈伟、杨华峰、武鑫海、王玉良、文冠军、李明运、赵慧芳。

亿亩耕地红线，有力维护了我国快速城镇化中的粮食安全和生态安全，并为我国工业化、城镇化的健康发展提供了空间保障。过去30多年，中国经济年均增速达10%，土地扮演着经济增长"启动器"和"发动机"的双重角色。"以地生财"和"以地融资"共同构成了独特的"以地谋发展"模式，这套机制不仅给基础设施投资提供了重要的融资渠道，还通过货币供给乘数变动，对国家宏观调控产生重大影响。

总体来看，"以地谋发展"模式适应了中国经济中追赶式阶段快速增长的需求，但这样的土地管理方式，如今呈现出越来越多的问题，像造成土地资源价格扭曲，不利于优化土地资源配置，而且还导致人地矛盾突出，城镇建设用地供给紧张等。征地规模过大、土地利用不集约，是粗放式、要素投入型传统增长方式难以转变的重要原因。必须深化土地制度和管理体制改革，改变"以地谋发展"模式，推动经济发展方式转变，因此，必须寻找土地制度改革新思路。其中，借鉴减排领域的碳配额交易机制，引入土地当量概念，建立土地当量配额交易机制，是解决当前问题的有益选择。

土地当量提供了一种可以统一的综合化评估粮食需求的标准。在此标准之上，国家的粮食安全目标可以量化为某一具体的当量值，确保这一当量值就能够确保粮食安全总体目标，同时，土地占补平衡可以扩展到全国范围，并成为真正生产能力意义上的占补平衡。

引入土地当量概念，建立土地当量配额交易机制，可以解决城市化进程中土地供给约束和农业投入不足以及粮食安全之间的矛盾。其主要有以下几个方面的优势。

1. 可以更好地保障国家粮食安全。18亿亩耕地红线是对耕地总量的控制，缺乏对耕地质量的保护。据农业部测算数据显示，我国18.26亿亩耕地中，中低产田就高达13亿亩。70%的耕地由于过量使用化肥、农药、工业污水排放等原因已受到污染。另外，过去10年城市化占用耕地多达242万公顷，且大都是质量比较好的土地，这影响了我国的粮食安全。引入土地当量概念，从人口对粮食需求的角度来定义粮食安全问题，从保证实物耕地总量红线转向保证以产量加权的土地当量红线。同时，可以通过土地当量的增量交易，对提升土地质量、增加农业投入的农户以物质的补偿，提升农户的种粮收益，从而提升单位面积土地的粮食生产能力，从而更好地保障我国的粮食安全。

2. 有利于推动省际间经济的平衡发展。根据各省区人口数量及标准的土地当量确定各省区土地当量的初始配额，各省区土地当量超出初始配额的部分，可以通过土地当量交易市场进行交易。经济发达的省区可以通过购买土地当量份额增加其非农用地数量，而经济欠发达的农业地区可以通过出售其超过初始配额的土地当量来增加收益，从而实现资金收益从经济发达地区流向经济欠发达的农业省区，以补偿其发展经济效益相对较低的农业带来的经济发展滞后，从而推动各省区间经济的平衡发展。

3. 可以缓解农业投入不足的问题。首先，建立土地当量配额交易机制，可以规定交易的一定比例投入农业生产，这样就可以把发展现代农业与推进城市化进程有机结合起来，从而解决目前农业投入不足的问题。其次，有利于金融市场更好地实现价格发现、风险管理和融资工具创新。通过引入土地当量概念，金融市场就可以开发各种基于土地当量配额的金融产品及其衍生品，形成相应市场。这样，就可建立一个服务于农业投入的投融资体系，投资者通过金融市场进行投资、套现或远期交割，从而间接实现对土地的投资。

4. 可以优化省区间土地资源的优化利用。建设用地供给不足是地价、房价高企的重要原因，也是今后一段时期约束新型城镇化的重大现实问题。而引入土地当量概念，根据土地当量交易市场信息判断不同地区土地资源的稀缺性，优化配置建设用地指标，从而解决城市化的优先问题。以土地当量作为土地计量、核算的标准后，不同地区的耕地和建设用地就有了统一的计量标准，建设用地占补平衡的政策转化为基于土地当量的占补平衡。这样就可以按全国总体土地利用规划分配到各省区，形成配额，并建立统一的配额交易市场，各省区可根据需要购买或出售配额，从而在确保总量不变的前提下实现地区间的调剂，实现土地资源的优化配置和建设用地供给增加。

本文从土地当量的概念出发，研究土地当量评估核定技术方法的研究、土地当量定价模型的研究；同时，借鉴碳排放交易机制，研究如何在全国、省级层面建立土地当量市场交易机制，并从法律法规方面，为当前土地当量交易做好法律基础。

二、理论基础和国内外研究成果综述

（一）理论基础

1. 土地生产力理论。由于自然条件和区位条件存在差异，因此土地具有不同的生产率。在一定社会发展阶段，土地生产率也受劳动投入量大小的影响。土地经济评价可视为在不同自然条件与社会经济条件下，不同土地的生产耗费量与土地提供产品量的对比关系。因此，土地生产力是土地经济评价的前提和基础。土地生产力是众多影响因素综合作用的结果。当其中某个因素的"强度"在原来基础上脱离所有因素组合的整体效应，单独地进一步增加时，则其对于土地生产力的影响效果会变得越来越小，甚至成为土地生产力发展的限制因素。另外，在影响土地生产力的各种因素中，如果某个因素的强度过低，其他因素即使处于最佳状态，也难以提高土地生产力。这就是土地报酬递减规律。

2. 土地区位理论。土地区位包括自然地理区位、经济地理区位和交通地理区位。无论是城镇建设用地还是农业用地，都具有一定的区位条件。土地的区位条件不仅影响到土地的功能配置和利用布局，更主要的是影响土地的使用价值和土地利用的收益水平，产生土地利用的级差收益。土地区位理论主要研究：一定的经济为什么会在特定的土地区域内进行，一定的经营设施为什么会建于特定的土地区域之内，一定的土地收益为什么与特定的区块或地段相联系等。基本目标是寻求人类在土地开发利用中从空间上所表现出来的规律，即空间法则。

3. 土地与经济增长的关系。

（1）古典经济学时期。威廉·配第在《赋税论》中提出"土地是财富之母，劳动是财富之父"，认为土地是生产的两大要素之一。重农学派把土地对财富增长的作用提高到非常重要的地位，其代表人物杜尔阁认为，"土地永远是一切财富唯一的、首要的来源；生产一切收入的是土地；在完全未耕种以前，为人类提供第一笔垫支基金的也是土地"。亚当·斯密在《国富论》中认为土地、劳动、资本是三个基本生产要素，把土地当做一种资源来考察，并认为地租是使用土地的代价。大卫·李嘉图继承了斯密的理论，在其《政治经济学及赋税原理》一书中进一步认为，作为生产要素的土地、资本和劳动的边际报酬是递减的，生产报酬递减的，生产报酬递减将导致一个国家经济增长的最终停止。

（2）新古典经济学时期。新古典经济学家就把土地看做是与劳动、资本、企业家才能并列的生产要素，并以土地在一般市场均衡中的作用来研究土地对经济增长的贡献。

从19世纪70年代开始的"边际革命"，许多代表人物提出要素间的替代关系，认为"土地不仅可以被资本替代，而且技术进步足以抵消固定不变的土地所带来的不利影响。他们的观点是，土地不应该在经济发展中占有特殊位置，不必进行单独处理。对目前我国土地制度形成影响甚广的理论——亨利·乔治的"土地涨价归公"理论的主要观点是，土地价值增加，是人口集聚和生产的需求，而非个人的劳动或投资引起的，因此土地增值的收益应归社会所有。我国目前把土地分为城市和农村两类，按所有制管理，以及农地转为非农用地必须经过国家征用和城市土地国有，其背后的理论依据也是"涨价归公"，即土地的价值增值来源于国家基础设施投资，农村土地转为城市建设，必须将土地国有化，原来的土地所有者农民集体不能分享土地级差收益。

4. 土地发展权理论。土地发展权，就是发展（开发）土地的权利，是从土地所有权中分离出来的一种物权，是一种可与土地所有权分割而单独处分的财产权，它是指所有权人将自己拥有的土地变更现有用途而求得更大发展机会的权利。最早始于 1947 年英国《城乡规划法》，后随着土地发展权项目的实施和应用的加深，产生了发展权转让（Transfer of Development Rights）即土地所有人可将发展权让渡，获得经济补偿。

（二）国内研究成果综述

陈小勇、段小燕指出，土地的空间不可流动性使土地资源不能发挥其最大效率，当土地当量价格相同的前提下，通过比较土地当量潜在购买者的边际收益来分配"被置换地"，边际收益大的潜在购买者获取被置换地，从而实现土地配置的效率。

王林、谭峻对土地生产当量配额交易机制进行研究，其将世界平均粮食亩产量与单位稻谷的热量的乘积作为标准土地生产当量，并根据不同省份各种粮食作物的产量和其相应的热量计算出各省区市的土地生产当量；利用区域耕地提供的土地生产当量/区域总人口计算出区域人均土地生产当量，同时，从土地生产当交易制度立法、交易信息公示、交易行为监控、土地生产当量总量控制、土地生产当量配额的初始分配和上市交易六个方面提出土地生产当量配额交易机制的构想。本文在土地配额交易基础上，参考碳配额交易及可再生能源配额交易，分析我国实行土地生产当量配额交易制的可行性及障碍，计算出我国各省份粮食生产当量及土地生产当量，提出实行土地配额交易可行的途径。

张建华提出了土地生产当量配额交易的基本思路：通过引入土地生产当量（单位土地标准产出）的概念，界定和分配土地生产当量配额，允许配额在不同地区间进行买卖，形成全国性土地生产当量交易市场，在保证粮食产量不变的总量平衡目标下，以粮食产量为配额，使城市化用地数量的增长与农业基础设施改善的程度挂钩，实现耕地占用与开发之间的占补平衡，保障粮食生产的总量平衡。

温铁军、姚洋研究提出：农用土地作为农民的主要生活、养老、失业及基本医疗等保障的重要支撑，但是随着社会的不断发展，在农民总经济收入中农业经济效益所占比例在逐渐缩小，从而导致农用土地的社会保障功能将逐渐退化。因此，在农用土地流转交易中不能完全按照市场经济模式来确定价格，而是需要更多倾向土地的福利保障方面的价值评估。

谭荣和曲福田（2006）基于一个衡量农地非农化空间配置效率的模型，对我国 1989—2003 年的农地非农化进行实证检验，发现我国农村非农化在空间配置上存在较大的效率损失，如果将中部地区 14.24%（90 860 公顷）和西部地区 3.66%（13 138 公顷）的农地非农化指标转移到东部地区，将达到全国农地非农化空间配置的效率最优。

邵挺等（2011）运用1998—2008年全国211个地级市面板数据，发现东部地区建设用地的边际生产率要远远高于中、西部地区，各地级市间的土地利用效率差异主要来自于省际差距，而不是省内差距，2006年以后省际和省内差距都进一步扩大。

周其仁等（2004）发现了土地影响中国经济增长的另外一种重要途径——"供地融资"。建设用地的增加，可以直接增加机构和个人的自有资本金，经过土地的评估和抵押，又扩大了这些机构和个人的信用，把更多的银行信贷动员为社会总投资。他们认为，地方政府垄断土地供给，利用大量储备土地作抵押来获取银行资金，用于基础设施建设。土地规模直接影响到市场货币投放量和社会总投资水平，从而对经济增长产生重要影响。

三、本文的创新点

1. 以人均消耗的热量确定土地生产当量。本文考虑到土地当量标准的稳定性，用人均消耗的能量确定土地当量，根据联合国粮农组织以1个人一昼夜消耗的粮食热量为标准，定义1标准土地当量＝人均消耗能量×365天。因为人所需的热量是唯一的，且能够保持相对稳定性，而耕地质量是参差不齐的，只要满足了人的需求，即确保了粮食安全问题。

2. 核算了各省市土地生产当量的初始配额。本文基于国际碳排放交易经验与中国国情，将各省（市、地）满足当地人口所需要的当量作为本区域土地当量的初始配额，超过初始配额的部分可通过市场交换的方式调剂土地使用者使用土地资源的数量，从而达到保护耕地、促进经济发展的目的。

3. 给出了政府与市场共同决定的土地定价模型。本文针对我国急需解决的三类土地交易情况：一是不改变土地集体所有权，只改变土地经营权的农村土地流转；二是不改变土地经营权，只出售土地发展权的土地当量交易；三是改变土地集体所有权、改变土地用途的失地农民补偿。分别给出了由市场或政府主导的定价模型。

4. 提出了土地当量交易市场的架构。本文借鉴碳交易市场，提出建立土地当量交易一二级市场的架构，一级市场定义为各区域间进行土地生产当量配额的初始定价和二次分配，二级市场是土地当量配额转让、流转的场所；同时，从交易机制、定价机制、交易市场预设效果等方面对市场制度进行了构建。

5. 为土地当量交易所需法律进行初步探讨。文章对进行土地当量交易的法律属性进行分析，在深入探讨土地当量交易面临的法律障碍的基础上，提出需确立土地当量规范标准、制定《土地当量交易法》、制定配套行政法规规章等，为土地当量交易做好立法准备，确保土地当量交易市场的有序、高效运转。

第二部分　土地当量评估核定

一、土地当量的提出

（一）土地当量提出的背景

2008 年，人民银行副行长易纲在"气候变化与配额交易研讨会"上提出"用金融创新的方式来解决耕地保护及粮食安全问题"，之后央行研究局张建华正式提出土地生产当量的概念，"以土地生产当量配额交易来解决粮食安全问题，并建议建立全国性的统一的土地生产当量交易市场"。为何在现有的土地交易制度下重新提出建立土地生产当量交易市场？主要是由于我国现有的土地交易市场存在着以下弊端。

1. 耕地危机凸显，可能危及粮食安全问题。一是土地资源退化，耕地面积锐减被占用，后备耕地资源不足。一方面由于大面积的土壤侵蚀、土地沙化和盐碱化不断发展，水土流失严重，我国目前受水土流失危害的耕地超过 6 亿亩；另一方面，近年来，随着我国社会经济的迅猛发展，建设用地需求不断增加，大量耕地被占用，而可供开发的耕地后备资源数量少、开垦难度大，目前，我国人均耕地只有 0.093 公顷，不足世界人均耕地 0.25 公顷的 44%。二是在我国耕地质量下降，占优补劣现象严重。在 1997 年之前，我国耕地一直是无偿征用，耕地减少、浪费现象严重。1997 年，我国才首次提出"耕地总量动态平衡"的概念，开始执行耕地"占一补一"的政策，但是实际操作中采用"占一补一"的措施往往"补不抵占"。从目前土地交易相对比较完善的重庆地票制度来看，由于地票制度对地票使用落地地块占用耕地的数量与质量没有明确的要求，缺乏相应的规定和监管，无法明确知晓一宗地票是否实现了耕地占补数量上的平衡。

2. 土地收益分配不合理，农民所有权益得不到保障。现阶段，我国对于包括耕地在内的农村集体土地的市场价值补偿仍仅限于农地征用领域，根据《土地管理法》第四十七条"征收耕地的补偿费用包括土地补偿费、安置补偿费以及地上附着物和青苗的补偿费"。其中"土地补偿费按照征收土地的原用途给予补偿"，农民享受不到土地由于性质用途而产生的增值收益；安置补助标准为该耕地被征收前 3 年平均产值的 4~6 倍，这显然无法保障农民失地之后的长期生活。即使如此，由于我国实行的农村土地集体所有制，对土地的产权不明晰，农民只能得到集体建设用地流转收益的很小一部分，农民收益得不到保障，引发了很多的征地冲突。

以上问题的存在涉及我国农村的体制改革、土地制度等多方面原因，但当前我国土地衡量没有一个统一的标准也是一个重要的原因，因此在我国土地交易市场确定一个统一的评估土地产出标准是当前亟须要解决的问题，本章节在解决土地当量评估提出了一种新的思路。

（二）目前土地当量评估的研究思路

本文将土地当量定义为单位面积的标准传统农田种植水稻的粮食产出，是一种可以统一的综合化评估土地粮食生产能力的标准计量单位。准确对这样一种标准进行评估核定和分配是形成土地当量交易市场和制度的首要条件。目前对土地当量的评估还没有形成一个明确的或是可供参考的评估方法，综合现有的研究成果，大致有以下两种研究思路。

1. 以土地分级管理办法为基础核定土地当量

这种方法是基于土地评价学的研究，通过核定土地生产能力，即土地潜在的粮食生产能力来核定土地当量。基于这种理论基础，白鹤祥提出，根据当前国家土地管理部门对于农用土地分级管理出台的《农用地分等规程》《农用地定级规程》《农用地估价规程》等专门文件以及《各省区补充耕地质量按等级折算系数表》，将全国范围内的耕地、林地、牧草地及畜牧渔产用地按照折算系数，换算成能够进行衡量的标准土地，在现有的农用土地分级管理办法的基础之上加以调整，获得初步可行的土地当量核定方法，形成土地当量测算的粗略框架。但目前这种方法并没有实际地运用在土地当量的评估方面，一是由于当前大多数关于土地评价的具体模型是针对单一类型土地开发，与土地当量核定所要求的跨土地类型的综合评价有所区别；二是它对土地的评价是基于该宗土地潜在的粮食生产能力，与一般的土地质量评价注重一般生产力折算又略有区别。

以土地分级管理为基础的方法是根据土地状况准确测算出土地的产出，从而精确确定土地生产当量的一种方法，理论上可以实施。但目前尚有很多不成熟的地方：一方面，目前农用地分等的理论和方法研究还很不深入，分等仅仅是定性地对土地质量进行区分，将差别达到一定程度的"级"人为地规定为"等"。不具有全国可比性，甚至全省和大区域的可比性都没有。另一方面，农用地定级方法不易操作，应用受限。目前对农用地定级主要有直接评价法和间接评价法两种方法。直接评价法，主要是对于土地的自然生产潜力差异进行模拟，然后再根据农用地环境质量、农用地基础设施、农用地区位等进行修正，得到现实生产能力或收益的高低，形成农用地级别。间接评价法，主要根据影响农用地质量的自然环境和社会经济因素，建立评价指标体系，再用统计方法求评价单元总分值，并以此为依据划分农用地级别。由于操作起来比较复杂，在实际中两种定级方法应用较少。另外，不同地区生产作物不同，对土地的生产能力评估仍然存在问题。

2. 以农产品产生的热量计量标准土地当量

由于各地区适宜生产的粮食品种不同，土地直接折算成粮食存在很多技术问题需要解决。目前，国际能源组织（IEA）和经济合作与发展组织（OECD）采用"油当量"（1 吨油当量 = 11 630 千瓦时）概念来描述一国能源的生产量或消费量，煤炭、原油和天然气都可以换算成"油当量"。根据这样的思路，一些学者提出借鉴标准煤概念以农产品产生的卡路里衡量土地生产当量的思路。卢锋认为，土地生产当量不一定折算成粮食，如借鉴标准燃料以"焦耳"计量，可以用农产品产生的卡路里衡量土地生产当量。王林借鉴这种思路，用粮食产出热量来衡量土地的产出：我国在计算最低人均耕地占有量 0.8 亩时，采用了世界平均粮食亩产 320 千克，由于 1 千克稻谷的热量约为 3 430 大卡，即：

标准土地生产当量 = 平均粮食亩产量 × 单位稻谷热量 = 320 × 3 430 = 1 097 600（大卡）

联合国粮农组织（FAC）以 1 个人一昼夜享用 2 300 大卡热量的食物消费作为粮食自给自足标准，则一人一年平均需要 839 500 大卡。若标准土地生产当量取 1 097 600 大卡，一人一年平均消耗约 0.765 个标准土地生产当量的热量。

这种思路提出了以农产品产生的热量来衡量土地生产量的方法，突破了以粮食来衡量土地当量的局限，更便于实际操作。但该种方法有以下几个方面有待探讨：一是该种方法使用世界平均粮食亩产作为计算标准土地生产当量的指标，由于全球的土地、气候条件有较大差异，我国的土地产出和世界其他国家也有较大的不同，因此采用这个指标计算我国土地生产当量，准确性会有所偏差；二是根据粮食亩产产出的热量来计算标准土地生产当量，平均亩产量是一个动态变量，每年都会有不同，有些年份可能会有较大差异，这样每年的土地生产当量标准是不断变化的，势必会对土地当量交易机制的可持续性造成影响。

（三）以人均消耗量提出新的研究思路

本文在结合上述两种思路的基础上，考虑到土地当量标准的稳定性，以粮食安全为基础（粮食安全即是要求所有人在任何时候都能在物质、社会和经济上获得充足、安全和富有营养的粮食，即粮食要能满足人们的需求），以人为本，用人均消耗的热量确定为土地生产当量。因为人所需的热量是唯一的，且能够保持相对稳定性，而耕地质量是参差不齐的，只要满足了人的需求，即确保了粮食安全问题。根据联合国粮农组织（FAO）以 1 个人一昼夜享用 2 300 大卡热量的食物消费作为粮食自给自足标准，则：

1 标准土地生产当量 = 人均消耗能量 × 365 天 = 2 300 × 365 = 83 9500（大卡）

根据此公式计算出全国 2014 年土地生产当量 437 106 011 单位，自足率

0.791，与我国常年粮食高库存率现状基本相符。

二、新的研究思路主线介绍

（一）土地发展权收益的提出

提出土地当量一个主要目的也是为了提高土地的发展效益。关于土地发展权收益的归属问题，有三种观点，分别为国家所有、土地所有者所有、国家和土地所有者共享。在中国，随着中国工业化和城市化的发展，非农建设用地变得日益稀缺，在这种压力下，界定土地非农发展权极有必要。从资源配置的角度来看，土地的配置效率显然不能单纯从经济角度来衡量，土地不仅是一种经济资源，还是一种生态资源，关乎人类的生存安全。这种情况下，根据科斯的产权理论，应把土地非农发展权作为一种产权进行界定，不同的发展权安排将对土地资源的配置效率带来不同的影响。中国的非农发展权应该有助于保证粮食安全、生态安全和经济发展。由于中国农村土地实行的是集体所有制，发展权应该成为一种农村集体建设用地向规划区内流转的一种手段。我国的宪法和民法等法律规定，公民具有平等的发展权利。而功能规划区限定了土地的用途，被划为农业用地的集体经济组织不得不遵守面临更少的权利分配，造成该集体经济组织的非农发展权利的部分或完全丧失，其目的是保留农业用地实现粮食和生态安全的需要，因此需要一种补偿来弥补这种权利的失衡。

（二）粮食安全概念的提出

粮食安全的概念是 FAO 在 1974 年第一次世界粮食首脑会议上提出的，内容是保证任何人在任何时候都能得到为了生存和健康所必需的足够粮食。1996 年 FAO 对粮食安全做了第三次阐述，把粮食安全界定为"让所有人在任何时候都能享有充足的粮食，过上健康、富有朝气的生活"。我国也有不少专家对粮食安全问题进行过研究，归纳起来，即要求从粮食的供给与需求两个方面来确保任何人在任何时候、任何地点都能够得到充足的、营养的、质量安全的食物，满足生存、发展的需要。本文提出以人均消耗的热量确定为标准土地生产当量，即是基于此理论，将人的需求与土地的生产能力紧密结合起来。

三、全国各省土地生产当量的初始配额分配

要建立全国性统一的土地生产当量交易市场，需要界定和分配土地生产当量配额。土地生产当量的初始分配可以看做是土地生产当量配额交易的一级市场，主要是指配额由全国土地管理部门向省级分配土地生产当量配额指标，并允许配额在不同地区间进行买卖，形成全国统一的土地生产当量交易市场。

（一）各省区土地生产当量测算

以粮食产生热量计算土地生产当量，我国的粮食作物主要包括谷物类、豆类和薯类，而谷物类中产量最高的是稻谷、小麦和玉米，考虑到地区差异还有谷子（小米）、高粱及青稞等；油料作物主要选取芝麻、花生和油菜籽。根据矩阵公式计算出全国各省主要作物的总热量：

$$\begin{pmatrix} a11 & a12 & \cdots & a1j \\ a21 & a22 & \cdots & a2j \\ \cdots & \cdots & \cdots & \cdots \\ ai1 & ai2 & \cdots & aij \end{pmatrix} \begin{pmatrix} b1 \\ b2 \\ \cdots \\ bi \end{pmatrix}$$

其中，aij 代表各省主要农作物的产量，bi 代表各种作物的单位热量。将各省农作物的产量及单位热量代入矩阵得到以下结果：

表1　　　　　　　　　全国各省市土地生产当量情况一览表

地区	粮食提供的土地当量（万）	所需土地当量（万）	自足偏离度
北京	381.93	2 115	−0.82
天津	684.06	1 472	−0.54
河北	13 430.98	7 333	0.83
山西	4 877.07	3 630	0.34
内蒙古	10 126.75	2 498	3.05
辽宁	9 249.42	4 390	1.11
吉林	14 064.91	2 751	4.11
黑龙江	23 942.65	3 835	5.24
上海	441.85	2 415	−0.82
江苏	13 817.02	7 939	0.74
浙江	2 924.16	5 498	−0.47
安徽	13 853.31	6 030	1.3
福建	2 549.94	3 774	−0.32
江西	8 990.71	4 522	0.99
山东	19 375	9 733	0.99
河南	25 402.27	9 413	1.7
湖北	11 044.6	5 799	0.91
湖南	12 328.86	6 691	0.84
广东	5 555.56	10 644	−0.48
广西	6 345.11	4 719	0.35

地区	粮食提供的土地当量（万）	所需土地当量（万）	自足偏离度
海南	774.64	895	−0.13
重庆	3 963.17	2 970	0.33
四川	13 036.91	8 107	0.61
贵州	3 582.11	3 502	0.02
云南	6 975.05	4 687	0.49
西藏	132.32	312	0.32
陕西	4 625.74	3 764	0.23
甘肃	3 739.6	2 582	0.45
青海	363.74	578	−0.31
宁夏	1 340.22	654	1.05
新疆	5 348.79	2 264	1.36
全国	243 710.6	136 072	0.79

注：自足偏离度 =（满足人口需求所需土地当量 − 粮食提供的土地当量）/满足人口需求所需土地当量。

　　我们设定的标准土地生产当量为 839 500 大卡，那么在计算各省区市土地生产当量时，将各省区市主要农作物所能提供的热量除以标准土地生产当量，就可计算出各省区市实际的土地生产当量。根据各省市人口即可算出满足本地人口需求所需要的土地生产当量。表 1 列出了全国各省区市土地生产当量以及满足当地人口需求所需要的土地生产当量，并据此算出了偏离度。

　　从中可以看出，全国 31 个省市大致可以分为三类，第一类为"入不敷出"型（自足偏离度 <0），主要是经济比较发达地区，如北京、天津、上海、浙江、福建、广东。这六个省市经济发展迅速，城市化进程较快，对建设用地的需求强烈，而农耕地需求较低，粮食产量严重不足，土地生产当量较小，人口总数大，不能满足当地人口所需。有两个省市比较特殊，青海、海南，这两个省是因为自身自然条件所限，青海土地面积大，但质量差，多戈壁沙漠，而海南土地面积小，导致粮食、油料作物产量不足。针对这两种情况，应该区别对待。第二类是"自给自足"型（0 < 自足偏离度 <1），这类省市基本上能够满足本地人口的需要，如河北、山西、江苏、江西、山东、湖北、湖南、广西、重庆、贵州、云南、四川、西藏、陕西、甘肃等省份。这些省份中，像河北、江苏、山东等省份经济发展迅速，对建设用地的需求也比较强烈，后备耕地不是很多，因此应尽可能保障本区域的耕地动态平衡，防止过多占用耕地，保障足够的土

地当量。而像甘肃、贵州、陕西等地区经济落后，土地面积大，对耕地的投入不足，因此可以以提高单位产量为主，并要挖掘后备土地资源的潜力，努力提高土地生产当量，通过当量交易来实现农业"反哺"经济的道路。第三类是"供过于求"型（自足偏离度>1），这类省份的土地生产当量远远高于本地人口所需，在满足自身粮食需求的情况下，是粮食输出大省。如内蒙古、辽宁、吉林、黑龙江、安徽、河南、宁夏、新疆等省份。这些省份耕地面积大，土地质量好，产量高，农业较为发达，而工业常较为落后，是我们当量交易的主要供给方。但这些省份也面临着耕地利用率高，潜力不足等问题，在今后应以土地集约利用为主，通过土地整理增加有效耕地面积，使耕地可持续发展。

（二）各省市土地生产当量初始配额分配

在土地当量交易市场中，配额作为需求方（地方政府、企业）在一定时期内必须持有的单位，是市场交易的主要标的物，初始配额分配的模式和方法是实行土地当量交易的重要环节。

每一种配额分配方式都会产生不同的利益分配，并不存在一个完美无缺的最优分配方法。本文认为，开展土地当量交易的根本目的是利用市场来解决城市化进程中土地供给约束和农业投入不足以及粮食安全之间的矛盾，同时解决不同地区城市化进程问题，因此基于国际碳排放交易经验与中国国情，本文提出一种具有可操作性的土地当量初始配额分配模式。

以粮食安全理论为基础，将各省（市、地）满足当地人口所需要的当量作为本区域土地当量的初始配额，即

初始配额 = 人口 × 标准土地生产当量

各省（市、地）必须保障初始配额的土地生产当量。在土地生产当量总量不低于应保有的土地生产当量总量的前提下，可以通过市场交换的方式调剂土地使用者使用土地资源的数量，从而达到保护耕地、促进经济发展的目的。

第三部分　土地当量定价模型

以上我们确定了土地当量的计量标准，为了使土地能够进行当量交易，必须研究土地当量的定价问题。在我国农村土地与城镇土地是两个分割的市场，如何打通两个市场，使两者有机统一起来，这正是本节需要研究的问题。

土地市场的核心是土地定价问题。它是包括土地份额所有权、使用权和发展权的有机体系，所有权是产权，土地使用权也是一种产权，科学的土地价格标准形成能够提供合理的经济学依据从而实现土地资源的优化配置。

科学合理地评估土地价格应参考土地价格评估目的、评估对象及其他相关

资料信息，科学、合理选用土地定价基本方法及实践评估应用方法，不同的价格评估方法在适用对象、范围方面存在一定的差异性。在交易价格评估中常用的成本法、收益法、市场比较法在实践应用中最大的难点是无法确定一个合适的参考数据，土地定价的方式也可以是多样的，比如现金、实物、债券等实物期权方法应用的难点是选择合适的标的物价格。中国农村土地是集体所有制，具有等级制、社区封闭性、政府控制等特点，并承担着收入职能、社会保障职能、就业职能农地流转价格如何才是公平合理的，这个答案最终要依靠市场来回答，当然，土地流转市场的建立需要土地产权制度进一步改革，必须得到政治、法律等其他方面改革的支持，才能有效保障农民的财产权利不受侵犯，否则，历史经验告诉我们，土地流转的实现反倒可以成为权贵者掠夺农民土地的合法依据。

根据科斯定理，在产权明晰的前提下，土地交易可以促使土地使用达到帕累托最优。为了说明问题，我们看以下案例：假设 A、B 两地农用土地均为 10 000 当量，非农用土地均为 2 000 当量，由于经济发展环境不同 A 地每当量非农产出是 B 地的 2 倍，分别为 20 单位和 10 单位。那么在没有进行土地交易情况下，A、B 两地共生产粮食 20 000 当量，生产非农产品 40 000 单位；如果允许土地交易，那么在极端情况下，B 地非农用地可以全部交易给 A 地，因此 A、B 两地共生产粮食 20 000 当量，生产非农产品 60 000 单位，土地交易使在粮食生产不变的情况下，使非农产出增加 20 000 单位，达到帕累托最优。

鉴于我国城镇土地市场已通过招标、挂牌、拍卖等方式形成了较为成熟的土地定价模式，因此本文仅研究其他三类情况的土地定价：一是不改变土地集体所有权，只改变土地经营权的农村土地流转；二是不改变土地经营权，只出售土地发展权的土地当量交易；三是改变土地集体所有权、改变土地用途的失地农民补偿。

一、当量土地流转价格确定

以下我们研究土地流转问题，本文所指的土地流转是指不改变土地用途的土地承包经营权交换。土地当量的确定大大地简化了农村土地流转问题：一是由于相同当量的土地产出相同，使得价格补偿变得简便统一；二是当量标准的一致性使得愿意土地流转的农户与不愿意土地流转的农户土地交换变得容易，从而有利于整片流转。为了确定土地流转价格，我们假定土地流转区域内有 n 个农户，他们持有的土地当量分别为 D1、D2…Dn，他们愿意流转的当量价格分别为 P1、P2…Pn，不妨假定 P1≤P2≤…≤Pn，那么一个希望得到 D 土地当量的农场主他的土地流转出价 P 由以下模型决定：

$$\text{Min } P \times D \tag{1}$$
$$\text{s. t}：D1 + D2 + \cdots Dt \geqslant D$$
$$Pt \leqslant P$$

显然本模型的最优解为 P = Pt，在完全市场交易情况下这就是市场确定的土地流转交易价格。但考虑到农村土地分散，农民市场意识不强、价格识别能力和谈判能力较弱，土地流转中可能造成农民利益受损。即出现农场主出价较低，而农民不了解市场导致成交价过低现象，因此政府需要根据当地经济发展水平制定一个最低保护价 P0，满足 P≥P0，上述模型变为：

$$\text{Min } P \times D \tag{2}$$
$$\text{s. t}：D1 + D2 + \cdots Dt \geqslant D$$
$$Pt \leqslant P$$
$$P \geqslant P0$$

最低保护价 P0 可根据当地每当量土地纯收益（或地租）来确定。

土地纯收益 = 土地年总收益 - 土地年总费用。

年总收益是指待估土地按法定用途和最有效用途出租或自行使用，在正常情况下，合理利用土地应取得的持续而稳定的年收益或年租金，包括租金收入、押金利息收入等。对总收益的收益期超过或不足一年的，要统一折算为年土地总收益。总费用是指利用土地进行经营活动时正常合理的必要年支出。在确定土地年总费用时，要根据土地利用方式进行具体分析。对总费用的支出期超过或不足一年的，要统一折算为年土地总费用。

根据生产要素理论，农耕土地流转的承包人的总收益包括资本收益、土地出租收益、人力资源投入收益和自然资源收益。总费用包括资本投入、物资投入、人力投入资本和销售性成本。年总收益减去总费用的值即为超额利润，也就是马克思所说的地租，收益还原法的土地收益。

显然，本模型体现了在政府指导下的市场确定原则。

二、当量土地交易价格确定

由于具有统一的计量标准，土地当量可按全国总体土地利用规划分配到各省区，形成配额，并建立全国统一的配额交易市场，各省区可根据需要购买或出售配额，从而在确保总量不变的前提下实现地区间的调剂，占补平衡可在全国范围内通过市场机制来实现。同时，配额作为稀缺性资源，会在市场上形成均衡价格，并在地区间的交易中实现优化配置。另外，市场还会激励各种有助于增加土地当量、降低配额成本、提高土地利用效率的技术创新和交易创新行为，如加大水利工程、农田整治力度，更加集约地利用土地等；特别是会鼓励农业领域的技术创新和新产品研发，如种子技术、海洋科技等，其效果与农田整治、水利工程等是等价的。这样就可在保障总体粮食生产能力的总土地当量不变的前提下，促进用地结构优化和建设用地供给增加。对于配额不足的省份给予配额提供方一定的补偿是应该的，这是因为土地的农业收益相对于其他用途的土地收益比较低，配额提供方以失去发展权为代价。

以下我们来研究土地当量交易问题，在市场中，我们假定土地当量供给方有 n 个，他们提供的土地当量分别为 Da1、Da2…Dan，他们愿意卖出的价格分别为 Pa1、Pa2…Pan，不妨假定 Pa1 ≤ Pa2 ≤ … ≤ Pan；土地当量需求方有 m 个，他们需要的土地当量分别为 Db1、Db2…Dbm，他们愿意买入的价格分别为 Pb1、Pb2…Pbm，不妨假定 Pb1 ≥ Pb2 ≥ … ≥ Pbn，那么使土地当量的交易最大化的交易均衡价格 P 由以下模型决定：

$$\text{Max } P \times D \qquad\qquad (3)$$
$$\text{s. t: } Da1 + Da2 + \cdots + Dat \geq Db1 + Db2 + \cdots + Dbs$$
$$Pt \leq P \leq Ps$$

这里，$D = \text{Min} \{ (Da1 + Da2 + \cdots + Dat), (Db1 + Db2 + \cdots + Dbs) \}$；$Pt = \text{Min} (Pai: Pai \leq P, i = 1, 2, \cdots n)$；$Ps = \text{Max} (Pbj: Pbj \leq P, j = 1, 2, \cdots m)$。

应该说明这是一种集合竞价模式，它隐含以下假设：即价格优先原则，且满足：（1）成交量最大。（2）高于基准价格的买入申报和低于基准价格的卖出申报全部满足（成交）。（3）与基准价格相同的买卖双方中有一方申报全部满足（成交）。显然，本模型是一个完全市场化模型。而且如果 Pbn ≥ Pan，成交量最大，且买卖双方中有一方申报全部成交，成交价为 P = Pbn；如果 Pb1 ≤ Pa1，成交量为零。

三、对失地农民补偿的确定

农村土地既是农民的生产资料，也具有社会保障功能。现有的农村土地征用制度及土地收益分配格局，不利于保障失地农民的权益，极易引发农民不满，导致群体性事件。如果农民失去土地后相应的社会保障没有及时跟进，失地农民既丧失了原有土地的社会保障，又无法享受与城市居民同等的社会保障权利，他们在"农转非"后，很难顺利地从过去农民的生产、生活方式，转变为市民的生产、生活方式。失地农民纳入社会保障体制改革的基本原则是，保障失地农民在养老、医疗、失业、最低生活保障等方面与城市居民享受同等待遇。因此，要改变过去一次性货币安置为主的做法，在优先建立基本养老机制并提供医疗、失业等基本保障等方面，建立由地方政府、村集体和个人共同承担的筹资及管理机制。在此基础上，建立一些符合"农转非"人口群体特征的特殊性制度安排，农民的发展性需求，建立专项基金用于对失地农民就业指导救助等。

失地农民不仅受到流转前利用和效益的影响，还要受到流转后土地利用和效益的影响，以及转移经营权之后对农民生活的影响，也就是说，土地流转价格要受土地本身和非土地本身两方面因素的影响。

土地流转的价格是土地使用效益的价值体现，包括土地自身因素、外部因素和市场因素等方面。土地自身因素包括土地面积、形状、土地肥沃程度、种植作物种类等，外界条件是指灌溉设施、区位条件等，而市场因素涉及经济状况、市场竞争情况以及购买双方特点等。土地自身因素和外部因素直接影响着土地的生产状况和土地农用收益，市场因素则决定了土地流转的经济实现程度。

土地的流转还要受到农民保障因素、选择价值和未来收入稳定等因素的影响。农民保障因素涉及了土地流转后农民的医疗、养老、就业等保障因素，同时还要考虑如果土地流转后经营失败农民土地复耕费用保障问题。选择价值是指土地流转经营获利后农民的利益分配问题。未来收入稳定则为土地流转后农民能够通过其他劳动方式获取稳定收益的问题。

基于以上影响因素，从失地农民转让土地经营权获得补偿的角度分析，失地农民定价模型可以根据下式计算：

$$P = A + C + U + J \tag{4}$$

其中，P 为失地农民土地补偿费用，A 为土地的租金，C 为土地的机会成本，U 为农民的最低生活保障（包括农民的医疗、养老保险）和复耕费用，J 为转让土地后农民再就业培训费用。其中 A 可由还原法得到。

我国农用土地为集体所有，农民承包土地经营权 30 年不变，土地租金按照各个地区不同质量和不同种植物农用土地收益的合理比例计算，比例涉及农民土地流转的心理预期以及土地经营权获得者的支付意愿，并按照通货膨胀情况对土地地租进行调整。机会成本可以按照土地流转后经营盈利收益的合理比例给予分红。农民生活保障计算可参考各地执行的最低生活保障补助标准确定，复耕费用计算参照土地上农用基础设施以及种子的成本计算。农民的再就业培训费可以根据农民创造就业机会的平均基本投资计算。

以上是根据成本法的思路，另外，我们也可以根据增值法获得失地农民土地补偿费用数据，具体是依照土地改变用途后的增值，按照一定比例补偿给失地农民，即：

$$P = \alpha(G - H - D) \tag{5}$$

这里 G 为城镇每当量土地产值增加值，H 为农业每当量土地产值增加值，D 为当量土地配额交易价格，α 为分配比例。

由于交易是按照当量土地进行的，而产出当量较少的土地产出相同时对应面积较大，因此，在其他条件相近情况下，土地开发者倾向购买"劣质"土地，这就有效地避免了"占优补劣"的发生。

显然，模型（4）（5）价格的确定完全由政府决定，是非市场化的。这是由我国特有的国情决定的。

以上研究我们看出：针对不同类型的土地当量交易，适用不同的定价方式，既有完全市场化的方法，也有完全非市场化的方法，还有市场与政府共同决定的方法。

第四部分　土地当量配额交易机制的构建

用"18亿亩"产出的"当量"总额，来取代以往的"18亿亩"耕地红线，是近来央行提出的一个不同于惯常土地管理思维、以金融市场为切入点解决供地矛盾和保障国家粮食安全的思路。这个建议与当前国际流行的碳交易机制是一脉相通的。对此，我们可以借鉴国际碳配额交易机制，通过引入土地生产当量的概念，界定和分配土地生产当量配额，允许配额在不同地区间进行买卖，建立与国情相适应的以市场为主要资源配置方式的全国性土地当量交易市场。

（一）市场发展模式选择

1. 国际碳市场发展的两种模式

欧盟模式：先二级市场，后一级市场。欧盟碳交易体系运行以二级市场为建设核心，一级市场采取免费发放配额的方式（后转变为拍卖）。之所以前期免费发放配额，是因为当时全球并没有明确的碳价格信号，通过二级市场导入碳价格信号，最大限度上减少了一级市场对二级市场的干扰。

加州模式：侧重一级市场建设。由于排放实体数量较少，市场规模有限，加州碳交易体系更加注重一级市场建设，采取以拍卖为主发放配额的方式，二级市场价格实际上由一级市场拍卖成交价格决定。之所以前期免费发放配额，是因为当时全球并没有明确的碳价格信号，通过二级市场导入碳价格信号，最大限度上减少了一级市场对二级市场的干扰。

2. 我国碳市场建设现状

2011年，我国开始推动区域碳交易市场的试点工作。不同于欧盟ETS系统，我国碳市场采取多个区域市场先行发展，再逐步融合的思路。多个区域碳市场并行运行，能够兼顾差异化的减排目标和成本，提高碳市场的运行效率，但由于规则不统一，导致未来互联互通的成本过高。此外，流动性不足、碳价格信号失灵也长期困扰着区域碳市场的发展，目前以二级现货交易为建设中心的深圳、上海碳市场均存在诸如此类的问题。

3. 我国发展土地当量交易市场的模式选择

我国现行的土地制度与美国、欧盟有较大差异，在土地当量交易市场的发展模式上，不可能直接照搬和复制碳交易的"欧盟模式"或"加州模式"，但欧美等国的实践经验对我国构建与国情相适应的土地当量交易市场仍具有一定的借鉴意义。

一个有效的土地当量交易市场包括市场行为与行政行为的有效结合。与碳市场类似，土地当量交易市场也是一个"子虚乌有"的东西，供给与需求是压根不存在的，政府才是供求关系的直接决定者。因此，在建立土地当量交易市场初期，政府必须先确定土地当量配额为新增建设用地的前置条件，才能使土地当量配额成为稀缺的经济物品，才可以作为商品在市场上交易。不能过分辁信市场的试错、纠错能力，应当从总体上进行自上而下地顶层设计：在总量控制的条件下，采取免费发放和拍卖相结合的方式，对各省市区初始土地当量配额进行合理分配，且允许通过交易所像碳交易那样进行配额转让，构建一级、二级市场并重的全国性的土地当量交易配额市场。

（二）市场的架构

土地当量交易是指土地生产当量配额拥有人依照法律规定，在不损害第三方利益的前提下将已经合法取得的土地生产当量配额通过一定的价格转让给他人的行为。

根据配额的形成和转让过程，可以把土地当量交易市场划分为以下两级：

一级市场并不是严格意义上的市场，它只是合理地运用了市场的一些手段，在区域政府之间、区域政府和上级政府之间，进行土地生产当量配额的初始定价和二次分配。政府部门应着眼于流动性创造和市场连接，学习美国加州的经验，积极引入拍卖机制。加州碳交易中拍卖比例只有8％，却产生了强大的价格信号，其成功之处在于将拍卖方法用到了极致。一级市场一般在政府的行政调控下运作，政府部门应对土地当量配额初始分配和各省市区国土部门跨区交易保持完全的行政控制。各省区可根据需要购买或出售配额，从而在确保总量不变的前提下实现地区间的调剂。一级市场的参与主体仅限于各省市区的国土部门以及有资格参与定向拍卖的做市商等。

二级市场是土地当量配额转让、流转的最理想场所，是微观层次上的配额交易。在政府确定好土地当量配额总量的前提下，各经济主体之间的交易应当放在二级市场进行，这是一个完备的自由交易市场，它的交易价格以及交易规则都应该是市场化的，这样形成的土地当量配额交易价格才是最有效的。各级政府机构不应当参与二级市场的交易。二级市场的交易主体应当是有资格进行土地当量配额交易的个人和各种组织。其中：合法拥有可转让配额的农村集体经济组织、农户是主要的申卖方；一些园区开发企业、投资企业、农业发展公司和基金、金融机构，是主要的申买方；做市商作为市场流动性的主要提供者，可分别与卖方、买方以合理的对价成交。

（三）交易机制设计

土地当量配额是农户通过本地耕地完成当量额且有结余部分形成的，它是政府颁发的许可证，其价值无法事先确定，只能引入市场交易机制，通过公开、公平的市场交易来为其定价。

土地当量配额本质上是一种财产权，这种权利是永久存续的，可存储、可借贷、可计量、可分割，而且可用于理财或自由转让。因此，政府应建立全国土地生产当量配额交易登记托管中心，为各地的土地生产当量配额登记造册，并为配额交易系统提供配额数量登记、交割和过户服务。配额持有人和所有投资者均可在配额交易网上平台以竞价方式交易配额，调剂余缺。

市场交易可以看做是土地生产当量配额交易的二级市场。国家应设立专门的交易委员会进行管理。交易市场的主要职能包括：制定基于市场的交易规则，收集和发布市场信息，自动撮合买卖双方的成交价格和数量，对交易进行清算、交割和过户等。

配额交易系统是无纸化的集中交易系统，是一个类似上交所、银行间交易市场模式的网上交易的平台，是土地当量配额交易规范发展的基础。这一基于网络的网上交易系统，可有效解决传统交易方式因地域、交通、气候等外部因素带来的诸多限制，实现竞买人与竞买人、竞买人与银行、竞买人与国土资源管理部门之间的互不接触，彻底规避了交易中的人为干扰，更好地体现出议价过程的公开、公平、公正。网上拍卖也可放到这个平台上来。这一系统应至少具备四个功能：产品展示、信息披露、确权功能和交易功能。

（四）产品和定价机制

一级市场为现货市场，二级市场包括现货以及远期、期权、期货、互换和结构化票据等金融衍生品。

市场运行初期，由于可卖出配额仅限于正常年份土地可产出当量的增量部分，可买入配额受国土部门下达的城市年度用地指标的挤压，市场容量有限。在流动性匮乏且分布不均衡的条件下，初期的配额交易系统，不应采纳中国深沪两个交易所以及中国香港、新加坡、日本等市场实行的指令驱动制度，而应借鉴美国的纳斯达克市场，实行报价驱动制度，即做市商制度，其特征是：做市商就其负责的当量配额，向投资者分别报价买入与卖出，投资者或直接或通过经纪人与做市商进行交易，按做市商报出的买价与卖价成交，直至做市商改变报价。

做市商通常也是代理商，他可以为自己、自己的客户或其他代理商进行交易。做市商之间通过价格竞争吸引客户订单。做市商可以参与一级市场的电子拍卖，但更多是作为二级市场流动性的主要提供者，即时承接买单和卖单，缓和买卖指令的不均衡，并抑制相应的价格波动。做市商应当先于普通客户在开市前下单，正常交易时间里不得下单和撤单，不得以劣于市场上最佳报价的价格与客户的订单成交。为防止做市商利用其信息垄断地位人为扩大买卖价差，攫取非正常收益，金融监管当局应当对做市商进行严格监管，包括：事前的准入资格审查、事中监控、事后的检查和违约处罚。

（五）配额交易市场预设的效果和偏离的风险

1. 配额交易市场预设的效果

从土地当量交易的有关文献来看，建立配额交易市场预期达到的效果有两个。

效果一：将严守 18 亿亩耕地红线转为保护 18 亿亩耕地产出的"当量"总额，在保障国家粮食安全的前提下，解决经济发展用地不足的问题。

效果二：发达地区的农地当量缺口，通过配额交易市场购买解决，对欠发达地区的农地投入给予外部的经济补偿，从而达到近乎财政转移支付的效果，并促成农地的跨区域流转。

预设的效果能否达成，虽然不是土地当量交易市场成功与否的标尺，但至少也是一种重要的参考。

2. 偏离风险

土地当量交易制度在初始设计上还存在很多不足，使其在运行中有偏离预设目标的风险。

一是回避了"配额补偿给谁"的问题，致使当量配额交易有走向"伪市场化"的危险。土地当量配额是土地效率提升带来的外部经济补偿，其获益的对象无疑应该是农地的所有权人或使用权人，但从已公开的文献看，配额只下解到区政府，而配额补偿的用途也主要限定在"解决农村基础建设资金不足问题"上。这样，市场需求端是市场化的经济主体，而供给端却是各级国土部门，而且配额的总量也掌控在政府手中，这种把"农村集体经济组织"和"农户"排斥在外的市场化只能是"伪市场化"，较之成都、重庆的"地票"制度，其实是一种改革的倒退，其注定是不会成功的。

二是缺乏建设用地市场化的外部条件，土地当量配额存在大幅低估的风险。土地当量配额应当逐步取代各地逐年下达的建设用地指标，作为取得城乡建设用地的前置条件（国有经营性用地除外），才可获得合理的估价。好的市场不是"管"出来的，而是政府"退"出来的。如果政府部门不肯舍弃既得利益，配额交易的成本全部转嫁给用地企业，那么这个市场就一定不会长久。可行的选择是：设定一个过渡期限，政府部门逐年缩减建设用地指标规模，从需求端给市场注入源头活水，并营造出配额供给趋紧的预期，才能够稳定市场，使土地当量配额回归其真实价值。

三是分配土地生产当量保有量要因地制宜，不宜"一刀切"。一般来讲，像河南、吉林和黑龙江等粮食输出大省，人均土地生产当量均大大高于全国平均水平，在核定土地生产当量的保有量基数时，要本着保护耕地、防止过度开发的思路，适当调低保有量基数，使其能获得较多的配额补偿。而像浙江、广东等粮食消费大省，人均土地生产当量低于全国平均水平，在核定土地生产当量的保有量基数时，要适当调高其土地生产当量的保有量基数，以利其加大对耕地的投入、挖掘耕地潜力，同时为其未尽到的粮食安全保障义务支付对价补偿。

四是从增量入手，对现有的建设用地指标按照土地生产当量的办法进行配额交易，可能会剥夺中西部的发展机会。经济学家汤敏提出："如果实行这一机制，可能会剥夺中西部的发展机会"。他指出，正是因为耕地控制严格，东部的土地成本攀高，目前已经出现了产业向中西部转移的现象。但如果实现这一机制后，东部地区的耕地硬约束就没有了。

第五部分　土地当量交易的立法准备

引入土地当量概念，还只是理论设想迈出的第一步，离真正运行还有很长的一段路要走。建立土地当量配额交易机制并不能一蹴而就，还有许多障碍与困难需要跨越与克服。尤其是相关法律法规清理及为土地当量交易做好立法准备，建立当量核定的监督检查机制，筹划建立土地交易所等。

一、土地当量交易的法律属性

（一）土地占补的法律性质

土地占补平衡是《土地管理法》确定的一项重要制度。是指《中华人民共和国土地管理法》确立的占用耕地补偿制度，非农业建设经批准占用耕地，要按照"占多少，补多少"的原则，补充数量和质量相当的耕地。《土地管理法》第三十一条规定："国家保护耕地，严格控制耕地转为非耕地。国家实行占用耕地补偿制度。非农业建设经批准占用耕地的，按照'占多少，垦多少'的原则，由占用耕地的单位负责开垦与所占用耕地的数量和质量相当的耕地；没有条件开垦或者开垦的耕地不符合要求的，应当按照省、自治区、直辖市的规定缴纳耕地开垦费，专款用于开垦新的耕地。省、自治区、直辖市人民政府应当制定开垦耕地计划，监督占用耕地的单位按照计划开垦耕地或者按照计划组织开垦耕地，并进行验收。"国土资源部《关于进一步加强和改进耕地占补平衡工作的通知》指出，耕地占补平衡是占用耕地单位必须履行的法定义务，既是地方各级人民政府的重要职责，也是实现耕地总量动态平衡总目标的基础。凡利用新增建设用地土地有偿使用费安排的土地开发整理复垦项目新增加的耕地，不能用于建设项目的耕地占补平衡。多方筹集资金的土地开发整理复垦项目，应按资金渠道核算新增耕地面积；只有利用耕地开垦费新增加的耕地，才可用于建设项目的耕地占补平衡。从上述描述可以看得出来，耕地占补平衡是国家法律框架下的一种必需的义务，是国家层面的行政许可事项。

（二）重庆地票的法律性质

地票交易作为重庆探索统筹城乡土地管理的突破口，取得了重大成果，学术界对地票法律性质提出了综合权利说、财产权说，但观点都显不足，《地票的法律性质探析》一文又做了深入的探讨，提出了农地发展权说。农地发展权是土地发展权的下位概念，有两种，一是农用地转为建设用地或废弃，发生土地用途变更，是农地发展权；二是国有土地进行建设开发，即国有土地利用集约度改变，叫市地发展权。在地票交易制度中，地票的产生是由其他土地（非耕地）复垦产生的，这本身就包含农地发展权，因此，重庆地票被确定为农地发展权的法律性质。

（三）土地当量交易的法律性质

我国土地交易是以国家占补平衡为基本准则的，即"占多少，补多少，先补后占"的占补机制，实质上也是一种增量占用规则，其核心思想是：在国家的基础配额之外，对超出基础配额的部分，各地可以获得占用权利，并允许这种权利像商品那样进行社会出让。因此，从这个角度来理解，土地交易是一种政府权力，是公法性质的法律行为。相对重庆地票而言，土地当量是其的延续和扩展，重庆地票被确定为农地发展权，土地当量不仅涵盖了农地发展权，而且还包含了市地发展权，因此是严格意义的土地发展权。

二、我国土地当量交易直临的法律障碍

1. 土地占补与土地供给政策的矛盾。大多数城市的扩展都是政府主导的外延式扩张，是一种无秩序的、连续的、无计划的随意性的空间扩展方式，占用土地资源尤其是耕地资源，从我国土地变更调查显示，近年来，城市扩展用地50%来源于耕地，并且呈逐年增长趋势。与此同时，土地后备资源的挖潜难度加大且成本渐增，长期以来，为了解决耕地保护和建设用地扩张之间的矛盾，各地政府采取的主要措施是挖潜土地后备资源通过实施土地开发整理新增耕地，用于弥补建设用地的扩张。而我国的土地供应政策脱离了对经济增长方式的调控作用，背离了土地供应与土地需求之间的"配给制"原则，形成了土地供应与土地需求之间关系的颠倒之势，即供给服从需求，实质上是一种"保障需求"机制。这种需求决定供给的机制，不仅对我国长期处于粗放模式经济发展缺少约束机制，而且也导致土地供总量控制问题难以实施，这也是多年来，很多地方年度建设用地指标屡被突破的主要原因。

2. 收益归公土地财政模式的阻碍。前面提到，土地当量的实施主要目的是为了更好地保障国家粮食、更加科学地推进耕地保护和占补平衡，对解决农地整理质量的提升的经费问题起到较大的推动作用。从这个角度来讲，实施土地当量交易的目的与当前各地政府推进占补平衡及收益归公的土地财政模式是不太一致的。有关调查结果显示，我国城市土地利用结构较不合理工业用地比重偏大，住宅、交通、环境绿化和第三产业用地比重较低。这样的出让模式必然导致大量优质耕地的浪费、土地和空间利用效率低下，同时，城市发展占用了大量的土地资源，而这些土地资源的绝大部分却没有用到人民生活最需要的居住用地上，形成地方政府最大化商住用地出让金收入而进行垄断、控制性供给。

3. 土地当量基础配额的公平问题。土地当量交易的标的是不同地区增量的土地当量。从法律角度看，基础配额土地当量是各省、县（市、区）保证当地人口基本生活所需要存量，因此土地当量的基础配额初始分配的实质是对当地人口容量所需土地当量的初次分配。而在我国土地资源对于庞大的人口资源来讲已经具有"稀缺性"，尤其是我国不同地区人口数量不均衡、土地质量差别较大、城市化程度参差不齐，土地当量的基础配额必须切实考虑各地不同的现实，"公平"强调对土地资源占用机会和利益的平等性。土地当量基础配额分配是一种自上而下的活动，体现了行政主体对土地当量交易的监督、管理和调控，同时在很大程度上决定着各地所享有权利及承担义务的分配结果。以河南省为例，河南承担着国家粮食生产的重要任务，全国人口第一大省，在土地当量基础配额分配上需要考虑河南省为全国供应粮食上所作出的牺牲。

4. 土地整理质量验收的真实问题。从占补平衡角度来讲，土地当量增量也就是通过一定形式的土地整理而把其他形式的土地转变为可耕土地的数量，当然这其中与土地的质量比有关。在传统占补平衡模式下，占补平衡规模虽然也考虑了土地的质量，但主要还是数量上的对等，当然，这与我国现实条件下土地整理的客观条件分不开的。尤其是近些年来，土地整理空间缩小，难度加大。20世纪80~90年代，土地整理质量与现有的耕地质量几无较大的差别，随着土地整理进入了困难期，整理出来的土地质量明显较差，如果还按照现有的体制推进土地当量的核算，就失去了土地当量实施的真实意义。

三、我国土地当量交易的立法跟进

(一) 确定土地当量规范标准

土地当量的实施，首要条件就是确定土地当量的评估技术标准，目前，社会各界也就这一标准进行了研究和提出，同时，文章第二部分也借鉴学术领域的研究内容，对土地当量的评估方法进行了进一步的研究和测定，按照科学性、技术性、操作性原则，确定土地当量的规范标准，并以立法的形式予以执行。

(二) 制定《土地当量交易法》

我国应制定《土地当量交易法》，通过立法将长期的、基本的目标或举措由政策上升为法律，给包括耕地占补、土地质量提升、地区间的配额补贴等机制一个稳定的法制环境，对更好地推进我国土地当量交易机制的实施和发展是非常关键的。《土地当量交易法》应对土地占补平衡、土地质量升高、农民生存保障及激励机制等作出规定。尤其应当重点解决以下问题：

(1) 各地政府提升耕地质量的法律义务。

(2) 理顺当地土地当量交易监督管理机制。

(3) 土地当量交易补贴政策的落实责任。

(4) 各地土地当量增量标准信息公布义务。

(三) 制定配套行政法规、规章

1. 行政法规——《土地当量基础配额设定与分配条例》。在土地当量初始分配方面，国家和各地的农业部门是配额管理主管部门，负责提出配额分配方案，每 5 年组织一次基础配额的重新分配，每年对新增配额进行收录、验收及登记系统监管，向社会公布相关信息等工作。但因为土地当量基础配额的确定涉及全国耕地、作物种类、产量、人口等数据的核算，需要大量的工作来做。可见，土地当量基础配额设定涉及众多且复杂的行政机关。建议由国务院制定行政法规——《土地当量基础配额设定与分配条例》，在该条例中尤其应注意加强土地当量基础配额分配制度和程序的透明度和参与度，将土地当量指标分配的各个步骤、程序、环节和事项以及分配的基本原则和具体规则加以充分的公开。

2. 行政法规——《国家土地当量增量验收管理制度》。土地当量增量验收是保证土地当量定价公正的首要条件，也是保证国家粮食安全的根本，这不但有利耕地保护工作的开展，同时，对土地整理质量的提升、我国耕地质量的评价具有较强的推进作用。按照国土资源部于 2003 年发布的《全国土地开发整理规划 (2001—2010)》，在"土地开发整理"包含土地整理、土地复垦和土地开发三项内容的基础上，增强土地整理验收环节，并且以法律的形式予以公布。

3. 行政法规——《国家耕地保护及质量提升管理条例》。出台更为严格的耕地保护及质量提升管理条例，上升到国家法规层面，解决传统模式下土地保护方面的中央政府"有管制，无激励"的状况，建立全国层面的耕地保护有效的统一规划，建立中央政府对地方政府、农民等的耕地保护行为的有效监督。落实地方政府耕地保护绩效与所享权利及政绩考核挂钩机制：在质量保护上，中低产田改良及土地整理、复垦、开发数量完成与否，不仅影响其享有新增建设用地的数量，还影响对你工作的考核结果。

4. 部门规章——《国家土地当量交易机构管理办法》。这个主要是土地当量在全国范围内跨省域交易机构的管理措施，可以参照现有土地出让的有关管理措施，并结合土地当量交易机制制定此办法。

5. 部门规章——《省、县（市）土地当量增量额度拍卖办法》。这个主要是指一个省内或县区内土地当量的交易机制，由于土地当量交易机制要在全国建立国家、省、县三级交易平台，不同的平台交易的方式可能会存在区别，因此，在省内、县内还要设立相应的土地当量增量额度拍卖办法。

6. 部门规章——《土地当量交易收益运用管理办法》。土地当量交易作为当量增量转移的主要方式，必然要产生相应的交易收益，而当量增量的产生是由各地通过土地整理、复垦或提高土地质量而形成的，必须有一定的成本投入，而土地当量交易中还可能产生土地的影子价格，如市地发展权中的土地价格溢价。这些交易收益的运用必须遵循市场的原则，一是补贴给因当量增量产生的各主体的投入，如土地整理、复垦及提高土地质量的投入，市地发展权中的土地占用补贴等；二是作为土地质量提升的长期基金予以累积，即上述补贴后还有多余收益部分全部纳入各省土地质量提升投资基金而专款专用，不得挪作他用。严禁作为政府的预算外收入而进行支出。

7. 部门规章——《各类办法的实施细则》。

四、其他相关的配套机制

（一）社会保障

1. 公众参与制度。这主要是保证土地当量信息的透明度，提高土地当量交易、补贴机制的公开性，减少违法占用土地当量的行为发生，强化社会监督。

2. 农民保障机制。实施土地当量交易的最终归宿依然是土地数量的减少，土地当量交易在国家层面是与权利和义务对应的利益的转移，在一个基本的行政区划内，有土地当量交易将可能存在对应土地当量的占用，建立农民保障机制依然要提上日程。

（二）监督管理

1. 地方政府行为的监督。随着土地当量交易的实施，地方政府在土地当量交易中的角色将有较大的转变，当然，其在交易中的地位及权力也随之削弱。在收益归公土地财政政策下形成的收入方式可能不复存在，在这种情况下，在增加地方财源的同时，还要建立全面、完善的监督机制。

2. 市场交易行为的监管。随着土地整理工作的更加困难、成本更高，土地作为稀缺性资源必然会成为争取的目的，部分地方对土地当量增量信息瞒而不报的情况可能会存在，私下利用增量换配额的行为可能发生。

五、修订相关的法律法规

（1）修订《土地复垦条件》《闲置土地管理办法》《农用地分等规程》；
（2）修订《土地管理法》《土地管理办法使用条例》；
（3）暂停《闲置土地处置办法》《农村土地交易所管理办法》的使用；
（4）其他相关法律法规涉及土地交易的内容；
（5）有关与土地交易、奖励、买卖等相关的文件。

资产证券化：实践、风险及审慎监管研究

中国人民银行郑州中心支行货币信贷管理处课题组①

摘要：资产证券化是金融市场发展到一定阶段的必然产物，对于增加银行流动性、改善资产负债结构等方面，具有积极作用。但 2007 年美国次贷危机爆发后，资产证券化的负面效应以及与之相关的监管问题受到高度关注。我国于 2005 年启动资产证券化试点工作，美国次贷危机爆发后，国内试点工作陷入停顿。2011 年，国务院批复同意继续试点，2012 年，重启资产证券化工作，2013 年，国务院表示要进一步扩大信贷资产证券化试点，2015 年，人民银行进一步对稳步开展信贷资产证券化工作进行部署。随着国家政策的持续推动、金融市场的不断成熟，我国即将迎来资产证券化快速发展时期。本文主要研究目的就是将宏微观分析相结合，探讨资产证券化的负面效应和相应监管建议，进而为稳步推进资产证券化试点工作提供理论支持。

研究思路上，选择从两方面入手：微观层次上从商业银行资产证券化行为扭曲入手，分析资产证券化行为扭曲对单个银行风险水平影响；宏观层次上，研究资产证券化引发的流动性冲击，以及流动性冲击对金融稳定的影响。最后结合宏微观分析，给出资产证券化监管及试点工作建议。

结构安排上，主要分为五部分：第一部分是导论，介绍研究背景、意义，并通过文献梳理，确定研究内容、思路、方法及创新点等；第二部分对资产证券化国内实践进行分析，着重分析了业务运作流程、特点及存在问题；第三部分运用历史数据，立足商业银行资产证券化行为扭曲，探讨商业银行资产证券化行为对单个银行风险的影响；第四部分是探讨资产证券化流动性冲击机制及对金融稳定的影响，探究资产证券化的监管重点；第五部分是在前几章节分析的基础上，结合国外资产证券化监管经验和现阶段我国试点制度安排，给出相关政策建议。

---

① 课题主持人：庞贞燕；
　 课题组成员：翟向祎、刘海军、袁灏、秦向辉、宋杨、韩其耘、郑方、郭磊、万昉。

　　本文有几个结论：一是资产证券化造成的银行信贷监督水平降低和风险承担意愿的增强，会给单个银行的风险水平带来负面影响，但银行信贷监督水平的降低对银行风险水平影响更大，因此，要有效防范资产证券化造成的银行信贷监督努力程度的下降。二是银行资产证券化具备流动性扩张机制，当外部冲击使投资者信心（或资产价格下跌），资产证券化带来的流动性供给就会停止，金融市场表现为流动性紧缩，产生流动性冲击。三是在经济上行期，资产证券化带来流动性增加，在一定程度上能缓解单个银行流动性风险，但当外部冲击到来时，次级投资者将先陷入混乱，威胁金融稳定，甚至会传染至整个经济体系。

　　基于此，在审慎监管建议上，本文认为：一是要注重流动性监管和资本监管有效配合。要求银行应持有的流动性资产最低比例，或对银行的杠杆比率进行更严格限制，并禁止利用其他衍生品手段对冲这些风险暴露和降低资本要求，对于银行为表外 SIV 和商业票据业务提供的隐性承诺，也须计提资本；探索对经营不够稳健的银行高管实施薪酬惩罚，督促、引导商业银行对贷款实施审核标准，并对贷款质量进行持续有效监督；加强对基础资产规模的监测，防止资产证券化增加流动性功能的过度滥用，优先选取优质信贷资产开展证券化，风险较大的资产应暂不纳入扩大试点范围；加强对整个社会流动性和资产价格变化的监测，防范流动性冲击。二是要加快完善监管协调。要加快构建协调一致的监管体系；强化对资产证券化业务各个环节的监管；进一步明确信托公司、律师事务所、会计师事务所等各类中介服务机构的职能和责任，提高证券化专业服务技术水平和服务质量。三是要限制重复资产证券化、限制金融机构杠杆率。四是对不同投资者，设置不同的投资门槛，提高次级投资者进入门槛，同时要加强投资者教育。

　　在试点工作建议上，要尽快制定系统性、针对性和有效性的政策措施，解决现实中存在的问题。一是完善税收等方面的资产证券化配套政策法规；二是制定出台专门的资产证券化会计准则；三是为资产证券化产品定价、风险计量提高利率基准；四是合理规避道德风险；五是加强资产证券化的监管协调；六是全面提高资产证券化团队素质等。

关键词：资产证券化　流动性风险　审慎监管　试点建议

第一章　导　论

第一节　研究背景与意义

资产证券化[①]是以具有稳定未来现金流、但缺乏流动性的金融资产作为信用交易基础，通过结构重组、信用增级，发行证券的融资方式。作为现代世界金融领域最重要的创新工具之一，资产证券化是金融市场发展到一定阶段的必然产物，有利于货币市场、信贷市场、债券市场、股票市场的协调发展[②]，对于银行增加流动性、改善资产负债结构等，具有积极作用（Mathias Dewatripont 和 Jean tirole，2002；Hirtle 和 Beverly，2009；姚禄仕，2012；等），但 2007 年美国次贷危机爆发后，资产证券化的负面效应以及与之相关的监管问题受到高度关注。如在负面影响上，一些研究指出：资产证券化与美国次贷危机的爆发和传染密切相关（Brunnerneier，2008；Gorton，2008；Criado 和 van Rixtel，2008）；资产证券化流动性创造功能，在金融动荡时期产生信用骤停，影响金融稳定（BIS，2008）；资产证券化提高了银行和居民杠杆率，一旦遭负面冲击，经济体的脆弱性将呈现出来（Shin，2009）；等等。在监管政策上，发达国家的金融政策总体趋势已表现为微观审慎监管和宏观审慎监管相结合，银行内部约束和外部监管相结合（倪志凌，2011）。

我国于 2005 年启动资产证券化试点工作，到 2008 年底，共 11 家境内银行在银行间债券市场成功发行 17 单、667.8 亿元信贷资产支持债券[③]。美国金融危机爆发后，国内试点工作陷入停顿。2011 年，国务院批复同意继续试点，2012 年，人民银行、银监会、财政部联合印发《关于进一步扩大信贷资产证券化试点有关事项通知》，重启资产证券化工作，2013 年，国务院表示要进一步扩大信贷资产证券化试点，2015 年，人民银行信贷政策工作进一步对稳步开展信贷资

---

①　广义上讲，资产证券化包括信贷资产证券化（即将一组流动性较差的信贷资产，如银行的贷款、企业的应收账款等，经过重组形成资产池，使这组资产所产生的现金流收益比较稳定，再配以相应的信用担保，在此基础上把这组资产所产生的未来现金的收益权转变为可在金融市场上流动、信用等级较高的债券型证券发行的过程）、实体资产证券化（即实体资产向证券资产的转换，是以实物资产和无形资产为基础发行证券并上市的过程）、证券资产证券化（即证券资产的再证券化过程，就是将证券或证券组合作为基础资产，再以其产生的现金流或与现金流有关的变量为基础发行证券）和现金资产证券化（即现金的持有者通过投资将现金转化为证券的过程）。如未特殊说明，本文主要研究信贷资产证券化，主要包括抵押支持证券（MBS）和资产支持债券（ABS）。

②　刘士余. 进一步扩大信贷证券化试点 [J]. 中国金融，2013（21）.

③　同②。

产证券化工作进行部署，并要求"分析研究信贷资产证券化对货币信贷总量调控、货币政策实施及宏观审慎管理的影响"。随着国家政策的持续推动、金融市场的不断成熟，加之利率市场化、金融脱媒、企业部门和地方政府融资平台杠杆率高企等因素影响下，银行参与资产证券化的动力大大提升，我国即将迎来资产证券化快速发展时期。

资料表明，仅 2014 年前八个月，全国发行资产证券化产品 193 只，总额 1 636 亿元，发行额超 2013 年的 6 倍，并超过 2005—2012 年的发行总额①。当前和今后一段时期，我国仍处于"三期叠加"，房地产市场调整步伐加快、企业去杠杆化压力加大，稳步推进资产证券化业务发展，对于盘活存量、用好增量，促增长、调结构、转方式具有重要意义，同时对银行灵活调整资产负债结构、转变盈利方式、缓解资本金短缺等方面，也具有重要作用。但 2007 年美国次贷危机带来诸多警示，资产证券化试点推动过程中，其负面效应必须高度关注，尤其是资产证券化对金融稳定的负面影响，并积极采取针对措施，十分重要。

基于此，本文选择从两方面入手，微观层次上考察商业银行资产证券化后，影响银行风险水平的关键因素，宏观层次上，研究商业银行资产证券化行为带来的流动性冲击，及流动性冲击对金融稳定的影响，并试图给出资产证券化金融监管和试点工作建议。本文的研究对稳步推进我国资产证券化业务健康、快速发展具有重要理论价值和实践意义。

第二节　相关文献综述

早期对资产证券化的研究大都集中在实务操作，如产品的设计、包装、出售等方面。2008 年美国金融危机爆发后，国内外学界和业界对资产证券化的宏微观效应方面的研究迅速增加。

在商业银行资产证券化动因和结果上，Berge 和 Udell 于 1993 年就提出了监督技术假说和竞争性假说，随后，资产证券化的动因和后果被普遍归纳为增强流动性、监管资本套利②、优化资本结构、风险转移等，虽然这些动因各有侧重，但国内外研究者已达成一个共识，即增加流动性和风险转移是资产证券化的重要动因和后果。如 Thomas（2001）基于经验研究结果，得出资产证券化的最主要功能是增强流动性；王志强（2004）构建模型来描述银行因流动性和资

---

① 李宁，姜超. 我国资产证券化业务发展的特点 [J]. 债券，2014（11）.
② 监管资本套利是指银行通过资产证券化等金融创新，在几乎未相应降低总经济风险情况下提高其自身资本充足率，一方面，将部分风险贷款移出资产负债表，进而减少风险资产总量，在资本金补充渠道缺乏情况下，有效提高资本充足率；另一方面，在资本金一定情况下，通过出售贷款既满足监管要求又能不断放大贷款规模，进而获取更高收益。

本管理原因而进行资产证券化；Agostino 和 Mazzuca（2008）利用意大利银行业数据进行实证分析，将证券化动因和结果归纳为拓宽融资来源、专业化和监管套利；王晓和李佳（2010）将增加流动性和风险转移视为资产证券化的两项基本职能；邹晓梅、张明（2014）利用信息不对称假说、监管套利假说、风险重置假说和便利收益假说，从供需层面对证券化兴起进行了解释，并认为增加流动性是资产证券化的最主要动因。

对资产证券化造成商业银行行为扭曲的研究上，Santomero 和 Trester（1998）认为，在金融机构面临冲击时，若需出售资产，则为了克服信息不对称，金融机构必须耗费一定成本，但资产证券化等金融创新工具降低了这方面成本，使金融机构出售资产更容易，导致银行风险承担水平的增加。Kiff et al.（2003）认为，银行在运用资产证券化等信用风险转移工具后，一方面会有较大动因出售不良贷款（逆向选择），另一方面，贷款申请仔细审核动因降低，放贷标准会降低（道德风险）。

在资产证券化对流动性的影响上，20 世纪 60 年代，Gurley 和 Shaw 就已关注非银行金融机构的货币创造行为；Kehoe 和 Levin（1993）、Krishnamurthy 和 Lorenzaoni（2008）等认为，投资主体可以通过证券化来满足自身流动性需求，资产证券化可提供源源不断流动性；Hertle 和 Beverly（2009）对 Bankscope 数据库中 1995—2004 年发行 CLOs（贷款抵押债券）的 65 家银行进行研究，发现资产证券化能有效提高银行信用供给。Sabry 和 Okongwu（2009）的实证研究表明证券化提高了信贷可得性，在给定国债利率 4.5% 的情况下，二级市场贷款购买增加 10%，会导致人均住房贷款增长 45%。

在资产证券化对货币政策的影响上，Pozdena（1990）对货币政策与抵押房之间关系变化进行研究，资产证券化快速发展使原有货币政策传导渠道的影响效率随时间减弱；Morris 和 Sellon（1995）研究发现，因资产证券化发展，美国货币政策对产出和通货膨胀的影响效率下降；Macarthy 和 Peach（2002）通过 VAR（向量自回归分析）方法，得出资产证券化发展使房地产市场对货币政策的反映减弱的结论；张超英（2003）认为，银行流动性受到证券化技术的支持，信用创造路径传导货币政策的效果就会弱化；朱培华（2008）通过对 1961—2006 年美国数据进行分析，考察资产证券化前后货币政策消费，发现货币政策对宏观经济变量的影响程度减弱，并证明了随着资产证券化发展，信用渠道在货币政策传导机制中的作用在弱化。

在资产证券化对金融风险的影响上，已有大量文献支持资产证券化等金融创新会增大单个银行的风险水平的观点，如王志英（2001）对日本银行 1998—2000 年 40 笔证券化交易数据分析，发现日本银行贷款证券化比例的高低，与银行不良资产率显著正相关；Hansel 和 Krahnen（2007）依据 1997—2004 年欧洲担保债券凭证 CDO 的数据及 49 家国际银行的财务资料，并采用事件研究法得出了发行 CDO 后，银行系统性风险增加，并且财务越不健全，其系统性风险增加的程度越显著的结论；Jiangli et al.（2008）提供实际证据表明，进行证券化的银行因杠杆率增加增加了银行风险；Sarkisyan et al.（2009）运用 PSM（倾向评分匹配方法）寻找反事实控制组并进行单变量分析，发现从总体上看证券化银行信用风险头寸更高；Shin（2009）指出，证券化扩大了银行外部融资来源，若银行在扩张资产中降低了信贷标准，证券化会损害金融体系稳定性；Shleifer 和 Vishny（2010）运用金融中介模型，论证了证券化导致信贷与投资顺周期性以及银行的高杠杆，当经济萧条、资产价格下降时，为满足杠杆率，倒逼银行清算资产，使证券化成为银行业不稳定的来源；刘昌科、王高望（2014）认为，在总体上作为一种可靠的融资来源，在经济上行期乃至金融稳定是有益的，但证券市场上的次级投资者可能在遭受经济冲击时大幅压低资产的价值，威胁金融稳定性，对经济体系具有负面影响。

综合来看，国内外已存在大量有关资产证券化研究文献，即使在我国资产证券化发展较滞后的情况下，资产证券化也一直是国内学者研究的热点之一（朱武祥，2000；宣昌能和三信，2009）。但这些文献也存在一些不足，如大部分文献承认增加流动性是商业银行资产证券化的动因和后果，但证券化行为扭曲对单个银行风险的影响，以及经济波动时资产证券化的流动性冲击机理及对金融稳定的影响仍需深入探讨。本文选择宏微观分析相结合，研究资产证券化对单个银行风险及金融市场稳定的影响，并试图提出监管对策，进而为试点工作稳步开展提供理论支持。

第三节　研究思路、内容和方法

一、研究思路和内容

本文假定金融市场中的流动性和投资者抵御风险的能力，是把握金融稳定问题的核心问题①。本文从商业银行资产证券化行为扭曲入手，采用美国资产证券化数据，分析资产证券化行为对单个银行风险水平影响，同时对资产证券化

---

① 资产定价理论表明，在代理人完全理性、信息完全与完全竞争市场前提下，金融系统能有效提供流动性，确保完全对冲银行面临的流动性冲击。但美国金融危机显示了该理论的局限性，在市场与合约非完全下，流动性供需不平衡会引起资产价格波动，进而引发系统性风险（Allen 和 Gale，2004，2007；Allen，Carletti 和 Cale，2009），同时不同的投资者在风险偏好和杠杆水平存在差别，在面临较大负面冲击时，承担风险能力不同，一些投资者会及早出卖资产，导致资产价格下跌和金融不稳定。

引发流动性冲击的运行机理以及其对金融稳定的影响进行分析，并给出针对性政策建议。主要内容如下：

第一部分是导论，主要介绍研究背景、意义，并通过文献梳理，确定研究内容、思路、方法及创新点等。

第二部分对资产证券化国内实践进行分析，着重分析了业务运作流程、特点及存在问题。

第三部分运用历史数据，立足商业银行资产证券化行为扭曲，探讨商业银行资产证券化行为对单个银行风险的影响。

第四部分探讨资产证券化流动性冲击机制及对金融稳定的影响，探究资产证券化的监管重点。

第五部分在前几章节分析的基础上，结合国外资产证券化监管经验和现阶段我国试点制度安排，给出相关政策建议。

二、研究方法

本文主要采用实证和规范分析相结合的方法：

一是文献研究法，通过梳理文献，了解资产证券化问题的研究焦点、方法和结论，把握前沿，在此基础上，确定研究思路和内容，得出研究结论；

二是根据研究目的，构建经济模型，运用国内外成熟的研究模型进行实证分析，并依据分析结论研提政策建议。

第四节　创新点、不足及需进一步研究的问题

一、本文创新点

坚持宏微观分析相结合，一是运用经验数据，从商业银行资产证券化行为扭曲入手，研究证券化行为对单个银行风险水平的影响；二是研究流动性冲击运作机制及其对金融稳定的影响，进而提出创新性监管策略。

二、本文的难点、不足及尚需进一步研究解决的问题

首先，本文实证分析数据仅采用美国数据，加之对相关计量模型的运用尚需进一步研究，以至于实证研究略显薄弱。基于翔实的数据与模型，对研究对象进一步探究，是本课题尚需进一步研究的重点之一。

其次，在监管政策和试点建议构想上，有待进一步充实和完善，这也是本课题和以后工作中尚需进一步研究的问题。

第二章　资产证券化的国内实践

第一节　资产证券化内涵、模式及发展现状

资产证券化起源于 20 世纪 70 年代的美国，以 1970 年吉利美（Ginnie Mae）首次发行住房抵押贷款转手证券（MPT）为标志，资产证券化的初期发展阶段仅限于房地产抵押贷款证券化，而现在已包含商业银行任何表内资产的证券化，资产证券化品种已由早期的单一住房抵押贷款债权发展为一个多样化的资产证券产品系列，美国与欧洲的资产证券市场的规模不断扩大，产品结构也日趋复杂，交易品种也趋向多样化。

一、资产证券化的内涵

资产证券化是金融工程领域在 20 世纪最重大的金融创新成果之一，也是现今社会成熟资本市场最重要的融资工具之一。狭义上来说，资产证券化是指发起人将缺乏流动性，但具有可预测稳定现金流的资产或资产组合（基础资产）汇集起来，形成一个资产池，通过结构性重组和信用增级，出售给特定的机构或载体（SPV），以该基础资产产生的现金流为支持，发行可以在金融市场上出售和流通的证券（资产支持证券），以获得融资并最大化提高资产流动性的一种结构性融资手段和过程。广义上而言，资产证券化是一种信用体制的创新，是介于传统意义上的直接融资和间接融资的第三种信用制度。

资产证券化的基本运作机理是发起人通过把不能立刻变现的资产打包，经特殊目的实体（SPV）进行证券化处理从而融资。其本质是将资产产生的现金流出售，将可预期的未来现金流立即变现。一项或多项资产能够被证券化的首要条件是该项资产能够产生可预期的稳定的现金流。所以，证券化表面上是以资产为支持，但实际上是以资产所产生的现金流为支持的。可预期的现金流是资产证券化的基础。只要某种资产能产生稳定、可预测的现金流就可以进行证券化。因此，实际上可以进行证券化的基础资产范围非常广泛。狭义的证券化资产包括银行的债权资产，如住房抵押贷款、商业地产抵押贷款、信用卡贷款、汽车贷款、企业贷款等，以及企业的债权资产，如应收账款、设备租赁等。广义的资产证券化不仅包括资产证券化，而且还将基础资产扩展至特定的收入及企业的运营资产等权益资产，甚至还可以进一步与信用衍生品结合形成了合成型的证券化。基于此，按照基础资产来源以及基础资产性质将其粗略地分为四类，即金融机构既有债权、企业既有债权、金融机构未来现金流和企业未来现

金流。

基于资产信用而非主体信用，是资产证券化的核心特征之一。美国学者 Gardener 认为"资产证券化是储蓄者与借款者通过金融市场得以部分或者全部匹配的一个过程，或者提供一种金融工具。在这里，开发的市场信誉取代了由银行或者其他金融机构提供的封闭的市场信誉"。资产证券化的出现实现了发行人信用到资产信用的转变，即资产证券化通过"真实出售"实现了"发起人破产风险隔离"：投资者需要关注的不再是发行人本身的信用风险，而是基础资产的现金流风险。

二、我国资产证券化的三种模式

由于我国对金融业实行分业经营、分业监管，资产证券化业务沿着信贷资产证券化和非金融企业资产证券化。目前，资产证券化主要通过三种途径开展，分别是银监会监管的信贷资产证券化、证监会监管的证券公司资产证券化、银行间市场交易商协会主导的资产支持票据。

信贷资产证券化：银行业金融机构作为发起机构，将信贷资产信托给受托机构，由受托机构以资产支持证券的形式向投资机构发行收益证券，以该财产所产生的现金支付资产支持证券收益的结构性融资活动；证券公司资产证券化：以特定基础资产或资产组合所产生的现金流为偿付支持，通过结构化方式进行信用增级，在此基础上发行资产支持证券的业务活动，证券公司通过设立特殊目的载体开展资产证券化业务；资产支持票据：非金融企业在银行间债券市场发行的，由基础资产所产生的现金流作为还款支持的，约定在一定期限内还本付息的债务融资工具。下面将对上述三种资产证券化的业务模式进行比较分析，具体见表1。

表1　　　　　　　　　　　我国资产证券化的三种模式

项目	信贷资产证券化	证券公司资产证券化	资产支持票据
监管机构	银监会、人民银行	证监会	银行间市场交易商协会
主要管理制度	《信贷资产证券化十点管理办法》	《证券公司资产证券化业务管理规定》	《银行间债券市场非金融企业债务融资工具管理办法》，《银行间债券市场非金融企业资产支持票据指引》
审批方式	银监会备案（首次资格审批）+人行审批	审批制	注册制
发起机构	商业银行、政策性银行和其他金融机构	非金融企业	非金融企业

项目	信贷资产证券化	证券公司资产证券化	资产支持票据
发行方式	公开或定向	公开或非公开	公开或非公开定向
业务模式	以信托计划为SPV的表外模式	以券商资产管理计划为SPV的表外模式	表内模式（资产未出表，风险不完全转移）
基础资产类型	企业贷款、个人住房抵押贷款、汽车贷款、个人消费贷款、不良贷款等	企业应收款、信贷资产、信托受益权、基础设施受益权等财产权利，商业物业等不动产财产，以及证监会认可的其他财产或财产权利	公用事业未来受益权、政府回购应收款项、企业其他应收账款等
信用评级	需要双评级	对专项计划受益凭证进行初始评级和跟踪评级	公开发行需要双评级；定向发行由发行人与定向投资人协商确定
交易场所	全国银行间债券市场或交易所	证券交易所、证券业协会机构间报价与转让系统、证券公司柜台市场	全国银行间债券市场
增信措施	内部或者外部信用增级	内部或者外部信用增级	外部增信：一般采用第三方担保
登记托管机构	中央国债登记结算公司	中国证券登记结算公司	上海清算所
还款来源	基础资产产生的现金流	基础资产产生的现金流	基础资产现金流，不足部分可由融资方弥补
审核时间	2~3个月	2~3个月	1个月
投资者	银行、保险、证券投资基金、企业年金、全国社保基金等	合格投资者，不超过200人	公开发行面向银行间所有投资人；定向发行面向特定机构投资者

三、我国资产证券化业务的发展现状

我国的信贷资产证券化实践起步比较晚，直到20世纪90年代初，我国才出现了小规模的信贷资产证券化业务，直到2005年银监会正式颁布《信贷资产证券化试点管理办法》，部分银行作为试点进行资产证券化业务，中国资产证券化的帷幕才由此开启。根据相关业务发展规模，我国信贷资产证券化发展历程大致分为四个阶段。

（一）早期探索阶段（1992—2004年）

我国在1992—2004年发行了一些基础资产为房地产、基础设施、应收款、

不良贷款的离岸资产证券化项目，为我国开展信贷资产证券化提供了成功的实践经验。其中，2003 年 1 月，中国信达资产管理公司发起并成功发行了 15.88 亿元的不良贷款资产证券化项目。

（二）试点阶段（2005—2008 年）

2005 年 3 月，国务院正式批准国家开发银行和建设银行作为信贷资产证券化的试点单位发行资产证券化产品，标志着我国资产证券化的正式启动。国家开发银行发行了国内首只 ABS——"2005 年第一期开元信贷资产支持证券"。该交易的基础抵押资产为国家开发银行发放的工商业贷款，共计 51 笔，本金余额为 41.77 亿元人民币。随后，中国建设银行发行国内首只 RMBS 产品"建元2005 - 1 个人住房抵押贷款证券化信托"。根据银监会所披露的数据，截止到2008 年末，我国银行间市场一共发行 17 单累计 668 亿元资产支持证券，均未出现违约情况。

（三）停滞阶段（2008—2011 年）

我国的资产证券化业务始终处于谨慎的试点阶段，没有形成大规模发展。由于 2008 年次贷危机的影响，监管更为审慎，仅进行了 3 年的资产证券化业务陷入停滞状态。在此期间，虽然没有继续发行资产证券化产品，但各方仍然在为资产证券化如何更好地发展展开研究和探索，国家和有关机构也在不断出台相应的意见，为重启资产证券化、继续扩大试点做好准备，尤其是在法律法规、证券化市场培育方面进行了较为深入的探索。

（四）再次启动阶段（2012 年至今）

在停发三年之后，中国人民银行在 2012 年金融市场工作座谈会提出将继续推动信贷资产证券化等金融创新，为银行转变经营模式创造条件。2012 年 5 月，《关于进一步扩大信贷资产证券化试点有关事项的通知》发布，标志我国正式重启信贷资产证券化，首期额度 500 亿元，被纳入基础资产池的主要是国家重大基础设施项目贷款、涉农贷款、中小企业贷款、地方政府融资平台公司贷款等。2013 年 7 月 5 日，国务院办公厅公布《关于金融支持经济结构调整和转型升级的指导意见》，明确指出要逐步推进资产证券化、常规化发展，特别是把一些收益率比较稳定、期限比较长的优质贷款证券化，把存量变成新的增量。信贷资产证券化获得政策支持的力度不断加大，发行审核机制不断改善，信贷资产证券化业务的规模逐步扩大，尤其近两年出现大幅增加。

2005 年以来，我国陆续出台了信贷资产证券化相关的法规、制度，除基本管理办法外，还陆续发布了会计、税务、信息披露等方面的制度或政策，针对信贷资产证券化的监管日趋完善。与信贷资产证券化相关的制度或政策详见表2。

表 2　　　　　　　　　　信贷资产证券化政策一览表

时间	发布机构	文件名称
2005.4.25	央行、银监会	《信贷资产证券化试点管理办法》
2005.5.16	财政部、国家税务总局	《信贷资产证券化试点会计处理规定》
2005.5.16	建设部	《关于个人住房抵押贷款证券化涉及的抵押权变更登记有关问题的试行通知》
2005.6.13	央行	《资产支持证券信息披露规则》
2005.6.15	央行	《有关资产支持证券在银行间债券市场的登记、托管、交易和结算等事项的公告》
2005.8.1	央行	《资产支持证券操作规则》
2005.11.7	银监会	《金融机构信贷资产证券化试点监督管理办法》
2006.2.20	财政部、国家税务总局	《关于信贷资产证券化有关税收政策问题的通知》
2007.8.21	央行	《中国人民银行公告［2007］第16号》，有关信息披露的公告
2007.9.30	央行	《中国人民银行公告［2007］第21号》，有关资产支持证券质押融资的公告
2007.10.9	央行	《关于资产支持证券质押式回购交易有关事项的通知》
2008.2.4	银监会	《中国银监会办公厅关于进一步加强信贷资产证券化业务管理工作的通知》
2009.12.23	银监会	《商业银行资产证券化风险披露监管资本计量指引》
2012.5.17	央行、银监会和财政部	《关于进一步扩大信贷资产证券化试点有关事项的通知》
2013.12.21	央行、银监会	《关于规范信贷资产证券化发起机构风险自留比例的文件》
2014.11.20	证监会	《关于信贷资产证券化备案登记工作流程的通知》
2015.4.3	央行	《关于信贷资产支持证券发行管理有关事宜的公告》

　　截至 2015 年 8 月末，我国累计发行资产证券化项目 291 个，累计发行金额为 7 305.01 亿元。其中：发行信贷资产证券化项目 147 个，金额 5 545.11 亿元，占比为 75.91%；发行企业资产证券化项目 121 个，金额为 1 532.70 亿元，占比为 20.98%；发行资产支持票据项目 24 个，金额为 227.2 亿元，占比为 3.11%。从上述三种资产证券化业务发行情况来看，当前我国的资产证券化中，信贷资产证券化业务占据资产支持证券市场的绝大部分市场份额，这与欧美国家资产证券化市场上信贷资产证券化长期以来一直处于主导地位的情况相似。

第二节　信贷资产证券化的运作原理与流程

　　信贷资产证券化指银行业金融机构作为发起机构，将信贷资产信托给受托机构，由受托机构以资产支持证券的形式向投资机构发行收益证券，以该财产所产生的现金流支付资产支持证券收益的结构性融资活动。信贷资产证券化基于一定的业务原理与交易结构，通过其特有的业务流程，在特定主体的参与下得以实现。

一、业务运作原理

信贷资产证券化业务运作过程中涉及一个核心原理和三个基本原理，现金流分析为核心原理，资产重组、风险隔离和信用增级为基本原理。以下将对其进行详细阐述。

（一）现金流分析原理

基础资产的现金流分析是信贷资产证券化的核心原理，这是由现金流在信贷资产证券化过程中的基础作用决定的。基础资产即被证券化的资产，可以是发行人按负债表上资产方的各种贷款，但不论什么类型的资产，必须可以产生预期的现金流。只有基础资产具有可预期的现金流，该资产支持证券的价值才能被确认，评级机构才能基于对现金流的分析进行信用评级。因此，信贷资产证券化表面上是以信贷资产为支持，但实际上却是以信贷资产所产生的现金流为支持的，证券风险大小的核心要素是基础资产能否产生预期稳定的现金收入。而且，信贷支持证券清偿所需资金完全源于证券化资产所产生的现金流，即资产证券化具有"自我清偿"的特征。基础资产所产生的现金流在期限和流量上的不同特征会直接影响到以其为支撑的证券的期限和本息偿付特征。所以，在设计资产证券化产品时，必须先对基础资产的现金流进行分析。

（二）资产重组原理

资产重组原理是指信贷资产证券化的发起人通过一定的手段对信贷资产进行重组和配置，考虑原始所有人、投资者等参与方的利益和要求，构建满足证券化条件的资产池，从而使各方参与者均受益。资产证券化的这个功能是通过资产重组实现的。对于一笔贷款而言，其风险和收益很难把握，但对于一组贷款而言，情况就会不同。根据大数法则，整个资产组合的风险和收益会呈现出一定的规律性，因此，可以对整个资产组合现金流的平均数做出可信的估计，从而可以有效规避贷款中的信用风险等。资产重组原理的一个重要内容是资产的选择，因为并不是所有的资产都适合于证券化。通常实践中资产池会被要求满足三个原则：一是分散性原则。即资产池中的资产在地域和行业上要比较分散，以规避区域和行业风险。二是可预测性原则。要求基础资产带来的现金流可以预测，能够评估其风险。三是规模性原则。即基础资产必须有一定规模，以分摊证券化的成本。

（三）风险隔离原理

风险隔离原理是商业银行信贷资产证券化中所特有的技术，通过将资产池的各项基础资产进行隔离，把商业银行面临的部分信用风险转移给愿意承担的投资者，从而提高资本配置效率。资产从发起人到 SPV 的转移必须是真实的，基于此，银行规避了基础信贷资产自身的风险，同时，商业银行的破产也不会影响资产池。在构建信贷资产证券化的交易结构时，设计的证券化结构应能保证发起人的破产不会对 SPV 的正常运营产生影响，从而不会影响对投资者的按时偿付。

破产隔离主要体现在两个方面：首先，从事证券化的 SPV 是没有破产风险的实体。SPV 是以资产证券化为目的特别组建的独立法律实体，其负债主要是发行的资产支持证券，资产则是向发起人购买的基础资产。其次，以"真实销售"方式实现基础资产的转移。基础资产从发起人转移给 SPV 是结构性重组非常重要的一个环节，这种转移必须是"真实销售"，其目的是为了实现基础资产与发起人之间的破产隔离，即在发起人破产时，其债权人对已出售的基础资产没有追索权。在资产证券化交易中，破产隔离机制进一步降低了投资者的风险，使其风险被限定在证券化的基础资产之中，而不受发起人破产的影响。

（四）信用增级原理

信用评级为投资者判断证券的风险大小提供一定的依据。基于资产信用而非主体信用，是信贷资产证券化的核心特征之一。信贷支持证券是 SPV 凭借资产信用发起的证券，独立于发起人本身的信用，因此，信贷资产证券化过程中采取信用增级机制，即采用信用增级的方法提高资产证券化产品的信用等级。信用增级利用除本身产生的现金流之外的措施获得额外的信用支持，并以此来提高到期时本息偿付的能力，进而降低了违约风险。设计信贷资产证券化产品时进行信用增级，有利于吸引更多的投资者，同时降低发行成本，满足发起人在会计、监管等方面的需求。信用增级方式主要分为内部信用增级和外部信用增级。内部增级的主要手段是优化交易结构，是资产证券化所特有的增级方式，主要手段包括划分优先/次级偿付顺序、设立储备账户、设定超额利差、超额担保等。而外部信用增级是通过第三方提供信用支持，其主要手段包括担保公司担保、银行信用证、保险公司的信用保险等。在实际操作中，由于外部信用增级的成本较高，而且增级机构的评级变化将直接影响产品的评级，因此外部信用增级的运用不断减少，而内部增级成为了主要的增级手段。

二、交易结构、流程与参与者

（一）业务的交易结构

商业银行通过资产证券化方式发行信贷资产支持证券基于如下的结构性融资安排：银行将所有的可转让的信贷资产（或称"入池资产/贷款"）作为信托财产交付给信托机构，由信托机构以信托财产设立信托资产证券化信托，该过程可实现资产的"真实出售"和"破产隔离"；信托机构以此信托财产为支持在全国银行间债券市场发行各个档次的信用等级不同的信贷支持证券，银行间债券市场成员作为投资者购买并持有以上资产支持证券，取得本信托相应的信托受益权。交易结构具体见图1。

（二）业务的运作流程

信贷资产证券化将缺乏流动性当预计可以创造稳定现金流的信贷资产通过对其风险和现金流进行结构性重组，并实施一定的信用增级，从而将其预计现金流转换为可出售、可流通的证券产品的过程。具体流程为：

1. 构建基础资产池。信贷资产证券化的发起机构在分析自身需求的基础上，确定资产证券化的目标，将未来能够产生稳定现金流的信贷资产进行剥离、整合，形成资产池。持有基础资产的银行业机构需要挑选合适的资产项目作为信贷资产证券化的基础资产。

2. 设立特殊目的载体。特殊目的载体（SPV）是专门为信贷资产证券化设立的一个特殊实体，它是信贷资产证券化运作的关键性主体。组建SPV的目的是为了最大限度地降低发行人的破产风险对证券化的影响，即实现被证券化的信贷资产与原始权益人（发起人，银行业机构）其他资产之间的"风险隔离"。

3. 实现信贷资产的真实出售。证券化信贷资产从原始权益人向SPV的转移是信贷资产证券化运作流程中非常重要的一环。SPV成立后，与发起人签订买卖合同，发起人将资产池中的信贷资产出售给SPV。这一交易必须以真实出售的方式进行，即出售后的信贷资产在发起人破产时不作为法定财产参与清算，资产池不列入清算范围，从而达到"破产隔离"的目的。破产隔离使得资产池的质量与发起人自身的信用水平分离开来，投资者就不会再受到发起人的信用风险的影响；即原始权益人的其他债权人在其破产时对已证券化的信贷资产没有追索权，实现证券化信贷资产与原始权益人之间的破产隔离。

4. 完善交易结构，进行信用增级。为了吸引投资者，改善发行条件并降低成本，SPV必须进行信用增级，以提高所发行证券的信用级别，使投资者的利益能得到有效地保护和实现。信用增级的水平是资产证券化成功与否的关键之一。信用增级手段主要为内部信用增级和外部信用增级，主要通过分层设计、设立超额利差账户、设立准备金账户、超额抵押、引入偿债备付率等方式进行内部增级，通过金融机构提供担保等方式实现外部增级。

5. 进行信用评级，为投资者提供选择依据。在信贷资产证券化业务产品设计过程中，信用评级机构通常要进行两次评级：初评和发行评级。初评的目的是确定为了达到所需要的信用级别进行的信用增级水平。在按评级机构的要求进行完信用增级后，评级机构将进行正式的发行评级，并向投资者公布最终评级结果。

信用评级越高，表明证券的风险越低，从而使发行证券筹集资金的成本越低。

6. 发行证券，向发起人支付资产购买价款。信用评级完成并公布结果后，SPV 将经过信用评级的证券交给承销商进行承销，向投资者销售信贷资产支持证券，可采取公募或私募的方式进行。SPV 从证券承销商那里获得发行现金收入，然后按事先约定的价格向发起人支付购买证券化资产的价款，此时要优先向聘请的各专业机构支付相关费用。

7. 实施资产管理。证券挂牌上市交易后，SPV 要聘请专门的服务机构来对资产池进行管理。服务机构的主要工作为：收取债务人每月偿还的本息，将收集的现金存入 SPV 在受托人处设立的特定账户，对债务人履行协议的情况进行监督，管理相关的税务和保险事宜，在债务人违约的情况下实施有关补救措施。

8. 清偿债券。按照证券发行说明书约定，在证券偿付日，托管银行按约定期限，将收到的款项交给 SPV，由 SPV 对积累金进行资产管理，以便到期时对投资者还本付息。当证券全部被偿付后，如果资产池产生的现金流还有剩余，那么这些剩余的现金流将被返还给交易发起人，资产证券化交易过程也随即结束。

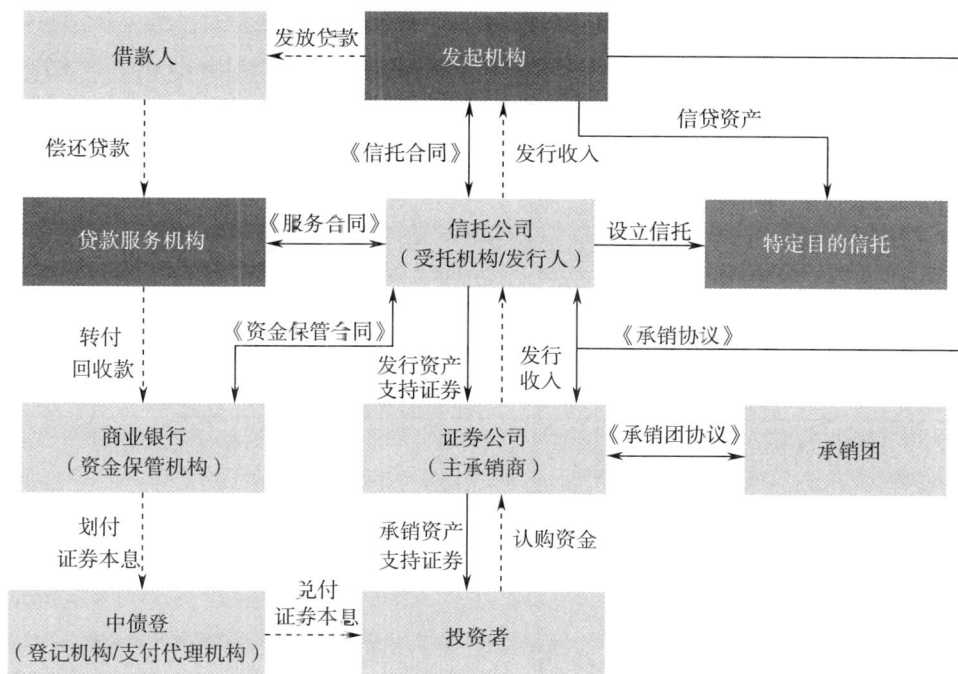

图 1　信贷资产证券的交易结构

三、主要参与主体及作用

在信贷资产证券化过程中，市场的主要参与者包括原始权益人、发起人、特殊目的载体（Special Purpose Vehicle，SPV）、承销商、托管机构、信用评级、信用增级机构、投资者等。各参与主体的作用详见表3。

表3 　　　　　　　　　　资产证券化各参与主体及作用

主要参与主体	主要作用
原始权益人	负责提供权属清晰，有稳定预期现金的基础资产；我国信贷资产支持证券的原始权益人一般为商业银行、金融租赁公司、资产管理公司等
发行人	资产支持证券的发行人，负责组建SPV，协调与各服务机构的工作，是资产证券化的核心参与者；我国信贷资产支持证券的发起人一般为信托公司
特殊目的载体	资产支持证券的发行主体，负责组建资产池，收取入池资产产生的现金流并支付给投资者；SPV通常有三种形态：信托型（SPT）、公司型（SPC）、有限合伙型。受公司法的限制，我国目前的信贷资产证券化业务均选择了信托型；SPV可分为支付型（Pay-through）和过手型（Pass-through）：支付型SPV对基础资产进行主动管理，运用结构化手段，将产生的现金流进行重新分配，并设计出风险、收益和期限等不同的现金流以满足不同的产品需求；过手型SPV对基础资产进行被动管理，仅将产生的现金流扣除必要费用之后传递至投资者
承销商	负责资产支持证券的发行与承销工作，可以采用公开发行和私募的方式；我国信贷资产支持证券的承销商一般由券商和银行承担
信用评级机构	负责产品的信用评级，向投资者披露产品的投资价值和潜在风险；银监会支持使用双评级机制，即由两个独立的信用评级机构进行评级
信用增级机构	负责产品的外部增级，主要方法包括引入第三方担保、购买违约保险等，增级机构主要包括银行、保险、政府等
托管结算机构	负责资产和资金的托管、结算和支付等
投资者	作为投资主体出资购买证券，享受约定的利息收入及到期后的本金偿还

第三节　资产证券化业务特点及存在问题

一、资产证券化业务特点

（一）发起机构多元化

在初次试点阶段（2005—2008年），监管机构只对政策性银行、国有银行、资产管理公司和部分股份制银行开放信贷资产证券化业务机构，2012年再次启动后，信贷资产证券化的审核机制进行了改革，放松了对信贷资产证券化业务的管制程度，信贷资产支持证券发行主体呈现出多元化的趋势，发行机构扩大到邮政储蓄银行、汽车金融公司、城商行、农商行、金融租赁公司、外资银行等。股份制银行和城商行的发行项目数量较多，且在累计发行金额所占比重在增加，这表明，中小银行对信贷资产证券化有更加强烈的需求，希望通过发行信贷支持证券盘活存量资产、提高流动性、释放风险资本、缓解资本金压力较大。

（二）基础资产仍以企业贷款为主

信贷资产证券化初始试点阶段，信贷支持证券的基础资产主要是企业贷款和不良贷款，只发行了 2 个个人住房抵押贷款项目和 1 个汽车贷款项目。2012 年再次启动信贷资产证券化以后，基础资产扩大到消费性贷款、信用卡应收款、其他银行债权。但是，从已经发行的信贷资产支持证券情况来看，企业贷款累计发行 4 584.29 亿元，占全部发行金额的 82.67%。

（三）基础资产以优质资产为主

从目前发行的信贷资产支持证券项目来看，基础资产以优质资产为主。一是截止到目前，只有 4 个信贷资产支持证券项目的基础资产为不良资产；二是各项目的资产池中，基础资产的贷款大部分是正常类贷款，关注、次级、可疑和损失类贷款较少，根据 Wind 资讯提供的数据分析，目前 147 个发行的项目中，只有 14 个项目发生违约、9 个项目发生拖欠，但这些项目中，违约与拖欠的金额都比较小；从债项评级的分布也可以看出，在优先级的第一层中，存量的 133 个信贷资产证券化项目中，119 个评级为 AAA 级，占比达 89.47%，优先级的其他层次评级也都在 BBB 级以上，且在所有具有评级的个 325 优先层级中，评级为 BBB 级或 BBB + 级的层级只有 8 个（双评级中只要有一个为 BBB 级或 BBB + 级，就视为该层级为 BBB 级和 BBB + 级），整体上说，现有的信贷资产证券化项目的信用评级较高。

（四）发行利率多为浮动利率

根据 Wind 资讯提供的数据，我们分析发现，目前发行的信贷资产支持证券主要采用浮动利率，而且，浮动利率在构成上，通常采用"一年定期存款利率 + 固定利差"的形式。在存量的 133 个信贷资产支持证券项目中，只有 58 个项目中采用了固定利率，占比为 43.61%，而且这些项目中，大部分只是在第一层优先级中采用固定利率。

（五）主要采用内部增级措施

从目前的发行状况来看，信贷资产支持证券主要采用内部增级机制，且内部增级基本上采取优先/次级结构设计、超额利息收入和信用触发机制的形式。优先级/次级结构中，资产池回收的资金将按事先约定的支付顺序进行支付，次级档将承担最初的损失；支付税费、第三方机构的报酬和各级利息后，额外的利息收入，可以在基础贷款发生违约时，提供现金流以支付给证券持有者，从而提供额外的偿付保障；信用触发机制指信用事件一旦触发将导致基础资产现金流支付机制重新安排；很少采用通常需要第三方担保的外部增级模式，外部担保的增级形式只出现在"浦发 2015 年工程机械贷款资产支持证券"中，中联重科和徐工集团作为工程机械提供商提供 7% ~ 10% 的保证金和回购义务，作为未来还款的保障。

二、信贷资产证券化中存在的问题

（一）流动性差，交易不活跃

目前，信贷资产支持证券的流动性很差，二级市场的交易量很少。一是就信贷资产证券化产品而言，目前设计的目标对象是机构投资者，个人投资者尚无法参与；二是券商、基金、保险等其他机构投资者的参与力度不够，存在投资主体过于单一；三是信贷资产证券化产品主要在银行间市场流通，企业资产证券化产品在交易所流通，导致市场分割，做市商及回购机制的缺乏，也致使现有市场流动性较差。

（二）多为商业银行所持有

我国信贷支持证券者的持有量很小，银行互持现象严重。商业银行是我国信贷资产支持证券的最大持有者，其持有信贷资产支持证券的占比曾经在 80% 以上。虽然该比重已经出现下降趋势，但是兴业证券对上清所的托管数据分析发现，商业银行持有量在 70% 左右，非银行金融机构持有量在 15% 左右。如果未来持续这种情况，那么将削弱信贷资产证券化对银行整体上突破限制的作用。因为资产仍在整个银行体系的表内，则意味着银行体系总体的限制（资本充足率、准备金率等）仍对其有制约，对降低融资成本产生二阶的贡献（结构优化）。

（三）商业银行的积极性有待提高

尽管在 2013 年底，央行和银监会放松了信贷资产支持证券的风险自留比例限制，商业银行发行信贷资产支持证券的热情有所提高，尤其是中小银行，但从今年市场的发行的情况来看，发行规模和节奏低于市场预期。一是监管当局只允许银行将优质资产进行证券化。但是商业银行从事资产证券化的主要动机是通过证券化将信贷资产转移到表外，进而达到规避贷款额度、存贷比、资本充足率等监管措施的目的，但是只允许优质资产证券化无疑很大程度上削弱商业银行对资产证券化的积极程度。二是在当前经济下行阶段，银行担心发行信贷资产支持证券所产生的不良影响。当前，不良贷款持续增加，银行对外进行信贷投放的意愿不强，将优质信贷资产通过证券化出售后，如果对释放出的信贷额度进行有效的投放，无形中提升了不良贷款率。三是当前传统的存贷业务仍能带来可观的利润，基础资产也导致银行盘活存量，提高资产周转效率的动力不足。

（四）税收问题

财政部、国税局有关规定，既要对资产证券化产品发行人征税，又要对为资产证券化产品提供的服务机构征税。同时，只要是不同地区的两个商业银行之间开展资产证券化业务会出现重复纳税。另外，企业资产证券化产品的印花税、营业税尚未明确。

（五）资产证券化产品的定价问题

资产证券化产品定价的理论基础是现金流折现定价模型。因我国资产对于市场化利率不敏感，折现利率选择标准、依据存在较大争议，本来应该根据基础资产本身的品质、信用、结构等特征进行定价，现实中只能根据产品发行人进行定价，如国开行发行产品是国开行的价、农信社发行产品是农信社的价，发行人隐性担保比较严重，完全不符合资产证券化产品的初衷和未来发展方向。

（六）资产证券化产品的风险评估问题

投资者及监管机构如何识别、计量资产证券化产品的风险面临较大调整。如保险公司如果投资商业银行发行的资产证券化产品，就要符合保监会的偿付能力监管标准，即以风险为基础来确定保险公司的最大资本监管要求，具体就是要对保险公司持有的资产证券化产品的风险种类、计量模型等达成共识，否则实务中难以推进。

（七）资产证券化产品会计出表判断问题

"真实出售"是资产证券化的必备要素，但"真实出售"是会计确认的难点。现行会计准则规定，"发起机构已将信贷资产所有权几乎所有（通常指95%或者以上情形）的风险和报酬转移的，应当终止确认该信贷资产"，但实际操作难。

（八）资产证券化产品的成本收益问题

资产证券化产品研发设计的综合成本高，周期长，收益率有限，降低了对投资者吸引力。随着贷款利率逐步下行，有时资产证券化产品对发行人并不合算。以国开行未来新发行资产证券化产品，基础资产池的平均利率大概在6%，新发放贷款利率反而低于6%。经过资产证券化后，再发放新贷款，最终反而是负收益。

（九）不良资产证券化问题

从国际经验看，开展不良资产证券化，能拓宽商业银行不良贷款处置渠道，加快不良资产处置速度。但我国在优质资产证券化仍面临较多问题和挑战情况下，推出不良资产证券化产品将面临更多的资产评估、风险计量、满期兑付等问题，如果处理不好，将形成较大风险隐患。

（十）配套政策法规问题

资产证券化产品涉及与资产交易相关的多个法律法规，比如住房抵押贷款证券中就涉及房贷抵押权变更登记，具体操作手续极为复杂烦琐。按照物权法规定，个人住房抵押贷款如果转让给受托机构，相关的抵押权应办理变更登记手续。因涉及大量个人住房抵押贷款，抵押权变更涉及人员多、时间长、成本高，且在建工程抵押、股权抵押、土地使用权抵押设计众多不同登记部门，手续更加烦琐复杂，严重制约资产证券化产品发展。

（十一）风险自留豁免制度问题

国际金融危机后，欧美等国家监管部门相继制定资产证券化风险自留制度，要求资产证券化发起机构保留不低于5%的基础资产风险。还规定了对合格居民住房抵押贷款、有政府信用或政府信用支持的证券，发起机构可免于风险自留。我国尚未明确豁免风险自留的内容，实际业务中缺乏操作。

第三章　资产证券化行为与银行风险

部分文献表明，增加流动性是银行资产证券化主要动因，也有部分文献对资产证券化导致商业银行行为扭曲[1]进行了分析。但哪些行为扭曲对单个银行风险水平变化影响较大，有待进一步研究。弄清这个问题，对有效防范银行风险具有重要作用。

第一节　模型构建、指标选择及数据选取

一、模型构建及指标选择

参照 Obay（2000）[2]、Zhang（2005）[3]、王志强（2007）[4]、倪志凌

---

[1]　商业银行行为扭曲是指，在增加流动性动机下，银行资产证券化行为会使其自身行为出现一些与证券化之前不同的后果，如银行风险承担意愿增强、对风险资产监督努力程度下降等。

[2]　Obay 运用 1995 年美国 200 家商业银行（95 家采用资产证券化，105 家未采用资产证券化）的财务数据，采用多变量方差分析，对资产证券化横截面数据进行了分析。

[3]　Zhang（2005）选取 2004 年第四季度美国 53 家银行控股公司进行了横截面数据分析。

[4]　王志强（2007）对规模大于 10 亿美元的 53 家美国银行控股公司资产证券化数据及财务数据进行分析，数据从 2001 年第一季度至 2006 年第四季度。

（2011）[1]、姚禄仕（2012）[2] 等研究成果，本文选择从商业银行资产证券化带来的行为扭曲出发，进一步分析银行资产证券化后，行为扭曲（风险承担意愿增强和风险资产监督努力程度上升）对银行风险水平的影响。采用回归模型如下：

$$SRP_{it} = \beta_1 PLT + \beta_2 TAB + \beta_3 AT + \beta_4 CSL + c_i + \mu_{it}$$

回归方程中，c_i、μ_{it} 分别代表常数项和残差项，各变量含义见表4。

表4　　　　　　　　　　　　　　变量指标体系及含义

类别	变量指标	变量含义
银行系统性风险水平	股权收益波动率（SRP）	波动率越小，说明银行系统性风险水平越低
风险资产监督努力程度（行为扭曲1）	坏账备抵率（PLT）	用于贷款和租赁坏账拨备额与总贷款之比；它可以衡量银行信贷监督能力的变化，若该数值提升，则表明银行预期贷款损失增加，表明银行监督水平下降
银行风险承担意愿水平（行为扭曲2）	银行风险调整资产比率（TAB）	指风险调整资产与银行总资产之比；比值越大，说明银行持有风险资产越多，承担的风险水平越高
银行规模	总资产的对数（AT）	用总资产绝对值取自然对数；数值越大，说明银行规模越大
流动性风险	核心储蓄比率（CSL）	指银行国内存款占总存款的比重；核心储蓄率越高，银行出现流动性风险的可能就越小

二、数据的选取

在数据的选择上，考虑到国内资产证券化起步晚，数据少且代表性不强，本文选择美国市场数据，选取 OCC 统计从事资产证券化交易名单中 47 家银行控股公司[3]为研究对象。在数据选取上，采用 2002 年第一季度至 2007 年第二季度数据，涉及 22 个季度数据，1 034 个样本。数据时间区间的选择主要考虑两个原因：一是美国次贷危机于 2007 年第三季度爆发，若采用危机爆发后数据，会干扰研究结论；二是在 2002 年之前有些财务指标不可得。

---

① 倪志凌（2011）选取美国联邦储备银行芝加哥分行提供的银行控股公司数据库（BHC database），对 46 家银行控股公司的资产证券化行为进行了研究。

② 姚禄仕等（2012）采用美国联邦储备局 FR_Y_9C 数据变量，从芝加哥储备银行网站公开数据库选择 2002 年第一季度至 2011 年第四季度的 47 家美国银行控股公司数据，采用 Granger 因果检验方法实证分析。

③ 即资产规模排名前 47 位的银行控股公司。选择控股公司主要因为商业银行的流动性管理和信用风险管理由控股公司完成。

第二节　回归结果及结论

一、回归结果

先对数据进行 ADF 检验，检验结果见表 5。

表 5　　　　　　　　样本数据 ADF 检验结果表

变量	SRP	PLT	TAB	AT	CSL
ADF 检验结果	129.092 (0.0011)	170.224 (0.0000)	167.395 (0.0000)	301.433 (0.0000)	113.102 (0.0106)

注：括号内数值为检验 P 值。

从表 2 可知，在 1% 的置信水平上，SPR、PLT、TAB、AT 的检验结果都否定了变量存在单位根的假设，在 5% 的置信水平上，CLS 的检验结果也否定了变量存在单位根的假设，这表明，各变量在样本期间都是平稳的。

进一步运用 Eviews6.0 软件操作计算，得出回归结果，见表 6。

表 6　　　　　　　　回归结果简表

被解释变量		SRP
解释变量	PLT 系数 （标准差）	0.128263 *** （0.007952）
	TAB 系数 （标准差）	0.008424 ** （0.001350）
	AT 系数 （标准差）	− 0.001882 *** （0.000390）
	CSL 系数 （标准差）	− 0.023741 *** （0.001241）
	C （常数项）	0.01876 *** （0.007658）
	F 统计量 ［P 值］	61.68253 （0.000000）
	R^2	0.718594
样本组数		47
样本组数		1 034

注：* 、* * 、* * * 分别表示在 10%、5%、1% 的显著水平下显著。

从表6可知，$R^2 = 0.718594$，说明回归结果显著。拟合方程如下：

$$SRP_{it} = 0.128263PLT + 0.008424TAB - 0.001882AT - 0.023741CSL + 0.01876$$

银行信贷监督水平对银行风险水平的回归系数为0.128263，符号为正，且1%显著水平下显著，表明银行信贷监督水平越高（即PLT数值越低），银行的风险水平就越低（SRP数值越小）。银行风险承担意愿程度对银行风险水平的回归系数为0.008424，符号为正，且5%的显著水平下显著，表明银行风险承担意愿水平越高（即TAB数值越大），银行风险水平越高（SRP数值越大）。同时发现，银行信贷监督水平变量系数比银行意愿承担水平变量系数大得多（0.128263 > 0.008424），说明银行信贷监督水平降低对银行风险水平影响更大。

二、主要结论

通过以上分析可以得出，资产证券化造成的银行信贷监督水平降低和风险承担意愿的增强会对单个银行的风险水平带来负面影响，但银行信贷监督水平的降低对银行风险水平影响更大。美国次贷危机也证明了这一点，即当证券化发展到高级阶段，各类衍生品层出不穷，贷款银行无须承担风险，导致其放贷冲动增强和对基础资产的漠不关心，风险和收益不能匹配，通过出售贷款将资产移出表外后，导致资产泡沫与不良贷款的增加。因此，防范资产证券化给商业银行带来的负面影响，要着重防止资产证券化造成的银行信贷监督努力程度的下降，如严格控制银行放贷标准，控制银行将质量较差的贷款资产证券化等。

第四章　资产证券化下的潜在流动性冲击

第一节　资产证券化运行流程的再回顾

资产证券化基本过程是，发起人将具备证券化条件的资产转让或出售给特设机构SPV，由特设机构将这些资产重新分类组合，然后以这些资产做担保发行债券，并利用这些资产的收益按时还本付息。其大致流程见图2。

第一步，发起人把用于证券化的资产出售给SPV，或由SPV主动购买可证券化资产；第二步，SPV将购买的应收账款进行分类组合，形成资产池，以便其能支持特定期限与收益可供投资的标准化证券；第三步，进行信用增级，通过金融机构担保，使证券化在违约时，投资者能得到补偿；第四步，进行信用评级，由专业评级机构对证券化产品的优劣进行判断；第五步，进行证券化发售和售后服务，以该资产所产生现金流为支撑，一般由投资银行承担融资顾问

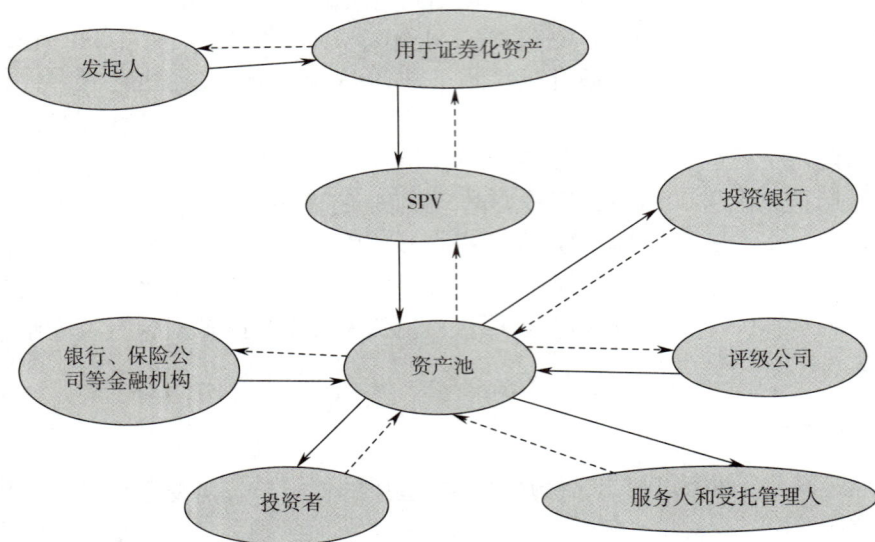

图 2　资产证券化流程简图

与证券承销职能，在金融市场上发行有价证券融资，最后用资产池产生的现金流来清偿所发行有价证券①。

第二节　资产证券化与潜在流动性冲击

　　根据金融理论，传统的流动性扩张机制是由商业银行等金融中介信贷发放来驱动，以"存款—贷款—派生存款—贷款—……"形式促进流动性扩张，也正因为商业银行是储蓄者和投资者的中介，才使得其能通过风险和期限转换促进流动性扩张。

　　从资产证券化流程看，资产证券化同样具备金融中介的特征②，SPV 通过购买商业银行发行的信贷资产进而形成基础资产的过程中，实现了流动性转换和风险转换；证券化产品的创新及发行过程中实现了流动性扩张；SPV 的融资也提高了相应杠杆率。在此意义上说，证券化与商业银行的融资机构与功能不断趋同，进而具备了流动性扩张机制。下面从资产证券化信贷扩张效应角度，来分析资产证券化的流动性扩张机制。

　　假定金融市场上仅有甲乙 2 家银行，资本充足率要求为 q（0 < q < 1），甲银

---

① 贺璟，高嵩淞. 资产证券化：机理、效应及前景［J］. 财会通讯，2014（9）：42 - 45.
② 李佳. 资产证券化的流动性扩张：理论基础、效应及缺陷［J］. 财经科学，2014（4）：11 - 20.

行存款量为 A，扣除资本充足要求后，其余全部放贷；为便于分析问题，同时假定乙银行存款为 B，尚无任何贷款，则此时金融体系状态为表 7。

表 7   元资产证券化前的金融市场状态

银行	存款	贷款	资本	贷款 + MBS
甲	A	(1 - q) A	qA	(1 - q) A
乙	B	0	qB	0

若 A 银行将贷款全部资产证券化，发行同等市值的 MBS（Mortgage - backed Security，抵押支持证券），则此时金融体系状态为表 8。

表 8   资产证券化的金融市场状态

银行	存款	贷款	资本	贷款 + MBS
甲	A	0	qA	(1 - q) A
乙	B - qA	0	qB	0

若证券化产品被 B 银行的客户全部购买，则 A 银行收回了资金，并存在了 B 银行，则此时金融体系状态变为表 9。

表 9   资产证券化后金融市场状态

银行	存款	贷款	资本	贷款 + MBS
甲	A	(1 - q) A	qA	2 (1 - q) A
乙	B	0	qB	0

通过以上流程，可以看出，资产证券化后金融体系中的存、贷款和资本金与初始状态完全相同，但整个金融体系的信用规模（贷款 + MBS）却变为 2（1 - q）A，为初始状态的两倍，表明资产证券化产生流动性扩张作用。

但上述流程是高度简约的，就是乙银行没有贷款，只是资金供应方，现在将以上流程进行扩充。假定金融市场上有 n 家银行和 1 家非银行类金融机构，每家金融机构都正常运营，银行既有对外放贷，也可能同业拆借，整个金融市场债权债务关系见图 3。

图中 X_i 表示银行 i 总负债，X_{ij} 表示银行 i 从银行 j 中拆借资金数量，$X_{i,n+1}$ 表示银行 i 向第 n + 1 个非银行类金融机构借款的数量；Y_i 表示银行 i 对银行体系之外的借款人放贷的数量；S_i 表示银行 i 的总资产。为便于分析，我们用 α_{ji} 表示银行 i 放款给 j 银行的数量所占比例，E_i 表示银行的资本金。则金融市场中银行 i 的总资产和总负债关系可以表示为：

$$Y_i + \sum X_j \alpha$$

	银行1	银行2	…	银行n	外部借款	总负债
银行1	0	X12	…	X1n	X1,n+1	X1
银行2	X21	0	…	X2n	X2,n+1	X2
银行n	Xn1	Xn2	…	0	Xn,n+1	Xn
外部放款	Y1	Y2	…	Yn		
总资产	S1	S2	…	Sn		

注：此图参考了刘玄（2011）研究成果，在此表示感谢。

图3　金融市场债权债务关系结构图

考虑到整个金融市场上有 n 家银行，这里引入矩阵进行分析较为方便，用 Π 表示 n×n 矩阵，则上述等式可表示为：

$$[Y1,\cdots,Yn] + [X1,\cdots,Xn]\Pi = [X1,\cdots,Xn] + [E1,\cdots,En]$$

用 X、Y、E 分别代表相应矩阵，则上述等式可以变为：

$Y = E + X(I - \Pi)$，其中，I 代表单位矩阵。

若给定杠杆率 $\theta i = Si/Ei$，

则可以得出 $Xi/Ei = \theta i - 1$，

进一步可以推导出 $X = E(\wedge - I)$，其中，$\wedge$ 是 θi 的对角矩阵，

进而，$Y = E + E(\wedge - I)(I - \Pi)$

令 $H = (I - \Pi)$

则 $Hi = 1 - \sum \alpha ji$

作进一步变换得，$\sum Yi = \sum Ei + \sum EiHi(\theta i - 1)$

$$= \sum Ei + \sum XiHi$$

上式左边是整个银行体系可放出贷款规模，等式右边第一项是资本金，第二项是银行体系之外对所有银行的融资规模。通过这个等式可以看出，整个金融市场流动性扩张来自于两个方面：一是银行资本金；二是银行体系之外的资金来源。

考虑到资产证券化运行机制可简化为：SPV 通过购买商业银行发放的信贷资产以形成资产，并将基础资产打包组合成各种证券化工具和衍生产品，通过投资银行等中介机构出售给投资者（见图4）。显然，只要资产证券化产品不全部由银行购买或持有（换句话讲，只要有非银行机构出资购买资产证券化产品），商业银行资产证券化行为就会通过增加银行体系之外的资金来源渠道产生流动性扩张。

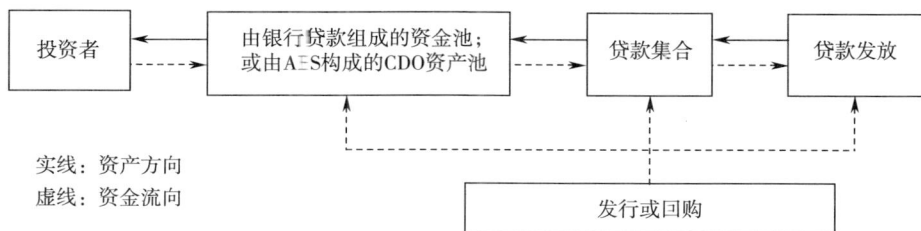

图 4　资产证券化运作机制简化图

资产证券化为流动性扩张提供了基础，流动性扩张后，市场中资产价格将上涨[①]，投资者会形成价格进一步上涨预期，导致资产证券化产品需求增加，进而诱引银行增加资产证券化供给来迎合市场需求。银行在增加资产证券化供给过程中，市场上投资者将通过扩大资产负债表与提高杠杆率等途径配置证券化产品，从而引发流动性增加，进而引发资产价格进一步上涨，此时，金融市场会出现"流动性扩张—资产价格上涨—证券资产化供给增加—资产价格进一步上涨—……"循环路径，产生内生性的流动性扩张螺旋。

值得注意的是，上述循环的顺利进行是和市场信心密切相关的，流动性供给也与资产价格预期息息相关，一旦资产价格下跌（或资产泡沫破灭），金融资产的大量抛售引发恐慌情绪蔓延，整个市场卖方增加、买方减少，随着投资者信心下降，资金流量和流向迅速转变，在"羊群效应"下，导致资产价格过度超调，经杠杆效应作用，流动性成几何级数下降（秦月星、熊平安，2007），市场流动性骤然消失，被抛售金融资产价格与卖盘持续增加并存，进一步恶化流动性状况，证券化产品及其债务工具形成的信用链条也会因流动性紧缩而无法正常运作，此时，流动性危机就演化为信用危机。与上述"流动性扩张—资产价格上涨—证券资产化供给增加—资产价格进一步上涨—……"循环路径相反，金融市场出现"流动性紧缩—资产价格下跌—……"的循环路径，出现流动性黑洞。

第三节　资产证券化下流动性变化与金融体系稳定性

一般情况下，资产证券化行为带来的流动性变化不会对整个金融体系稳健

[①]　目前，有大量文献解释了流动性扩张导致资产价格上涨的原因，如资产结构平衡利率认为，流动性也是一种资产，当流动性过剩会导致流动性资产相对于非流动性资产（如证券）在金融机构总资产中的比重上升，这将导致相对价格上升。投资者将用持有的流动性去购买非流动性资产；也有学者从流动性偏好、货币幻觉、交易驱动和财富效应等几方面来解释流动性增加导致资产价格上升的原因。

运行产生重大影响，但极端情况下（如美国资产泡沫导致的次贷危机），资产证券化带来的市场流动性急剧扩张—流动性逆转—流动性短缺，进而严重影响金融体系稳定性。下面，分析资产证券化带来的流动性变化对金融稳定性的影响。

考虑到金融市场上，不同投资者风险偏好、投资效率、投资技术、杠杆水平各不相同，当发生负面冲击时，各投资者反应也不尽相同，这里将投资者分为次级投资者和专业投资者两类，参照 Bernanke 和 Gtrtle（1989），专业投资者用机构投资者代表，他们具有与银行的风险资产相同的收益结构，对资产证券化利用效率高、承担风险能力强；次级投资者用个体投资者代表，他们缺乏专业信息处理能力，对风险资产利用效率低，风险承受能力弱，持有的风险资产的收益率低于银行与专业投资者持有的风险资产的收益率。

同时假定银行储蓄方由大量散户构成，这些散户遵循经济人假定，他们会依据银行资产的价值判断银行的经营状况，来决定资金存取行为。银行资本结构由银行储蓄 D 和股东收益 E 组成，银行资金可以在风险项目 X 或损失准备金 S 上分配，银行投融资行为可以表述为：$X + S = D + E$

其中，损失准备金收益率为零，但有完全流动性。风险投资项目收益 R 不确定，这里将其表示为 $R = Rd + \varepsilon$，式中 Rd 为风险资产收益中确定性部分，$Rd = E（R）$；ε 为风险资产随机部分，并服从 $[-Rd，Rd]$ 上的均匀分布。用 r 表示银行存款利率，则 $Rd \geqslant r + 1$。

因银行经营受杠杆率约束，则 $X + S \geqslant Rd + 1$。资产证券化后，银行面临约束为 $P（X - Y）\geqslant（r + 1）D$，P 为金融市场上证券价格，X 为第 0 期（初期）投资的风险项目个数；Y 为第 1 期银行以证券化形式出售的项目个数。

再根据投资者分类假定，则专业投资者风险资产收益率满足 $R = Rd + \varepsilon$，因次级投资者风险资产收益率低，引入 $0 < \theta < 1$，可将次级投资者风险资产收益表述为 $\theta R = \theta（Rd + \varepsilon）$。

假定银行向投资者出售 Y 个证券化投资项目，同时也假定经济中有 Y 个投资者，其中有 Q 个次级投资者，则专业投资者为（X - Q）个，次级投资者所占比例为 φ，将次级投资者资产负债结构由自由资金 e 和贷款 b 组成，则次级投资者保持稳健性约束条件为：$\theta（Rd + \varepsilon）\geqslant b$。

根据银行面临约束为 $P（X - Y）\geqslant（r + 1）D$，得出次级投资者破产临界值 $\alpha =（b/\theta）- Rd$，当次级投资者面临破产时，必然会在市场上出售资产。

银行保持稳健性条件为最后一期资产价值要不小于负债值，根据 $P（M - N）\geqslant（r + 1）D$，可得出：

银行破产临界值 $\$ = [（r + 1）D - s - Y] /（X - Y）- Rd$

下面分析流动性充足和不足两种情况：

（1）当市场流动性充足时，证券价格可以其未来实现价值定价，即 P = Rd + ε，此时，专业投资者获得收益为 Rd + ε；次级投资者获得收益为 θ（Rd + ε）。

（2）当市场流动性不足时，按照 Allen 和 Gale 运用的资金定价法，可以得出资产价格 P =（1 - φ）Y（Rd + ε）/φY

此时银行资产价值 L =［（1 - φ）Y（Rd + ε）/φY］（X - Y）+ Y + S

结合银行破产临界条件 L ≤（r + 1）D，可将银行破产临界点表述为以下等式：

$$\$ = [(r+1)D - s - Y]/(X - Y)(1 - \theta) - Rd$$

可以看出，上式关于次级投资者占有率 θ 的一阶导数大于零，说明金融市场中次级投资者占比越大，临界值就越大，银行陷入破产几率就越大，金融稳定性就越差。

进一步考虑投资者杠杆水平的两种情况：

（1）投资者杠杆率水平不变的情形

风险资产价格大幅下跌后，银行资产价值 L =［（1 - φ）Y（Rd + ε）/φY］（X - Y）+ Y + S 也将进一步下跌，当银行资产净值低于负债时，银行面临破产。

（2）当投资者杠杆率增加时，次级投资者面临的临界值就越高，其对证券的出售导致证券价格的下跌对银行稳定性的影响就越大，金融系统发生危机的概率就越高。

基于以上分析，可以得出几个主要结论：

一是银行资产证券化具备流动性扩张机制，当外部冲击使投资者信心（或资产价格下跌），资产证券化带来的流动性供给就会停止，金融市场表现为流动性紧缩，产生流动性冲击。

二是尽管在经济上行期，资产证券化能带来流动性增加，缓解单个银行流动性风险，但当外部冲击到来时，风险偏好和投资效率较低的投资者行为将大幅压低资产价值，威胁金融稳定，甚至会传染至整个经济体系。

第五章　资产证券化审慎监管及试点工作建议

毋庸置疑，资产证券化具有增加流动性、提高资金配置效率等积极功能。但本文论证表明，资产证券化在一定条件下，会使虚拟经济快速膨胀，并导致资产价格泡沫和内生流动性扩张和紧缩，从而影响金融稳定，美国次贷危机就是前车之鉴。因此，稳步推进我国资产证券化试点工作，需要在有效利用其盘活资金存量、提高资金运用效率正面效应的同时，更加注重防范证券化引发的金融风险，是审慎监管面临的重要课题。

第一节　资产证券化审慎监管建议

2008 年美国金融危机后，美国、欧盟等纷纷出台金融监管改革方案，巴塞尔委员会也对新资本协议进行了修改，将流动性风险监管与资本监管放在同等重要位置，如《巴塞尔协议Ⅲ：流动性风险计量、标准和监测的国际框架》中提出了 NSFR（净稳定资金比率，Net Stable Funding Ratio）和 LCR（流动性覆盖指标，Liquidity Coverage Ratio）流动性监管指标[①]，新西兰央行采用了 CFR（核心融资比率指标），这些流动性监管指标可用更全面反映银行流动性风险，并鼓励银行从更稳定的来源获取融资，持有更具有流动性的资产，进而提高银行对流动性冲击的抵抗力（King，2013；BCBS，2014）。同时，注重微观监管和宏观监管相结合，如在微观监管上，针对资产证券化带来的逆向选择和道德风险，相关改革方案要求银行分别披露资产负债表内证券化风险暴露与表外证券化风险暴露，以提高金融机构信息披露，并要求资产证券化发起人保留 5% 的证券化信用风险暴露，遏制金融机构参与高风险业务的动机，以降低金融机构的个体风险等；在宏观监管上，通过提高与业务相关的资本要求，区分普通资产证券化、再证券化风险暴露，明显提高再证券化风险暴露的风险权重，对交易账户市场风险引入压力风险价值和新增风险资本要求，大幅提高场外衍生品交易要求等。根据本文研究结论，我国资产证券化试点工作，必须按照"真实出售、破产隔离"、"总量控制、扩大试点"、"统一标准、信息共享"、"加强监管、防范风险"、"限制再证券化"等原则开展。

一是注重流动性监管和资本监管有效配合。为有效抑制证券化过程中商业银行对风险资产监督努力水平的降低，以及有效防范资产证券化引发的流动性冲击对整个金融体系稳定性的影响，我国资产证券化进程中，必须借鉴发达国家做法，将流动性监管和资本监管放在同等重要位置。第一，仿照最低资本充足率的要求，要求银行应当持有的流动性资产最低比例，或对银行的杠杆比率进行更严格限制，这就需要根据新巴塞尔协议的规定，切实对表内外的证券化风险暴露和再证券化风险暴露计提资本，并且不允许通过其他衍生品等手段对

---

① 　净稳定资金比率是银行可用稳定资金与业务所需稳定资金的比率，用于衡量银行较长时间内可使用的稳定资金来源对其表内为资产业务发展支持的能力；流动性覆盖率是指优质流动性资产储备与未来 30 天的资金净流出量之比，旨在确保商业银行在设定的严重流动性压力下，能保持充足的、无变现障碍的优质流动资产，并通过这些变现资产实现满足未来 30 天的流动性需求。

冲这些风险暴露和降低资本要求，对于银行为表外 SIV 和商业票据业务提供的隐性承诺，也必须计提资本。第二，借鉴美国等发达国家抑制资产证券化造成的银行风险承担动机策略，如出台和完善资产证券化法律，专门规范银行证券化行为，做到"有法可依、有法必依"，同时探索对经营不够稳健的银行高管实施薪酬惩罚，督促、引导商业银行对贷款实施审核标准，并对贷款质量进行持续有效监督。第三，强化对基础资产的监督。基础资产是资产证券化中流动性扩展与紧缩的载体，因此要严格审查基础资产质量与信用等级，确保未来现金流的可靠和稳定，同时，要加强对基础资产规模的监测，防止资产证券化增加流动性功能的过度滥用。试点推进中，要优先选取优质信贷资产开展证券化，风险较大的资产应暂不纳入扩大试点范围。第四，要加强对整个社会流动性和资产价格变化的监测，进而采取相应货币政策，维持总体流动性平稳适度。随着金融市场的不断发展，金融市场上总的流动性状况不仅受货币供应量的影响，同时也受资产证券化等其他形式金融创新工具的影响，在此意义上讲，对流动性的监测，不仅要关注货币供应量，还必须掌握其他各种形式的金融资产或负债。同时，要加强对资产价格变化的监测，特别要关注资产价格泡沫，进而适时适度把握货币政策调控的方向、力度与节奏，防范流动性冲击。

二是加快完善监管协调，加强对证券化市场的有效监督。第一，要加快构建协调一致的监管体系。资产证券化涉及信贷市场、资本市场、货币市场，是规避业务壁垒的产物，对其监管必然存在跨行业监管，尤其是银行监管与证券监管的协调，我国传统的以分业经营的监管模式可能导致监管效率低下和监管不到位的情况发生。为防止监管真空和监管重叠，有必要建立资产证券化产品发行和交易的统一市场，为监管者的协调、沟通、决策提供物理环境。目前现有制度框架下，要充分发挥金融监管协调机制的作用，加强相关政策措施的统筹协调，形成跨机构、跨产品、跨市场的监管，统一产品标准，统一监管规则，促进银行间市场和交易所市场的信息共享。第二，强化对资产证券化业务各个环节的监管。可以考虑颁布面向资产证券化的监管法律，对资产证券化的定价机制、信息披露机制、信用评级机制、证券化产品交易制度等进行明确。在信用评级上，要加强对信用评级机构的监管，强化信用评级机构的专业化操作，加强信用评级机构跟踪评级与利益冲突规避机制建设，提高信用评级机构运作透明度。既强化外部评级，也鼓励各类投资人逐步完善内部评级制度，着力提升市场化风险约束机制作用。在信息披露上，要完善资产内容披露标准，建立与证券法一致的披露义务人责任，披露主体应从发行人扩充至发起人、服务人、评估人等相关利益相关者。第三，要进一步明确信托公司、律师事务所、会计师事务所等各类中介服务机构的职能和责任，提高证券化专业服务技术水平和服务质量。

三是限制重复资产证券化、控制金融机构杠杆率。第一，要限制重复资产证券化。信贷资产证券化产生的流动性扩张和紧缩受再证券化的影响，美国次贷危机也实证了这一结论，当次贷抵押违约率上升导致市场恐慌时，金融市场会陷入流动性危机。因此，在证券化试点中，要严格控制再证券化行为，防止资产证券化链条变得过长，加重信息不对称，导致证券化结果偏离初衷。第二，根据资产证券化流动性冲击机制，要控制金融机构杠杆率，尤其是在经济上行繁荣期，要对金融机构杠杆率严格监管，避免经济下行期间，金融机构大幅去杠杆化造成的不利影响。

四是限制次级投资者进入，保持证券市场稳定。第一，设置投资门槛。本文论证了面临较大的负面经济冲击时，次级投资者行为将首先陷入金融混乱，进而带来整个金融体系非稳定性。因此，应依据不同投资者资产利用能力等因素，设置不同的投资门槛，制定合理的资产证券发行办法、投资者准入条件、交易制度安排，通过诸多限制性条款，设置一定的投资门槛，以资金量为指标隔离风险承受能力弱的普通投资者，限制风险承受能力和资产利用效率较低的次级投资者进入，如借鉴"在创业板投资门槛的设置问题上，自然人投资者开通创业板交易需要具有两年以上（含两年）交易经验"的做法，设置进入门槛。第二，加强对投资者的教育。虽然资产证券化产品在国际市场上已是一个成熟的金融创新产品，并作为风险管理工具被广泛采用，但对我国投资者来说，资产证券化产品还是一个全新的产品，它与普通的股票、债券相比有着截然不同的风险收益特征和交易规则。目前，我国资本市场投资者结构还处于初级发展阶段，投资者素质不高，很容易出现盲目投资，成为市场剧烈波动的制造者和受害者。因此，投资者在进入证券化市场前须对资产证券化相关情况尤其是对资产证券化的各种风险有全面了解。因此，建立投资者教育和培训机制，引导不合格投资者远离风险，并通过教育培训让他们认真权衡自身是否拥有与参与资产证券化产品交易相匹配的风险意识和资金实力，对合格投资者在入市前对不同金融产品的风险进行比较和评估，加强学习和了解各类金融产品风险收益特征和功能，更好地进行投资操作，促进整个金融体系的稳定。

第二节　资产证券化试点工作建议

从发达国家如美国的资产证券化的规模看，几乎与商业银行资产规模相当。我国商业银行资产规模 15 万亿元左右，资产证券化规模目前仅 5 千亿元左右，发展空间非常大。当务之急是尽快制定系统性、针对性和有效性的政策措施，解决现实中存在问题，稳步推进资产证券化健康快速发展。

一是完善税收等方面的资产证券化配套政策法规。进一步明确资产证券化业务中涉及的发起机构、受托机构、特定目的实体、投资者等相关利益关系人的纳税主体地位、纳税责任、纳税和开票资格，厘清增值税缴纳和抵扣环节，避免重复征税。完善与资产证券化相关的抵押权变更登记制度，为资产证券化顺利推进创造良好的配套法规政策环境。

二是制定出台专门的资产证券化会计准则。2015年财政部出台了资产证券化试点管理规定后，会计准则发生了较大变化。应尽快出台一个更加系统、统一的针对资产证券化处理的会计准则，进一步提升资产证券化业务的实际可操作性。

三是为资产证券化产品定价、风险计量提供基准利率。加快推进利率市场化，完善债券收益率曲线等金融市场定价基准，改进资产证券化产品交易机制，引入做市商制度，扩大市场规模和投资者范围，鼓励金融机构健全资产证券化业务信息系统、基础资产信息数据库及定价体系。

四是合理规避道德风险。提升资产证券化产品发行人和投资者收益和风险的对等性和关联性，发行人应在每一级资产中都持有固定比例，而不是仅仅持有劣后级，既要保证资产出表又要充分调动管理人积极性，从而实现多方共赢。

五是加强资产证券化的监管协调。明确监管部门间分工，密切配合形成工作合力，进一步完善资产证券化发行人内部控制机制、信息披露，在严守风险底线前提下促进业务健康可持续发展。高度重视完善信息披露工作，信息透明可以保证投资者对证券市场的监督权和知情权，使投资者对资产证券化产品的投资和收益有合理的把握，合理进行证券定价。

六是全面提高资产证券化团队素质。推进资产证券化需要一支具有复合型知识结构、丰富金融工作经历和高素质研发和管理团队。可借助金融会计学会平台，加强资产证券化等相关培训，为工作开展提供人才保证。

中央银行基准利率体系构建问题研究

中国人民银行驻马店市中心支行课题组①

摘要：利率市场化的总目标是建立健全由市场供求决定的利率形成机制，中央银行通过运用基准利率这个货币政策工具引导和调控市场利率，金融机构依据市场利率确定其资产负债价格体系，不同市场之间的各种利率互相依存、互相制约。目前，我国利率市场化改革基本完成，贷款利率已全部开放，对商业银行、农村合作金融机构、村镇银行、财务公司等金融机构不再设置存款利率浮动上限。

基准利率必须具备低风险、高流动性、规模充足、数据可得、期限结构完整等特性。我国曾尝试使用存贷款利率、国债回购利率、中央银行票据利率等工具作为基准利率，但与真正的要求差距较大，目前尚不存在完全满足上述条件的利率工具。国家正在培养推出的上海银行间拆借市场利率SHIBOR也只具备基准利率部分功能和作用。

目前，SHIBOR还存在着市场代表性不强、对中长期利率传导不够、对市场利率影响力小、报价存在失准、对国民经济的影响较弱等问题。本文认为将从扩大报价团成员的数量和范围、完善SHI30R的形成和传导机制、提高SHIBOR市场认知度、建立统一的金融市场、中长端品种的发展多个方面进行改革，最终探讨勾勒出建立我国中央银行基准利率体系的框架路径。

关键词：利率市场化　基准利率　机制构建

---

① 课题组组长：袁道强；
课题组成员：梁虹、刘士谦、王燕、张勇杰。

第一章　导　论

一、选题的背景与意义

利率市场化的总目标是建立健全由市场供求决定的利率形成机制，中央银行通过运用货币政策工具如基准利率等引导和调控市场利率，金融机构依据市场利率水平确定其资产和负债价格体系。当前，进一步完善我国的利率结构和利率引导机制具有十分重要的意义。

（一）选题的背景

党的十八届三中全会对全面深化改革做出了战略部署。未来一个时期，无论是社会各项改革的全面推进，还是经济转型的不断深入，都意味着中国金融业发展的环境将要面临深刻变化。

建立基于市场的金融基准，是遵循三中全会所强调的"权利平等、机会平等、规则平等"等现代市场体制的一般规则，在公平、开放、透明等原则上，加快金融市场体制机制创新的关键举措之一。目前，我国利率市场化改革基本完成，贷款利率已全部开放，对商业银行、农村合作金融机构、村镇银行、财务公司等金融机构不再设置存款利率浮动上限。

作为中国利率市场的管理者和利率市场化改革的推动者，中国人民银行正在密切关注国际金融基准改革对监管框架的重构，研究其定价、报价机制转变对金融市场价格机制形成和完善的影响，关注国际金融市场在实现基准利率体系可控性、实用性和公允性等方面的有益经验，希望进一步探讨能够推动金融基准形成并有效发挥作用的客观规律。

同时，由LIBOR丑闻引发的全球金融基准改革正在积极推进，并升级到一场由美国、英国、欧盟及亚洲国家对金融基准改革方案通过权的争夺与博弈战，全球主要国家和地区进入到此轮金融基准改革讨论中。

（二）选题的意义

利率基准是在金融市场和利率体系中处于关键地位、起主导作用的利率，通常以金融市场供求为基础形成，对整个金融市场利率体系的变动趋势起到先导和示范作用，是人们公认并普遍接受的金融产品定价的基础依据。

在协调推进利率市场化各项改革中，只有建立了权威、有效、受到市场广泛认可并使用的金融基准体系，才能真正减少政府管制的冲动和可能性，真正让价格充分反映金融资源的供求状况，实现金融体系和经济发展的良性循环，把金融资源有效配置到有利于经济转变发展方式和结构调整的地方。

　　全球多数国家和地区都培育并建立了自己的基准利率，影响较大的有英国伦敦银行间同业拆借利率（LIBOR）、美国联邦基金利率（FFR）等，这些国家的基准利率均已发展成熟，在本国甚至国际金融市场上都发挥着巨大的作用。我国要实现完善货币市场利率体系，进而推动利率市场化的进程、促进货币政策的有效实施等目标，就必须推出适合本国的基准利率。

二、研究文献综述

（一）国外研究现状

　　国外的研究大多集中在利率自由化理论、利率抑制理论、利率决定理论、利率控制理论、金融约束理论和基准利率选择理论等，这些理论为基准利率的研究奠定了坚实的理论基础。

　　（1）基准利率与货币市场利率关系的综述

　　西方主要发达国家实行利率市场化已久，大多已经具有适合本国国情的基准利率，各个国家对基准利率与货币市场其他利率的关系已经有了一定的研究。从总体上看，基准利率和债券市场利率的关系、基准利率与银行存贷款利率的关系都具备显著性，而且这两个利率的关系是单向变动关系，即基准利率的变化会引起货币市场其他利率变化，这体现了基准利率的基础性地位。代表性的文献综述有：Evans 和 Marshall（2001）采用 VAR 研究方法，分析了货币当局临时出台货币政策是否会造成债券市场的波动，从而引起债券市场价格的波动，继而造成市场上利率的变化。结论是货币政策的临时出台，并不会导致长期债券市场的变化，但会导致短期债券市场价格的波动，并且随着时间的推移，价格的变化将趋于平稳；Roley 和 Sellon（1995）认为联邦基金利率在不同的宏观经济条件下，债券市场交易主体对联邦基金的预期不同，会影响联邦基金利率对货币政策的传导性。因此，联邦基金利率不能完全影响债券市场利率长期走势。

　　Bernoth 和 Von Hagen（2004）对欧元区基准利率的变化（EURIBOR）与存贷款利率之间的关系进行实证分析，表明在短期 EURIBOR 对存贷款利率的相关性在 50% 左右，一个月以上的 EURIBOR 和存贷款利率的相关性没有一定的规律；Heffeman、Fuertes 检验了英国基准利率（LIBOR）和银行利率的关系，发现 LIBOR 和银行利率的相关性为正。同时检验结果表明，LIBOR 的变动对金融市场的影响程度与金融市场交易主体和交易对象有关。

　　（2）对银行间同业拆借利率的研究

　　在金融市场发达的国家，利率市场化水平也比较高，同业拆借利率是由同业拆借市场交易主体的供求关系决定的。国外对美国联邦基金市场的研究主要集中在同业拆借利率在准备金维持阶段的表现。

以美国为例，Hamilton（1996），Campbell（1987）研究了银行间同业拆借利率在法定存款准备金维持期内各天的变化情况；Clouse和Dow（1999），Hamilton（1996），Kopecky和Tueker（1993），Dyl和Hoffmeister（1981）尝试说明拆借利率的水平在准备金维持期末波动幅度增大；Furfine（2000）谈到美国将会以联邦基金利率作为货币政策调控手段。美联储通过公开市场操作，改变对准备金的供给，从而使准备金的供求平衡点在美联储对联邦基金利率设定的区间内。美联储能够实现这一目的是由于金融机构在央行的存款准备金要满足法定存款准备金的要求，同时美联储会对金融机构账户余额和准备金维持进行检查。

（二）国内研究现状

（1）基准利率的定义和选择标准研究

在我国，黄达最早提出了基准利率的概念，即"基准利率是在整个金融市场和利率体系中处于关键地位、起决定性作用的利率"；李社环（2001）在解释基准利率的含义时，着重强调基准利率的相关性和传导性；曾宪久（2004）提出利率具有内生性和外生性的特点，并为基准利率的可控性提出理论依据；戴国强、梁福涛（2006）提出基准利率的基本属性分别为基础性、相关性、稳定性和市场性；张丽娟（2010）认为基准利率的基本属性是市场性、稳定性和可测性，重要属性是灵敏性、可控性、基础性和相关性；王志栋（2011）在对利率决定、期限结构、风险结构理论进行分析基础上，提出基准利率的基本属性是无风险、基础性、测控性和结构性。

（2）SHIBOR推出前的货币市场基准利率的研究

在央行正式推出SHIBOR之前，不同的学者对于选择哪种货币市场利率充当本国的基准利率的看法不一致，主要有以下几种分歧。

对于同业拆借利率作为基准利率方面，李社环（2001）认为，我国国债发行机制不完善，国债发行市场处于分割状态，且分割市场之间的关联度不高，因此国债不适合作为货币市场上的基准利率。而同业拆借市场发展潜力巨大，能够及时反映货币市场资金供求，易受央行再贴现和再贷款政策影响，可控性好，稳定性高，比较适合成为我国货币市场基准利率。

吕江林、汪洋（2004）将可能成为基准利率的货币市场利率逐一进行分析，得出银行间同业拆借利率能够反映货币市场资金供求状况的变化，能够影响其他利率的水平变动，具备可控性，最适合作为货币调控的基准利率。董奋义（2006）对比分析了再贴现率、国债利率和同业拆借利率，结果表明再贴现率不存在全国统一的票据市场，即一级市场不发达的缺陷导致再贴现利率不适合成为货币市场基准利率；国债利率存在流动性差、发行频率不稳定、发行规模不确定等缺陷导致国债利率不适合成为基准利率；而同业拆借市场初具规模，流动性强，能够反映银行的准备金状况，适合成为我国货币市场基准利率。

对于货币市场其他利率作为基准利率方面，刘轶、李久学（2003）对比了银行存贷款利率同业拆借利率和国债利率，他们认为存贷款利率市场化程度低，同业拆借市场利率在稳定性和期限结构等方面均落后于国债市场，国债利率是最适合成为我国的基准利率。

戴国强和梁福涛（2006）通过实证对比分析了回购利率和同业拆借利率，得出银行间债券回购利率最适合成为我国货币市场基准利率。

蒋贤锋、王贺、史永东（2008）定性对比了交易所市场利率、同业拆借利率、银行间国债回购利率和存贷利率，同时采用均值—方差法和有限维 Hilbert 空间判别方法对上述利率进行研究，最后得出活期存款利率适合成为我国货币市场基准利率。

（3）SHIBOR 推出后的货币市场基准利率的研究

2007 年 1 月 4 日 SHIBOR 正式推出，SHIBOR 作为央行重点培育的基准利率，不少学者对其进行了深入的研究，并最后肯定了 SHIBOR 的基准利率地位。

姚秦、陈晓平（2007）比较了 SHIBOR 与 CHIBOR 的不同，并且认为 SHIBOR 是货币市场基准利率的选择，但由于目前 SHIBOR 对其他利率影响力有限，基准性有待加强；郭建伟（2007）指出应以 SHIBOR 为核心，促进利率市场化，同时 SHIBOR 应该能够反映市场上资金的变化，通过 SHIBOR 构建金融市场和宏观经济联系的桥梁，促进货币政策调控的转型；易纲（2008）主要是讨论 SHIBOR 在利率市场化、人民币国际化背景下成为我国货币市场基准利率的可行性，易纲指出 SHIBOR 只有真正发挥基准利率的作用，才有可能在将来替代管制利率，我国才能真正实现利率市场化。

陈勇、吴金友（2008）以 SHIBOR 推出时间为时间节点，同时以货币政策传导机制为实证检验的出发点，研究发现 SHIBOR 推出之前，除债券回购利率和同业拆借利率以外，货币市场利率之间传导机制并不强。SHIBOR 推出之后，货币市场利率之间存在明显因果关系，我国货币市场利率传导机制得到明显的改善。

张晓慧（2011）提出全面提高 SHIBOR 基准利率的地位，强化 SHIBOR 在货币政策的传导机制、发挥 SHIBOR 在金融产品的定价基准、提高 SHIBOR 的报价质量以及健全基准利率体系；叶永刚、陈勃特（2012）采用二元误差修正模型研究政策利率调控对 SHIBOR 的影响，研究表明政策利率与基准利率之间存在长期均衡的关系，基准利率的调整容易受到政策利率调整的影响，并且政策利率对基准利率影响随利率期限的增加而增大。

因此，SHIBOR 为基准利率理论研究提供了新的思路，学者们研究了 SHIBOR 在利率市场化条件下与其他货币市场利率的相关性、SHIBOR 对货币市场资金供求的反映程度、SHIBOR 与宏观经济的关系、SHIBOR 能否成为中央银行货币政策目标、SHIBOR 是否已作为金融产品的定价基础、SHIBOR 是否运行稳定、SHIBOR 能否承担起基准利率的地位和职能。

本文将对上述研究做了进一步的分析和讨论，旨在通过分析基准利率的属性、特征与运行规律机制，目前我国基准利率的现状、问题与矛盾，最终提出构建我国中央银行基准利率体系框架的思路措施。

三、研究方法与结构

（一）研究方法

（1）本文数理建模的主要对象是上海银行间拆借利率 SHIBOR，文章选取 2006 年 10 月 16 日至 2015 年 9 月 28 日 SHIBOR 主要期限品种的数据作为样本，通过证明基础性、相关性和稳定性对 SHIBOR 作为基础利率的有效性进行论证。

（2）本文尽可能地收集国内外有关构建基准利率研究的理论文献，并对文献进行整理和深入分析，力图有所集成，并在前人研究的基础上有所突破。通过对国内外研究文献的分析，不仅能够为本文的研究提供一定的思路，同时还能保证本文研究过程和结论的严谨性。

（二）文章结构

本文主要分六章，具体如下：

第一章是导论主要对文章的选题背景与意义、研究文献综述、研究方法与结构以及可能的创新与不足进行一些介绍。

第二章对基准利率的理论基础进行介绍，本文主要介绍利率决定理论、利率风险结构理论及利率期限结构理论等理论。其中利率决定理论主要包括古典利率理论、流动性偏好理论和可贷资金理论；利率期限结构理论主要包括纯预期理论、市场分割理论和期限选择和流动性升水理论。

第三章是关于基准利率的论述，主要包括利率及利率体系、基准利率的定义、基准利率的特征、基准利率的国际典型样本等，其中基准利率的国际典型样本及特性部分对联邦基金利率（FFR）、伦敦银行同业拆借利率（Libor）、欧元区银行间同业拆借利率（Euribor）和香港银行间同业拆借利率（Hibor）分别进行了介绍。

第四章是我国基准利率现状与运行，主要介绍了我国基准利率的现状、我国基准利率的选择及国际视角下的中国基准利率市场建设等三部分。其中我国基准利率的选择部分 1 年期存贷款利率、再贴现利率、央票利率、国债回购利率、银行间同业拆借利率 SHIBOR。

第五章是 SHIBOR 作为基准利率的实证分析。本文首先用 ADF 检验对 SHIBOR0/N、SHIBOR1W、SHIBOR03M、SHIBOR1Y、FR007 进行平稳性检验，得出平稳性结论后，分别对相应期限的 SHIBOR 与银行间回购定盘利率进行格兰杰因果关系检验，得出 SHIBOR 具有基础性属性；其次，通过计算 SHIBOR 与其相应期限的回购定盘利率的相关系数，判断 SHIBOR 具有相关性属性；最后，先对人民币兑美元汇率和沪深 300 指数收益率做平稳性分析，得出平稳性结论后再分别做 SHIBOR 对汇率和指数收益率的脉冲响应，根据脉冲响应图判断 SHIBOR 具有稳定性属性。

第六章是对策建议，主要是根据上文分析，对研究 Shibor 作为基准利率需要改进的地方和努力的方向进行总结并提出建议。

四、可能的创新与不足

可能的创新：本文数理建模的数据以 SHIBOR 为基础，从 2006 年 10 月 16 日 SHIBOR 数据可查之日起至 2015 年 9 月 28 日止，所有与 SHIBOR 进行对比的指标全部使用日度数据进行分析且数据更新到 2015 年 9 月 28 日，与以往多以月度且数据老化的研究进行分析相比本文的数据建模得出的结果更具有说服力，更能全面地描述数量的变化特征。

本文也存在很多需要改进的地方，一方面，在选取建模指标时可能会因为数据取得不容易或者某个指标没有日度数据而放弃一些更具代表性的指标；另一方面，由于能力有限，加上时间、精力的不足，在一些知识点的理解上可能存在偏差，文章表述上可能也有不当之处。

第二章　基准利率理论基础

一、利率决定理论

（一）古典利率理论

古典学派认为，利率决定于储蓄与投资的相互作用。储蓄（S）为利率（i）的递增函数，投资（I）为利率的减函数。

当 S > I 时，利率会下降；当 S < I 时，利率会上升；当 S = I 时，利率便达到均衡水平。当投资增加时，投资线向右平移，均衡点也会向右上移动。

该理论的隐性假设是，当实体经济部门的储蓄等于投资时，整个国民经济达到均衡状态，因此，该理论属于"纯实物分析"的框架。

古典利率理论都赞同货币或者资本的需求方和供应方两股力量的对比共同决定利率的高低。然而古典利率理论基本都忽略了货币市场其他主要因素和经济变量的分析，例如货币供应量、人们对未来通货膨胀水平的预期、经济的未来走势等因素。

（二）流动性偏好理论

凯恩斯认为，货币供给（M_S）是外生变量，由中央银行直接控制。因此，货币供给独立于利率的变动。

货币需求（L）则取决于公众的流动性偏好，其流动性偏好的动机包括交易动机、预防动机和投机动机。其中，交易动机和预防动机形成的交易需求与收入成正比，与利率无关。投机动机形成的投机需求与利率成反比。

用 L_1 表示第一种货币需求，即交易需求和预防需求，用 L_2 表示第二种货币需求，即投机需求，则 $L_1(Y)$ 为收入的递增函数，$L_2(i)$ 为利率 i 的递减函数。货币总需求可表示为：

$$L = L_1(Y) + L_2(i)$$

然而，当利率下降到某一水平时，市场就会产生未来利率上升的预期，这样，货币投机需求就会达到无穷大，这时，无论中央银行供应多少货币，都会被相应的投机需求所吸收，从而使利率不能继续下降而"锁定"在这一水平，这就是所谓的"流动性陷阱"问题。"流动性陷阱"相当于货币需求线中的水平线部分。

均衡利率取决于货币需求线与货币供给线的交点。只有当货币供求达到均衡时，利率便达到均衡水平。

该理论的隐性假设是，当货币供求达到均衡时，整个国民经济处于均衡状态，决定利率的所有因素均为货币因素，利率水平与实体经济部门没有任何关系。因此，它属于"纯货币分析框架"。在方法论上，它从古典均衡利率理论"纯实物分析"的一个极端跳到"纯货币分析"的另一个极端。

（三）可贷资金理论

可贷资金理论是新古典学派的利率理论，是为修正凯恩斯的"流动性偏好"利率理论而提出的。实际上可以看做古典利率理论和凯恩斯利率理论的一种综合。可供资金理论综合了前两种利率决定论，认为利率是由可贷资金的供求决定的，利率的决定取决于商品市场和货币市场的共同均衡。

按照可贷资金理论，借贷资金的需求与供给均包括两个方面：借贷资金的需求来自某期间投资流量和该期间人们希望保有的货币金额；借贷资金的供给来自于同一期间的储蓄流量和该期间货币供给量的变动。用公式表示：

$$DL = I + \Delta M_D, SL = S + \Delta M_S$$

式中，DL 为借贷资金的需求；SL 为借贷资金的供给；ΔM_D 为该时期内货币需求的改变量；ΔM_S 为该时期内货币供给的改变量。就总体来说，均衡条件为：$I + \Delta M_D = S + \Delta M_S$。

二、利率风险结构理论

债权工具的到期期限相同但利率却不同的现象称为利率的风险结构。到期期限相同的债权工具利率不同是由三个原因引起的：违约风险、流动性和所得税因素。

债务人无法依约付息或者归还本金的风险称为违约风险，它影响着债权工具的利率。各种债权工具都存在着违约风险，公司债券的利率往往高于同等条件下的政府债券的利率，普通公司债券的违约风险比信用等级较高的公司债券的违约风险要大。一般来说，债券违约风险越大，其利率越高。

影响债权工具利率的另一个重要因素是债券的流动性。流动性是指资产能够以一个合理的价格顺利变现的能力，它是一种投资的时间尺度（卖出它需要多长时间）和价格尺度（与公平市场价格相比的折扣）之间的关系。各种债券工具由于交易费用、偿还期限、是否可转换等方面的不同，变现所需要的时间成本不同，流动性也就不同。一般来说，国债的流动性高于公司债券；期限较长的债券，流动性差。流动性差的债权工具，风险相对较大，利率定价就会高一些，债券流动性越强，其利率越低。

所得税也是影响利率风险结构的重要因素。在同等条件下，具有免税特征的债券利率要低。在美国，市政债券的违约风险高于国债、流动性也低于国债，风险相对较大，但由于市政债券的利息收入是免税的，因此，长期以来，美国市政债券的利率低于国债利率。

三、利率期限结构理论

债券的期限和收益在某一既定的时间存在的变化关系就称为利率的期限结构，表示这种关系的曲线通常称为收益曲线。收益曲线（Yield Curve）描述了特定类型债券的利率的期限结构，通常情况下，收益曲线向上倾斜，则表示长期利率高于短期利率；若收益曲线是平坦的，则长期利率与短期利率相等；若收益曲线是向下翻转的，则表示长期利率低于短期利率。

利率期限结构主要讨论金融产品到期时的收益与到期期限两者之间的关系及变化。具有相同风险、流动性和税收特征的债券，由于距离到期日的时间不同，其利率也会有变化，具有不同到期期限的债券之间的利率联系被称为利率的期限结构。目前，主要有三种理论解释利率的期限结构，即预期理论、分割市场理论和流动性理论。

（一）预期理论（Expectations Theory）

预期理论认为，长期债券的利率等于一定时期内人们所预期的短期利率的平均值，该理论认为到期期限不同的债券之所以具有不同的利率，在于未来不同的时间段内，短期利率的预期值是不同的。预期理论表明，长期利率的波动小于短期利率的波动。

（二）分割市场理论（Segmented Markets Theory）

分割市场理论将不同到期期限的债券市场看做完全独立和相互分割的。到期期限不同的每种债券的利率取决于该债券的供给和需求，其他到期期限的债券的预期回报率对此毫无影响。

（三）流动性溢价理论（Liquidity Premium Theory）

由于上述两种理论都能解释另外一种理论无法解释的经验事实，那么，最合理的办法就是将这两种理论结合起来，这就得到了流动性溢价理论（Liquidity Premium Theory）。该理论认为，长期债券的利率应当等于两项之和，第一项是长期债券到期之前预期短期利率的平均值；第二项是随着债券供求状况变动而变动的流动性溢价，又称期限溢价。不同期限的债权的利率往往会出现同升或同降（同步波动现象），预期理论和流动性溢价理论可以解释它，而市场分割理论则无法解释。

第三章 基准利率

一、利率及利率体系

（一）利率

利息是让渡货币资金使用权所获得的补偿；利率是指一定时期内利息的金额与存入或贷出金额的比率，表明单位货币在单位时间内的利息水平。利率作为资金供求状况的反映和价格水平的表现，是经济学中一个重要的金融变量，是金融的核心，几乎所有的金融现象、金融资产均与其有着或多或少的联系。因而利率是调节货币政策的重要工具，是国家调节国民经济的一个强有力的经济杠杆，所有国家现在都把利率作为宏观经济调控的重要手段，利率政策在中央银行货币政策中的地位越来越重要。

（二）利率体系

在现实经济生活中，由于每一类融资活动的风险和收益均有其特殊性，有不同的风险度，因而便产生了不同水平的利率。融资活动的复杂性决定了利率的多样性，并且不同利率之间都有一定的联系并且相互制约，从而构成一个有机的整体即利率体系。利率体系是一个国家一定时期内各类利率的总和。

按照利率结构划分，我国的现行利率是以中央银行利率为基础、金融机构利率为主体和市场利率并存的利率体系。

中央银行利率是中央银行对金融机构的各种存贷款利率，包括法定存款准备金率、一般存款利率、再贷款利率、再贴现利率。中央银行利率是法定利率。金融机构利率是金融机构对企业单位和个人的各种存贷款利率。金融机构利率是实现中央银行货币政策的重要环节。市场利率是金融市场主体在资金交易中自主形成的利率。市场利率是国家制定利率的重要依据。

二、基准利率的定义

基准利率在国际上没有确切的含义，但基准利率的内涵可以分解为以下几点。

首先，基准利率是其他利率的参考利率，当基准利率发生变动时会带来其他利率的波动。其次，基准利率是整个金融市场的代表利率和风险最低利率，基准利率甚至可以被视为无风险利率，因此基准利率可以应用于金融产品的定价中。最后，基准利率要与整个宏观经济相关，最终成为中央银行实施货币政策的工具和手段，通过调控基准利率能够促进宏观经济健康稳定地发展。

目前，我国学术界对基准利率也没有达成一个共识的定义，其主要观点有以下几种。

黄达（1990）在《中国金融百科全书》最早提出"基准利率是在整个利率体系中起主导作用的利率，即在整个金融市场上和利率市场体系中处于关键地位、起决定性作用的利率"。由于我国的基准利率是经国务院批准并授权中国人民银行制定的，其他任何单位和个人均无权变动。因此，它是法定利率的重要组成部分。

李社环（2001）认为："基准利率是在整个金融市场上和利率体系中处于关键地位，起主导作用的利率，它应是整个利率体系中的一种典型而具体的利率，又应该是决定其他利率的参考系；这种利率既是金融市场投资者和参与者进行金融决策的参照体，又是货币当局制定和实施金融政策必须高度关注和利用的对象。"

　　李扬（2003）认为："在市场化的利率体制下，金融机构在根据本企业资金需求、资产负债的期限结构、成本结构和风险结构的匹配情况、贷款质量、客户信用以及本企业在当地市场占有份额和竞争优势等诸多因素自主决定资金价格时，必须以一个结构合理、信誉高、流通性好的金融产品的利率作为参考标准，这个标准便是基准利率。"

　　上述各种观点表明，基准利率在不同的利率制度下有不同的形成机制，因而也形成了诸如以法定利率为基准还是以市场利率为基准的不同特性。无论是法定基准利率还是市场基准利率，它们在基本功能方面应该是一致的，即是利率体系的定价基石。所不同的是两者的作用机制：法定基准利率是影响货币供应量或直接决定其他利率的水平，而市场基准利率则是通过市场间接发挥定价基准作用，是金融市场其他利率定价和中央银行制定法定利率的参照系。

　　因此，基准利率（benchmark interest rate）应该是在整个利率体系中起定价基准作用的利率，其水平和变化决定其他各种利率的水平和变化。我们这里所指的基准利率是市场基准利率，是货币市场的一年期以内的基准利率。

三、基准利率的特性

　　1. 市场性

　　市场性是基准利率的基本属性。基准利率要求能够反映货币市场供求关系变化，并通过货币市场参与者之间公平、公开和公正的交易形成市场化的利率。因此货币市场参与者的数量越多，交易类型越广泛，交易规模越大，交易市场越活跃，交易受个别因素的影响就会越小，越能够形成稳定的、有代表性的利率。只有高度市场化的基准利率，才能受到市场交易主体的关注，才能成为货币政策的中介指标。

　　2. 基准性

　　基准性是基准利率的本质属性。基准性是指基准利率无限接近无风险利率，金融市场中的金融产品定价应当遵循一个规律，即金融产品的价格一定等于基准利率加上一个风险溢价金额。基准利率通过基准性功能，能够对金融市场的利率结构和风险结构进行充分反映。此外，货币市场基准利率的基础性还体现为基准利率是其他货币市场利率变化的基础，是整个金融体系的核心，是金融机构风险管理的重要参照指标。

　　3. 稳定性

　　基准利率的稳定性是指基准利率受到非正常因素和外界因素的影响较小，即使是有不可预料的因素发生也很难引起基准利率大幅度的波动。基准利率作为利率体系和金融市场定价的基础，如果出现了大幅度的波动，会使整个金融市场出现剧烈波动，会导致货币当局和货币市场主体产生错误的认识和预期，甚至引发错误的经济行为。另外，基准利率倘若不具备稳定性这一基本属性，将会使以基准利率为参照的金融产品定价出现混乱。

4. 相关性

基准利率的相关性是指基准利率不仅要和货币市场的利率紧密相关，还要和宏观经济的重要指标保持相关关系。在利率市场化发展程度比较高的国家里，基准利率的变化会影响货币市场上其他利率的变化。这一方面有利于货币当局通过对基准利率的调整，将调控信息有效的传导到其他利率；另一方面，也可以通过对其他利率的影响，改变市场参与者的行为，最终影响宏观经济的变化。此外，基准利率要求和宏观经济指标相关，基准利率要成为货币政策的中介目标，实现货币当局的政策意图，只有具备和宏观经济变量较强的相关关系才能发挥较好的传导作用。

5. 传导性

基准利率的传导性涉及货币政策的传导机制，这意味着货币当局首先通过货币政策工具影响中介指标，并通过中介指标最终实现货币政策目标的过程。基准利率的传导性要求基准利率变动会影响到其他利率的变动，以利率作为中介指标，最终实现货币政策目标。

6. 结构性

基准利率的结构性是指基准利率必须具备完整的期限结构。基准利率的结构性决定了基准利率是否能够为不同的金融产品进行定价，决定了是否能够精确地反映不同金融工具利率的不同水平，决定了各金融工具的流动性溢价能否被合理反映，进而能够确保货币当局准确使用货币政策工具达到实现货币政策意图的目的。良好的基准利率期限结构不仅可以为货币市场的参与者提供对金融市场的合理判断，也可以为货币当局准确表达自己的政策意图服务，从而保证宏观经济的健康运行。

7. 可测性

基准利率的可测性是指市场主体不仅能够准确获取基准利率的有关数据，而且所获取的数据能够被观察、分析和监测。如果基准利率不能被市场交易主体所观测到，那么市场主体就无法将基准利率作为自身决策的参照物，金融产品的定价也不能完成。

8. 可控性

基准利率是货币当局实现政策目标的工具和重要指标，为了实现既定的货币政策目标，货币当局必须能够对基准利率实现良好的控制。只有当可控性成为基准利率的前提，货币当局才能通过基准利率将政策目标有效地传导到宏观经济，实现货币当局在利率市场化条件下的宏观调控目标。

四、基准利率的国际典型样本

1. 联邦基金利率（FFR）

联邦基金利率被广泛认定为美国的货币市场基准利率。联邦基金利率是同业拆借利率，根据美联储相关规定，美联储的会员必须在美联储保持一定的存款比例作为储备。储备包括法定储备和超额储备，会员银行可以自由地运用超额储备额，会员银行既可以在资金不足的时候向联邦基金拆借，也可以在资金盈余的时候，以隔夜拆借的方式将超额储备借出给其他会员行。拆借资金形成的利率构成了联邦基金利率。联邦基金利率最能够反映银行之间的资金余缺变化，能够迅速反映货币市场短期资金价格的变化。

联邦基金利率既是政策性利率指标又是货币政策的操作目标。美联储不是通过直接调控联邦利率本身，而是通过以下的调整过程：美联储一方面宣布改变联邦基准利率，另一方面通过纽约联邦储备银行在金融市场通过国债的买卖影响商业银行资金，商业银行之间的拆借需求就会朝着商业银行和美联储所设想的方向改变，最终使联邦基金利率朝美联储期望的目标水平靠拢。美联储通过这样多次反复操作，能够对市场形成合理预期，使联邦基金利率和同业拆借利率趋于一致，达到调控的目的。

联邦基金市场是美国交易十分活跃的金融市场，联邦基金利率的变化会影响到各金融机构资金成本的变化，以及影响各金融机构对未来利率的预期。因此，联邦基金利率在美国利率体系的核心地位将更加巩固。

2. 伦敦银行同业拆借利率（Libor）

伦敦银行同业拆借利率是英国的货币市场基准利率，也是世界上币种最丰富、最有影响力、最著名的利率之一，在国际金融市场被贷款人和债券发行人公认为参考利率，广泛用于互换、外汇以及期权、期货等衍生金融产品中。

Libor 是由英国银行协会（BBA）综合伦敦不同币种的报价银行对不同期限同业拆借利率的报价进行算术平均得到的利率。LIBOR 的法定发布时间是每个工作日的伦敦时间上午 11：00。为确保 LIBOR 的真实性、无风险性和准确性，BBA 和 LIBOR 指导小组（Libor Steering Group）选取信用等级最高的银行，在剔除 25% 最低报价和 25% 最高报价后，将剩下的 50% 报价进行算术平均得到 LIBOR 数据。从币种结构来看，LIBOR 包括美元（16 家报价银行）、欧元（16 家报价银行）、英镑（16 家报价银行）、日元（16 家报价银行）、加拿大元（12 家报价银行）、瑞士法郎（12 家报价银行）、澳大利亚元（8 家报价银行）、新西兰元（8 家报价银行）、丹麦克朗（8 家报价银行）共 9 种货币的同业拆借利率。从 Libor 的利率期限来看，Libor 具有较为完整的期限结构，包括了隔夜拆借利率在内的 15 个品种，每天发布 150 个利率数据，形成了结构完整的基准利率体系，完全能够满足各类金融产品选择对应期限基准利率的需要。

虽然 2007 年以来暴露的 Libor 丑闻，对 Libor 在报价机制过程中的缺陷和漏洞进行质疑和反思，但 Libor 作为具有全球影响力的基准利率的地位并未受到撼动，世界主要金融组织正在对 Libor 的深入改革进行广泛的磋商和讨论。

3. 欧元区银行间同业拆借利率（EURIBOR）

1999 年 1 月 1 日欧元诞生后，欧洲银行联盟（EBF）与金融市场协会（ACI）联合发起了 Euribor，即欧元区银行间同业拆借利率（Euro Inter – bank offered Rate），成为欧元区国家货币市场的基准利率。

Euribor 是欧元区内 49 家银行间的欧元定期存款报价利率的简单算术平均，包括从 1 周到 1 年不等共 15 个档次的期限长度。Euribor 的选取时间范围是中部欧洲时间（CET）上午 10：45 分至 11 点整，各报价银行通过欧洲自动实时清算快速交换系统上专有的报价页面报出即期的价格，采取 T + 2 的方式结算。在对收集到的报价去掉每个期限的最高、最低各 15% 后，采取简单算术平均的方式计算剩余 70% 的报价，得出最终价格。

4. 香港同业拆借利率（HIBOR）

Hibor 是香港同业拆借利率（HongKong Inter – bank Offered Rate）的简称，指香港银行间互相拆借港元资金所收取的利率，从隔夜到 1 年期限不等。与 Libor 的定价机制相似，在每个工作日早上 11 点前，香港银行公会收到来自 20 家指定银行提供的报价数据，从中剔除最大和最小的各 3 个数值，然后计算剩下的 14 个样本的平均值，作为当天 Hibor 的定价。

Hibor 作为香港金融市场资金流动性的重要指标，不仅是直接或间接参与亚洲经济的借贷双方参考的基准利率，而且香港金管局也是在 Hibor 移动平均值的基础上计算出官方基准利率。

第四章　我国的基准利率

一、我国货币市场的现状

货币市场的主要参与者就是商业银行等类似的金融机构。我国货币市场可以按照金融产品的不同划分为许多子市场，如票据贴现市场、银行间拆借市场、短期债券市场、大额存单市场和回购市场等。货币市场主要是满足各方面短期投融资的需求，同时也是银行和企业等机构投资者根据自身流动性、安全性等进行灵活管理资金的平台。交易程度高活跃、交易量大的货币市场是央行进行货币调控的必要条件，是货币政策可以有效传导到实体经济的基础。

目前，同业拆借市场已经成为金融机构进行头寸管理的主要场所，银行间债券市场成为央行进行公开市场操作的平台，票据市场、债券回购市场和短期融资券市场也已成为企业短期融资和银行进行流动性管理、规避风险的渠道。货币市场的参与主体和金融工具也在增加。

1. 市场工具

在我国货币市场的初创时期，政府力求构建一个种类相对齐全的货币市场工具结构，因而同业拆借市场、商业票据市场、企业融资券市场、大额可转让定期存单市场相继出现。但由于政府管理经验的缺乏以及制度不健全，导致这些市场普遍存在严重的违规行为，政府对此采取简单的封杀政策，致使 20 世纪 90 年代中后期我国货币市场的工具结构极为单一。直到 21 世纪初，随着货币市场在金融体系中的作用日益重要，货币市场工具才逐渐丰富起来。

表 4 - 1 我国货币市场工具结构

子市场	市场工具								
同业拆借市场	1 天	7 天	14 天	20 天	30 天	60 天	90 天	120 天	1 年
短期债券市场	浮动利率债券	固定利率债券	零息债券	本息分离债券	含选择权债券	无记名式债券	记账式债券	凭证式债券	债券借贷
债券回购市场	1 天	7 天	14 天	21 天	1 个月	2 个月	……	质押式	买断式
票据市场	商业承兑汇票	银行承兑汇票	银行本票	支票	央行票据				
其他市场	大额可转让定期存单	货币市场基金	外汇近期业务和远期业务						

2. 市场主体

参与货币市场的主体有银行类金融机构、非银行类金融机构如保险、证券、基金类公司；还包括财务公司、企业等广泛的交易主体。

表 4 - 2　　　　　　　　　　　　**我国货币市场主体结构**

子市场	市场主体								
同业拆借市场	国有控股银行	民营商业银行	城市商业银行	外资银行	财务公司	城市信用社	农村信用社	证券公司	其他
银行间债券回购市场	银行	证券公司	基金管理公司	基金	信托公司	财务公司	租赁公司	信用社	保险公司
票据市场	国有控股银行	民营商业银行	城市商业银行	外资银行	信托公司	财务公司	信用社	企业	其他

　　注：其他包括中国人民银行、财政部、国家开发银行、中国进出口银行、中国农业发展银行、中国国际信托投资公司、上海证券交易所、深圳证券交易所、中小学幼儿基金、厦门红十字会基金、清华教育基金会等。

3. 市场规模

　　1997 年以来，我国货币市场交易规模整体上呈现快速增长趋势，20 年来整体上涨了 100 倍以上。上涨规模最大的主要是同业拆借市场和债券回购市场。这说明我国货币市场在保持多元化发展、产品不断丰富的前提下，逐渐形成了以同业拆借市场和债券回购市场为主体的金融机构间流动调节的有影响力的市场。形成了更加集中、更有代表性的市场利率机制，为基准利率的培育和形成营造了更为有利的环境和条件。

表 4 - 3　　　　　　　　　**我国货币市场交易规模**　　　　　单位：亿元

年份	同业拆借交易量	债券回购交易量	票据交易量	短期融资券交易量	合计
1997	1 449.20	12 336	7 340		23 825.20
1998	989.50	16 252	6 241		23 482.50
1999	3 291.60	16 144	7 575		27 010.60
2000	6 728.10	29 566	13 892		50 186.10
2001	8 082.00	55 955	30 344		94 381.00
2002	12 107.24	128 705	39 212		180 024.24
2003	2 220.63	173 059	52 100		247 379.33
2004	13 919.56	146 259	81 300		241 478.56
2005	12 327.68	189 989	112 000	2 523.45	316 840.13
2006	21 500.00	289 814	139 200	10 618.52	461 132.52
2007	106 500.00	466 300	159 800	11 668.11	744 268.11
2008	150 491.84	605 000	206 000	23 444.92	984 936.76
2009	193 504.98	739 000	335 000	25 156.88	1 292 661.86

续表

年份	同业拆借交易量	债券回购交易量	票据交易量	短期融资券交易量	合计
2010	278 684.04	882 590	382 000	38 581.29	1 581 855.33
2011	334 412.05	1 195 000	218 000	51 238.67	1 798 650.72
2012	467 000.00	1 476 100	262 000	78 510.21	2 283 610.21
2013	355 190.00	1 519 757			1 874 947.00
2014	376 626.00	2 124 191			2 500 817.00
总计	1 900 724.12	10 066 017	2 050 004	241 742.05	14 727 487.17

资料来源：中国人民银行网站（http：//www.pbc.gov.cn），中国债券信息网（http：//www.chinabond.com.cn）。

二、我国基准利率的选择

选择和确立基准利率的过程，既是利率市场化改革逐步进行和深化的过程，也是货币政策调控方式不断成熟和完善的过程。

1. 一年期存款利率

自从我国建立现代中央银行制度以来，一年期存款利率实事上长期充当着基准利率之一的角色。这主要是因为一年期存款利率作为中央银行首先确定的官定利率，不仅其他期限的存款利率是在其基础上加上由期限体现的流动性溢价，而且决定了以存款利率为基础确定的各种期限的贷款利率，其他金融产品的价格往往也以此为标准进行定价，因而一年期存款利率在利率体系中实际上发挥了很大部分的定价基准功能。

2. 全国银行间同业拆借利率

1996 年 6 月 1 日，中央银行完全放开了我国银行间同业拆借市场的利率，中国外汇交易中心暨全国银行间同业拆借中心推出了中国银行同业拆借利率 Chibor（China Interbank Offered Rate），试图使之成为货币市场基准利率，Chibor 由中国外汇交易中心暨全国银行间同业拆借中心每天发布，期限从隔夜到 180 天共 8 个期限品种。但 Chibor 由同业拆借市场所有成员当天实际交易利率为基础进行简单加权平均得出，没有考虑到交易主体的信用等级差别，不能反映真实的利率水平，况且一旦没有成功的拆借交易，就会缺乏当天的基准利率数据。而且交易完全依靠道德约束，因此存在违约风险。再加上市场成交量小，缺乏市场代表性，因此后来被市场所忽略。

3. 央行票据

2003 年 4 月 22 日，我国中央银行首次正式发行央行票据，并且成为央行公开市场操作的重要工具，其最初主要目的是为了解决外汇占款而导致的基础货币增发，通过自创负债来回收过多的货币流动性。但是在我国利率和汇率改革不到位的情况下，央行发行票据由最初的临时措施变成了长期行为，而且央行票据还承担起了为金融市场提供基准价格的重任，央票发行利率成为了中央银行货币政策调控的基准利率和货币市场长端利率的重要参考依据。

4. 债券回购利率

2004 年 5 月 6 日，中国外汇交易中心暨全国银行间同业拆借中心正式发布债券 7 天回购数据指标，作为货币市场基准利率的参考指标。同年 11 月 8 日，国家开发银行推出了以 7 天回购利率为基准的新型浮动利率债券。之所以如此，是因为我国同业拆借市场的准入限制使许多金融市场成员达不到信用拆借要求，难以满足短期资金需求，因而国债回购交易受到金融市场参与者的普遍认可，成为当时我国银行间债券市场交易量最大的市场化金融产品，其交易量达到货币市场交易量的 80% 以上，所以被认为其利率能够较为准确地反映市场预期和资金状况，7 天回购利率也成为货币市场重要的定价基准之一。

5. 上海银行间同业拆借利率（Shibor）

为提高金融机构自主定价能力，指导货币市场产品定价，稳步推进利率市场化，完善货币政策调控机制，2006 年 9 月 7 日，我国货币当局加快了选择和培育金融市场基准利率的步伐，中国人民银行下发了《关于构建我国货币市场基准利率有关事宜的通知》，开始建立报价制的货币市场基准利率，参照国际经验打造上海银行间同业拆借利率 Shibor（Shanghai Interbank Offered Rate）。2007 年 1 月 4 日，上海银行间同业拆借利率 Shibor 开始正式运行，中央银行公开表示要把 Shibor 培育成我国的基准利率，说明 Shibor 已经成为我国建设和完善基准利率体系的方向。

三、国际视角下我国基准利率建设的启示

根据国际上主要基准利率建设的做法和经验，以及 Libor 丑闻的教训，我国在基准利率构建上要注意以下几点。

一是要建立一套针对各个不同的基准利率的完整行为准则，争取与国际接轨。

二是各报价行要建立一套针对各个不同的基准利率的完整行为准则，做到从管理层到具体报价人都有清晰可查的行为准则，加强内部监管，建立完善的审计制度。

三是继续大力发展货币市场，推出更多流动性好的产品。比如针对 Shibor 在长期期限上缺乏市场成交参照，以同业存单的成交利率作为参考。另外可考虑建设同业存款的信息平台，让更多的线下信息作为可采用的资讯。

总之，不管是基于报价的基准利率还是基于成交价的基准利率的构建，市场真实交易永远是基准利率的基石。

第五章　Shibor 作为基准利率的有效性检验

一、实证数据及其来源

1. 实证使用的数据

本文研究的对象是上海银行间同业拆放利率 Shibor，数据全部采用 2006 年 10 月 16 日至 2015 年 9 月 18 日的日度数据，包括：（1）Shibor 主要期限品种（隔夜、一周、三个月、一年）日度数据，分别用 SHIBORO/N 表示隔夜 Shibor，SHIBORIW 表示一周 Shibor，SHIBOR3M、SHIBORIY 表示 3 个月和 1 年期 Shibor。（2）银行同业间七天回购定盘利率，用 FROO7 表示；（3）人民币兑美元汇率日度数据，用 RATE 表示；（4）沪深 300 指数收益率日度数据，用 HZ300 表示。

在上一章中已经指出 Shibor 是上海银行间同业拆放利率的简称，是由信用等级较高的银行自主报出的人民币同业拆出利率计算确定的算术平均利率，是单利、无担保、批发性利率。下面对本章用到的其他变量也进行简单的介绍：首先是银行回购定盘利率。回购定盘利率是我国银行间市场的一个重要利率，由同业拆借中心发布，其为市场上的回购交易、利率衍生品交易等提供了一个价格的参考基准，对利率市场化具有重要的推动作用。其次是人民币兑美元汇率，比较常见，也不再介绍。最后是沪深 300 指数收益率。沪深 300 指数是衡量我国证券市场走势及运行状况的重要指标，其成分股包括沪市的 179 家上市公司股票和深市的 121 家上市公司股票，由于其具有广泛的代表性，沪深 300 指数已经成为我国股市的晴雨表。沪深 300 指数收益率正是基于沪深 300 指数的每日收盘价计算得来的。

2. 变量选取的原因

除了 Shibor 数据之外，其他变量的选择原因如下：首先是银行间回购定盘利率，之所以选择这组变量，一是因为回购定盘利率是具有基准性质的利率，和 Shibor 一样能够作为参照基准，因而与 Shibor 具有可比性，选择其即相当于将 Shibor 与"其他基准利率"进行比较，有助于判断 Shibor 作为基准利率的有效性。二是因为回购定盘利率的日度数据较为全面，基本可以与 Shibor 的日度数据一一对应，因此方便进行实证分析和比较。三是回购定盘利率的历史数据相对比较容易查询。其次是人民币兑美元汇率，这组数据是用在脉冲响应的部分，之所以选择这组变量，一是汇率指标是非常重要的宏观经济指标，选择其进行分析具备合理性和代表性；二是人民币兑美元汇率是我国最常用的汇率指标，而汇率的变动又会对基准利率产生重要的影响，所以选择这组变量能够很好地反映基准利率对经济指标冲击的反应程度；三是历史数据容易查询。最后是沪深 300 指数收益率，其选择原因跟汇率类似，也是因为股市指数是重要的经济指标并且对基准利率有很大的影响，同时数据容易得到。

3. 实证数据的来源

本文实证所用的数据来源如下：Shibor、银行间回购定盘利率、人民币兑美元汇率数据、沪深 300 指数收益率数据均从 Wind 数据库提出。

二、实证分析

为了更全面地检验 Shibor 作为基准利率的有效性，本文将 Shibor 划分为短期（选取隔夜和一周数据）和中长期（选取三个月和一年数据）两种并分别进行分析，从而能更准确地检验其作为基准利率的有效性，即得出更可靠的结论。

有效性分析按照如下步骤进行：第一步，证明基础性。首先用 ADF 检验对 SHIBOR0/N、SHIBOR1W、SHIBOR03M、SHIBOR1Y、FR007 进行平稳性检验，得出平稳性结论后，分别对相应期限的 Shibor 与银行间回购定盘利率进行格兰杰因果关系检验，得出相关结论，然后根据结论判断 Shibor 是否具有基础性属性。第二步，证明相关性。通过计算 Shibor 与其相应期限的回购定盘利率的相关系数，判断 Shibor 是否具有相关性属性。第三步，证明稳定性。先对人民币兑美元汇率和沪深 300 指数收益率做平稳性分析，得出平稳性结论后再分别做 Shibor 对汇率和指数收益率的脉冲响应，根据脉冲响应图判断其是否具有稳定性属性。

1. 证明基础性

（1）平稳性检验（ADF 检验）

表 5 - 1　　　　　　　　　　各变量平稳性检验结果

变量	ADF 检验值	临界值（1%、5%、10%）	结论
SHIBOR0/N	- 8. 368889	- 3. 433160，- 2. 862667，- 2. 567416	平稳
SHIBOR1W	- 8. 385622	- 3. 433161，- 2. 862668，- 2. 567416	平稳
D（SHIBOR3M）	- 23. 47179	- 3. 433161，- 2. 862668，- 2. 567416	平稳
D（SHIBOR1Y）	- 20. 50465	- 3. 433162，- 2. 862668，- 2. 567417	平稳
FR007	- 8. 449578	- 3. 433161，- 2. 862668，- 2. 567416	平稳
RATE	- 22. 77850	- 3. 433161，- 2. 862668，- 2. 567416	平稳
HZ300	- 44. 86708	- 3. 433160，- 2. 862667，- 2. 567416	平稳

进行格兰杰因果关系检验的前提是变量必须是平稳的，所以在因果关系检验前，应该对相关数据的平稳性进行检验。本文选用 ADF 检验来判断变量的平稳性，判断标准为 ADF 检验值与临界值的大小。具体来说，当 ADF 检验值小于

临界值时，认为变量是平稳的；若检验值大于临界值，再对变量进行一阶差分，如果差分后检验值小于临界值，仍认为变量是平稳的；反之则认为变量是不平稳的。通过计量软件 EVIEWS 对所有变量的平稳性进行检验，结果如表 5 – 1 所示。显然，所有变量都通过了平稳性检验。其中，SHIBORO/N、SHIBORIW、FRO07、RATE 和 HZ300 平稳，SHIBOR3M、SHIBORIY 一阶差分后也是平稳的。格兰杰因果关系检验的前提条件满足了，下面进行格兰杰因果关系检验。

（2）格兰杰因果关系检验（Granger）

变量 A 和 B 的格兰杰因果关系是这样的：首先，对下面两种情形的效果进行比较：一是单独考虑 B 之前的信息，并将此信息作为预测 B 自身未来情况的唯一可用信息，二是同时考虑 A 和 B 两个变量之前的信息，并用这两个变量的信息预测 B 未来情况。如果第二种情况的预测效果比第一种情况的预测效果更好，则认为变量 A 是 B 的格兰杰原因，也就是说，变量 A 对变量 B 的未来情况有一定的解释作用。格兰杰因果关系检验前进行的平稳性检验是为了避免出现虚假回归的问题。

对 SHIBORO/N 和 FRO07 以及 SHIBORIW 和 FR007 两组变量进行格兰杰因果关系检验，判断它们之间的因果关系。判断标准是 P 值的大小。当 P 值小于 0.05 时，认为变量之间存在因果关系，反之则不存在。结果如图 5 – 1 至图 5 – 4 所示：

Pairwise Granger Causality Tests
Date: 10/07/15 Time: 19:22
Sample: 1 2176
Lags: 2

Null Hypothesis:	Obs	F-Statistic	Prob.
SHI1D does not Granger Cause FR007	2174	6.14341	0.0022
FR007 does not Granger Cause SHI1D		45.9579	3.E-20

图 5 – 1　SHIBORO/N 和 FR007 的格兰杰因果关系检验结果

Pairwise Granger Causality Tests
Date: 10/07/15 Time: 19:24
Sample: 1 2176
Lags: 2

Null Hypothesis:	Obs	F-Statistic	Prob.
SHI1W does not Granger Cause FR007	2174	14.6431	5.E-07
FR007 does not Granger Cause SHI1W		67.9328	2.E-29

图 5 – 2　SHIBOR1W 和 FR007 的格兰杰因果关系检验结果

```
Pairwise Granger Causality Tests
Date: 10/07/15  Time: 19:26
Sample: 1 2176
Lags: 2
```

Null Hypothesis:	Obs	F-Statistic	Prob.
SHI1Y does not Granger Cause FR007	2174	30.8500	6.E-14
FR007 does not Granger Cause SHI1Y		22.6275	2.E-10

图 5 – 3　SHIBOR1Y 和 FR007 的格兰杰因果关系检验结果

```
Pairwise Granger Causality Tests
Date: 10/07/15  Time: 19:27
Sample: 1 2176
Lags: 2
```

Null Hypothesis:	Obs	F-Statistic	Prob.
SHI3M does not Granger Cause FR007	2174	50.5940	3.E-22
FR007 does not Granger Cause SHI3M		8.49528	0.0002

图 5 – 4　SHIBOR3M 和 FR007 的格兰杰因果关系检验结果

通过图 5 – 1 至图 5 – 4 可以看出，P 值均小于 0.05，即对应期限的 Shibor 和回购定盘利率存在双向因果关系，也就是说，SHIBORO/N 和 FROO7 互为对方的格兰杰原因，SHIBORIW 和 FR007 互为对方的格兰杰原因，SHIBOR3M 和 FR007 互为对方的格兰杰原因，SHIBORIY 和 FR007 也互为对方的格兰杰原因。通过比较 P 值的大小发现，隔夜 Shibor 对隔夜回购定盘利率的引导作用大于隔夜回购定盘利率对隔夜 Shibor 的引导作用，而一周回购定盘利率对三个月 Shibor 的引导作用又比它们的反向引导作用要大。由此可以推断，银行间回购市场的资金流动对 Shibor 的报价有一定程度的影响，造成这种现象的原因之一就在于银行间回购市场的交易量比银行间同业拆借市场的交易量要大。尽管如此，通过隔夜 Shibor 对回购定盘利率的引导作用大于反向作用的结果，我们仍可以得出 Shibor 对市场上其他利率的引导作用正在加强的结论。因此，虽然短期 Shibor 的引导作用有待提高，但其对相关市场利率已经具有了一定程度的引导性，可以认为短期 Shibor 具有一定的基础性，满足基准利率基础性属性的要求。

2. 证明相关性

利用 EVIEWS 对相应期限变量的相关系数进行计算，结果如表 5 – 2 所示：

表 5 – 2　　　　　　　　四期限 Shibor 与 FR007 的相关系数

	FR007	SHI1D	SHI1W	SHI3M	SHI1Y
FR007	1	0.91459805	0.997920663	0.764166313	0.677902792
SHI1D	0.91459805	1	0.914788724	0.717087053	0.631395201
SHI1W	0.997920663	0.914788724	1	0.765774694	0.678945721
SHI1Y	0.677902792	0.631395201	0.678945721	0.952834708	1
SHI3M	0.764166313	0.717087053	0.765774694	1	0.952834708

通过表 5 – 2 的相关性计算结果可以看出，隔夜及一周期限的 Shibor 与回购定盘利率之间存在高度相关性（相关系数分别为 0.91459805 和 0.997920663），可以认为短期 Shibor 具备较强相关性。三个月及一年期限的 Shibor 与回购定盘利率之间存在较高相关性（相关系数分别为 0.764166313 和 0.677902792）。为更加直观地反映这一现象如图 5 – 5 所示：

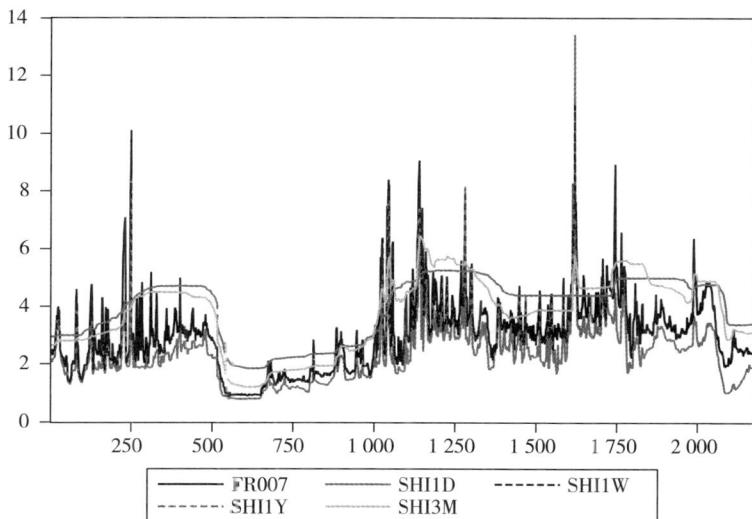

图 5 – 5　四期限 Shibor 与 FR007 的变化曲线图

因此可以得出短期 Shibor 与相关的市场利率之间存在密切联系，较长期 Shibor 与相关的市场利率之间存在相关性随着期限延长逐渐降低，但相关性依然较强的结论，Shibor 满足基准利率相关性属性的要求。

3. 证明稳定性

作为基准利率，Shibor 必须能够反映金融市场的变化，但基准利率的稳定性又要求 Shibor 在反映宏观经济变动的同时能够对经济中的偶然冲击迅速作出反应，并能够在短时间内恢复到稳定水平。本文采用的是脉冲响应来检验 Shibor 对宏观经济冲击的反应程度，进而反映 Shibor 的稳定性。变量的平稳性是进行脉冲响应的前提，根据表 5 - 1，变量均是平稳的，因此可以进行脉冲响应分析。

脉冲响应分析方法反映的是变量在受到偶然误差项冲击时的反应程度，也就是在随机误差项上施加了一个标准差大小的冲击后，其对变量的本期以及将来值产生的影响程度大小。

（1）Shibor 对汇率冲击的反应

汇率是金融市场的一个重要指标，当一国汇率处于上升通道时，通常会有大量的国际热钱涌入，从而对该国的利率包括基准利率产生巨大影响。

第一步是确定 VAR 模型的最佳滞后期，运用 AIC、SC 准则，判断最佳滞后期分别为 1 期和 2 期。

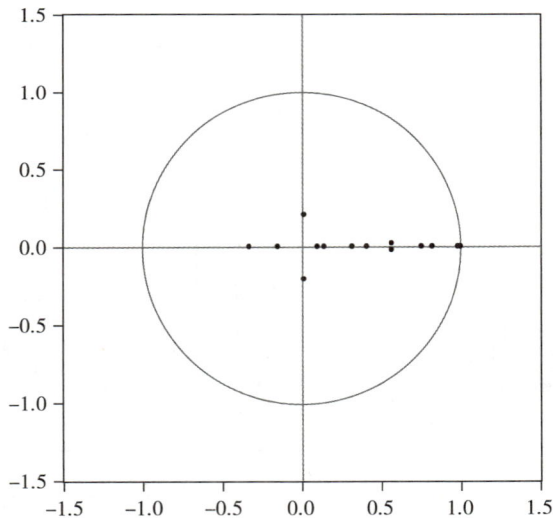

图 5 - 6　VAR 模型的 AR 根图

第二步是通过 AR 根图对所建立的 VAR 模型进行稳定性的判定，如图 5 - 6 所示，所有单位根均落在圆内，因此判定 VAR 模型是稳定的，可以进行脉冲响应分析。

如图 5 - 7 所示，汇率一个单位的冲击导致 SHIBOR0/N 在第 1 期就达到负向反应的 - 0.001 个单位左右，随后 SHIBOR0/N 受汇率波动的影响开始逐渐变

大到 -0.022 后逐渐变小，SHIBOR0/N 受到的全部影响在第 10 期趋于平稳，基本维持在 -0.019 个单位左右这个相对较小的水平上，说明 SHIBOR0/N 受到偶然因素汇率的冲击时能够很快作出反应并迅速恢复正常水平。

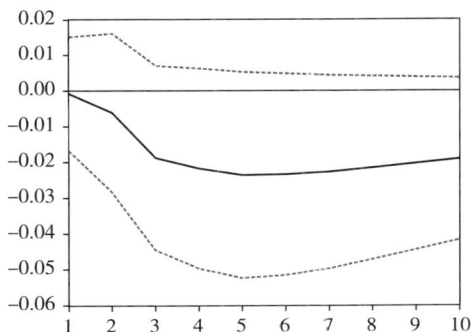

图 5 - 7　VAR 模型的脉冲响应图

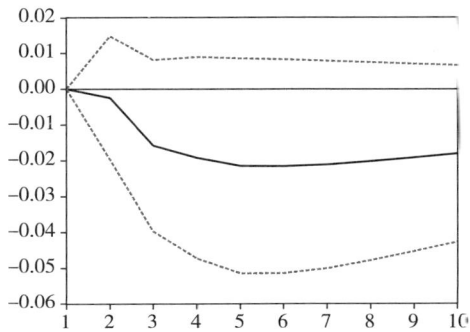

图 5 - 8　VAR 模型的脉冲响应图

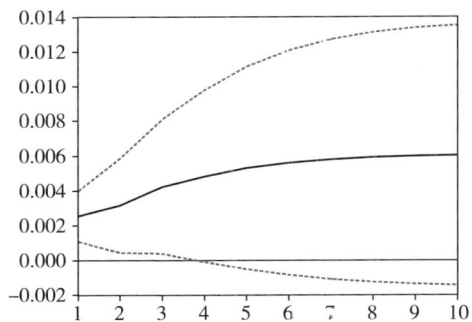

图 5 - 9　VAR 模型的脉冲响应图

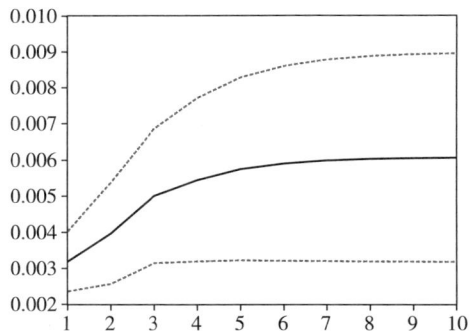

图 5 - 10　VAR 模型的脉冲响应图

再看图 5 - 8，汇率一个单位的冲击导致 SHIBOR1W 在第 1 期有了 0.001 个单位左右的负向反应，随后 SHIBOR1W 的负向反应开始逐渐变大到 -0.21 后逐渐变小，SHIBOR1W 受到的全部影响在第 7 期趋于平稳，基本维持在 -0.02 个单位这个相对较小的水平上，说明 SHIBOR1W 受到偶然因素汇率的冲击时能够很快做出反应并迅速恢复正常水平。

再看图 5 - 9，汇率一个单位的冲击导致 SHIBOR3M 在第 1 期有了 0.0023 个单位左右的正向反应，随后 SHIBOR1W 的正向反应开始增大，并在第 8 期达到最大值 0.0048 个单位左右，然后 SHIBOR1W 受到的全部影响在第 8 期趋于平稳，基本维持在 -0.0048 个单位这个相对较小的水平上，说明 SHIBOR1W 受到偶然因素汇率的冲击时能够很快做出反应并迅速恢复正常水平。

  再看图 5 - 10，汇率一个单位的冲击导致 SHIBOR1Y 在第 1 期有了 0.0032 个单位左右的正向反应，随后 SHIBOR1YW 的正向反应开始逐步增大，并在第 6 期达到最大值 0.0058 个单位左右，然后 SHIBOR1Y 受汇率波动的影响就开始趋于平稳，基本维持在 0.0058 个单位这个相对较小的水平上，说明 SHIBOR1Y 受到偶然因素汇率的冲击时能够很快做出反应并迅速恢复正常水平。

  （2）Shibor 对股市冲击的反应

  利率与股市指数往往呈现负相关的关系，当利率上升，融资成本就会上升，从而会对股市起到抑制作用；反之，利率下降会对股市起到促进作用。

  第一步是确定 VAR 模型的最佳滞后期，运用 AIC、SC 准则，判断最佳滞后期分别为 3 期和 7 期。第二步是通过 AR 根图对所建立的 VAR 模型进行稳定性的判定，所有单位根均落在圆内，因此判定 VAR 模型是稳定的，可以进行脉冲响应分析。

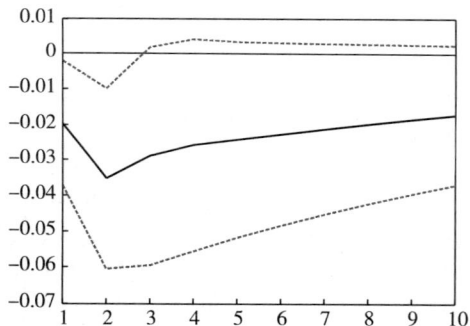

图 5 - 11 VAR 模型的脉冲响应图

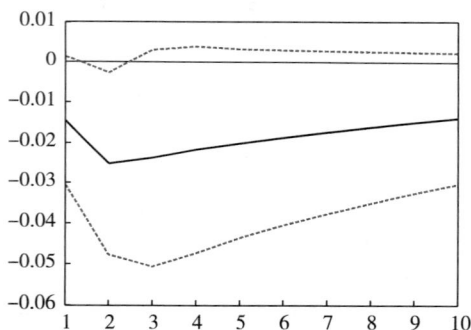

图 5 - 12 VAR 模型的脉冲响应图

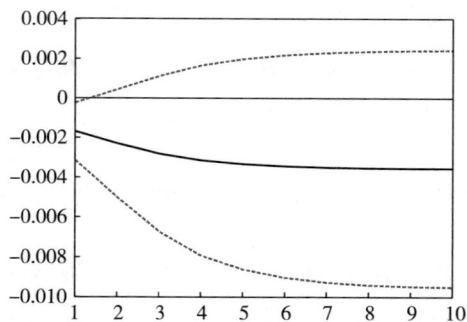

图 5 - 13 VAR 模型的脉冲响应图

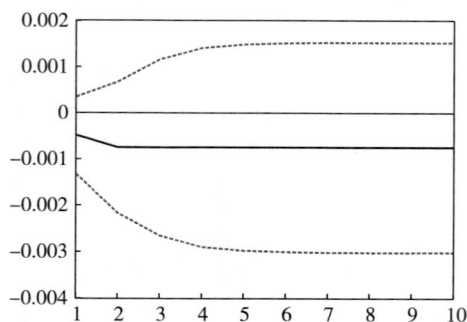

图 5 - 14 VAR 模型的脉冲响应图

  如图 5 - 11 所示，沪深 300 指数收益率一个单位的冲击导致 SHIBOR0/N 很快有了负向反应，并逐步加大，在第 4 期左右达到最小值 - 0.035 个单位左右，随后 SHIBOR0/N 受指数收益率波动的影响开始逐渐变小，SHIBOR0/N 受到的全部影响在第 8 期左右的时间趋于平稳，基本维持在 - 0.02 个单位左右这个相对较小的水平上，说明 SHIBOR0/N 受到偶然因素股指收益率的冲击时能够很快作出反应并迅速恢复正常水平。

再看图 5 - 12，沪深 300 指数收益率一个单位的冲击导致 SHIBOR1W 在第 1 期有了 0.0019 个单位左右的负向反应，随后 SHIBOR1W 的负向反应继续变大，直到第 2 期达到最小值 - 0.25 个单位左右，之后 SHIBOR1W 的负向反应逐步变小，SHIBOR1W 受到的全部影响在第 9 期左右的时间趋于平稳，基本维持在 - 0.02 个单位左右这个相对较小的水平上，说明 SHIBOR1W 受到偶然因素股指收益率的冲击时能够很快作出反应并迅速恢复正常水平。

再看图 5 - 13，沪深 300 指数收益率一个单位的冲击导致 SHIBOR3M 在第 1 期有了 0.0018 个单位左右的负向反应，随后 SHIBOR3M 的负向反应继续变大，直到第 2 期达到最小值 - 0.0028 个单位左右后，基本维持在 - 0.0028 个单位左右这个相对较小的水平上，说明 SHIBOR3M 受到偶然因素股指收益率的冲击时能够很快做出反应并迅速恢复正常水平。

再看图 5 - 14，沪深 300 指数收益率一个单位的冲击导致 SHIBOR1Y 在第 1 期有了 0.0005 个单位左右的负向反应，随后 SHIBOR1Y 的负向反应继续变大，直到第 4 期达到最小值 - 0.0009 个单位左右，之后基本维持在 - 0.0009 个单位左右这个相对较小的水平上，说明 SHIBOR1Y 受到偶然因素股指收益率的冲击时能够很快作出反应并迅速恢复正常水平。

由以上分析可知 SHIBOR 在受到外界偶然因素汇率和股指收益率的冲击时，表现出较好的稳定性。因此，可以判断 SHIBOR 满足基准利率稳定性属性的要求。

通过上文对 SHIBOR 基础性、相关性和稳定性的检验，得出如下结论：SHIBOR 具有较好的基础性和稳定性，并与其他市场利率保持了高度的相关性，加上其自身具备的市场性属性，SHIBOR 已经基本具备基准利率必需的四个属性。也就是说，SHIBOR 充当货币市场基准利率具有可行性。但同时也存在着市场代表性不强、对中长期利率传导不够、对市场利率影响力小、报价存在失准、对国民经济的影响较弱等问题。

第六章 对策建议

虽然中央银行意欲把 SHIBOR 培育成为我国货币市场基准利率，并且已经初步确立了地位，但 SHIBOR 作为基准利率面临的问题和矛盾还是不争的事实，仍未得到业界广泛的认同，要真正承担起基准利率的重任还有很长的路要走。因此，研究 SHIBOR 作为基准利率需要改进和地方和努力的方向，十分重要和迫切。

一、提高定价能力，完善 SHIBOR 形成及传导机制

1. 扩大报价团成员的数量和范围

从首批 16 家报价行到如今的 18 家报价行，央行一直在不断拓展和调整 SHIBOR 的报价团成员。然而，现有的 18 家报价行大多在市场融出资金量大，有较强的流动性支持，报出的价格也趋同，并不能代表中小金融机构对市场流动性的判断。因此，应该扩大报价行的范围，最重要的是增加中小报价行的数量，从而更全面地反映不同规模和水平的市场主体的资金供求以及其对市场的预期。另外，对于证券公司等重要的非银行金融机构，因为它们与银行业的资金头寸差异很大，并且在 SHIBOR 的报价上还没有发言权，所以 SHIBOR 的报价行在报价时可以适当参考这些机构的意见。比如刚开始，虽然不能直接将这些机构纳入报价团，但可以给予他们一定的报价权，允许他们给出自己的报价。一方面，报价行可以在报价前参考这些机构的报价进一步调整自己的报价；另一方面，同业拆借中心可以在以报价行的报价计算出 SHIBOR 后再根据这些机构的报价对 SHIBOR 做一些微小的修正，最终使得 SHIBOR 能更准确地反映市场上资金的供求状况。

2. 完善 SHI30R 的形成和传导机制

首先是完善 SllIBOR 的形成机制。SHIBOR 是对去除极值后的剩余报价进行简单算术平均得到的，显然，去除极值能够使得最终报价不会受到极端报价的影响，但简单算术平均有一个很大的缺点，即没有考虑报价行的不同影响力。一方面，因为 SHIBOR 报价行的规模不同，市场交易量也不同，如果采取简单的算术平均法，就会使大银行和小银行在报价中拥有同等的"地位"，即不论报价行之间规模和影响力相差多大，它们的报价对最终报价的影响程度都是相同的，这就很可能导致小银行的资金供求状况被放大而大银行的资金供求状况被缩小的局面。另一方面，由于报价行的报价不要求有相应的成交量，这就容易导致报价行不从市场的实际供求情况出发，而是考虑自身的利益，操纵对 SHIBOR 的报价。因此，为了提高 SHIBOR 报价的科学性和合理性，应该进一步完善 SHIBOR 的报价机制。比如，报价行在给出 SHIBOR 报价的同时，可以再根据实际情况给出自身的意愿成交量。这样一来，同业拆借中心就可以将各银行的意愿成交量作为权重从而利用加权平均的方法给出最终的报价。加入了意愿成交量

的报价方式，一方面改进了简单算术平均的不足，即考虑了银行规模和交易量等对报价的影响；另一方面也能在一定程度上避免报价行对 SHIBOR 报价的操控。

其次是完善 SHIBOR 的传导机制。我国货币政策的调控目标是将调控方式从数量型逐步转向价格型，此时，基准利率的作用非常显著。货币当局能够通过对基准利率进行调整影响整个金融市场的价格水平，进而影响宏观经济。然而，我国货币市场目前存在条块分割的状况，资金无法自由流动，货币政策的传导受阻。因此，应该打破市场间的交易壁垒，逐步建立一体化的市场流通渠道，同时要加强不同市场之间的联系，使得货币市场各利率的相关性越来越强，从而充分发挥 SHIBOR 的作用，畅通货币政策传导机制，达成货币政策目标。

二、加大宣传力度，提高 SHIBOR 市场认知度

第一，央行可以在进行公开市场操作时，更多地考虑以 SHIBOR 作为定价基准的产品，或者是和 SHIBOR 有关的价格工具，从而让 SHIBOR "频频露脸"，进而增强其的市场认知度和覆盖面。第二，相关部门应加大金融知识在社会的宣传力度，比如与媒体进行协商，通过其发布 SHIBOR 的报价、交易等方面的讯息，或者开辟更多的平台重点介绍和宣传 SHIBOR 等，通过有效的推广和大力的引导，逐步提高公众对 SHIBOR 的敏感度，增进公众对 SHIBOR 的认识与了解，进一步扩大 SHIBOR 的市场认知度和影响力，并逐渐让 SHIBOR 参与进而引导社会公众的某些决策，也就是让相关机构和社会公众能随着 SHIBOR 的变动调整自己的经济行为，进而提高货币当局政策的调控效果。

三、健全金融市场，营造 SHIBOR 良好的外部环境

1. 推进中长端品种的发展，健全货币市场

各类金融机构应积极开发以 SHIBOR 为基准的金融产品，尤其是中长期期限的品种，扩大 SHIBOR 的交易规模，从而切实提升以 SHIBOR 为基准的金融产品市场的深度和广度，同时，立逐步扩大中长期 SHIBOR 品种的交易范围，提高中长期 SHIBOR 的交易活跃度。进一步完善 SHIBOR 的期限结构，巩固 SHIBOR 的基准地位。另外，基准利率的变化会直接影响金融衍生产品的价格，利率互换、利率远期、利率期货期权等衍生产品的定价都是基于货币市场基准利率曲线的，也就是说，SHIBOR 的推出使得这些衍生产品满足了发行的基础条件。当前，积极开发以 SHIBOR 为基准的衍生产品也是十分必要的。一方面，从衍生产品的角度出发，SHIBOR 衍生产品为交易者提供了一个规避利率风险的有效工具，从而有利于交易者进行风险管理；另一方面，从 SHIBOR 的属性出发，因为 SHIBOR

衍生品是以 SHIBOR 为基准进行定价的，而基准利率能够反映市场预期及供求情况，所以货币当局能够通过衍生品的价格变动了解市场的资金状况，从而能够提高政策实施的效果。同时，为了进一步巩固和提高中长期 SHIBOR 的基准性，报价行还应该参考包括融资、票据等各类市场业务的定价，以此完善 SHIBOR 曲线的中长期定价依据，使 SHIBOR 报价更加全面地体现货币市场利率的整体走势。

2. 完善信用评级体系

银行间拆借基本上都属于信用拆借，而我国却缺乏完善的信用体系，主要表现在外部信用评级缺乏公信、内部信用评级缺乏信息等方面，这严重制约了我国金融市场尤其是拆借市场的发展，从而使 SHIBOR 的信用保证优势受到极大影响，阻碍其的进一步发展。因此，建立并完善我国的信用评级体系很有必要。首先，我国应着手建设市场广泛认可的信用评级机构，同时注意提高评级机构人员的职业水平与职业道德。其次，应该加强相关配套措施的建设，比如加快信用立法和基础设施建设、加强参与机构的强制性信息披露工作，从而便于商业银行在进行内部评级时获得有效信息。再次，应大力推动我国同业拆借市场的发展，扩大拆借市场的规模，进一步促进我国信用体系的建设。最后，应该逐步完善商业银行的授信机制，扩大各机构之间的相互授信额度。

3. 建立统一的金融市场

利率传导机制需要借助发达统一的金融市场来发挥作用，而我国的金融市场虽然取得了一定程度的发展，但仍存在很多问题，如尚未形成统一的市场、条块分割问题仍然存在等，这些问题直接影响了利率传导的效应。一方面，我国货币市场内存在市场割据的状况，即货币市场中的各子市场之间资金规模差异很大，而且各市场间的资金流动存在严重阻碍。比如资金在债券回购市场和同业拆借市场之间并不能完全自由地流动，这就必然导致利率的传导受阻。要畅通利率传导渠道，打破货币市场各子市场间的壁垒，央行必须采取相应的措施，比如在控制可能出现的风险的同时，一步步降低进而放开市场主体进入不同子市场的准入门槛，从而实现"开源"，即有效地扩充货币市场资金的来源。与此同时，政府应该对各子市场制定统一的定价机制，即使得各子市场间遵循相同的定价准则，从而有利于实现真正的市场一体化。此外，央行还应该尽快消除不同市场间资金清算方式的差异，进而实现清算系统的统一化。因此，尽快建立统一合法的货币市场资金流通机制势在必行。另一方面，我国的货币市场和资本市场之间也存在隔离，同样影响利率传导机制作用的发挥。因此，还应该打破货币市场和资本市场之间的屏障，畅通两个市场之间的传导渠道，从而加强利率的传导性，进而成功传导货币当局的政策意图。

4. 完善利率传导机制

我国实施培育基准利率的长期目标，就是建立中央银行货币政策的目标利率和利率调控框架，实现货币政策从数量型向价格型调控的转变。目前，我国中央银行主要是通过法定利率和公开市场操作来传导货币政策的，而公开市场操作主要是发行央票和部分回购交易。随着 SHIBOR 在货币市场基准地位的提高，中央银行的货币政策操作目标应该转移到 SHIBOR 上来。在进行公开市场操作时，更多地参考 SHIBOR 进行目标利率水平的确定，即以最短期的隔夜 SHI-BOR 作为目标利率，并设定目标利率区间，引导市场形成对 SHIBOR 的一致性预期；再通过 SHIBOR 的定价基准作用引导金融市场产品的定价，进而通过市场利率对社会投资和消费产生影响，最终实现货币政策对国民经济的调控作用。

总而言之，政府和央行应该逐步加速我国金融市场的发展，尽快建成一体化的金融市场体系，从而为 SHIBOR 基准利率作用的发挥奠定坚实的基础。

河南省农业产业现代化融资模式创新研究

中国人民银行开封市中心支行课题组[①]

摘要： 2015 年中央一号文件指出"中国要强，农业必须强。做强农业，必须尽快从主要追求产量和依赖资源消耗的粗放经营转到数量质量效益并重、注重提高竞争力、注重农业科技创新、注重可持续的集约发展上来，走产出高效、产品安全、资源节约、环境友好的现代农业发展道路"。现代农业是我国农业适应新常态的终极目标，当前我国农业正在逐步从传统农业逐步过渡到现代农业，这也就是中国农业的现代化进程。农业现代化成为我国农业发展的必经之路。

河南省历来是农业大省，天下粮仓，是全国的农业重镇和农业产业的聚集地。但由于历史原因和农业产业发展的约束，河南省农业虽然种植规模大，但实力不强，科技含量不高，现代化和机械化程度低，农业精准发展处于低级阶段，农业现代化的路子还有很长。通过农业现代化，一方面可以解决社会化大市场和农户小规模生产之间的矛盾，有利于应用和推广农业科学技术，提高农业生产效率，增加农民收入；另一方面可以解决农村剩余劳动力的安置和工作问题，提高农村劳动力素质。河南省农业现代化不断推进，但是当前资金短缺问题严重抑制了农业现代化的发展，农业现代化融资问题是亟须破解的难题。大力支持农业现代化经营，特别是解决农业全产业链的融资问题，是目前和未来农业现代化经营加速发展的重要做法。

2011 年国务院发布的《国务院关于支持河南省加快建设中原经济区的指导意见》中特别指出"要扶持农业产业化龙头企业，创建示范基地，培育知名品牌，推进农产品精深加工，不断提高农业产业化经营水平。"2012 年，国务院专门出台的《国务院关于支持农业产业化龙头企业发展的意见》指出"涉农金融机构要加强信贷结构调整，积极创新贷款模式，大力发展基于订单农业的金融产品、担保品创新，满足龙头企业资金需求。"

---

① 课题主持人：赵继鸿；
  课题组成员：孙璐璐、葛延青、杨普、张婷婷、高翔、梁柯、马骊。

连续多年的中央一号文件强调，要加强国家对农村金融改革发展的扶持和引导，加大金融机构涉农信贷投放，支持各类农业产业化企业利用资本市场直接融资。这些政策意见为金融支持农业产业化发展提供了一个政策平台的同时，更体现了政府对农业产业化金融支持问题的重视。

金融机构的涉农贷款是农业产业化微观主体融资的主要渠道，但由于农业产业化微观主体的弱质性和农村金融组织的逐利性之间的矛盾等原因，近几年国有商业银行纷纷撤并农村网点，涉农贷款数量急剧萎缩。

以河南省全部金融机构为例，其涉农贷款余额占全部贷款余额的百分比2010年末仅为37.72%，2011年末为40.47%，2012年末为41.19%，2013年末为42.86%，2014年末为42.89%，连续数年都徘徊于40%左右，远不能满足农业产业化的融资需求。同时，农业产业化主体利用资本市场直接融资也非常困难。2014年河南省67家沪深A股上市公司中的农业类上市公司只有9家，占比仅13.43%。

本文讨论了现代农业较为全面的含义和九大特征，对比了现代农业与传统农业的差异，划分了现代农业的产业链。在此基础上阐述了河南农业产业现代化的金融支持现状及存在的问题。从农业全产业链角度思考农业现代化的融资问题，不再讨论传统的贷款模式，转而讨论农业现代化进程中可以采用的农业产业基金、农业股权融资、互联网＋农业的三种新型模式，介绍了创新型模式的操作流程与利弊分析。最后针对当前河南省农业产业现代化存在的问题，结合三种创新型农业融资模式，提出了河南省发展现代农业的创新型融资建议。

关键词： 农业现代化　融资模式　创新

一、绪论

（一）研究的背景及意义

2015年中央一号文件指出"中国要强，农业必须强。做强农业，必须尽快从主要追求产量和依赖资源消耗的粗放经营转到数量质量效益并重、注重提高竞争力、注重农业科技创新、注重可持续的集约发展上来，走产出高效、产品安全、资源节约、环境友好的现代农业发展道路"。现代农业是我国农业适应新常态的终极目标，当前我国农业正在逐步从传统农业过渡到现代农业，这也就是中国农业的现代化进程。农业现代化成为我国农业发展的必经之路。

河南省历来是农业大省，天下粮仓，是全国的农业重镇和农业产业的聚集地。但由于历史原因和农业产业发展的约束，河南省农业虽然种植规模大，但实力不强，科技含量不高，现代化和机械化程度低，农业精准发展处于低级阶段，农业现代化的路子还有很长。通过农业现代化，一方面可以解决了社会化大市场和农户小规模生产之间的矛盾，有利于应用和推广农业科学技术，提高农业生产效率，增加农民收入；另一方面可以解决农村剩余劳动力的安置和就业问题，提高农村劳动力素质。河南省农业现代化不断推进，但是当前资金短缺问题严重抑制了农业现代化的发展，农业现代化的融资问题是亟须破解的难题。大力支持农业现代化经营，特别是通过农业全产业链考量其融资模式问题，是目前和未来农业现代化经营加速发展的重要做法。

2011 年国务院发布的《国务院关于支持河南省加快建设中原经济区的指导意见》中特别指出"要扶持农业产业化龙头企业，创建示范基地，培育知名品牌，推进农产品精深加工，不断提高农业产业化经营水平"。2012 年，国务院专门出台的《国务院关于支持农业产业化龙头企业发展的意见》指出"涉农金融机构要加强信贷结构调整，积极创新贷款模式，大力发展基于订单农业的金融产品、担保品创新，满足龙头企业资金需求"。

连续多年的中央一号文件强调，要加强国家对农村金融改革发展的扶持和引导，加大金融机构涉农信贷投放，支持各类农业产业化企业利用资本市场直接融资。这些政策意见在为金融支持农业产业化发展提供了一个良好的政策平台的同时，更体现了政府对农业产业化金融支持问题的重视。

金融机构的涉农贷款是农业产业化微观主体融资的主要渠道，但由于农业产业化微观主体的弱质性和农村金融组织的逐利性之间的矛盾等原因，近几年国有商业银行纷纷撤并农村网点，涉农贷款数量急剧萎缩。

以河南省全部金融机构为例，其 2010 年末涉农贷款余额占全部贷款余额的百分比仅为 37.72%，2011 年末为 40.47%，2012 年末为 41.19%，2013 年末为 42.86%，2014 年末为 42.89%，连续数年都徘徊于 40% 左右，远不能满足农业产业化的融资需求。同时，农业产业化主体利用资本市场直接融资也非常困难。2014 年河南省 67 家沪深 A 股上市公司中的农业类上市公司只有 9 家，占比仅 13.43%。

目前国内关于农业产业化金融支持的研究有很多，但大部分是从宏观角度探讨农业产业化金融支持存在的问题及解决途径，也有一部分从区域角度对农业产业化金融支持问题进行研究，但专门从现代农业全产业链角度针对河南省农业现代化融资模式创新的研究基本没有。在当前互联网金融高速发展的大环境下，充分利用"互联网＋"理念，加速互联网与农业现代化的结合正符合当前的形势要求。因此，本研究以河南省为例，对河南省农业现代化进程中的创新性融资模式进行分析探讨，以求改变传统的、单一的融资模式思路，开拓和推广更为丰富的融资渠道，为农业现代化发展提供更多参考。

（二）基本结构与主要内容

第一部分绪论主要介绍本研究写作的当前背景和重要意义，对河南省农业产业现代化进程中融资模式创新的必要性进行了阐述，综述了以往国内外有关农业现代化融资模式的理念和观点，展示了本文的逻辑结构和主要内容，并指出了本文中的创新点与不足之处。

第二部分阐述了现代农业较为全面的含义和9大特征，指出了现代农业的构成要素，对比了现代农业与传统农业的差异，总结了国外发展现代农业的经验，划分了现代农业的产业链。

第三部分主要阐述河南农业产业现代化的金融支持现状及存在的问题，分析了农业产业现代化融资约束的原因。

第四部分为本文介绍的核心内容，即不再讨论传统的贷款模式，转而讨论农业现代化进程中可以采用的农业产业基金、农业股权融资、互联网＋农业的三种新型模式，介绍了创新型模式的操作流程与利弊分析。

第五部分针对当前河南省农业产业现代化存在的问题及原因分析，结合三种创新型农业融资模式，提出了河南省发展现代农业的创新型融资建议。

（三）主要创新与不足

1. 主要创新

第一，首次对农业产业现代化以全产业链概念进行讨论。将农业产业全产业链分为产前、生产、加工、流通四个环节，分别对其特点进行分析，并提出了每个环节相对应的可创新性的融资模式。

第二，首次使用"互联网＋"概念讨论农业产业现代化中融资问题，并将当前较为前沿的互联网融资与农业产业现代化对接。

第三，首次对河南省农业产业现代化融资模式进行了创新性讨论，提出了在全产业链视角下农业产业现代化融资的创新型建议。

2. 本文的不足

本文主要对河南省农业产业现代化的创新性融资模式进行讨论，掌握的材料、资料还不够丰富，实地调研工作还不够充分，仅是一种初期性和探索性的研究，对各种融资模式的落地实施以及未来的推广还有一定距离，需要下一步分环节或者分种类进行深入细致地研究和落实。同时，从论文研究的角度看，需要一定的实证分析，但是，本文讨论的内容为新型的融资思维和融资模式，对金融支持农业现代化的效果和力度不作为重点，因此金融与农业关联性的实证分析没有再列入本文。

二、现代农业的含义与特征

（一）现代农业的含义

现代农业是一个动态的和历史的概念，它不是一个抽象的东西，而是一个具体的事物，它是农业发展史上的一个重要阶段。从发达国家的传统农业向现代农业转变的过程看，实现农业现代化的过程包括两方面的主要内容：一是农业生产的物质条件和技术的现代化，利用先进的科学技术和生产要素装备农业，实现农业生产机械化、电气化、信息化、生物化和化学化；二是农业组织管理的现代化，实现农业生产专业化、社会化、区域化和企业化。

现代农业的本质内涵可概括为：现代农业是用现代工业装备的，用现代科学技术武装的，用现代组织管理方法来经营的社会化、商品化农业，是国民经济中具有较强竞争力的现代产业。

现代农业是以保障农产品供给，增加农民收入，促进可持续发展为目标，以提高劳动生产率、资源产出率和商品率为途径，以现代科技和装备为支撑，在市场机制与政府调控的综合作用下，农、工、贸紧密衔接，产、加、销融为一体，多元化的产业形态和多功能的产业体系。现代农业不再是单一产业的概念，而是包括产前、产中和产后等各阶段紧密相关的产业体系。在这一产业体系中，由于植入大量科学技术和物质装备条件，支撑产业体系发展的要素资源（包括人力资源等）已经发生革命性变化。此外，在现代管理学理念和经济学理念的带动下，现代农业更为强调经营理念的革新，强调经营方式的创新，而其运行基础也已经转变为现代市场经济体制。

（二）现代农业的特征

现代农业与传统农业的差异从现代农业的内涵和本质来看，现代农业具有以下主要特征：

（1）具备较高的综合生产率，包括较高的土地产出率和劳动生产率。

（2）农业成为可持续发展产业。现代农业广泛采用生态农业、有机农业、绿色农业等生产技术和生产模式，实现淡水、土地等农业资源的可持续利用，达到区域生态的良性循环。

（3）农业成为高度商业化的产业。农业主要为市场而生产，具有很高的商品率，通过市场机制配置资源。

（4）实现农业生产物质条件的现代化。以比较完善的生产条件、基础设施和现代化的物质装备为基础，集约化、高效率地使用各种现代生产投入要素，从而达到提高农业生产率的目的。

（5）实现农业科学技术的现代化。广泛采用先进适用的农业科学技术、生物技术和生产模式，改善农产品的品质，降低生产成本，以适应市场对农产品需求优质化、多样化、标准化的发展趋势。

（6）实现管理方式的现代化。广泛采用先进的经营方式、管理技术和管理手段，使农业生产的产前、产中和产后形成比较完整的、紧密联系的、有机衔接的产业链条，具有很高的组织化程度。

（7）实现农民素质的现代化。具有较高素质的农业经营管理人才和劳动力，是建设现代农业的前提条件，也是现代农业的突出特征。

（8）实现生产的规模化、专业化、区域化。通过实现农业生产经营的规模化、专业化、区域化，降低公共成本和外部成本，提高农业的效益和竞争力。

（9）建立与现代农业相适应的政府宏观调控机制。建立完善的农业支持保护体系，包括法律体系和政策体系。

（三）现代农业与传统农业的差异比较

什么是传统农业，美国著名经济学家西奥多·W. 舒尔茨定义为"完全以农民世代使用的各种生产要素为基础的农业可称为传统农业"。美国农业经济学家史蒂文斯和杰巴拉指出："传统农业可定义为这样一种农业，在这种农业中，使用的技术是通过那些缺乏科学技术知识的农民对自然界的敏锐观察而发展起来的……建立在本地区农业的多年经验观察基础上的农业技术是一种农业艺术，它通过口授和示范从一代传到下一代。"传统农业是相对于现代农业的一个动态的概念。传统农业主要有以下特征：

（1）传统农业的生产单位是分散的农户或小规模的家庭农场，属于自然经济或半自然经济的性质。

（2）传统农业属于劳动密集型农业发展模式。

（3）传统农业一般表现为明显的"二元经济"结构。这种"二元经济"结构不但反映在城乡之间和工农业之间的分割，而且还表现于农村经济的非单一的农业经营，即农村中农业和非农产业的并存。

（4）传统农业的生产技术具有长期不变的特点。

就我国目前的农业整体情况而言，农业既不完全是传统农业，也没有进入现代农业，而是处在传统农业向现代农业转变的阶段。

表1　　　　　　　　　　　传统农业和现代农业的特征比较

传统农业	现代农业
自供自产自销自用生产规模小	具备较高的综合生产率，农业成为一个有较高经济效益和市场竞争力的产业
对自然资源的最大开发实现更多的产出	努力推进农业的生物化，以生物技术实现产业和自然的和谐发展，成为可持续发展的农业

续表

传统农业	现代农业
家庭和农庄的自然经济生产模式	公司形式的农场和家庭经营公司化，成为高度商业化的产业
以人、畜和简单机械动力生产	以比较完善的生产条件，基础设施和现代化的物质装备为基础，集约化、高效率地使用各种现代生产投入要素，实现物质条件现代化
以粗放的，低技术含量的耕作和饲养为主	应用高科技实现品种改良、提高农具的智能化水平，充分利用土地等资源，又保证资源的可持续利用
粗放的、家庭的、传统的管理	广泛采用先进的经营方式，管理技术和管理手段，有比较完整的产业链条，具有很高的组织化程度
农民的科技文化素质较低	农民有较高的科技文化素质，接受现代生产方式
生产结构多元化，多数农户兼营几个产业，区域内未形成专业化生产	立足市场分工，有专业的生产区域或生产基地，形成规模化、区域化、专业化生产
通过税收、价格、土地等盘剥农业，支持工业	有完善的农业支持保护体系，包括法律体系和政策体系

（四）现代农业发展阶段

一般将现代农业发展过程划分为五个阶段：准备阶段、起步阶段、初步实施阶段、基本实现阶段、发达阶段。

（1）准备阶段。这是传统农业向现代农业发展的过渡阶段。在这个阶段开始有较少现代因素进入农业系统。如农业生产投入量已经较高，土地产出水平也已经较高。但农业机械化水平、农业商品率还很低，资金投入水平、农民文化程度、农业科技和农业管理水平尚处于传统农业阶段。

（2）起步阶段。本阶段为农业现代化进入阶段。其特点表现为：①现代投入物快速增长；②生产目标从物品需求转变为商品需求；③现代因素（如技术等）对农业发展和农村进步已经有明显的推进作用。在这一阶段，农业现代化的特征已经开始显露出来。

（3）初步实现阶段。本阶段是现代农业发展较快的时期，农业现代化实现程度进一步提高，已经初步具备农业现代化特征。具体表现为现代物质投入水平较高，农业产出水平，特别是农业劳动生产率水平得到快速发展。但这一时期的农业生产和农村经济发展与环境等非经济因素还存在不协调问题。

（4）基本实现阶段。本阶段的现代农业特征十分明显：①现代物质投入已经处于较大规模，较高的程度；②资金对劳动和土地的替代率已达到较高水平；③现代农业发展已经逐步适应工业化、商品化和信息化的要求；④农业生产组织和农村整体水平与商品化程度、农村工业化和农村社会现代化已经处于较为协调的发展过程中。

（5）发达阶段。它是现代农业和农业现代化实现程度较高的发展阶段，与同时期中等发达国家相比，其现代农业水平已基本一致，与已经实现农业现代化的国家相比虽仍有差距，但这种差距是由于非农业系统因素造成，就农业和农村本身而论，这种差距并不明显。这一时期，现代农业水平、农村工业、农村城镇化和农民知识化建设水平较高，农业生产、农村经济与社会和环境的关系进入了比较协调和可持续发展阶段，已经全面实现了农业现代化。

现代农业发展阶段的划分，是一个相对的概念，每一个阶段之间互相联系，不是截然分开的。中国农业部农村经济研究中心在制订指导全国的农业现代化指标体系时，制定了量化的阶段性标准，分别从农业外部条件、农业本身生产条件和农业生产效果三大方面着眼，将评价指标确定为十项：社会人均国内生产总值；农村人均纯收入；农业就业占社会就业比重；科技进步贡献率；农业机械化率；从业人员初中以上比重；农业劳均创造国内生产总值；农业劳均生产农产品数量；每公顷耕地创造国内生产总值；森林覆盖率。1~3项为农业外部条件指标，4~6项为农业生产本身条件指标，7~10项为农业生产效果指标。由于农业现代化是一个动态的概念，其评价的具体标准应随时间的推进而作相应的调整。

表2　　　　　　　　　　　我国农业现代化的指标体系

指标名称	单位	起步阶段标准	初步实施阶段标准	基本实现阶段标准
1. 社会人均GDP	美元	800	1 500	3 000
2. 农村人均纯收入	元	3 000	6 000	10 000
3. 农业就业与社会就业比重	%	40	20	10
4. 科技进步贡献率	%	45	60	80
5. 农业机械化率	%	40	60	80
6. 从业人员中初中以上比重	%	55	70	80
7. 农业劳均GDP	美元	600	1 000	2 000
8. 农业劳均生产农产品量（粮食当量）	吨	3.0	6.0	10.0
9. 每公顷耕地农业产值	美元	2 500	5 000	8 000
10. 森林覆盖率	%	15	20	25

（五）现代农业全产业链分工构架

随着现代经济社会分工的不断细化，农业在成为现代化产业的过程中，自给自足分户经营的传统模式正在被现代经营模式所取代，并逐步形成链条完整，与工业、商业有机结合的产业体系，也就是我们这里所说的现代农业产业链。从农产品流转的纵向序列，现代农业产业链其分工可以分为五个环节，即产前、生产、加工、流通、消费。举例而言，处于产前环节的有隆平高科、绿大地等；处于生产环节的有卜蜂国际、星河生物等；处于加工、流通环节的分别有丰康生物、寿光农产品物流园等公司。

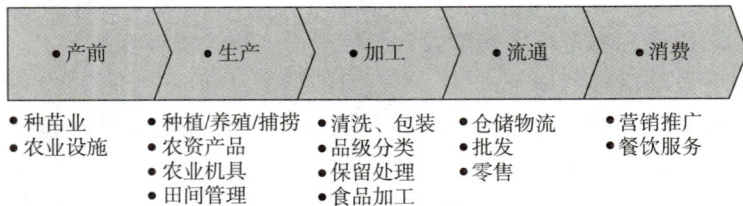

产前	生产	加工	流通	消费
● 种苗业 ● 农业设施	● 种植/养殖/捕捞 ● 农资产品 ● 农业机具 ● 田间管理	● 清洗、包装 ● 品级分类 ● 保留处理 ● 食品加工	● 仓储物流 ● 批发 ● 零售	● 营销推广 ● 餐饮服务

图1　中国现代农业产业链构成示意图

表3　　　　　　　　　　主要环节的典型企业

环节	业务类型	企业
产前	种苗业	隆平高科（杂交水稻、蔬菜），绿大地（花卉、林木种苗）
	农业设施	大禹节水（节水灌溉设施）
生产	种植/养殖/捕捞	亚洲果业（鲜橙种植），星河生物（食用菌种植）
	农用物资	大北农（饲料），卜蜂国际（饲料），中垦农业资源开发股份有限公司（化肥、农药）
加工	—	丰康生物（棉籽加工），纷美包装（果汁、液态奶密封无菌包装）
流通	—	寿光农产品物流园，厦门福慧达果蔬供应链

三、河南农业现代化的金融支持现状及存在的问题

（一）河南农业现代化的现状

1. 农业生产能力不断提高

近年来，河南省粮食产量稳定在5 500万吨以上，棉花、油料与水果、烟叶以及肉类等主要的一些农畜产品的产量多年来稳居全国前三位。河南不但用全国1.74%的土地养活了全国6.93%的人口，而且是全国最重要的商品粮生产基地，为保障国家粮食的安全作出了积极贡献。近年来，河南省把创建全国优质小麦和畜产品加工、生产基地作为重点，农业结构调整取得了突破性进展。2014年，全省种植优质小麦的面积近2 500万亩，在小麦面积中所占比重上升到了35%，全省小麦的实际加工能力达到了1 600万吨，初步实现了区域化、

规模化种植格局，成为了全国主要优质小麦的生产区与深加工基地。黄河滩区奶牛养殖等部分较优良畜产品基地的建设与养殖规模不断扩大，畜牧业生产指标处于国内领先位置，其中牧业产值与增加值等 7 项指标居全国首位。畜牧业在农业中所占比重以及对农民增收的直接贡献进一步提高。蔬菜与瓜类、药材以及花卉等一些经济作物还有特色农作物的种植面积也稳步扩大。

2. 农副产品深加工发展迅速

河南所出产的粮棉油与畜产品在全国均占极大比重，所以推进农业现代化对河南乃至全国经济社会的稳定与发展都具有重大意义。河南省积极鼓励农业现代化经营，促进农业市场化、规模化、专业化，根据各个地区拥有的不同特点，将特色产业做成龙头型企业。河南农业现代化最主要是通过优质企业推动的。近年来，河南省着力于对 50 家小麦大型加工企业与众多畜产品重点加工企业实施扶持，扶持了金象麦业、莲花味精、漯河双汇以及南阳天冠、华英肉鸭还有三全、思念和花花牛等一批比较知名的品牌，推动了农副产品的快速深加工进程，同时延伸了农副产品的加工生产环节，起到了增强其附加值的作用。2014 年，全省小麦加工转化水平实现近 16 500 万吨，肉类精深加工水平近 2 460 多万吨，均居全国前列。漯河双汇集团所生产产品种类超过 600 多种，其市场占有率近 60%，一度成为全国规模最大的肉制品加工基地；华英集团所加工的肉鸭产品品种超过 300 种，其规模接近亚洲最大的肉鸭加工企业；河南花花牛每天加工鲜奶 600 吨左右，跻身国内乳品加工企业前 10 名。现在全省拥有火腿肠、速冻食品、味精以及方便面等 40 多类优势产品，所占据的市场份额分别是 70%、44%、46% 以及 25%。综上所述，近年来河南省的农产品冷藏保鲜与精深加工发展迅速，大大促进了现代农业发展与农村产业结构的优化调整。

3. 农机装备和机械化水平显著提高

河南省是一个典型的农业大省，因为地理条件与耕作方式便利机械化操作，所以河南省机械化发展一直处于全国领先水平。近年来，河南省农业机械化有了突飞猛进的发展，形成了一个比较完整的工业体系与管理服务体系，农机的装备水平与机械化水平显著增强。现在，全省所拥有的农机总动力超过 6 400 多万千瓦，农机总固定资产价值超过 420 多亿元；拥有农用拖拉机近 387.10 万台、联合收割机 15 万台，拖拉机与收割机械处于国内领先地位；剩余类别的机械均居全国前列。在机械化操作方面，小麦的种植也基本实现机械化，机耕、机播、机收这三项指标均达到 80% 以上；水稻与玉米生产的机械化也开始迈出新步伐，水稻机收、玉米机播以及玉米稻秆还田机械化水平也达到 40% 左右；农副产品加工与农村运输也都基本上实现了机械化。全省的面粉机、碾米机、榨油机以及饲料粉碎机已达到了 90 多万台，也基本上实现了农副产品加工的机械化。同时，全省所有的农用运输车（包括了机动三轮车）已超过 200 万辆，再加上拖拉机，除了个别山区与水田区之外，农村运输已基本实现机械化。

（二）农业现代化发展的融资约束

河南省支持农业现代化发展的农村金融体系主要包括政策性金融机构、商业性金融机构、合作性金融机构和其他形式的金融组织，具体如图 2 所示。据统计，2014 年末，河南省有农村信用社 111 家，村镇银行 62 家，农村商业银行 31 家，农村资金互助社 3 家。截至 2014 年末，河南省金融机构涉农贷款余额 11 677.84 亿元，比年初增加 1 776.28 亿元，增长 17.94%，增速高于全部贷款增速 0.58 个百分点，增量同比多增 126.94 亿元。但成绩背后仍隐藏着不容忽视的农村金融供给约束，河南省农业经济特别是农业现代化融资约束问题突出，成为农业现代化发展的一大瓶颈。

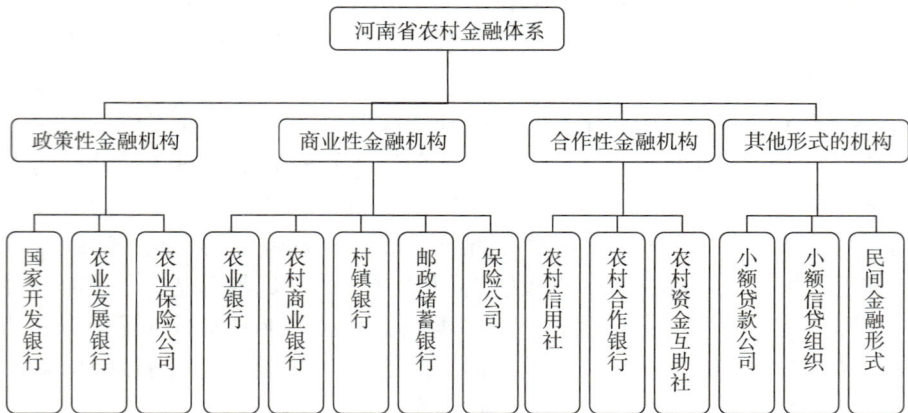

图 2　河南省农村金融体系结构图

1. 正规金融机构对农业现代化主体资金供给不足

（1）从农业现代化整体层次来说，农村正规金融供给总量不足

目前河南省农业现代化的主要发展途径便是信贷资金的投入，农村金融信贷资金对农业的投入一定程度上反映了信贷资金对农业现代化的支持情况，此处选取农业贷款反映信贷资金对农业现代化的支持情况，从金融机构信贷资金投入总量上看，河南省农业贷款绝对量比较小，相对量也比较低（见表 4），河南省农业贷款占金融机构贷款余额的比例一直徘徊在 7% 到 14% 之间（见图 3），1994 年至 2006 年经历了一个稳步的上升过程，达到历年农业贷款比重的最高点 14%，2006—2010 年又经历了一个下降的过程，2011 年后稍有回升，但 2014 年也仅达到 13%，总量仍然有限。如果将农业贷款投放的比重与农业产值

的比重进行比较，"假设农业贷款占全部贷款余额的比重为 a，农业生产总值占全部生产总值比重为 b，以信贷配给的程度（b－a）/b（农业产值相对于全部生产总值比重中未获得信贷份额与全部应该得到的信贷份额之比）"反映农业信贷对农业的支持力度（见表4）。从图4的河南省历年农村金融信贷配给变化图可以看到，从 1995 年到 2007 年，河南省的金融信贷配给由 70% 下降到 9%，河南省的涉农信贷对农业产业的支持力度不断增强，但 2008 年后信贷配给又有了回升，2010 年达到了 28%，2011 年又再次下降，2013 年达到最低值 0，但 2014 年又开始有回升趋势，达到 2%。虽然河南省的农业信贷投入近年来有赶追农业对生产总值贡献程度的趋势，但是仍然低于农业对生产总值的贡献程度，依然存在农业信贷对农业产业的支持不足的现象。同时，农业现代化企业直接融资也非常困难。"2014 年河南省 67 家沪深 A 股上市公司中的农业类上市公司只有 9 家，占比仅 13.43%。"

表4　　　　　　　　　　1990—2014 年河南省农业信贷资金投放情况

年份	农业贷款余额（亿元）	全部贷款余额（亿元）	农业生产总值（亿元）	全部生产总值（亿元）	农业贷款占全部贷款比重 a	农业生产总值比重 b	信贷配给（b－a）/b
1990	88.42	773.04	325.77	934.65	0.11	0.35	0.67
1991	110.77	945.90	334.61	1 045.73	0.12	0.32	0.63
1992	126.07	1 127.26	353.92	1 279.75	0.11	0.28	0.60
1993	103.00	1 366.98	410.45	1 660.18	0.08	0.25	0.70
1994	127.03	1 704.82	546.68	2 216.83	0.07	0.25	0.70
1995	168.56	2 170.17	762.99	2 988.37	0.08	0.26	0.70
1996	220.84	2 565.41	937.64	3 646.69	0.08	0.26	0.68
1997	287.63	3 320.89	1 008.55	4 041.09	0.09	0.25	0.65
1998	410.57	3 878.53	1 071.39	4 308.24	0.11	0.25	0.57
1999	465.47	4 179.51	1 123.14	4 517.94	0.11	0.25	0.55
2000	500.67	4 656.94	1 161.58	5 052.99	0.11	0.23	0.50
2001	572.58	4 885.73	1 234.34	5 533.01	0.12	0.22	0.47
2002	682.47	5 553.58	1 288.36	6 035.48	0.12	0.21	0.42
2003	805.13	6 422.66	1 198.70	6 867.70	0.13	0.17	0.28
2004	939.80	7 092.31	1 649.29	8 553.79	0.13	0.19	0.31
2005	1 063.00	7 434.53	1 892.01	10 587.40	0.14	0.18	0.20
2006	1 167.10	8 557.33	1 916.74	12 362.80	0.14	0.16	0.12
2007	1 285.30	9 545.48	2 217.66	15 012.50	0.13	0.15	0.09
2008	1 346.60	10 368.05	2 658.78	18 018.53	0.13	0.15	0.12
2009	1 519.10	13 437.43	2 769.05	19 480.46	0.11	0.14	0.20

年份	农业贷款余额（亿元）	全部贷款余额（亿元）	农业生产总值（亿元）	全部生产总值（亿元）	农业贷款占全部贷款比重 a	农业生产总值比重 b	信贷配给（b－a）/b
2010	1 623.20	15 871.32	3 258.09	23 092.36	0.10	0.14	0.28
2011	1 890.60	17 506.24	3 512.24	26 931.03	0.11	0.13	0.17
2012	2 566.23	20 033.81	3 958.95	29 810.14	0.13	0.13	0.04
2013	3 030.71	23 100.87	4 202.30	32 155.86	0.13	0.13	0.00
2014	3 423.54	27 228.27	4 492.00	34 939.38	0.13	0.13	0.02

数据来源：全部生产总值、农业生产总值来自河南省历年统计年鉴。农业贷款2009年前数据来自河南省2000—2010年历年统计年鉴，2009年后数据根据中国人民银行郑州中心支行相关资料整理。

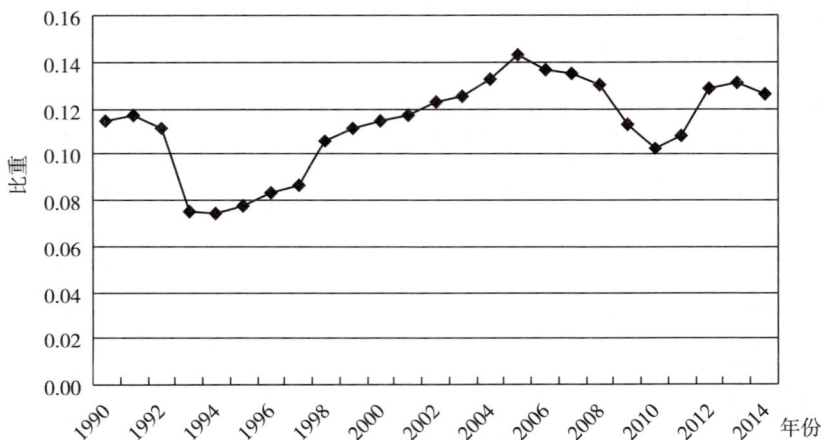

图3　河南省历年农业贷款占全部贷款比重变化图

（2）农业现代化经营各主体融资困难

目前，河南省的农业现代化主体主要有龙头企业、农户和农民专业合作经济组织。龙头企业在农业现代化发展中处于主导地位，其对农户和农民专业合作经济组织具有带动、辐射能力，龙头企业的发展壮大，对农业现代化的发展至关重要。龙头企业需要大量的创业资金、短期流动资金、购置固定资产的长期信贷资金，而目前河南省的龙头企业融资渠道单一，主要靠政府投资和财政周转金、使用银行贷款、贴息贷款等。农村金融机构对龙头企业的信贷资金投入有限，严重制约了龙头企业的发展。农民专业合作经济组织是农户实现规模化生产经营的有效组织形式，但目前河南省农民专业合作经济组织的融资渠道有限，大多数农民专业合作经济组织主要是通过会员出资和发起人出资获得资金，通过金融渠道融资困难。据贾澎等（2011）对2005年至2010年五年间河

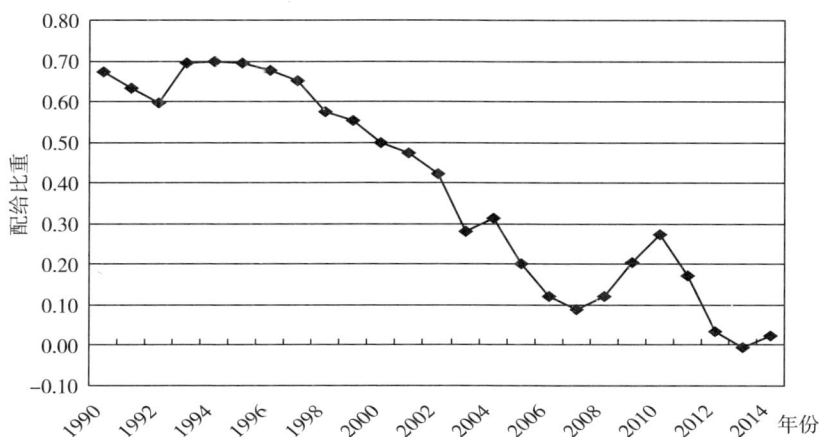

图4　河南省历年农村金融信贷配给变化图

南省豫北和黄淮地区的两个市县的农户信贷情况问卷调查显示（见表5），河南省农户的资金70%以上来源于非银行金融组织，其中亲戚朋友的借款占多数。只有26.97%的借款来自于银行金融机构。

表5　　　　　　　　　　　河南省农户资金来源调查情况

	银行金融组织				非银行金融组织			
	中国农业银行	农村信用社	邮政储蓄银行	小计	民间金融组织	亲戚朋友	其他	合计
农户数（个）	6	60	6	72	3	180	12	195
比重（%）	2.25	22.47	2.25	26.97	1.12	67.41	4.49	73.03

数据来源：贾澎，张攀峰，陈池波.基于农业产业化视角的农户融资行为分析——河南省农民金融需求的调查［J］.财经问题研究，2011（2）：95－101.

　　根据表6可知，目前河南省农户借贷少或不愿借贷的原因是农村普遍存在借贷难，有超过80%的农户存在借款难现象，其中55.91%的农户存在严重的借款难问题。河南省正规金融表现出对农户的金融供给不足。

表6　　　　　　　　　河南省农村地区向金融机构借款情况调查表

	借款困难	存在借款困难但不严重	自有资金自足不需借	说不好
样本数（个）	156	69	42	12
比重（%）	55.91	24.73	15.05	4.31

数据来源：贾澎，张攀峰，陈池波　基于农业产业化视角的农户融资行为分析——河南省农民金融需求的调查［J］.财经问题研究，2011（2）：95－101.

2. 金融服务水平不能满足农业现代化发展的需求

农业产业链条贯穿产、购、储、运、销、深加工等过程。与传统农业金融相比，农业现代化金融需求兼具农业与工商业双重属性，表现出新的层次性、多样性和关联性等特点。这就对相应的金融供给方式提出了新的要求。目前河南省的农村金融体系还无法满足新的要求。

（1）金融支持不能满足农业现代化金融需求的层次性要求

目前，河南省的农业现代化主体主要有龙头企业、农户和农民专业合作经济组织。其金融需求特征和相应的满足方式如表7所示。

表7　　　农业产业化主体金融需求特征及满足方式

金融需求主体		金融需求特征	金融需求满足方式
农户	贫困农户	短期、小额、零散、风险高、缺乏抵押担保品	民间小额贷款、商业性小额信贷、政策金融、农业保险
	维持型农户		自有资金、民间小额贷款、合作金融，农业保险
	市场性农户	短期、小额、零散、有一定信用和抵押品	机构小额信用贷款、少量商业性贷款、自有资金、商业性信贷，农业保险
农民专业经济组织	农民专业协会农民专业合作社	集中、周期长、缺乏抵押品	自有资金，合作金融、商业金融、财政资金
龙头企业	发育初期的龙头企业和乡镇企业	额度大，期限长，具有一定信用和抵押品需求结构复杂	民间金融、商业性信贷、政府资金、风险投资、政策金融，保险
	成熟的龙头企业	信用好，风险低，收益高	商业性信贷，保险

对农业现代化主体不同的金融需求，相应提供不同类型的融资服务，需要各个金融组织之间的分工协作。而目前河南省的农村金融市场却表现出市场分割，农信社、农业银行等正规金融垄断的特点，农村金融体系不能满足农业现代化主体的这种层次性金融需求。

（2）金融支持不能满足农业现代化金融需求的多样性要求

河南省的农业现代化发展表现出长短期资金需求交织的特点，在基地建设、龙头企业固定资产投资、市场体系完善等方面需要大量的长期资金投入，而在农产品的收购季节又需要大量的短期集中性的收购、运输资金，农户又各自需要维持其运营的大量分散的短期流动性资金。同时，农业现代化的发展也改变了传统农业资金需求的单一性，出现了对信息咨询、资信评估、汇兑、电子商务等特色金融服务的需求。而河南省现有的农村金融服务范围狭窄，政策性金融主要服务于促成农产品价值实现的流通领域，商业和合作性金融主要以资产负债业务为主，中间业务较少，信息咨询、汇兑、保函等业务不成熟，在理财投资、资信评估等现代业务上仍为空白，结算平台老旧，很难满足农业现代化经营主体特别是龙头企业跨区经营的金融需求。同时，在巨大的自然和市场风险的威胁下，河南省农业现代化的发展对农业保险需求急切。但河南省经营农业保险的公司少，承保的险种少，覆盖范围有限，目前河南省的农业保险主要是政府主导下的商业保险公司经营模式，承保农业保险的公司仅有人保财险和中华联合保险。据河南省保监局相关资料显示，2014 年河南省农业保险承保品种仅有小麦、水稻、玉米、棉花、母猪、奶牛、烟叶、肉鸡等，承包范围有限。

（3）金融支持不能满足农业现代化金融需求的关联性要求

农业产业链将农业现代化主体紧密地联系起来。农业产业链既是一个产业链更是一个利益链，农业产业链某个链接的融资问题已不是简单的个体问题，而是一个"一荣俱荣，一损俱损"的问题，表现出很强的关联性，任何一个环节的资金供求失衡都会对整个产业链造成重大影响。这种关联性的金融需求对目前农村金融服务提出了新的产业链信贷的要求，而目前河南省农村金融机构还没有专门针对产业链的特殊金融产品。

四、农业产业现代化发展融资模式

现代农业中，按照产业链分为产前、生产、加工、流通环节，在每个环节除了传统的银行信贷模式，都有可以运用的不同融资模式。在产前，高科技的农业研发与推广企业以及部分农业设施生产与安装企业，由于资本回报率比较高，回报周期相对生产环节较短，即可以主推引导基金进入。在生产环节，除了使用传统的信贷和民间融资模式外，在现有条件下还可以通过涉农互联网金融 P2P 等模式进行融资。加工和流通环节可以使用引导基金、股权投资模式、互联网金融网贷和众筹模式等众多模式。

表 8　　　　　　　　　　**农业产业链适用的创新型融资模式**

环节	业务类型	可采取的创新型融资模式
产前	种苗业、农业设施	产业引导基金、股权融资
生产	种植/养殖/捕捞、农用物资、龙头企业	农业开发引导基金、互联网金融 P2P、金融机构产业链融资、上下游关联企业授信
加工	农产品深加工	农业开发引导基金、互联网金融 P2P、互联网众筹、金融机构产业链融资、上下游关联企业授信
流通	电商、线下销售渠道	风险股权投资、金融机构产业链融资

（一）农业产业基金的设立和运作模式

1. 农业产业基金的内涵与特征

产业投资基金是一个大类概念，产业投资基金起源于英国成熟于美国，其有别于证券投资基金，其投资对象主要是针对具有发展潜力而又缺乏资金的未上市企业进行股权投资和提供管理服务，从事创业投资企业重组和基础设施投资等。而农业产业投资基金主要是通过向社会和中小投资者发行一定的收益证券，筹集一定的资金，由专业的机构发起管理，专门用于某个行业企业投资，通过对所投资的企业进行资本经营与增值服务，对所投资企业进行专业的辅导与培育，使之在专业领域能有效地实现资产的保值增值与回收，获得良好的投资收益，从而达到促进产业发展的目的。

依据对引导基金的一般理解，农业产业基金可解释为"由政府设立的、旨在扶持农业科技创业和农业龙头企业发展而设立的引导风险投资的政策性基金。基金采取市场化运作方式，政府作为引导基金的出资人不直接从事风险投资活动"。是一种"政府承担主要风险，社会承担主体资金投入"的基金组织形式。基于此，农业产业基金的特征体现在以下几点：一是出资主体是中央或地方政府，而不是其他任何营利性组织，以确保基金使用的非营利性和引导性，达到增强农业科技和农业产业链大型项目对风险资本的吸引能力。二是扶持对象为农业科技企业和龙头企业，而不是一般农业企业。风险资本追逐企业的高成长性和未来财富的放大效应，只有蕴含着未来巨大财富的高科技农业技术项目和产业链大型项目才有可能获得风险资本的青睐。此时，如果政府设置专门的引导基金，就有能力将这种可能变成现实。三是基金性质为非营利的政策性基金，遵循市场化原则，不与市场争利，甚至也不需要追求保本微利，最大限度地引导社会资本进入农业重点领域，在投资成功后实现有偿回收，使资金得以循环地发挥引导作用。经营获利的绝大部分留给风险投资企业，以激励投资者的投资热情。基金委托专业机构管理，政府不直接参与经营活动。

2. 农业产业基金的运作模式

科学的运作模式是农业产业基金发展的制度保证。总的来说，农业产业基金的运作可分为筹资、投资和退出三个部分。募集足够的资金是基金运行的前提。在资金募集成功后，农业产业基金的管理者面临如何投资以及向何处投资的问题。这一过程包括三个子过程：第一，项目的筛选与评价，即解决资金投向何处的问题；第二，决策和投资安排，即是采用哪种方式进行投资；第三，投资管理，通过这一环节，基金管理者尽可能保证了资金的安全与增值。在龙头企业发展到一定阶段后，农业产业基金的投资必须选择适当的时机退出以获取高资本增值收益。

农业产业基金的募集方式主要有两种：一种是公募，一种是私募。其潜在投资者主要有政府、金融机构、有资金实力的企业、保险基金和养老基金、民间资本和外国资本。

针对中国目前农业产业的发展阶段，农业产业投资基金的资金募集对象究竟采用哪种形式，还是需要根据基金主要投资的对象自身特点来决定。针对农业产业的特性，目前在中国农业产业投资基金仍具有高风险性。因此私募对象是较为理想的募集对象，由于私募发行是面向特定的投资者，其风险鉴别和风险承担能力相对较高，同时由于农业产业投资基金的投资期限一般都较长，要求资金具有长期性和稳定性。私募投资者对流动性的要求较低，且容易达成共识，使得私募发行的资金更具有长期性和稳定性，从而迎合了农业产业投资基金对资金的需求。另外从法律角度来看，按照我国《证券法》，累计向超过200人的特定对象发行证券属于公募行为，必须向中国证监会或者国务院授权的部门申请发行核准。这样，采用公募形式来募集资金，势必会增加基金发行的时间和费用。

目前我国的农业产业基金运作较为规范的种子基金，如渤海产业基金、惠农基金、中粮农业产业基金等是以政府牵头、农业部、发改委、国开行、农发行等专业政府对口参与设立，其募集对象主要为具有丰富投资管理和资本运作经验的国有控股企业和金融机构，其后续资金的持续募集以先期成功的盈利模式为基础，吸引个人投资者及其他相关的机构投资者参与认购，引导民间资金投向农业产业所急需的基础设施建设和未上市企业发展等领域。这样可以更好地实现城乡统筹、以农业促发展的政策目标；也可以为民间资本注入起到良好的示范效应。而金融机构、保险基金和养老基金等这些长期资金的参与，在有利于扩宽农业企业融资渠道的同时，也培育了其新的利润增长点，有效地分散了投资风险。有资金实力的企业设立或参与农业产业基金能够提高资金使用效率，尤其是那些资金实力雄厚、有农业产业背景的公司，将对农业企业管理、技术水平和生产效率的提高大有裨益。民间资本和外国资本则能够有效地扩宽投资渠道，同时使其共同分享中国经济发展的红利。

3. 农业产业基金的投资阶段

从资金投资的角度出发：

第一个环节，即项目筛选和评价就是在众多具有增长潜力的投资项目中，综合考虑管理团队的素质、产品市场的大小以及产品的独特性等多方面因素，寻找最可能成功的亮点项目。同时建立一整套能合理地反映投资项目的评估指标，对所投项目的整体市场潜力、盈利模式、风险值的评估与控制方式，以及专业管理人士的专业素质、人才梯队的储备与传承等相关方面进行全方位考察，通过以上这些环节来对农业项目的潜在收益和风险进行可行性评估。

第二个环节，即项目决策与投资安排，通过与投资项目方谈判，确定先决投资的财务条件与控制因素，投资条件包括投资金额、投入时间与比例、资金管控的要求，以及风险约束条件，而控制条件则包括股权激励因素、管控流程、汇报方式与体制，双方达成一致后形成最终协议，决定开始对投资的运营与管理进行实质性的决策设计。投资方式包括普通股、优先股、可转换债券及附加认股权证的债券等不同的股权设计模式。投资比例则根据投资阶段和投资周期不同、龙头企业的增长潜力不同，以及产业基金的实力不同进行合理确定，目前根据我国农业产业的特性以及产业投资基金尚处在建设初期，在股权结构设计方面主要以夹层的方式为主，即股权＋债权相结合的模式。

第三个环节，投资管理过程，主要是指产业基金制定一套有效的项目监控机制，降低投资标的管理者所面临的道德风险与逆向选择，控制基金运行风险。其通过两个方面达到管理风险的目的，一方面直接进入投资企业管理层参与企业决策；另一方面，也可以通过查询企业财务报表、跟踪项目实施进展等措施进行适当监控。

在整个投资管理的过程中，农业产业基金还可以提供一系列管理咨询服务，即增值服务。农业产业投资基金一般不介入所投资项目的具体业务，而是对企业经营管理中大的策略性或战略性问题提供管理咨询，同时由于农业产业投资基金管理者的专业背景，往往可以为所投资企业整合一些行业战略资源，由于农业产业链长、投资周期长、回报较为稳定，因此资源的整合以及产业链的整合，往往可以带领目标企业能够按照预期目标发展，从而能够获取尽可能多的投资收益。

第四个环节，投资基金的退出。目前产业投资基金的退出渠道，在国际上比较通行的主要有五种：公开上市、兼并收购、股权出售、管理层回购、破产清算。但鉴于我国农业产业的实际情况，兼并收购和管理层回购以及股权出售等方式，还存一定的局限性。总体上来讲，农业产业投资基金的退出渠道是不通畅的，基金管理者无法像国际上其他的产业基金管理者一样自如地运用各种退出渠道，达到基金投资的战略目标，但比较而言，IPO和产权市场实际上是农业产业基金退出的主要渠道。现阶段农业产业投资基金退出的主要渠道，除了国内的产权交易市场、中小板、创业板等不同层级的资本市场选择退出，不排除寻找海外市场，通过改组、兼并等方式实现退出。

（二）农业产业现代化发展的股权融资模式

1. 农业产业现代化发展的股权融资模式介绍

（1）传统股权融资方式

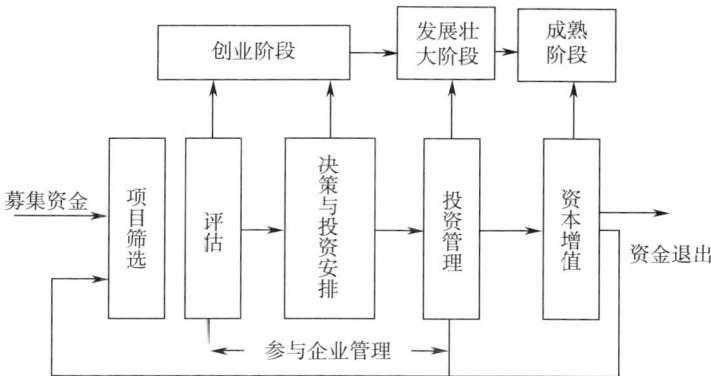

图 5 农业产业基金运作过程

从传统方式看，现代农业企业的股权融资主要有两种形式，一是内部股权融资，即内部股东通过增资的方式实现融资，这适合于小型农业企业或企业发展的初期阶段，总体融资规模较小，不容易稀释股东对企业的控制权。二是企业上市融资，即企业通过 IPO 进行上市，从公开资本市场获得股权融资资金。这种方式对企业要求较高，融资规模很大，一般适合发展势头好的大型现代农业企业。

（2）新型股权融资方式

与传统股权融资方式不同，新型股权融资方式实质上是将股权融资的范围扩大化，通过金融产品的创新实现股权融资方式的创新。在新型股权融资的多种手段中，股权质押融资、股权交易增值融资和私募股权融资，逐渐成为现代企业利用股权实现融资的有效方式。随着市场体系和监管制度的完善，产权市场为投融资者搭建的交易平台日益成熟，越来越多的现代农业企业可以通过现代产权市场，通过股权融资缓解企业的资金饥渴，解决融资难题。

2. 现代农业企业进行股权融资的有利及不利因素

（1）传统股权融资方式存在的有利及不利因素

两种传统的股权融资方式，适用的对象分类很明确，内部股权融资适用于规模较小或发展初期的农业企业，融资规模小的特点决定了其不适合规模大的现代农业企业，也不适合发展速度快、资金需求大的现代农业企业。现代农业科技服务型企业及现代农业流通类企业资金需求量大、风险程度相对较高，通过内部股权融资进行发展将会受到很大制约，这两类企业必须通过其他股权融资方式解决资金难题。而通过 IPO 上市从公开资本市场融资对企业要求较高，对大量现代农业企业来说，无论在沪深主板、中小板、创业板上市，还是今年兴起的新三板上市，都需要满足很多条件，就算满足上市条件，还需要经受住一系列苛刻的上市审核流程，最关键的是，这种公开资本市场上市名额有限，不可能被现代农业企业大规模利用，所以这种股权融资方式对现代农业企业来讲也具有很大的局限性。

（2）股权质押融资有利及不利因素

股权质押融资，是指出质人以其所拥有的股权这一无形资产作为质押标的物，为自己或他人的债务提供担保的行为。这种融资方式的实质便是巧妙地将股权融资转化为债权融资，即把股权质押作为向企业提供信贷服务的保证条件，增加了企业的融资机会。对于企业来说，以往债权融资的主要渠道是通过不动产抵押获取银行贷款。由于大多数现代农业企业没有过多的实物资产进行抵押，或者企业拥有的资产（例如土地等生产资料）由于缺乏流通性强的交易市场，难以进行抵押，企业股权质押则可以很好地解决现代农业因缺少抵押物难以进行融资的困境。股权质押融资，使"静态"股权资产转化为"动态"资产，帮助现代农业企业解决了融资困难。但也面临多种因素的制约，一是政策引导不足，没有权威性的指导文件做保障；二是非上市公司股权交易市场的缺失，导致无法依托市场形成有效的股权定价机制，对非上市公司股权价值评估造成一定困难；三是银行参与不足，发放银行贷款的积极性不高。

（3）股权交易增值融资利弊分析

现代农业企业的发展演变，主要分为初创阶段、发展成熟阶段、建立现代企业制度等几个大致阶段，每一个发展阶段都围绕着资本的流动与增值。企业经营者可以通过溢价出让部分股权来吸纳资本、吸引人才，推动企业进一步扩张发展。比如一家农业企业，成立之初实行的是家族式，由家庭出资人直接管理企业，并参加生产劳动。但是，由于排斥家族以外的社会资本和人才，企业在经营规模达到一定程度后，难以继续做大做强。如果经营者将企业资本拆成若干股份，把一小部分出让给其他资本持有者。一方面，把受让股权的中小股东的资本集中起来，使其分别持有一定的股份并各自承担有限风险；另一方面，确保家族控股，以法人财产权的形式和法人代表的身份支配中小股东的资本去做大企业而又不承担这些资本的风险，通过吸纳外来资本和人才，逐步发展成为建立现代企业制度的农业企业。股权交易增值融资相较于债权融资和银行贷款等方式对于企业信用、还款期限等方面的限制，是最直接、快速、有效的手段，在促进现代农业企业扩张性发展，提高社会资本的流动性和增值性等方面具有最现实的实际意义。但是，建立了现代企业制度的农业企业，企业经营向全球化、信息化发展后，如果企业实际控股股东，即原始控制者的企业管理思维没有跟上企业发展阶段，则企业将面临着日益严重的内部人控制和股东权利泛化问题，将陷入巨大的信用危机。

（4）私募股权融资利弊分析

私募股权融资（PE），是相对于股票公开发行而言，以股权转让、增资扩股等方式通过定向引入累计不超过 200 人的特定投资者，使公司增加新的股东获得新的资金的行为。近年来，随着全球的私募基金蜂拥进入中国，私募融资已成为非上市公司利用股权直接融资的有效方式之一。首先，私募股权融资的手续较为简便，企业能快速获得所需资金，且一般不需要抵押和担保。其次，私募股权投资者，在所投资企业经营管理上非常积极主动，为企业提供经营、融资、人事等方面的咨询与支持，营造一种良好的内部投资者机制，为企业提供前瞻性的战略指导，帮助企业更快地成长和成熟起来。最后，企业通过有效运作所融资金，扩大生产规模、降低生产成本，使企业资产增加，融资渠道进一步扩大，从而获得更多的外部支持，提升品牌形象，提高内在价值。但是，私募融资的发展，要受到政府部门的政策支持限制，如果政策支持跟不上，其融资效应将受到很大影响。另外，股权融资的发展还需要产权交易市场的支撑，没有完善的产权交易市场，私募基金就不能及时发现值得投资的标的企业，也实现不了经济高效的退出，其发展空间就会受到制约。

（三）互联网 + 现代农业融资模式

目前我国传统正规的融资主要有直接融资和间接融资两种方式，除个别农业龙头企业外，绝大多数新型农业经营主体因自身实力局限，几乎不可能进入证券市场和债券市场进行融资。同时，因大多数新型农业经营主体符合金融机构标准的有效担保物稀少、经营中风险系数高、借贷双方信息不对称、自身商业价值尚不成熟、农业保险体系不健全等原因，传统金融机构也缺乏对其放贷的激励。因此，无论是通过间接融资渠道还是直接融资渠道进行融资，对新型农业经营主体来说都是困难重重。许多新型农业经营主体在经营发展过程中，事实上面临着所谓的"麦克米伦缺口"。随着我国提出要积极发展互联网金融，鼓励互联网金融向"三农"提供规范服务，以新型农业经营主体为代表的被传统金融长期忽略的农村"长尾"市场可能成为互联网金融的市场蓝海，互联网金融融资也将可能成为新型农业经营主体融资的新渠道。目前互联网金融的主要融资模式有 P2P 信贷融资、基于大数据小额贷款融资、众筹融资、供应链融资以及电子金融机构——门户融资等，其中前四种模式与新型农业经营主体融资模式创新具有较高的契合性。

1. 新型农业经营主体 P2P 网络信贷融资模式

P2P 信贷是指有借款需求及出借意愿的群体，通过 P2P 网络借贷平台的中介而实现的小额信贷融资，如我国大陆的拍拍贷、陆金所、人人贷等；欧美的 Prosper、Lending Club、Zopa 等。新型农业经营主体 P2P 信贷融资，是指新型农业经营主体通过金融服务专业网络平台，寻找有贷款能力和贷款意愿并能满足其融资需求的一个或多个贷款方，借贷双方所需的资料、合同以及资金等全部通过网络实现的一种融资模式。该模式的主要特点是交易便利、金额较小、频率较高，有效弥补了传统金融模式下新型农业经营主体获取小额贷款时手续繁杂、费时费力、沟通和业务对接成本较高的不足，能满足新型农业经营主体日常生产经营中的临时性、应急性资金需求。

新型农业经营主体 P2P 网络信贷融资流程如图 6 所示。第一步，新型农业经营主体在金融服务专业网络平台自主选择符合自己意愿的贷款方，然后双方通过平台进行借贷合作沟通，初步达成合作意向；第二步，贷款方通过该平台对新型农业经营主体的营业执照、线上资格、信用、还款能力等进行详细审核；第三步，借贷双方实现借贷匹配并对贷款防控风险进行量化。

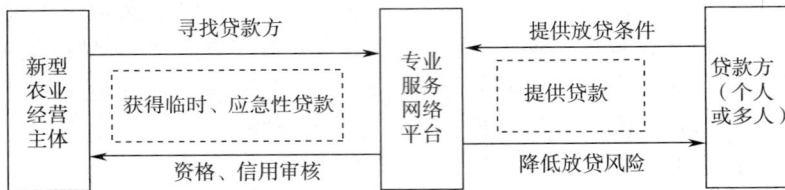

图 6　新型农业经营主体 P2P 网络信贷融资流程

2. 新型农业经营主体基于大数据小额贷款融资模式

大数据是指难以在可接受的时间内，用传统数据库系统或常规应用软件处理的、巨量而复杂的数据集。大数据小额贷款融资是指以大数据技术作为技术支撑，由电商发起成立小额贷款公司并以资金需求者在其平台累积的信用和交易等大数据作为借贷依据而对资金需求者进行的授信放贷，如我国的阿里小贷、京东商城，美国的 Amazon 等。新型农业经营主体大数据小额贷款融资是指新型农业经营主体凭借自身在电子商务平台所留下的大数据向电商平台发起成立的小额贷款公司申请贷款的融资模式。该模式的主要特点是：通过对大数据的挖掘和利用，改善了借贷双方的信息不对称状况，消除了借方顾虑，弥补了传统金融模式下因借贷双方信息不对称使金融机构对新型农业经营主体"惜贷""慎贷"的不足，有利于信誉好、有一定品牌知名度、管理机制成熟、网络营销运用较好的新型农业经营主体获得金额较小、短频快性质的融资。

新型农业经营主体大数据小额贷款融资流程如图 7 所示。第一步，新型农业经营主体向电商平台提出融资申请，小额贷款公司用信贷数据风控模型交叉检验其历史经营、信用数据并评估其还贷能力，然后根据分析结果决定是否向其开放信贷服务；第二步，电商平台实时监控已获得贷款的新型农业经营主体的交易状况与财务情况，并将这些数据转换为信用评价，以控制贷款风险并保证信贷资源能最优配置。

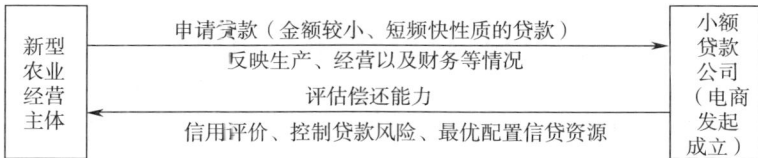

图7 新型农业经营主体大数据小额贷款融资流程

3. 新型农业经营主体众筹平台融资模式

众筹是指资金需求方通过利用互联网或社会性网络服务传播的特性，寻求众多意向投资者，并将这些投资者的每份小额投资汇总以达到资金需求总量进而完成特定目的的融资方式。目前主要有股权众筹和创新项目众筹两种众筹融资模式，前者如"创投圈"，后者如"众筹网"。新型农业经营主体众筹平台融资是指新型农业经营主体将自身的创立或准备投建的新项目，以股权众筹或创新项目众筹形式利用互联网或 SNS 发动公众力量，集中公众资金的一种融资模式。该模式的最大特点在于，不以是否拥有成熟商业价值作为发放贷款的唯一判断标准，弥补了传统金融模式下大多数新型农业经营主体因经营风险系数高而难以获得数额较大、时限较长的项目启动性融资的不足，适合创设新型农业经营主体和新型农业经营主体开辟新项目时的融资。

新型农业经营主体众筹平台融资流程如图8所示。第一步，新型农业经营主体将策划方案和融资需求上传到众筹融资平台，该平台组织相关专业机构进行审核；第二步，项目获得通过后，新型农业经营主体在该平台发布项目及其融资信息吸引有投资意愿的个人和机构；第三步，投资者在募资期限内将资金转入新型农业经营主体资金账户或第三方金融机构账户，众筹融资平台对所筹资金进行相应监督；第四步，项目执行完毕后，新型农业经营主体以股权凭证、红利、现金、债权凭证等一种或多种形式兑现对投资者的承诺回报。

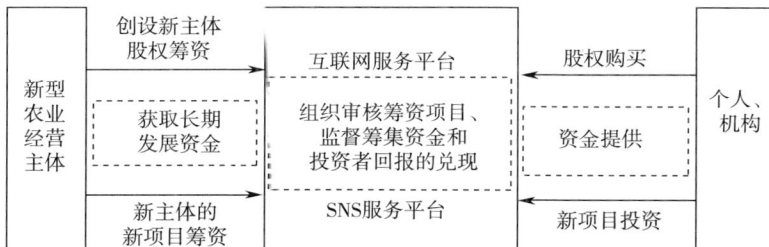

图8 新型农业经营主体众筹平台融资流程

4. 新型农业经营主体供应链融资模式

供应链是指围绕着核心企业，通过对信息流、物流和资金流等的控制，把供应商、制造商、分销商、零售商以及消费者连成一个整体的功能网链。供应链融资是金融机构依赖核心企业的良好信用和强大履约能力，向整个供应链提供金融解决方案的一种融资模式。如我国建设银行推出的订单融资、中国银行推出的融信达、美国的 UPS（United Parcel Service）基于库存的供应链融资等。新型农业经营主体供应链融资是指与金融机构合作的供应链核心企业利用其与新型农业经营主体业务往来累积的大数据，向金融机构提供信息和技术支持，并为战略协同伙伴新型农业经营主体提供信用担保的一种融资模式。该模式的主要特点是：新型农业经营主体与供应链核心企业形成了利益风险共同体，前者的高信用惠及后者，化解了传统金融模式下后者因有效担保物稀少而难以获得融资的困境，适合业务吞吐量较大、成熟型新型农业经营主体获取循环性融资。

新型农业经营主体供应链融资流程如图9所示。第一步，新型农业经营主体通过业务往来与供应链核心企业形成紧密的供应链联盟；第二步，新型农业经营主体向供应链核心企业和相关金融机构提出贷款申请；第三步，供应链核心企业基于大数据下的信用评估向金融机构提供信用担保，承诺在新型农业经营主体不能如期还款付息时为其代为履行；第四步，金融机构自动化地向符合条件的新型农业经营主体发放贷款，供应链核心企业和金融机构协同进行自动化的风险控制。

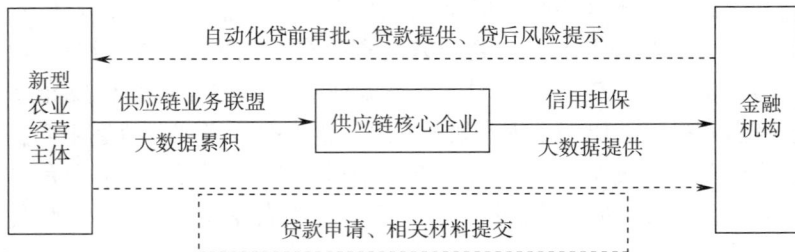

图9　新型农业经营主体供应链融资流程

五、创新河南省农业产业现代化融资模式的建议

（一）河南省发展农业产业现代化产业基金的分析及建议

1. 河南省发展中国特色农业产业基金的意义

中国特色的农业产业基金的具体表现：中国经济经过30多年的不断改革与发展，目前已经进入一个重要的转型期。转型期农业发展显得愈加重要。2009

年中央一号文件首次指出，"有条件的地方可成立政策性农业投资公司和农业产业发展基金"；而 2010 年的中央一号文件则明确指出，"要建立农业产业发展基金"，2015 年中央一号文件继续强调"创新融资机制，加大资金投入"，这些文件指导我们充分结合中国国情，发展有中国特色的农业产业基金。农业产业基金通过产融结合的方式，加速了金融创新，加快了金融对农业产业化的支持力度与步伐，将促使我国农业产业投资和资本市场融资迅速有机融合，使资本市场的资金有序地导入到第一产业，更好地为实业、产业服务。

（1）有利于推进农村金融体制改革

随着市场经济体制的建立，农业的投融资体制改革有了进一步发展，利用外资和民间资本的力度逐步增加，但相对于农业建设的巨大资金缺口来说，利用传统的融资渠道，对于漫长的产业链来说，还是显得杯水车薪。长期以来，融资难一直是困扰和制约国内中小企业进一步发展的难题。农业企业很难从银行得到贷款。在利用证券市场方面，由于债券要按期还本付息，而股票发行门槛较高，农业企业一般难以直接进入。农业产业投资基金的专业对口，有利于资金专项注入，一方面为农业产业化经营提供了一种新模式，另一方面农业产业基金的进入可以激活中小企业的资本信用，解决它们在担保、融资等一系列企业信用度上的难题，同时还可以为未上市的农业企业提供相关的专业管理咨询服务，有利于农业企业的做大做强和中国农村经济的发展。

（2）有利于促进农业企业建立现代企业制度

我国自古几千年形成的农耕文化，在市场经济体制转变的大背景下，将面对计划经济以来的巨大变革。农业生产企业也必然经历阵痛，面临转型。而引入产业投资基金后，将进一步促进原有企业的法人治理结构改革，从而可以实现农业产权多元化，缓解资本不足的局面，同时促进企业的健康发展，实施各种风控管理，进一步推进法人治理结构的实施。农业产业基金介入上市后备企业后，一般都会委派专业人士作为股东代表进入被投资企业的董事会或监事会，行使监督管理权，由此形成的专业化管理及较强的产权约束机制将大大提高企业的管理水平。农业产业基金的退出方式往往是通过投资企业 IPO 上市而实现，农业产业基金将在被投资企业的上市咨询、法人结构治理规范、财务税务规范、资金管理和专业人才引进等方面发挥积极作用。

（3）有利于农业资源配置与农业产业结构调整

农业产业正处于行业并购整合、产业纵深化发展、市场全面竞争的关键时期，需要通过资本的力量，实现人才、技术、信息等资源要素的最佳配置，进一步转变增长方式。农业产业基金可以发挥其资本平台的作用，培育重点行业和龙头企业，用产融结合的方式，通过为龙头企业提供并购融资，推动龙头企业开展收购兼并，实现产业优化整合，促使龙头企业迅速做大做强。

2. 河南省发展有特色的农业产业基金初步准则

（1）基金筹集方式层面

农业产业基金的高风险性决定了它的投资者要具有风险鉴别能力和高风险承担能力。公募面对的社会公众具有较弱的风险鉴别能力和风险承担能力，而私募投资者的风险鉴别和风险承担能力较社会公众要强很多，因此，农业产业基金的主要募集方式在现阶段，主要以私募为主。当然，随着社会公众投资者抗风险能力和风险鉴别能力的增强、投资更加理性以及投资倾向长期化等，可以逐渐选择多元化的募集方式，公募私募两种方式均可以涉足尝试。

（2）基金交易方式层面

开放式基金由于便利的流通性，容易受外界环境和市场波动的影响，因此针对投资期较长的农业产业在初始创段并不是很适合，而封闭式基金因具有规模固定，在特定期限内无法赎回的特性而保持了基金使用的长期性和稳定性，符合农业产业化投资的需要。因此，目前阶段农业产业基金适合采用封闭式的基金交易方式。

（3）基金投资方向层面

综合我国具有潜力的农业龙头企业现状，农业产业基金投资定位基本可以聚焦到以下两类企业。一是农业高新技术龙头企业，即运用高新技术改造传统农业，创新性农业龙头企业，创新性农业龙头企业并非完全指的是农业高新技术龙头企业，因为前者的创新性不仅包含了产品创新、技术创新，而且还有营销模式创新以及组织制度的创新。营销模式创新和组织制度创新的企业不一定含有高新技术的内容。二是乡镇企业重组，改革开放后乡镇企业一度成为我国农村经济发展的重要力量，但随着市场环境的变化，和工业污染对环保的影响，原先乡镇企业暴露出来的种种弊端迫使其进行"产业升级与结构调整"，规模较小和相同的产业结构为乡镇企业通过重组扩大规模和调整产业结构提供了契机。由于乡镇企业与农民、农村、农产品有着天然的联系，故乡镇企业具备升级成农产品种植、养殖、加工和储藏、保鲜、运销等方面农业产业化龙头企业的充分优势和潜力。

（4）基金管理模式层面

由于农业产业基金在早期缺乏具有相当资历的基金管理公司，所以管理模式多采用自我管理，即为设立新型基金而成立一家基金管理公司。但随着农业产业基金的发展，最终会涌现一批优秀专业农业基金管理公司和基金托管队伍。未来专业基金管理公司将成为管理模式的主流。

（5）基金退出层面

在目前我国资本市场退出渠道还不十分畅通，企业上市难度较大的情况下，农业产业基金可充分利用产权交易市场实现退出。但可以预计，随着我国中小板市场逐步发展、产权交易市场、场外市场等规模逐步扩大，农业产业基金退出渠道众多，基金退出平台将呈现多样化。

3. 河南省发展中国特色农业产业基金需政策扶持引导

（1）政府在政策上应给予积极帮助与扶持

在我国对私募股权基金的法律规范尚不完善的情况下，河南省政府可以出台一些针对地方经济特点的制度规定。比如，在法律方面，以现有的法律框架为基础，针对私募股权投资基金可能选择的各种法律形式，通过对《公司法》、《信托法》、《合伙企业法》等法律法规具体条款的解释和补充，优化私募股权投资基金设立的法律环境，进一步推动有限合伙制组织模式的发展，完善与之相关的注册登记、资金托管等配套制度。

通过细化相关配套制度，在股权投资、税收优惠、投资者利益保护以及授信额度倾斜等方面，提供相应的便利条件，通过产业基金吸纳农业产业外部资本，更有效地导入到当地的农业资源，建立起农业和非农产业的资本纽带，集聚国有、民间和海外资本，扶持有发展前景的中小型农业企业。同时在税收方面，一方面出台贯彻落实国家对于有限合伙企业的税收优惠，另一方面出台地方性税收鼓励政策，对农业产业基金投资的企业以基金盈利方面给予一定的税收优惠，激励农业产业基金进入农业领域。加大技术引导资金的投入比例，与扶持可对比高新技术企业的孵化措施，在所得税和营业税方面实施减免。针对高技术投资项目失败的企业，允许公司从收益中免缴相当于投资额一定比例的所得税；可以对为农业企业投资的风险投资机构，给予一定比例的贴息补助。成立由政府出资、银行参与的企业信用担保机构，对风险投资项目实行信用担保，保护风险投资人的利益。

（2）政府资金可以适当参与、引导发展

农业产业投资作为我国的第一支柱产业，在任何时候，都应以政府作为主要引导的开路先锋，积极探索创新模式，政府适时引导，提高政府资金投入的比例，充分发挥政府基金培育引导产业的作用，发挥产业基金特有的政府引导、产权多元化、专家管理、治理规范等优势，通过市场化运作，提升企业价值，促进农业产业化发展和产业升级。农业产业是一个长期性投入、回报周期性长的产业，只有在政府基金的引导下，可以杜绝社会资金片面的逐利行为，防止其为追求短期利益而快进快出，影响农业产业健康发展。

（二）河南省发展农业产业现代化股权融资的政策建议

1. 通过改革农地产权制度来改善现代农业企业融资环境

不论传统股权融资方式还是新型股权融资方式，现代农业企业要顺利实现融资，农地产权制度都是需要重点解决的问题，只有建立科学的农地价值评估体系和高效的农地产权流转交易市场，才能有效消除制约现代农业发展的股权融资发展的瓶颈。

（1）建立科学的农地价值评估体系

在现有的制度框架下，农地价值的评估仍然处于一种盲目的状态之中，未能建立起科学的价值评估体系。因此，在建立农地价值评估体时应该注意三个方面的内容：第一，一定要发挥市场调节的力量，通过市场的手段，根据市场的供求关系来确定农地的价值，由于我国仍然处于转型时期，市场经济在农地的流转过程中还未能真正实现其价值，但农地价值的市场化仍然要成为其努力的方向；第二，在进行市场化交易的同时，政府一定要努力从长远的目标着手来设计，充分考虑农地的未来升值能力，现阶段由于农地价值普遍偏低，农民对于农地价值普遍存在着升值预期，仅仅考虑现期农地价值无法调动农民对农地经营权进行流转的积极性；第三，尽量拓宽农地经营权流转的方式，给予农民更多更为广阔的选择空间。包括现阶段还未真正放开的农地经营的抵押权在未来应该尽快地放开。

（2）建立规范的农地产权流转交易市场

农地在融资中的不足之处在于其产权或经营权变现能力较差，难以实现有效交易。土地产权流转的有效性除了依赖中介机构高效服务之外，还依赖农地产权流转交易市场的建立，由于农地产权流转市场涉及多个部门环节，政府应该在农地产权流转交易市场的建立中发挥主导作用，需要对土地流转合同鉴证、各方履行合同监督、土地流转风险基金的收取及管理使用等方面进行管理，从而促进土地流转的顺利实现。

2. 培育区域性股权交易市场

现阶段我国的资本市场一方面总量发展不足，另一方面缺乏层次差异，特别是低层次的资本市场严重短缺。这种状况与我国不同类型地区、不同类型企业对资本市场的不同层次需求，特别是与以中小企业为主体的现代农业企业对低层次资本市场的需求，还远不相称，因此，加强资本市场的多层次发展迫在眉睫。其中包括：由政府相关部门引导建立和发展一些区域性的证券交易市场，为部分企业今后进入深圳、上海证券交易所上市融资，提供一个桥梁或台阶；积极发展多层次的场外交易市场，特别是一些区域性的小证券市场或股权交易市场。诚然，区域性的股权交易市场的运行，存在着一系列的风险，而且如果不能有效制止各地在建立区域性股权交易市场方面的竞相攀比，其运行风险可能会较大。但是，对于区域性股权交易市场，简单地采取关闭的态度，也是不适宜的。因此，对于区域性股权交易市场，正确的办法应该是兴利除弊、择优保存和发展，要逐步明确地把培育区域性股权交易市场，作为农业企业开发利用资本市场的主要方向。

3. 培育产业投资基金促进现代农业企业股权融资发展

发展农业产业投资基金，可以有效促进现代农业企业股权融资的发展。为保证其稳定、健康发展，首先要从政策上、发展框架上对产业投资基金进行规划，然后随着实践的深入逐步在法律和制度上明确其发展的有关问题。第一，合理选择发起人及基金募集形式。从理论上讲，凡是法人机构，符合有关法律、法规，投资者愿意进行投资，又能筹集到资金的，均可成为发起人申请设立农业产业投资基金。在资金的募集方式上，由于农业产业投资基金规模比较大，因此应支持农业产业投资基金采取公募方式发行。第二，科学选择基金的组织形式。在以公司型和契约型为主体的投资基金组织形式中，农业产业投资基金更适合以公司型组织结构设立。由于是公司型基金，参与发起的农业企业同时可以得到回投资金，还可以通过发起认购得到可观的原始股份，可在二级市场中获得资本利得。第三，建立完善外部环境。建立健全法律、法规是保护投资者利益、保证产业投资基金的稳健发展的前提和基础。当前，政府应根据农业产业投资基金的特点，引导建立有关基金运作管理的规范体系，把我国农业产业投资基金的发展纳入法制化轨道。

4. 谨慎推动民间金融发展

民间金融是支持现代农业企业融资的重要力量，由于民间金融手续简便，没有僵化的规章制度，企业或者农民对于民间金融的进入门槛较低，民间金融逐步成为受农业企业青睐的融资方式之一。虽然其发展有不利方面，但总体看，民间金融的发展在现代农业企业进行股权质押融资甚至私募股权融资方面还是有一定发展空间的。同时，民间金融的发展能有效促进金融市场竞争，有利于金融市场的供求逐步趋于平衡。因此，在强调民间金融监管和风险防范的基础上，可以谨慎推动农村地区民间金融的发展，有条件地放宽对民间金融发展和农村金融市场的限制和约束；在加强试点的基础上，建立健全农村民间金融发展的风险防范和预警系统，探索和加强对民间金融发展的有效引导，积极地、循序渐进地推动农村金融深化改革的进程。

5. 建设和规范外部市场环境

建立诚信、成熟的市场环境对于发展现代农业企业股权融资体系是十分重要的。进行市场环境建设的首要任务是加强中介机构和信用评级制度建设，可以考虑以下几个方面：第一，建立独立产权特性的、独立承担相应法律责任的企业信用状况的评级机构；借鉴国际上通行的信用评级办法，将企业信用评级标准公布于众，以便投资者对评级机构进行监督。第二，加强市场监管、强化监督机制，由政府对中介机构进行监管，中介机构对发行主体定期进行信用评级和跟踪评级，以及对发行人信息披露的制度进行监督和处罚，全面披露评级结果资信评级机构应对投资者全面披露整个评估方法、过程、结果，在信用等级有效期内，保持对评估对象清偿力的跟踪监测，如发生重大变化，及时调整其信用级别。第三，为有效控制风险，发展抵押、担保、可转换、破产清算与重组以及其他信用增级方式和偿债保障机制对于现代农业企业股权融资体系建设是十分必要的。

（三）河南省发展互联网金融农业现代化融资模式的分析及建议

随着信息化不断加快，互联网已经成为一个经济体重要的生产力。从发展趋势看，"互联网＋"不仅深刻影响城镇经济社会的转型与发展，而且也深刻影响农村经济社会的转型与发展。近年来，在农村这块"希望的田野上"，互联网金融正在落地生根，对农村传统金融形成有益补充，并带来农村发展、农业生产、农民生活多方面的变革。从现实情况看，农村互联网金融仍处于起步阶段，还面临多方面掣肘与挑战，迫切需要在改革中加强体制机制保障，以充分释放"三农"活力，为农业现代化注入强大动力。

1. 农村金融困局需以互联网思维破解

互联网改变农村金融发展约束条件。农村互联网金融不仅仅是在农村金融前面加上"互联网"的要素，更是对原有农村金融模式的重构。大数据、云计算、物联网等降低了信息整合成本，打破了传统金融模式的时间、空间与成本约束，可以有效地兼顾普惠性与可持续性，使在传统约束条件下"无解之题"的农村金融变成新约束条件下的"可解之题"。

农村互联网金融有助于打破农村信息不对称的格局。信息不对称是造成城乡差距的重要原因。农村互联网的大规模普及可以有效弥补农村信息的短板，使农村丰富的资源释放出前所未有的潜力。比如，通过记录真实贸易、真实物流、真实结算、真实交易等，农村互联网金融为农村、农业、农民提供了新的增信方式，大大降低了信息不对称程度，可以有效地促进"三农"发展。

互联网金融有助于打破城乡资源单向流动的困局。长期以来，无论是自然资源、金融资源还是劳动力资源，大都从农村向城市单向流动，农村发展要素被虹吸到城镇中，扩大城乡发展差距。互联网在农村的发展和普及正在逐渐改变这一态势。比如，电子商务极大地拓展了农村创新创业空间，吸引了大量人才回归农村；互联网金融吸引资金从城镇流入农村；互联网营销的乡村旅游产业的飞速发展，也吸引大量的城镇居民消费从城市转向农村。

2. 抢抓机遇实现农村互联网金融发展的新突破

（1）农村互联网金融正处于大发展的"风口"

随着"互联网＋"的发展，农村互联网金融正处于发展"大风口"，成为影响农村发展、促进农业生产、改善农民生活的重要力量。农村信息化进程正在加快，农村经济走向互联网化。我国的信息化不仅在城镇中加快推进，而且在农村中也在加快推进。截至 2014 年 12 月，农村互联网普及率为 28.8%，比 2013 年提高了 0.7 个百分点。农村移动端网民增速更快，2013 年农村网民使用手机上网的比例达到 84.6%，超过城镇 5 个百分点。过去 3 年，农村居民网购接受度达到 84.41%，人均网购额在 500～2 000 元；全国电商巨头加快布局农村电商，淘宝村、淘宝镇发展迅速，不少地方正在加快打造互联网小镇。互联网经济正在成为农村新经济形态。

农村成为互联网金融发展的新空间。目前，城镇地区是互联网金融主战场，竞争十分激烈，农村互联网金融还处于起步阶段，但呈现快速发展态势。未来 5 年，随着农村信息基础设施的不断健全，广大农村居民对互联网技术的认知程度和认可程度逐步提高，农村互联网金融将迎来巨大的发展空间。当前，农村互联网金融正在形成多种模式，比如，以村村乐、大北农、新希望为代表的"三农"服务商；以阿里、京东、一亩田、云农场为代表的电商平台和以宜信、开鑫贷、翼龙贷为代表的 P2P 平台。

以互联网金融释放农村消费大市场。中国农村消费市场是世界经济版图上少有的亮点，但有效释放这个巨大的市场潜力还需要相应的支撑。其中重要支撑之一是互联网金融。例如，互联网使城乡居民面对同一个消费品供给市场，互联网金融使农民足不出户就可以购买到全国、全世界的消费品，缩小了城乡消费品价格差距与商品质量差距。近年来，阿里巴巴、京东、苏宁等电商纷纷将业务向农村加快拓展，正是看到了农村巨大的消费潜力。

（2）尽快夯实农村互联网金融基础

从这些年的情况看，农村互联网金融发展还面临多方面的挑战，尤其是发展基础相对薄弱。这就需要尽快夯实农村互联网的发展基础。

提升广大农民金融意识。随着农村人口结构、消费结构变化，农村金融市场潜力巨大，但也面临着金融产品如何应对农民文化素质相对不高、投资理财意识不强的挑战。目前大部分农村互联网金融产品还处于"烧钱"阶段，形成稳定盈利模式还在探索之中。为此，需要依托农村产业发展，加强农村互联网金融的知识普及。

加快推进网络基础设施建设。我国现阶段农村互联网设施还比较薄弱，农村宽带普及率和电脑普及率均低于 30%，相当多的农民缺乏互联网知识和利用互联网意识。尤其是随着新一代农民流入城镇，留在农村的老一代农民对互联网并不熟悉。这就需要加快推进农村互联网设施的建设。

建立农村信用体系。农村金融发展掣肘突出表现在农村的资产货币化程度低，农村非农业资源信息化程度低和农民资金的市场化程度低。目前京东、阿里等依靠强大的数据信息给企业和个人增信，推动互联网深入乡镇，但没有完全释放农村潜能，这就需要加快建立农村信用体系，降低农村互联网金融发展的风险。

（3）分步走，稳步推进农村互联网金融发展

一方面，农村互联网金融发展不是取代政策性金融和传统商业金融，而是依托技术进步，发挥信息技术的优势，探索出一条既有普惠性又具商业性的农村金融发展新路子，形成政策性金融—传统商业金融—互联网金融组成的多层次的农村金融格局。另一方面，不同地区农村互联网金融发展进程不同，必须把农村互联网金融建立在农村实体经济的基础上，避免形成新一轮的泡沫。这就要求农村互联网金融发展不能急于求成，尤其不能变异为单纯的融资，而要从"三农"实际出发，积极稳妥地分步推进。

加快发展互联网＋农业。利用互联网改造传统农业，加快传统农业"上网触电"，鼓励电商进村入户，加快农民互联网知识的普及与推广，鼓励农民积极参与电商，鼓励发展农村物流。

加快发展农村金融服务。加快发展以农村小额贷款为重点的金融服务，积极发展农民理财业务，提高农民财产性收入，依托互联网真实交易数据，对农民、农户进行有效增信，加快农村 P2P 平台建设，加快农村消费金融发展。

发展农业众筹等新模式，着力转变农村资金流向。鼓励发展众筹等新模式，吸引城镇资金直接流入到"三农"发展所急需的领域。依托大数据、风控和检测管理等手段，有效打破资金流出农村的传统格局。

3. 构建农村互联网金融单向的制度保障

（1）以市场为导向

实现农村互联网金融的健康发展，关键是加快市场导向的金融改革，其中最重要的是加快金融市场开放，跳出政策性金融以政府为主导的模式，在为"三农"提供金融服务的同时获得合理的商业回报。

鼓励社会资本进入农村。依托互联网、大数据等为农民提供新型金融服务，加快农村金融领域对社会资本开放进程。

鼓励传统电商提供金融等服务。在为农村提供商品服务的同时，加快农村互联网金融的产品创新、模式创新，充分发挥互联网金融多样化、个性化等方面的突出优势，做大农村金融市场。

鼓励新一代农民参与农村互联网金融创新创业。从当地特点和优势出发，

选择适合当地特点的新型金融形态，推进创新创业。

（2）做好金融监管，构建农村互联网金融的风险防范机制

目前市场准入门槛过高与金融监管缺位的问题并存，互联网金融还没有建立起清晰统一的监管体系。部分互联网金融机构资金安全、信息安全缺乏保障，有可能带来潜在风险隐患。

对农村互联网金融这个新生事物，要在鼓励发展的基础上做好监管。以不发生系统性风险为底线。农村金融一旦发生风险，受损的是广大农民。

对农村互联网金融的监管要以市场开放为基础，以事中事后监管为主，在构建有效监管体系的基础上防范系统性金融风险。

建立统一监管体系。农村互联网金融涉及多个领域，既有农业领域，也有金融领域，需要明确互联网金融的监管主体，实施统一监管。建议央行下设互联网金融局，加强与市场监管机构的合作，实施统一监管。

（3）加快立法，规范农村互联网金融的发展

从法律层面明确农村互联网金融的地位，通过立法规范农村互联网金融的发展，厘清农村互联网金融的发展方向、主体地位、业务范畴、监管体制机制等，对互联网金融机构进行规范和引导。建议尽快出台《电子商务法》，为农村互联网金融发展奠定坚实的法律基础。立法的原则，首先是鼓励创新、竞争和发展；其次是规范市场秩序；最后是保护市场主体的合法权益。

（4）加快推进农村结构性改革

农村互联网金融发展，牵动影响农村、农业和农民发展全局，夯实农村互联网金融发展基础，促进农村结构性调整。第一，加快农村土地改革。全面开展土地的确权登记颁证，建立土地承包经营权流转价格形成机制和农作物价格评估机制，建立风险补偿机制和抵押资产处置机制，建立完善土地承包经营权流转市场和土地租赁、转让、抵押市场。第二，加快农村信用体系建设。第三，加快建立大数据征信、风控与监测机制，为农村互联网金融健康发展保驾护航。加快发展新型农村组织。传统金融组织很难满足单个农民的金融需求，传统农村合作组织也难以反映农民金融诉求。这就要求适应互联网发展趋势，加快农村合作组织的转型与发展，使之成为参与农村互联网发展的重要渠道，成为农民权益保护的重要平台。

包容性金融统计框架研究

——基于央行视角的统计评价

中国人民银行许昌市中心支行课题组[①]

摘要: 包容性金融（Inclusive Financial System）的概念于 2005 年由联合国提出，也被翻译为普惠金融，旨在构建一个能有效、全方位地为社会所有阶层和群体提供基本服务的金融体系，以更好地支持实体经济发展。该体系特别强调给弱势群体提供一种与其他客户平等享受现代金融服务的机会和权利，这是传统金融体系所无法实现的。

由美国金融危机所产生的巨大冲击引发国际社会的深刻反思，金融过度虚拟化是各方所形成的一个共识。要走出全球金融危机，就必须切实转变金融发展方式。破除市场原教旨主义理论，从技术金融、工程金融向人文金融、人本金融转变；破除金融话语垄断权，从精英化金融、贵族化金融向普世性金融、包容性金融转变。[②] 中国要借鉴国际经验教训，切实转变金融发展方式，加大对实体经济的支持力度，防止金融的过度虚拟化，使金融与经济共生共赢。人民银行作为中国的中央银行，承担着维护金融稳定，促进经济发展的职责。而包容性金融发展是增进金融与实体经济间联系，促进经济金融和谐发展的重要手段。因此，关注包容性金融是央行履行法定职责的必然要求和现实选择。

科学地度量包容性金融的发展状况，是为了对金融发展方式的转变作出准确地判断，在错综复杂的背景中找出一条基准线，以制定正确方略。金融包容联盟等国际组织以及人民银行总行均在呼吁建立包容性金融指标体系。而目前立足于央行视角所构建的包容性金融发展指标体系尚不多见，因此构建央行视角下科学、系统、灵敏的包容性金融发展指标体系具有较大的现实意义，能够

---

① 课题主持人：王爱民；

课题组成员：徐庆炜、王晓峰、王志娟、程志远、张斌、刘春岭、万方、海云桃。

② 白钦先，谭庆华. 再论次贷危机的根源与金融发展方式转变 [J]. 内蒙古金融研究，2013（10）

避免定性描述所存在的主观性强、随意性大、评估结果模糊等弊端，从而能比较客观、科学地反映包容性金融发展的实际状况，有助于政策制定者更加科学的判断其发展中面临的障碍和不足，以制定适用的政策目标促进其发展。

本文包容性金融统计框架是以央行视角下包容性金融的均衡性、和谐性、安全性和公平性四大特征为主线，在每个特征下又分别从机构、金融市场、服务、金融消费者保护权益四个方面中的某几个方面进行分析，在遵循现有指标体系构建规则的基础上遴选统计指标，最终构建出第一维度4个、第二维度10个、第三维度32个指标的央行视角下的包容性金融发展指标体系。然后选取县域这一维度进行实证分析，并提出针对性建议。最后提出尽快构建科学的包容性金融发展动态监测指标体系以及包容性金融统计制度的展望。

该指标体系的创新点有四个方面：一是涵盖需求方指标。现存包容性金融指标体系的设计基本都是从供给方单维度进行衡量，缺少衡量需求方的指标，基于人民银行的履职需求，本指标体系中纳入衡量需求方对于金融服务可承担性指标。二是拓展了包容性金融指标体系衡量内容。研究文章提出的指标体系基本是衡量服务的可得性，而本文所设计的指标体系，由于针对央行进行的特定设计，因此还囊括了金融市场、金融机构以及金融消费者保护权益方面的内容。三是引入评价金融资源配置效率的指标。在和谐性维度下的"年末存款余额/GDP、年末贷款余额/年末存款余额"不仅反映金融需求总量和结构，而且反映金融资源配置效率。四是可比性功能较为强大。从区域对比来看，不仅能实现国内与国际的对接，而且能在国内各省市、城市与农村间对比；从对比内容来看，不仅能从整体上进行比较，而且能对单项进行对比；从时序方面看，不仅能进行截面数据的对比，而且能进行时间序列的对比。

一、绪论

(一) 研究背景

美国金融危机的巨大冲击，引起国际社会的反思，金融的过度虚拟化是各方形成的一个共识。在金融宽松管制的情况下，金融市场参与者为了实现利润最大化，不断进行金融创新，尽可能地发现市场不完美之处去赚取利润，同时迅速拉平整个市场的收益水平以提高金融市场的微观效率。在金融工程理论的支持下，以金融工程技术化为导向的金融创新蓬勃发展，由此带来金融虚拟化不断向纵深推进，为金融危机的发生埋下隐患。要走出全球金融危机，就必须切实转变金融发展方式。破除市场原教旨主义理论，从技术金融、工程金融向人文金融、人本金融转变；破除金融话语垄断权，从精英化金融、贵族化金融向普世性金融、普惠型金融转变。[①]

中国要借鉴国际经验，切实转变金融发展方式，加大金融对实体经济的支持力度，防止金融的过度虚拟化，促进金融与经济共生共赢。

人民银行作为中国的中央银行，承担着维护金融稳定，促进经济发展的职责。这就需要央行一方面加大支持实体经济的力度，防止金融过度自我繁殖，防范由于金融过度虚拟化所引起的风险，维护金融稳定；同时要切实转变金融发展方式，深入推进包容性金融发展，增进经济与金融的连接纽带，提高金融资源的配置效率，引导金融支持实体经济的针对性和有效性，特别是对经济薄弱环节的金融支持，最终实现经济持续、稳定、均衡发展。

目前对于包容性金融的内涵并无统一认识，但大概可以归结为以下三类：

从金融排斥对立面，Sarma 认为包容性金融指人们都能以负担得起的成本，公正、透明、平等地获得金融服务，其目的在于将非自愿排斥的"无银行服务"人群纳入正规金融体系，使他们有机会得到储蓄、支付、信贷和保险等金融服务，[②] 强调金融服务的主体是金融排斥对象。

从供给方，世界银行发展小组认为包容性金融是指使用正规金融服务，并且这种服务将给个人带来较多的福利和好处。Hannig 和 Jansen（2010）认为普惠金融的目的就是将非银行用户纳入正规渠道的金融系统，使之有机会享受到包括储蓄、支付、信贷和保险等多方面的金融服务。

从需求方，印度金融包容委员会将金融包容界定为"确保脆弱性群体如弱势群体和低收入者以可承担的成本获得他们所需要的金融服务和及时充分的信贷。"认为包容性金融不仅包括信贷，还包括其他一系列的金融服务，比如储蓄、保险和汇款等。其重点强调了安全且有利润率的金融产品如储蓄、保险、汇款、养老金等需要加以推广，使之成为解决贫困问题的有效工具。该报告还重点强调了包容性金融覆盖面的问题，认为包容性金融的发展需要增加对于贫困人群真正需求层面的覆盖。

国际上对包容性金融概念的界定还有很多，但主流概念基本上是以这三种的结合来展开。

（二）研究意义

1. 理论意义

本文立足于人民银行这一需求主体，从理论上更多地总结了央行对包容性金融

[①] 白钦先，谭庆华. 再论次贷危机的根源与金融发展方式转变 [J]. 内蒙古金融研究，2013（10）.

[②] SarmaM. Indexof Financial Inclusion：A Measureof Financial Sector Inclusiveness [R]. Berlin Working Papers，2012.

内涵的理解和特征的认识。特别是基于对周小川行长所阐述的包容性金融内涵理解基础上所总结的包容性金融的均衡性、和谐性、安全性和公平性四大特征。

2. 实践意义

本文设计的指标体系具有很强的操作性，以保证监测的连续性和可持续性，使其更及时、敏锐反映包容性金融发展状况和政策落实效果，能够指导央行在实践中对包容性金融发展状况的认识和判断，为央行促进包容性金融发展提供实物支撑。这也与我们的研究宗旨相吻合，不是空对空研究，而是来源于实际，运用于实际。

（三）研究内容和框架

本文立足人民银行，通过深度剖析央行对包容性金融的认识而提炼出均衡性、和谐性、安全性和公平性四个特征，并以此为基础，结合潘功胜副行长所认为的包容性金融体系应涵盖机构、金融市场、服务和消费者权益保护四个方面的内容，构建了基于央行视角的包容性金融统计框架，并通过采集2014年各省县域数据进行实证分析，测算出各省县域包容性金融发展状况，并进一步分析其优势和不足，对进一步有效推动包容性金融的发展将起到一定的参考价值。

本文总共分六个部分（见图1），结构安排如下：

第一章是绪论部分，阐述了本文选题的背景和意义，并简单介绍了包容性金融的概念及文章的研究内容和架构编排。

第二章是对国内外金融统计进行对比分析。主要介绍了国内外包容性金融指标体系的设计，并对其进行评价，为下文构建央行视角下包容性金融统计框架提供经验借鉴。

第三章是基于央行视角的包容性金融认识。由于包容性金融概念的界定是建立包容性金融指标体系的基础，因此本文首先阐述了央行对包容性金融的认识，并在此基础上高度概括总结其特征，为本文构建央行视角下包容性金融统计框架奠定理论依据。

第四章是包容性金融统计框架的设计。这是文章的核心部分。依次介绍了包容性金融统计框架的设计原则、总体思路、统计框架，最后构建央行视角下的包容性金融指标体系并对其进行评价。

第五章是实证分析部分。鉴于包容性金融是针对那些难以享受传统金融基本服务的弱势群体，本文选取农村区域这一维度进行跨省分析，通过对采集数据的加工处理，测算出各省县域包容性金融发展状况，进一步分析其优势和不足，并提出相应建议。

第六章是展望。针对笔者在整个研究过程中的所感所悟，提出尽快构建科学的包容性金融发展动态监测指标体系以及尽快建立包容性金融发展统计制度的展望。

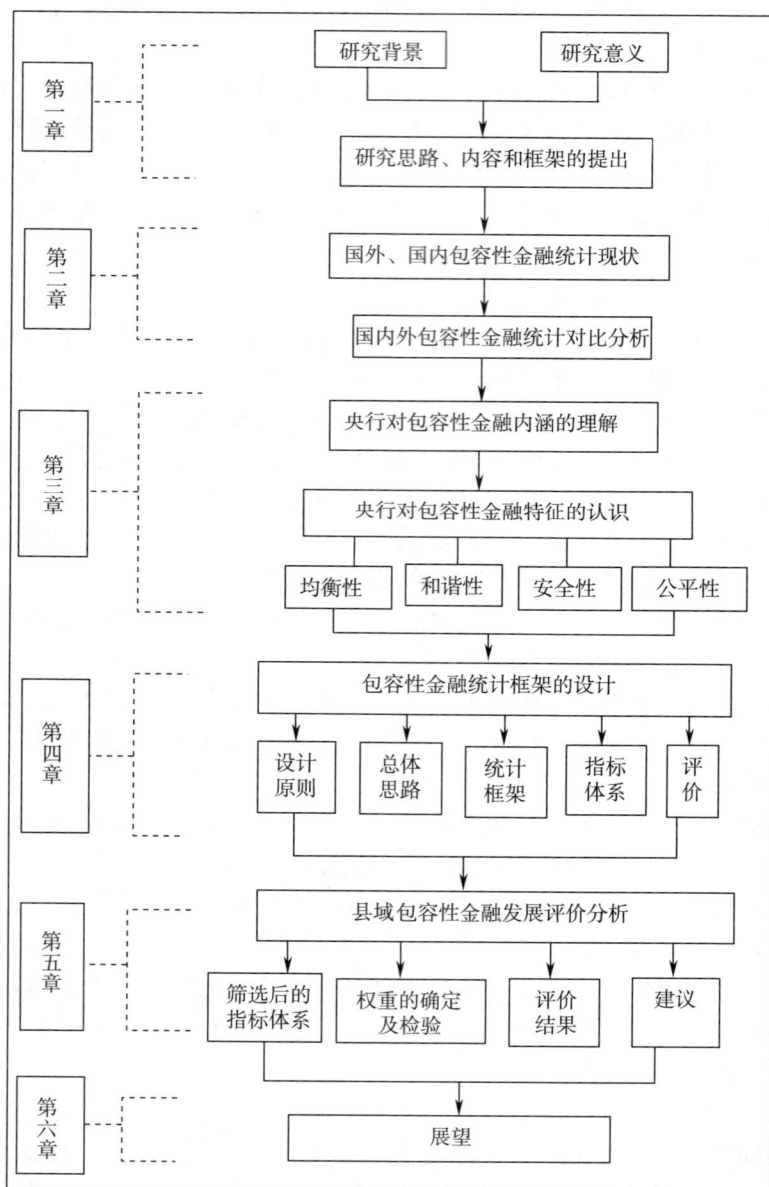

图1　本文的研究框架图

二、国内外包容性金融统计对比分析

(一) 国外包容性金融指标体系设计

包容性金融指标体系的设计在国内外都已经有大量研究，国外如 GPFI、WBG、AFI、Finscope 等，国内如焦瑾璞、曾省晖、王韦程等。国外包容性金融指标体系的设计一般有两种模式：一种是以金融包容全球合作伙伴组织（GPFI）为代表的按可获得性、使用情况、服务质量等维度进行划分，另一种是以世界银行（WBG）为代表的按具体业务分类划分。在国内方面，选择较有代表性的曾省晖的包容性金融统计指标体系设计。因此本文以这三者为例进行对比分析。

1. GPFI

金融包容全球合作伙伴组织（GPFI）的包容性金融核心指标由金融包容全球合作伙伴组织数据与评估小组于 2012 年在墨西哥螺丝卡沃斯举行的 G20 峰会上提出。此指标体系共包含了可得性、使用情况和金融服务 3 个维度的 9 个指标。在 2013 年俄罗斯圣彼得堡 G20 峰会上，金融包容全球合作伙伴组织又对此指标体系进行了拓展（见表 1），由 9 个指标扩展到 19 个指标，且引入金融服务质量指标，特别关注金融知识以及消费者保护，并扩大了衡量金融服务使用情况的指标范围，增加了对移动支付、汇款、金融教育、消费者保护和金融服务使用壁垒等方面的统计，主要反映金融服务的渗透性。该指标体系结合各国国情，将有助于制定者全面监控本国和全球包容性金融发展水平，并评估其政策影响力。

表 1　　　　　　扩展后的 GPFI 包容性金融核心指标体系

	类别	指标
金融服务使用情况	享有正规银行服务的成年人	在正规金融机构拥有账户的成年人比例
		每千成年人在商业银行存款的人数或每千成年人拥有存款账户的数量
	在正规金融机构发生信贷业务的成年人	近一年内在正规金融机构有过至少 1 笔贷款的成年人比例
		每千成年人借款人的数量或每千成年人贷款余额
	享有保险的成年人	每千成年人中持有保单的人口数
	非现金交易	每人进行的非现金交易次数
	手机交易使用情况	使用手机设备进行支付的成年人比例
	账户使用频率	高频度使用正规账户的
	汇款	收到来自国内或国际汇款的成年人比例

续表

类别		指标
金融服务使用情况	享有正规银行服务的企业	在正规金融机构开立账户的小微企业比例
		拥有存款账户的小微企业数量与存款账户数间的比率或小微企业储户数与总储户数间的比率
	在正规机构有贷款余额或授信额度的企业	有贷款余额或授信额度的小微企业比例
		有贷款余额的小微企业数与贷款总笔数间的比例或小微企业贷款余额与总贷款余额间的比例
金融服务可得性	服务网点	每十万成年人拥有的网点数量
		每十万成年人拥有的 ATM 数量或每平方千米的 ATM 数量
		每十万居民拥有的 POS 机数量
	电子货币账户	使用手机进行支付的电子货币账户数
	服务网点的互通性	ATM 网点的互通性（当大部分或者全部 ATM 网店都已实现相互连接时，指标取值 1，反之为 0）
		POS 终端的互通性（当大部分或者全部 POS 网点都已实现相互连接时，指标取值为 1，反之为 0）
金融产品与服务的质量	金融知识	对于基本金融概念的掌握程度
	金融行为	紧急融资来源
	信息披露要求	披露指数（包括语言简明易懂、使用当地语言、明确贷款手续费等要求）
	纠纷解决机制	反映内部和外部纠纷解决机制的指数
	使用成本	开立基本活期账户的平均成本
		拥有基本银行活期账户的平均成本（年费）
		信用转账的平均成本
	贷款障碍	上一笔贷款需提供抵押品的中小企业比例
		信贷市场中的信息障碍

资料来源：由 G20 Set of Financial Inclusion Indicators. pdf 整理而得。

2. WBG

世界银行与比尔和梅琳达·盖茨基金会合作，构建全球包容性金融统计指标体系。此体系与 GPFI 的设计思路不同，主要从具体业务分类的角度进行，分别为使用银行账户、支付行为、储蓄方式、贷款模式和保险决策 5 类。此指标体系由 5 个维度、8 个母指标和 7 个子指标组成（见表 2）。该指标体系结合各国国情，将有助政策制定者清晰了解金融机构基础设施建设、金融手段利用及创新、信贷满足度、储蓄等综合反映包容性金融发展状况，更注重产品和服务的渗透性和使用性，母维度主要反映渗透率，即拥有正规金融账户的比例；子维度主要反映使用率，即使用金融服务的频率。

表2　　　　　　　　　世界银行包容性金融统计指标体系

类别	母指标	子指标
银行账户使用情况	在正规机构拥有账户的成年人比例	开立账户的目的（个人或企业）
		交易频率（存款及取款）
		服务获得途径（如 ATM、银行分支机构、零售网点和代理银行等）
储蓄	最近 12 个月内在正规金融机构存款的成年人比例	最近 12 个月内在非正规存款组织或家庭之外存款的成年人比例
		最近 12 个月内以其他方式存款的成年人比例（如存放在家中）
借款	最近 12 个月内从正规金融机构借款的成年人比例	最近 12 个月内从正规金融机构（如家人或朋友）借款的成年人比例
	因购买房屋而借款的成年人比例	
支付	最近 12 个月内使用正规账户接收工资或政府付款的成年人比例	最近 12 个月内使用手机支付或收款的成年人比例
	最近 12 个月内使用正规账户给异地家人汇款或接收汇款的成年人比例	
保险	个人购买健康保险的成年人比例	
	从事农、林、渔业的成年人为庄稼和牲畜购买保险的比例	

资料来源：http://siteresources.worldbank.org/FINANCIALSECTOR/Resources/GlobalFindex_Brochure.pdf.

（二）国内包容性金融指标体系设计

曾省晖等（2014）整个思路框架为：首先从包容性金融的定义和目标出发，在广泛借鉴国外经验和分析我国金融发展的基础上，基于我国包容性金融的发展实际以及典型的城乡二元结构国情，最终构建了第一维度 3 个、第二维度 13 个、第三维度 32 个指标体系。该指标体系的主要特点是：第一分类维度沿袭了

GPFI 的做法，分为金融服务的可得性、金融服务的使用情况和金融服务质量；第二维度采取 WBG 的具体业务分类法，但又糅合了 GPFI 的第二维度部分分类，在紧扣包容性金融的定义的基础上，结合我国国情，在服务质量中加入对弱势群体的金融支持，比如贫困学生、"三农"、小微企业，以及反映需求者可负担性的"服务成本"，还有国际金融危机后纷纷提倡的金融消费者权益保护。因此与国际上的指标体系相比，该指标更贴合中国实际，主要反映金融服务的渗透性，但也顾及了使用性。从其删减后的指标体系中可以看到主要反映的是渗透性。

表3　　　　　　　　　曾省晖包容性金融统计指标体系

金融服务的可得性	网点数量	每百平方公里银行营业网点数量（家/百平方公里）
		每百平方公里 ATM 网点数量（台/百平方公里）
		每百平方公里 POS 机数量（台/百平方公里）
		每百平方公里保险网点数量（家/百平方公里）
		每百平方公里证券网点数量（家/百平方公里）
		每百平方公里其他金融机构网点数量（家/百平方公里）
	人员情况	每万成年人拥有的银行从业人员数（个/万人）
		每万成年人拥有的保险从业人员数（个/万人）
		每万成年人拥有的证券从业人员数（个/万人）
		每万成年人拥有的其他金融机构从业人员数（个/万人）
金融服务的使用情况	账户情况	每人拥有的个人银行结算账户数（户/人）
		在正规金融机构开立账户的小微企业比例（%）
		每个成年人拥有的信用卡数量（张/人）
		每个成年人拥有的沪深两市账户数（户/人）
	支付情况	网上支付客户比率（%）
		电话支付客户数比率（%）
		银行卡渗透率（%）
		每张银行卡的支付交易笔数（笔/张）
	存款情况	一年内有过一笔存款的居民比例（%）
		人均储蓄存款余额（元/人）
	贷款情况	一年内有过一笔贷款的居民比例（%）
		拥有贷款余额的小微企业比率（%）
	保险情况	人均保费额（元/人）

续表

金融服务的质量	对贫困学生的支持	助学贷款余额占各项贷款余额比例（%）
	对下岗失业人员的支持	下岗失业人员贷款余额占各项贷款余额比例（%）
		下岗失业人员人均贷款余额（元/人）
	对"三农"的金融支持	涉农贷款余额占各项贷款余额比例（%）
		农户人均贷款余额（万元）
	对小微企业的金融支持	小微企业贷款满足率（%）
		小微企业贷款余额占各项贷款余额比例（%）
	服务成本	银行卡年均服务费用（元/张）
	服务满意度	金融消费者投诉次数（次）

由于采集指标数据的不可得性，在实证分析中采用删减后的指标体系（见表4）。

表4　　　　　　　　　　　**删减后的指标体系**

金融服务的可得性	网点数量	每百平方公里银行营业网点数量（家/百平方公里）
		每百平方公里 ATM 网点数量（台/百平方公里）
		每百平方公里 POS 机数量（台/百平方公里）
		每百平方公里保险网点数量（家/百平方公里）
	人员情况	每万成年人拥有的银行从业人员数（个/万人）
		每万成年人拥有的保险从业人员数（个/万人）
金融服务的使用情况	账户情况	每人拥有的个人银行结算账户数（户/人）
		每个成年人拥有的信用卡数量（张/人）
		每个成年人拥有的沪深两市账户数（户/人）
		银行卡渗透率（%）
		每张银行卡的支付交易笔数（笔/张）
		人均储蓄存款余额（元/人）
	保险情况	人均保费额（元/人）
金融服务的质量	对贫困学生的支持	助学贷款余额占各项贷款余额比例（%）
	对下岗失业人员的支持	下岗失业人员贷款余额占各项贷款余额比例（%）
		下岗失业人员人均贷款余额（元/人）
	对"三农"的金融支持	涉农贷款余额占各项贷款余额比例（%）
		农户人均贷款余额（万元）
	服务成本	银行卡年均服务费用（元/张）

（三）对已有包容性金融指标体系的分析

通过上文分析，可以发展包容性金融指标体系设计的共同点为：以包容性金融定义为基础，供给方的包容性金融指标体系设计模式为"金融产品和服务"以及"有效的金融服务评价标准，即渗透性、有效性和实用性"的组合，要么是"有效的金融服务评价标准＋金融产品和服务"，要么是"金融产品和服务＋有效的金融服务评价标准"。

就人民银行的职责角度讲，在以下三个方面有较大的优化空间：一是基本都是从供给方单维度进行衡量，缺少衡量需求方的指标；二是对风险的衡量较弱。随着金融危机的爆发，金融监管和风险防范被高度重视，比如审慎监管、行为监管等均应纳入其内，但是从已有指标体系的设计来看，涵盖这些内容的较少；三是缺乏反映金融资源配置效率的指标。发展包容性金融的目的是要实现金融的均衡发展，从而带动经济的均衡持续发展，而国内外的指标体系中反映金融资源配置效率的指标较少。

三、基于央行视角的包容性金融认识

包容性金融指标体系是依托于包容性金融的定义而制定的，它的设计是以对包容性金融内涵的理解和特点的认识为基础。因此，要构建央行视角下的包容性金融指标体系，应首先明确央行对包容性金融的认识。

（一）央行对包容性金融内涵的理解

目前中国金融方面存在两大显著问题，一是金融资源配置不均衡，主要体现在资源配置整体格局上，即金融资源在农村与城市、工业与农业、高收入阶层和低收入阶层等配置的不均衡；二是金融机构业务发展领域高度重合，现有的金融竞争已趋于边际平衡。主要体现在金融业对盈利问题的关注度在逐步降低，且其长远可持续发展方面也存在一定程度的隐患。而这两方面也正是制约金融支持经济、进而影响经济发展的主要因素。在目前中国处于增长速度换挡期、结构调整阵痛、前期刺激政策消化期"三期"叠加的大背景下，如何有效促进经济发展是当务之急。对薄弱环节的支持和寻找新的利润增长点被一致认为是促进经济发展的有效途径。

而包容性金融一方面可以提高资源配置效率，通过金融资源的合理配置引导其他经济资源的合理配置，使资源更多地向弱势群体领域倾斜，切实达到金融支持实体经济的针对性和有效性，特别是对经济薄弱环节的支持；另一方面是拓展新的发展空间，主要是向被传统金融体系所忽视的领域去尽可能挖掘、发掘市场潜力，拓展盈利空间，实现金融自我良性循环发展，避免市场竞争处于白热化，促进经济与金融协调发展。

正如周小川行长所讲"我国经济正处于转型升级阶段,世界经济也在深度调整,国际国内发展环境十分复杂。在这种背景下,深入推动包容性金融发展,使现代金融服务更多地惠及广大人民群众和经济社会发展薄弱环节,既有利于实现当前稳增长、保就业、调结构、促改革的总体任务,也有利于促进社会公平正义,具有积极的现实意义"。[①]

因此,周小川行长对其进行高度总结,认为包容性金融是强调通过完善金融基础设施,以可负担的成本将金融服务扩展到欠发达地区和社会低收入人群,向他们提供价格合理、方便快捷的金融服务,不断提高金融服务的可获得性。包容性金融包括几个目标:一是家庭和企业以合理的成本获取较广泛的金融服务,包括开户、存款、支付、信贷、保险等;二是金融机构稳健,要求内控严密、接受市场监督以及健全的审慎监管;三是金融业实现可持续发展,确保长期提供金融服务;四是增强金融服务的竞争性,为消费者提供多样化的选择。"[②]

(二)央行对包容性金融特点的认识

周小川行长对包容性金融的定义较为全面地反映了人民银行在深入推进发展包容性金融进程中的需求。体现了包容性金融的均衡性、和谐性、安全性和公平性四大特征(见图2)。

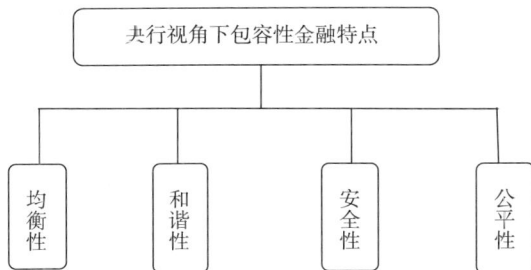

图2 央行对包容性金融特点的认识

1. 金融的均衡性是包容性金融发展的目的

金融的均衡性指在其进行资源配置时,选择机会成本最小,单位金融资源配置边际收益均等,总体金融资源收益最大化。金融资源在社会资本再生产时作为"第一推动力和持续的动力",决定着企业启动及持续运转,从某种程度上决定经济的可持续发展。由于金融资源配置的不均衡,导致目前社会存在诸如中小企业融资难、社会收入分配差距的扩大、非法金融的"疯长"等一系列经

① 周小川.践行党的群众路线推进包容性金融发展[J].求是,2013(18).
② http://news. xinhuanet. com/fortune/2013－09/16/c_ 125391746. htm.

济、金融、社会难题，大大阻碍经济的可持续发展。同时金融作为现代经济发展的枢纽，在经济社会资源的配置中具有"导流阀"的作用，主要体现在金融资源的配置对实体资源的交易、流通以及跨时空配置有着决定性影响。因此在现代经济运行和发展中，金融作为一种资源，它自身配置的取向、格局和方式直接引导和制约着其他经济资源的流向、流速、布局和效率。从这个角度讲，金融资源配置的均衡状况和程度决定整个社会资源配置的均衡情况。在《国务院关于金融支持经济结构调整和转型升级的指导意见》强调"要优化金融资源配置，更有力地支持经济转型升级，更好地服务实体经济发展"。①

2. 金融的和谐性是包容性金融发展的基础

金融的和谐性主要指金融本身与外界关系的协调以及金融内部组成要素间关系的协调。金融与外界关系的协调主要是指金融与经济的协调，金融内部组成要素间关系协调主要指金融市场构成要素间关系的协调。目的是要兼顾各方利益，既要考虑弱势群体的金融服务能够得到有效地满足，也要兼顾金融供给方的权益与金融产业的健康发展，最终实现供给方与需求方的动态共赢。

经济决定金融，首先要实现金融市场与实体经济在总量上和结构上相适配。从总量上看，如果金融总量过于超出经济总量，虚拟经济就相当明显，导致金融资产价格飙升和出现泡沫经济，反之，则出现通货紧缩；如果结构不适配，金融资源在一些部门供过于求，另外一些部门则出现资源短缺。金融市场与实体经济不相适配，要么经济运行出现波动，要么金融系统产生风险。必须注意的一个现象是如果实体经济部门本身是扭曲的，由实体经济所决定的金融市场很可能是一个扭曲的市场，这就要看金融市场的纠错功能了。如果金融市场是均衡健康的，当实体经济部门受到外来冲击暂时偏离和谐状态时，金融市场对其进行矫正。其次金融功能的充分发挥。金融体系的功能主要有管理风险、在时间上和空间上转移资源、清算和支付结算等六大功能，如果金融市场在发挥上述功能时受到制约，不能满足经济主体要求分散风险、控制交易成本等金融需求，金融供给与需求不相等，结构上不匹配，金融市场就可能存在不和谐状况。金融市场的不和谐会造成资源的畸形配置，给经济和金融埋下隐患，严重时引发金融风险和经济危机。

3. 金融的安全性是包容性金融发展的保障

从广义来看，金融安全是指一国金融体系的平稳运行以及由金融的平稳运行所形成的国民经济的平稳运行和稳定发展。目前，经济的全球化发展正在以前所未有的广度和深度冲击现有的金融制度，变革原有的金融运作和管理方式

---

① 国办发〔2013〕67 号。

是各国的当务之急。但是当金融市场由严重的非均衡向均衡状态发展时，如果路径不对，同样有可能导致金融体系的不稳定和金融风险的产生，由于目前国际和国内均存在严重的金融垄断，具有话语权一方利用拥有支配权的优势，在出现金融风险时往往把风险向弱势群体转移，导致弱势群体受到的冲击更大。因此要加强对风险的防范和化解，确保金融安全，维持金融对实体经济服务的持续性和稳定性，削减金融风险向弱势群体转移的可能性。

4. 金融的公平性是包容性金融发展的关键

金融公平指在金融活动中，各类主体不因自身经济实力、所有权性质、地域和行业等因素而受到差别对待，能够公平地参与金融活动，机会均等地分享金融资源，形成合理有序的金融秩序，并通过金融市场实现社会整体利益的最大化。

包容性金融不是所有服务的全部覆盖，而是获得金融服务的机会平等性，关键在于强调机会平等，而不是过度强调结果平等，所谓的机会平等指弱势群体或薄弱环节在需要金融服务时能获得所需服务的可能。同时金融的公平性还应涵盖金融交易的公平，避免金融机构利用其市场话语权使金融服务的需求方过度承担责任和义务。相对于传统金融，包容性金融最大的突破是在一定程度上颠覆金融主要为富人服务的传统理念，使贫困、低收入人口和小微企业等弱势客户也可平等享受金融服务的权利。

我国的金融行业更多关注规模效益，以银行为代表的金融机构多以大中型企业为主要服务对象。小微企业贷款难、农村等偏远地区金融服务薄弱等问题，已经成为制约我国经济发展的一大原因。金融改革要打破金融垄断，建立包容性金融体系。包容性金融体系最重要的主体是中小银行、金融机构、合作的金融组织和民间金融，比如，城商行、村镇银行、小额贷款公司、民间金融等，正好弥补了我国金融供给主体的空缺，解决弱势客户的资金可获得性问题。

四、包容性金融统计框架的设计

（一）包容性金融统计框架的设计原则

1. 特定性原则

本文包容性金融统计框架是基于在经济金融发展过程中央行行使自己的法定履职需求的基础上，因此基于央行对包容性金融的认识，来设计包容性金融统计框架。

2. 科学性原则

评价指标体系应该完整地、多方面地反映包容性金融的发展状况，指标选择不能太少也不能太多，要使指标能够科学合理地反映评价内容，所选指标要和包容性金融有直接和间接的相互关系。

3. 系统性原则

包容性金融发展水平是相关要素系统发展的集成结果，其评价体系必须具有广泛的覆盖面，对相关重要方面都有很强的反映功能。包容性金融评价指标体系并不是方方面面指标简单的集合体，指标之间必须相辅相成从各个不同角度、层面来度量和评价其发展水平。

4. 兼顾全面性和结构性

由于包容性金融发展存在时序差异、区域差异、总量差异和结构差异，因此包容性金融发展指标体系应该具有全面性，同时兼具体现细节性和特色性。

5. 实用性原则

评价指标体系中的指标应具有可测性和可比性，即每个指标计算方法不应太复杂，所需数据也应较易获得，必须保证数据来源的真实可靠，保证指标数值的准确性和权威性；保证所选取指标不重叠，充分利用现行统计制度和统计手段下可以获取的基础数据来构建指标，对于部分特别重要的指标和在现行统计制度下不能收集到的基础数据，可以采用调研手段获得或者考虑能否用类似指标进行替代；评价结果要便于进行横向、纵向的对比，因为对包容性金融发展状况不仅进行静态分析，而且要进行动态分析。另外，指标内容要容易理解，不产生歧义，使构建的指标体系在实践中能够准确、便捷地应用。

（二）包容性金融统计框架设计的总体思路

在推进包容性金融进程方面，潘功胜副行长认为：一是要完善包容性金融组织体系，大力发展贴近市场和微观经济主体的小型金融机构；二是要健全包容性金融市场体系，建立多渠道、广覆盖、严监管、高效率的股权融资市场，鼓励和引导创业投资，大力发展政策性农业保险、扶贫小额保险、涉农信贷保证保险等保险产品，提升贫困地区的保险密度和深度；三是要创新金融服务提供方式。推广非现金支付工具，积极发展网络支付、手机支付等新型支付方式，深化银行卡助农取款和农民工银行卡特色服务，改善贫困地区支付服务环境；四是要加强金融消费者教育和权益保护。加强金融知识的普及和宣传，提高贫困地区金融消费者的金融素养和风险识别能力，维护贫困地区金融消费者合法权益。[①]

以央行视角的包容性金融四大特征为主线，结合包容性金融体系构成内容——金融机构、市场、服务、金融消费者保护权益四个方面，笔者认为本文的

---

① 来源：人民银行网站，《发展普惠金融实施精准扶贫　要找准出发点、着力点与支撑点——中国人民银行与国务院扶贫办共同举办扶贫开发金融服务论坛》。

包容性金融统计框架为：

对于金融机构而言，三要考虑面向弱势群体提供服务的金融机构的数量是否适宜、种类是否丰富、组织体系是否完善；在金融市场方面，要考虑弱势群体对金融市场的参与程度以及从金融市场获得金融资源的便利性和可能性，同时也要关注弱势群体对金融服务的可负担性。在服务方面，主要指清算和支付功能，它一方面可以反映包容性金融提供金融服务方便快捷的程度，关系到包容性金融整体服务水平的提升；另一方面可以有效降低交易成本，有利于弱势群体能负担起。在消费者权益保护方面，主要指金融产品的设计和推出是否是针对弱势群体开发以及使用性、规模如何以及产品中有无明显或隐含对弱势群体的歧视或霸王性因素。

因此，本文包容性金融统计框架思路（见图3）为：以基于央行视角的包容性金融四大特征为主线，然后每个特征下分别从机构、金融市场、服务、金融消费者保护权益四个方面中约某几个方面进行分析，遵循现有指标体系构建规则选取指标，最终构建出包容性金融发展指标体系。

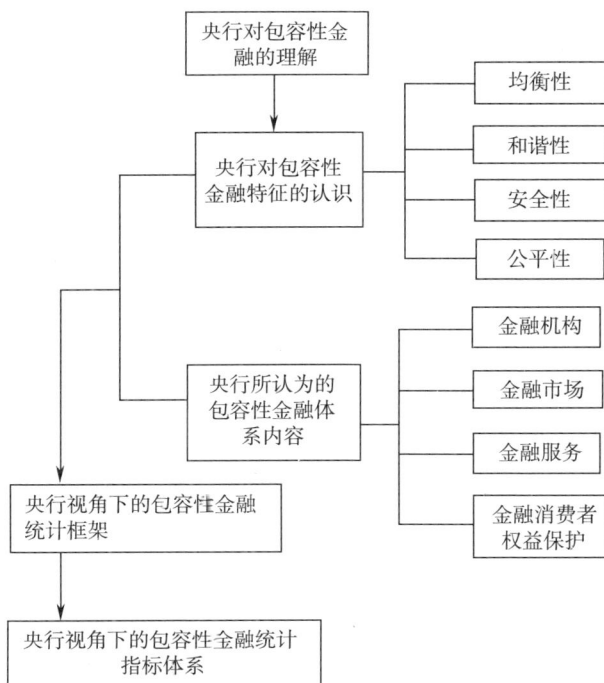

图3　央行视角下的包容性金融统计框架思路

（三）包容性金融统计框架

1. 反映均衡性

包容性金融应该是针对那些难以享受传统金融基本服务的个人或组织而言的，特别是农民、城市低收入阶层、弱势群体和小微企业等，同时包容性金融提供的应该是基本的金融服务，比如存、取、汇、小额贷款和小微企业融资等，以及适当的网点和自助终端布局等。

因此，金融的均衡性主要指金融资源配置的均衡，从金融服务的可得性来看，根据国际惯例，主要表现为政府对金融基础设施中硬件设施、人员的投入，在现实中集中体现为居民或者企业获取银行分支机构、ATM 服务或者 POS 机等服务。同时再加上体现本国国情的助农取款点服务。按照国际惯例应属于金融服务的渗透性，Beck 等（2007）[①] 和 Arora[②]（2010）等学者认为可以用地理覆盖度和人口覆盖度来表示。同时，包容性金融的初衷是强调对弱势群体所需服务的满足性。因此应考虑国家对弱势群体所制定倾斜政策的效果，主要为小微企业、下岗失业者、助学以及涉农方面。

2. 反映和谐性

金融的和谐性主要体现兼顾各方利益，既要考虑弱势群体的金融服务能够得到持续、有效地满足，也要兼顾金融供给方的权益与金融产业的发展，最终实现供给方与需求方的动态共赢。具体体现为：

一是金融供给的总量充足，结构适宜。其中总量充足、结构适宜，从宏观方面看，指的是金融和经济发展间关系，经济发展总量指标一般用 GDP 衡量；从微观方面看，指的是账户、支付、存贷款、保险等传统金融基本服务。

二是包容性金融供给方和需求方的动态共赢。从供给方来讲，金融业要实现持续、健康发展，离不开金融机构资产规模的扩张、收入能够覆盖成本。主要考虑效率，Beck、Demirguc – Kunt 和 Martinez Peria（2007）[③] 认为金融服务的使用效率可以用以下指标衡量：人均贷款账户，即每 1 000 人中没有贷款账户的人数；贷款收益率，即平均贷款与人均 GDP 比率；人均存款账户，即每 1 000

① Beck T, A Demirguc – Kunt and MSM artinez Peria. Reaching out：Access to and use of banking services across countries ［J］. Journal of Financial Economics，2007，85（1）：234 – 266.

② Arora RU. Measuring Financial Access ［R］. Griffith University，Discussion Paper in Economics，2010（7）：1 – 21.

③ 王韦程，邢立权. 普惠金融国外文献述评：内涵、度量及经济后果 ［J］. 金融讲坛，2015（2）
.

人中设有存款账户的人数；存款收益率，即平均存款与人均 GDP 的比率。Sarma（2010）① 认为使用效率可以用使用存款和贷款数量与 GDP 的比率衡量。从需求方来讲，主要考虑的是成本因素，要能支付得起所需金融服务。

其中反映金融需求总量和结构的年末存款余额/GDP、贷款余额/存款余额这两个指标，同时也反映的是金融资源配置的效率，分别表示的是储蓄动员率、储蓄投资转化率。储蓄动员率就是将储蓄者手中大量零散的金融资源积聚起来，为经济发展提供原动力。储蓄投资转化率是指通过金融体系的运作将储蓄转化为投资，并将投资引进经济效益和投资回报率更高的经济部门，充分反映金融体系的资源配置功能。

3. 反映安全性

金融安全指货币资金融通的安全和整个金融体系的稳定。金融安全是金融经济学研究的基本问题，在经济全球化加速发展的今天，金融安全在国家经济安全中的地位和作用日益加强。金融安全是和金融风险、金融危机紧密联系在一起的，既可用风险和危机状况来解释和衡量安全程度，同样也可以用安全来解释和衡量风险与危机状况。安全程度越高，风险就越小；反之，风险越大，安全程度就越低。主要是通过健全包容性金融风险分散、补偿和转移机制来实现。从金融机构方面来讲：

一是要持续经营。指金融机构遵循循序科学规律，持久均衡发展，避免出现较大波动，可以降低由于金融体系的不稳定对弱势群体享受金融产品和服务所带来的冲击。二是要稳健经营。由于银行可以通过金融脱媒、信用违约互换、资产支持商业票据、担保债务凭证、信用衍生工具、结构性投资工具、贷款出售等方式将信用风险转移出去，一方面信息不对称产生道德风险和逆向选择问题；另一方面造成溢出效应。稳健经营就是要通过《巴塞尔新资本协议》建议稿所提出的"三大支柱"来达到银行内部组织结构优化，负债与资产结构更趋合理，资产安全性更强，银行信用更有保障，经营水平更高，防范和抵御风险的能力更强。三是要合规经营。加强内控管理，拒绝道德风险，避免欺诈。合规经营对于银行持续稳健经营具有极端重要性，银行监管机构也日益重视银行的合规管理。鉴于银行经营活动的特殊性，为保护银行的经营特权和声誉，必须要确保所有的银行业务遵循相关的法律与管理条例、合乎监管当局的要求并遵守银行机构的相关政策和程序。

由于安全性，从需求方来讲，主要是避免出现较大波动，可以降低由于金

---

　　① SarmaM. Index of Financial Inclusion ［R］. Discussion Paper 10 – 05；Centre for International Trade and Development，School of International Studies，Jawaharlal Nehru University，India.，2010.

融体系的不稳定对弱势群体享受金融产品和服务所带来的冲击。它某种程度上可以看做是阻碍金融服务渗透的因素，是对金融服务质量的评判。

4. 反映公平性

对包容性金融供给方而言，金融资源配置公平意味着机会公平与竞争公平。欲使金融机构充分发挥金融资源配置作用，需具备一个基本前提——各种不同类型、不同规模、不同所有制的金融机构在市场上始终处于平等、独立和自主。这意味着，在设立金融机构时，出资人不因非公有制的身份受到歧视和限制，具有平等进入金融领域的权利，在符合法律规定条件的情况下，设立金融机构，从事金融活动，凭借其自身的能力按共同认可的规则进行竞争，从而获得其相应的回报。不应过分排斥非国有经济成分进入金融领域，不应给予国有金融机构过多的保护，主要表现为新型金融的发展状况。由于我国的金融行业更多关注于规模效益，以银行为代表的金融机构多以大中型企业为主要服务对象。小微企业贷款难、农村等偏远地区金融服务薄弱等问题，已经成为制约我国经济发展的一大原因。金融改革要打破金融垄断，建立包容性金融体系。包容性金融体系最重要的主体是中小银行、金融机构、合作的金融组织和民间金融。要发展这些机构和组织，使它们规范化、阳光化、制度化。当然，发展包容性金融体系，大银行也应该参与进来，但是，我们更要注重发展多层次的金融机构和金融组织，比如，城商行、村镇银行、小额贷款公司、民间金融，等等。同时关注由于移动技术和互联网的蓬勃迅猛发展所带动的新型服务模式，主要为手机支付和网络支付。

（四）包容性金融指标体系的设计

西方哲学家毕达哥拉斯认为，靠物质性的东西解释物质性的世界是远远不够的，必须找到某种更为抽象的东西，这就是数。也就是说将任何一个事物或者问题进行量化，这是人们讨论一个问题的基础。唯有将其量化，才能变得更加可以分析。对包容性金融的认识也是如此。除非我们能够很好地衡量和量化包容性金融发展问题，否则我们对包容性金融根本无从谈论。

从国际上来看，一些国际组织和国家均在测量包容性金融发展进程。金融包容联盟等专门性国际组织成立，进一步推动对包容性金融的研究实践，督促各国明确做出包容性金融相关承诺，组织研究开发金融包容指标体系，评估各国包容性金融工作成效。

从国内看，人民银行总行呼吁建立包容性金融指标体系。周小川行长讲："包容性金融发展在我国还处于起步阶段，如何根据我国经济金融发展实际，借鉴国际公认的战略框架，设立清晰、合理、有效的包容性金融战略目标，建立一套与战略相匹配的政策体系和指标体系，是一项具有深远意义的工作。"因此，立足于人民银行视角，建立包容性金融指标体系是人民银行的一项重要工作。

　　包容性金融指标是包容性金融体系建设中的衡量标尺。首先，具体化、数量化的包容性金融指标体系能够避免定性描述所存在的主观性强、随意性六、评估结果模糊等弊端，从而比较客观、科学地反映包容性金融发展实际状况。其次，战略制定者和政策实施者通过包容性金融指标体系的评估结果，能够更加合理地设定包容性金融战略目标和政策重点，还可以根据指标的动态监测情况，适时调整阶段性目标与具体政策。最后，具备可比性的包容性金融指标体系能够客观反映本国或地区在不同指标上与标杆国家或地区的差距，为借鉴先进经验提供数据参考。因此，本文所设计的包容性金融发展指标体系（见表5），第一维度4个，第二维度10个、第三维度32个指标。

表5　　　　　　　　　　　包容性金融发展统计指标体系

均衡性	金融硬件设施及人员	每万人金融机构网点数量
		每平方公里 ATM 数量
		每平方公里 POS 机数量
		每平方公里助农取款点数量
		每万人金融机构服务人员数量
	对弱势群体的扶持	助学贷款余额/各项贷款余额
		下岗失业人员贷款余额/各项贷款余额
		涉农贷款余额/各项贷款余额
		小微企业贷款余额/各项贷款余额
和谐性	银行业经营	银行利润总额
	个人支付成本的可负担性	银行中间业务收入/居民人均可支配收入
	金融需求总量和结构（同时反映金融配置效率）	年末存款余额/GDP
		年末贷款余额/GDP
		年末贷款余额/存款余额
		人均存款
		人均贷款
		人均保费额
		人均银行卡持有量
		人均银行卡的使用次数
安全性	金融风险/资产质量	资产/负债
		不良资产/资产
	金融消费者权益保护	金融服务投诉率
	社会信用环境	个人信用档案建档率
		企业信用档案建档率

续表

		小贷公司贷款余额/各项贷款余额
公平性	新型农村金融机构	村镇银行贷款余额/各项贷款余额
		农村资金互助社贷款余额/各项贷款余额
		小贷公司家数
		村镇银行家数
		农村资金互助社家数
	新型支付渠道发展	网络支付客户比
		手机支付客户比

（五）对本文包容性金融指标体系的评价

本文所设计的包容性金融发展指标体系在遵循现有指标体系设计规则的基础上，基于央行视角，以周小川行长对包容性金融的界定为基础所提炼出包容性金融的四个特征为切入点，加之以潘功胜副行长对包容性金融体系所涵盖的内容为分类维度，构造出了衡量央行推动包容性金融工作进程的指标体系。

该指标体系的创新点有四个方面：一是涵盖需求方指标。现存包容性金融指标体系的设计基本都是从供给方单维度进行衡量，缺少衡量需求方的指标，基于人民银行的履职需求，本指标体系中纳入衡量需求方指标。二是拓展了包容性金融指标体系衡量内容。现有指标体系基本是衡量服务的可得性，而本文所设计的指标体系，由于针对央行进行的特定设计，因此还囊括了金融市场、金融机构以及金融消费者保护权益方面的内容。三是引入评价金融资源配置效率的指标。在和谐性维度下的"年末存款余额/GDP、年末贷款余额/年末存款余额"不仅反映金融需求总量和结构，而且反映金融资源配置效率。四是可比性功能较为强大。从区域对比来看，不仅能实现国内与国际的对接，而且能在国内各省市、城市与农村间对比；从对比内容来看，不仅能从整体上进行比较，而且能对单项进行对比；从时序方面看，不仅能进行截面数据的对比，而且能进行时间序列的对比。

五、县域包容性金融发展评价分析

本文所设计的指标体系由于在比较分析方面有多维度功能，鉴于包容性金融应该是针对那些难以享受传统金融基本服务的弱势群体，本文选取县域这一维度进行跨省分析，也就是比较分析各省县域包容性金融发展状况。

（一）数据的收集及筛选后的指标体系

本文收集的是2014年底各省、直辖市县域截面数据，主要来自于中国人民银行金融统计监测管理信息系统。由于该指标体系处于理论探索阶段，在数据采集阶段，依据现有数据源进行采集导致数据不是很完善。因此，本文对原设计指标进行了一定删减，删减后的指标体系（见表6）。由于缺少"安全性"这一维度，且考虑到县域间金融安全性的差异较大，因此无法对省际县域包容性金融进行综合评价，下文仅从"均衡性"、"和谐性"和"公平性"逐一进行单项分析，对我们了解省级县域包容性金融发展状况还是具有一定的意义。

表6　　　　　　　　　　删减后包容性金融发展指标体系

均衡性	金融硬件设施及人员	每万人金融机构网点数量
		每万人 ATM 数量
		每万人 POS 机数量
		每万人金融机构服务人员数量
	对弱势群体的扶持	助学贷款余额/各项贷款余额
		涉农贷款余额/各项贷款余额
		小微企业贷款余额/各项贷款余额
和谐性	金融需求总量和结构（同时反映金融配置效率）	年末存款余额/GDP
		年末贷款余额/GDP
		人均存款
		人均贷款
		人均保费额
		年末贷款余额/年末存款余额
公平性	新型农村金融机构	小贷公司贷款余额/各项贷款余额
		村镇银行贷款余额/各项贷款余额
		农村资金互助社贷款余额/各项贷款余额
		小贷公司家数
		村镇银行家数
		农村资金互助社家数

（二）数据分析

1. 均衡性的分析

（1）考察变量是否适合做因子分析

从原有变量的相关系数矩阵以及表7巴特利特球度检验和 KMO 检验可知，原有变量适合进行因子分析。主要是大部分变量的相关系数较高，各变量呈较强的线性关系，能够从中提取公共因子；同时表7巴特利特球度检验和 KMO 检验可知，巴特利特球度检验统计量的观测值为 103.450，相应的概率 p 接近 0。

如果显著性水平 α 为 0.05，由于概率 p 小于显著性水平 α，应拒绝零假设，认为相关矩阵与单位矩阵有显著差异。同时 KMO 值为 0.546，根据 Kaiser 给出了 KMO 度量标准可知原有变量适合进行因子分析。

表7　　　　　　　　　巴特利特球度检验和 KMO 检验

KMO and Bartlett's Test		
Kaiser – Meyer – Olkin Measure of Sampling Adequacy.		0.546
Bartlett's Test of Sphericity	Approx. Chi – Square	103.450
	df	21
	Sig.	0.000

（2）提取因子

根据图4因子的碎石图可以看到：第1个因子的特征根值很高，对解释原有变量的贡献最大，第5个以后的因子特征根值都较小，对解释原有变量的贡献很小，可被忽略，因此提取4个因子是合适的。

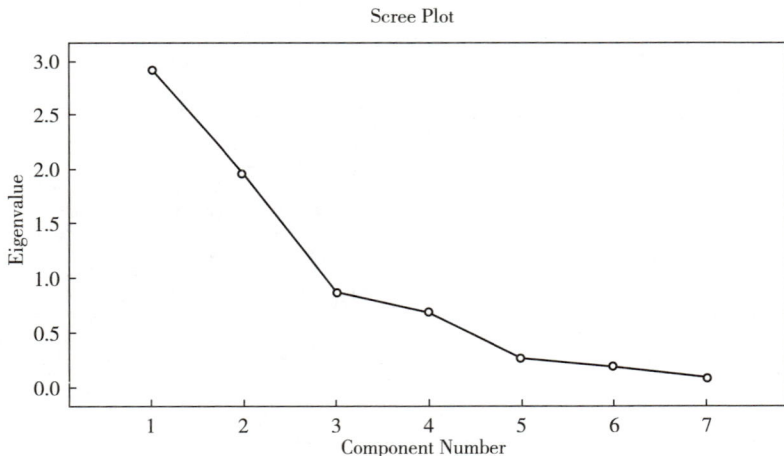

图4　因子的碎石图

同时由表8可知，提取指定4个因子，该4个因子共解释了原有变量总方差的92.148%。同时因子旋转后，累计方差并没有改变，也就是没有影响变量的共同度，但却重新分配了各个因子解释原有变量方差，改变了各因子的方差贡献，使得因子更易于解释。

表 8   因子解释原有变量总方差的情况

Component	Initial Eigenvalues			Extraction Sums of Squared Loadings			Rotation Sums of Squared Loadings		
	Total	% of Variance	Cumulative %	Total	% of Variance	Cumulative %	Total	% of Variance	Cumulative %
1	2.922	41.747	41.747	2.922	41.747	41.747	1.879	26.840	26.840
2	1.958	27.973	69.720	1.958	27.973	69.720	1.792	25.600	52.440
3	0.877	12.531	82.251	0.877	12.531	82.251	1.769	25.279	77.719
4	0.693	9.897	92.148	0.693	9.897	92.148	1.010	14.429	92.148
5	0.274	3.911	96.059						
6	0.190	2.717	98.776						
7	0.086	1.224	100.000						

Extraction Method: Principal Component Analysis.

（3）因子得分

由表 9 因子载荷矩阵，可以写出省级县域包容性金融发展的均衡性的因子分析模型，其中各个因子的得分函数为：

表 9   因子载荷矩阵

Component Matrix[a]	Component			
	1	2	3	4
Zscore（每万人 ATM 数量）	0.900	−0.008	−0.007	0.314
Zscore（每万人金融机构服务人员数量）	0.871	0.184	0.094	−0.263
Zscore（每万人 POS 机数量）	0.836	−0.065	−0.282	0.410
Zscore（每万人金融机构网点数量）	0.784	0.087	0.355	−0.430
Zscore：涉农贷款余额/各项贷款余额	−0.081	0.915	−0.187	−0.138
Zscore：小微企业贷款余额/各项贷款余额	0.004	0.890	−0.317	0.038
Zscore：助学贷款余额/各项贷款余额	−0.182	0.532	0.726	0.389

Extraction Method: Principal Component Analysis.

$$F_1 = 0.9x_1 + 0.871x_2 + 0.836x_3 + 0.784x_4 - 0.0815x_5 + 0.004x_6 - 0.182x_7$$

$$F_2 = -0.008x_1 + 0.184x_2 - 0.065x_3 + 0.087x_4 + 0.915x_5 + 0.89x_6 + 0.532x_7$$

$$F_3 = -0.007x_1 + 0.094x_2 - 0.282x_3 + 0.355x_4 - 0.187x_5 - 0.317x_6 + 0.726x_7$$

$$F_4 = 0.314x_1 - 0.263x_2 + 0.41x_3 - 0.43x_4 - 0.138x_5 + 0.038x_6 + 0.389x_7$$

（4）综合评价

对各省县域包容性金融的均衡性总体的评价，采取计算因子加权总分的方法，其中权重的确定，仅从单纯的数量上考虑，以4个因子的方差贡献率为权重，于是，计算公式为：$F = 0.2684F_1 + 0.256F_2 + 0.25279F_3 + 0.14429F_4$

因此，各省县域包容性金融的均衡性总体得分及排名（见表10）。由于对数据进行标准化处理，因子得分的均值为0，标准差为1，因此结果会出现负值，负值表示低于平均水平，正值表示高于平均水平。

2. 和谐性的分析

同均衡性的分析一样，最终的综合评价见表9，具体计算公式为：

$$F = 0.44845F_1 + 0.31429F_2 + 0.21799F_3$$

其中：

$$F1 = 0.929x_1 + 0.927x_2 + 0.871x_3 + 0.039x_4 + 0.302x_5 + 0.345x_6$$

$$F_2 = 0.316x_1 - 0.065x_2 + 0.239x_3 + 0.979x_4 + 0.875x_5 + 0.005x_6$$

$$F_3 = 0.108x_1 + 0.282x_2 + 0.411x_3 - 0.186x_4 + 0.368x_5 + 0.937x_6$$

3. 公平性的分析

同均衡性的分析一样，最终的综合评价见表9，具体计算公式为：

$$F = 0.30147F_1 + 0.19135F_2 + 0.18839F_3 + 0.17289F_4$$

其中：

$$F1 = 0.494x_1 - 0.125x_2 + 0.049x_3 + 0.491x_4 + 0.331x_5 - 0.015x_6$$

$$F_2 = -0.299x_1 - 0.039x_2 + 0.179x_3 + 0.046x_4 + 0.213x_5 + 0.872x_6$$

$$F_3 = 0.332x_1 + 0.025x_2 + 0.893x_3 - 0.099x_4 - 0.110x_5 + 0.185x_6$$

$$F_4 = 0.026x_1 + 0.998x_2 + 0.015x_3 - 0.19x_4 + 0.053x_5 - 0.03x_6$$

表10　　　　中国各省县域包容性金融发展情况及相关经济情况排名表

省份		均衡性		和谐性		公平性		GDP排名	
		得分	排名	得分	排名	得分	排名	GDP	人均GDP
东部	河北	-0.5110	20	-0.4295	14	0.2886	7	4	12
	辽宁	0.8433	6	-1.0006	19	0.2714	8	12	6
	江苏	1.5575	2	3.8267	2	0.0944	10	2	1
	浙江	2.8598	1	7.5695	1	0.8760	1	5	3
	福建	1.0305	4	1.2190	5	-0.2582	21	8	4
	山东	0.2148	12	0.3959	8	0.0865	11	1	5
	广东	-0.0420	16	-1.3949	23	-0.4184	25	9	16
	海南	0.2808	11	-1.1826	21	-0.7323	27	25	20

续表

省份		均衡性		和谐性		公平性		GDP 排名	
		得分	排名	得分	排名	得分	排名	GDP	人均 GDP
中部	山西	0.2821	10	− 0.2042	11	0.8348	3	20	19
	吉林	0.3532	9	− 0.9763	18	0.3954	6	17	7
	黑龙江	− 0.3035	17	− 1.4683	25	− 0.0538	17	18	13
	安徽	− 0.7843	23	− 0.8489	17	0.2497	9	13	26
	江西	− 0.7584	22	− 0.8013	16	− 0.0319	16	14	22
	河南	− 0.9404	25	− 2.2718	28	0.4205	4	3	17
	湖北	− 0.3222	18	− 1.3973	24	− 0.1727	19	10	15
	湖南	− 0.8951	24	− 1.9748	27	− 0.3792	24	6	14
西部	内蒙古	0.9799	5	− 0.7950	15	0.4138	5	11	2
	广西	− 0.3581	19	− 1.2952	22	− 0.0113	15	19	23
	重庆	0.5752	8	0.0266	10	0.8738	2	23	18
	四川	0.0235	15	− 0.3669	13	0.0627	12	7	21
	贵州	− 1.4350	28	− 1.0012	20	− 0.3720	23	22	24
	云南	− 1.1923	27	0.0429	9	0.0120	14	16	25
	西藏	− 1.1057	26	3.1391	3	− 0.5103	26	28	27
	陕西	− 0.5136	21	− 1.6632	26	− 0.1967	20	15	8
	甘肃	0.1212	14	0.6286	7	− 0.2769	22	24	28
	青海	0.7132	7	− 0.3461	12	− 0.7934	28	26	10
	宁夏	1.0812	3	1.6582	4	− 0.1589	18	27	9
	新疆	0.1326	13	1.0998	6	0.0332	13	21	11

（三）结论

一是从全国省级县域范围来看，均衡性、和谐性、公平性处于平均发展水平以下的比例都较高（见表 11）。其中"均衡性"为 46.4%，"和谐性"为 64.3%，"公平性"为 50.0%。

表 11　　　　省级县域包容性金融发展处于平均水平以下的情况

		均衡性	和谐性	公平性
全国	数量	13	18	14
	占比	46.4%	64.3%	50.0%
东部	数量	2	4	3
	占比	15.4%	22.2%	21.4%

		均衡性	和谐性	公平性
中部	数量	6	8	4
	占比	46.2%	44.4%	28.6%
西部	数量	5	6	7
	占比	38.5%	33.3%	50.0%

从"均衡性"来看，中部省级县域处于包容性金融发展平均水平以下的比例最高，为46.2%，这与中部省份县域人口较多有很大关系。西部次之，而东部最低。这主要与东部地区硬件基础设备特别是POS机数量多以及金融机构服务人员数量大有直接关系。特别是江苏、浙江的POS机数量、金融机构服务人员数量均位居全国之首（见表12）。

从"和谐性"来看，是这三个单项中发展最弱的。其中东部、西部省份中半数处于全国平均水平以下，而中部省份全部处于平均水平以下。主要与金融资源的配置效率过低有很大关系（见表12）。金融和谐性高的省份，金融效率也较高，且一产、二产、三产的结构协调性也相对较好，以浙江、江苏为例，三产比例一般是在10:50:40这个比例左右波动。因此，从和谐性中可以看到包容性金融发展确实可以起到优化经济机构的作用，实质是通过提高金融资源分配效率的途径，引导经济社会资源的均衡配置，使资源配置与经济发展相协调。具体是通过将储蓄有效地转化为投资，从而提高其生产性投资水平，提高存量资本和新增资本配置效率，降低交易成本和信息成本，进而促进经济增长。同时，从金融服务方面来讲，金融服务的可得性也相对较高。

表12 全国省级县域金融设施配备及金融资源配置效率数据

		每万人POS机数量	每万人金融机构服务人员数量	年末贷款余额/GDP	年末贷款余额/年末存款余额
东部	河北	49	27	0.53	0.52
	辽宁	24	37	0.42	0.60
	江苏	133	38	0.71	0.73
	浙江	128	49	1.30	0.92
	福建	86	35	0.66	0.82
	山东	89	32	0.51	0.72
	广东	26	20	0.45	0.49
	海南	52	18	0.47	0.40

续表

		每万人 POS 机数量	每万人金融机构服务人员数量	年末贷款余额/GDP	年末贷款余额/年末存款余额
中部	山西	21	31	0.56	0.45
	吉林	25	35	0.43	0.68
	黑龙江	22	31	0.48	0.70
	安徽	27	19	0.62	0.56
	江西	24	19	0.58	0.57
	河南	26	21	0.35	0.51
	湖北	33	22	0.41	0.45
	湖南	32	19	0.35	0.47
西部	内蒙古	38	42	0.36	0.82
	广西	36	20	0.56	0.60
	重庆	28	26	0.62	0.53
	四川	43	21	0.59	0.49
	贵州	21	15	0.64	0.70
	云南	30	13	0.76	0.63
	西藏	17	18	1.26	0.56
	陕西	21	21	0.38	0.48
	甘肃	17	23	0.96	0.65
	青海	25	23	0.61	0.60
	宁夏	54	37	0.86	0.96
	新疆	53	33	0.67	0.65

从"公平性"来看，发展强弱依次为东中西。主要是由于经济的发展程度在一定程度上决定中小金融机构、合作金融组织以及小贷公司等民间金融体系的建立。从农村新型金融机构的贷款额度来看，各省在各项贷款中的比例基本在 3% 以下，相差不大；从机构数量来看，各省的差异较大，且以小贷公司数量最多，村镇银行次之，且数量多少与经济发展水平直接相关。西部地区新型农村金融机构的数量相对东部、中部偏少。

二是从区域范围来看，区域内各省的发展存在极大的不均衡。从东部来看，浙江、江苏这三项整个排名较为靠前，而广东、海南的整体排名较为靠后；从中部来看，山西的排名较为靠前，而黑龙江、江西、湖北、湖南整个排名较为靠后；从西部看，宁夏、新疆、内蒙古的整体排名较为靠前，而贵州、陕西的整体排名较为靠后。

三是同一省份的内部发展极不均衡。较为典型的如福建，它的均衡性、和谐性在全国的排名为4.5，而公平性为21；河南的公平性在全国的排名为4，而均衡性、和谐性的排名较为落后，分别为25、28；宁夏的均衡性、和谐性在全国的排名较为靠前，分别为3、4，但是公平性却为18。

（四）建议

一是制定包容性金融的整体规划。从本文的分析中得知，包容性金融发展程度高的省份，经济发展必不会差，而且经济结构相对较为优化，而且在金融效率、金融公平方面确实处于领先。包容性金融是解决我国目前经济结构调整、产业转型升级、社会公平的有力手段。因此，国家首先应意识到发展包容性金融的急迫性。但同时发展呈现区域、省际、省内的不均衡，以及同一主体包容性金融单项间发展的不均衡，因此应快速、通盘谋划制定战略规划，明确发展路径，特别是针对发展的薄弱环节。

二是完善包容性金融指标体系并建立统计制度。由于包容性金融指标体系涉及的内容广，指标多，因此指标体系的科学性、全面性、操作性是关键，不同部门要依据其自身履职需求建立相应的指标体系，这样才能增强监测效果的针对性；同时大量数据的获取确实存在一定的难度，特别是在测算主体间差异较大的情况下，数据不全面不仅对包容性金融发展状况衡量有失偏颇，而且对被评价主体来讲也是有失公平。因此，人民银行应立足央行履职需求，构建包容性金融发展指标体系，同时建立相应的统计制度，保证数据的可得性、连续性，便于对包容性金融发展进行多维度评价。

三是要注重金融监管。自美国金融危机之后，各国金融安全都被放到了重要位置。我国在发展包容性金融方面处于起步萌芽状态，加之我国目前经济处于下行期、压力较大，而且结构处于调整期、阵痛期，因此稳字当前，首先要力求整个金融体系的安全、稳定，之后再谈发展，因此金融监管必须要高度重视，落到实处。

四是创新金融服务模式。经济在不断发展，金融需求也必定越来越多样化，那么传统的服务模式必与之不相匹配，不能有效满足金融需求的变化，因此，应针对金融需求的难点，有效创新金融服务模式。比如广东，针对中小企业抵押难、融资成本高等难题，成立首家小微企业贷款保证保险服务中心，不仅提供无抵押贷款，而且贷款发放快捷，同时融资成本大幅降低，有效解决了小微企业发展和经济转型升级的难题。

五是大力发展电子化金融产品。由于地理环境因素影响，特别是金融机构物理网点难以到达或者不够便利的地方，要通过电子化金融产品来提升金融服务的便利性，弥补传统金融服务的弊端，满足那些偏远地区弱势群体的有效基本金融服务需求。

六、展望

鉴于基础数据源的可得性，本文的初衷未能全部实现：

一方面指标体系中所涵盖的指标未能全部纳入考核。一是体现普惠金融政策性导向的助农取款点的设置，二是反映银行业持续经营状况以及个人或企业对金融服务成本的可负担性。但由于助农取款点的设置在全国范围内还处于推进状态；银行业虽然目前遭遇经营压力，但总体上还保持持续经营；个人对金融服务成本可负担性的考虑也并不多，主要是关注服务的可得性；因此本文的测算结果，在某种程度上还是能够反映目前县域包容性金融的整体发展状况及其之间的差异性、特色性。

另一方面未能实现包容性金融的纵向动态对比。本文所选取的数据是截面数据，进行的是横向对比，但是不能观察包容性金融发展的具体动态变化过程。但是对于了解省际间县域金融的总量情况和结构情况还是具有一定的参考价值。

其实不只笔者，很多研究包容性金融的学者、专家也苦于数据的可得性，对于包容性金融的发展只能是大概估计，而不能准确的定量判断。这不仅仅影响包容性金融发展进程的测度，更多的是妨碍包容性金融对经济发展的正向作用，因此希望科学的包容性金融发展动态监测指标体系以及包容性金融发展统计制度可以尽快建立。

移动金融信息优势影响研究

——移动金融与互联网金融、传统金融的碰撞与比较

中国人民银行郑州中心支行办公室课题组[①]

摘要： 随着4G技术的商用推广和移动智能终端设备的普及，移动互联网深深影响了社会的各行各业，移动金融作为新型的、融合的新型金融业态应运而生，在安全性、便捷性、灵活性等诸多方面，打破了传统金融机构的服务方式，并展示出巨大的潜力和广阔的市场前景。从发展现状看，我国移动金融仍处于发展的初级阶段，在具体形式上主要表现为互联网金融的移动化趋势及基于移动特性产生的移动银行、移动支付等新型业态，尤其是在移动支付方面，人民银行等相关行业主管部门正在积极出台各项政策，支持移动金融产业的规范有序发展。由于移动金融因同时具备互联网金融特性和移动特性，多元化趋势更加明显，其影响范围和程度也超越了传统的互联网金融范畴，在推动金融行业整体增益的同时，也对我国金融产业发展和金融监管体制带来了诸多深远影响。

本文以移动金融和互联网金融、传统金融的碰撞与比较分析为主线，首先基于互联网金融起源与发展路径的辨析，得出了移动金融和互联网金融在缓解信息不对称层面有机统一，但同时具备独具特色的个性化特征，是对互联网金融继承与发展的结论，基于此进一步分析得出了移动金融的内涵。其次，从移动金融和互联网金融缓解信息不对称的本质共同点出发，对移动金融和互联网金融的信息优势进行了系统的对比分析，认为互联网金融由于缺乏3A（Anytime、Anywhere、Anyhow）特性，在数据生产能力、数据来源渠道等方面存在瓶颈制约，而移动金融基于移动互联网的便捷性、对长尾市场的有效覆盖性及线上线下融合发展等优势，有效扩充了信用数据生产通道，丰富了数据生产场景，为金融行业基于数据信息流和信用资本评估开拓创新奠定了坚实的基础。再次，基于移动金融的信息优势，本文通过建立一个信息经济学的理论分析框架，从

---

① 课题主持人：尹清伟　高级经济师；

课题组成员：高鹏、卫晓锋、蒋靖亚、宋鹏飞、李星伟、焦夏洋、卢艳革、屈瑞亭。

理论层面推导出信息不对称制约传统金融支持实体经济发展的影响机理以及移动金融如何通过赋予企业信用资本、采集企业的"软信息"来缓解融资双方信息不对称状况，从而尽可能多地获知借款人的经营信息，使优质的借款人能够低成本地展示自身经营状况，进而获得融资支持。基于上述分析研究，本文得出了移动金融基于信息优势将产生的新影响和新挑战，具体而言，一是移动金融将促进整个经济社会的全面数字化。二是移动金融的信息优势凸显，使得信用评估成本降低，将推动金融行业向风险信息经营业演进，信息处理将构成金融业的核心业务，信用资本将构成金融业的核心要素，以移动信息为基础的大数据应用也将得到快速发展。三是由于移动金融的"鲇鱼效应"，金融机构将以信息为中心进行多方位的变革，包括业务重构、理念创新、边界拓展等。四是将对现行金融监管体制带来巨大挑战，移动金融的虚拟化、去中心化、跨界、混业等特征将对分业监管体制和金融监管手段的有效性造成冲击，并对消费者权益保护提出更高要求。最后，结合我国实际，本文提出了有关政策建议，包括推动移动互联网和金融的深度融合、充分发挥移动金融信息优势、整合移动金融产业链、改革完善调控和监管框架等。

关键词： 移动金融　互联网金融　信息优势　影响

第一章　绪　论

一、选题背景和研究意义

近些年来，随着智能移动终端的日益普及，移动通信互联技术飞速发展，移动社交、移动媒体、移动娱乐等一大批移动互联网应用已经渗透到人们生活的各个角落，移动互联网和各行各业的产业融合趋势明显，有效扩展了智能终端在各个领域的应用场景，人们的网络访问习惯、信息获取手段和方式方法也随之发生了翻天覆地的变化。中国互联网络信息中心发布的《2015年中国互联网络发展状况统计报告》显示，手机旅行、移动理财、移动医疗、移动娱乐及各类O2O市场均出现了爆发式增长。在网络用户方面，截至2014年12月末，中国网民规模达6.49亿，全年共计新增网民3 117万人。互联网普及率为47.9%，较2013年底提升了2.1个百分点。其中，中国手机网民规模达5.57亿，较2013年底增加5 672万人。网民中使用手机上网人群占比由2013年的81%提升至85.8%。

在移动互联网推动多方位产业融合的大背景下，移动信息技术的应用由于打破了时间、空间等条件的阻隔，也为传统金融行业的创新应用提供了广阔的施展空间，迅速推动了移动互联网和传统金融行业的产业融合，并因此催生了一个重要的新型业态：移动金融。移动金融由于同时兼备移动和互联两个属性，业态也更加丰富多元化，在推动以 P2P、众筹为代表的互联网金融行业向移动化、智能化靠拢的同时，移动支付、金融信息咨询、云计算、大数据分析等众多创新应用也崭露头角。移动金融同时对商业银行金融服务的提供手段产生了重大影响，在便利性、灵活性、安全性等方面推动商业银行传统金融服务方式产生了革命性变革，业界甚至有人认为移动金融代表了商业银行未来的发展方向。2013 年 8 月，国务院印发《关于促进信息消费扩大内需的若干意见》（国发〔2013〕32 号），将"大力发展移动支付"、"建设移动金融安全可信公共服务平台"列入促进信息消费、扩大内需的重要举措。2014 年 5 月，国家发改委、人民银行印发《关于组织开展移动电子商务金融科技服务创新试点工作的通知》，明确加快推动移动金融基础设施建设，开展移动金融创新试点工作。2015 年 1 月，人民银行印发《关于推动移动金融技术创新健康发展的指导意见》（银发〔2015〕11 号），明确了移动金融技术创新健康发展的方向性原则和保障措施。上述政策的纷纷出台，标志着移动金融正式进入决策层视野，成为金融改革与发展的一个重要热点问题。

移动金融对于我国发展普惠金融具有重要的实践指导意义。在党的十八届三中全会通过的《中共中央关于全面深化改革若干重大问题的决定》中明确提出，鼓励金融创新，丰富金融市场层次和产品，发展普惠金融，让发展成果更多更公平地惠及全体人民。中国人民银行原副行长李东荣在 2014 年 8 月 28 日举办的第十五届中国金融发展论坛的讲话中曾指出：移动互联网不仅继承了互联网分享、开放、互动的优势，而且可实现随时、随地、随身的互联互通，从而在金融领域具有更广泛的应用空间，在促进我国普惠金融发展中大有可为。具体而言，一是移动金融有利于推动国家消费升级和经济转型；二是有利于加快金融服务融合和创新发展；三是有利于满足百姓对普惠金融发展的需求。近年来，中国人民银行、国家发改委和工信部等部门在标准规划、基础设施建设、检测认证体系完善、试点推动、产业支持等方面采取了一些举措，为移动金融在我国的发展奠定了必要的基础，营造了良好的氛围，我国移动金融也迎来了加快发展的关键时期。

同时，我们应该看到，目前我国移动金融产业发展刚刚起步，各方对移动金融可能产生的诸多影响等方面的看法尚不统一，政策应对、监管体制也尚不健全。鉴于此，本课题站在分析研究移动金融内涵、对传统金融行业的影响机理、可能产生的影响结果和趋势的角度，以移动金融与互联网金融、传统金融的碰撞与比较为主线，系统性地研究了移动金融对现行金融业态、金融监管等层面可能产生的多方面影响，并结合我国国情，提出了相关建议，对行业各方看清移动金融内涵、外延特征、后续发展面临的风险难题及如何应对其影响，具有较强的借鉴意义。

二、国内外研究综述

（一）互联网金融研究综述

1. 关于互联网金融的概念

现有文献多从互联网技术、思维与精神、对金融业的影响等多个层面对互联网金融概念进行界定。例如，芮晓武、刘烈宏（2013）[①] 提出互联网金融是以互联网为资源，以大数据和云计算为技术基础的新金融模式。邓舒仁（2014）[②] 认为互联网金融是指互联网技术和互联网精神在金融行业的应用和渗透，是指依托互联网技术和思维开展的一系列金融创新，从而形成的新兴金融产品、机构、市场和模式。《中国金融稳定报告（2014）》认为互联网金融是互联网与金融的结合，是借助互联网和移动通信技术实现资金融通、支付和信息中介功能的新兴金融模式。广义的互联网金融既包括作为非金融机构的互联网企业从事的金融业务，也包括金融机构通过互联网开展的业务。狭义的互联网金融仅指互联网企业开展的、基于互联网技术的金融业务。

2. 关于互联网金融的本质

对于互联网金融本质的认识存在着争议，部分学者认为互联网金融的本质是"互联网"，更多的人认为互联网金融的本质还是"金融"。谢平等（2014）[③] 指出互联网金融下，金融的核心功能不变，股权、债权、保险、信托等金融契约的内涵不变，金融风险、外部性等概念的内涵也不变。陈志武（2014）[④] 认为互联网金融根本就不是新金融，而只是金融销售渠道、金融获得渠道上的创新。张晓朴（2014）[⑤] 认为，互联网金融并没有改变金融的功能和本质，其功能仍然主要是资金融通、发现价格、支付清算、风险管理等，并未超越现有金融体系的范畴。就此而言，互联网金融可能并不会像有些人预言的那样彻底颠覆现有的金融体系。

3. 关于互联网金融的发展趋势

对于互联网金融发展趋势，存在"颠覆论"、"改良论"、"互补论"和"融合论"等多种观点。一种观点认为互联网金融将取代传统金融，持这种观点的以谢平、宗良为代表。谢平等（2014）认为随着互联网的发展，信息不对称问题将大幅减少，交易成本将显著降低，互联网金融将逐渐逼近与瓦尔拉斯一般

---

① 芮晓武，刘烈宏. 中国互联网金融发展报告（2013）[M]. 北京：社会科学文献出版社，2014.

② 邓舒仁. 互联网金融发展与监管的文献研究 [J]. 金融纵横，2014（11）.

③ 谢平，邹传伟，刘海二. 互联网金融手册 [M]. 北京：中国人民大学出版社，2014.

④ 陈志武. 互联网金融到底有多新 [J]. 新金融，2014.

⑤ 张晓朴. 互联网金融监管的原则：探索新金融监管范式 [J]. 金融监管研究，2014（2）.

均衡相对应的无金融中介或市场情形。宗良（2013）①认为在全球范围内，互联网金融呈现三个重要趋势：一是以第三方支付、移动支付替代传统支付业务。二是以人人贷替代传统存贷款业务。三是以众筹融资替代传统证券业务。另一种观点认为互联网金融并不能取代传统金融，而只是在一定程度上激励传统金融机构进行变革，互联网金融和传统金融更多地表现为互补并存，并逐渐融合。吴晓灵（2014）②就认为传统金融业将是互联网金融的主体，市场的竞争将迫使其强化互联网技术和多种通信技术在金融业务中的运用。邓舒仁（2014）认为互联网金融不会颠覆传统金融业，但是某些互联网金融业态具有较为广阔的发展前景，在促进金融普惠、金融民主化中将发挥重要作用。

4. 关于互联网金融带来的影响

已有的文献主要聚焦在互联网金融对金融市场、金融机构、金融监管和货币政策的影响上。

研究认为会对金融市场、金融机构造成影响。Shahrokhi（2008）③认为电子金融（E - Finance）在降低交易成本、提升服务质量以及金融服务可得性等方面具有较为明显的作用；电子金融将成为继传统金融中介和资本市场之后的第三种金融模式。申世军等（2013）④针对传统金融服务不足，指出互联网金融对金融市场功能形成有益补充，扩大了资本市场参与资金规模。周华（2013）⑤认为互联网金融提高了传统金融的包容水平，创造了第三种金融融资模式，开创了金融交易支付系统的新时代，缓解了中小企业融资难问题，推动了证券、保险市场的变革。Biagio Bossone（1996）⑥比较早地研究了电子金融对传统金融机构的影响，并利用"电路"理论分析指出未来金融市场的银行数目会减少，规模会更大，非银行机构将抢去很多金融业务，电子货币的使用将占领金融交易市场。De Young（2001）⑦中指出仅依赖于 Internet 的新银行相比传统的新银行能更快地改善其财务状况。皮天雷等（2014）⑧从渠

---

① 宗良. 全球互联网金融呈三大发展趋势［N］. 证券日报，2013 - 10 - 25.

② 吴晓灵. 从互联网金融看新金融的发展空间［EB/OL］. http：//hlwjrq.com/detail.

③ Shahrokhi, M. E - finance：Status, Innovations, Resources and Future Challenges［J］. Managerial Finance，2008（34）.

④ 申世军，朱满洲，刘若愚. 挑战还是机遇？——互联网金融对传统银行业和金融市场的影响［J］. 金融市场发展，2013（11）.

⑤ 周华. 互联网金融对传统金融业的影响［J］. 南方金融，2013（11）.

⑥ Biagio Bossone. Implications for Central Banks of the Development of Electronic Money［R］. Bank for International Settlements，1996.

⑦ DeYoung, Robert. Learning by Doing, Scale Efficiencies and Financial Performance at Inter - Only Banks［A］. Federal Reserve Bank of Chicago，2001.

⑧ 皮天雷，赵铁. 互联网金融：范畴、革新与展望［J］. 财经科学，2014（6）.

道和平台、支付和结算、信息与风险管理、服务对象与理念等方面研究了互联网金融对传统金融机构带来的冲击。四川银监局课题组（2013）[1]认为第三方支付平台一定程度上分流商业银行储蓄存款，对商业银行中间业务形成直接挤压，互联网融资短期内难以威胁商业银行贷款业务，但长期内可能因互联网快速发展导致信贷模式转变，对商业银行贷款形成直接冲击。中国人民银行（2015）[2] 研究论文认为，互联网金融能否替代传统金融仍有待实践检验，但传统金融机构与互联网的融合进程已在加快。综合来看，互联网金融加速去中介化，以及信息处理效率的极大提升，将系统性改造传统金融运营模式。徐诺金（2015）[3] 认为互联网金融方兴未艾，前景广阔，下一个战场将是移动互联。

研究认为会对金融监管造成影响。张健华（2014）[4] 认为，当前，我国"分业经营，分业监管"的体制在互联网金融条件下受到了较为严重的挑战，互联网金融在业务交叉、产品交叉下已经形成了混业事实，甚至已经跨越了金融范围。同时互联网企业在行业交叉下将形成金融控股集团模式。陶娅娜（2013）[5]指出，互联网金融作为新兴的金融实践，处于互联网、金融、科技以及通讯多个行业的交叉领域，现有金融监管法规体系尚无法完全覆盖，明显滞后于互联网金融创新发展，存在一定的监管缺位。

研究认为会对货币政策产生影响。Berk，J. M.（2002）[6] 认为电子货币的发展会对中央银行产生明显影响，主要表现在电子货币对基础货币和货币乘数的影响、对货币政策有效性的影响。Benjamin M. Friedman（1999）[7]认为，在信息技术发展下，央行控制的资产占社会交易资产的相对量日渐减小，难以影响整个市场利率，其通过基础货币来调节货币供给量，实现其货币政策目标的作用也日渐弱化。屈庆等（2013）[8] 认为互联网金融会导致银行体系外信用创造增加，通过货币供给目标来实现经济增长的效果减弱。罗俊成（2013）[9]认为互联网金融将导致货币供应量作为货币政策中介目标受到挑战，削弱法定存款准备金、再贴现、公开

---

①　四川银监局课题组．互联网金融对商业银行传统业务的影响研究［J］．西南金融，2013（12）．

②　中国人民银行．互联网金融发展的系统性影响及其应对［R］．参阅件，2015（2）．

③　徐诺金．互联网金融的发展趋势及影响［J］．征信，2015（3）．

④　张健华．我国互联网金融监管问题研究［J］．特别聚焦·互联网金融，2014（5）．

⑤　陶娅娜．互联网金融发展研究［J］．金融发展评论，2013（11）．

⑥　Berk，J. M. Central Banking and Financial Innovation. A Survey of the Modern Literature［Z］. Banca National Quarterly Review，2002．

⑦　Benjamin M. Friedman. Decoupling at the Margin：the Threat to Monetary Policy from the Electronic Revolution in Banking［EB／OL］. http：／／www. nber. org.

⑧　屈庆，陈黎，余文龙．互联网金融发展对金融市场及债券市场影响分析［J］．债券，2013（10）．

⑨　罗俊成．互联网金融对货币政策的影响［J］．经济视角（上），2013（12）．

市场操作等货币政策工具的作用，影响货币政策传导机制的有效性。

（二）移动金融研究综述

相比于互联网金融研究而言，针对移动金融有价值的研究文献较少，研究深度和层次相对较低，主要集中在手机银行和移动支付领域。

1. 关于手机银行的研究

Barnes 和 Corbitt（2003）① 认为手机银行也可称为移动银行、移动金融服务，指利用手机、PDA 以及其他移动设备等来实现客户与银行的对接。Laukkanen（2007）② 认为手机银行是一种技术创新，但同时手机银行让人们可以在任何时间、地点处理多种金融业务。汤运筹（2011）③ 指出手机银行在服务功能、服务对象的定位上，存在着手机功能不足、服务对象不广泛的问题。熊俊、陆军（2011）④ 指出跟欧美同业相比，国内手机银行针对智能手机的特色服务体系尚待进一步完善，但产品功能更丰富，安全防范层级更高。刘海二（2013）⑤ 认为手机银行在提高金融包容性水平时关键在于定价，考虑到金融包容和手机银行网络规模经济效应，其定价不宜太高，考虑到风险补偿，其定价也不宜太低。刘锡良、刘海二（2013）⑥ 强调在农村地区银行主导的手机银行水土不服，而移动运营商主导的手机银行则能够更好地契合农村金融的需要。

2. 关于移动支付的研究

《中国互联网金融发展报告（2014）》⑦ 将移动支付的运营模式分为三种，包括金融机构主导模式，移动通信运营商主导模式，第三方支付机构主导模式。李东荣（2012）⑧ 认为移动支付本质是智能化、终端化、网络化、虚拟化的银行卡，是网络经济与电子商务、金融创新与信息技术发展融合的产物，是一个跨渠道、跨行业、跨网络的金融创新平台和多应用融合载体，能够有效整合金融IC卡、互联网支付等新兴支付工具和渠道，是金融IC卡的渠道拓展和应用创新，是未来金融IC卡应用发展的新方向。姚春鸽（2008）⑨ 认为移动支付是传

---

① Barnes, S. J., & Corbitt, B. (2003). Mobile banking: concept and potential. International Journal of Mobile Communications, 1 (3), 273 – 288.

② Laukkanen, T., & Pasanen, M. (2007). Mobile banking innovators and early adopters: How they differ from other online users? Journal of Financial Services Marketing, 13 (2), 86 – 94.

③ 汤运筹. 手机银行业务发展中的问题及对策研究 [J]. 实务探索, 2011 (11).

④ 熊俊, 陆军. 国内和欧美手机银行业务发展的实践与创新 [J]. 金融论坛, 2011 (3).

⑤ 刘海二. 全球手机银行的现状、模式、监管与金融包容 [J]. 上海金融, 2013 (9).

⑥ 刘锡良、刘海二. 手机银行、农村金融与移动运营商 [J]. 武汉金融, 2013 (10).

⑦ 中国互联网金融发展报告 (2014) [M]. 社会科学文献出版社.

⑧ 李东荣. 金融IC卡与移动金融服务 [J]. 中国金融, 2012 (17).

⑨ 姚春鸽. 跨行业合作为移动支付赢取更大市场空间 [J]. 中国防伪报道, 2008 – 12.

统电信业与银行业之间的跨行业合作，两大合作主体均在积极抢占着移动支付产业价值链的主导地位，这种力量的博弈就如同一把"双刃剑"，或是会促进，或是会阻碍整个产业的发展。此时，在局部展开竞争、在整体实行合作，也许就是避免双方博弈产生负面影响的一个有效途径。

三、文献评述

从研究内容上看，国内外学者对互联网金融的研究较为全面，而对移动金融的相关研究较少，且已有的研究主要集中在移动支付、手机银行等单个业态方面，较少有研究将移动金融视为一个整体概念，深入探讨移动金融内涵、移动金融与互联网金融、传统金融的关系、对金融行业的影响等。因此，现有研究在前瞻性、创新性、系统性和完备性等方面仍较难契合我国移动金融产业发展现状，尤其是在移动互联网快速发展，互联网金融移动化趋势日益明显的背景下，厘清移动金融的发展趋势、业态外延及影响显得尤为重要。

从研究方法上看，现有研究大多是对客观发展状况的描述，或者是基于逻辑推理性解释说明和探讨，缺乏充分的理论和论证支撑，部分影响甚至是一种假设性判断，还不是很具有说服力。这给本文通过构建可靠的理论分析框架，运用相关理论及模型，采用定性与理论推导相结合的方法，从微观、中观和宏观等多个层面进行研究留下了空间。

四、核心概念界定

（一）移动金融

无论国外学者还是国内学者都倾向于将移动金融定义为基于移动互联网所形成的金融服务或金融产品的总称，或基于移动互联网的任何金融交易。但结合我国金融业发展实际状况，一是移动金融具有一定的创新性和外延性，基于移动终端已经衍生出新型应用，如移动支付中的线下业务，允许用户脱离移动互联网在多场景进行快速、便利的小额支付，虽然线下支付以线上交易为前提，但将该业态定义为基于移动互联网的金融服务，已显得不够准确；二是移动金融服务或产品类型多元性强，部分业务应用过程中不发生任何所有权和使用权的交易，而是面向不同个性需求的用户提供特色金融服务或金融信息推送，如基于移动终端平台的个人征信查询、金融信息服务、个人网上银行账户管理等。移动金融兼具移动和互联的特点，且移动特性的外在表现强度不亚于移动互联网的外在表现强度，但任何一种移动金融服务均以移动终端为应用载体，因此，本文将移动金融概念的界定为：用移动智能终端及近场和远程无线互联技术向用户提供金融产品和服务的总称。

（二）互联网金融

对于互联网金融的定义，总体上讲，有广义和狭义之分。从广义上讲，互联网金融是网络技术与金融服务相互融合、相互作用的产物，在互联网和移动互联网环境下开展的所有金融业务都属于互联网金融的范畴，包括银行、证券、保险等实体金融机构以互联网为媒介的线上服务，也包括互联企业在线服务平台直接或间接向客户提供的第三方金融服务。

（三）信息经济学

信息经济学是非对称信息博弈论在经济学上的应用，二者的不同主要表现在研究的着眼点上，博弈论是方法论导向，研究的主要问题是给定信息结构，如何确定可能的均衡结果。信息经济学研究的主要问题是给定信息结构，什么是最优的契约安排，因此，其又被称为契约理论或机制设计理论。信息的不对称性从两个角度进行划分，一个是非对称发生的时间，研究事前非对称信息博弈的模型称为逆向选择，研究事后的称为道德风险。根据不对称信息内容划分，研究不可观测行动的模型称为隐藏行动，研究不可观测知识的模型称为隐藏知识模型。

（四）长尾理论

"连线"杂志主编克里斯安德森（Chris Anderson）在2004年10月的《长尾》中曾提出著名的长尾理论，长尾理论可以看成是传统"二八定律"的对立命题：在传统金融市场中，金融机构的经营理论主要依据"二八定律"，帕累托分布指出，20%的人口拥有80%的财富，在经济生活中，厂商往往只关注在这20%的商品上创造80%利润的客户，而忽视了在80%商品上创造20%利润的客户，而长尾理论则刚好相反。长尾理论的基本原理是，在商品的储存和流通渠道足够大，产品的生产成本和销售成本极低时，即使那些看起来需求极低的商品也会有不错的销量，并且，这些冷门商品共同的市场份额甚至可以和那些种类单一的热门商品的市场份额相匹敌。

（五）声誉机制

互联网金融活动中，交易产生数据，数据塑造声誉，声誉体现信用。市场主体利用互联网平台的交易形成大数据信息，在重复博弈中评判对方的信用水平，充分利用声誉信息价值和声誉机制促进互联网金融的健康稳定发展。

五、研究方法与研究内容

（一）研究方法

1. 文献分析法

本课题所参考的文献包括人民银行工作论文、博硕士毕业论文、期刊、杂志及权威教材等，由于国内已有参考文献较少有对移动金融整体概念进行系统性的分析，因此，本文在保证资料高质量的同时，进行了多方位的归纳、对比和总结。

2. 对比分析法

移动金融产业是一个包含多个主体且主体之间关系错综复杂的产业体系，涉及移动互联网产业和金融产业的跨界融合，本文在占有充足文献的基础之上，采用对比分析法从互联网金融发展路径、移动金融和互联网金融的关系、移动互联网和互联网的信息优势对比等多个方面进行了综合分析，为后文的影响分析及政策建议提供依据。

3. 跨学科研究法

由于移动金融的跨界产业融合特点，本文结合移动互联网相关技术框架，并采用信息经济学这一跨学科理论模型，对移动金融的内涵、外延、影响等进行了详细的分析论证，并在此基础上提出了政策建议。

（二）研究内容

第一章为绪论，主要介绍了本课题研究的背景、意义，对国内外研究现状、相关基础理论进行了梳理，总结了本课题的研究方法、技术路线、主要内容、创新点和不足。

第二章从互联网金融入手，采用信息经济学相关理论，在梳理清楚互联网金融发展的关键路径基础之上，指出互联网金融发展动力的实质是缓解金融交易过程中的信息不对称，关键路径是覆盖信息对称条件下的长尾市场。而移动金融与互联网金融在发挥信息优势的本质层面上具有一致性，均是基于互联网思维的新型金融形态，同时，由于移动金融的"3A"特性，其在移动支付等方面与互联网金融有着重要区别，移动金融对互联网金融有继承，有发展。

第三章在得出移动金融和互联网金融在缓解信息不对称层面有机统一的结论基础之上，系统性地比较分析了移动互联网和桌面互联网、移动金融和互联网金融的信息优势差异，指出移动金融较互联网金融信息优势更加突出，有效提高了信用数据生产规模，扩充了数据生产通道，丰富了数据产生场景，为金融行业基于数据信息流进行业务创新和流程再造奠定了基础。

第四章通过建立信息经济学相关理论模型，详细推导了信息不对称在金融交易过程中对金融交易行为的微观影响机制，指出了移动金融在提高市场效率、通过赋予企业信用资本、采集企业的"软信息"来缓解融资双方信息不对称状况的作用机理。

第五章在前文研究的基础之上，对移动金融基于信息优势所带来的新影响和新挑战进行了总结分析。指出在移动金融的冲击影响下，整个经济活动的全面数字化将提速，金融业将向风险信息经营业演进，金融机构也将以信息为中心进行业务重构和多方位创新，并最终对现行金融监管体制带来挑战。

第六章基于我国实际情况，提出了促进移动金融产业健康有序发展，防范应对移动金融所产生多方面影响的政策建议。

（三）技术路线

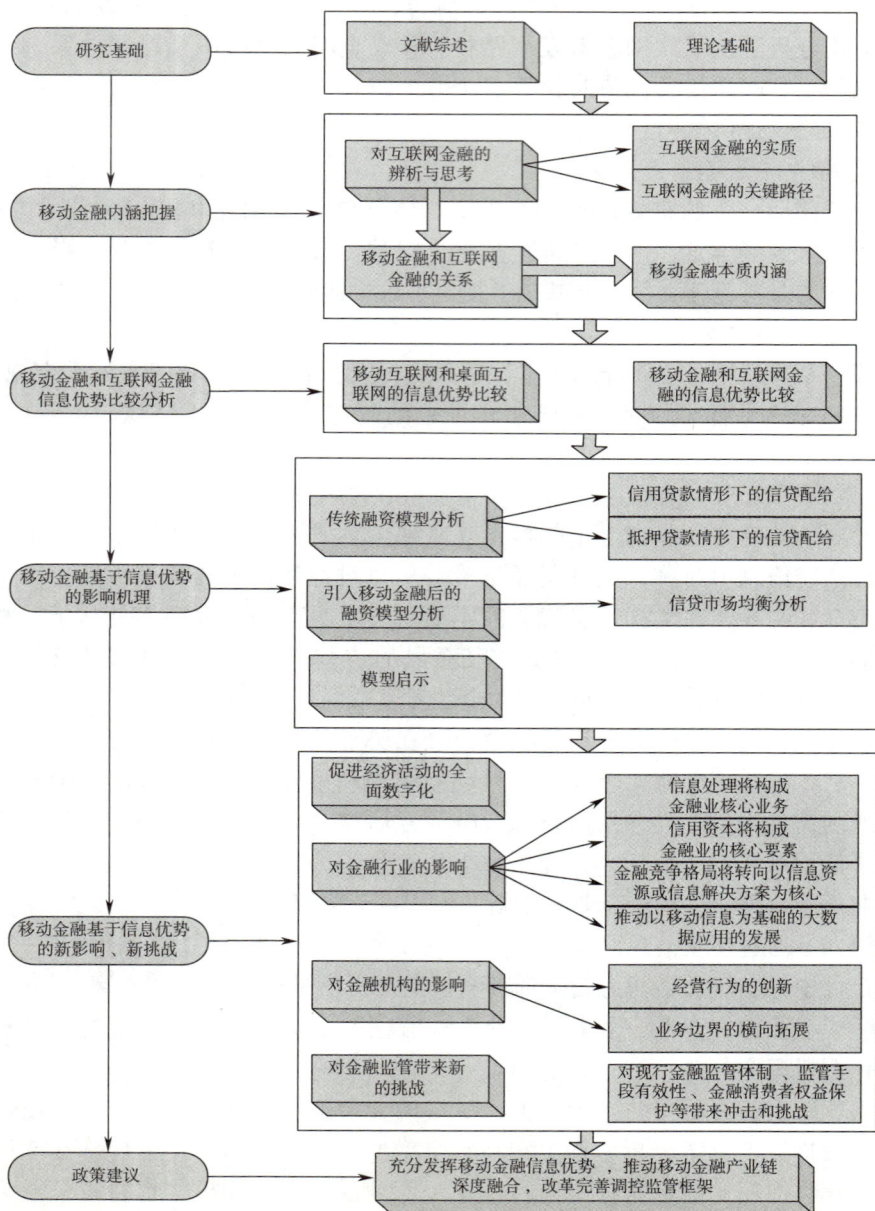

图1　本文技术路线

六、创新点和不足

（一）创新点

1. 角度的创新

一是突破了现有文献以移动支付、手机银行等移动金融具体业态为主的研究视角，通过对互联网金融起源与发展的系统性归纳总结，分析得出了互联网金融发展的根本动力和关键路径所在。在此基础上，通过厘清移动金融和互联网金融的关系，得出了移动金融和互联网金融继承与发展的关系，移动金融继承的是互联网金融的信息优势，基于移动特性则发展出近场非接支付、手机钱包等自有特征。二是在上述研究基础之上，对移动金融和互联网金融的信息优势进行了对比分析，详细阐述了移动互联网较桌面互联网、移动金融较互联网金融在数据流生产等方面的特色优势。三是以移动金融对金融业态、金融监管等层面的影响进行了系统性研究，结合我国实际提出了相关政策建议。

2. 方法的创新

一是通过以移动金融与互联网金融、传统金融的碰撞与比较为主线，深入、系统地分析了移动金融的内涵。二是通过构建信息经济学理论模型，详细论证了信息不对称制约金融资源配置效率，影响金融支持实体经济发展的作用机理以及移动金融如何通过赋予企业信用资本、采集企业的"软信息"来缓解融资双方信息不对称状况，为移动金融基于信息优势的运行机理及可能产生的影响提供了理论基础。

3. 观点的创新

一是移动金融、互联网金融在信息优势层面有机统一，未来将与传统金融呈现多元融合的发展趋势。二是得出信息的占有处理是金融"以资本为中心"和互联网"以用户为中心"之间更深层次相通所在的结论。未来，信息会替代资本在金融市场中占据核心位置，信息处理、信用资本将构成金融市场最核心的要素。三是金融资金中介功能将逐步弱化、信息中介作用将更加凸显，金融机构将回归信息收集、处理、分析的行业本质。

（二）研究的不足

1. 资料收集还不够全面

鉴于研究的人力、时间等多方面的限制，本课题对文献资料的占有还显得不够充分，而且移动金融作为一个全新的产业，发展刚刚起步，研究的文献资料不够系统，限制了资料收集的全面性，因此，在有限的文献资料基础之上，本文研究难免会有所疏漏，也可能会影响本课题部分论证的准确性。

2. 定量研究不足

本课题研究过程中，定量研究还不够充分，主要是由于移动金融产业发展时间较短，而且移动金融作为一个产业融合概念，涉及移动通信、互联网和金融三个行业，较难筛选出有足够序列长度、较完备的结构性数据。如何进一步完善研究方法，增强严谨性和精准性，是本课题的下一个努力方向。

第二章　移动金融的内涵把握——基于互联网金融的辨析与思考

一、互联网时代推动互联网金融的起源与发展

（一）国外互联网金融的起源与发展：市场空白区域的自主创新

互联网金融最早起源于国外，以 P2P 和众筹为例，P2P 最早起源于英国，2005 年 3 月，全球首家 P2P 平台 Zopa 网站开始在英国伦敦运营，标志着基于网络的 P2P 借贷模式的诞生。Zopa 的出现与发展，完全是基于创始者理查德－杜瓦和詹姆斯－亚历山大等人对市场需求的前瞻性判断，在整个交易过程中仅仅提供信息中介服务、交易撮合服务和信用评估服务，平台收费公开透明，一旦交易撮合成功，Zopa 不参与双方交易过程。Zopa 的融资项目大多是个人之间的小额借贷，借款人可借入 1 000～15 000 英镑，贷款人可贷出 200～25 000 英镑，而且整个交易过程基于网络数据进行信用评估，方便快捷，效率成倍提高，与小众化、个性化、多样化的尾部市场需求进行了有效对接。因此，Zopa 一经出现，便取得了飞速发展，美国、其他欧洲国家，包括中国相继出现了 P2P 平台。

众筹是英文 Crowdfunding 一词的中文翻译，意思是汇集多人投资的力量，支持他人的项目，众筹模式涉及一系列的参与者，包括项目发起人、参与众筹项目的大量人群以及众筹平台本身。众筹起源于美国，ArtistShare 被公认为全球首家众筹网站，该网站具有一定的草根性和公益性，目的仅仅是为了汇集粉丝的众多小股力量以支持艺人的作品创作，投资回报形式也一般是最终的艺术作品，如在线下载权和观看权等。ArtistShare 出现后，众筹模式渐渐进入人们的视野，募集资金的用途、项目种类也日益宽泛，从艺术领域快速扩展到各种创意项目，包括电影、技术等，再到后来的包罗万象，任何项目均可众筹，以及经过外部延伸的股权众筹等。

从 P2P 和众筹在国外的起源，至少可以看到以下共同点：

一是互联网金融平台均扮演着信息中介的重要角色，金融交易需求双方均可通过互联网平台发布自身信息，并有充分的自主选择权和决定权，有效打破了信息壁垒。

二是通过互联网金融平台，金融交易双方可直接对接，而不需要传统金融机构的参与，投资人和筹资人关系更加平等。

三是金融交易的小众色彩鲜明，具备典型的积少成多特点，在为广泛小额投资项目募集资金的同时，也为零散多样的小众资金开辟了投资出路。

（二）独具特色的国内互联网金融：来自电商的创新

美国、英国等国家的市场机制相对较为健全，微观主体创新能力强，因此互联网金融起源与发展的自发性更强。而国内互联网金融的起源与发展则独具特色，电商在整个过程中扮演着至关重要的角色，甚至是推动互联网金融在国内发展的直接动力。电商推动我国互联网金融的发展，有其历史必然性，一是电商诞生于互联网兴起时代，经过一段时间的运营和积累，掌握了海量的网络数据，包括线上企业的交易信息、订单信息、运营信息，直至交易双方的信用信息，与合作商户及个人的信息数据来往，使电商具备了其他行业都无可比拟的优势；二是电商以互联网为平台开展各类交易业务，产业链上集聚了大量的供应商，资金交易和实物交易频繁，产业链上的各个节点对金融服务的需求也更加强烈；三是电商与互联网公司合作，或者有些互联网公司就兼营电商业务，这为电商发展互联网金融业务奠定了技术基础。上述特点决定了电商作为我国互联网金融拓荒者的历史必然性，以阿里巴巴为代表的电商领衔者率先进行了涉足金融领域的尝试。

2007 年，阿里巴巴在基于电子商务平台交易数据而构建的诚信数据基础之上，与建设银行合作，联合推出了面向个人和中小企业的信贷产品"个人助业贷款"和"速贷通"，阿里巴巴根据自身信用系统对借款人的资信状况进行评估，并向建设银行推荐客户资源，阿里巴巴与建设银行构建的信用推荐类合作模式，掀起了电商涉足金融业务的开端。在 2007—2009 年的时间里，阿里巴巴先后与建设银行、工商银行签订类似的合作协议，开辟了多类信贷产品，旨在帮助电商平台上的供应商解决融资难题。

2010 年开始，为进一步提高资金融通效率，阿里巴巴试图由信息提供者上升为直接的资金提供者，这便直接催生了阿里小贷的诞生。阿里小贷由阿里巴巴集团直接出资注册成立，2010 年 6 月，浙江阿里巴巴小额贷款股份有限公司和重庆市阿里巴巴小额贷款股份有限公司分别在杭州和重庆成立，二者合计注册资本金为 16 亿元。阿里小贷的主要目标为满足供应链上众多小微企业期限短、频率高、流动性强的生产经营资金需求。阿里小贷是电商基于互联网跨界经营、自主经营而涉足金融业务的大胆尝试，带有原始的互联网金融色彩。

（三）互联网金融的有力拓荒者：余额宝

余额宝是阿里巴巴于 2013 年推出的面向电子商务平台消费者的理财产品，

与阿里巴巴的信用信息推荐和阿里小贷一脉相承，区别在于服务对象不同，前者服务的是电商供应链上的众多商户和小微企业，后者则进一步将触角拓展到了电商平台的末端——消费者。但二者在本质层面有着统一共性，即基于互联网平台和互联网用户资源，填补传统金融服务的空白区域。传统金融机构发行的理财产品一般有信息披露机制不健全、起点高、业务办理流程标准烦琐、在赎回等方面的用户体验不友好等不足之处，导致众多散而小的、差异化需求强、占比广阔的普通消费者被排斥在外，而余额宝恰好抓住了这一关键命脉，为电商平台的众多消费者提供了一款操作方便、门槛低、收益稳定、人性化强、随时赎回的理财产品。依托广泛的客户资源，余额宝一经推出便获得了突飞猛进的增长。

（四）互联网金融的进一步延伸：P2P和众筹

在电商推动互联网金融创新的同时，来自于民间领域的个人金融需求开始基于互联网平台进化成为两种新型的金融服务业态：P2P和众筹，在本质层面，二者的共同特点是允许借款人借助非金融机构投资者的资金达到特定目的；而不同点更多体现在交易形式上，P2P的单笔交易范围较小，大部分为点对点、个人对个人的资金借贷；而众筹为一对多、集聚众人力量的资金筹集；在汇报形式上，P2P一般为明确的资金借贷利率，而众筹的回报形式更为宽泛，可以是利润分配、实物甚至是股权。

P2P和众筹发展的原始动力来源于民间融资，在互联网时代以前，受交流范围、个人风险防范等因素限制，民间借贷主要集中在小范围内进行，而没有形成一个资金融通的规范化渠道。P2P和众筹的诞生彻底改变了这一局面，互联网的发展为民间融资走出熟人圈子、生活圈子奠定了技术基础，允许普通个人基于互联网金融平台跨越传统机构直接进行供求对接，这代表着个人金融力量借助互联网平台的长足进步，金融信息更加透明化、公开化、人性化，与传统金融机构提供的金融产品形成了鲜明对比。

二、互联网金融发展的动力机制：与金融市场信息不对称的碰撞

（一）工业时代传统金融的规模经济效应

金融机构作为提供金融服务和金融产品的非物质生产组织，其本质特性牢牢扎根于向社会生产组织提供资金融通的天然使命，因此，不同时期的社会生产属性和经济结构决定着金融业的发展方式和结构特点。工业经济时代的大工业化生产方式、急剧膨胀的社会产出规模、高度标准化、集中化的生产组织和企业规模，带来了庞大的、高集中度的资金需求，决定了工业经济时代的金融业具有典型的规模经济特征。

首先，向大型企业组织提供大额的资金融通服务往往能带来较高的收益，且一次性大额的资金操作成本不会大幅高于一次性、零散的、小额的资金操作成本，决定了金融机构无论在资产端还是负债端，均对大型企业组织表现出了明显偏好，原因在于枉对小型企业组织或个人，金融机构只需耗费相同或小幅增长的经营成本，就可推动资产负债的快速增长。而另一方面，则对众多的小微企业却表现出了一定排斥性，直接结果就是导致金融机构的金融产品单一、同质化严重，缺乏专门面向数量众多、差异化强的小微企业的多元化金融产品。

（二）规模经济效应的根源：信息不对称导致的供需失衡和信贷配给

信息是金融的核心，构成金融资源配置的基础。根据经典的信息经济学理论，金融交易过程中交易双方的信息完整和对称对市场达到帕累托效率至关重要，如果金融市场上借贷双方的信息不对称，信息优势一方凭借私人信息损害另一方，或者市场本身不能产生足够有效的信息流，潜在的交易就无法进行，市场就会失灵。

信息不对称条件下的逆向选择和道德风险大大增加了贷款人（委托人）的信息甄别成本，如果单纯提高资金利率，则有可能会超出一些优质项目的承受能力，从而退出信贷市场，而风险较大、信息流不规范的一些项目则有较大的动力去从事借贷行为，并在贷后改变资金用途，从事高收益、高风险的投资方向，进一步扩大市场的整体借贷风险。为防止劣币驱逐良币这一现象发生，贷款人（委托人）往往倾向于采取一种非利率手段，提高信贷门槛，将一些信息不透明、信号传递不真实的借款人（代理人）排斥在外，这就是所谓的信贷配给。

规模经济时代由于信息传递速度慢，获取信息的手段少，成本高，逆向选择和道德风险广泛存在，金融机构往往采取信贷配给机制将信息零散、难以搜集、调查成本较高的小微企业、个体工商户和个人消费者排斥在外，而偏好于信息调查成本低、资金借贷金额大、项目风险低、收益较高的大中型企业，这是工业时代传统金融规模经济效应的根源所在，因此，规模经济效应与信息的非对称息息相关，其在为标准化、规模化的工业大生产提供大规模资金及长期资本土壤的同时，金融抑制也随之产生，小众化、差异化、多元化、个性化的中低端需求长期被传统金融服务排斥在外。

（三）互联网金融的实质：缓解信息不对称

金融信息中，最核心的是资金供需双方信息，特别是资金需求方的信息（如借款者、发债企业、股票发行企业的财务信息等）。而互联网时代背景下的互联网金融与传统金融最大的区别在于信息处理方面，凭借互联网平台的信息处理优势和点对点、个人对个人的交易模式，互联网金融正在探索一种解决借贷前后两大信息不对称问题的全新路径，在降低信息搜寻成本、促进信息跨地域跨主体对接、强化自律诚信等方面有着积极意义，与工业时代信息不对称条件下的逆向选择、道德风险和信贷配给形成了冲突和碰撞，因此，互联网金融模式创新，实质是运用信息技术手段缓解金融市场的信息不对称。

以"阿里小贷"为例，基于卖家资源提供的基本信息以及阿里系电商平台十几年来数亿笔交易记录所形成的类目庞杂、更新频繁的数据库，自建信用体系，在贷款过程中从数据库提取数据，导入信用评估模型，并引入交叉检验技术，贷前信息甄别的精确度大大提高，贷中和贷后管理均基于互联网数据，以趋于零的边际成本给出任何借款人的动态违约概率及风险定价，有效降低了机会主义倾向。从实际运行情况看，"阿里小贷"基于信用数据信息的管理流程，并没有出现人们所预想的高企不良率，截至2014年上半年，阿里小贷的贷款不良率仅仅在1%左右，远低于基于信贷配制、在有抵押担保的标准化贷款流程下运行的商业银行。

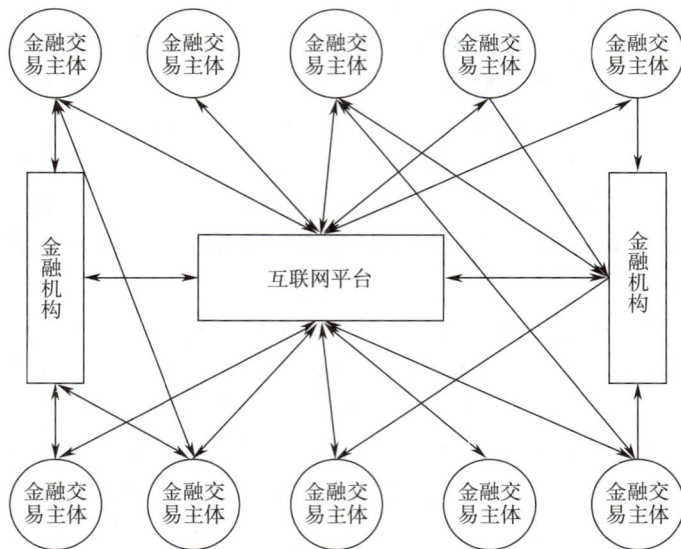

图1　互联网金融交易模式

（四）互联网金融的关键路径：信息对称性提高下的长尾市场

长尾理论指出：在信息化条件下，由于能够对数据进行更好地搜集和分析，监测和关注差异化客户的成本已经大大降低，如果能够设计更多产品并降低投融资门槛，满足各类个性化需求，那么市场盈利水平同样可观。长尾理论表明，在互联网环境下，人们有可能以很低的成本关注正态分布曲线的尾部，且尾部

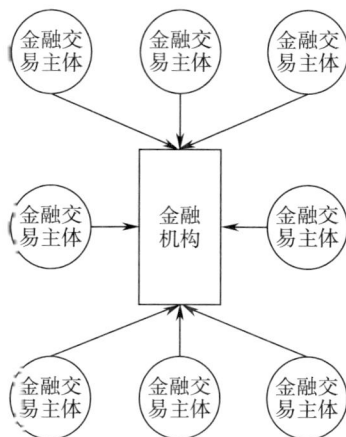

图 2   传统金融交易模式

产生的总体效益甚至会超过头部。基于长尾理论不难看出，规模经济效益下信贷配给制的主要弊端就集中在对长尾市场的忽视，市场尾部需求长期被压抑。

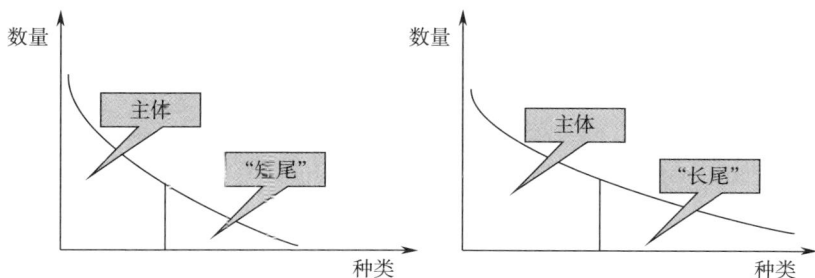

图 3   "短尾"市场与"长尾"市场

可见，在信息获取和风险评估的边际成本大幅降低的背景下，互联网金融模式形成了"充分交易可能性集合"，诸如中小企业融资、民间借贷、个人投资渠道等问题就容易解决，传统金融机构和互联网金融机构均有动力关注小众化、差异化、多元化、个性化的尾部市场主体，改善信贷配给，推动金融普惠，提高市场运行效率，为各类金融机构有效开拓和覆盖长尾市场奠定了坚实的基础，这是互联网金融发展的关键路径所在。

三、移动金融与互联网金融的关系：基于发展的视角

（一）移动互联网的发展与天然优势

从技术角度看，移动互联网和互联网并无本质区别，在最底层，移动互联

网和互联网访问的是同一网络，即因特网，又称网际网络，是业已形成的网络与网络之间所串联成的庞大网络。但从应用层面看，网络访问工具载体的不同，带动移动互联网在短时间内就取得了爆发性增长，腾讯CEO马化腾曾表示，移动互联网不只是对互联网的一个外部延伸，可以说是一个颠覆，移动互联网才是一个真正的互联网，因为移动智能终端作为一个人人不可或缺的随身携带工具，每个设备都联上网络之后，人和设备之间、设备和设备之间的通信将蕴藏更多的想象空间，并最终改变每个人的上网行为。

移动互联网的真正魅力来源于其与生俱来的3A特性，并使其具备了互联网不可比拟的优势，一是用户体验优先，基于智能移动终端小巧、方便的操作方式，用户黏性进一步增强；二是碎片化，使得用户可以利用零散碎片化的闲暇时间，随意访问互联网，这一特点高度契合了用户的使用习惯；三是便捷性。

（二）长尾市场的互联网信息优势正向移动互联网过渡

移动互联网发展如此迅猛，但并不能认为其能完全覆盖或取代桌面互联网，因为个人PC在内容制作和商业环境中仍至关重要，智能终端的灵活、小巧和触控式操作方式，并不适用于上述应用场景。但面对海量用户、重视用户体验和尊重个性化需求的互联网应用环境，移动互联网的优势将得到集中体现。

一是移动互联网天然具备的3A特性，将人和网络的关系空前拉近，人机亲密性进一步提高，部分互联网企业甚至声称移动互联网的发展将促使智能移动终端成为人体的一个器官。二是移动社交网络中的海量用户将成为移动互联网的应用主力。三是个性化需求得以更加广泛的尊重。如社交工具微信中已包含刷卡支付、各类缴费、信用卡还款、微信红包、电影票和火车票等诸多应用功能，越来越多的智能终端支持人脸识别、指纹识别等。四是海量用户和个性化需求的组合，恰好体现了长尾市场的需求特征，在这一点上，移动互联网推动互联网的时代特征进一步显化。

因此，站在技术发展和行业发展的角度，移动互联网对桌面互联网的替代性将越来越明显，尤其是在长尾市场，桌面互联网逐步让位于移动互联网将是大势所趋，移动社交、移动广告、移动娱乐、移动信息、移动商务将渗透到人们生活的角角落落，碎片化、高频化、移动化的网络访问模式，将逐步取代固有的传统互联网模式，移动互联网在长尾市场的信息优势也会集中显现。

（三）移动金融是对互联网金融的继承与发展

互联网金融是互联网技术与金融服务融合发展的产物，具有"开放、平等、共享、交互"的特点。移动金融则通过将金融服务从有线互联网环境复制、迁移到移动互联网环境，实现互联网金融服务的"移动化"。因此，移动金融继承了互联网金融服务的特点及优势，但移动金融又不仅仅是互联网金融服务在移动环境下的简单延伸，它超越了互联网金融的一般含义，实现互联网金融服务模式的创新和发展。一是移动金融在拓展应用场景、整合线上线下资源、创新O2O应用方面具有独到优势，它以移动智能终端为桥梁，为构建线上线下一体化的零售、商务运营模式创造了有利条件，对促进信息消费、拉动内需和加快电子商务的发展具有推动作用。二是可穿戴智能终端的出现以及基于重力感应、GPS定位、拍照摄像等终端功能的移动业务创新进一步丰富了互联网金融的服务渠道与产品形态，形成多元化的产品供给，不断满足人们日益多样化的金融服务需求。三是移动金融的"社交化"创新了客户之间以及金融机构与客户之间的互动方式，能够有效增强客户黏性、改善客户体验，为金融机构贴近客户、了解客户和挖掘客户需求创造便利条件。

整体来看，移动金融与互联网金融有交叉，有发展，二者交叉的是互联网思维和互联网精神，即通过对长尾市场的覆盖，消除金融歧视和金融排斥，最终实现普惠金融。同时，移动金融和互联网金融的非共性特征也更为明显，移动金融对互联网金融发展的是基于智能移动终端自身特点及与金融IC卡技术复用的多元价值网络、多场景应用和随时、随地、全天候特性，具体表现形式包括近场非接支付、安全认证、手机钱包、O2O线上线下融合等。

因此，站在辩证和发展的视角分析，移动金融和互联网金融的关系可以界定为继承与发展，移动金融继承了互联网金融的互联网思维和互联网精神，基于移动特性则发展出了独具特色的非共性特征，并构成移动金融和互联网金融的重要区别。

四、移动金融内涵总结

金融的本质是价值的流通，即社会资金的融会贯通。金融是一种交易活动，所有涉及价值或者收入在不同时间、不同空间之间进行配置的交易都属于金融交易，金融的核心在于流通性，通过货币流通实现金融资源的优化配置，服务实体经济发展。移动金融虽然是基于信息技术形成的一种新型金融业态，但金融的本质特性不会改变，任何移动金融服务最终都体现为金融的内在特性和外延特性，并提高金融资源的配置效率。

从信息优势角度看，移动金融与互联网金融在本质层面具有一致性，均具有公平自由、透明、高效、普惠的内涵特性。在移动互联网发展的冲击下，信息作为金融市场的核心资源，在宏观和微观两个层面对金融业的影响将日益深入，在信息交互、信息搜寻、大数据征信、云计算等技术发展的带动下，基于移动互联网的信息整合和测度将构成金融机构的核心业务，金融交易流程将围绕信息整合和测度，以信息收集、信息处理和信息反馈为主要环节展开。

另外，移动金融的天然"移动"特性及移动终端的低成本和渗透率的普及，使得移动支付不断拓展业务边界，进一步提高了金融包容性水平，即普惠金融。李东荣认为，移动金融在促进普惠金融发展中大有可为，移动金融服务具有"海量交易笔数，小微单笔金额"的特征，这种小额、快捷、便利的特征，具有普惠金融的特点和促进包容性增长的功能，能够依靠较少的基础设施投入获得广泛的便民效果，在便民服务领域具有突出的优势，在许多方面可填补传统金融服务的空白。

概括起来，移动金融的主要内涵特性如表1所示：

表1 移动金融主要内涵特性

移动金融特性	具体表现
本质性	移动金融本质上仍属于金融范畴，最终目的仍然是提供高效快捷、安全可靠、便民利民的金融服务和产品。
普惠性	移动金融有利于促进金融资源的均衡分布，扩大金融服务受惠面，提升用户的参与深度和效用价值。同互联网金融一样，移动金融有利于消除金融排斥和金融歧视，促进普惠金融。
创新性	基于移动互联网和智能终端能衍生出多元化的新型应用，而不仅仅局限于传统的金融服务类型。如基于智能终端的个人征信查询、基于金融IC卡的身份认证、线上线下融合业务等。
泛在性	移动互联网覆盖面广，只要有移动通信网络存在，借助智能移动终端，用户即能享受移动金融服务，打破了传统金融机构网点地域的限制性。
多元性	从移动金融参与主体看，涉及以银行为代表的传统金融机构、电信运营商、智能终端生产厂商、第三方支付等众多机构；从业务模式和应用场景看，不仅包括账户管理、理财、资金融通活动等，还包括方式多样的移动支付等。
便利性	移动金融具有"3A"特性，用户基于网络平台办理各项金融业务方便快捷，便民利民优点明显。
经济性	以信息技术手段为用户提供优质、便捷的服务，大幅降低传统金融服务和金融机构的运营成本，用户享受金融服务的消费成本也大幅降低。

第三章　对移动金融与互联网金融信息优势的考察与比较

一、互联网金融信息优势发挥存在瓶颈制约

（一）用户黏性不强，信用数据生产能力存在障碍

1. 缺乏随时随地性，用户使用频率和时长受限

从互联网金融本质层面看，其核心作用和重要目标之一是推动信用体系的构建，互联网金融对信用体系重构的基础是在日常金融交易中产生大量的可以信赖的信用数据，但从互联网金融发展现状看，未移动化的传统互联网金融直接将用户使用场景限定在了有互联网的环境之中，较移动互联网缺乏廉价性、随时随地性，这种缺陷直接导致互联网金融服务惠及面仍然局限在固有的互联网用户范围内，同时受限于网络访问的固定和固定地点，用户与互联网金融服务仍存在一定的物理距离，使用频度、时长都受到较大限制，导致反映金融交易行为的信用数据生产规模仍较小。以互联网支付的代表支付宝为例，在传统的桌面互联网时代，用户仅限于在业余时间通过个人 PC 使用支付宝进行网络交易，用户黏性尚未被充分激发，电商也不能在第一时间将各种新型产品、服务模式等内容推送到用户面前，互联网支付的使用频率、交易规模均未得到充分发挥。

2. 局限在线上环节，用户使用场景单一

移动互联网之前的传统桌面互联网金融产品主要集中在线上环节，无论是互联网支付、P2P、众筹，还是互联网理财，均是基于网络交易平台进行在线撮合和交易，在线交易的使用场景直接限定了用户的金融交易行为局限在产品功能设计之初的范围之内，而缺乏足够的外延性和多元性，潜在的、高频的、小额的线下金融交易未得到充分发展，如城市公共交通、影院、餐饮等多元化应用。传统互联网金融单一的线上交易场景，导致金融交易过程所产生的信用数据仅仅集中在交易平台上的用户群体，欠缺平台之外的有效数据。以著名的"阿里小贷"为例，阿里的数据优势仅限于在其网购平台上交易活跃的少数商家，其不但不能完全将这种优势延伸到网购平台之外的中国大量中小企业，就连其网购平台上的一些新商家和交易不活跃的商家，其也很难做出有效评估并提供金融服务。同样的问题制约着传统金融机构网络信贷产品的推广与应用，信用评估数据来源也仅限于用户的在线交易行为和贷款行为，而无法对非网络银行用户、与金融机构未发生借贷行为的市场主体快速有效地进行信用评估，仍需耗费大量人力物力进行线下调查，并要求提供抵押担保物。

（二）惠及面狭窄，信用数据来源渠道受限

1. 长尾市场覆盖不充分

由于桌面互联网与个人用户、广大草根阶层、偏远地区用户仍存在一定距离，导致互联网金融产品对尾部市场的覆盖率仍偏低，并没有成为广大低收入人群获得金融服务的有效"物理"接口，这在农村市场显得尤为明显。中国互联网络信息中心（CNNIC）发布的《2015 年中国互联网络发展状况统计报告》显示，尽管农村地区网民规模、互联网普及率不断增长，但是城乡互联网普及率差异仍有扩大趋势，2014 年城镇地区互联网普及率超过农村地区 34 个百分点。造成差距的根本原因在于地区经济发展不平衡，妥善解决城乡数字鸿沟的方法仍然需要进一步探索创新。农地地区较低的网络普及率，导致商业银行推广营销网络金融产品主要集中在城镇区域，将农村市场直接排斥在外，在客户端软件设计方面，也没有专门针对低端用户的简易设计。如网络支付受理环境部署、O2O 应用、信息咨询等互联网金融产品，农村地区用户较少，普及率远不如城镇。另外，据第一网贷报告显示，2014 年第一季度全国 P2P 网贷平均综合年利率高 21.49%，而 2013 年 5 月 12 月的这一数据竟然高达 25.06%，已经超过了法律规定的民间借贷"四倍利率"的红线。可见，P2P 网贷几乎已经成为民间"高利贷"的在线交易。一些曝光的案例和网络数据显示，现在的 P2P 借贷平台在实际运行中更主要是少数富人的"游戏"，而不是中国普通大众的投资理财工具，从而也不是真正意义上的一种"开放、平等、协作、分享"的互联网金融。互联网金融产生这种功能性偏离的主要原因是桌面互联网的受众面仍较为狭窄，真正的尾部市场群体未参与其中，普惠特性未得到充分发挥。对于数据信息而言，长尾市场的缺失，导致互联网金融的信用数据获取范围极度狭窄，有效数据、规模化数据较少，限制了信息优势的充分发挥。

2. 现有互联网金融产品主要面向信用数据易获取群体

互联网金融产品局限在线上环节，对长尾市场覆盖率偏低，共同导致现有的互联网金融产品主要面向信用数据易获取群体，以纯粹基于信用评估的网络型信贷产品为例，授信对象大部分集中在有固定职业、收入稳定且处于中高阶层、习惯于使用手机银行或网络银行的人群，而将网上金融交易不活跃、信用数据缺失的用户群体拒之门外。此外，虽然一些传统金融机构已经纷纷开设了网络银行，也在开发各种金融产品，但正如营销活动并没有真正深入到中国广大的中低社会阶层当中，以最先开业的前海微众银行为例，在李克强总理的见证下于 1 月 4 日发放第一笔贷款，但自此之后却鲜见其动作，业务几乎处于停滞状态。直至 4 个多月后的 5 月 15 日，微众银行的第一款也是唯一一款产品"微粒贷"才宣告上线。而据相关媒体报道，新产品终于上线，但当前尚未大规模放开，只是在 QQ 白名单客户和内部员工中做测试，主要授信对象也仅集中在收入稳定、在平台有历史交易数据、信用评估成本较低的潜在客户。

二、移动金融快速发展，互联网金融移动化趋势日益明显

（一）移动金融个性化业态发展最为迅猛

1. 移动银行业务爆发式增长

中国金融认证中心发布的《2014 中国电子银行调查报告》统计显示，2014 年移动支付用户比例成倍上涨，在此基础上，预计 2015 年个人手机银行将出现爆发式增长，用户比例将达 24%，超过四成的用户通过手机银行购买理财产品。作为服务渠道的移动端延伸，近三成微信用户使用微信银行。据艾瑞咨询统计，2014 年我国手机银行交易规模为 32.8 万亿元，同比增长 157.1%，并预计未来仍将保持高速增长，截至 2018 年，手机银行交易规模将达 244.9 万亿元。以民生银行为例，2014 年全年交易笔数 1.82 亿笔，较上年同期增长 203.51%；交易额 3.22 万亿元，同比增长 185.8%。

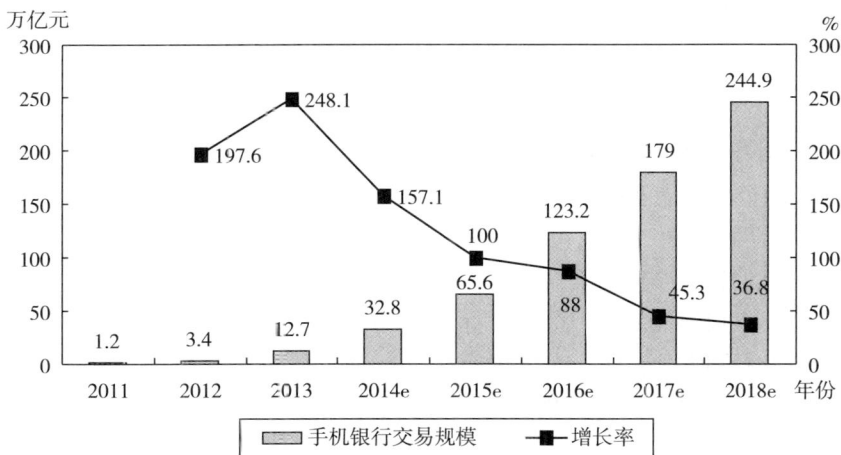

数据来源：艾瑞咨询。

图 1　手机银行交易规模及增长率

2. 移动支付方兴未艾

在移动支付方面，中国互联网协会统计数据显示，2014 年，我国移动支付用户达到 2.17 亿，增长率为 73.2%。根据人民银行发布的《2014 年支付体系运行总体情况》，2014 年全国共发生移动支付业务 45.24 亿笔，金额 22.59 万亿元，同比分别增长 170.25% 和 134.30%；其中，第一至第四季度分别发生 6.59

亿笔、9.47 亿笔、12.84 亿笔和 16.34 亿笔，交易金额分别为 3.89 万亿元、4.92 万亿元、6.16 万亿元和 7.61 万亿元，基本保持同比翻倍、环比平稳增长态势。

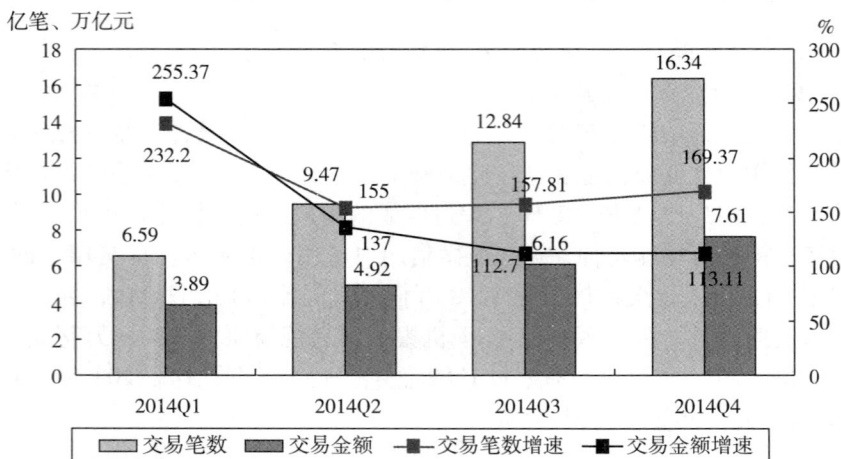

数据来源：中国人民银行。

图 2　2014 年我国移动支付交易规模及增速

（二）外部发展环境不断改善

1. 移动金融发展支持政策陆续出台

在政策调控方面，人民银行等行业主管部门均对移动金融持积极支持态度，对移动金融的技术创新性予以肯定，但同时对技术安全性和运营安全性密切关注，出台了多项监管措施，总体目标是推动移动金融创新健康发展，兼备方向性原则和底线型保障措施。人民银行作为行业监管部门，目前已在产业规划和技术标准等方面已积极推动出台了多项政策，明确了移动金融发展的方向性原则，细化了保障措施，并依据政策积极在宁波、成都、深圳、贵阳和合肥五个城市开展了试点工作，总体看，经历过一系列行业事件、市场变动和监管调整后，移动金融发展的政策环境已日趋成熟，整体调整路线如下：

2012 年，人民银行出台中国金融移动支付标准，实现了金融机构和电信运营商技术标准的统一，为移动金融的进一步发展打下了坚实基础。2013 年 4 月，国家发改委、财政部、人民银行等 8 部委联合印发《关于进一步促进电子商务健康快速发展有关工作的通知》明确"制定金融移动支付发展政策，推进金融移动支付安全可信服务管理体系建设"。2013 年 8 月，国务院印发《关于促进信息消费扩大内需的若干意见》（国发〔2013〕32 号），将"大力发展移动支付"、

"建设移动金融安全可信公共服务平台"列入促进信息消费、扩大内需的重要举措。2014 年 5 月,国家发改委、人民银行印发《关于组织开展移动电子商务金融科技服务创新试点工作的通知》,明确加快推动移动金融基础设施建设,开展移动金融创新试点工作。2015 年 1 月,人民银行印发《关于推动移动金融技术创新健康发展的指导意见》(银发〔2015〕11 号),明确了移动金融技术创新健康发展的方向性原则和保障措施,其中方向性原则主要包含四方面内容:一是遵循安全可控原则,二是秉承便民利民理念,三是注重服务融合发展,四是坚持继承式创新发展。保障措施主要包含五方面内容:一是确保移动金融账户介质的标准符合性,二是增强移动金融技术创新的安全可控能力,三是提升移动金融服务的交易可靠性,四是加快构建移动金融安全可信基础环境,五是推动移动金融检测认证以提升服务质量。

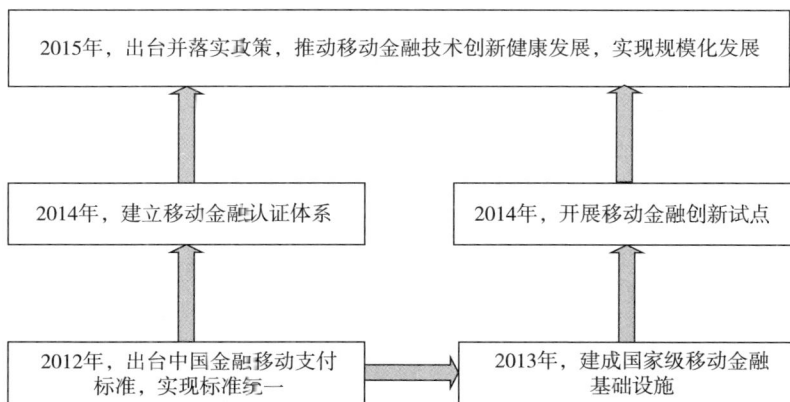

图 3　我国移动金融政策行业政策出台路线

2. 移动金融基础服务设施建设取得初步成效

与传统金融和互联网金融相比,移动金融由于是移动互联网和金融业相结合新型业态,除包含金融机构外,还包含移动运营商、第三方支付企业、内容—服务提供商、移动终端设备制造商、用户、商户等参与主体,包含主体的多元化促使移动金融打破了传统的行业界限,跨界和行业融合特征明显,这就要求节点企业需要紧密协作,积极协调,并且建立起有充足保障的移动金融基础设施,才能保证移动金融产业价值链的稳定与发展。安全可控作为移动金融发展的最基本原则,目前我国在移动金融方面的重大基础设施建设基本均围绕该方面进行,其中最具代表性的是人民银行推动建设于 2013 年上线运行的 MTPS(可信公共服务平台),该平台位于移动金融生态圈的核心地位,基于该平台可实现各层次企业的互联互通和安全可信,安全芯片的实名发行、安全认证、应用发布、应用发现与路由、应用管理等，均围绕该系统进行，该平台包含四方面主要功能，一是交互路由，实现跨机构交互转接；二是可信服务，基于该系统标准化 SE 发卡流程，认证并传递身份信息；三是开放共享服务，实现 SE 空间开放共享；四是应用共享，实现发行方 TSM 和应用提供方 TSM 的开放共享。

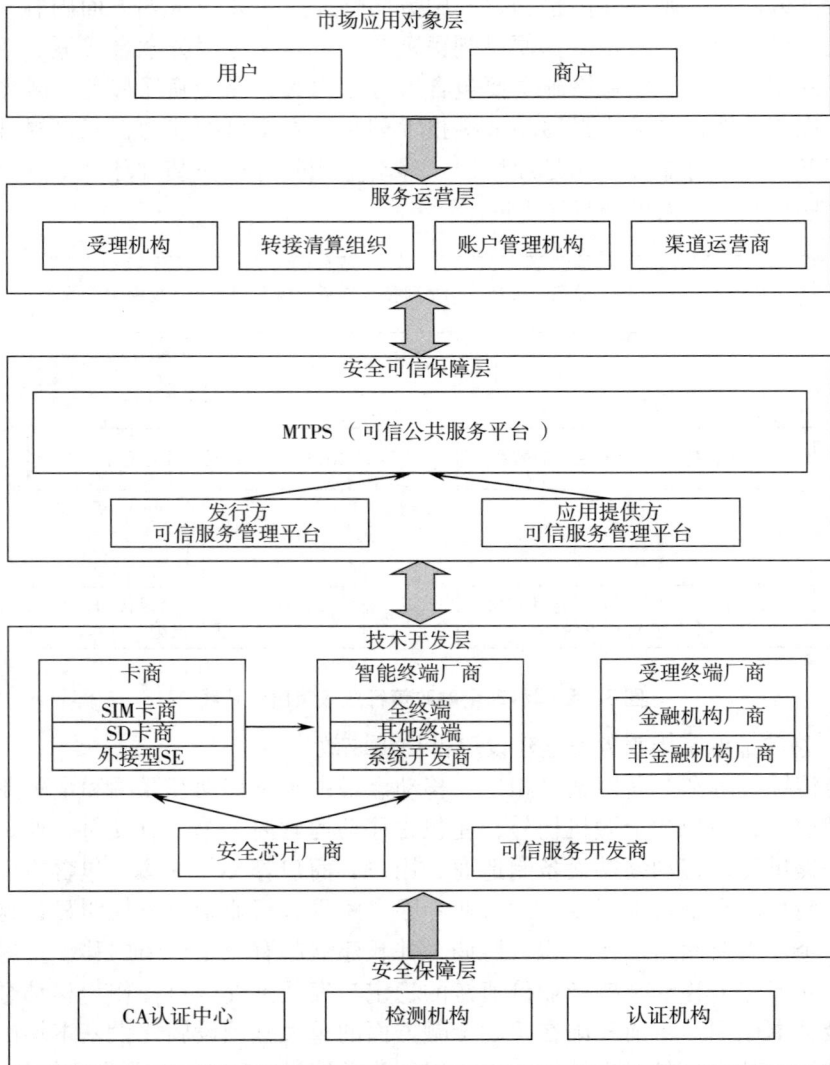

图 4　以 MTPS 为中心的移动金融产业体系

3. 移动金融受理环境建设有序推动

作为基础设施建设的重要一环，金融 IC 卡和受理终端的改造布放也在有序推进，2014 年人民银行印发《关于逐步关闭金融 IC 卡降级交易有关事项的通知》，明确提出了各商业银行关闭线下渠道金融 IC 卡降级交易的时间表，并在 2014 年 10 月底前全国 POS 终端需关闭金融 IC 卡降级交易。中国银联发布的 2014 年统计报告显示，截至 2014 年底，我国累计发行金融 IC 卡超过 12 亿张，已基本形成新增银行卡以 IC 卡为主的格局，预计 2015 年我国金融 IC 卡的市场需求量将超过 7.8 亿张，同比增长超过 25%。在交易量和受理环境改造方面，2014 年全面芯片银行卡交易量为 6.2 万亿元，是 2013 年的 4.8 倍，全国可以受理银联"闪付"的 POS 终端接近 400 万台，占比 25%。

（三）互联网金融移动化趋势日益明显

1. 互联网理财正朝移动理财过渡

商业银行、证券公司、信托公司、保险公司等传统金融机构均是理财业务的重要提供者，其中，商业银行和证券公司是财富人员选择的主要理财机构。尽管理财机构网点众多，但我国理财服务发展却相对滞后，主要原因是银行、证券类机构的理财产品和理财计划所面向的服务人群均为具备一定资产能力的高净值人群，直接导致理财产品单一，同质化严重。移动互联网和移动金融的发展，将直接改变这一局面，财务管理渠道将逐渐从传统的互联网平台迁移至移动互联网平台，通过充分利用智能移动终端、移动互联网的多方面优势，提升产品的针对性和服务渠道的直达性，并注重对潜在客户的服务，使用习惯日益移动互联网化的中低财富人群的理财需求会被充分激发，这一部分人将构成未来金融消费市场的主体。从目前市场发展现状看，互联网理财正在加速向移动理财的过渡，各大互联网巨头纷纷抢占移动终端 APP 理财入口，尤其以阿里内嵌余额宝的支付宝钱包和腾讯微信钱包的争夺最为激烈，阿里的支付宝钱包依托于广大的电商消费者，腾讯的微信钱包则依托于自身掌握的海量用户资源，二者的共同点是基于移动互联网进一步缩短和用户的距离，提高产品覆盖率和惠及面，因此，二者推出后均取得了突飞猛进的发展。

2. 智能移动终端正成为网络小贷的重要载体

在覆盖长尾市场的小额贷款方面，智能移动终端也正在发挥越来越重要的作用，手机信贷产品就是其中一个典型代表，如捷信消费金融公司推出的捷现贷，宜信推出的极速贷，招商银行推出的闪电贷等。而新成立的微众银行更是与腾讯财付通合作推出了首款移动信贷产品"微粒贷"，通过手机 QQ 平台为符合当期预授信条件的用户提供授信贷款，根据用户的信用级别可提供最高 20 万元的贷款额度，具备轻松申请、快速到账、随借随还、按日计息的特点。小额融资和移动互联网的融合，是互联网精神和移动互联网技术融合的代表，即基于互联网精神发掘长尾客户，基于网络信息数据评估客户，基于移动互联网的便捷性实现随时随地申请和快速放款。

3. P2P 和众筹正向移动终端渗透

众筹和 P2P 平台也正在悄然向移动终端渗透。如国内大型 P2P 平台宜信创始人唐宁曾表示，互联网金融必须具备三大创新因素：一是理念创新；二是模式创新；三是技术创新。基于该理念，宜信于 2013 年 9 月发布了 P2P 行业首个基于智能移动终端的全流程借款应用——宜信宜人贷，成功实现了全流程线上操作，完成了与 PC 端的无缝对接，满足了用户随时随地、全天候的服务需求，并推动移动 P2P 成为全行业的发展共识。宜信宜人贷推出后取得了快速发展，目前，基于移动终端宜信宜人贷累计放款金额已突破 10 亿元。随后，第一 P2P 投融资平台、积木盒子等众多 P2P 平台纷纷部署上线了自身的移动业务平台，据网贷天眼统计数据显示，截至 2014 年 9 月，全国 1 437 家 P2P 平台已有 79 家正式上线运行了智能移动终端的 APP，占比达 6% 左右。

在众筹领域，轻众筹的观念也正在悄然兴起，轻众筹的目的是满足并挖掘长尾用户的需求，更多关注小团体、个人的众筹行为。轻众筹一般基于微信、微博和 QQ 空间等社交平台，发起众筹项目并最终完成筹资。轻众筹的实质是思维模式从传统互联网向移动互联网的转变，利用移动互联网的天然优势，实现人人皆可众筹。2014 年 12 月，北京轻众筹网络科技有限公司正式上线众筹工具"轻众筹"，其创始人杨胤认为，目前的大型众筹平台如京东众筹，做得更多的是产品的预售和团购，与众筹的本质相去甚远，而从个人、小团体这个群体切入，更加契合众筹的本质及未来发展趋势。在国外，2012 年，众筹社交网站 Crowdtilt 正式成立，成为全新的明星众筹网站，成立后 A 轮融资的累积金额就已超过 1 400 万美元，Crowdtilt 声称其通过融入社交元素，面向每一个人进行众筹。众筹社交化本身是否正确，是否能成为众筹未来发展的主流方向暂且不论，但从本质层面看，Crowdtilt 与国内轻众筹如出一辙，集中体现了基于移动互联网的新型思维模式，即通过移动互联网与人们更加密切的关系，拉近和长尾用户的距离，更加贴合众筹本质。

三、移动金融较互联网金融信息优势更加明显

（一）移动互联网有效扩充了数据生产通道

1. 人机亲密性进一步提高，推动数据加速生产

移动互联网天然具备的 3A 特性，将人和网络的关系空前拉近，人机亲密性进一步提高，部分互联网企业甚至声称移动互联网的发展将促使智能移动终端

成为人体的一个器官。碎片化、移动化、随时随地和全天候的网络访问模式将对人们的网络访问行为将产生深远的影响，并促使市场中的各类个体对网络的依存度、认可度更强，对网络的访问频率也会更高。基于移动互联网的金融服务不再受时间和地点限制，效率得以大幅提高。一方面，新兴的互联网金融模式，个人理财、互联网基金、众筹、小贷等走向移动端，用户可以随时随地享受金融服务。用户通过智能终端购买余额宝等理财产品，进行股票交易、投资、个人财富管理转账和消费。另一方面，移动终端逐渐成为人的功能延伸，企业逐渐引入移动办公和移动管理系统，从而加速信息流和资金流的流动，数据加速生产，企业借贷、交易的频率大幅提升。

2. 移动社交媒体具备较强的信息揭示作用

移动互联网真正促进了移动社交媒体时代的到来。社交网络以人际关系为核心，把现实中真实的社会关系数字化到网上并加以拓展，是个人发布、传递和共享信息的平台，建立了自愿分享和共享机制。移动社交网络有两个基础，一是人类作为社会动物固有的网络行为，主要有四个特点：交换性、一致性、传染性和传递性。二是移动互联网和通讯手段的发展，降低了个人发布信息以及与日常生活之外的人联系的成本，产生了一些新的分工协作模式。在信息内涵上，移动社交网络蕴含了非常丰富的关系数据，即个体之间接触、联络、关联、群体依附和聚会等方面的信息。移动社交网络的信息揭示作用可以表现为：个人和机构在社会中有大量利益相关者，这些利益相关者都掌握有部分信息，比如财产状况、经营情况、消费习惯、信誉行为等。单个利益相关者的信息可能有限，但如果这些利益相关者都在移动社交网络上发布各自掌握的信息，汇在一起就能得到信用资质和盈利前景方面的完整信息。移动社交网络使人与人、人与机构之间的社会资本可以快速积累，是新型的"财富"，人们的诚信程度大幅提高，降低了金融交易的成本，对金融交易有基础性作用。此外，也更为严格地约束人们可能的违约动机和道德风险。

3. 移动互联网能更有效覆盖长尾市场和挖掘尾部数据

移动社交网络中的海量用户将成为移动互联网的应用主力。尤其是移动互联应用的典型代表微信100%基于智能移动终端，包括各类微博、点评网、电商等均积极向移动互联网进军，基于智能移动终端的各类应用平台层出不穷，且功能更加丰富。移动互联网的普及用户具备了前所未有的普遍性和多元性，市场对产品的多元化需求空前提高，使用也更加挑剔，唯有符合用户个性化需求的服务才能得到最终认可。如社交工具微信中已包含刷卡支付、各类缴费、信用卡还款、微信红包、电影票和火车票等诸多应用功能，越来越多的智能终端支持人脸识别、指纹识别等。海量用户和个性化需求的组合，恰好体现了长尾市场的需求特征，在这一点上，移动互联网推动互联网的时代特征进一步显化，因此，移动互联网时代的到来，大量潜在商机借助于移动互联网浮出水面，各大互联网企业纷纷将"互联网＋"概念纳入自身发展战略，尾部市场微观主体的潜在数据加速生产和披露，有效扩充了金融机构采集、利用信用信息的渠道。

（二）移动金融打通了线上线下通道，极大丰富了数据生产场景

1. 以移动支付为核心的新型金融生态圈逐步形成

目前市场上主要存在以下三种移动支付产业模式，服务类型多样，呈现百花齐放、百家争鸣的态势。第一种是商业银行移动支付模式，以移动银行提供的线上远程支付及线上线下打通的 O2O 为主。第二种是第三方支付机构移动支付电子化模式，有三个方面的生态系统产生：一是以电商平台为依托；二是以社交商务平台为依托；三是以行业供应链信用支付平台为依托。第三种模式是通信运营商自身或者与中国银联合作的移动支付，以手机钱包方式开展线上、线下的移动支付业务。三种模式共推动产生出 5 类重要的移动支付生态系统：商业银行手机银行支付生态圈；电商移动支付生态圈，如支付宝、财付通；社交商务移动支付生态圈，如微信的微支付；行业供应链信用服务移动支付生态圈，如易宝、快钱、汇付天下等；商业银行、电信运营商与中国银联三方合作的近场非接支付生态圈。移动支付线上线下的融合发展，极大地丰富了金融交易数据的生产场景，打破了桌面互联网时代仅限于线上数据生产的限制，线下功能允许用户完全脱离互联网进行金融交易，从大交通、智慧城市到线上支付、线下消费，移动支付均以智能移动终端为应用载体，逐步实现银行卡和智能移动终端的统一融合，极大地提高了金融交易频率。另外，由于移动终端的普及性，海量的、长期被抑制的、数据生产活动不活跃的长尾市场群体被有效激发，基于移动支付，数据生产场景、频率、规模都呈几何级数增长，移动金融信息优势得以充分体现。

2. 移动银行多方位拓展了网上银行功能

移动银行已经是现阶段商业银行构建移动金融生态圈、提供移动应用的主要产品，服务类型包括账户查询、管理、转账汇款、远程支付和基金理财等。但还不能单纯地将网上银行和移动银行对等看待，同传统的基于 PC 端的网上银行相比，移动银行基于智能移动终端延伸出了众多特色功能，用户体验更加丰富多元。如 2013 年 6 月 25 日，浦发银行正式发布移动金融 2.0 标准，使浦发银行成为国内首家完整定义新一代移动金融标准的银行，发布会上，浦发银行电子银行部薛建华副总经理对移动金融 1.0 和 2.0 标准进行了详细的介绍和阐述，其认为，基于移动金融 2.0 标准，手机银行不仅应囊括几乎所有的传统网上银

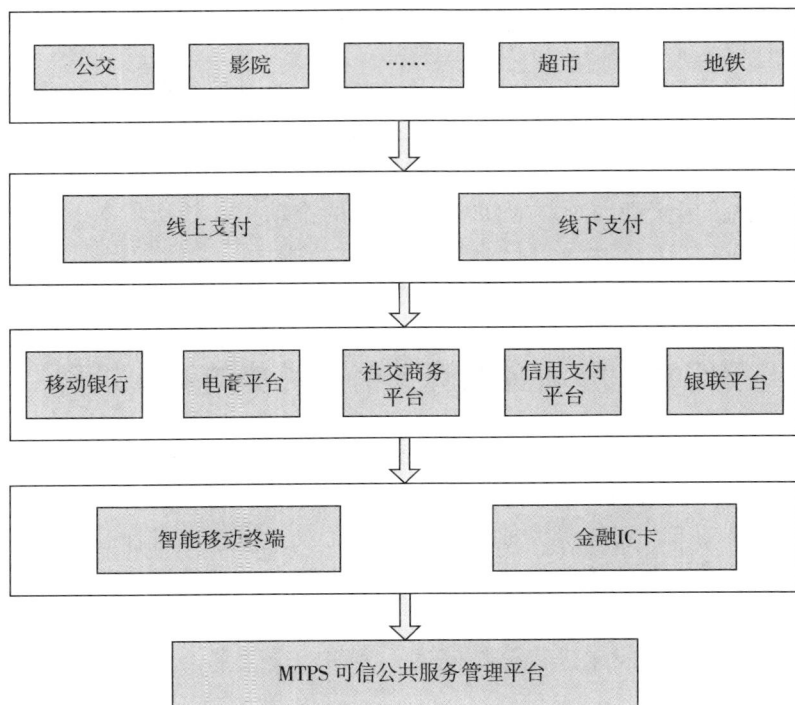

图5　移动支付产业生态圈

行金融服务功能，并能根据手机可随时随地上网的特点，围绕位置服务和线下支付，提供具有渠道特色的生活服务，其在金融服务和生活服务的全面覆盖能力上已超越传统的桌面互联网时代的网上银行服务，比如通过调阅手机电话簿的手机号和姓名即可完成汇款的远程支付等功能。

3. 移动融资和移动理财更加快速、精准

无论是互联网企业还是商业银行，都在基于移动互联网不断创新小额信贷类业务，这一类业务旨在利用移动互联网与用户的密切联系，充分挖掘用户的不同需求，基于移动数据建立小额信用评估和风控模型，实现和不同类型用户需求的快速、精准对接，实现快速申请、审批和高效管理。手机信贷是此类移动融资类业务的典型代表，通过覆盖长尾市场的多元化需求，为用户提供快速、精准、简洁的信贷产品，激发了众多潜在用户需求。移动互联网环境下，财务管理渠道将逐渐从传统的互联网平台迁移至移动互联网平台，通过充分利用智能移动终端、移动互联网的多方面优势，提升产品的针对性和服务渠道的直达性，并注重对潜在客户的服务，使用习惯日益移动互联网化的中低财富人群的理财需求会被充分激发，并推动理财市场客户群体在短时间内快速增长，这一部分人将构成未来金融消费市场的主体。

总之，移动金融激发了平民文化中潜在的金融服务需求，随着移动互联网的快速发展和个人用户从桌面互联网向移动互联网平台的迁移，企业端基于移动平台的金融交易也将变得越来越频繁，这些趋势和变革将推动移动金融在信用信息数据流的生产和重塑方面展现出巨大的推动力，并从根本上扭转金融市场的信息不对称局面，为金融行业基于全新的技术手段（如大数据、云计算等）和思维模式（如长尾、众包、免费等）进行创新和变革奠定坚实的基础。

第四章　移动金融基于信息优势的影响机理

移动金融作为互联网金融的继承和发展，相较互联网金融来说具有更为强大的信息优势。在移动互联、信息交互、信息搜寻、大数据征信、云计算和模型等技术的带动下，能够极大地缓解资金供需双方信息不对称的状况。与传统金融相比，移动金融的信息优势是如何扫除传统金融服务盲区的？它发挥作用需要什么条件？它发挥作用的机制何在？本部分通过建立一个信息经济学的理论分析框架，对上述问题进行分析阐述，为移动金融基于信息优势的运行机理提供理论基础。

一、传统融资模型分析

由于信息不对称问题客观存在，传统金融市场往往存在信贷配给现象。它可以分为两类：第一类是在无抵押（担保）、纯信用贷款的条件下，按照金融机构标明的利率，所有贷款申请人的借款需求只能部分得到满足，被拒绝的申请人即使愿意支付更高的利息也不能得到贷款；第二类是在引入抵押（担保）的情况下，金融机构对不同的借款人提供不同的利率和抵押品合约，从而使一部分满足条件的借款人的融资需求得到满足，另一部分则被拒绝。在信贷配给的情况下，长尾人群由于自身条件限制，往往成为信贷配给的受害方。下面分别对这两种情况进行理论分析。

（一）信用贷款情形下的信贷配给

在无抵押的条件下，如果信息是完全的，贷款风险独立于利率水平，在资金需求大于资金供给时，通过提高利率，金融机构可以增加自己的收益，不会出现信贷配给问题。然而，由于信息不对称，金融机构不能观察借款人的投资风险，这时提高利率将使低风险的借款人退出市场（逆向选择行为），或者诱使借款人选择更高风险的项目（道德风险行为），从而使银行放款的平均风险上升。金融机构既关心利率水平，也关心贷款的风险，当利率的提高可能降低而不是增加金融机构的预期收益时，金融机构宁愿选择在相对低的利率水平上拒绝一部分贷款要求，而不愿意选择在高利率水平上满足所有借款人的申请，信贷配给此时就出现了。

下面，用一个简单的模型来说明信息不对称是如何导致无抵押的金融市场出现信贷配给的。

假定有连续多个投资项目，每个投资项目有两种可能结果，成功或失败。成功时收益为 $X > 0$，失败时的收益为 0。给定项目的成功概率为 $P(X)$，假定所有项目都具有相同的收益均值 M，即 $P(X)X = M$，即成功时的收益 X 越高，项目成功的概率 $P(X)$ 越低。假定每个项目所需资金都为 B，企业没有自有资金，金融机构是唯一的资金供给者，贷款总利率为 R。

因此，企业的期望利润 $Z = P(X - BR) + (1 - P)0 = P(X - BR)$

令 $Z \geq 0$，可得当且仅当 $X \geq BR$ 时，企业的期望利润大于 0，企业才会申请贷款。因为 $P(X)X = M$，意味着当且仅当 $P \leq P^* = M/BR$，企业才会申请贷款。

假定 P 在 $[0, 1]$ 区间上密度函数为 $f(p)$，分布函数为 $F(p)$，那么所有申请贷款项目的平均成功概率为：

$$p(\bar{x}) = \frac{\int_0^{p^*} pf(p)dp}{\int_0^{p^*} f(p)dp} = \frac{\int_0^{p^*} pf(p)dp}{F(p^*)} \tag{4-1}$$

因此，$$\frac{\partial \bar{p}}{\partial R} = \frac{\frac{\partial p^*}{\partial R}p^* f(p^*)F(p^*) - \frac{\partial F(p^*)}{\partial R}\int_0^{p^*} pf(p)dp}{F^2(p^*)} \tag{4-2}$$

$$= -\frac{M}{BR^2}\frac{f(p^*)}{F^2(p^*)}\left(p^* F(P^*) - \int_0^{p^*} pf(p)dp\right) < 0 \tag{4-3}$$

即利率越高，申请项目的平均质量越低，违约的概率越大，还款的可能性越小。

金融机构的预期收益既取决于贷款利率，也取决于借款人还款的概率。假定金融机构满足所有借款人的要求，则每笔贷款的期望收益为：

$$\pi(\bar{R}) = \frac{\int_0^{p^*} BRpf(p)dp}{\int_0^{p^*} f(p)dp} = \frac{BR\int_0^{p^*} pf(p)dp}{F(p^*)} = BRp(\bar{x}) \tag{4-4}$$

即金融机构每笔贷款的期望收益等于借款人按时还款的收益 BR 与项目平均成功概率的乘积。

由此可得，$\dfrac{\partial \overline{\pi}}{\partial R} = B\,p(\overline{x}) + BR\,\dfrac{\partial \overline{p}}{\partial R}$　　　　　　　　　　　　　　　　（4 – 5）

式（4 – 5）右边的第一项为正，表示提高利率后给金融机构直接带来的收入效应，利率每提高一个单位，可以给金融机构增加 $B\,p(\overline{x})$ 个单位期望收益；第二项为负，表示提高利率后给金融机构带来的风险效应，利率每提高一个单位，将使金融机构的违约概率上升 $|\overline{\partial p}/\partial R|$，从而将使金融机构期望收益下降 $BR\,\dfrac{\partial \overline{p}}{\partial R}$ 个单位。如果收入效应大于风险效应，$\dfrac{\partial \overline{\pi}}{\partial R} > 0$；反之，$\dfrac{\partial \overline{\Pi}}{\partial R} < 0$。当且仅当 $\dfrac{\partial \overline{\pi}}{\partial R} = 0$ 时，金融机构的期望收益达到最大，如图1所示。

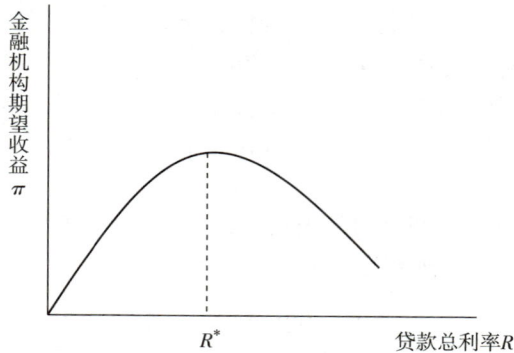

图1　贷款总利率和金融机构期望收益的关系

由于金融机构的信贷供给曲线 $S(R)$ 与金融机构每笔贷款的期望收益 π 呈同方向变化，因此如图2所示，信贷配给将会作为市场均衡的结果出现。即瓦

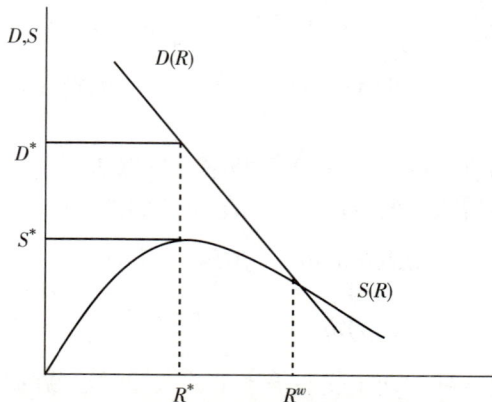

图2　信用贷款市场的信贷配给市场均衡

尔拉斯均衡利率为 R^w，但实际的市场均衡利率为 R^*。此时 $D(R^*) > S(R^*)$，因此金融机构将进行资金配给，即所有贷款申请中，只有一部分申请得到满足，另一部分人的申请得不到满足。

（二）抵押贷款情形下的信贷配给

1. 对借款企业的假设

与信用贷款条件下的企业假定类似，假设借款企业有两种类型，即 $i = 1$，2，分别表示低风险企业和高风险企业，两类企业所占的比重分别为 χ 和 $1 - \chi$。企业没有自有资金，金融机构是唯一的资金供给者，企业投资项目有两种可能结果，成功或失败。成功时收益为 X_i（$i = 1, 2$）> 0，失败时的收益为 0。给定项目的成功概率为 $P(X_i)$，$P(X_1) > P(X_2)$，项目具有相同的收益均值 X，即 $P(X_i) X_i = X$。假定每个项目所需资金都为 B，$X > B$，贷款总利率为 R。企业有 W 的可抵押资产。

2. 对传统金融机构的假设

假设传统金融机构通过提供一系列包含利率与抵押物要求的贷款合约 $\zeta = (R, M)$ 作为筛选企业的手段，来应对信息不对称的不利局面，其中 R 表示贷款总利率，M 表示金融机构要求企业提供的抵押品价值。假设金融机构与借款企业对抵押品的估值存在偏差，金融机构对抵押品的估值为 αM，$0 < \alpha < 1$。

对企业来讲，如果企业获得了金融机构的贷款并且投资项目成功，则企业 i 的收益为 X_i，企业需要向金融机构支付 BR；如果企业 i 投资项目失败，则企业 i 收益为 0，企业 i 向金融机构抵押的抵押品 M 归金融机构所有。因此，企业 i 在贷款合约 $\zeta = (R, M)$ 下的期望收益为：

$$\Omega_i(\zeta) = p_i(X_i + W - BR) + (1 - p_i)(W - M) - W \qquad (4-6)$$

对金融机构来讲，金融机构通过提供 ζ 的贷款合约向企业 i 贷款的期望收益为：

$$\Psi_i(\zeta) = p_i BR + (1 - p_i)\partial M - B \qquad (4-7)$$

假定金融机构对低风险企业和高风险企业的贷款合约 ζ_1、ζ_2 满足 $\Psi_1(\zeta_1) \geq \Psi_1(\zeta_2)$，$\Psi_2(\zeta_2) \geq \Psi_2(\zeta_1)$，即（$\zeta_1$，$\zeta_2$）是激励相容的。

3. 竞争性抵押贷款市场的均衡

在竞争性抵押贷款市场，金融机构之间存在着激烈的竞争，均衡的结果是所有金融机构都获得零利润。

在完全信息的条件下，金融机构很清楚借款企业的风险类型，均衡时，金融机构不需要企业提供抵押品。此时，对于低风险企业和高风险企业的贷款合约分别为 $\zeta_1^e = (1/P_1, 0)$，$\zeta_2^e = (1/P_2, 0)$。

在信息不对称的条件下，由于 $P_1 > P_2$，因此 $1/P_1 < 1/P_2$，即对低风险企业

的贷款利率低于高风险企业，因此高风险企业具有很强的动机模仿低风险企业。此时，金融机构会通过要求企业提供抵押品来作为筛选机制区分不同类型的企业。下面分别讨论企业抵押物充足（现实中对应的是大企业）和抵押物不足（现实中对应的是中小企业）时的情况。

（1）企业抵押物充足时

由式（4-6）可得：

$$\frac{\partial \Omega_i(\zeta)}{\partial R} = -p_i B \tag{4-8}$$

$$\frac{\partial \Omega_i(\zeta)}{\partial M} = -(1 - p_i) \tag{4-9}$$

从而可得企业 i 在贷款合约 ζ 下对于 R 和 M 的边际替代率 ρ_i（ζ）为：

$$\frac{\partial R}{\partial M} = -\frac{(1 - p_i)}{p_i B} < 0 \tag{4-10}$$

由式（4-10）可知，金融机构可以通过降低贷款利率，增加抵押品价值使得贷款企业的预期收益不变。

将式（4-10）对 P_i 求导可得：

$$\frac{\partial \rho_i(\zeta)}{\partial p_i} = \frac{1}{B p_i^2} > 0 \tag{4-11}$$

由式（4-11）可知，相较于高风险企业，低风险企业愿意用更多的抵押品来换取较低的贷款利率。此时，如果企业抵押品充足，金融机构可以通过设计不同的贷款合约来实现低风险企业和高风险企业的分离均衡。

结论1：当低风险企业的抵押品充足时，金融机构可以通过不同的贷款合约来区分不同类型的企业。均衡时，所有低风险企业和高风险企业均可以获得贷款，抵押贷款市场不存在信贷配给。金融机构向市场提供的两种贷款合约分别为 ζ_1^*、ζ_2^*，$\zeta_1^* = (R_1^*, M_1^*)$，$\zeta_2^* = (1/P_2, 0)$。$R_1^* < 1/P_2$，$M_1^* > 0$，此时这两种贷款合约对高风险企业无差异。

由金融机构利润为零以及高风险企业对两种贷款合约无差异可以求得：

$$R_1^* = \frac{1}{p_1}\Big[1 - \frac{\partial(1 - p_1)(p_1 - p_2)}{p_1 - \partial p_2 - (1 - \partial) p_1 p_2}\Big] < \frac{1}{p_2} \tag{4-12}$$

$$M_1^* = \frac{B(p_1 - p_2)}{p_1 - \partial p_2 - (1 - \partial) p_1 p_2} > 0 \tag{4-13}$$

图3中，纵坐标代表贷款利率 R，横坐标代表抵押物 M；U_1 和 U_2 分别表示低风险企业和高风险企业的无差异曲线。低风险企业由于愿意用更高价值的抵押品换取金融机构的利息让步，因此曲线 U_1 更加平缓。F_1 和 F_2 分别表示金融机

构为低风险企业和高风险企业贷款的零利润线，零利润曲线的斜率等于 $x\varphi_i$ (ζ)，因此零利润曲线相交于借款企业的无差异曲线更加平缓。

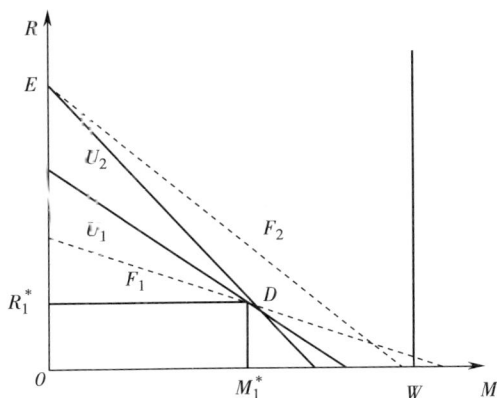

图3 抵押物充足时信贷市场实现分离均衡

由结论 1 可知，由于低风险企业具有的可抵押资产充足，在图 3 中表现为 $W > M_1^*$，此时 D 点对应合约 ζ_1^*，E 点对应合约 ζ_2^*，由于高风险企业在 D 点和 E 点两处期望收益相同，因此高风险企业没有动力去模仿低风险企业，信贷市场实现分离均衡，两类企业都能从金融机构获取信贷资源。

（2）企业抵押物不足时

抵押物充足的情况一般对应的是大企业。对中小企业来讲，由于规模限制，可抵押资产往往较少。此时，如图 4 所示，当 $W < M_1^*$，此时 D 点不再是可行的分离均衡合约，对于低风险企业来讲，可行合约均位于 W 以左，这些可行合

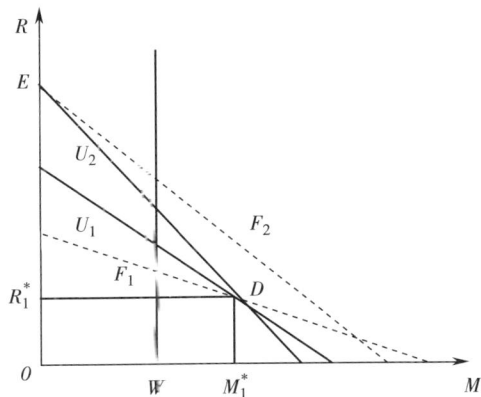

图4 抵押物不足时信贷市场不能实现分离均衡

约均位于 U_2 曲线以下，由于 U_2 曲线以下期望收益更高，高风险企业具有很强的动机模仿低风险企业，此时分离均衡不再存在。

当分离均衡不存在时，存在两种可能：

一是金融机构设计的信贷合约同时吸引高风险企业和低风险企业，信贷市场实现混同均衡。可以证明，此时当且仅当合约要求的抵押品价值 $M = W$ 时，混同均衡才存在。

如图5所示，F_1 和 F_2 分别表示金融机构为低风险企业和高风险企业贷款的零利润线，F 表示同时为两种类型企业贷款的零利润线。由于市场是充分竞争的，所以混同均衡 D' 一定落在 F 上。当合约要求的抵押品价值小于 W 时，该混同均衡不稳定。

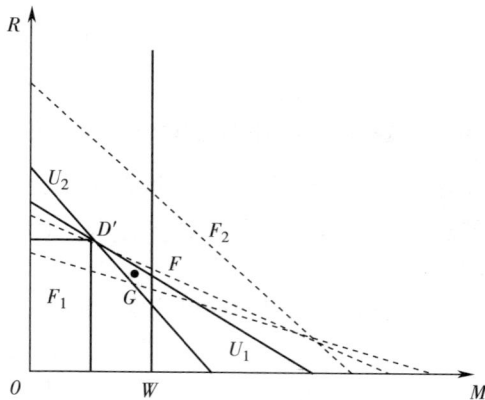

图5　只有当合约要求的抵押品价值等于企业可抵押资产时混同均衡才存在

例如，当一家金融机构提供 G 点的贷款合约时，此时将吸引低风险企业放弃 D' 点合约，转而选择 G 点合约，此时该金融机构获得正利润，低风险企业将获得更大期望收益。因此，混同均衡只有在信贷合约要求的抵押品为低风险企业所能提供的最大可抵押资产时才存在。

因此，金融机构选择的贷款合约为 $\zeta^* = (R^*, W)$，金融机构零利润的条件为：

$$\psi(\zeta) = \overline{P} B \overline{R} + (1 - \overline{P}) \partial M - B = 0 \qquad (4-14)$$

其中，$\overline{P} = \chi p_1 + (1 - \chi) p_2$，即市场上企业投资项目成功的平均概率。从而可以得到：

$$\overline{R} = \frac{1}{\overline{p}} - \frac{(1 - \overline{p}) \partial M}{\overline{p} B} \qquad (4-15)$$

此时，高风险企业的期望收益为：

$$\Omega_2(\zeta) = p_2(X_2 - B\overline{R}) - (1 - p_2)M \qquad (4 - 16)$$

二是金融机构设计一种信贷合约即 $\zeta_2{}^* = (1/P_2, 0)$，

此时，高风险企业的期望收益为：

$$\Omega_2(\zeta_2{}^*) = X - B \qquad (4 - 17)$$

低风险企业的期望收益为：

$$\Omega_1(\zeta_2{}^*) = X - P_1 B/P_2 \qquad (4 - 18)$$

此时如果式（4 - 16） > 式（4 - 17），并且式（4 - 18） < 0，信贷市场上将存在一种信贷合约即 $\zeta_2{}^* = (1/P_2, 0)$，低风险企业将退出信贷市场，只有高风险企业去申请贷款。

（三）小结

在信息不对称的情况下，如果企业规模较大，那么企业自身拥有的较大价值的抵押资产可以作为金融机构甄别企业信息的有力补充。然而，如果企业规模小、可抵押资产较少，金融机构此时无法通过设计筛选机制将低风险企业与高风险企业区分开来，无论是信用贷款还是抵押贷款，一般的低风险中小企业（例如劳动密集型的中小企业）都将受到融资约束的限制，只有大企业（抵押资产较多）或者风险较高能够承受较高融资利率的中小企业（例如能够带来较高收益的高科技类中小企业）能够获得金融机构的青睐，获得资金。

因此，解决问题的途径无非是两条，一是努力缓解存在于企业与金融机构之间的信息不对称问题；二是寻找一种区别于传统抵押物的新型抵押资产来增大企业违约损失。这两种途径只要采用一种，传统金融运作的困境就能得到极大地缓解。接下来，本文将讨论移动金融的信息处理能力和赋予企业信用资本的功能是如何消除信贷配给，实现帕累托改进的。

二、引入移动金融后的融资模型分析

（一）模型假设

本部分关于借款企业的假设与传统融资模型保持一致，主要是对移动金融提供主体进行一系列设定。

1. 关于移动金融赋予企业信用资本的假设

由于移动金融的独特属性，若借款企业违约时，移动金融可以使借款企业的违约信息在网络中被散播扩大，从而使企业在未来的经营、融资中遭受声誉和信用的损失。假设借款企业为此遭受的损失是 D。

2. 关于移动金融可以获得企业信息的假设

移动金融可以通过付出信息采集成本 C，比如收集客户积累的信用数据和交

易数据、建立信用评价模型和数据库等，确切获知企业是低风险还是高风险。[①]

3. 关于移动金融不需借款企业提供抵押担保的假设

假设移动金融不需要借款企业提供抵押品（担保）来克服借款企业的逆向选择和道德风险行为，从而可以为规模较小、可抵押资产较少的中小企业提供融资。

（二）信贷市场的均衡分析

由上文分析可知，在企业抵押品不足时，当满足（4－16）＞（4－17）并且（4－18）＜0 的条件时，低风险企业将只能退出信贷市场，只有高风险企业可以获得融资。下文将分析此种情形下，移动金融赋予企业信用资本的功能和获得企业信息的能力是如何帮助低风险企业显示自己的类型，将自身与高风险企业区分开来，从而降低信息不对称的程度，消除信贷约束现象的。为更好地对移动金融的这两点作用进行研究，下文将对这两种功能分别进行分析。

1. 仅考虑移动金融赋予企业信用资本情形的研讨

下面主要研究低风险中小企业通过移动金融融资，高风险企业仍通过传统融资渠道融资这一分离均衡实现的条件。

假设移动金融市场也是充分竞争的，因此移动金融为低风险企业融资的预期收益应为零。表现为：

$$\Phi_1(\zeta) = P_1 BR_1 - B = 0 \tag{4-19}$$

由式（4－19）可以获得移动金融向企业提供的贷款合约是 $\zeta = (1/P_1, 0)$

此时低风险企业从移动金融进行融资的预期收益为：

$$\Omega_1(\zeta) = p_1\left(x_1 + W - \frac{B}{p_1}\right) + (1 - p_1)(W - D) - W \tag{4-20}$$

令式（4－20）＞0，可得

$$D < \frac{X}{1 - p_1} \tag{4-21}$$

此时高风险企业如果模仿低风险企业（以利率 $1/P_1$ 通过移动金融进行融资），期望利润为：

$$\Omega_2(\zeta) = p_2\left(x_2 + W - \frac{B}{p_1}\right) + (1 - p_2)(W - D) - W \tag{4-22}$$

令式（4－22）＜X－B，可得

$$D > \frac{B}{1 - P_2} \cdot \frac{P_1 - P_2}{P_1} \tag{4-23}$$

由式（4－21）和式（4－23）可知，只要

---

① 此处是对移动金融信息优势的极端假设，实际生活中，金融交易双方信息不对称的问题永远无法完全消除。但只要移动金融相较传统金融能够更多地获取企业信息，移动金融的信息优势就可以发挥作用。

$$\frac{B}{1 - p_2} \cdot \frac{p_1 - p_2}{p_1} < D < \frac{X}{1 - p_1} \qquad (4-24)$$

即移动金融只要选择一个合适的、不大不小的违约成本 D，就可以使低风险企业愿意通过移动金融进行融资，而高风险企业仍选择传统金融渠道进行融资。此时，移动金融的引入将有效地实现信息甄别，使低风险和高风险两类企业分别显示自己的类型，并结合实际，从不同渠道各取所需，消除信贷配给。

2. 仅考虑移动金融获取企业信息功能情形的研讨

当移动金融可以获取企业信息时，移动金融可以通过选择付出成本 C，确切地获知企业的类型。

和上文分析的思路类似，移动金融为低风险企业融资的预期收益为零。表现为：

$$\Phi_1(\zeta^{\#}) = P_1 B R_1' - B - C = 0 \qquad (4-25)$$

由式（4-25）可知，

$$R_1' = \frac{1}{P_1} + \frac{C}{P_1 B} \qquad (4-26)$$

此时低风险企业从移动金融进行融资的预期收益为：

$$\Omega_1(\zeta^{\#}) = p\ (x_1 + W - \frac{B + C}{p_1}) + (1 - p_1)W - W \qquad (4-27)$$

令式（4-27）>0，可得

$$C < X - B \qquad (4-28)$$

即只要移动金融获取企业信息的成本足够小，小于投资项目预期收益与项目投资资金的差额，低风险企业就愿意通过移动金融进行融资。

如果高风险企业也通过移动金融融资，则

$$\Phi_2(\zeta^{\#}) = P_2 B R_2' - B - C = 0 \qquad (4-29)$$

由式（4-29）可知，

$$R_2' = \frac{1}{p_2} + \frac{C}{p_2 B} \qquad (4-30)$$

由于式（4-30）$>1/P_2$，所以此时高风险企业不会通过移动金融渠道进行融资，只会选择传统融资渠道。

（三）小结

移动金融在赋予借款企业信用资本的同时也就加大了借款企业的违约成本，这一成本表面上看会造成借款企业的损失，但可以帮助低风险企业显示自身的类型，将其与高风险企业区别开来，从而获得融资。

移动金融通过信息收集分析获知企业类型需要付出一定的成本，因此低风险企业通过移动金融渠道进行融资，成本高于完全信息条件下从传统金融渠道获取融资，这是信息不对称条件下，低风险企业想要获得资金支持所必需付出的，只要这一成本能够控制在一定范围之内，移动金融的引入就可以起到帕累托改进的效果，提高整个社会的福利水平。

三、模型的启示

通过上文的模型可知，制约金融支持实体经济发展的症结归根结底在于融资双方的信息不对称。在传统金融的运作模式下，金融机构难以获知企业的经营信息，从而难以判断出企业类型。为了规避道德风险，金融机构普遍出现"抵押担保至上"的贷款倾向。对于大企业而言，由于其自身资产雄厚，能够向金融机构提供足够的抵押品，并获取较低的贷款利率。而对于规模较小的低风险中小企业来说，往往由于抵押品匮乏的原因，难以承受只有高风险企业才能承受的较高利率水平，从而不得已退出信贷市场。

因此，想要破解传统金融运作的困境，核心在于缓解资金供求双方信息不对称的状况。移动金融作为互联网金融发展的更高阶段，相较于传统金融来说，最突出的优势就在于其信息优势，这是其较传统金融经营方式先进最根本的原因。这种信息优势，一方面表现为移动金融能够赋予借款人信用资本，增大借款人违约的成本，其效果类似于增加了借款人可抵押的资产，为甄别借款人信息提供了新的渠道。另一方面表现为移动金融能够运用最新的网络科技手段对借款人的"软信息"进行采集、整理和分析，从而尽可能多地获知借款人的经营信息，使优质的借款人能够低成本地展示自身经营状况，进而获得移动金融的融资支持。

放眼未来，可以预见移动金融的发展将对整个金融业产生革命性的影响，使整个金融业的风险信息处理效率极大提升，并从注重货币资金的经营向更加注重信息经营的方向转变。与此同时，金融业经营模式的变化也将对传统金融监管发起重大挑战，迫使二者与时俱进，进行相应的调整创新，以适应不断发展变化的金融业态。

第五章　移动金融基于信息优势的新影响、新挑战
——从传统金融到数据金融

一、移动金融促进经济活动的全面数字化

（一）经济活动的全面数据化离不开移动金融的发展

经济活动的全面数据化要求能够随时随地捕获个人和企业的任何经济交易信息，这是传统金融和桌面互联网金融所难以实现的。移动金融由于具有低成本、随身性和智能化的特点，能够随时随地获知用户的地理位置和应用场景。

随着移动金融的发展，任何人和任何企业线上线下的收入、购买、借贷、投资等行为都可以被有效记录，大数据、云计算等技术在金融中的应用将更加广泛，整个社会将变为一个巨大的电子商务平台，客户的生活习性、工作方式、生产经营状况、消费习惯、个人爱好、支付交易数据、理财类型、风险偏好等数据都可以随时记录于移动金融平台之中。随着时间的延伸，数据积累将越来越丰富，透过这些数据刻画用户状况和性格的精确度也将越来越高。

（二）经济活动全面数字化将对金融行业带来深远影响

在一个经济活动全面数字化的社会，金融机构可以方便地对每个用户的经济与信用状况进行评估，并以此对客户的借贷、保险、证券、理财等需求进行个性化开发。信用记录作为用户的关键数据将成为用户最重要的无形资产，一旦用户出现严重违约行为，他的违约信息将被所有金融主体所周知，其后续任何经济活动都将变得更加困难。到那时，整个金融活动的交易效率将会极大提高，金融机构风险和运营成本将显著降低，用户和金融机构都可以双双受益。

二、金融业将向风险信息经营业演进

（一）信息处理将构成金融业的核心业务

信息作为金融的核心，构成金融资源配置的基础。在信息不对称的市场条件下，由于信息筛选、信息甄别成本较高，虽然金融机构将信息处理作为金融交易的重要一环，但没作为最重要的一环，为防止信息不对称导致的逆向选择和道德风险，在贷前、贷后金融机构更注重采取额外手段进行风险控制，如担保、抵押、保证金等。在移动金融模式下，信息快速传播，借款人已有的公开信用评价结果、信用记录、借款特征甚至是借款人的人口统计学特征等信息将充分公开，网络黑名单和曝光栏将能有效地防范道德风险，这为金融业回归信息本质，由资金中介转向风险信息经营中介奠定了基础。首先，移动金融将突破传统的金融领域和空间，借助于移动互联网的"3A"特性，能大幅降低金融机构布局物理网点和业务运营的成本，金融服务渠道和触角将会不断地拓宽和延伸。其次，在大数据和云计算等信息技术的保障下，金融机构的风险评估及管理手段将向信息和数据方面过渡，基于数据和信息的信用资本将成为风险管理的核心。

（二）信用资本将构成金融业的核心要素

从信息经济学的角度出发，市场主体的信用资本发挥核心要素作用，以声誉机制在金融市场上真正有效为基础，"声誉"是现实经济主体行为倾向或内在特质、甄别其类型的一种可传递信号。连续的声誉信息形成了声誉信息流，在信息不对称的金融交易环境中，市场能自发产生具有较高可信度的长期声誉信息流，不同的声誉信息流因社会关系而连接交互，形成了"声誉信息网络"，但由于信息不对称的存在，金融市场主体正确识别声誉信息流，进行高效的信息甄别往往需要消耗较高的信息调查成本，阻碍了声誉机制作用的发挥。声誉机制的真正生效需要满足两个条件：一是信息高效率、低成本地传播，确保借款人不良声誉被及时披露和识别，促成集体惩罚；二是信息真实、完整。移动金融模式中，依据大数据信息的基本处理，可以趋近于逐步满足以上条件，良好的信贷信息（如白名单）可以作为长尾市场主体的良性信用资本，在下次借贷行为时作为重要参考依据；劣质的信贷信息（如黑名单）则形成较强的信用约束与惩罚，也能成为一种信用（声誉）抵押。金融机构通过信息处理，向信用资本的转型，不会推动金融机构将信用信息作为唯一的风险评估标准，相应的抵押、担保等手段仍不可或缺，但信用资本的作用将逐步占据核心位置，并成为金融市场的核心要素。

（三）金融市场传统竞争格局将转向以信息资源或信息解决方案为核心

传统商业银行的竞争主要是行业内机构主体之间的业务竞争，竞争范围集中在价格、服务、技术和规模等方面，具有较大的雷同性，创新突破范围有限。在互联网环境下新的竞争对手中，金融市场竞争格局不仅包含商业银行较为熟悉的电信运营商和第三方支付，而且还会包括 Square 这样灵活的收单工具创新平台。此外，由于云计算的出现，越来越多的中小银行开始放弃自建成本昂贵的 IT 系统，转而投向按需付费的云计算 IT 平台。当信息处理技术日益完善、信息的真实性和准确性大幅提高、信用信息整合与测度成为金融机构核心业务的时候，金融机构间隐性的合纵连横效果将逐渐显现，金融机构的核心竞争力将不再局限于资金价格、业务流程等方面，信息处理效率、IT 解决方案将上升到空前的高度，银行之间的竞争格局最后可能转向以信息资源或信息解决方案为核心。

（四）推动以移动信息为基础的大数据应用的发展

传统金融机构与客户的关系较为密切，对客户的资信状况、经营状况、信用状况等数据信息掌握比较全面，但在带有显著规模经济特征的传统经营模式下，对用户需求变化、行为偏好等数据分析挖掘的需求并不强烈，而互联网企业在信息模型建立、用户行为分析等方面拥有技术优势，但掌握的大量非结构化数据较为冗余，导致数据海量与有效数据缺失现象并存。阿里巴巴在拓展金融业务初期与建设银行和工商银行合作的客户推荐业务虽发展未果，但总体上符合行业发展趋势。伴随移动互联网的日益发展，无论是金融机构或从事金融业务的互联网企业，对金融数据分析的需求将日益强烈，不再仅仅基于信用报告等传统金融数据，而是重在价值挖掘和前瞻性把握。因此，未来基于移动互联网搜集数据、分析数据并为金融机构发展移动金融提供信息咨询的第三方企业可能会快速发展，并构成移动金融的一个重要业态。

三、传统金融机构将以信息为中心进行业务重构和多方位创新

（一）传统金融机构经营行为的创新

1. 由线下服务为重点转向线上线下服务并重

互联网金融及移动互联网的快速发展，将倒逼商业银行重新审视经典业务模式，并积极构建自身的互联网体系，充分利用移动平台向客户传递信息。在移动银行方面，除现金业务以外的大部分柜台业务，都可能逐步转移至移动终端平台。其次，移动支付会推动移动金融的线上线下融合，未来商业银行会致力于推动移动银行和线下支付的集成，并运用在更加丰富的各类交易场景。

2. 更加注重经营理念的创新

由于移动金融在长尾市场的广阔空间，未来商业银行可能会进一步均衡市场结构，区分客户层次，更加注重在个人业务方面的开拓，而非集中在办理机关、团体业务和大额资金借贷、高端理财等方面。尤其是移动支付与传统支付之间具有一部分相互替代的作用，应用场景丰富，在技术开发、业务模式、服务方式、需求匹配、用户培养等多层次的创新层面均对商业银行提出了新的要求。在移动金融时代中，商业银行需基于大量信息开展服务创新，面对激烈竞争且多元化的客户需求，以及网络信息技术和网络商务应用的快速发展，需不断调整管理方式，增强创新能力。

3. 业务结构更加丰富多元

移动互联网的飞速发展及与金融行业的融合将是大势所趋，移动银行和移动支付仅仅是移动金融发展的一个开端，众多潜在业态尚未萌芽或正处于萌芽之中，尤其是基于移动互联网的"3A"特性，大大增加了用户对金融产品的黏性，推动银行、证券、保险等金融机构以移动金融产品为依托开拓市场的动力大大增强，业务结构也更加丰富多元，具体来讲，新型业态将主要包括移动银行、移动支付、移动理财、移动证券、移动融资等。

（二）金融机构业务边界的横向拓展

1. 推动网络银行等新型业态的发展

移动互联网的鲇鱼效应对传统金融行业形成了有效的负激励，尤其是互联网金融对长尾市场的覆盖并在短期内取得立竿见影的效果，使以银行为代表的传统金融机构同时看到了商机，开始重新审视自身经营流程和产品制定策略，并纷纷向长期排斥在外的空白市场进军，与互联网金融企业竞争的同时，不断

```
                          ┌──────────┐
                          │ 移动金融 │
                          └────┬─────┘
              ┌────────────────┴──────────────────┐
         ┌────┴────┐                          ┌────┴────┐
         │ 显性业态 │                          │ 潜在业态 │
         └────┬────┘                          └────┬────┘
        ┌─────┴──────┐                    ┌────────┴────────┐
   ┌────┴───┐   ┌────┴───┐           ┌────┴───┐        ┌────┴───┐
   │ 移动支付 │   │ 移动银行 │           │ 移动融资 │        │ 移动理财 │
   └────┬───┘   └────┬───┘           └────┬───┘        └────┬───┘
```

| 线上远程支付 | 近场支付 | 线上线下融合 | 账户管理 | … | 转账和支付 | P2P和众筹 | … | 手机信贷 | 移动证券 | … | 财富管理 |

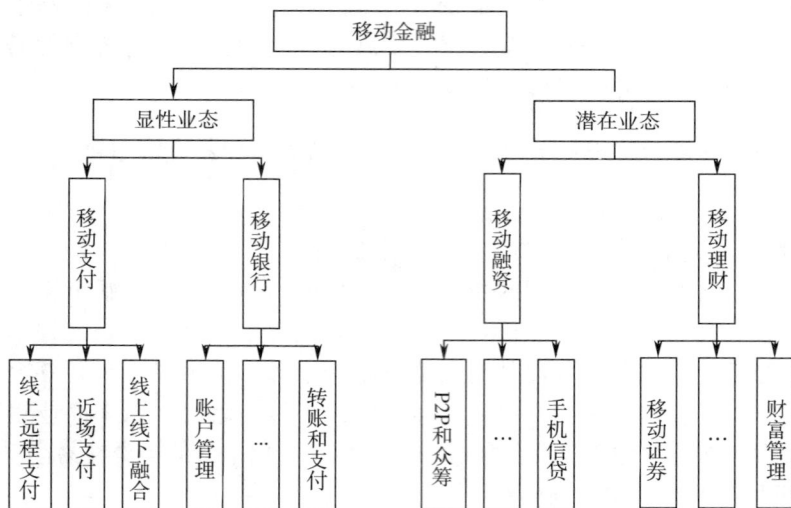

图1　移动金融产品创新体系

基于互联网思维开拓自身业务，进行服务创新、业务流程创新和管理创新。如平安集团设立的 P2P 借贷平台陆金所、招商银行的类 P2P 小企业 e 家及各宝类理财产品等，还有各大商业银行开展的手机信贷、网络信用贷款、开发性小微金融、一站式服务等新一类重要创新业务；另外，直销银行作为一种商业银行基于互联网思维创新的一种新型营销模式，正在悄然兴起。2013 年 10 月，北京银行在国内首推直销银行经营模式，随后，直销银行迅速出现在国有大行、股份行和城商行各层面。2014 年，民生银行、兴业银行、江苏银行等多家银行的直销银行上线。

2. 推动跨部门的信息对接与合作

从移动金融本质特性看，应把传统金融机构开展的移动金融创新业务纳入移动金融范畴，因为二者的根本目的具有一致性，均是基于信息对称解决长尾市场中海量用户的个性化需求。移动金融和传统金融的融合趋势，首先会体现在技术对接和业务通道合作领域，以实现移动互联网平台和金融平台的无缝对接。其次是企业间的融合，传统金融机构通过和互联网企业建立战略合作框架，共同研究互联网平台与金融产品的融合创新，金融机构利用互联网企业的渠道优势、用户资源优势探索移动互联网科技在金融服务方面的深度应用，创造更契合市场需求结构的新型金融产品；互联网企业利用金融企业的管理优势、风险控制优势达到互惠互利。

四、对传统金融监管体制带来新的挑战

（一）"去中介化"对传统金融监管手段的有效性造成冲击

一是金融去中介化影响到机构监管有效性。在移动金融占主导的经济社会，金融机构角色将向移动互联网金融平台演化，且无须资本承担金融风险，将对现行以机构监管为核心的风险监管制度形成巨大挑战。二是对现行以资本为核心的金融风险监管架构形成巨大冲击。在我国现行金融分业监管体制下，主要围绕资本约束构筑金融风险监管指标体系。但移动互联网金融平台资产负债结构及其衍生指标，只是其自身经营及财务运营状况的反映，并不反映其为平台撮合完成金融交易产生的真实金融风险的缓释能力。

（二）分业监管体制难以适应移动金融的"跨界"、"混业"特征

一是移动金融模糊了金融机构和非金融机构的界限，互联网企业在行业交叉下形成了金融控股集团模式，阿里巴巴、腾讯等大型互联网企业依托自有电子商务平台，通过第三方支付系统与各类金融商品供销相连接，在集团层面上同时具备了间接金融与直接金融的媒介功能，互联网金融控股集团架构初现。二是移动金融模糊了金融产品银、证、保等行业界限，在业务交叉、产品交叉下已经形成了大量混业事实，甚至已经跨越了金融范围。例如，基金理财模式"余额宝"涉及第三方支付、货币基金和协议存款，监管分别对口央行、证监会和银监会；保险理财模式"娱乐宝"涉及投连险、信托，最终投资于文化产业，监管分别对口保监会、银监会和文化部。移动金融跨界、混业经营特征比较明显，如果还按照当前分业监管和机构监管的思路，很可能导致监管重叠、监管不足或监管套利现象的发生。

（三）覆盖"长尾"的普惠属性对金融消费权益保护提出更高要求

移动金融拓展了交易的可能性边界，服务了大量不被传统金融覆盖的人群，即"长尾市场"人群。一是这些人群金融知识、风险知识和承担能力相对欠缺，属于金融领域的弱势群体，容易遭受误导、欺诈等不公正待遇。二是移动金融客户的投资小而分散，作为个体投入精力监督金融机构的成本远高于收益，因此容易出现"搭便车"问题，针对移动金融的市场纪律容易失效。三是一旦出现风险，从涉及人数上来衡量（尽管涉及金额可能不大），对社会的负外部性较大。因此，由于移动金融的"长尾"风险，要求进行强制性、以专业知识为基础、持续的金融监管，在这里面，金融消费权益保护尤为重要。

（四）交易的"虚拟"特征增加了监管的难度

移动金融交易的虚拟性使金融业务突破了时间和地域的限制，交易对象的广泛性和不确定性使交易过程更加不透明，资金的真实来源和去向很难辨

别，大量无纸化交易给监管机构进行稽核审查带来困难。以洗钱风险监管为例，目前，互联网金融业务经由后台系统自动处理，虽然增加了客户身份识别环节，但在线提交注册信息与验证资料，人工审核环节少、时间短，缺少充足认证、鉴伪手段，为不法人员冒用他人名义开立虚假账户提供可乘之机。多数在线支付工具由客户构造交易金额，绕开柜面审查环节和大额交易监测，洗钱风险较大。客户实时完成交易，快速实现资金跨境转移，更难被追踪和控制，交易真实性更难把握，易成为非法资金交易和跨境洗钱通道。因此，如何确保网络交易身份真实、交易资料保密和交易过程安全，网络主机系统和数据库安全可靠，监管当局能够清晰发现金融交易痕迹和证据将是移动金融监管重大挑战。

第六章　政策建议

一、以信息为中心，充分发挥移动金融信息优势

（一）金融机构应围绕信息，加快自身的转型升级步伐

1. 树立"以信息为中心"的发展理念

对于金融机构和投资者而言，目标就是实现资金增值的最大化，这些目标实现的基础是做到良好的风险管理，良好的风险管理的目标就是将不可消除的金融风险削减至最低水平。有利于实现这一目标的具体方法有很多种，但最有效又直接的方法就是切实掌握与金融活动相关的尽可能多的信息。因为风险在根本上就是某些不确定性。之所以出现不确定性，最主要的原因就是缺少足够的信息。只要有足够多的信息，不确定性是能够无限接近消除。为此金融机构应树立"以信息为中心"的发展理念，抛弃对大资本拥有者提供最好的服务，对小资本者次之，对无资本者不服务的"以资本为中心"的落后理念，将力量主要集中在信息的获取、传递与交互上，充分发挥移动金融在信息获取、处理、传输、共享方面不可比拟的优势。

2. 提高信息采集处理水平

对新提供移动金融服务的互联网企业而言，在用好传统的信息技术优势的同时，应拓展金融信息获取的渠道，学习提升金融信息的处理和应用技术。比如，对于阿里巴巴而言，在现有阿里小贷的基础上应完善既有网商除网络交易信息外的其他金融信息，同时打通线上和线下环节，开发对自有平台网商以外客户以及线下客户的金融信息获取技术。对于传统金融机构而言，在对现有的自有数据加大数据挖掘开发力度的同时应改变现有的客户信息获取

模式，学习掌握低成本的客户信息采集与处理技术，加快运用大数据信息集散处理功能，提升金融业服务与风险管控能效，如可与移动社交网络或移动电子商务平台合作挖掘各类与客户相关的信息，获取部分个人或机构没有完全披露的信息，掌握客户消费习惯，预测客户行为，使银行在营销和风控方面更加有的放矢。

（二）加快移动金融信息共享力度，构建"大信息"机制

1. 建立移动金融行业征信系统，促进信息互联互通

统一的征信标准是实现信息互联互通的前提，我国征信标准化建设相对滞后，移动金融征信更是如此。目前我国普遍用于支撑信用体系的移动金融平台，其各数据库的结构和标准，包括数据格式、内容、指标和标识以及技术支持软件等差别很大。如果不能统筹考虑、统一规范，既会给网络信用信息的整合与共享、数据库之间的信息交换与接口连接留下严重的隐患，也会给信用信息数据的进一步加工、整理和综合应用带来障碍。因此，应尽快研究建立全国性移动金融行业征信系统，制定行业征信标准，统一数据采集、信用报告格式规范、征信服务等关键标准的内容，以付费查询方式满足包括各方主体的信用查询需求，并通过移动金融行业发展实践修订完善标准体系，实现移动金融全行业征信信息共享。

2. 推动移动金融平台征信系统接入央行征信系统，实现信息共享和互补

目前不同移动金融平台上信用记录是分割的、尚未实现共享，借款人的信用交易记录，只有与其有信贷交易行为的移动金融机构才掌握，脱离了这个体系之后该借款人完全可以再创造新的信用记录，不受之前违约行为的影响，因此借款人在一家平台骗取资金后可以转入其他平台，这一问题迫切需要借助征信系统实现信息共享。

人民银行征信系统在实现金融贷前贷后风险预警等业务中发挥着非常重要的作用，几乎所有的商业银行都把查询征信系统作为审查贷款的必经环节。随着移动金融业务规模的不断扩大和业务范围的不断拓展，移动金融信用信息纳入央行征信系统是实现快速建立移动互联网信用信息统一平台、构建网络信用体系的主要举措。因此，在移动金融行业征信系统和征信标准化建设逐步建立和完善的情况下，应积极将新型移动金融机构中的融资交易信息纳入人民银行征信系统，建立金融机构、互联网企业、第三方支付机构等对接机制和信用信息交换机制，打通征信系统与新型移动金融机构之间的信息通道，实现能反映小微企业及个人信用状况的信贷信息在更大程度上的共享和整合，推动央行征信系统和各移动金融平台征信系统的相互促进、互为补充。

二、推进移动金融产业链深度融合发展

（一）建立跨行业合作发展思路，摆脱孤立发展劣势

移动金融产业链由移动通信运营商、金融机构、互联网企业、芯片厂商、终端厂商、商家和客户相互合作、相互联系构成，以共同创造最大化客户价值，进而实现自身价值增值。各方在产业链中有着合理明确分工，扮演着无法逾越和替代的角色。若单一行业独自发展移动金融产业，必须掌控产业链中所有环节，对于任何一个行业来说都难以做到。因此，移动金融的参与者一家"通吃"是不可行的，唯有跨行业合作才能发挥各行业的自身优势，摆脱单一行业弊端造成的困境，创造"1＋1＞2"的利益。

（二）多方优势互补，实现互利共赢

"开放、平等、协作、分享"是互联网精神的内涵，移动金融作为一个开放性的领域，其发展与成熟也需要各行各业共同合作，充分发挥各个行业在移动金融领域的优势，以优势互补解决单个行业的难题。移动金融领域中的每一个行业都要找准自己的市场定位，认清自身优劣势，探寻更适合的合作伙伴和商业模式，逐步统一技术和行业标准，消除重复建设。例如，电信运营商可以尝试开放终端设备和卡资源给互联网公司，互联网公司的线上资源有助于双方共同打造O2O（Online to Offline）闭环商业圈；第三方支付也可以尝试提供多种创新支付方案给理发店、游泳馆等传统服务业，双方共同开辟新市场等。合作过程中，各行业要注意协调配合，积极寻求合理的商务模式。

（三）政府应及时补位，加大公共设施投入力度

政府部门应加快完善公共信用平台、数据备份中心、云计算平台等移动金融基础设施的建设和应用推广，为商业银行、电信运营商、银行卡清算组织、支付机构、电子商务企业等各方搭建互信互通的桥梁，提供跨行业、跨区域、跨机构的系统互联、信息共享、数据交换、实名认证等公共基础服务，避免产业链各主体因这些耗资大、收益低的"不可承受之重"的设施，而使整个移动金融产业的发展受到严重制约。

三、积极应对移动金融对金融监管体制的冲击

（一）完善移动金融风险监管

移动金融极大地降低了金融业务的进入壁垒，并导致金融业务综合化发展趋势不断加强。在当前我国"一行三会"的分业监管体制下，金融监管体系权力严重分散，各监管部门之间所掌握的数据被分割，信息共享不充分，难以适应移动金融跨产品、跨机构、跨市场的行业特点。因此，本文建议，一是深入

贯彻落实十八届五中全会关于"十三五"期间改革并完善适应现代金融市场发展金融监管框架的部署要求，借鉴金融危机以来国外金融监管体制改革经验，对我国现有金融分业监管本制进行变革，组建隶属于人民银行的金融监管委员会，统一监管整个金融体系。二是实行功能性监管，以金融产品实现基本功能确定监管权归属，有效弥补机构监管模式下的监管套利和监管真空。

（二）充分发挥行业自律作用

制定移动金融的自律标准，建立行业内部自我约束机制，强化整个移动金融行业对各类风险的管控能力，对促进移动金融可持续发展至关重要。以英国P2P行业为例，英国于2011年成立了P2P金融协会，该协会现已覆盖英国95%的P2P借贷市场以及大部分票据交易市场。英国政府要求，P2P行业在遵守政府相关法律、规则的同时，也要严格遵守P2P金融协会所制定的运营法则，P2P金融协会在英国P2P发展过程中发挥着重要的规范性作用。鉴于移动金融是互联网金融的继承与发展，是互联网金融发展的更高形式，我国应抓紧推进中国互联网金融协会的成立，充分发挥该协会对移动金融行业的自律管理作用，推动形成统一的行业服务标准和规则，引导移动金融企业规范发展。

（三）加强移动金融消费者权益保护

移动金融以电子商务、社交网络为平台，大量采集用户的基本状况、财产状况、经营状况、交易数据、选择偏好、消费规律和信誉评价等信息，这些通常具有高度敏感性，有可能涉及个人隐私，甚至关乎人格权益。因此，应加快明确移动金融的数据采集范围和使用原则，要以能够识别信息主体，能对信息主体的信用状况充分判断的信息为主，防止信息过度采集。

同时，应强化对移动金融平台使用个人数据资料的监督和检查力度，要求移动金融平台严格履行客户资料和账户交易资料保密义务，未经客户许可或特定执法机关执法要求，不可以将客户资料向第三方提供。另外，应禁止移动金融平台利用信息优势向消费者推销不合格或低质量高风险的金融产品服务。

PPP 模式推广困难原因探析及对策建议

中国人民银行郑州中心支行调查统计处课题组[①]

崔晓芙　崔　凯　徐红芬　李金良　王　燕　崔二涛[②]

摘要：地方政府先后推出了许多 PPP 示范项目，但推广运用进度低于预期。从微观视角研究发现，当前 PPP 项目签约率低存在三个方面的原因：一是项目自身原因，PPP 项目具有融资规模大、项目周期长、风险收益匹配难、资产专用性强、交易成本高等特征，决定了推广运用 PPP 模式需要一定的时间和过程；二是相关主体原因，PPP 项目相关主体的行为趋同性不够，尚未形成比较一致的共识；三是内在原因，PPP 项目相关主体行为受路径依赖制约，在信息不对称的前提下契约非完备性属性使相关主体之间存在信任问题。本文在对国内外 PPP 实践进行研究的基础上提出，完善的法律法规、合理的风险分担机制、专业的管理机构以及严密的监管体系是 PPP 项目成功的关键。本文最后为加快推广运用 PPP 模式的进度提出了若干政策建议。

关键词：PPP 模式　签约率低　原因探析　对策建议

一、引言

改革开放以来，大规模的基础设施投资有力地支撑了我国城镇化建设，对长期经济高速增长以及提高人们生活水平作出了重要贡献。但是，以"土地财政"为主的基础设施及公共服务融资模式问题日趋显现，地方政府财政压力和债务风险加大，传统的基础设施及公共服务投融资模式难以持续。近年来，财政收入增速回落，2014 年我国一般公共财政收入同比增长 8.6%，增速比 2012 年、2013 年分别回落 4.3 个和 1.6 个百分点。政府债务审计报告显示，2010—

---

①　课题主持人：崔晓芙；
　　课题组成员：崔凯、徐红芬、李金良、王燕、崔二涛。
②　崔晓芙、崔凯、徐红芬、李金良、崔二涛任职于中国人民银行郑州中心支行，王燕任职于中国人民银行驻马店市中心支行。本文仅代表作者个人学术观点，不代表人民银行。

2013 年地方政府负有偿还责任的债务年均增长 19.8%。初步测算，我国城镇化率由 2013 年的 53.7% 提高到 2020 年的 60% 左右，城镇化建设投资需求达 42 万亿元左右①，仅仅依靠国家财政投入显然难以满足。与此同时，以单一政府主体供给的基础设施及公共服务供给效率降低，基础设施投资对经济增长的贡献也呈现出下降趋势（孙早和杨光等，2014；孙彬和段媛媛等，2013）。

多国实践表明，在基础设施及公共服务领域引入社会资本或私人资本，采取政府和社会资本合作（PPP, Public – Private Partnerships）② 的模式不仅可以扩大融资渠道、降低融资成本，减轻政府财政压力，降低债务风险，而且还能够改善公共财政和政府治理，提升公共基础设施产品和服务的供给效率。英国早在 1992 年就开始在基础设施领域应用 PPP 模式，75% 的英国政府管理者认为 PPP 模式下的工程项目能达到或超过项目的要求，能够节省 17% 左右的资金投入。从工程预算来看，约 80% 的工程耗资在预算之内，高于传统招标方式 25% 左右。

与国际一些国家相比，我国社会资本参与基础设施及公共服务领域程度处于较低水平，存在很大的发展空间。据全球 PPP 研究机构 PWF 统计显示，1985—2011 年全球基础设施 PPP 名义价值为 7 751 亿美元。其中，欧洲占 45.6%，亚洲和澳大利亚占 24.2%，美国、加拿大分别占 8.8% 和 5.8%。世界银行统计显示，截至 2013 年，我国 PPP 项目累计投资规模约为 1 278 亿美元，与巴西（2 707 亿美元）、印度（3 274 亿美元）等发展中国家也存在较大差距。

事实上，PPP 模式不仅是政府和社会资本在基础设施及公共服务领域投融资方面的合作，更是转变政府职能、创新预算管理、公平市场准入、优化资源配置及维护市场统一的体制机制变革和制度创新。十八届三中全会提出"允许社会资本通过特许经营等方式参与城市基础设施投资和运营"后，国务院及发改委、财政部先后出台《国务院关于创新重点领域投融资机制鼓励社会投资的指导意见》、《国家发展改革委关于开展政府和社会资本合作的指导意见》、《关于推广运用政府和社会资本合作模式有关问题的通知》，以及《关于印发政府和社会资本合作模式操作指南（试行）的通知》、《基础设施和公用事业特许经营管理办法》等推广运用 PPP 模式政策措施。在 PPP 模式相关政策保障和各级政府

---

① 《中国财政部推广 PPP 模式解决城镇化建设融资难题》，2014 年 9 月 24 日《中国新闻网》。

② 2014 年 11 月，财政部在《关于推广运用政府和社会资本合作模式有关问题的通知》中，将政府和社会资本合作模式与英文 Public Private Partnerships（简称 PPP）视为同义语，认为 PPP 是政府部门和社会资本在基础设施及公共服务领域建立的一种长期合作关系，通常模式是由社会资本承担设计、建设、运营、维护基础设施的大部分工作，并通过"使用者付费"及必要的"政府付费"获得合理投资回报；政府部门负责基础设施及公共服务价格和质量监管，以保证公共利益最大化。

大力推动下，我国各地陆续推出规模数万亿元的 PPP 示范项目。2014 年 12 月，财政部公布 30 个第一批 PPP 示范项目，总投资额为 1 800 亿元左右，涉及供水、供暖、污水处理、垃圾处理、交通等基础设施领域。随后，江苏、河南、湖南、海南等省先后出台相关指导及实施意见，推进 PPP 合作模式。2015 年 5 月，国家发改委公布了 1 043 个 PPP 项目，总投资额为 1.97 万亿元，项目范围涵盖水利设施、市政设施、交通设施、公共服务、资源环境等领域。截至 2015 年 5 月底，22 个省份公布的 PPP 推介项目总投资额超过 3 万亿元①。目前，各省市不断增加 PPP 入库项目的数量和融资规模，江苏、河南等省份已经公布了第二批示范项目。

但是，推广运用 PPP 模式的实际进度远低于预期。截至 2015 年 3 月，由发改委牵头、2014 年 34 个省市地方推出的万亿元 PPP 项目真正签约的仅占 1/8 左右，仅有 10% 左右得到社会资本响应②。截至 2015 年 7 月底，财政部于 2014 年 11 月底确定的 30 个 PPP 示范项目中，近一半的项目尚未进入采购阶段③。PPP 项目签约率低、落地难，推广运用过程中甚至出现"叫好不叫座"的问题④。事实上，目前签约的 PPP 项目多数是在建类项目，采用 PPP 模式的新建项目签约率更低，且引入的社会资本大多是国有企业性质，而民间资本、私有企业等类型的社会资本参与较少。相对于新型城镇化进程，PPP 模式推广运用的进度仍然较慢，一些示范项目实施过程中还存在不少困难。如 PPP 项目签约后融资困难，尚未进入实质性的项目建设及运营阶段。

二、PPP 模式推广运用困难的原因分析

（一）项目自身原因：PPP 项目特征决定了大规模推广运用尚需时日

1. PPP 项目投资规模大且周期长

大多数 PPP 项目是交通、环保、水务、市政等基础设施领域的工程项目，项目生命周期长、投资金额大。国家发改委发布的 PPP 项目平均投资额 18.9 亿元。其中，佛山市的轨道交通二号线一期工程投资额高达 189.35 亿元。目前，发改委 PPP 项目库中，交通、环保及公用事业类项目占比大，176 个交通项目融资额约为 1.27 万亿元，占总投资的 64.5%；418 个环保及公用事业类项目融资额约 2 460 亿元。财政部于 2014 年底公布的第一批示范项目平均投资额为 60 亿

---

① 《22 个省份竞推 PPP 项目计划　投资总额超 3 万亿》，2015 年 6 月 16 日《上海证券报》。
② 《绝大多数 PPP 项目因何遭遇落地难》，2015 年 4 月 27 日《中国经营报》。
③ 《财政部力推 30 个 PPP 示范项目 大多数尚未动真格》，2015 年 7 月 15 日《第一财经日报》。
④ 《PPP 模式盛宴开启 为啥叫好不叫座》，2015 年 7 月 2 日《中国新闻网》。

元。大多数项目建设期限超过三年，运营期限则在 20 年以上。

2. PPP 项目风险高但利润率低

在整个项目周期中，法律制度、相关主体违约及未预期到的不可抗力因素等各种各样风险，都会影响到 PPP 项目的正常运行，甚至会造成停滞或失败。根据王雪青、喻刚和邝兴国（2007）的研究，PPP 项目风险可以分为以下几类：一是宏观层面风险。由于采纳、颁布、修订、重新诠释法律或规定而导致项目的合法性、市场需求、产品或服务收费、合同协议的有效性等元素发生变化以及税收政策的改变、产业结构的调整等产生的法律制度风险；政府决策程序不规范、官僚作风、政治或社会公众反对、政府信用变化、前期准备不足和信息不对称等产生的政治决策风险；工程地质条件、气候条件、施工环境等自然因素造成的不可抗力风险等。二是中观层面的风险。中观层面的风险主要是指为项目的融资、建设、运营等提供产品或服务的相关行业或市场变化产生的风险。如金融市场不健全、融资结构不合理、融资的可得性、融资成本高等因素引起的项目融资风险；项目的唯一性、收费变更、配套设备服务以及由宏观环境产生的行业需求变化造成的收益不足风险；项目工程技术设计成熟性及潜在的设计缺陷造成的项目设计风险等。三是微观层面风险。微观层面风险主要是指相关主体行为产生的风险。如相关主体组织协调效率低、项目管理能力不足、风险承担与责任不匹配、组织间的认知差异及信任产生的合作风险；施工费用超预算、工期拖延、设计变更、施工技术质量控制、分包人或供应商的变动及合同变更等产生的施工风险等。

与其他投资项目相比，目前 PPP 示范项目的收益率比较低。按照社会资本、特许经营者和项目公司获得收入的方式，PPP 项目可分为使用者付费方式（如市政供水、城市管道燃气和收费公路等）、政府付费方式（如市政污水处理厂、垃圾焚烧发电厂、市政道路、河道治理等）和可行性缺口补助方式（如医院、学校、文化及体育场馆、保障房、价格调整之后或需求不足的网络型市政公用项目、交通流量不足的收费公路等）。2015 年 1 月，河南省推出的 87 个 PPP 示范项目内部报酬率在 3.15% ~ 8%[①]。如郑州市轨道交通 1 号线、2 号线一期工程项目运营期限分别为 31 年和 30 年，预计内部报酬率均为 3.15%。与资金市场上中长期信贷资金 7% ~ 8%、信托资金 10% ~ 12% 的收益率相比，当前 PPP 项目的回报率较低，能够产生稳定现金流的使用者付费项目的预期收益率不高，政府付费、可行性缺口补助方式项目不明确。风险分担当前推广运用的 PPP 模

[①] PPP 备选示范项目预期收益情况说明中，多数用内部收益率衡量，也有用年收益额、投资利润等方法。

式区别于传统或广义 PPP 模式的典型特征。如传统的交通类 BOT 项目中政府与企业多为垂直关系，即政府授权私营企业建设和经营，社会资本仅承担建设和经营风险，其他的设计、融资等风险均有政府承担。当前推广运用 PPP 模式中的项目大多为水务、垃圾处理领域的准收益类公共类项目，风险要比传统的交通等使用者付费、具有一定收益类的项目大。此外，PPP 项目相关主体多，沟通协调任务重、难度大，交易成本高。如北京地铁 4 号线合同显示（见图 1），仅项目公司与相关主体之间就签订 7 个主要合同。

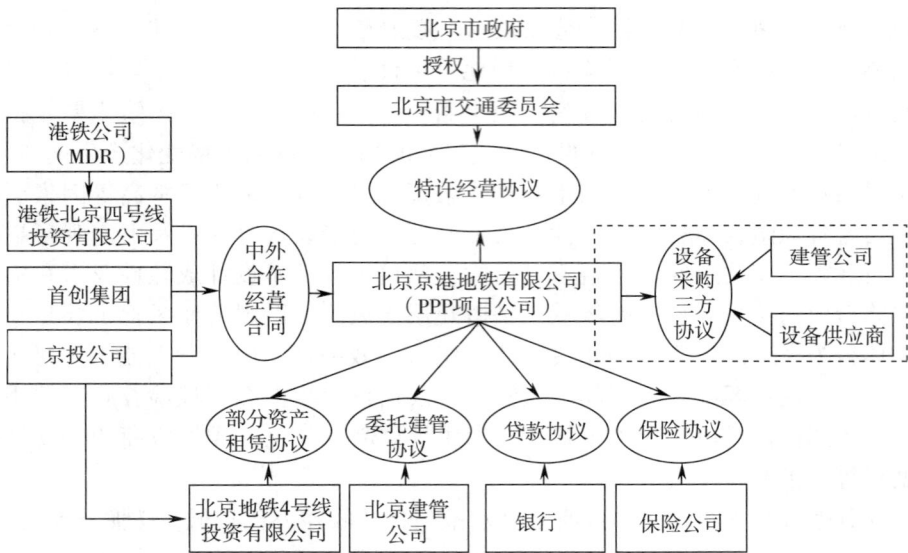

资料来源：国家发展和改革委员会 PPP 项目案例。

图 1　北京地铁 4 号线合同结构

3. PPP 项目资产专用性强

资产专用性是指资产用于特定用途后被限制，很难转为其他用途，如果转为其他用途使用价值将会大幅降低甚至变得毫无价值。作为基础设施及公共服务领域的 PPP 项目资产具有较强的专用性特征。一方面，PPP 项目资产流动性不强，其转让交易会受到市场需求量的制约和应用领域的约束。如垃圾处理、污水处理厂的机器设备，这些资产一旦投入基本难以再在其他领域使用。另一方面，PPP 项目资产强调使用的配套性，与其他的配套资产结合起来才能运营。如污水处理项目需要与市政管网对接才能投入使用。

（二）参与主体原因：相关主体行为趋同性不够直接导致 PPP 项目落地难

1. 政府顶层设计不完善，行政效率不高

一是政策协同性不够。尽管中央制定和发布了多项 PPP 政策文件，但缺少清晰明确的解释，降低了地方政府执行政策的效率，增加了社会资本对参与 PPP 项目的担忧。第一，专门的 PPP 项目法律法规体系缺失，中央政府顶层设计有待完善。由财政部发布的《PPP 项目合同指南》（试行）可以看出，与我国 PPP 项目合同相关法律关系的确立和调整依据散落在《合同法》、《预算法》、《政府采购法》、《行政许可法》、《行政处罚法》、《土地管理法》、《环境保护法》等十余部法规中。在实际 PPP 项目运作中，还涉及国务院及发改委、财政部等部门的规范性文件。PPP 项目适应的法律法规过多增加了谈判交易成本，甚至相关法规、规范性文件之间不够统一，造成的权利归属不明晰制约 PPP 项目的融资能力。如特许经营权的授权方式与现行的土地使用权出让制度存在冲突，特许经营权无法确保经营人获得土地使用权；财政部相关规定使项目公司在整个生命周期内对项目无法完全拥有长期所有权。第二，政策措施协调性和可操作性不够。当前，发改委和财政部均出台有关推广运用 PPP 模式的政策文件，PPP 项目的主导权不够明确，造成了 PPP 项目在运作方式、项目实施机构、采购依据、采购方式、储备方式等方面也有差别。如 PPP 项目流程既可以遵照《招标投标法》，也可以遵照《政府采购法》①。原有的项目投融资体制下，社会资本参与BOT、BOO 等特许经营项目可以通过政府审批或企业的备案、核准程序进行，而 PPP 模式相关政策改变了传统的特许经营投融资程序。政策规定的协调性不够，造成社会资本参与 PPP 项目时对遵循的政策和程序感到无所适从，多数社会资本等主体存在依赖政府尤其是市县级地方政府推动项目注册、审批的倾向。第三，参与主体多，社会资本、运营商等与政府之间平等的协商谈判机制和渠道不畅，他们对政策变化及地方政府换届等可能造成的政府违约存在担忧，这不仅影响了 PPP 项目的融资能力，而且影响社会资本等主体参与 PPP 项目的积极性。

二是地方政府把 PPP 局限为融资模式，忽视了管理模式创新。《国务院关于加强地方政府债务管理办法》（国发 43 号文）明确规定"政府债务不得通过企业举借，企业债务不得推给政府偿还，切实做到谁借谁还、风险自担"，逐步剥离地方融资平台公司的政府融资功能。同时，43 号文提出"鼓励社会

---

① 《招投标法实施条例》规定，国务院发展改革部门指导和协调全国招投标工作，对国家重大项目工程的招投标活动实施监督检查。《采购法实施条例》规定，国务院财政部门会同国务院有关部门制定政府采购政策。

资本特许经营等方式，参与城市基础设施等有一定收益的公益性事业投资和运营"。在地方政府面临债务压力加大和大规模基础设施建设资金需求存在较大缺口的背景下，发改委和财政部出台推广运用 PPP 模式的相关政策，PPP 模式立刻被地方政府当做新的融资渠道，甚至被当做缓解债务压力"甩包袱"的手段。在此理念下，一些地区推出 PPP 项目时，并没有考虑到项目是否满足对社会资本开放的条件、收益与风险是否匹配等，盲目推出；有的地方政府推"瘦"藏"肥"，推出的项目未来产生的现金流难以覆盖投资成本、激励措施不明确，以至于社会资本不愿介入；有的地方政府为了吸引社会资本，对公共服务的定价权控制过松，收费过高损坏公共利益；有的地方承诺支付高额回报或高额补贴，项目表面是社会资本参与，实为"名股实债"，甚至地方财政隐性"兜底"①；一些地方政府或项目主体没有对项目采取 PPP 模式的适应性进行深入调查分析，为了完成 PPP 项目申报任务或满足融资需求，申报的项目并不适合采用 PPP 模式。

三是基层政府（县市）财力不济。为了防止地方政府以 PPP 的形式在基础设施领域盲目大规模投资，财政部《政府和社会资本合作项目财政承受能力论证指引》规定，"每一年度全部 PPP 项目需要从预算中安排的支出责任，占一般公共预算支出比例应当不超过 10%"，明确限制了地方政府支持 PPP 项目的财政资金规模。长期以来，我国基层政府的事权与财权不够匹配，基层政府一般公共预算收入不足，公共预算支出大多依靠上级政府转移支付，但承担了较多的事权。从现实来看，经济落后地区的基础设施及公共服务投资需求更大，10%的财政公共预算支出用于 PPP 规模上限，难以满足一些经济欠发达基层政府的融资需求，进而会影响推广运用 PPP 模式的积极性。

2. 社会资本参与 PPP 项目态度谨慎

一是 PPP 项目性质与社会资本投资偏好不一致。目前，多数社会资本倾向于投资期限短且收益高的项目，或者投资比如燃气管网、电力通信网络等长期基础设施领域有固定现金流的"使用者付费"项目。目前，一些地方政府推出的 PPP 项目多为交通设施、市政基础设施、生态环境治理、城镇生活垃圾污水处理、网管改造等领域项目，这类项目收入来源主要是使用者付费与政府补贴相结合、政府付费购买服务。在项目自身收益低、政府补贴或购买价格不明确的情况下，社会资本参与积极性不高。社会资本参与 PPP 模式成立项目公司后仍需要融资，目前一般商业银行中长期信贷资金成本在 7% 左右，再加上交易费用和必要的回报率，收益率低于 12% 的投资项目对社会资本很难有吸引力。然

---

① 《PPP：并非解决地方政府债务的万灵药》，2015 年 3 月 5 日《中国经济导报》。

而，地方政府对 PPP 项目的预期资金成本为 6% 左右，过高的资金成本有悖推广运用 PPP 的初衷。

二是社会资本对政府信用存在顾虑。社会资本对于 PPP 项目的担心主要在于有些地方政府部门缺乏契约精神，政策随意性和执行性风险较大。PPP 项目周期内可能出现政策变化及官员换届或调整，地方政府存在的"新官不理旧账"、"合同是张纸，签完随时改"、"改变游戏规则"等现象，增加了社会资本参与 PPP 项目的风险，使得社会资本对 PPP 项目政府的履约意愿和能力存在担忧。

三是社会资本在 PPP 项目话语权有限。尽管地方政府采取各种措施吸引社会资本参股、入股 PPP 项目，但政府会通过持股比例（通过国企或二级单位持股）、高管委任、审批监管等方式取得项目公司（SPV）的控制权（叶晓甦和易朋成等，2011）。如一些地方政府明确要保证 PPP 项目公司 51% 的控股权[①]。社会资本决策话语权不足，难以实现其管理理念，影响社会资本参与 PPP 项目的积极性。另外，一些地方政府在政企关系方面角色定位不清，对社会资本参与的项目管理过多过细，监管界限不明晰，甚至出现政府运用行政手段"越位"直接干预等，也增加了社会资本参与 PPP 项目的隐忧。

3. 银行对 PPP 项目响应积极，但实质性参与度不高

通过对国家开发银行河南省分行、农业发展银行河南省分行、建设银行河南省分行、交通银行河南省分行、中信银行郑州分行、光大银行郑州分行等多家金融机构的实地调研发现，商业银行参与 PPP 项目的制约因素主要有以下几方面。

一是具有稳定收入来源的经营性项目少。目前新增的 PPP 项目多为准经营性、非经营性项目，项目本身未来现金流难以覆盖资金本息，政府财政补贴的方式和数量不明确，项目收益的不确定性影响了商业银行对其融资的积极性。中信银行郑州分行反映，新增 PPP 项目 90% 以上是无明晰收益且未来现金流难以覆盖的投资项目，财政补贴或购买服务方式和价格不明确，项目风险和收益难以达到授信放贷的条件。另外，PPP 项目融资是一种"有限追索权"的贷款，如果项目出现信贷风险，商业银行只能追索到实际资产有限的 SPV 项目公司，有限追索权增加了商业银行授信担忧。

二是 PPP 项目融资特点与银行传统信贷模式不符。PPP 项目自有资金一般仅占 20% ~ 30%，其余需通过项目公司对外融资，而且额度大、期限长。如河南省首批 87 个 PPP 示范备选项目中投资规模多的超百亿元（郑州市轨道交通 1

[①] 《社资参与 PPP 项目受尽欺负：政府吃肉企业喝汤》，2015 年 1 月 27 日《经济参考报》。

号线、2 号线一期工程分别为 151 亿元和 123 亿元，新乡市轨道交通项目为 200 亿元），少的也上亿元，多数项目运营期限 20 年以上。商业银行表内中长期贷款额度和期限与 PPP 项目融资难以匹配，表外融资又与 PPP 项目融资低成本的要求不符。

三是 PPP 项目筛选和评审难度大。一些地方政府或项目主体为了完成 PPP 项目申报任务或满足融资需求，申报的项目并不符合 PPP 模式要求，增加了筛选工作量。当前 PPP 模式相关政策仍处于调整规范期，项目前期准备时间长和政策变化调整影响了金融机构对 PPP 项目的评审效率。国家开发银行河南省分行反映，PPP 项目前期准备需要 3~6 个月的时间，在此期间内 PPP 规范政策发生变化都会对项目前期准备工作造成影响。

四是项目论证难以达到商业银行金融支持条件。第一，多数 PPP 项目尚未进入银行融资支持阶段。调研发现，一般银行难以直接对 PPP 项目提供资本金信贷资金，倾向于为 PPP 项目联系社会资本进行推介和撮合，更愿意为 PPP 项目签约后或项目公司成立后进行金融支持。目前，PPP 项目进度尚未进入银行愿意进行融资服务的阶段或步骤。截至 2015 年 5 月底，河南省首批发布的 29 个 PPP 推介项目中，进入项目识别、项目准备、项目采购、项目执行阶段的分别有 13 个、4 个、5 个和 6 个。国家开发银行河南省分行，中信银行郑州分行等多家金融机构认为，当前 PPP 模式仍处于概念消化期和项目酝酿期，绝大多数 PPP 项目尚未进入信贷资金支持阶段。第二，申请金融支持要件不全。中信银行郑州分行反映，参与的绝大多数 PPP 项目仍处于项目前期，项目的规划、环评、可行性报告等关键材料缺失，甚至参与的落地 PPP 项目也存在融资要件不全问题。第三，PPP 项目可行性论证不够严谨。多家银行调研显示，多数项目尤其是县市级项目的投资规模测算随意性大，投资回报率和回收期等投资收益论证不够严谨，公共服务定价机制和财政补贴方式等内容含糊不清。第四，PPP 项目论证的客观性不够。物有所值评价（VFM）与财政承受能力论证是 PPP 模式的关键。目前，财政部门作为 PPP 推介项目的部门，同时又承担物有所值评价与财政承受能力论证，部分金融机构认为论证评估的客观性不够。

（三）内在原因：信息不对称下路径依赖、不完全契约及组织间信任缺失降低了 PPP 相关主体合作的积极性

1. 各相关主体之间存在信息不对称

PPP 模式相关主体主要包括项目发起方（政府公共机构）、项目投资方、项目运营方、承建方、使用方等。财政部制定的 PPP 项目操作流程分为项目识别、项目准备、项目采购、项目执行和项目移交五个阶段 19 个步骤，在每个阶段及

步骤中都至少涉及上述两个以上主体，这些主体的性质和目标各不相同，对合同或交易的具体信息掌握程度也存在差异，进而增加相关主体对合同或交易执行风险的预期，从而影响合同签订和执行的效率。如在 PPP 项目签约过程中至少涉及项目发起方、投资方和运营方，任意两方之间都可能存在信息不对称，从而产生逆向选择和道德风险问题。一方面，逆向选择会导致有实力的相关主体没有意愿参与 PPP 项目，有意愿而实力一般的相关主体又没有能力参与 PPP 项目，降低 PPP 项目的签约率。另一方面，项目建设和运营周期长，相关主体对未来 PPP 项目实施过程中由于信息不对称带来的道德风险担忧增加，造成参与 PPP 项目意愿不强。

2. 路径依赖是制约 PPP 项目签约难的根本原因

路径依赖是指人类社会中的技术演进或制度变迁类似于物理学中的"惯性"，即一旦进入了某一路径或选择某个体制（无论好坏），就对这种路径或体制产生依赖，由于规模经济、学习效应、协调效应、适应性预期以及既得利益约束等因素的存在会使得该路径或体制沿着既定的方向不断强化，进而可能形成恶性循环，甚至被"锁定"在某个状态中难以自拔（诺斯，1994）。长期以来，我国政府、社会资本及项目运营方都形成了自身行为特征的惯性，具有典型的路径依赖特征。

一是政府习惯于"大包大揽"的基础设施及公共服务供给模式。在基础设施及公共服务领域的融资阶段，地方政府习惯于利用政府融资平台为载体、借助于"土地财政"为基础的商业银行信贷模式。在建设阶段，由国有性质单位或公司为主进行规划、设计、建设。在运营阶段，也是由国有事业单位或国企性质的公司或下属二级单位进行管理维护。在整个基础设施及公共服务供给的整个过程中，政府占据主导地位，担心社会资本、民营资本的参与会失去控制权，造成公共利益或部门利益的损失。

二是社会资本偏好投资期限短、收益高的项目。在经济转轨过程中，资本市场、房地产市场或自然资源垄断性行业的投资周期短且收益率高，产生了巨大的财富效应，对社会资本产生了巨大的吸引力。社会资本竞相"跟风"，投资风格偏好期限短、利润高、风险低的项目。即便是在高速公路等基础设施领域的投资，也更愿意采取 BOT 或特许经营等方式进行，不愿承担建设或经营风险。

三是商业银行习惯于传统的授信模式。商业银行习惯于传统的抵押担保授信模式，在规范地方政府融资平台的国务院 43 号文执行之前，商业银行大多通过两种形式提供资金支持：其一，通过传统的授信模式直接为政府融资平台的基础设施项目进行信贷资金投放；其二，通过商业银行与信托、基金等合作形式向基础设施及公共服务领域提供资金支持，这种支持形式需要地方政府人大决议或财政保函兜底，以规避资金风险。国务院 43 号文明确禁止地方政府提供隐性担保，多数商业银行为了控制 PPP 项目信用风险，采取更加严格的资金投放标准，需要满足包括所处区域、还款来源、资产负债率、实收资本以及现金流等多种基本要件。如某商业银行需要满足 20 多项条件才能给 PPP 项目提供信贷资金①。

3. PPP 项目合同的不完全契约属性

PPP 模式是用合同来规定相关主体的权利和责任，相关主体之间的关系属于一种契约关系。不完全契约理论认为，由于人们的有限理性、信息的不完全性及未来交易事项的不确定性，或者出于节省交易成本的考虑，现实中的契约不可避免地存在疏漏，拟定完全契约是不可能的，即缔约当事人在契约中对于未来的风险难以完全规定，或者一些契约条款在事后无法被完全执行。因此，不完全契约难以界定交易各方或然状态下的权责，主张通过后期的再谈判来解决契约未尽的各种情形。在现实中，契约的不完全性会导致事前的最优契约失效，当事人在面临被"敲竹杠"的风险时会作出无效率的专用性投资（杨瑞龙和聂辉华，2006）。

PPP 项目合同本质是政府、社会资本以及其他所有参与者所缔结的一系列契约的集合，同样具有契约的不完全性。与传统企业间合作相比，PPP 合作模式具有合作方性质不同、产品公共化程度较高以及合作期较长等特点。首先，因参与方的有限理性、长期内外在环境多变的复杂性、合作项目特殊性和其他的不确定性，合作多方既不可能在事前将与契约相关的全部信息在契约中一一详细界定，也无法对未来可能发生的所有事情准确有效预测，难以作出各方都能接受的最优决策。其次，在交易成本很高的情况下，PPP 项目合同期长，执行合同过程中面临的各种变化因素多，如果合同对相关各方的权责关系界定得越详尽，在环境出现变化或个别方违约时需要付出的代价就越高，以至于各方也没有动力详细规定各自的责任义务。最后，PPP 项目本身具有的性质和特点存在信息不对称问题，加之相关主体性质不同，追求的利益和目标也存在差异，无法观察、监督或者预测合作方行为加剧了信息不对称的程度。现实中，PPP 相关主体的固有特征、交易行为、心理契约和客观情景等因素都会影响相互间信任（见表1），合同的不完全性与组织间的信任都会降低相关主体对 PPP 项目的行为趋同性，进而影响到 PPP 项目的签约率。

---

① 《银行怎么看 PPP 项目：需满足 20 多项条件才给贷款》，2015 年 6 月 20 日《经济观察报》。

表 1　　　　　　　　　　影响 PPP 项目相关主体间信任的主要因素

影响因素分类	关键影响因素	相关解释	影响因素分类	关键影响因素	相关解释
交易双方自身特征	声誉	多数研究结果支持声誉能够对交易双方信任产生影响	交易双方心理契约	承诺的对称性	交易双方向对方承诺的数量和内容呼应程度越高，越有利于增进信任
	能力	专业能力、管理能力、融资能力都会影响双方信任		相互尊重	交易双方在态度上表现出对对方行为规范、价值观念的尊重，有利于交易双方信任形成
	财务状况	良好的财务状况更容易增加信任		利益共同体的感觉或体验	具有利益共同体感觉越高，越有利于提高信任度
	社会网络关系	社会网络关系说明社会资源丰富，有利于建立信任关系		共同的价值观	价值观趋同能够增进信任
	合作经历	长期的合作经历对信任有积极影响		情感	中国传统文化下人际情结会影响到交易双方的信任
交易双方交互行为	知识共享	知识共享程度越高，越容易增进信任	交易双方交互行为发生所处客观情境	合同安排	过于详细的合同条款不利于风险，过于强调经济激励与惩罚会降低双方信任
	信息沟通	双方沟通的频率、效果、公开性、完整性都会对信任产生影响		兼容性	交易双方目标、组织文化、行为规范的相似程度有利于形成信任
	响应情况	交易对象提出的要求响应效率能够提升信任度		合作关系的持续时间	合作关系持续时间越长，合作中的短期性的机会主义行为越少，信任度越高
	监督	过于严格的监督有损交易双方信任		不确定性	项目不确定性越大，越不利于形成信任
	问题或冲突的解决	通过协商恰当地解决问题或冲突有利于培养信任		项目管理模式	伙伴关系模式有利于培养交易双方的信任
	非正式关系的交往	交易双方成员之间非正式的交往可以增进信任			
	承诺的执行	是否兑现承诺会影响到信任的建立			

资料来源：杜亚灵和闫鹏（2013）。

三、国内外推广运用 PPP 模式经验总结

基础设施及公共服务领域运用 PPP 模式发源于国外，经过多年的项目实施和模式发展，已经积累了不少比较成熟的经验。从国外实践及我国实际开展情况来看，成功推广运用 PPP 模式的要素可以归纳为以下几个方面。

（一）政府的大力支持是推广运用 PPP 模式的前提条件

在 PPP 模式下，政府一方面是特许权协议的当事方，同时又为项目运作提供政治和法律环境。因此，政府应转变和调整管理职能，以满足 PPP 模式对政府管理的需要。

一是公共部门需审慎核准 PPP 项目，通过一定的程序择优选择合作伙伴。公共部门要明确 PPP 项目标准和程序，全面评估合作伙伴的建设及运营实力，私人部门根据有关要求，编制合适的建议书并进行投标，由公共部门择优选择合作伙伴。同时，在整体规划中既要考虑能满足公共部门的弹性需求和可能性变化，又能为私人部门预留创新空间，以便保证合适的方案在竞标中获胜。

二是公共部门要确定清晰的边界（包括资产和监管边界）。健全的监管政策具有必要的独立性、不受政治影响、独立于监管对象等特征，以保证监管机构根据恰当和明确的职责划分开展工作，以获得足够的资源和设备，从而保障决策过程透明和有效发挥监管职能。如对市场准入、价格和普遍服务等监管，要以效率监管作为有效监管的前提和保证，这对公共部门的公共管理能力提出了较高要求。

（二）合理分担风险是推广运用 PPP 模式的关键要素

PPP 项目具有投资工期长、金额大、不确定因素多等特点，因而会面临很多的风险，对公共部门和私人部门都构成较大的压力。为保证 PPP 项目的成功实施，必须由公共部门和私人部门合理、公平地分担项目风险，这是保证 PPP 项目运营成功的关键。

一是要充分发挥禀赋优势。由于公共部门和私人机构之间的区别，在 PPP 项目中应对和处理各种风险的资源、能力和手段等明显不同，因此，应发挥各自的优势和特长，将不同的风险分配和划分到不同的部门进行处理，这将收到事半功倍的成效。比如，对于政治、政策、法律等风险，政府最有能力承担，就应由相关政府部门承担。而对于项目建设过程中产生的建设风险，承包商最有能力控制，就应由承包商承担。经营管理过程中产生的风险就应分配给运营企业承担。

二是风险和收益要平衡、匹配。高风险高收益，低风险低收益，要体现出公平性和一定的市场规律。唯有公平，才能将项目各参与方紧紧地联系在一起，

在项目寿命周期内做出理性的决策和行为。要评估项目各参与方实力，做到量力而行。承担的风险要和参与方的能力相适应，要有底线和上限。如果项目风险超出投资者承受能力，就会出现项目失控的可能性。

在 PPP 项目合理分担风险的案例中，香港迪士尼主题公园项目是比较成功的一个典型，该项目充分体现了"由最能控制该风险发生的一方承担的原则"，有效地保障了项目如期完成和后期的持续良好运营。北京地铁 4 号线特许经营项目也是国内采取 PPP 模式的典型案例之一，该项目通过票价和客流量挂钩的机制设计，实现了政府和社会资本的风险与收益平衡。在票价机制中，如果实际票价收入水平低于测算票价收入水平，市政府按其差额给予特许经营公司补偿；如果实际票价收入水平高于测算票价收入水平，特许经营公司应将其差额的 70% 返还给市政府。

（三）必要的激励机制是推广运用 PPP 模式的有效手段

在 PPP 模式下，如果在合同中明确激励机制，能够较好地预防和避免传统公共项目建设的不足，比如用工和质量不达标或超期、超支等问题。

一是确定合理的支付机制，促使私人部门按时完工并且不超支。在 PPP 模式下，私人部门必须按期完工，提供符合要求的产品或服务，公共部门才会支付费用。此外，公共部门不会支付项目超支费用。因此，私人部门在实际建设过程中，必须精打细算，将整个项目费用控制在合理的范围内。

二是明确奖惩机制，促使私人部门提供符合标准的产品或服务。必要的奖惩机制能刺激私人部门提供符合要求的产品或服务。假如私人部门提供的产品或服务不符合合同要求，公共部门将惩罚私人部门，比如削减支付额。如果私人部门提供的产品或服务持续低于合同规定的标准，公共部门可终止 PPP 合同，或直接接管项目，或进行再招标。如果私人部门提供的产品或服务达到或者超过合同规定的标准，公共部门可以追加一定比例的支付，以示奖励。

英国财政部曾对运行的 500 多个 PPP 项目进行调查，数据显示，当项目提供的服务不能满足合同要求的标准而受到支付削减的惩罚后，几乎所有受惩罚的项目随后提供的服务都达到了合同要求，72% 的受惩罚项目在受罚后，能够提供比合同要求更好的服务。

（四）制度与专业人才是推广运用 PPP 模式的有力保障

一是完善的法律、政策体系是基础。PPP 项目能否成功运行与国家层面的法律和执行有很大关系。PPP 模式有效运作需要有一套清晰、完整的政策法规，这是推广运用 PPP 模式的基础条件。目前，已有不少国家对 PPP 或 PFI 模式专门立法，比如欧洲的英国、法国、葡萄牙、希腊，亚洲的日本、韩国，南美的巴西、阿根廷，还有美国的 18 个州。英国、澳大利亚等制定了非常细致的 PPP 模式实施政策和指南，为 PPP 模式的运行提供了详尽的制度框架。韩国的《PPP法》及实施细则认定了 16 个部门中的 48 种基础设施适合开展 PPP 项目。在我国，2014 年下半年以来，国家财政部、发改委等单位先后出台了《财政部关于推广运用政府和社会资本合作模式有关问题的通知》、《关于印发政府和社会资本合作模式操作指南（试行）的通知》以及《国家发展和改革委员会关于开展政府和社会资本合作的指导意见》等文件，可以算是我国 PPP 发展的规范性、纲领性文件。

二是专业化人才和机构是支撑。由于 PPP 模式广泛采用项目特许经营的方式，以特殊目的载体公司（SPV）的形式运营，其涉及的公司治理、法律风险、金融和财务等方面的知识比较复杂，因而对专业人才的要求非常高。同时，采用 PPP 模式，需要长时间评估，进行复杂的合同谈判，实现合理的风险分担，并实行有效的监管，这是一项系统且复杂的工作，需要政府成立专业机构来推进 PPP 模式。成功实施 PPP 的国家大多有着专门的 PPP 管理机构。

英国目前主管 PPP 的代表机构是财政部，负责和指导 PPP 模式的实施。在地方政府层面，英国财政部与地方政府协会联合成立的"地方合作伙伴关系"（Local Partnerships），主要为地方政府提供 PPP 项目技术援助和评估服务。2000年，澳大利亚维多利亚州建立了地方性的 PPP 单位。2008 年，澳大利亚创立全国性的 PPP 单位，即澳大利亚基础设施（Infrastructure Australia，IAU）。2009年，欧盟成立了欧洲 PPP 专家中心（European PPP Expertise Centre，EPEC），致力于分享 PPP 领域的经验，为欧盟公共部门运用 PPP 提供技术援助。

（五）项目信息透明度高，相关主体高效分工协作

一是成立专门的项目公司，并请专业机构对项目进行全面科学论证。成立专门的项目公司，既方便市场化运作，也有利于提高运行效率。张家界市政府通过聘请专业咨询机构为杨家溪污水处理厂项目提供财务、法律等顾问服务，提高了项目决策的科学性、操作的规范性。

二是信息公开保障项目得到充分的支持。酒泉市政府对城区热电联产集中供热项目及时宣传，加大信息公开力度，为项目实施创造良好外部环境。苏州市吴中静脉园垃圾焚烧发电项目运营中，政府对所有烟气排放实现在线公示。

三是专业人做专业事。PPP 项目的规划、建设、运营和管理是个系统工程，各个阶段环节都有专业的主体实施，根据项目实际采取相适应的实施模式。如北京 4 号线的土建部分主要由京投公司来实施，运营管理主要是经验丰富的香港地铁负责。

（六）规范的市场化运作与政府补贴有机结合

一是灵活运用市场化竞争的方式提供项目效益。如经过前期充分的准备

和合同制定等规范化运作，合肥市王小郢污水处理厂资产权益转让项目采取招投标形式，通过市场化竞争实现了项目价值最大化。大理市生活垃圾处置城乡一体化系统工程中，通过招商引资、竞争性谈判，以 BOT 方式引进焚烧发电厂建设项目，在收集环节由乡镇负责采用承包、租赁等方式实行市场化运作。

二是对特殊项目可以灵活地进行政府补贴，保障社会资本的正常收益，以实现项目的正常运营。如考虑到大型场馆运营之初通常出现的较大额度的收不抵支状况，深圳市政府对大运中心项目在运营初期引入了有力的政府补贴机制，有效地缓解了降低总运营商的资金压力。张家界市杨家溪污水处理厂项目中，设置了履约、维护和移交三种保函，用于规避未预期到的风险。

四、推广运用 PPP 模式的政策建议

（一）完善法律法规解决信息不对称，增进主体间信任

完善的 PPP 法律法规体系与监管制度是推广运用 PPP 模式的基础，可以提供充分的政策支持，有效降低项目风险、增强投资者信心。一是构建统一完善的 PPP 法律法规。整合国土、财政、建设等相关部门的政策、法规及规定，保障 PPP 相关主体在统一的法律法规框架下充分谈判协商，缓解主体相互之间的信息不对称。建立多方参与的 PPP 政策制定与实施的沟通制度，确保相关主体对 PPP 政策和法律法规理解的一致性。二是用合同约束 PPP 项目相关主体行为。在 PPP 项目整个生命周期过程中，通过合同明确规定相关主体的风险与收益、权利与义务，用法律制度保证合同有效执行。建议由人大牵头成立独立的专门机构监督政府行为，防止地方政府履约过程中的不当做法，杜绝失职和寻租行为。

（二）建立健全体制机制，提高推广运用 PPP 模式效率

一是深化政府行政管理体制改革，提高行政效率。优化政府关于 PPP 模式的行政流程，提高行政效率。建立专业 PPP 项目管理机构，能够独立地进行 PPP 项目管理和咨询服务，满足不同行业的 PPP 模式应用需求。二是建立公平有效的风险分担和利益协调机制。通过公平公正的协商谈判，保障相关主体参与 PPP 模式的机会平等，客观评价项目的风险收益，让承担较多风险的主体适当获得较多的收益，形成正向良性激励。三是建立灵活便捷进入和退出机制。通过市场竞争的方式引入社会资本，提高公共产品和服务的供给效率。对不愿意继续参与 PPP 项目、管理运营效率低下、没有履行合同意愿或能力的社会资本提供法制化、市场化的便利退出渠道。四是多部门综合施策形成合力加快 PPP 模式的推进效率。如财政部、发展改革委和人民银行联合下发《关于在公共服

务领域推广政府和社会资本合作模式的指导意见》。

（三）创新政策保障方式，提高相关主体参与积极性

一是提高 PPP 项目相关主体的积极性。根据 PPP 模式的内在要求和政策规定精选推介项目，针对不同类型的项目制定相应鼓励政策，督促项目发起方着力提高 PPP 项目质量。通过相关 PPP 政策宣传和项目示范带动效应，引导社会资本积极参与 PPP 项目。充分发挥商业银行在项目撮合、投资评估、规划咨询、资金投放、风险控制、财务顾问等方面的综合性金融服务优势，鼓励和引导商业银行全程深度参与 PPP 项目，并创新开发以项目经营权、收益权等多种权益为标的的金融产品，以适应 PPP 项目融资需要，提高 PPP 项目的运行效率。二是加大金融政策的支持力度。充分发挥政策性银行的导向和引领作用，发挥其中长期融资优势，对国家重点扶植的基础设施项目，如棚改、污水处理等项目进行特殊信贷支持；通过基金注资、投资补助、贷款贴息、担保补贴等多种方式，积极支持金融机构参与 PPP 项目，对为特殊行业（如农业水利基础设施等）PPP 项目提供融资支持的金融机构，在存款准备金、再贷款等方面采取差别化的支持政策；鼓励社保资金和保险资金按照市场化原则，创新运用债权投资计划、股权投资计划、项目资产支持计划等多种方式参与项目。三是充分发挥财政资金的杠杆和保障作用。认真贯彻执行《关于在公共服务领域推广政府和社会资本合作模式的指导意见》中的财税支持政策。通过参股、设立支持基金引领社会资本、运营商等参与 PPP 项目，发挥财政资金的杠杆作用。采取灵活的弹性 PPP 项目产品或服务定价，明确财政资金对不同类型 PPP 项目产品或服务的补贴或购买方式，保障社会资本正常投资收益。四是鼓励符合条件的项目运营主体、项目公司进行金融产品创新，增加资本市场融资规模。依托各类产权、股权交易市场，为社会资本提供多元化、规范化、市场化的退出渠道。五是完善产业及税收等相关配套政策。通过税收减免、增信担保、利息补贴以及 PPP 项目周边土地或附属物经营开发权优先等多种方式，鼓励和支持社会资本参与 PPP 项目。对于特殊行业难以盈利的项目公司可以采取财政补贴或政府购买服务的方式提高其盈利能力，保障社会资本及金融机构等相关主体的正常收益。

（四）规范 PPP 项目管理，持续改进和优化 PPP 模式

一是以规范流程管理提高 PPP 模式推广效率。按照行业经营特性、经营类型等属性细化项目论证，逐步实现流程的标准化。让社会公众、社会资本及融资机构等参与物有所值评价、财政承受能力评估等步骤，增进相关主体间信任。二是以管理创新提高 PPP 项目管理绩效。加强 PPP 项目精益管理，提高 PPP 模式运营效率。运用现代管理方法控制 PPP 项目中的各种风险，根据实际情况做

好各种风险应对。三是改进优化流程，保障 PPP 模式的持续发展。尽快制定出是否适合使用 PPP 模式的项目判别标准，提高审批效率。加快 PPP 项目业务流程的标准化，形成比较规范统一的流程和框架。科学评估 PPP 项目流程，持续改进和优化管理流程，保障 PPP 模式的持续发展。

发展能效融资的基础、难点及建议

——以河南省为例

中国人民银行安阳市中心支行课题组①

摘要： 改革开放三十多年来，我国经济取得了长足发展，但是能源问题却不断加剧，环境质量不断下降。近年来，我国提出经济结构调整和转变经济增长方式，提高能源利用效率、减少污染排放越来越被广泛关注。我国"十一五"纲要中，将节能减排提升至前所未有的高度，随后几年，国家先后出台了一系列方针、政策来进一步加强节能减排的落实。在节能减排方面，单靠政府的行政手段是不够的，还需要充分发挥市场机制加以推动。金融在市场中充当着资金配置的重要角色，在节能减排方面，也应发挥更大的作用，切实缓解实体经济能效融资难的问题。

近十年来，以兴业银行为代表的国内部分商业银行在能效信贷方面做了有益尝试，并且个别银行加入了《赤道原则》，取得良好的社会效益和经济效益。总体来看，我国能效融资的发展还存在诸多限制，市场不健全，金融和企业参与度不高，融资方式的创新缺乏政策、理论、实践的基础。能效融资属于"绿色金融"范畴，是经济结构调整和增长方式转变在金融领域实施的重要着力点，是金融支持节能减排的重要方式，也有利于我国金融业发展战略的重新调整和定位。

本文的出发点是推动能效融资在更大范围的实际应用。从对河南省能源利用情况、节能减排投入情况入手，分析了发展能效融资的基础，对能效融资特征、风险构成进行了探讨，并从行政、金融和企业三个方面对发展能效融资的制约因素进行了分析总结，在此基础上提出了一些促进能效融资快速发展的建议。全文共分五个部分：

第一章《导论》，对能效融资的定义进行说明，阐述研究背景和意义，并对

---

① 课题主持人：王家进；
课题组成员：郭金生；亚瑞华；李伟；常虹。

《赤道原则》进行了概括性介绍；

第二章《河南省发展能效融资的基础》，对河南省能源利用现状进行了分析；

第三章《能效融资发展现状及特征》，介绍了我国能效融资发展现状以及河南省能效融资成功案例，并对能效融资的特点、风险构成进行了总结分析；

第四章《能效融资发展难点及问题》，从行政、金融和企业三个角度讨论了制约能效融资发展的因素；

第五章《发展能效融资的建议》，尝试性地提出促进能效融资发展的若干建议。

关键词： 绿色金融　能源效率　能效融资　节能减排

第一章　导　论

一、能效融资定义及研究范围

1. 能效融资定义

能效融资属绿色金融的范畴，指提高能源使用率的融资方式。能效融资源于国际金融公司（IFC）根据中国财政部的要求针对国内工商企业及事业单位提高能源效率，利用清洁能源及开发可再生能源的中型或小型项目而设计的一种新型融资模式，即能效融资项目（CHUEE），简称"能效融资"。当前，国内研究的重点仍主要集中在绿色金融方面，对于能效融资的研究相对较少，因此能效融资尚未具有更加明确的定义。目前，能效融资方式主要包括国内少数银行提供的能效信贷方式。

2015 年 1 月 19 日，中国银监会和发改委联合发布了《能效信贷指引》，指出"能效信贷是指银行业金融机构为支持用能单位提高能源利用效率，降低能源消耗而提供的信贷融资"。能效信贷包括用能单位能效项目信贷和节能服务公司合同能源管理信贷两种方式。

本文将能效融资定义为"为提高能源使用效率的企业或项目提供的融资活动"，将原有具体的金融产品名称提升至一个范围更宽泛的特定名词，其内容包括传统的能效信贷，同时还包括了一些金融创新工具，如能效基金融资、能效债券融资、能效信贷证券化以及与能效有关的金融租赁等。

2. 研究范围

虽然，我国能效融资的应用起步于 2006 年，但仍局限于能效信贷，以基金、债券、证券等方式为载体的能效融资尚未起步，创新力度不足。相对而言，随着经济结构调整和增长方式转变不断深入，能源使用效率的重要性得到越来越多的广泛认识，国内商业银行在此方面的应用得到加强，近年来能效信贷发展较快。而以基金、债券、证券为载体的能效融资发展在制度层面、操作层面还存在着较多的束缚，因此，本文将研究范围确定为以能效信贷为主，对于其他形式的融资方式仅做一些理论层面的探讨，为能效融资创新方向提供一些拙见。

此外，本文选题的出发点是如何利用能效融资促进河南省的经济结构调整，因此讨论重点放在占河南省经济成分较重的传统制造业的设备技术改造、节能项目投资以及与之相关的能源效率提高项目方面。对于能效融资在其他方面的应用，如建筑节能、交通运输节能等不再做讨论。

二、研究背景及意义

1. 研究背景

从"十五"开始，我国经济发展重点逐步向结构调整和增长方式转变转移，"十一五"规划提出，要加快经济结构的战略性调整，"发展既要有较快的增长速度，更要注重提高增长的质量和效益"，"十二五"规划坚持把经济结构战略性调整作为加快转变经济发展方式的主攻方向。一方面，我国是能源消耗大国，能源供应紧张已经成为经济社会发展的重要制约因素，煤、电、油等基础能源供应紧张，对外依赖程度不断提高。另一方面，我国传统制造业装备水平落后，能源利用率仅为33%，较国际先进水平低近10个百分点，主要产品单位能耗平均比国际先进水平低40%。不仅造成了严重的资源浪费，同时还产生了大量的污染物，居民生活环境受到严重影响，身体健康受到严重损害。国务院《关于加快发展节能环保产业的意见》预测，节能环保产业产值年均增速将在15%以上，到2015年末，总产值将达到4.5万亿元，成为国民经济新的支柱产业。河南省是能源消耗大省，2013年全省能源消耗总量为2.48亿吨标准煤，占全国能源消耗总量的6.61%，单位GDP（万元）能源消耗率为0.798吨标准煤，高于全国平均水平0.17吨标准煤，河南省节能减排压力更大。从另一个角度看，河南省节能环保产业具有更大发展潜力。

近年来，金融在经济结构调整中的作用也逐渐得到重视和加强。2013年8月1日，国务院以国发〔2013〕30号印发《关于加快发展节能环保产业的意见》，要求"加快发展绿色信贷，按照风险可控、商业可持续的原则，加大对节能环保项目的支持力度"，"支持绿色信贷和金融创新，建立绿色银行评级制度"。1月19日，银监会和发改委联合下发了《能效信贷指引》，鼓励和引导金融机构积极开展能效信贷业务，加大对能效信贷的投放力度。将河南省节能环保的巨大潜在市场与能效融资两者相结合，必将取得十分可喜的效果。

2. 研究意义

现阶段加大能效融资方式的应用和推广，有着十分必要的现实意义：

第一，可以为高耗能、高污染的传统优势工业实施的节能减排项目提供资金支持，提高企业的装备水平；

第二，有利于企业排放物的综合利用，提高能源使用效率，逐步降低能源依赖性；

第三，有利于加快绿色经济发展，提升经济发展的可持续性，促进经济结构转型和增长方式转变；

第四，有利于大幅降低工业生产对生态环境的破坏，避免"先破坏、后治理"的老路子，促进"蓝天工程"、"绿水工程"的实施，提高居民生活、生存质量；

第五，有利于提升信贷政策实施的针对性，进一步促进企业节能减排的自觉性，增强经济发展与生态保护的协调性；

第六，有利于金融业开辟新的市场，扩展新的盈利渠道，担负起更大的社会责任；

第七，有利于银行业信贷结构的优化，充分利用好信贷增量。

3. 研究综述

国内外对于能效融资的研究已有近 10 年的时间，研究重点主要是融资方式以及实际运用，对于能效融资的创新研究内容较少。

（1）融资模式研究

Robert P. Taylor（2008）分析了一些国家的能效融资实践，对于各种融资方式按照资金不同的供给方进行了分类，包括：终端用户自身融资、本地商业银行融资、非银行金融机构融资、租赁公司融资、多边发展银行融资以及其他形式。Laurence L. Delina（2011）主要研究亚洲开发银行对清洁能源产业融资的发展，亚洲开发银行从 1997 年开始开展了对能源发展融资支持的 12 年计划，旨在帮助发展中国家削减温室气体排放，促进清洁能源的利用，以及提高能源使用效率的行动。Langlois and Rezessy（2004）研究匈牙利的能效担保基金，该基金希望在匈牙利构建一个可持续的商业借款交易机制来支持各个部门的能效融资。Paolo Bertoldi，Silvia Rezessy（2006）介绍了节能服务公司在欧盟的发展以及增强它们发展的战略，提出节能服务公司需要资本来实现市场化和为项目实施做准备。

国内的研究主要集中在合同能源管理的融资。如李玉静、胡振一（2009）总结了我国合同能源管理的发展现状，并在分析国际先进的合同能源管理融资模式的基础上，探索适合我国的合同能源管理融资模式；魏玉剑、陈诚和（2011）对我国合同能源管理问题进行了分析，针对存在的融资风险问题，提出了一种新型融资方式"合同能源管理未来收益权质押融资模式"。苏娜（2007）介绍了"IFC中国能效融资项目"；杨小平（2008）介绍了IFC能效融资的五种模式，即：生产型企业的节能技改直接融资模式、EMC（能源合同管理）服务商融资管理、设备供应商买方信贷模式、设备供应商增产模式和公用事业服务商模式。

（2）能效融资机制研究

J. P. Painuly，H. Park（2003）指出，缺乏恰当的融资机制是发展中国家能效融资的主要障碍；Ashok Sarkar，Jas Singh（2010）提出当前国际能效融资中存在的问题主要有：提升能效的活动中缺乏一致性，相关政策、激励措施不到位。在如何构建能效融资配套机制方面，国内尚无较系统的研究。

（3）能效融资创新研究

刘志平、秦世平（2005）提出了在我国建立节能、可再生能源公共利益基金的建议；张燕（2011）介绍了融资租赁这一新型的能效融资工具。

三、赤道原则

1. 含义及特征

赤道原则（EPs）是参照IFC绩效标准建立的一套旨在管理项目融资中环境和社会风险的自愿性金融行业基准，用于决定、衡量以及管理社会及环境风险，以进行专案融资或信用紧缩的管理。适用于总投资1 000万美元以上（含1 000万美元）的新项目融资，以及可能对环境、社会产生重大影响的旧项目扩容和更新现有设备有关的项目融资。

赤道原则是一个非强制性原则，主要表现在：一是非官方发起，于2002年由国际金融公司和荷兰银行提出；二是不具备法律条文约束。成为遵守赤道原则的金融机构不需要签署任何协议，而只是宣布接受赤道原则即可，但是该原则目前已经成为国际项目融资中的行业标准和国际惯例；三是依靠非政策组织监督实施。

2. 主要内容及意义

（1）主要内容

赤道原则的内容和结构比较简单，包括序言、适用范围、原则声明和免责声明四部分。主要内容：

第一条规定了项目分类标准，即基于国际金融公司的环境和社会筛选准则，根据项目潜在影响和风险程度将项目分为A类、B类或C类；

第二条规定了 A 类项目和 B 类项目的环境评估要求，包括环境影响评估、社会影响评估和健康影响评估以及更深层次的要求；

第三条规定了适用的社会和环境标准，对位于非 OECD（经济合作与发展组织）国家或非高收入 OECD 国家的项目，除遵守所在国的法律外，必须满足国际金融公司《绩效标准》和按行业细分的《环境、健康和安全指引》；

第四条规定针对分类时发现的环境和社会问题借款人要制定以减轻和监控环境社会风险为内容的行动计划和环境管理方案；

第五条、第六条规定了借款人应当建立公开征询意见和信息披露制度，并建立投诉机制征求当地受影响的利益相关方的意见；

第七条规定对 A 类项目和 B 类项目有关的环境评估报告等文件，应由独立的社会和环境专家审查；

第八条规定借款人必须在融资文件中承诺的事项，包括承诺遵守东道国社会和环境方面的所有法律法规、在项目建设和运作周期内遵守行动计划要求以及定期向贷款银行提交项目报告等；

第九条规定了独立监测和报告制度，即贷款期间赤道银行应聘请或要求借款人聘请独立的社会和环境专家来核实项目监测信息；

第十条规定了赤道银行报告制度，应至少每年向公众披露其实施赤道原则的过程和经验。

最后，免责声明部分规定了赤道原则的法律效力，即赤道银行自愿独立采用和实施赤道原则。

（2）确立的意义

赤道原则对于负责的银行业来说是一个重要的里程碑。其意义主要体现在：一是把项目融资中模糊的环境和社会标准明确化、具体化，使整个银行业的环境与社会标准得到了基本统一；二是促使银行业在经济发展和环境保护的矛盾中承担起更大的社会责任；三是促进资源配置更加有效，引导资金向绿色产业、项目流动；四是增强银行自身信誉，塑造良好的社会形象；五是项目投资前，先做环境影响评估，包括受影响人群调查，有助于降低投资项目的环保风险和法律风险。

3. 我国应用现状

目前我国仅兴业银行和招商银行加入"赤道原则"，我国银行业完全加入"赤道原则"还不具备充足的条件，主要受制约因素包括：一是我国虽然已经成为第二大经济体，但经济发展水平仍然偏低，很多情况下需要实现"保增长"的刚性要求，许多重大项目难以达到"赤道原则"的相关要求；二是我国银行业整体管理水平、管理模式仍与欧美先进国家存在较大差距；三是银行信贷仍是我国企业主要的融资方式，如果普遍实施，那么企业融资将受到极大限制；四是目前我国的法律制度和"赤道原则"存在一定程度的冲突；五是行政环境以及环保的非官方监督机制还需要进一步发展和完善。

四、创新与不足

创新点：一是在"能效信贷"的基础上，扩大了能效融资的内涵；二是从河南省能源利用情况着手，分析了发展能效融资的基础；三是总结了能效融资的特点，并对风险构成进行了探讨；四是从政府、监管、商业金融和企业四个角度提出发展和利用能效融资的建议。

不足：虽然"能效融资"不是一个新生事物，但目前各方关注度并不高，理论界更多地关注"绿色金融"，而忽视了这一更具有实用性的融资方式，因此可供参考的资料和统计数据较为缺乏，难以提供更具有说服力的数理分析和预测判断。

第二章　河南省发展能效融资的基础

一、河南省能源利用情况分析

1. 河南省能源消费量变动及分布

（1）能源消费总量稳中有降，能源缺口逐步扩大

自"十一五"以来，我国将节能减排工作放在了极其重要的战略高度，作为一个刚性指标加以限制。"十一五"以来，河南省能源生产及消费增速均呈现出下降趋势，但是受自然禀赋、市场需求等因素影响，能源生产增速下滑较为明显，个别年份出现较大幅度的负增长。同时，能源消费总量虽然也呈现下降，总体相对平稳。2013 年，全省能源生产总量为 13 248 万吨标准煤，较 2005 年下降了 8.77%，其中 2012 年最大降幅达到 30.78%；能源消费总量为 24 756 万吨标准煤，较 2005 年增长 69.27%；全省能源缺口由 2005 年的 103 万吨标准煤，扩大至 2013 年的 11 508 万吨标准煤，能源缺口达到 46.49%。

（2）经济增长对能源投入的依赖程度有所降低，但仍远高于全国平均水平

自 2005 年以来，河南省能源消费弹性系数总体呈现下降态势，经济增长对能源投入的依赖程度不断减弱。2013 年河南省能源消费弹性系数[①]为 4.7，较

---

① 能源消费弹性系数＝能源消费量年平均增长速度/国民经济年平均增长速度，反映能源消费增长速度与国民经济增长速度之间比例关系。

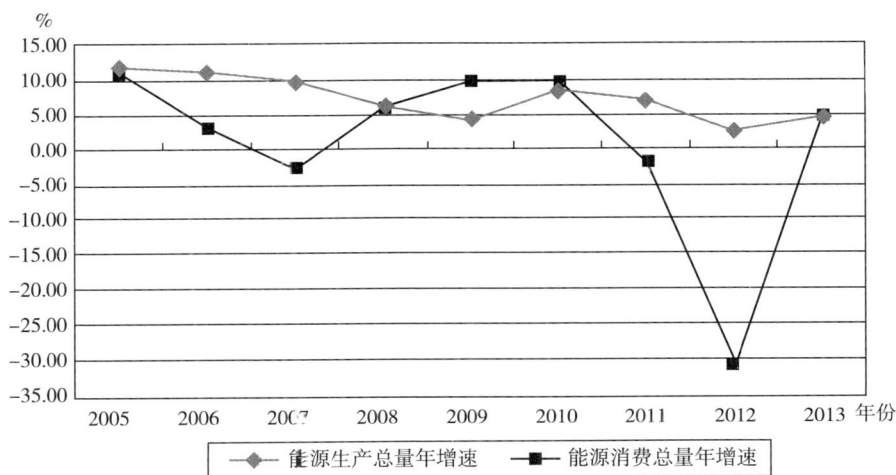

图1   河南省能源生产及消费总量增速（2005—2013 年）

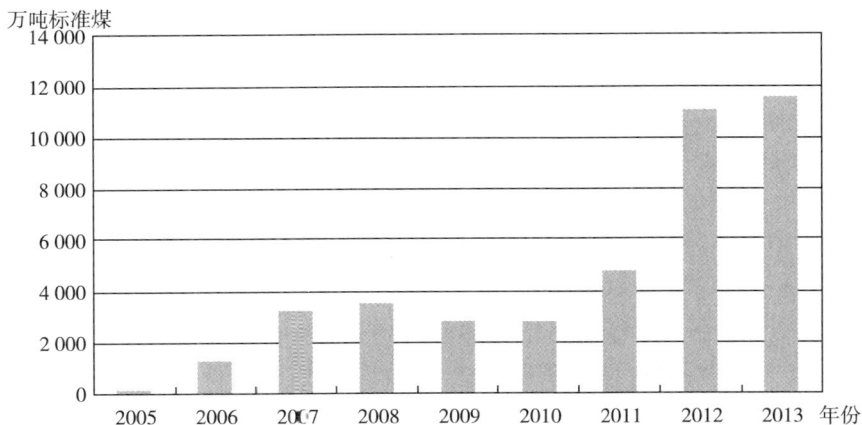

图2   河南省能源缺口（2005—2013 年）

2005 年下降了 7.2，虽然有了较大幅度的降低，但仍然远高于全国平均水平，2013 年全国能源消费弹性系数又为 0.48。河南省的能源消费弹性系数和我国宏观经济政策取向有着较强的正相关性。2009 年和 2010 年随着应对全球金融危机，我国加大投资力度，带动钢铁、有色等行业，能源消费弹性系数出现反弹，之后又重新回落。

（3）工业能源消耗增速放缓，占比略有回落

2013 年，全省工业能源消耗量为 17 335.88 万吨标准煤，较 2005 年增长

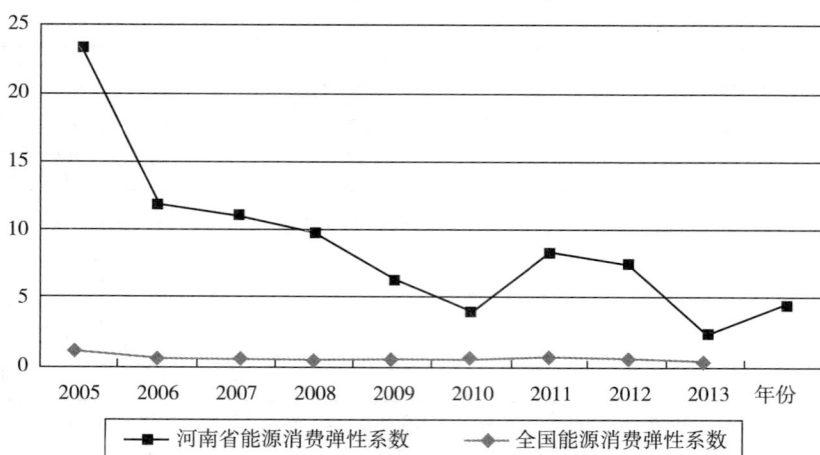

图3　全国、河南能源消费弹性系数对比（2005—2013 年）

64.72%，年均增长 6.44%，增速从 2005 年的 13.88% 逐步下降至 2013 年的 3.56%。工业消耗的能源占全省能源消费总量的比重并未逐步下降，2006 年到 2009 年四年期间工业能源消费占比居高不下，分别为 73.82%、74.95%、73.62% 和 74.71%，2010 年下降至 71.23%，之后维持在一个相对稳定的水平，2013 年为 70.03%。相关数据说明，工业是河南省节能减排的难点，工业能耗占比居高不下，与工业结构和企业装备水平以及节能减排投入有着密切的联系。

（4）工业能耗集中在四大行业

河南省工业能耗主要集中在冶金、有色、化工、建材。2013 年四大行业规模以上企业共消耗：原煤 6 362.19 万吨、焦炭 1 250.4 万吨、电力 1 310.01 亿千瓦时，综合能源消费量达 7 615.88 万吨标准煤，占工业综合能源消费量的 43.94%，占全省综合能源消费量的 30.77%。

2. 能源利用效率

（1）能源利用效率总体水平有了较大幅度提升

近年来，随着对落后产能的淘汰、一些新技术、新工艺的应用以及企业节能环保投入的加大，河南省单位 GDP 能耗有了明显下降。2013 年河南省单位 GDP 能耗为 0.798 吨标准煤/万元，较 2005 年下降了 42.13%。工业节能也取得了较大进展，2013 年河南省单位工业增加值能耗为 1.112 吨标准煤/万元，较 2005 年下降了 72.34%，成效显著。但是，河南省单位 GDP 能耗与全国平均水平相比，之间的差距并未较大幅度的缩小，2005 年相差 0.1 吨标准煤/万元，2013 年相差 0.17 吨标准煤/万元。

表 1　　　　　　河南省、全国单位 **GDP** 能耗对比（**2005—2013** 年）

单位：吨标准煤／万元

年份	河南单位 GDP 能耗	全国单位 GDP 能耗	单位 GDP 能耗差距
2005	1.38	1.28	0.10
2006	1.34	1.24	0.10
2007	1.285	1.18	0.11
2008	1.219	1.12	0.10
2009	1.156	1.08	0.08
2010	1.115	0.81	0.31
2011	0.895	0.79	0.11
2012	0.831	0.76	0.07
2013	0.798	0.63	0.17

（2）多数产品单位能耗下降

本文从河南省四大耗能行业中选取了 9 类产品，将 2013 年各类产品单位能耗与 2009 年进行了对比，其中有 7 类产品单位能耗下降，包括钢、水泥、氧化铝、电解铝、粗铅、铅冶炼和铝加工材，其中钢和电解铝能耗下降幅度较小。炼焦和铜加工材则不降反增，铜加工材单位产品能源较 2009 年增长了 65.02%（见表 2）。

表 2　　　　　　　　三要产品能耗变动情况对比　　　　单位：千克标准煤／吨

产品	2009	2013	减少量	降幅
炼焦工序单位能耗	131.04	138.87	−7.83	−5.98
吨水泥综合能耗	83.53	76.91	6.62	7.93
吨钢综合能耗	507.71	497.51	10.2	2.01
单位氧化铝综合能耗	567.6	474.01	93.59	16.49
单位电解铝综合能耗	1 749.68	1 637.44	112.24	6.41
单位粗铅综合能耗	401.66	343.44	58.22	14.49
单位铅冶炼综合能耗	545.96	419.25	126.71	23.21
吨铜加工材消耗能源量	160.62	265.05	−104.43	−65.02
吨铝加工材消耗能源量	187.78	148.13	39.65	21.12

二、河南省节能减排投入情况分析

1. 节能减排投入分析[①]

（1）财政环境保护投入逐年增加，占财政支出比重逐年下降

2009—2013 年河南省财政环境保护支出分别为：92.98 亿元、96.38 亿元、95.6 亿元、109.45 亿元和 111.92 亿元；占当年财政预算支出的比重分别为：3.2%、2.8%、2.3%、2.2% 和 2%，所占比重逐年下降。

（2）工业改建和技术改造投资增长缓慢

2013 年，全省工业改建和技术改造投资完成 717.2 亿元，较 2009 年仅增长 4.05%。五年来，投资完成额最高的为 2012 年完成工业改建和技术改造投资 770.19 亿元。与财政环境保护支出占比相同，工业改建和技术改造投资占工业投资额的比重也呈逐步下降趋势。连续五年的占比分别为：10.74%、13.58%、7.87%、6.99% 和 5.46%。

（3）工业治理污染投资额有了明显增长，但总量偏少

2013 年，全省用于工业污染治理的投资额为 43.97 亿元，较 2012 年增加 29.14 亿元，增长 2.96 倍。其中，用于治理废水的投资为 4.81 亿元，占 10.94%；用于治理废气的投资为 34.97 亿元，占 79.54%；用于治理固体废物的投资为 2.2 亿元，占 5.01%。与其他省份相比，河南省用于工业治理污染的投资相对偏低，较最高的山东省少 40.38 亿元，较邻近的河北、山西两省分别少 7.2 亿元和 11.59 亿元。

表3

2013 年	山东	内蒙古	江苏	浙江	山西	河北	河南
工业污染治理投资（亿元）	84.35	62.67	59.38	57.66	55.56	51.18	43.97

2. 节能减排投入的效果评价

（1）工业排放物排放量虽明显减少，减排难度却相应增加

2013 年全省工业排放二氧化硫（SO_2）125.4 万吨，较 2005 年减少 36.84 万吨；排放烟（粉）尘 54.72 万吨，较 2005 年减少 101.44 万吨；排放氮氧化物 102.88 万吨，较 2011 年减少 11.46 万吨。河南省在节能减排方面的投入发挥了一定效果，但更多的是，河南省经历了一轮相对密集的落后产能淘汰，近年来，

---

① 对于节能环保方面的投入，目前尚未建立专门的统计监测指标，特别是高耗能、高污染企业的节能环保投资缺乏相关数据。因此，本文利用财政预算支出中的"环境保护支出"指标和固定资产投资中"工业改建和技术改造投资"指标以及工业治理污染投资额加以替代。

来自国家淘汰落后产能的硬性要求有所缓和，工业排放物量下降幅度也相对缩小，个别年份还出现反弹（见表4）。

表4　　　　　　　　　　　　　　　　　　　　　　　　　　　　　　　　　单位：万吨

年份	SO₂		烟尘		氮氧化物
	排放量	年减排量	排放量	年减排量	排放量
2005	147.11		156.16		—
2006	146.43	0.68	72.52	83.64	—
2007	141.02	5.41	63.72	8.8	—
2008	128.06	12.96	53.22	10.5	—
2009	117.6	10.46	52.05	1.17	—
2010	116.29	1.31	70.07	−18.02	100.02
2011	122.92	−6.63	57.57	12.5	114.34
2012	112.99	9.93	49.28	8.29	110
2013	110.27	2.72	54.72	−5.44	102.88

（2）城市环境仍令人堪忧

河南省环保厅发布数据，2014年按新标准评价，全省18个省辖市环境空气优、良天数比例为50.1%（平均183天）；按可比数据，18个省辖市PM₁₀年均浓度同比下降19%，优、良天数同比上升12.6%。2015年2月2日，国家环保部发布了2014年京津冀、长三角、珠三角区域和直辖市、省会城市及计划单列市共74个城市空气质量状况，郑州市位列较差10个城市之列。2014年郑州市城区空气优、良天数为163天，达标率为44.7%，相比2013年优、良天数增加35天，达标率提高了9.6%。2015年上半年，全省18个省辖市环境空气优、良天数为71天。可以说，河南省城市大气治理成效还是比较显著的，但与国家下达的目标要求差距仍然较大。2015年上半年，全省18个省辖市城市环境空气PM₁₀浓度为147微克/立方米，较去年同期降低了9微克/立方米，仍高于国家目标要求26微克/立方米。

三、河南省能效融资的市场分析与展望

1. 河南省能效融资的市场分析

（1）需求方

①高载能企业数量多。河南省6大高载能行业（煤炭开采和洗选业、化学原料及化学制品制造业、非金属矿物制品业、黑色金属冶炼及压延加工业、有色金属冶炼及压延加工业、电力热力的生产和供应业）在国民经济占有举足轻

重的地位。2013 年，6 大高载能行业仅规模以上企业数达 6 493 个，完成工业增加值 5 229.41 亿元，占规模以上工业增加值的 37.4%。

②环保投入需求迫切。以豫北工业城市安阳市为例，2014 年 11 月，该市被国家环保部挂牌督办，全市共有 500 余家企业被要求停产整治，其中规模以上工业企业 356 家。该市两个工业县林州市和安阳县停产整治企业分别为 117 家和 260 家。截至 2015 年 6 月末，该市仍有 63 家规模以上企业停产。

③资金需求量较大。2013 年全省工业设备购置投资为 6 076.78 亿元。一般地，企业节能降耗配套设备投入约占新上项目总投资的 20% ~ 30%，以此比例匡算，每年全省工业的节能降耗投资额将在 1 000 亿元左右。如果这部分投资 1/3 的资金需要依靠国内金融部门提供，那么河南省每年的能效融资总需求将在 300 亿元以上，占当年河南省人民币各项贷款的约 1/10。

（2）供给方

①供给主体少。目前河南省仅有少数股份制商业银行提供能效融资，其中主要是兴业银行河南省分行成立有专门的环境金融部，专司节能减排项目贷款，截至 2014 年末，该行累计投放节能减排资金 300 多亿元①。

②金融产品单一。现阶段能效融资市场产品仍以能效信贷产品为主，基于碳排放权交易的金融衍生产品开发相对滞后，能效债券等还停留在理论阶段，尚未进入实质性操作。

③市场供给尚未延伸。即使开办能效信贷较早的兴业银行，目前业务开办权限仍集中在一级分行，业务触角未延伸至其仅有的 8 家二级分行。

④供给方市场关注度明显增强。近年来，随着社会对环境质量的重视加深，引起了金融部门对信贷资金导向作用的重新审视和定位，不少商业银行相继成立了绿色信贷部门，以满足实体经济装备升级、环保节能项目的资金需求。

2. 河南省能效融资市场展望

2013 年 6 月以来，我国相继在深圳、北京、上海、天津、广东、湖北、重庆建立了 7 个碳交易市场。截至 2015 年 3 月末，"二省五市"碳交易试点累计成交量约 2 000 万吨，累计成交金额近 13 亿元。2015 年国家发改委发布消息，明年我国将启动全国碳排放交易市场，首批试点行业将包括电力、石化、钢铁等六大行业，碳排放交易量可能涉及 30 亿 ~ 40 亿吨。碳排放权交易是发展能效融资的基础之一，不仅可以提升企业自愿增加节能减排投入，同时也为企业利用能效融资打开了制约瓶颈。

传统高耗能、高排放、低效率行业居于产业链最顶端，是经济发展的基础

---

① 数据来源于兴业银行河南省分行环境金融部。

行业，对这些行业的改造，一方面采取严格的落后产能淘汰政策，促进行业向集约化方向发展，另一方面对于需要保留的优势产业企业要督促其进行自我改造升级。所以，宏观政策层面是鼓励能效融资发展的，利用新型金融产品为企业的自主节能减排、循环发展开辟新的融资渠道。目前，商业银行采取信贷额度行业模块授信，看重企业的行业属性而不区分项目用途，企业的节能减排信贷项目获取资金难度加大。能效融资则可以帮助企业融资项目绕过信贷政策束缚，具有实际意义和现实需求。

本文判断，未来五年是全国以及河南省能效融资市场快速发展期，将发展成为一个重要的新兴市场，但是这一新兴市场还需要不断加以完善。

第三章　能效融资发展现状及特征

一、我国能效融资发展现状

进入 21 世纪，我国政府对于高消耗、低效率的经济增长方式不断进行反思和纠正，鼓励实体经济走节能降耗可持续发展道路。在此背景下，我国金融业也在参与和支持节能减排工作方面进行了积极探索。2007 年 7 月 30 日，国家环保总局、中国人民银行和银监会联合发布了《关于落实环境保护政策法规防范信贷风险的意见》，被称为"绿色信贷"政策，第一次明确提出了中国商业银行在申请人存在何种环保和节能等方面的问题时，不得向其发放贷款。"绿色信贷"是我国发展能效融资的雏形，经过政府、监管方以及银行业的大力推动，"绿色信贷"得到了长足发展。2014 年 11 月 4 日，由 29 家主要银行组成的中国银行业绿色信贷专业委员会宣告成立，同时编写了国内乃至世界首本绿色信贷教程，这是中国银行业集体发展绿色信贷的标志性事件。截至 2014 年末，银行业金融机构绿色信贷余额 7.59 万亿元。21 家主要银行业金融机构绿色信贷余额达 6.01 万亿元，占其各项贷款的 9.33%，贷款所支持项目预计年节约标准煤1.67 亿吨、水 9.34 亿吨，年减排二氧化碳当量 4 亿吨。其中，节能环保贷款余额 1.87 万亿元，同比增长 16.85%，共计支持 15 718 个节能环保项目[①]。

20 世纪末开始，一些国际机构在中国推出了很多发展援助项目，并且将能效项目和能效融资的概念引入我国，如 1998 年开始的由国家经贸委、世界银行和全球环境基金（GEF）共同开发和实施"世行/GEF 中国节能促进项目"、2006 年开始的由国际金融公司负责设计和执行的"中国节能减排融资项目"、亚

---

① 《金融时报》2015 年 6 月 27 日。

洲开发银行的"能源效率多项目融资计划"，以及法国开发署和德国复兴信贷银行的相关项目等。能效信贷作为能效融资的主要方式在近几年内得到了有效推广和认可。截至 2014 年 12 月末，作为我国首家开展能效贷款的兴业银行已累计为上千家企业提供绿色金融融资 5 558 亿元，融资余额 2 960 亿元。其中能效信贷融资 3 118 亿元，能效信贷融资余额 1 645 亿元；近 5 年，浦发银行能效贷款余额超过 1 000 亿元；建行绿色信贷余额达 4 870. 77 亿元，占各项贷款余额的5.52%；工行投向生态保护、清洁能源、节能环保、资源循环利用等领域的贷款余额达 6 553 亿元，年增长 9.5%；接受《赤道原则》的北京银行，2014 年绿色信贷审批通过逾 400 亿元，余额逾 180 亿元，支持领域包括可再生能源利用、工业节能、建筑节能等①。

2014 年 9 月 16 日，兴业银行在银行间债券市场发行了国内首单绿色金融信贷资产支持证券——"兴元 2014 第二期绿色金融信贷资产支持证券"，发行金额 34. 94 亿元。入池贷款借款人分布在 16 个省市的电力、热力供应、供应业、生态保护和环境治理等 16 个行业。该期证券的发行，标志着我国银行业绿色资产证券化正式启动，有利于银行业盘活绿色信贷资产，更好地支持实体经济节能减排。

二、能效融资与传统融资方式的区别

1. 融资主体

能效融资主体一般为企业节能减排项目，而非企业本身。虽然企业节能减排项目服务于企业生产经营，与企业的生产经营和财务状况有着密切的联系，但是从融资角度来看，金融机构审查重点是项目的可行性。传统融资方式的融资主体则是企业，要求企业具备一定的信用级别、较为合理的资产负债情况以及债务保证状况等。

2. 还款来源

传统的融资方式是将企业销售所产生的利润作为还本付息来源；能效融资一般是在项目建成后，在原有产能不变的情况下实现的能源节约量，按照事先合同约定好的单位能源金额进行折算，所得的收益即是能效融资的还款来源。因此，排放权交易是发展能效融资的重要基础。企业可以将项目所实现的碳排放减少量在交易市场卖出，所得资金用于还本付息。

3. 融资期限

能效项目属企业固定资产投资项目，需要专属设备，建设周期较长。并且，

---

① 来源：《北京银行股份有限公司 2014 年度社会责任报告》。

能效融资项目还款来源具有一定的专属性，即能效项目通过节能减排所产生的现金流，与企业传统融资方式相比，所产生的现金流相对较少，需要较长时间才能全部还本付息，因此，能效融资的期限以中长期为主，一般为 3 ~ 5 年，甚至更长。

4. 融资规模

能效项目是企业生产的辅助项目，融资需求与企业新建、扩建产能项目相比，数量相对较少，多则几千万元、少则几百万元。能效融资只是企业能效项目投资资金的一部分，因此融资规模也相对较小。

5. 担保方式

能效融资的担保同样也包括信用担保和抵、质押担保。不同之处在于，能效融资可以将建成的能效项目本身作为抵押物。目前，我国能效融资市场尚未建立起与之配套的担保机构和能源管理公司，企业可利用的担保方式不足，近年来部分商业银行与碳排放权交易市场合作，开发了未来碳排放权交易应收账款质押方式，取得了较好效果。

6. 风险评估

传统融资方式主要通过对企业财务状况的分析、产品市场前景的判断以及企业信用历史记录等方面进行风险评估。能效融资的风险评估所要求的专业性更强。要求金融机构从业人员熟悉节能环保的技术可行性和项目实施的技术方案与安排。风险评估重点：一是融资项目预期节能减排效果风险；二是能源价格及排放权交易价格变动所产生的市场风险；三是企业生产经营风险。

三、能效融资模式及创新——以兴业银行为例

1. 目前运用的主要能效融资模式

（1）节能减排技改项目融资模式

企业为提高能源使用效率或减少温室气体排放，实施节能减排技改项目，对现有设备及工艺进行更新和改造，或引进高效节能的生产线，从而产生资金需求。兴业银行直接与客户建立融资合作关系，通过对项目技术和企业综合实力的审核，设计融资方案、提供融资服务。

（2）CDM 项下融资模式

CDM 系清洁发展机制（《京都议定书》中的灵活履约机制之一）允许发达国家通过资助发展中国家开发具有温室气体减排效果的项目，因此产生的减排指标可以用于发达国家完成其在议定书下的承诺。兴业银行通过引入专业的合作伙伴，促进项目的开发、注册、交易。项目开发单位可以向兴业银行提出融资需求，兴业银行审核后，以 CDM 项下的碳减排指标销售收入作为融资的重要

考量因素，设计融资方案、提供融资服务。该模式优势在于依托项目产生的收入和 CDM 碳减排指标的销售回款，产品突破了原有的注重抵押担保等条件的限制。

（3）EMC（节能服务商）融资模式

节能服务商作为融资主体，节能服务商对终端用户进行能源审计并向兴业银行提出融资申请，兴业银行通过对项目技术和企业综合实力的审核，设计融资方案、提供融资服务。节能服务商为项目企业提供节能技术改造服务，包括节能减排设备的选择和采购，项目企业无须出资，只需将合同期内的部分节能效益与节能服务商进行分享。

（4）节能减排设备供应商买方信贷融资模式

节能设备的采购方作为融资主体，节能减排设备供应商与买方客户签订买卖合同后，买方向兴业银行提出融资申请，经由兴业银行对项目技术和企业综合实力审核后，对节能设备生产企业给予专项买方信贷授信额度，由项目实施企业作为借款人，贷款专项用于采购供应商生产的节能设备，由供应商负责各种售后服务，并在还款期限提供设备回购保证。

（5）节能减排设备制造商增产融资模式

节能减排设备制造商作为融资主体，向兴业银行申请贷款用于生产专业节能设备，经由兴业银行对项目技术和企业综合实力审核后，为制造商提供项目贷款，用于支持在中国境内实施的节能减排项目。

（6）公用事业服务商融资模式

公用事业服务商下游终端用户作为融资主体，由终端用户向兴业银行申请节能减排融资，用于向公用事业服务商支付相关设施建设费用以使用清洁能源，该融资模式应用于清洁能源的推广。

（7）融资租赁模式

融资租赁公司作为融资主体，融资租赁公司与节能服务商合作，为项目业主或节能服务商提供节能设备的融资租赁服务，并根据实施的项目向兴业银行申请融资。

2. 能效融资模式的创新

（1）收益权质押融资模式

节能环保厂商多为中小企业，轻资产特征明显，缺乏可以作为抵押物的不动产，其融资需求难以对接传统信贷侧重土地、房产等抵押担保的模式，而环保产业具有"一次投入、分次回收"、"现金流稳定但回报期长"的特点。兴业银行创新性地提出未来收益权质押融资模式，并于 2013 年进一步将收益权由"非标"确权为"标准化"抵押物，再辅以其他补充担保方式及信用增级手段，为企业提供融资服务。

（2）排放权和排污权融资模式

企业或能效项目从交易机构有偿获得排放权和排污权，以此为质押向金融机构申请融资。融入资金主要用于：一是减少污染物排放的技术改造；二是用于购买排污权或支付排污权有偿使用费；三是用于弥补企业生产经营出现的资金不足问题。

四、河南省能效融资成功案例

1. 神马尼龙——N_2O 分解项目

神马尼龙 N_2O 分解项目，于 2008 年 7 月 12 日在 CDM 执行理事会（EB）成功注册，总投资为 7 050.84 万元（其中固定资产投资估算为 6 760.84 万元；安装工程费 1 340.10 万元；建筑工程费 143 万元）。资金来源为企业自筹 30%，申请银行贷款 70%。按照碳排放价格约 12 欧元/吨计算，扣除交纳联合国碳排基金会 20%、交纳国家发改委 30%，减排实际收入为 6.72 欧元/吨，该项目每年有约 2.36 亿元的收入。再扣除该项目设备折旧、人员工资、贷款利息、纳税等成本，企业在碳减排一项上每年即有净利润 1.36 亿元。另外，该项目的副产品蒸汽每年 122.4 万吨，按市场价 170 元/吨计算，每年有 2.08 亿元的收入。剔除交纳联合国碳排基金会、国家发改委后，全年仅碳交易收入达 1.5 亿元左右。

能效融资项目效果：原料采用企业己二酸装置正常排放的 N_2O 尾气，装置年运行时间为 8 000 小时、处理 N_2O 为 1.61 万吨，折算年减排二氧化碳 404.65 万吨。

2. 鹤壁淇滨污水处理有限责任公司——中水回用项目

鹤壁市淇滨污水处理有限责任公司中水回用项目是由鹤壁市政府牵头的水资源综合利用项目，项目主要目的是将污水厂处理后的中水由管道送向鹤淇电厂，由鹤淇电厂支付水费，达到水资源综合利用和节水目的。本工程将污水资源化，实现该地区水资源的优化配置，节约有限的淡水资源符合国家水资源开发利用政策。同时，实施污水回用可减少污水排放量，能够改善水体环境质量，具有显著的环境效益。项目建设完成后可以大大增加城市的供水能力，同时缓解鹤淇电厂用水紧张的状况。由鹤壁市淇滨污水处理有限责任公司向鹤壁鹤淇电厂有限责任公司供应中水，并按双方约定的供水价格和供水量支付费用，并于鹤淇电厂按工程进度分期分批垫付工程启动资金 3 000 万元，项目建成后从水费中冲抵。鹤壁市淇滨污水处理有限责任公司就该项目向兴业银行河南省分行申请贷款 7 000 万元，期限 5 年，利率为上浮 20%。

能效融资项目效果：鹤淇电厂降低了用水成本；水资源实现了循环利用，

节约了水资源；污水达到了中水二级排放标准，减少了环境污染。

五、能效融资风险特征

在《能效信贷指引》出台之后，银监会统计部副主任叶燕斐指出了能效信贷存在的五个风险控制难点，即一是节能量较难测算；二是节能量转化为节能收益也难以测算；三是还款承诺有时很难兑现，因为用户是根据节能的收益来还贷的，不是直接体现为销售收入；四是抵押物不太容易控制，不是有形抵押物，是节省下来的现金流，属于应收账款；五是很多节能服务公司都是轻资产的企业，额外抵押物少①。叶燕斐从能效信贷的高专业性、复杂性角度概括出了能效融资本身所特有的风险，除此之外，能效融资同样具有其他融资方式的共性风险。

1. 经济环境风险

我国经济已经步入"新常态"，由高速增长期进入中高速增长，宏观经济处于"三期叠加"阶段，发展重点由高速增长转向结构调整，加快以投资拉动向消费拉动。2012 年开始，我国 GDP 增速由两位数逐步回落至 7% ~ 8% 的区间。2014 年下半年以来，受全球需求萎缩等多种因素影响，经济增速持续滑落，预计 2015 年 GDP 增速可能跌破 7%。经济景气的走低，导致企业经营困难加重，银行不良贷款抬升、利润率下降。但是应当看出，目前实体经济以及金融体系出现的一些问题，是经济增长方式转变不可避免的，我国经济发展的基本面并未改变，可以预计，到 2016 年上半年我国经济将实现触底回升。

此轮经济下行周期对河南省也产生了一些影响，加之环保的硬约束，传统优势工业受到前所未有挑战，部分老工业城市经济增速降至历史最低。这一时期，许多传统行业面临较大规模的洗盘，为区域经济结构的转型升级腾挪出了较大空间。经过几年的发展，中原经济区战略效果已经显现，"一带一路"战略也会对河南省经济起到辐射带动作用，河南省经济未来发展机遇远大于目前出现的暂时困难。宏观经济环境和河南省区域经济环境风险较小，有利于能效融资市场的发展和繁荣。

2. 市场风险

能效融资市场风险包括两方面内容：一是企业本身所处于的市场风险。虽然能效融资项目具有一定的独立性，并不等于能效项目独立于企业而存在。企业所处的市场需求萎缩，企业产品销售就会减少，相应的企业产能压缩，排放量下降，节能减排所产生的现金就会减少，最终导致能效融资偿债能力的削弱。

---

① 来源于《21 世纪经济报道》。

二是排放权和排污权交易市场风险。排放权和排污权用于交易就具备了商品的属性，遵循市场定价规律，价格也会出现波动。此外，我国排放权和排污权交易市场还处于尝试阶段，市场还存在较大的不规范，也增加了能效融资的市场风险。

3. 行业风险

能效融资的主体集中在钢铁、有色、建材、煤化工等高耗能行业，是国家产业政策、金融政策重点关注的行业。能效融资一般为中长期，融资期限内相关政策调整具有较强的不确定性。

4. 企业风险

企业所有的融资方式均建立在企业永续生产基础上，企业风险是各类融资风险控制的关键。首先，企业违约风险。企业违约风险指企业未按合同履行偿债义务，能效融资还存在企业为减少项目运行费用支出违规排放所受到的相关制裁；其次，企业财务风险。企业不能支付到期债务所产生的破产风险，以及企业财务恶化等；最后，企业经营风险。企业在生产、销售、管理等方面存在的各类风险。

5. 操作风险

能效融资的借款需求就是能效项目，未来现金流就是项目的未来现金流，需要金融部门从业人员对能效项目的方方面面有相当深入的了解，包括能效技术的适用性、执行单位的执行能力、能效项目的节能效果估算、能源的价格、节能的现金流入量，以及相关的政策、法律、法规等。能效项目大多是专用设备，技术种类繁多，适用的场合也灵活复杂，缺乏参考数据，更加剧了融资项目的风险分析难度。

第四章　能效融资发展难点及问题

一、行政因素

1. 宏观政策滞后

虽然我国一直以来致力于节能减排工作和可持续发展战略，制定并颁布了各项行之有效的规章制度和法律法规。但对于能效融资的政策措施制定和出台仍相对滞后，过于笼统。在节能减排方面过于强调行政手段，只将金融作为一种从属，没有强调金融的资源配置功能在节能减排方面所应发挥的调节功能。通过"行政命令"式的要求金融部门从限制类和淘汰类行业中退出，支持鼓励发展类行业，忽视了金融资本的逐利性与节能减排投入的高风险、低收益的矛盾，没有建立起相关财政补贴等配套政策。此外，出于经济发展要求，地方政策与中央政府之间存在一定的政策博弈，在经济欠发达地区、不发达地区，宏观政策调控的重点行业往往是地方政府的最大财政来源，受到地方政府的保护，能效融资在地方更不受重视。我国政府虽然对节能减排提供政策资金支持，但这些资金是由政府部门操作，不与金融部门业务挂钩，因此，不足以缓解金融部门对市场风险高的预期，不能激发金融机构发展能效融资的积极性。

2. 地方政府弱势

（1）传统的地方经济发展理念

转变经济增长方式和加快经济结构调整有两种思路：一是淘汰落后产能，"腾笼换鸟"，给新兴产业腾出空间；二是对现有优势行业产能进行技术改造，提升旧产能效率，让传统产业向绿色环保方向发展。相对而言，第一种方法更简单，但要牺牲短期区域经济发展速度，这是地方政府所不情愿的。地方政府更倾向于在被动接受国家产业政策硬约束的同时，加大招商引资，引入新项目，保持经济不失速。加大投资是地方政府促进区域经济增长的最有效手段，对于区域经济的拉动作用见效快，因此地方政府对大型项目投资有着较大偏好。传统产业的技术改造和环保配套项目投资额相对较少，投资一般形不成新产能，效果不能在短期内体现在 GDP 增长上，所以地方政府在企业能效投资方面引导和鼓励的多，而实质性支持政策则较少。对于金融在促进能效水平提升方面的作用缺乏必要认识，未进行有益的尝试和探索，更没有将行政与金融两者有机结合，建立有利于能效融资发展的长效机制。

（2）地方财力不足

河南省是一个经济大省，同时也是一个财政弱省。2013 年全省国内生产总值为 2.96 万亿元，全国排名第五位；地方财政公共收入 2 415.95 亿元，全国排名第 9 位；地方财政公共收入占 GDP 比重为 8.16%，全国 31 个省（市）排名倒数第一位。企业节能减排合理机制应当是"政府主导、企业主动、金融支持"，地方政府起着关键和核心作用。发展能效融资，需要财政资金给予一定的贴息或补贴，还需要由财政资金出资设立相应的基金给予支持，发挥财政资金的杠杆作用，引导金融资本、民间资本进入，增加市场资金的供给，满足企业能效项目资金需求。财政资金不足，在相当大程度上制约了行政手段的干预程度。

3. 监管部门缺位

首先，监管部门发布的政策缺乏可操作性，针对性不强。金融机构在开展能效融资时，缺乏相应的法律法规文件的依靠，力不从心，这加大了能效融资的风险性。具体来看，除了中国银监会发布的《绿色信贷指引》、编写的《节能减排政策法规汇编》以及新近发布的《能效信贷指引》以外，对如何开展绿色金融以及业务流程的规范性文件都还没有一个统一的标准，金融机构苦于承担违反行业标准的风险后果而不愿开展能效融资。

其次，监管部门出台的政策停留在政策指导层面，未结合能效融资业务特性，调整监管要求，实施有差别的监管措施。新近出台的《能效信贷指引》，共五章二十三条，着重对"信贷方式"和"风险控制"进行了要求和阐运。在第四章《金融创新与激励约束》中，也仅是要求"银行业金融机构应建立能效信贷推广和创新的激励约束机制，配备相应资源，提供内部激励政策，包括总行优先保证能效信贷专项规模，实施差异化经济资本分配和内部资金配套，加强内部考核评价，在风险可控的前提下，鼓励经营机构加大能效信贷投放"。对于银行业金融机构能效信贷专项规模给予什么样的监管倾斜举措则没有涉及。

4. 市场建设缓慢

2008 年下半年，北京、上海、天津凭借其金融和区域优势，先后成立了三家碳交易所。随后，在"先行先试"的主流政策意见与地方政府政绩考核机制的激励下，全国出现了建立交易所的热潮。目前，包括武汉、杭州、长沙、昆明等正式挂牌的交易所有近 20 家。从长远来看，交易平台的割据导致市场的分割，市场规模狭小，难以形成碳排放权交易的直接驱动力。在地方经历了近八年探索之后，国家才提出构建全国统一的碳排放权交易市场，形成"由下而上，由地方到全国"的市场体系，存在诸多制约。一是造成了人力、财力、物力等社会资源的浪费；二是各地方市场之间、地方市场与统一市场之间的信息交换、交易价格、交易主体准入标准较难达到统一和同步，容易产生复杂的定价体系，从而影响市场化的有效性；三是给统一监管造成极大的难度。相关市场建设的滞后，是影响我国能效融资长足发展的重要因素。

二、金融部门内在因素

1. 金融社会责任与经营目标的冲突

现代企业制度下，金融业经过股份制改造，成为追求股东利益最大化的特殊公众企业，其特殊性在于利用全社会资金实现自身价值的增长，这一特殊性决定了金融业应当承担起更多的社会责任。而促进经济社会可持续发展则是金融业需要承担的社会责任当中最为重要的一个。可持续发展的观点认为，企业活动是在特定环境和社会中进行的，企业、社会和环境和谐共存。企业在作出决策时不仅应基于财务经济方面的因素如利润、投资回报、股利等，还应考虑企业活动对社会、环境以及其他方面所产生的影响。金融业的经营活动虽然对环境不直接构成影响，但可以通过所掌握的资金资源的配置影响实体经济，进而为可持续发展作出贡献。金融业承担的社会责任往往体现在其经营战略定位和展现出的企业文化方面。近年来，每年金融机构一般都要发布《可持续发展报告》，在支持发展绿色经济方面，重点阐述机构内部的节能降耗成果，而绿色信贷、能效融资的运用有的则避而不谈。赤道原则已经提出十余年，在西方国家已经普遍认可，但在我国仅有少数银行加入，充分反映出了我国金融业在履行社会责任方面存在的巨大缺陷。对于能效融资，普遍将其看成是一种公益性活动或政策响应活动，而非核心商业元素。

2. 传统管理模式的不适应

从银行内设部门来看，不少商业银行成立了绿色金融部或环境金融部，但职能划分不清，多数服务对象仅是从原有信贷部门中将一些能耗低、排放少的行业单独列出，服务方式也是以传统的信贷业务为主，能效信贷只是其中一小部分。多数商业银行开发的能效融资产品分散在各个职能部门，并未进行必要的整合。能效融资与传统信贷业务有着较大的区别，需要一套新的评估方法和管理手段，职能设置分散，无疑会影响到融资项目的效率和管理质量。另外，在发展能效融资方面，金融部门还是将其定位成外延产品，并未列为重点发展的业务种类，在管理模式上创新力度弱。较早开办能效信贷的兴业银行，将能效信贷作为对各一级分行环境金融部门授信额度的构成项目，并且可以在各省份之间调剂，未将其作为一个利润中心进行考核和要求。

3. 人员和技术的瓶颈

能效融资的发展从产品的开发、产品营销、融资项目可行性评估、融资风险的评估以及最终的融资方案审核各个环节，金融机构需要对能效项目涉及的工程技术有一定的了解。目前，开办能效信贷的银行过多地依赖能源管理公司等第三方中介进行可行性评估，而第三方存在出具偏向融资方的评估结果的可能，金融机构无法有效对其进行判断和甄别，无形当中增大了能效融资风险。因此，发展能效融资需要金融机构在工程技术上具备一定的人才配备，而传统融资业务是不需要此类人才的。由于这些问题的存在，金融机构在处理能效融资时往往捉襟见肘，这又为管理层的决策提供了负面的依据，以为这类业务不可做，没有推广复制的潜力和经济可行性。能效融资是一项新型的金融创新业务，我国的金融业对于这样业务的人才培养和储备还远远不够，缺少大量的工程类出身的专业人员，这是今后应当重点解决的技术瓶颈。

4. 风险与收益的矛盾

与传统融资方式相比，能效融资风险构成更为复杂，期限长的特征更加剧了风险的不确定。能效融资的还款一般来源于项目节能减排所产生的现金流，与经营生产项目投资不同，每年所产生的收益有限，需要较长时间收益才能完全覆盖本金和利益，在此过程中，设备运转状况、企业生产设备开工率、排污量交易价格变动等均给对所能产生的现金流构成影响，收益保障能力较弱。目前，我国尚未建立起完善的企业节能减排财政补贴机制，此项在西方发达国家是现金流的重要构成。总体来看，当前我国发展的能效融资属风险度偏高、收益偏低的金融产品，这与已经完全按照现代企业制度经营的金融业追求的低风险、高收益的目标相悖。在此情况下，即使市场已经具备一定的容量，金融机构发展能效融资的积极性还是难以得到有效调动。

三、企业素质因素

1. 道德与法制意识

目前，我国企业道德意识、法制意识普遍不强。改革开放三十多年来，我国粗放式经济增长模式，导致很多地方以牺牲环境为代价，换取经济增长，对于企业违规、违法排污现象听之任之，甚至纵容。一些地方对企业违规、违法排污只是给予经济处罚，企业则认为经济处罚是支付给政府的"排污费"，交了钱，排污"理所应当"，完全没有意识到，排污给当地居民生存环境造成危害的严重性。相比之下，投资节能减排项目复杂而且还要支付维护费用，交罚款更为简单。政府环保监督不到位，一些拥有节能排减设备的企业，不将设备投入使用，只在应付环保检查时"摆摆样子"。企业节能减排的违规违法成本较低，严重影响了企业节能减排项目的投资意愿。

2. 传统的融资理念

企业传统的融资理念是以银行信贷为中心，对于现代金融提供的创新产品认知度不高，特别是民营企业，融资理念相对落后，不少企业不熟悉碳金融，不了解能效融资相关产品的操作流程和要求。主要受制三个方面：一是企业家、财务高管金融素质不高，不主动地了解金融创新的前沿；二是融资创新的宣传普及不到位，能效融资"等客上门"的营销方式较为消极；三是市场发育滞后，准入门槛较高、要求严、操作复杂，企业对融资的获取性抱有疑虑。

3. 传统的发展理念

我国的企业重规模、轻质量，过度依赖于产能的扩大和规模的扩张，不注重企业内部挖潜和综合利用。企业出于成本考虑，对于"节能"有一定的偏好，但对于"降耗"大多数企业会认为"做做样子"可以，不会给企业带来丰厚的收益。其实不然，虽然节能降耗是辅助生产，将企业主营生产产生的废水、废气、粉尘、余热等作为原料，同样可以给企业带来较大收益，其中包括节能降耗产生的现金流、重视环境保护所形成的商誉以及较强的外部性。从长远来看，循环发展、低能耗是现代企业发展的方向，企业的经营理念应当与社会的发展相吻合才能实现企业自身的可持续发展。

第五章　发展能效融资的建议

通过分析论述可以看到，能效融资对于我国节能降耗、提高能源使用效率能够起到相当大的积极作用，有利于我国经济结构调整和增长方式转变，促进我国经济可持续发展。但是，也可以看出，虽然经历了近十年时间，能效融资还是处于刚刚起步阶段，对于我国金融业来说是一片尚待开发的"蓝海"。为加快能效融资市场的发展，本文针对第四章政府、监管部门、金融业和企业四方存在的问题和难点，分别提出一些建议。

一、政府方面的建议

1. 完善政策法规

发展能效融资，必须依靠政府强有力的行政措施加以推动。长期以来，我国政府十分重视能源的消耗和环境的保护，1998 年 1 月 1 日，由全国人大审核通过并实施的《中华人民共和国节约能源法》第一次把节能减排、降低能源消耗纳入到法律中来，为今后开展工作提供了法律依据。《节约能源法》中明确提出"节能是国家发展经济的一项长远战略方针"要"逐步提高能源的使用效率，降低单位产值能耗"，"促进国民经济向节约型发展"。要利用能效融资实现此目标，宏观政策法规的有效性、针对性还需要不断完善和加强。

（1）提升鼓励、引导类政策的"含金量"

截至目前，国家已经相继出台了许多限制向"两高一剩"行业提供融资的政策，金融部门均能较好地贯彻和执行，以降低政策风险、行业风险。但国家出台的鼓励金融部门发展能效融资的政策并不多，且已有政策多偏重于宏观性的指导要求，内容不具体，可操作性差。鼓励、指导类的政策对执行情况没有约束力，很难引起政策对象的关注，往往被束之高阁，发挥不了应有的作用。应当进一步丰富产业发展与能效融资的关联内容，把对环境污染、产能过剩引发的风险处置落实到法律责任的层面，增强环境执法力度，提高企业无序生产、重复建设的纠错及违法成本，以消除职能部门或利益相关方的人为因素影响。完善能效融资的鼓励和引导类政策重点在三个方面：一是强化政府利用能效融资推进节能减排工作的长期预期；二是增强政策的前瞻性，适当降低市场准入标准和要求，为能效融资的业务发展和金融创新多留一些空间；三是加强有关部门之间的协作，从监管、税收、财政等多个角度给予优惠鼓励政策，增加政策的"含金量"，调动金融部门发展能效融资的积极性。

（2）通过财税激励措施提高能效融资收益水平

能效融资收益水平低是金融部门不愿介入的主要因素之一。一些西方发达国家的做法是通过财税政策来抬高项目本身收益率，如1978年美国联邦政府发布《能源税收法》，明确规定了企业在购买可再生能源如太阳能、风能能源设备时的税收优惠政策。美国的银行业也可以依靠政府的税收支持，加大对能效项目的贷款力度，如美洲银行于2010年宣布了一项总额高达230亿美元的可持续发展融资计划等。先进国家的经验证明，财税政策介入能效融资项目当中是完全必要的，特别是我国能效融资还处于起步阶段，财税的激励政策更能够发挥杠杆和示范效应。具体的做法：一是可以对企业进行的能效项目投资、收益给予税收减免；二是对金融机构投放的能效融资项目收益给予税收减免；三是对企业的能效项目融资给予一次性或分期财政贴息。具体项目采取什么方法，可以根据项目的特点、采取的融资方式、项目效果等具体确定。同时，根据项目的节能减排的社会作用、环保贡献等方面，分等级确定税收或财政补贴优惠比率。此外，对于企业主动实施的能效项目，要提供更加便捷的审批通道和"零"审批、认证费用优惠。

2. 作为深化金融改革的一项重要内容

能效融资服务于政府节能减排政策目标，兼顾公益性和盈利性，客观上需要政府主导，同时充分利用市场机制加以推动和发展。对于一些涉及民生领域、项目偏重于公益性、企业依靠市场无法实施的项目，应当提供政策性金融支持。国家开发银行是我国较早建立起的三家政策性银行，专司为重点项目、民生项目提供低息资金。在对国家开发银行进行深化改革时，可以将提供能效信贷、承销企业能效债券等新业务作为重要的职责之一。或者，建立"国开行 + 商业银行"的模式，利用国开行发行金融债券或财政、央行注入的专项资金，与商业银行的营销网络、专业的管理相结合，成立"国家开发银行节能减排融资项目"，解决目前我国能效融资依赖国外机构资金的现状。同时，参照国际金融公司的做法，与从事能效融资的商业金融机构之间建立起风险分担机制。即在能效融资金额无法回收形成损失时，由国开行按一定比例承担部分本金损失，降低金融机构开办能效融资业务风险。

此外，针对我国民营企业众多，但规模普遍偏小的特点，可以尝试由中央银行向经济欠发达或不发达地区地方性法人金融机构投入能效项目再贷款，重点支持区域发展前景良好、节能减排意愿强的中小企业能效项目，切实扶植一批中小民营企业能效项目，让其发挥示范作用，吸引更多的企业加大节能减排投入。

3. 地方政府应有更大作为

（1）成立专项财政担保基金

目前，我国能效融资市场尚处于建设阶段，初期的市场风险较大，也是商业金融机构的主要顾虑。经济欠发达和不发达地区地方政府，首先要对节能减排工作有着清醒的认识，把握住能效融资在推进地方节能减排的关键作用，组织财政资金发起设立能效融资专项担保基金。地方政府为解决中小企业融资难问题，相继设立了一些财政金背景的地方中小企业担保公司，起到了良好效果。经验证明，地方财政介入，能够促进经济薄弱环节融资状况的改善。企业的能效项目具有较强的外部性，可以极大地改善地方居民生活环境质量，也有利于地方政府形象的塑造，因此地方政府应积极给予资金支持，促进更多的商业金融机构加入。

（2）转变行政理念，提高执行力

我国的地方政府多有"上有政策、下有对策"的不良作风。商业金融在地方处理能效项目的过程中经常会有碰钉子的现象发生，地方政府因为固有的观念以为节能减排不能提高所在地区的财政收入，无法体现政绩而为能效贷款的审批上设置重重障碍，这就需要地方政府，尤其是执法监管部门贯彻中央的各项政策和精神。地方政府要转变监管方式，为能效融资业务保驾护航，开辟绿色通道。加大环境监测力度，坚决打击企业违规排放行为，促使企业自觉节能、主动减排。

（3）提供行之有效的行政服务

一是建立发展本地区能效融资的长效机制。以地方政府金融办为主体，联合人民银行、银监局、外汇局、环保部门、财税部门和发改委等多方数据源，逐步将企业节能环保审批、认证、排放、环境违法和企业征信、缴税、外汇收支申报等信息都纳入到统一数据库进行集中管理，实现对企业综合信息的动态采集、监测、分析、评定、发布，从而形成企业信息良好的沟通、共享和披露机制。二是促进企业、商业金融机构项目对接。建立企业能效项目融资需求信息平台，定期组织有能效项目投资需求的企业与商业金融机构洽谈，达成合作意向，促进项目尽快落实。三是加快推进地方相关中介机构发展。鼓励民间资本组织设立能源管理公司，引进国内实力强的节能减排技术研发机构和技术咨询机构，为企业量身打造性价比较高的能效项目，提高能效融资市场需求量。四是加强能效融资成功案例宣传。组织能效融资发展较好的商业金融机构为企业家开办业务讲座，重点介绍能效融资发展前沿、创新产品和融资操作等内容，提高能效融资知识的普及率。

二、市场监管者的建议

1. 完善市场建设

（1）加快能效市场研究，规范能效融资标准

一是细化符合低碳环保要求的产业指导目录和环境信用评级，形成操作性强的能效融资管理指南；二是有机结合环保标准与能效融资风险管理要求，建立动态跟踪监测机制，完善针对性的风险管理机制，增强金融机构对环境风险的管控能力；三是借鉴国际上比较成熟的"赤道原则"及其主要行业的环境、健康和安全指南，建立能效融资行业评测技术体系，在现有认定标准基础上对能效融资行业的经济参数进行完善和拓展。

（2）加快推进各类专业统一市场建立

2016 年我国将在现有试点的基础上，建立起全国统一的碳交易市场。碳交易市场建设重点在于对现有区域市场的资源整合，建立起统一的市场准入标准和定价机制。现阶段区域市场的存在还有一定的必要性，可以弥补统一市场的不足。加快排污权交易研究，选择条件成熟的区域开展试点，并且尽快建立起全国性的排污权交易市场。加强能效融资市场规划，将发展能效融资列为全国和地方金融"十三五"发展规划的重要内容。

2. 建立科学的监测和监管体系

在实现环保部门、金融机构、统计部门、审计部门和社会组织联动的基础上，加强三大体系建设，实现统计、检测和执法的有机统一。能效融资不同于传统融资方式，有特殊的属性和运作方法，因此对其监管应当实施"区别对待"。首先，要有一定的风险容忍度。能效融资风险因素较多，包括技术层面的、政策层面的、企业经营层面的等，对其风险要求不能太高，否则会起到较大的约束力。其次，监管要体现鼓励发展的原则。将能效融资与传统业务分离开来，单独进行监管，给予相对宽松的监管要求。最后，监管体系设计上要为能效融资创新多预留政策空间。

3. 加大能效融资方式探索

可以尝试允许有条件的企业在银行间债券市场发行能效融资专项债券，进一步拓展企业能效融资渠道；加快推进商业金融能效融资资产证券化研究和探索，盘活商业金融能效融资存量，提升资产流动性；鼓励实力强的企业设立能效项目股份公司，发展股权融资模式。

三、商业金融的建议

1. 经营战略的调整

目前，我国商业金融在环保方面仍是被动的执行政策，社会责任意识还比较淡薄，没有将国家经济结构调整和增长方式战略与自身发展相结合，"绿色金融"的概念认识模糊。我国一些大型国有商业银行资产规模、营业收入等各项指标全球排名前列，但是加入"赤道原则"的却没有一家，目前全球已经有60余家银行加入"赤道原则"，其中西方许多大型银行名列其中，在此方面，我国商业金融还有很长的路要走。一是要把"促进全社会节能减排"作为业务发展主要战略，将绿色环保理念贯穿到每一项金融业务当中，把社会、环境的和谐统一和可持续发展观作为自己的使命来执行；二是兼顾股东利益最大化和社会责任，实现两者的有机融合，不能只为追求利润而忽视了所应承担的社会责任；三是将能效融资作为一项长期推动发展的重点，挖掘与节能环保和生态建设相关的每一个商业机会，并且从经营方针、业务架构、资金投向、机构设置、人员培训和规章制度等各个角度进行调整，以适应在新的国际金融竞争环境下的挑战和机遇的抓取。

2. 产品研发与营销

（1）加大能效融资研究，确定适合的市场定位

首先，对能效融资的概念、内容、特点以及风险要有正确的认识，明确能效融资与传统融资的区别。在此基础上，结合自身优势对市场进行科学合理细分，做好市场定位；其次，熟悉能效项目运作模式和流程，加强与能源管理公司的合作，全面了解能效项目运作过程中存在的风险点，确定相应的风险防范措施；再次，加强对能效融资市场的研究，积极与各类交易市场建立合作关系，为发展能效融资夯实基础；最后，了解国际能效融资创新前沿，根据企业有效融资需求，加大产品创新力度，多层次、多角度地为企业节能减排提供支持。

（2）建立科学合理的内部管理机制

真正发挥现有绿色金融部、环境金融部等内设机构的作用，赋予其更大的权限，促进其主动地开拓市场，挖掘潜在客户，扩大市场份额。建立行之有效的内部考核机制，在融资额度分配、项目审核方面给予一定的优先权，考核要兼顾项目收益和项目效果两个层次，不以单纯的利润率为考核对象。建立与能效融资相适应的风险评估体系和风险监测体系，适当降低能效融资风险容忍度。

（3）培养专业的开发、营销、管理团队

能效融资具有较高的技术含量，从产品开发、营销和管理各环节均需专业的技术人才，特别是工程技术类人才。从短期看，商业金融机构还需要依靠外部技术咨询、评估机构，但长远来看，培养一支专业的技术团队更为重要。国内目前发展能效融资较成熟的金融机构，如兴业银行，可以探索成立项目技术评估部门专司能效融资项目的工程技术风险、可行性评估，并且为能效融资的

产品开发提供专业的工程技术支撑。

四、企业方面的建议

1. 企业家素质的培养

一个社会的进步和经济的发展，企业家素质是一个很关键的因素。优秀的企业家不能将眼光仅盯在企业价值的创造上，还应该更加注重长远，懂得企业价值的增长来源于社会公共资源，是公共资源通过生产和再生产转移到企业所有者手中，应该清楚认识到企业的发展要与社会、环境和谐共处，才能实现企业价值的可持续增长。但是，目前我国情况恰恰相反，许多企业家将环境牺牲的代价作画为企业利润的重要构成和产品低成本的竞争优势。企业增加能效投入与否，企业家的战略眼光起着决定性作用，这一点在民营企业表现得更为突出。解决企业家环保素质低的问题，仅靠行政的外部约束力是不够的，重点还在于企业家自身素质的提高。首先，企业家必须认识到节能环保、可持续发展才是未来企业的出路；其次，企业家应该注重培养社会意识和公共意识；再次，企业越发展，越要承担起更多的社会责任，履行更大的维护生存环境的义务；最后，企业的发展不能建立在对生存环境的损害上，这是企业家应该遵守的最低道德底线。

2. 企业"绿色发展"理念的塑造

企业"绿色发展理念"不是单纯投资一两个节能减排项目，而是要将提高能效、降低排放的要求贯彻于企业生产、销售的各个环节，不断淘汰落后的生产工艺、生产设备，注重新技术、新设备的开发和应用，最大限度降低单位产品能耗水平。注重各个生产环节产生余热、废气、废料、废水的收集和再利用。加强跨行业企业之间的协作，积极借鉴企业之间节能减排、综合利用成功案例。

3. 积极利用能效融资工具

需求产生供给。虽然，我国能效融资市场还不完善，金融供给方面存在着诸多制约，但是，我国不少地区的企业和商业银行已经在能效信贷利用方面做了一些有益的尝试，取得了良好的经济效益和社会效益。对此，企业一方面要加强对我国能效融资发展的关注，另一方面要切合自身需求，选择合适的商业金融机构，选择科学的融资方案。一是要对于企业能效项目有初步的投资计划；二是由专业的能源技术工程公司进行设计；三是积极与商业金融机构接洽，全面评估融资方案的可行性，确定合理融资额度、期限和利率水平等；四是积极申请加入碳交易，争取政府节能减排专项资金、财政补贴支持；五是诚实守信，切实保障按期还本付息。

系统性金融风险的监测预警和分析研究

中国人民银行洛阳市中心支行课题组①

摘要：一个国家经济安全的核心是金融安全。系统性金融风险作为破坏金融稳定的一个主要因素，具有传播性广和破坏性大两大特征。近年来，受经济转型和金融改革加速影响，我国系统性金融风险不容忽视。一是宏观经济面临下行风险、通货紧缩担忧上升，地方政府债务风险不容忽视，房地产形势短期内难言乐观；二是商业银行不良贷款反弹，信托、理财、同业以及互联网金融等金融创新业务加速发展的潜在风险不容忽视；三是股票市场波动性加剧；四是世界经济复苏依旧乏力，不确定性因素持续增加，短期外债占比较高值得关注。

系统性金融风险的监测预警和分析对识别风险变化，最大限度减轻风险的负外部效应具有重要意义。文章在透视系统性金融风险的内涵、分析系统性金融风险产生的内外部机理和传染机制的基础上，对我国金融系统性风险进行监测预警分析。通过构建系统性金融风险预警指标体系，运用熵权法对不同指标进行赋权，综合评价我国当前系统性金融风险水平。发现当前我国系统性金融风险仍处于基本安全区间，但宏观经济增速、银行不良贷款、股票、房地产市场等方面的潜在威胁不容忽视。本文的研究结果表明，宏观经济状况、银行的经营状况、证券房地产市场状况以及外部经济冲击是影响我国系统性金融风险的主要因素。

防范和化解系统性金融风险是我国经济转型升级过程中必须面对的问题。文章通过借鉴国际金融组织、美国、欧盟和英国在防范系统性金融风险方面的做法，结合人民银行在整个金融体系中地位和其职能，认为人民银行应在当前我国系统性金融风险的防范和处置中发挥主导作用，从系统性金融风险的预防、控制和处理着手，协调各相关部门构建系统性金融风险全程监控体系。同时，建议短期内要提高货币政策针对性和前瞻性，完善部门协调机制；中期内要完

---

① 课题组成员依次为：程亚男、刘红延、慕晓丰、刘献利、刘小辉（执笔）。

善系统性金融风险评估能力，逐步强化央行金融监管效力；长期内要推进金融监管体制改革，提高金融服务实体经济效率。

一、引言

在过去三十年间，国际金融市场动荡频繁，给当事国带来了巨大的经济损失。人们逐渐意识到一个国家经济安全的核心是金融安全，维护金融稳定作为一项基本的国家政策已经得到了世界各国的普遍认同。系统性金融风险作为破坏金融稳定的一个主要因素，越来越引起政府特别是金融监管部门的重视。为有效防范系统性金融风险，各国监管法案频出，20国集团、金融稳定理事会、国际清算银行以及国际货币基金组织等不断强调要加强国际监管合作，巴塞尔银行监管委员会更是适时提出了被誉为《巴塞尔协议Ⅲ》的新资本监管改革法案。

随着我国全面融入世界经济体系，金融市场不断多元化，诸多国际不稳定因素将通过多种传染渠道渗透到我国，与我国金融体系运行中的风险结合在一起加剧我国金融体系的脆弱性。尤其是近年来，国际经济社会风险频发，国内经济转型和金融改革加速，经济下行压力加大。2015年1月21日，李克强总理在达沃斯论坛讲话中表示，中国不会发生区域性、系统性金融风险。随后多次在不同场合重申要牢牢守住不发生区域性、系统性金融风险这一底线。中国人民银行作为中华人民共和国的中央银行，在国务院的领导下，制定和执行货币政策，防范和化解金融风险，维护金融稳定是其主要职责之一。因此，在经济增长压力加大的背景下，加强对系统性金融风险的监测分析和预警，探讨防范金融风险的方法，对于新常态下更好地履行人民银行职责，提高我国金融业服务实体经济效率具有重要意义。

二、系统性金融风险机理研究

（一）系统性金融风险透视

1. 对系统性金融风险的认识

迄今为止，国内外对系统性金融风险尚无统一定义。国际清算银行（BIS）、国际货币基金组织（IMF）认为，系统性金融风险是全部或部分金融机构、金融市场或某一个成员机构的损害带来金融服务或功能受到破坏并且对实体经济具有潜在负向冲击的风险。金融稳定理事会（FSB）则认为系统性金融风险是由多种风险因素如国家宏观经济政策变动、经济周期、外部冲击等引起的一个国家金融体系发生巨大震荡的可能性。中国人民银行课题组（2010）认为，系统性金融风险不同于个体风险，是指金融风险从一家机构或市场传递到多家机构或市场，从而威胁整个金融体系的安全和稳定以及金融服务经济功能的正常发挥。王大威（2013）认为系统性金融风险是指由于某一金融机构或金融市场引发的，导致多个金融机构或市场风险加大而威胁到整个金融系统稳定性或宏观经济大震荡的可能性，强调了系统性金融风险的触发源是金融机构。

从现有定义来看，国内外学者比较注重系统性金融风险的两点特征：传播性广和破坏性大，较少去关注系统性金融风险和系统性风险的区别。考虑到无论是系统性风险还是系统性金融风险一旦发生会迅速传播至相关机构，甚至波及看似不相关的第三方，从而影响整体经济环境，同时可能引起一国甚至全球性危机，本文也不对系统性风险和系统性金融风险作特别的区分。

2. 系统性金融风险产生的后果

系统性金融危机（Systemic Crisis）是系统性金融风险积累到一定程度全面爆发的直接后果。系统性金融危机可定义为一个大的系统性金融事件造成相当数量的机构倒闭或市场价格大幅下跌，并波及整个金融体系乃至整个经济体系的危机，如2008年国际金融危机。系统性金融危机多在以下国家或地区发生：（1）系统性危机往往发生在经济体系、金融系统、金融资产比较繁荣的市场化国家和地区；（2）系统性危机往往发生在金融市场化、国际化程度较高的国家和地区；（3）系统性危机往往发生在大量金融资产被严重高估且流动性非常强的情况下；（4）系统性危机往往发生在赤字和外债较为严重的国家，如拉美的墨西哥、阿根廷等国。

（二）系统性金融风险的机理分析

1. 系统性金融风险产生的内在机理

（1）金融脆弱性

金融脆弱性一般是指其高负债经营的特点决定了金融系统极易出现失败的内在属性。众多零散的存款人将资金集中到金融机构，由金融机构将其贷给借款人，金融机构相应取得利润并支付存款人一定的报酬。在上述过程中，由于借贷双方信息不对称，不能保证所有存款人对金融机构具有足够的信心而不同时将存款取出，也不能保证金融机构对借款人的财务状况、还款能力有充分的认识，具有较强的贷款管理能力，同时也难以保证金融机构的事前调查和事后管理是高效率、低成本的。这就使金融市场中的一个很小的冲击都有可能导致系统性风险。

（2）顺周期风险

顺周期风险是指金融行业的顺周期行为给金融系统带来的风险。在经济上升期由于社会需求旺盛，投资增加，企业利润增加，金融机构面临的风险较小，金融机构就会增加信贷规模，进而促进实体经济的繁荣，但提高了的杠杆率会使金融机构承担过多的风险；而在经济衰退期，由于社会需求减少，投资下降，企业利润下降，金融机构就会面临较大的风险，从而减少信贷规模，进一步加剧实体经济的恶化。

（3）金融系统的网络风险

金融系统的网络风险是指在金融系统这个网络框架中，金融机构间的关联性，会导致某一个时点上的风险快速地在整个金融系统中传播。在金融系统中，金融机构往往有着相同的交易对象、使用相同的金融工具、面临相似的风险，这就导致系统的内在关联性越来越紧密，从而形成了一种非常复杂的金融网络。这种复杂的网络关系使得风险能够迅速地在金融系统内部扩散。另外，金融市场的同质性也会影响系统性金融风险。同质性越强，金融市场抵御系统性风险的能力越弱；反之，抵御系统性风险的能力越强。

2. 系统性金融风险产生的外在机理

（1）宏观经济的周期性波动和不稳定因素

宏观经济政策不恰当、经济结构失衡、高通货膨胀，甚至是宏观经济的周期性波动都可能给金融体系稳定性带来冲击。由于金融体系对宏观经济运行的过度杠杆化会暴露在宏观经济逆转时期，去杠杆化过程中资产价格的快速下降就可能危及整个金融市场的安全。

（2）外部冲击和突发事件

在当前全球经济一体化特征日益增强的情况下，各种突发的政治事件、自然灾害或是大型实业集团、大公司等破产失败，都可能会引起连锁反应，进而影响金融体系的正常运转。

（三）系统性金融风险的传导机制

金融体系中诸多因素都可能诱发系统性金融风险，看似微小的风险有可能产生"蝴蝶效应"，对整个金融系统带来巨大危害。系统性金融风险会经历积累、爆发和扩散三个阶段。对传导机制进行分析对系统性金融风险的防范和管理具有重要意义。本文借鉴朱波（2014）从关联风险和非关联风险两个维度对系统性金融风险的传导机制进行分析。

1. 关联风险传导

一是金融同业市场传导。金融同业市场是系统性金融风险传播最为直接的途径。在正常时期，流动性富足的银行可以通过银行同业拆解市场向流动性不足的银行提供流动性，从而有效调节银行间的货币余缺，大大提高资金使用率。但在非常时期，这种情况会放大一家银行的破产效应，极易导致银行体系中的局部风险演变成"多米诺骨牌效应"，并快速传染到整个银行体系。

二是影子银行途径。影子银行通过创造各种证券化产品从资本市场进行融资，其资产业务主要是运用所融资金购买按揭抵押贷款协议及其他金融创新产品，通过在市场上出售短期融资工具或对其债务不断进行展期来对资产负债表进行扩张。一旦局部危机爆发，投资者信心丧失和证券化产品崩溃会导致信用链条断裂，影子银行无法继续通过短期融资来维持其"借短放长"的经营模式。在影子银行遭到市场挤兑时，金融机构会通过大量出售金融资产的去杠杆化方式来减少损失。但是，去杠杆化的过程本身就会加剧金融资产价格的下跌和财富的缩水，进一步加剧信贷紧缩，使危机传导陷入恶性循环。最终，整个金融体系乃至社会总体流动性出现全面紧缩，当大部分金融机构和不同种类的金融资产同时出现问题时，系统性金融风险就彻底爆发了。

2. 非关联风险传导

一是信息传染途径。信息途径强调的风险传染不是通过金融机构实际业务联系，而是由投资者的信息不对称所导致的。根据信息经济学派的观点，在信息不对称条件下，单一投资者的理性做法是在银行尚存支付能力时抢先提款。因此，当某家金融机构倒闭时，如果与自己有利益关系的金融机构与倒闭银行相似，投资者根据预期就会提取资金，挤兑事件出现的可能性增加。中小投资者可能缺乏能力和意愿来获得和处理银行的相关信息，他们会采取"跟风策略"。这种"羊群效应"有可能把极小范围内的正常提款现象放大为大规模的挤兑行为，从而加速银行系统性风险的传播。随着信息科技的快速发展，金融市场中的恐慌情绪传播极为迅速。在预期行为和信息交互行为的作用下，银行系统性风险不断扩散和强化，最终导致系统性风险的全面发生。

二是资产价格波动途径。金融市场参与者所持资产的价格波动对系统性风险的传播也有重要影响，这种风险传导机制由金融机构资产项目的同质性决定。当金融市场中不同金融机构投资相同类型的项目或资产时，某家金融机构的倒闭会对投资项目或资产的收益产生负面的效应，这会导致其他投资类似项目或资产的金融机构的流动性发生变化，情况严重时可能造成其他金融机构经营困难。

三、我国系统性金融风险现状

（一）宏观经济仍在合理区间运行，局部风险值得关注

1. 经济增长仍在合理区间，但下行压力加大、通货紧缩担忧上升

2015 年以来，我国消费支撑作用强化、结构调整加快推进、创新创业驱动开始显效，整体经济仍然保持在合理运行区间。但受过去超高速增长后遗症、经济结构调整以及国际经济环境影响，2013 年以来我国 GDP 增速持续下降，2014 年为 7.3%，2015 年上半年进一步回落到 7%。一些脆弱的行业和企业，如煤炭、钢铁、房地产和一部分中小企业的运营困难加大，孕育着破产和金融不

良资产增加的风险，显露出经济形势严峻的一面。

此外，我国的 CPI 同比增速一直低位徘徊，PPI 同比连续负增长。2014 年 9 月至 2015 年 9 月，CPI 同比增速基本处于 2% 以下。其中，2015 年 1 月 CPI 同比增速仅为 0.8%。2012 年 4 月至 2015 年 9 月，PPI 同比增速已经出现连续 42 个月的负增长，PPI 同比增速负增长的持续时间甚至超过了 1997 年至 1999 年的上次通货紧缩期间。从 PPI 环比增速来看，2014 年 1 月至 2015 年 9 月期间，仅有 2015 年 5 月为环比持平，其余均为 PPI 环比增速负增长。

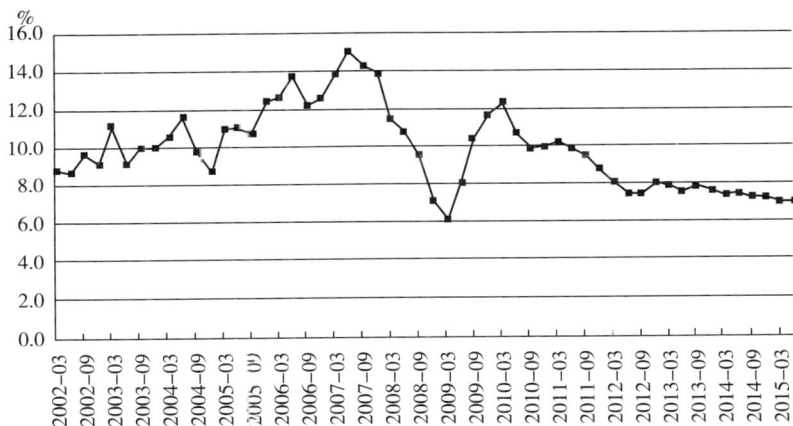

图 1　GDP 季度同比增速图

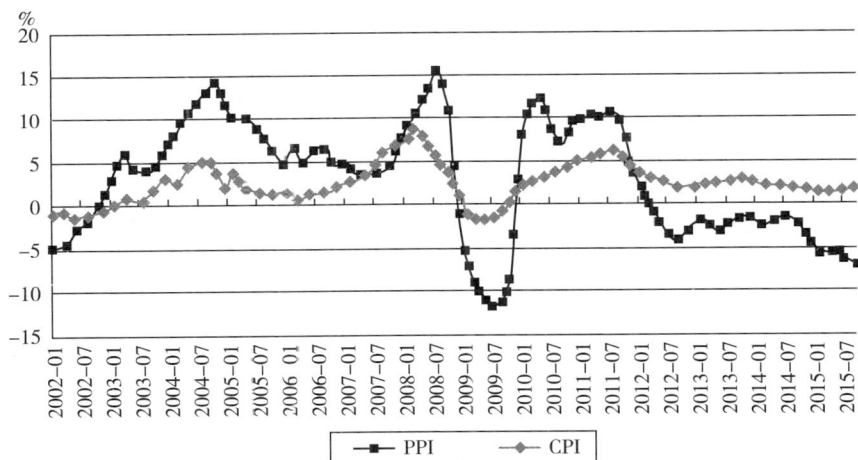

图 2　CPI、PPI 月度同比增速图

2. 整体政府债务水平较低，但地方政府债务风险引人注意

总体来看，我国政府债务水平较低，风险可控。截至 2013 年 6 月末，全国政府性债务余额 30.27 万亿元，相当于当年 GDP 的 53%，仍低于国际公认的警戒线（85%）。

随着我国新型城镇化步伐加快，地方政府特别是县、乡级政府为加快市政建设，使用土地抵押来获得银行贷款，设立大量城投公司作为融资平台。受债务结构比例失衡、期限错配、借债主体信用评级下降以及还款来源依赖土地财政等影响，地方政府投融资平台债务风险隐患较大。截至 2013 年 6 月底，我国省市县三级政府负有偿还责任的债务余额 105 789.05 亿元，比 2010 年底增加 38 679.54 亿元，年均增长 19.97%。其中，省、市、县年均分别增长 14.41%、17.36% 和 26.59%。地方各级政府或有债务 70 049.49 亿元，年均增长 20.47%，其中负有担保责任的债务 26 539.75 亿元，年均增长 4.33%，可能承担一定救助责任的债务 42 932.57 亿元，年均增长 37%。虽然近两年来各级政府部门在意识到地方政府投融资平台风险后，各类风险得到了较好地控制，但由于资金的长期性和延续性，其后续的风险仍需持续关注。

3. 房地产市场将驶入良性发展轨道，但近期仍难言乐观

从 2014 年下半年开始，限购、限贷等政策措施基本取消或松动、免征营业税年限缩短、多次降息降准，加之十三届五中全会对人口政策的调整，全面放开二孩政策即将实施。预计未来房地产市场会进一步好转，特别是成交量会有较明显回升，房价、房地产开发投资将逐步企稳，房地产市场将逐步驶入良性发展轨道。但从近期数据来看房地产市场仍难言乐观。一是是短期内新开工的实物量并未出现明显改善。2015 年 1～6 月，房屋新开工面积为 6.7 亿平方米，同比下降 15.8%，降幅较 1～5 月收窄 0.2 个百分点。二是开发企业信心不强，拿地较为谨慎。主要表现为，2015 年 1～6 月，土地购置面积 9 799.7 万平方米，同比下降 33.8%，降幅较 1～5 月扩大了 2.8 个百分点。三是不同地区的供求矛盾有所差别，热点城市去库存速度相对较快，三四线城市的市场压力严峻。根据百城价格的统计数据，一二线城市价格环比上涨 2.5% 和 0.3%，三线城市环比仍下降 0.01%。

（二）银行业总体运行稳健，不良贷款、金融创新等潜在风险需警惕

1. 商业银行不良贷款反弹，但拨备整体充足

受非金融企业债务风险上升影响，不良贷款反弹较为明显。截至 2014 年末，商业银行不良贷款余额 8 426 亿元，比年初增加 2 506 亿元，不良贷款率 1.25%，比年初上升 0.25 个百分点。受加大不良贷款核销的影响，商业银行拨备覆盖率有所下降，但整体仍较为充足。2014 年末商业银行拨备覆盖率为

232.1%，同比下降 50.6 个百分点。商业银行资本充足率总体保持上升态势。2013 年末为 13.18%，较年初上升 0.99 个百分点，高于监管标准。

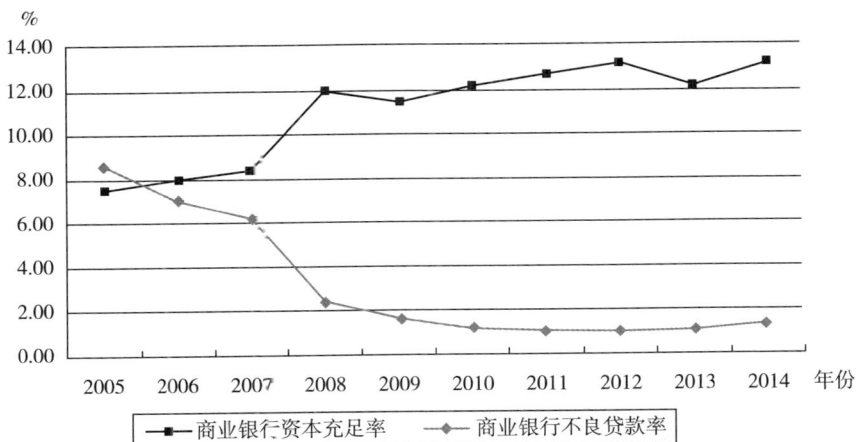

图 3　2005—2014 年商业银行资本充足率与不良贷款情况

2. 金融创新业务加速发展，但潜在风险不容忽视

一是信托资产规模快速膨胀。2014 年末，信托资产规模 13.98 万亿元，比上年末增长 28.14%。2014 年度，资金信托对证券市场的投资规模为 1.84 万亿元，占比为 14.18%，其中债券投资占比 8.86%，股票投资占比 4.23%，基金投资占比 1.09%。数据显示，资金信托对证券投资的配置近年来一直呈现上升趋势，相比 2013 年末 10.35% 的占比，同比增加 3.83 个百分点。截至 2014 年末，有 369 笔项目存在风险隐患，涉及资金 781 亿元，占比 0.56%，低于银行业不良水平，相比 2014 年第二季度末风险项目金额 917 亿元、占比 0.73%，余额和比例均有所下降。信托业系统风险整体可控。

值得注意的是，随着 A 股大幅走高，一些商业银行出于风险控制的原因，从 2014 年 11 月末起相继收紧伞形信托配资业务。2015 年以来，随着证监会对场外配资清理的持续，新开伞形信托的业务量呈现下降趋势，资金入市显现疲态。

二是银行业理财业务继续快速增长。2014 年末理财资金余额 15.02 万亿元，比年末增长 46.68%，银行理财规模在各类资产管理业务中居首位。封闭式理财产品仍居主要地位，开放式理财产品迅速增长。开放式理财产品资金余额 5.24 万亿元，较 2013 年多 3.56 万亿元，增长 210.51%。理财产品收益率全年持续走高，2014 年，封闭式理财产品平均年化收益率在 5% 左右，较 2013 年提高 50

个基点，开放式非净值理财产品收益率3.89%，较2013年提高55个基点，均处于较高水平。

三是银行业同业业务继续快速增长。2008年至2013年，银行业金融机构同业资产和负债的规模分别从6.21万亿元和5.32万亿元增长至21.47万亿元和17.87万亿元，增幅分别为246%和236%。截2014年底，16家上市银行同业资产余额为9.44万亿元，同比减少7 384亿元，减少7.26%，同业资产占总资产比重为8.92%，同比下降1.77个百分点。同业负债余额为14.75万亿元，同比增加2.20万亿元，增长17.54%，同业负债增速较同期存款增速高10.05个百分点。

四是互联网金融快速发展。我国互联网金融形态包括第三方支付、P2P网络借贷、电商网络融资、众筹、传统金融机构网络化等业务类型。截至2014年末，全国共有第三方支付机构269家，比2005年增长了近27倍；不同主体（互联网企业、货币基金、商业银行等）共发行93只互联网基金销售产品，规模达到1.61多万亿元，相比2013年末，规模增长约为171%。据"网贷之家"统计数据显示，截至2014年12月，全国范围内P2P网络借贷平台达1 575家；年交易规模从2007年的0.2亿元迅速攀升至2014年的2 528亿元，其中，2014年全年交易规模为2013年的2.39倍。自2011年7月国内第一家众筹网站"点名时间"正式上线以来，众筹融资在国内进入快速发展期。据不完全统计，目前全国活跃的众筹融资平台共20余家。

创新业务透明度低，会计核算不规范，资金多投向产能过剩、房地产、融资平台等限制性领域，投资风险较银行贷款风险高，且融资主体多渠道、高杠杆融资行为可能导致资金链断裂，"刚性兑付"预期导致风险从表外向表内传导，加大相互之间的风险传染性，同时部分创新业务还存在监管滞后或监管空白等问题。因此，在当前及未来一段时间，受宏观经济增速放缓影响，创新业务风险可能逐渐有所暴露，需要持续、密切关注。

（三）证券市场参与程度不断提高，近期波动性加大

一是证券市场参与程度不断提高。截至2014年底，期末股票账户数约18 401.17万户；其中，期末A股账户数为18 145.62万户，比上年增加882.24万户，增长5.11%；B股账户255.55万户，比上年增加1.29万户，增长0.51%。2014年底，股票流动市值占GDP比重由2006年的11.49%增长到49.59%，证券化程度进一步提高。

二是股票市场波动性加大。2014年上证指数全年涨幅高达52.87%，走出一轮波澜壮阔的牛市行情，2013年疯涨的创业板指数也在2014年实现了12.83%的涨幅。进入2015年，受国企改革、"一带一路"等概念炒作的影响，股指快

速上涨，至 2015 年 6 月 12 日，达到 5 178.19 点，不到半年的时间涨幅高达 60.11%。随后受证监会严查厂外配资等去杠杆政策的影响，股市快速下跌，一度出现千股跌停的现象，至 8 月 26 日，两个月时间股指最低跌至 2 850.71 点，跌幅达到 44.95%。

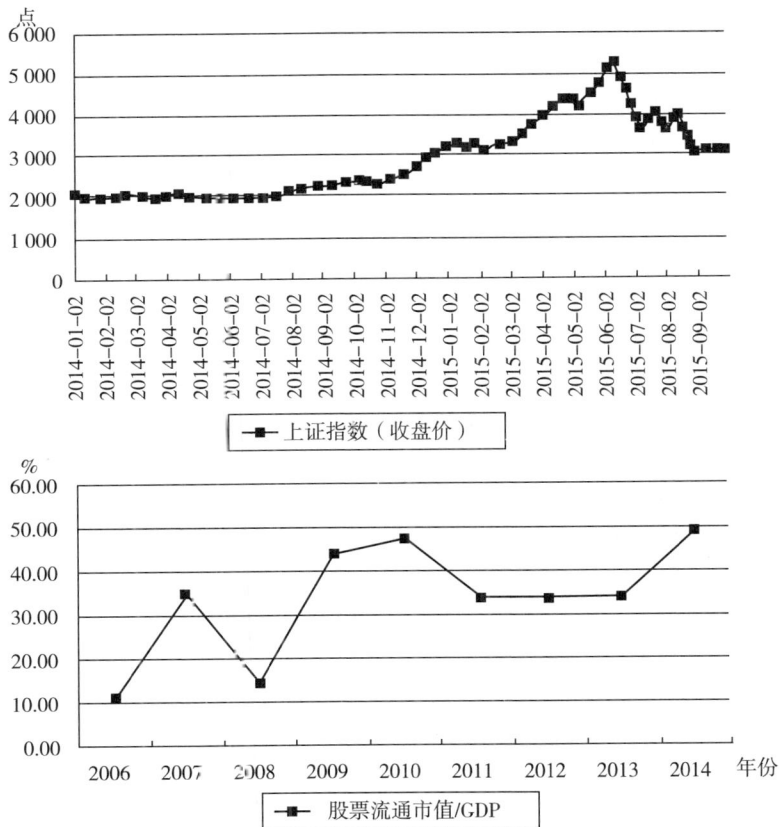

图 4 我国股票市场发展情况图

（四）保险业驶入发展快车道，对防范系统性风险起到积极作用

截至 2014 年底，保险业全行业净资产 1.3 万亿元，较年初增长 56.4%。全社会提供风险保障 1 114 亿元，同比增长 25.5%，保险业赔款与给付 7 216.2 亿元，同比增长 16.2%。一是结构调整走向深入。与实体经济联系紧密的保证保险同比增长 66.1%，与民生保障关系密切的年金保险同比增长 77.2%，保障性较强的健康保险同比增长 41.3%。二是行业经营效益显著提升。保险资金运用实现收益 5 358.8 亿元，同比增长 46.5%。三是保险在完善社会保障、参与社会

管理，服务"三农"等方面的能力显著增强。

（五）世界经济不确定性增加，我国抵御外部风险的能力较强

近年来，世界经济复苏依旧乏力，不确定性因素持续增加。一是世界经济处于低增长的状态。2015 年 IMF 多次下调了全年经济增长的预期，10 月最新发布的报告中预计 2015 年全球经济将增长 3.1%，低于第一季度 3.5% 的预测值，比 2014 年低 0.3 个百分点。二是利率持续走低。2015 年 9 月，美国联邦基金利率降至 0.13%，接近零利率；欧元区从 2010 年步入零利率时代，2014 年 6 月欧洲央行下调隔夜存款一直到负利率，2015 年欧洲央行推出了欧版的 QE，欧元区零利率甚至负利率继续蔓延；日本 1985 年以来隔夜拆借利率从 7% 下降到 2015 年 9 月的 0.07，存款利率从 1980 年的 6% 下降到 2015 年的 0.5 以下，基本是零利率。三是低通胀。受石油价格持续暴跌及其他大宗商品价格连续下跌影响，世界经济低通胀的特点非常明显。美国 9 月生产者价格指数（PPI）下跌 0.5，创了 2015 年 1 月以来最大降幅；欧元区从 2014 年 12 月起连续四个月通胀率为负，在 QE 政策的影响下，欧元区通胀率逐渐恢复，但是 9 月通胀率再次转为负值；日本 8 月 CPI 为 0.2%，核心 CPI 只有 -0.1%，再次陷入通缩。四是部分国家收支失衡。一些国家的主权债务和支出水平大大失衡，美国的主权债务在 2012 年就超过 GDP 总量，现在继续保持在 100% 以上的水平。日本 2014 年底主权债务率达到 244%，现在仍然在 240% 以上。欧盟的一些国家超过 100%。

外部经济增长乏力及不确定性的增加，可能会对我国经济产生一定的影响，但整体上来看，我国经济抵御外部风险的能力相对较强。

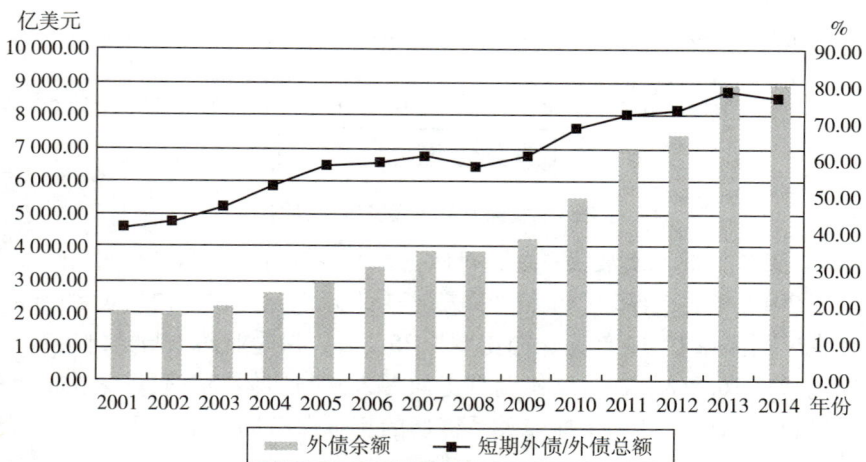

图 5　我国外债规模及结构图

一方面是我国的外债可持续水平较高，总体风险不大。截至 2014 年底，我国外债余额为 8 955 亿美元，按可比口径计算，同比增长 2.5%。其中，中长期外债余额为 2 744 亿美元，同比增长 7.5%，短期外债余额 6 211 亿美元，同比增长 0.4%。根据外汇局数据显示，2014 年我国债务率、负债率、偿债率、外汇储备与短期外债的比例分别为 35%、8.6%、1.9% 和 562%，而 2010 年中等收入国家的平均债务率、负债率、偿债率、外汇储备与短期外债的比例分别为 69%、21%、10% 和 137%，这说明如果用上述指标衡量我国外债水平的话，则我国的外债可持续水平较高，总体风险不大。值得注意的是，我国短期外债占外债余额比重一直较高。自 2001 年以来，我国短期外债占比大体呈现逐年升高的趋势，并于 2011 年突破 70%，2013 年达到 78.4%。2014 年短期外债占比 76.32%，是 2008 年以来首次回落。

另一方面是我国资本项目还没有完全放开，国家抵御外部冲击风险可动用的手段相对充足，因此金融机构对外部冲击的缓释能力也相对较强。

四、系统性金融风险预警指标体系设置与验证

系统性金融风险的测度是系统性金融风险管理的核心，系统性金融风险的度量对认识风险的变化，最大限度地减轻系统性金融风险产生的负外部效应具有重要意义。本章将着重从构建系统性金融风险指标体系的角度来测度系统性金融风险。

（一）构建系统性金融风险预警指标选取比较

目前大多数学者在构建金融风险预警指标体系时都从宏观经济、金融市场和外部环境等方面选取相应反映金融风险状况的指标，也有部分学者通过在金融市场之内选取与金融风险高度相关的指标构建金融压力指数来反映金融风险状况。部分机构或学者构建系统性金融风险预警体系所用指标情况见表 1：

表 1   **部分机构或学者金融风险预警指标采用情况表**

相关机构或学者	金融风险预警采用指标
IMF	金融稳健指标（FSIs）和宏观审慎指标（MPIs）
欧洲央行	银行体系健康的系统性指标、影响银行体系的宏观经济要素、传染因素
世界银行	包括金融部门评估（FSAs），既有宏观经济指标也有银行指标；与 IMF 建立了金融部门评估的综合评估规划框架（FSAP）；国家信贷风险部门的风险评级模型，涵盖宏观经济绩效结构、宏观经济指标和外部脆弱性，外债和它的可持续性，政治风险和政策绩效及对世界银行的信贷暴露和对银行债务偿还的历史。

续表

相关机构或学者	金融风险预警采用指标
王小霞（2015）	从国际金融环境、货币风险、银行风险、对外风险、股市房市风险五个方面28个指标。依次为：国际利率、石油价格增长率、M_1/GDP、M_2/GDP、通货膨胀率、财政赤字/GDP、FDI投资增长率、国内外实际利差、实际汇率升幅、资本充足率、不良资产率、国内信贷增长率、存款额增长率、存贷利差、银行负债率、外债/GDP、GDP增长率、失业率、外汇储备增长率、进口增长率、出口增长率、经常账户余额/GDP、外债总额/出口额、股市收益率、股票价格指数增长率、证券化率、房地产投资/GDP、房价增长率/GDP增长率。
吴田（2015）	从宏观经济指标、银行业运行指标、金融市场效率、外部冲击指标四个方面选取22个指标。依次为：GDP增长率、财政收入增长率、失业率、通胀率、房地产投资增长率、M_2增长率、资本充足率、不良贷款比率、存贷款比率、信贷增长率、资本利润率、经常项目差额、外汇储备增长率、负债率、偿债率、短期外债/外债总额。
傅强、陈圆圆等（2015）	从宏观经济、金融变量及对外关系三个方面选取18个指标。依次为：实际GDP增长率、出口增长率、进口增长率、农业产值占比、工业产值占比、政府预算占比、消费者价格指数、实际利率、实际汇率、债务占比、国内信贷增长率、M_1增长率、M_2增长率、股价指数变动率、经常账户占比、外国对内直接投资、外汇储备、商业银行持有国外资产净值。
刘林（2014）	以某市为对象选取20个指标。依次为：经济景气、通货膨胀、房地产、企业经济效益、财政收入、社会融资、银行经营总体状况、银行盈利、银行风险、银行新增不良贷款、证券业总体状况、证券业盈利、证券业风险、保险业总体状况、保险业盈利、保险业风险、准金融机构风险、政府融资平台风险、金融机构交叉性金融业务风险、互联网金融风险。
刘霞、陈小昆（2013）	从宏观经济、银行体系、经济泡沫、国内外债务、外部冲击5个方面选取19个指标。依次为：GDP增速、M_2增速、通货膨胀率、资本充足率、不良贷款率、净资产收益率、股市平均市盈率、股票流通市场/GDP、房价增长率/GDP增长率、国债负担率、财政赤字/GDP、外债总额/GDP、债务依存度、短期外债/外债总额、短期外债/外汇储备。
董小君（2004）	从微观审慎、宏观审慎、市场审慎三个方面选取33个指标。依次为：资本充足率、资本与总资产比例、核心资本充足率、不良贷款比率、次级贷款率、可疑贷款率、损失贷款率、贷款欠息率、贷款展期率、同一客户贷款比例、最大十家客户贷款比例、资产利润比例、资本收益率、备付金率、存贷比例、资产流动性比例、中长期贷款比例、GDP增长率、通货膨胀率、失业率、货币化程度、经常项目差额、外汇储备所能支持进口额月份数、外汇储备占短期外债之比、短期外债比重、外债负债率、外债偿债率、外债债务率、利率敏感性比率、期限分析、汇率、股价指数、股票市盈率、证券化率。
许传华（2012）	从资本项目、经常项目、国际经济、国内金融、经济、财政六个方面选取55个指标。

（二）我国系统性金融风险预警指标体系的构建

本文借鉴上述各机构和学者的研究成果，依据可量化、方便操作的原则，从宏观经济、银行业、证券和房地产、外部冲击四个维度，利用 20 个量化指标构建我国系统性金融风险预警指标体系。其中，宏观经济方面包括 GDP 增长率、失业率、通货膨胀率、M_2 增长率 4 个指标；银行业风险方面包括资本充足率、银行不良贷款率、银行资本利润率、信贷增长率四个指标；证券、房地产等泡沫经济方面选取股票市盈率、证券化率、股价增长率、房地产投资/GDP、房地产价格增长率/GDP 增长率 5 个指标；外部冲击方面主要选取了外汇储备增长率、人民币汇率升值、经常项目差额/GDP、负债率、偿债率、短期外债/外债总额、内外利差 7 个指标，见表 2：

表 2　　　　　　　　　系统性金融风险预警指标体系

风险类别	预警指标	指标计算及说明	与金融风险关系
宏观经济	GDP 增长率（X1）	直接获得	适度
	失业率（X2）	直接获得	正向
	通货膨胀率（X3）	直接获得	适度
	M_2 增长率（X4）	（本期 M_2 － 上期 M_2）／上期 M_2 ×100%	正向
银行业	资本充足率（X5）	直接获得	反向
	不良贷款率（X6）	直接获得	正向
	资本利润率（X7）	直接获得	反向
	信贷增长率（X8）	用金融机构贷款余额数据计算得出	正向
证券和房地产业	股票市盈率（X9）	直接获得，上证 A 股平均市盈率数据	正向
	证券化率（X10）	股票流通市值/GDP	正向
	股价增长率（X11）	用上证综指年末收盘价计算	适度
	房地产投资/GDP（X12）	房地产投资额除以同年现价 GDP 数值	正向
	房价增长率/GDP 增长率（X13）	用商品房平均销售价格计算出房价增长率，再除以 X1	适度
外部冲击	外汇储备增长率（X14）	黄金和外汇储备余额计算获得	正向
	人民币汇率升值（X15）	人民币汇率计算	适度
	经常项目差额/GDP（X16）	经常项目差额除以 GDP	适度
	负债率（X17）	直接获得	正向
	偿债率（X18）	直接获得	正向
	短期外债/外债总额（X19）	直接获得	正向
	内外利差（X20）	国内一年期存款利率－美联储一年期存款利率	适度

（三）系统性金融风险预警指标体系实证分析

1. 数据来源与样本选择

该部分所用数据来源情况如下：GDP 增长率、失业率、通货膨胀率、房地产投资/GDP、房地产价格增长率/GDP 增长率、M_2 增长率、信贷增长率、证券化率、股票市盈率、股价增长率、外汇储备增长率、保费增长率、赔付率、人民币汇率升值等原始指标均通过国家统计局网站获得；银行资本充足率、银行不良贷款率、银行资本利润率均从银监会网站获得；经常项目差额/GDP、负债率、偿债率、短期外债/外债总额数据从国家外汇管理局网站获得，内外利差数据主要从人民银行网站和美联储网站获得。

考虑到从微观方面反映银行风险的资本充足率、不良贷款率、资本利润率三个指标数据可追溯时间有限，样本区间为 2006—2014 年。

2. 预警指标阈值及全区间确定

阈值是反映金融体系运行中将发生的警情严重等级的界限。当预警指标中的一项或者多项指标偏离正常水平，超过其阈值时，就可以认为这些指标发出了危机的信号。阈值设定具有极其重要的作用，如果阈值设定太大，会使预警系统在危机到来前发不出预警信号；如果阈值设定太小，又会使得预警系统频繁发出较多错误的信号。因此，在确定金融预警指标阈值时，既要考虑中国的实际国情和金融体系运行特征，还要考虑到历史经验、专家意见以及国际公认标准。

本文采取如下原则确定指标阈值：如果国际上有公认的标准指标阈值，本文则根据国际标准来确定指标阈值；如果没有明确的国际公认的标准，则参照与中国经济金融背景相似的新兴市场国家在金融稳定时的各项指标数值，通过分析和比较，确定指标阈值标准。需要强调的是，在一国经济不断发展变化的过程中，金融危机爆发的条件也会跟着发生相应变化，原有的阈值在预警中的准确性会降低。这就意味着随着经济形势的发展和变化需要对相应的阈值进行修正和调整。

在确定指标安全阈值之后是对安全区间的确定。分为两种情况，一是正向或反向指标，正向（反向）指标数值的增加（减少）意味着风险状态的增大，这是单一性质的变化。如银行资本充足率越低则表示金融风险越大，不良贷款越高则表示风险越大。二是适度指标，即指标在某一区间内是安全的，而超过该区间，位于该区间上下限两侧的距离越大，风险状态越增加得厉害。以通货膨胀率为例。低于 0 或大于 4% 都意味着风险增加。现以通货膨胀率为例说明预警区间及预警界限如何确定。按照国内学者的研究以及根据中国经济发展情况和历史可得数据，认为当前中国的通货膨胀率 2% 是经济安全点。将 2% 上下两侧增减 2% 的位置确定为经济安全警戒线，即通货膨胀率保持在 0~4% 区间都是安全的。用类似的方法可以确定出警戒区间和风险区间的警戒线。按照相同的方法，可以对其他别的经济预警指标进行安全区间的确定。需要注意的是，在安全点的上下两侧增减多少个百分点来确定警戒线，则要根据各个预警指标的具体情况来确定。

表 3   系统性风险预警指标阈值及安全区间   单位:%、倍

风险类别	预警指标	安全阈值	安全	基本安全	警戒	风险
宏观经济	GDP 增长率	8	(6.5, 9.5)	(5, 6.5) (9.5, 12)	(3.5, 5) (12, 15)	(0, 3.5) (15, 40)
	失业率	3	(0, 3)	(3, 3.7)	(3.7, 4.2)	(4.2, 7)
	通货膨胀率	4 或 −2	(0, 4)	(4, 7)	(7, 10) (−2, 0)	(10, 30) (−2, −15)
	M₂ 增长率	20	(5, 15)	(15, 20)	(20, 25)	(25, 35)
银行业	银行资本充足率	8	(12, 16)	(8, 12)	(4, 8)	(0, 4)
	银行不良贷款率	12	(0, 6)	(6, 12)	(12, 20)	(20, 30)
	银行资本利润率	15	(15, 25)	(10, 15)	(8, 10)	(0, 8)
	信贷增长率	15	(5, 20)	(20, 40)	(40, 60)	(60, 80)
证券、房地产业	股票市盈率	40	(0, 15)	(15, 40)	(40, 80)	(80, 100)
	证券化率	20	(0, 10)	(10, 20)	(20, 30)	(30, 60)
	股价增长率	5	(0, 10)	(10, 20)	(20, 60) (0, −20)	(60, 200) (−100, −20)
	房地产投资/GDP	5	(0, 5)	(5, 10)	(10, 15)	(15, 20)
	房价增长率/GDP 增长率	2	(0, 1)	(1, 2) (−1, 0)	(2, 3) (−2, −1)	(3, 6) (−3, −2)
外部冲击	外汇储备增长率	25	(0, 20)	(20, 40)	(40, 60)	(60, 150)
	人民币汇率升值	3	(0, 2)	(2, 4) (−2, 0)	(4, 5) (−5, −2)	(5, 10) (−10, −5)
	经常项目差额/GDP	5	(2, 5)	(5, 7)	(7, 12) (0, 2)	(12, 40) (−10, 0)
	负债率	25	(5, 25)	(25, 40)	(40, 50)	(50, 60)
	偿债率	20	(0, 20)	(20, 30)	(30, 40)	(40, 50)
	短期外债/外债总额	25	(0, 15)	(15, 25)	(25, 50)	(50, 100)
	内外利差	4	(0, 2)	(2, 4) (−2, 0)	(4, 5) (−5, −2)	(5, 10) (−5, −10)

本文对四大金融风险预警子系统中的 20 项具体经济预警指标，按照上面方法分别确定了它们的安全阈值，并在基础上划分出各预警指标的相应安全区间（见表 3）。

3. 预警指标权重确定

本文采用熵权法来确定预警指标体系各指标的权重，具体步骤如下：

一是构造多指标的评价矩阵并标准化矩阵。由于各预警指标的量纲不同，为了使各指标之间具有可比性，计算熵权重之前必须对多指标的评价矩阵进行标准化处理。我们有 9 个评价项目（2006—2014 年），20 个评价指标，原始评价矩阵为：

$$Y = (y_{ij})_{9 \times 20} = \begin{bmatrix} y_{1,1} & y_{1,2} & \cdots & y_{1,20} \\ y_{2,1} & y_{2,2} & \cdots & y_{2,20} \\ \vdots & \vdots & \ddots & \vdots \\ y_{9,1} & y_{9,2} & \cdots & y_{9,20} \end{bmatrix}$$

式中，y_{ij} 表示在第 i 年第 j 个指标的原始数值。

对 Y 做标准化处理得到：

$$R = (r_{ij})_{9 \times 20} = \begin{bmatrix} r_{1,1} & r_{1,2} & \cdots & r_{1,20} \\ r_{2,1} & r_{2,2} & \cdots & r_{2,20} \\ \vdots & \vdots & \ddots & \vdots \\ r_{9,1} & r_{9,2} & \cdots & r_{9,20} \end{bmatrix}$$

式中，r_{ij} 表示在第 i 年第 j 个指标的处理值。

$$r_{ij} = \frac{y_{ij} - \min_j \{y_{ij}\}}{\max_j \{y_{ij}\} - \min_j \{y_{ij}\}} \quad r_{ij} \in [0,1]$$

二是将标准化矩阵转化为概率矩阵。为了计算出信息熵，必须对标准化的矩阵 R 做归一化处理，将其转化为概率矩阵 P。

$$P = (p_{ij})_{9 \times 20} = \begin{bmatrix} p_{1,1} & p_{1,2} & \cdots & p_{1,20} \\ p_{2,1} & p_{2,2} & \cdots & p_{2,20} \\ \vdots & \vdots & \ddots & \vdots \\ p_{9,1} & p_{9,2} & \cdots & p_{9,20} \end{bmatrix}$$

其中，

$$p_{ij} = \frac{r_{ij}}{\sum_{i=1}^{9} r_{ij}}$$

三是计算预警指标的信息熵。利用如下公式计算第 j 个指标的信息熵。

$$e_j = -k \sum_{i=1}^{9} p_{ij} \ln p_{ij}$$

其中，

$$k = 1/\ln 9$$

四是计算预警指标的权重。第 j 个指标的权重为：

$$w_j = (1 - e_j) / \sum_{j=1}^{20} (1 - e_j)$$

基于上述步骤可得各指标的权重为：

表4   金融风险预警指标权重

风险类别	预警指标	指标权重
宏观经济	GDP 增长率	0.0542
	失业率	0.0281
	通货膨胀率	0.0230
	M_2 增长率	0.0341
银行业	银行资本充足率	0.0271
	银行不良贷款率	0.1137
	银行资本利润率	0.0235
	信贷增长率	0.0902
证券、房地产业	股票市盈率	0.0755
	证券化率	0.0288
	股价增长率	0.0312
	房地产投资/GDP	0.0410
	房价增长率/GDP 增长率	0.0329
外部冲击	外汇储备增长率	0.0340
	人民币汇率升值	0.0649
	经常项目差额/GDP	0.0639
	负债率	0.0962
	偿债率	0.0672
	短期外债/外债总额	0.0486
	内外利差	0.0219

4. 系统性金融风险综合评价及分析

根据确定的安全区间，将指标值映射为分数值。对于单个指标，根据其所处区间上限和下限的位置，按照相同比例映射到分数值的上限和下限的相对位置，然后根据相应的分值乘以该指标的权数得到其分值。计算模块风险时，将模块内指标乘以其权数后的分值进行相加。不同分值范围分别对应安全（0～20分）、基本安全（20～50分）、风险（50～80分）和较大风险（80～100分）四种状态，分别用绿灯、蓝灯、黄灯和红灯四种颜色的信号灯表示。据此可得2006—2014年我国系统性金融风险以及四个子系统风险的综合得分情况，分别见表5和表6：

表5　　　　　　　　我国系统性金融风险等级综合得分情况

年份	风险等级对应得分	风险等级	信号灯显示
2006	34.12	基本安全	蓝灯
2007	42.24	基本安全	蓝灯
2008	32.91	基本安全	蓝灯
2009	32.64	基本安全	蓝灯
2010	26.87	基本安全	蓝灯
2011	28.02	基本安全	蓝灯
2012	20.61	基本安全	蓝灯
2013	25.59	基本安全	蓝灯
2014	21.92	基本安全	蓝灯

表6　　　　　　　　各预警子系统风险等级综合评价得分

年份	宏观经济	银行业	证券、房地产业	外部冲击
2006	44.21	23.67	42.04	33.10
2007	53.77	21.13	59.82	42.45
2008	39.76	12.36	38.84	40.55
2009	49.32	19.91	58.44	21.33
2010	42.36	12.14	47.42	20.04
2011	36.61	8.73	44.97	28.43
2012	25.72	8.69	35.43	18.64
2013	24.54	9.04	43.97	26.87
2014	24.94	8.89	47.72	15.59

根据我国系统性金融风险等级综合得分情况和各预警子系统风险等级综合评价得分情况，分别绘制系统性金融风险综合评价得分图（见图6）和系统性金融风险四个子系统评价得分图（见图7）。

分

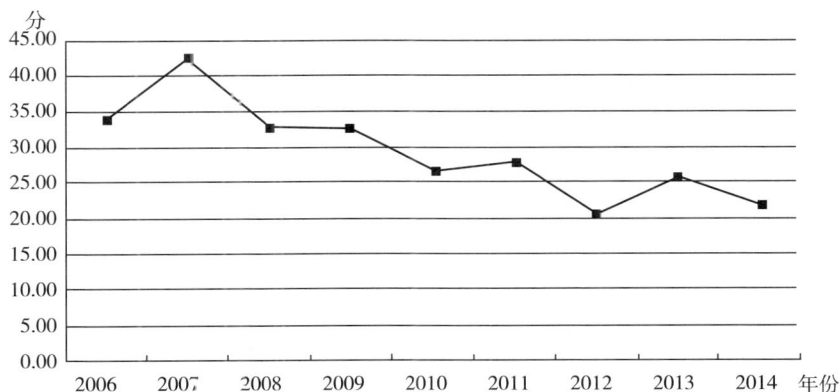

图 6　系统性金融风险综合评价得分图

分

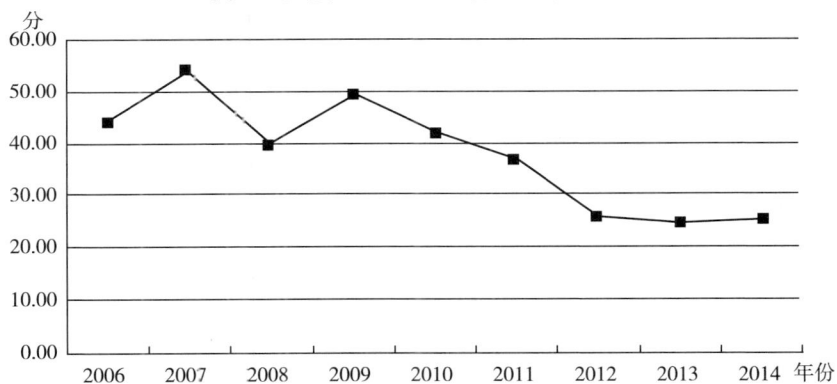

宏观经济子系统评价得分图

分

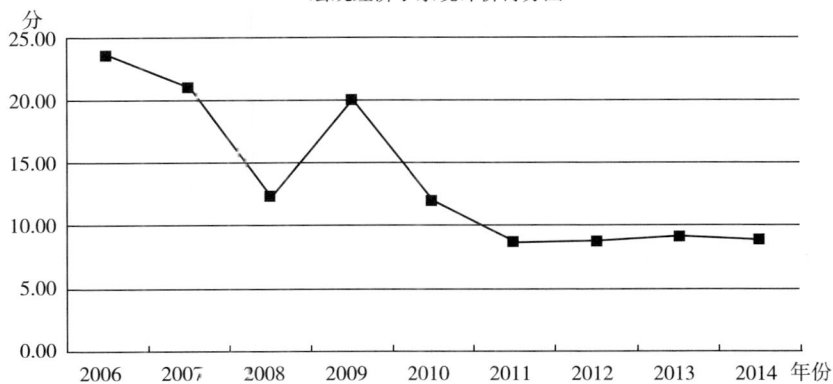

银行业子系统评价得分图

图 7　系统性金融风险四个子系统评价得分图

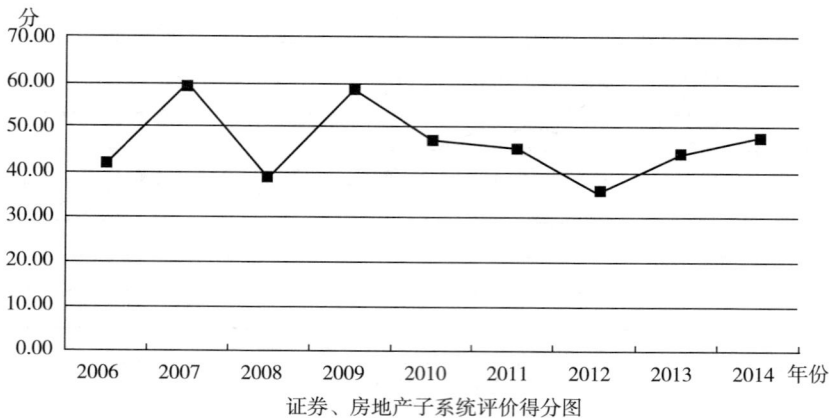

证券、房地产子系统评价得分图

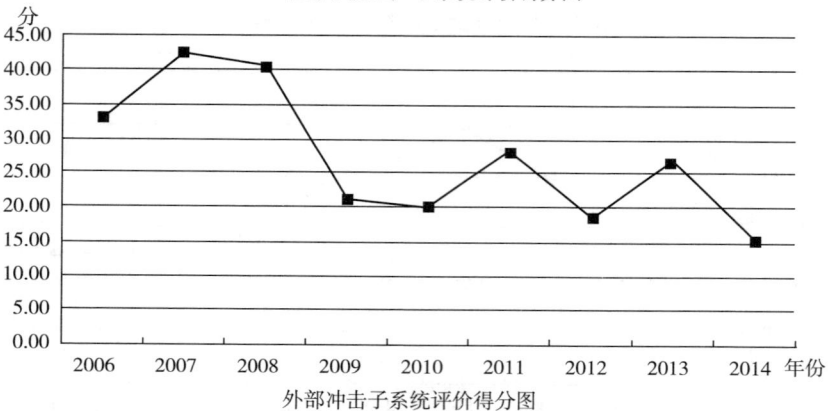

外部冲击子系统评价得分图

图7　系统性金融风险四个子系统评价得分图（续图）

（1）我国系统性金融风险状况综合分析

由表5和图6可以看出：2006年到2014年，我国系统性金融风险总体上一直处于基本安全状态，整体呈现波动减小趋势。说明我国金融体系整体风险有逐步改善的趋势，但这种趋势并不稳定，也说明我国金融体系仍然存在一定问题。

2007年我国系统性金融风险的综合评价得分超过40，达到观察年份最高值。主要原因是：宏观经济方面GDP增长率过高，存在经济过热的风险；股票、房地产风险方面股票流通市值占GDP的比重过大，大量资金流向股市，加之股票市盈率、股价增长率过高，对资金流向股市更是起到了催化剂的作用，经济产生了一定的泡沫，对金融体系产生了较大的冲击；外部冲击方面，主要是实际有效汇率波动过大，对金融体系的稳定性造成了一定的威胁。就整个国际金融环境而言，由于在2006年底，WTO过渡期满，中国全面履行金融开放政策，外资全面进入中国市场，同时境外金融机构可经营人民币业务，这对于中国金融界来说是一个全新的局面，没有经验可循，因而出现了风险值比其他年份都高的现象。

2012 年底系统性金融风险的综合评价得分 20.61，为观察年份最小值，接近安全区间。主要原因是：宏观经济方面，GDP 结束高速增长，更加趋于合理，在 GDP 增速适度放缓的前提下，失业率保持稳定；银行业风险方面，资本充足率不断提高，银行不良贷款率持续下降，银行盈利能力处于高位；股票和房地产市场均表现平稳，对外风险各指标的分值也多处于较低水平。

（2）系统性金融风险各子系统风险状况分析

一是宏观经济子系统风险状况分析。宏观经济风险从 2006 年到 2014 年呈现波动下降的态势。2007 年风险评价得分达到最大，即处于警戒区间，当年 GDP 增长率风险评价得分 72，为观察期最大值。2009 年接近警戒区间，该年失业率、M_2 增长均达观察期最大值，通货膨胀率为负，也处于警戒区间。其他年分均处于基本安全区间内。

二是银行业子系统风险状况分析。银行业子系统风险从 2006 年到 2014 年呈整体下降趋势。其中，除 2006 年、2007 年处于基本安全区间外，其余年份均处于安全区间。2011—2014 年该子系统风险评价得分均在 10 以下，基本处于无风险状态。从该系统风险的构成指标来看，资本充足率、不良贷款率和资本收益率，其风险值都呈逐年下降趋势，信贷增长率风险值呈现先增大后减小的趋势，短期内银行业子系统风险不会对整个金融系统的风险产生较大影响。但应该关注的是 2013 年以来银行不良贷款率较快增长。

三是证券、房地产子系统风险状况分析。证券、房地产子系统风险从 2006 年到 2014 年呈现频繁波动特征，2007 年、2009 年处于警戒区间，其余年份处于基本安全区间，但多数年份比较接近警戒区间。2006—2010 年综合评价得分波动较大，除 2008 年得分低于 40 外，其余四年风险值都偏高。从该子系统的指标构成来看，2007 年股票市盈率风险值超过指标警戒线，处在风险区间；证券化率、股价增长率风险值更是远超风险警戒线，处于较大风险区间。对于 2009 年而言，股票市盈率风险值处于风险区间的较低端；但证券化率综合评价得分更是较 2007 年有所提高，风险进一步加大；股价增长率风险仍旧处于高位。与此同时，房价增长率/GDP 增长率风险值也远超过警戒线，处于较大风险阶段，房地产投资/GDP 指标也处于警戒区间。

2009—2012 年证券、房地产子系统风险不断减小，这与期间我国政府采取一系列卖房、购房政策密切相关，如个人限购政策、增加房产税等，这对我国房价的增长起到了一定程度的抑制作用。2013 年以来证券、房地产子系统风险有所增大，主要是因为 2013 年以来，证券市场逐步回暖，证券化率、股价波动率加大。

四是外部冲击子系统风险分析。2006—2014 年一直处于基本安全或安全区间内。其中，2007 年、2008 年两年综合评价得分值相对较大，主要原因可能是受美国次贷危机影响，外部冲击风险增加。从指标数值来看 2008 年主要是受汇率波动程度的影响，当年人民币汇率升值得分达到 97.95，处于风险区间。此外，短期外债/外债总额综合评价得分整体呈逐年上升态势，且一直处于风险区间。短期债务虽然利率较低，但容易受国际经济、国际金融市场波动的影响，所以应该引起注意。

（3）启示

实证分析结论显示，目前我国系统性金融风险整体处于基本安全区间内，但是金融体系仍然存在一定的问题：一是适当控制 GDP 增速，防止经济增长过快或者过慢现象发生；二是关注银行业不良贷款和利润率下降问题；三是采取相应措施控制过量资金流向股市和楼市，防止股市和楼市产生泡沫进而对实体经济产生冲击；四是优化外债结构，降低短期外债在外债总额中的比例，减少外部环境动荡对我国金融体系的冲击。系统性金融风险各组成部分中存在的上述问题仍需要监管部门有针对性地采取相应措施进行防范。

五、系统性金融风险防范的国际经验

国际金融危机发生以来，主要经济体都对其金融监管体制进行了重大改革，而主要做法是统筹监管系统重要性金融机构和金融控股公司，尤其是负责对这些金融机构的审慎管理；统筹监管重要金融基础设施，包括重要的支付系统、清算机构、金融资产登记托管机构等，维护金融基础设施稳健高效运行；统筹负责金融业综合统计，通过金融业全覆盖的数据收集，加强和改善金融宏观调控，维护金融稳定。这些做法都值得我们研究和借鉴。

（一）国际组织的建议

危机爆发以来，二十国集团领导人峰会责成金融稳定理事会会同国际货币基金组织、国际清算银行以及巴塞尔银行监管委员会等国际标准制定机构，在加强银行资本和流动性标准、应对系统重要性金融机构道德风险、改进场外衍生品市场和核心金融市场基础设施、加强信用评级机构监管以及早期预警等方面进行了多方面的探索，取得了积极进展。

一是强化国际资本监管框架，增强金融业抗风险能力。巴塞尔银行监管委员会于 2009 年 12 月推出了《增强银行业抗风险能力（征求意见稿）》，并在 2010 年 10 月通过了全球银行业监管新标准——《巴塞尔协议Ⅲ》。该委员会为成员国实行新资本标准设定了缓冲期，2013 年 1 月 1 日开始实施新资本要求，资本标准逐年提高，并于 2019 年 1 月 1 日前全部达标。此外，为了克服资本监管的不足，委员会要求建立未经风险加权的杠杆率指标作为对最低资本要求的补充，同意在过渡期内就 3% 的一级资本杠杆率标准进行测试。测试结束后，最终的杠杆率标准将于 2017 年上半年开始实施，并于 2018 年 1 月纳入第一支柱。

二是建立流动性风险计量、标准与监测的国际标准。2009 年 12 月，巴塞尔银行监管委员会发表了《流动性风险计量、标准与监测的国际协议（征求意见稿)》，该准则首次提出了国际统一的流动性风险计量模型和量化标准。

三是加强对系统重要性金融机构的监管。FSB 已经制定了应对与系统重要性金融机构相关的"大而不倒"问题的政策框架、工作程序以及时间表。政策框架主要包括减少金融机构倒闭概率和影响、提高危机期间处置机构的能力以及强化金融基础和市场设施以减少关联性和风险传染。定期更新系统重要性银行名单，2014 年 10 月，国际保险监督官协会（IAIS）发布《系统重要性保险机构基础资本要求》。2014 年，FSB 联合国际证监会组织（IOSCO）公布非银行非保险系统性重要金融机构识别方法征求意见稿。

四是完善场外衍生品市场监管。根据 G20 领导人匹兹堡峰会要求，FSB 于 2010 年 4 月会同支付结算体系委员会、国际证监会组织和欧盟委员会成立了工作组，提出提高中央对手方信用的政策建议。2010 年 5 月，支付结算体系委员会、国际证监会组织发布了中央对手方标准指引的征求意见稿，旨在更好地解决场外衍生品清算带来的风险。在全球交易信息库数据汇总方面，FSB 于 2014 年 9 月发布汇总和共享交易信息库数据的可行性研究报告，建议制定关于数据一致性的指引，并建立数据汇总机制。

五是加快会计准则趋同步伐。G20 领导人匹兹堡峰会要求国际会计准则制定机构于 2011 年 6 月完成趋同工作，制定一套高质量的全球会计准则，强调加强利益相关者参与会计准则制定。几乎所有的 FSB 成员经济体计划在 2012 年前采用国际会计准则理事会（IASB）发布的会计准则或与其趋同。

（二）美国

2010 年 7 月，美国总统奥巴马签署了经参众两院通过的《多德—弗兰克华尔街改革与消费者保护法案》，开启了美国自"大萧条"以来力度最大的金融监管改革。其中，法案第一章又称"金融稳定法"，系统性风险管理是其重要内容。

一是设立金融稳定监督委员会，负责识别和防范系统性金融风险。金融稳定监督委员会由 9 人组成，这 9 个人分别来自美联储、美国证券委员会、货币监理署、联邦存款保险公司、美国国家商品期货委员会、联邦住房融资中心、消费者金融保护局、财政部，另选一名独立人士作为成员。金融稳定监督委员会的职责主要包括：识别威胁金融稳定的风险，并提出应对措施；确定系统重要性金融机构，指定其接受美联储监管；在必要时批准美联储分拆严重威胁金融稳定的金融机构；促进成员机构、其他联邦或州监管机构之间的信息共享，协调政策制定、检查、报告和处罚等事项。

二是授权美联储负责系统性金融风险的具体监管。美联储不仅对资产规模超过500亿美元的银行类金融机构实施监管，还对所有具有系统重要性的金融控股公司、证券、保险等机构进行监管。负责监管系统重要性支付、清算和结算活动以及系统重要性金融市场基础设施，并保留对小银行的监管权。

三是提高金融监管标准。实施"沃尔克规则"，限制商业银行运用自有资金开展自营交易业务；落实《巴塞尔协议Ⅲ》的改革要求，建立更为严格的流动性监管框架；发布杠杆率监管的补充新规，要求总资产超过7 000亿美元或托管资产超过10万亿美元的银行控股公司的杠杆率至少提高到5%，其下的受保存款机构的杠杆率至少提高到6%，并将于2018年1月1日起实施；美联储发布对在美国开展业务的大型外资银行的最终监管要求；SEC公布美国货币市场基金监管新规，要求约占美国基金业三分之一的机构型优质货币市场基金采用浮动资产净值，允许其在特定时期向投资人收取申购赎回费及设置赎回限制。

四是扩大监管范围，填补监管漏洞。场外衍生品接受商品期货委员会和证券交易委员会监管，衍生品交易应进行集中清算。对冲基金和私募基金投资顾问需到证券交易委员会注册，并报告交易情况和资产组合等方面的信息。

五是识别和防范系统性风险。成立一个金融研究办公室，招聘有丰富经验的经济学家、会计师、律师、前监管专家、其他专家等支持委员会的工作。金融稳定委员会每年发布年报，全面分析美国宏观经济金融形势和金融市场发展情况，梳理金融监管改革进展，评估美国金融稳定面临的潜在风险，并提出下一步政策建议，切实履行识别和防范系统性风险的职责。

（三）欧盟

一是建立由欧洲央行、各成员国央行、欧洲三大金融监管局以及成员国监管当局负责人组成的欧洲系统性金融风险委员会。其主要职责是在宏观经济和金融市场发展背景下评估欧盟金融体系的稳定性。针对可以预见的显著金融风险，欧洲系统性金融风险委员会应该提供早期预警，必要时能建议采取怎样的补救措施，这些预警或建议可以通过经济与财政部长委员会或新的欧洲监管机构发布。

二是推动建立银行业联盟。2014年欧洲议会通过了支持建立银行业联盟的三项法案，即银行业恢复与处置法、银行业单一处置机制法和修订后的存款担保计划指令。根据银行业单一处置机制法，将在未来 8 年内成立一个金额为 550 亿欧元的处置基金，欧央行、欧盟委员会和各国处置当局共同成立单一处置委员会，负责欧元区内银行的关闭与重组，决定救助工具的类型及欧洲处置基金的运用方式。

（四）英国

2010 年 7 月，英国财政部正式公布了金融监管改革方案征求意见稿，明确撤销金融服务局，授予英格兰银行宏观审慎管理和微观审慎监管权，并计划在 2012 年完成相关立法，2013 年元旦前制定实施细则。一是在英格兰银行董事会设立金融政策委员会（FPC），专门负责金融稳定，并指导宏观审慎管理。二是在英格兰银行下设审慎管理部，将宏观审慎管理和微观审慎管理集中于央行。原有金融服务局（FSA）同时废除，其监管职能转至新设立的、英格兰银行下属的审慎管理部，从而彻底消除职责不清和监管漏洞问题。三是设立消费者保护及市场部，专门负责金融消费者保护和金融机构商业行为监管。四是定期公布和报告宏观审慎和金融稳定进展情况。

（五）启示

尽管各国的系统性金融风险防范措施仍然是探索性质的，但这些措施从多个层面反映了对危机的反思和检讨，给我们以下启示：

一是要切实防范系统性金融风险、维护金融稳定。专注于某个领域的微观审慎监管机构既不能全面、完整地监测、评估和预警系统性风险，也不能采取有效的措施化解系统性风险给金融体系稳定性带来的巨大冲击。监管改革应把提高系统性风险防范、维护金融体系稳定作为核心内容。

二是重视中央银行在防范和化解系统性金融风险中的作用。无论是美国、欧盟还是英国，都将中央银行放在了系统性风险防范的核心位置。

三是实现宏观审慎管理与微观审慎监管的有效结合。宏观审慎监管与微观审慎监管互为补充，是维护金融稳定不可缺失的支柱。《巴塞尔协议Ⅲ》特别注重加强和挖掘微观监管指标的宏观审慎管理内涵。

四是要加强监管机构间的协调配合。为了应对系统性风险、维护金融稳定，必须克服现行监管体制中存在的监管权力分散和协调合作不畅的不足，加强监管协调，扩大信息共享。

五是应覆盖所有具有系统重要性的机构、产品和市场。G20 伦敦峰会报告《强化稳健监管和提高透明度》提出，应将金融监管的范围扩大至所有具有系统重要性的金融机构、市场和工具，并应要求不具有系统性影响的金融机构、市场和工具也应具备注册资格或接受适当监督，还要特别考虑到非系统重要性机构的同质性行为潜藏的系统性风险。

六、系统性金融风险的防范与建议

当前我国系统性金融风险的诱因较多。一是金融分业监管的格局在短期内难以改变，监管重叠与监管真空并存；二是互联网金融和影子银行迅猛发展，但监管创新跟不上金融创新的步伐；三是经济转型中传统产业和两高一剩行业受抑，银行业不良贷款上升和利率市场化改革银行业原有盈利模式；四是股票、房地产市场震荡加剧。在上述因素的共同影响下，金融体系将面临系统性风险的挑战。防范和化解系统性金融风险，也是监管层重点关注的问题。鉴于央行在整个金融体系中的地位和职能的特殊性，央行在宏观审慎管理和系统性金融风险防范处置过程中应发挥核心作用。

（一）人民银行在系统性金融风险防范与处置中应发挥的作用

在系统性风险向系统性危机的转化过程中，事先防范、事中控制和事后处置缺一不可。因此，央行在系统性金融风险防范与处置中的作用就是要针对系统性风险发展的不同阶段，协调各相关部门制定与各阶段风险特征相适应的一系列经济、金融风险监督与控制机制，形成系统性金融风险全程监控体系。

1. 系统性金融风险的预防

市场纪律、资本监管制度、最后贷款人制度和存款保险制度通常被视为是系统性金融风险的事前防范的金融安全网。因此，系统性金融风险的事前防范也主要从这些方面入手。

（1）提高金融市场信息透明度。金融市场纪律的有效性受到金融机构和其交易对手之间信息对称程度的影响。在信息不对称条件下，市场纪律对金融机构难以起到安全网的作用，反倒会在某些情况下引发系统性金融风险。如在信息不对称条件下可能会产生"羊群效应"，进而导致发生银行挤兑风潮。

（2）强化资本监管制度。资本监管制度要求金融机构必须持有与风险资产规模相适应的最低资本数量，它是衡量金融机构资本的风险防御程度的一个重要的国际通用指标。资本是金融机构资产出现问题时的第一道防火墙，使金融风险不至于立刻扩散到其他金融机构，同时它也是金融机构承担风险的成本。

（3）发挥最后贷款人职能。最后贷款人制度指的是确立一个机构（通常是一国的中央银行）作为最后贷款人，当银行出现支付危机时，可以向最后贷款人申请流动性援助。最后贷款人制度是对金融体系的流动性风险的事前防范。

（4）执行存款保险制度。存款保险制度即要求商业银行对其吸收的存款进行全额或部分投保，当银行倒闭时，由存款保险公司负责清偿存款人的存款。存款保险制度被认为能减小存款人挤兑银行的可能性，从而能避免由于信息不对称而导致的银行挤兑风险。

2. 系统性金融危机的控制

系统性金融危机的控制是指当危机发生时，政府如何采取恰当的政策手段控制事态，防止危机的进一步扩散。主要手段有：

（1）提供紧急流动性贷款。当金融市场因为流动性枯竭而急剧下跌时，政府也可以通过中央银行直接向参与市场的金融机构发放紧急流动性贷款稳定金融资产价格。中央银行向金融市场提供流动性的前提往往是金融资产价格的下跌是恐慌性的或是因为流动性不足引起的，而不是由于金融资产质量下降原因造成的下跌。

（2）清算、接管或重组问题金融机构。及时清算资不抵债的金融机构，防止其风险的进一步扩散。对问题严重但还不足以资不抵债的金融机构实行接管，由金融监管部门代为管理，严格控制其业务范围或实施停业整顿，或者引入健康的金融机构对问题金融机构进行并购重组。

（3）对问题金融机构注资。当金融机构因为经济周期、外部冲击或自然灾害等原因暂时陷入困境时，政府可以通过对金融机构注资，增强问题金融机构抵御冲击的能力，从而控制其风险的外溢。

3. 系统性金融危机的处理

系统性金融危机的处理指政府采取适当的方法处理危机留下的损失，恢复金融体系的健康运行。主要的危机处理方法有：

（1）有条件的政府补贴政策。即对银行不良贷款或非银行金融机构的损失实施有条件的政府补贴，比如使金融机构国有化或是要求金融机构注入新的资本。

（2）债务减免。直接减免金融机构的应急贷款等债务。但是这种方法可能增加金融机构的道德风险，并可能为下一次的金融危机埋下祸根。

（3）建立官方的资产管理公司购买和处理不良资产。即通过官方的资产管理公司购买和处理银行或非银行金融机构的不良资产，使这些金融机构的资产负债表在短期内恢复健康状况。

（4）实行宽松的货币政策和贬值的汇率政策。宽松的货币政策可能造成通货膨胀，进而减轻债务人的负担，其效果相当于直接的债务减免。贬值的汇率政策，对于以本国货币表示的债务也是一种债务减免的效果。

（二）防范我国系统性金融风险的相关建议

1. 短期：提高货币政策针对性和前瞻性，完善部门协调机制

（1）继续实施逆周期宏观调控，确保经济平稳发展

一是根据国内外经济金融形势变化、金融机构稳健性状况和信贷政策执行情况，引导金融机构落实好稳健货币政策的要求，保持自身稳健经营，合理适

度投放信贷，优化信贷结构。二是针对经济增长下行压力，物价涨幅有所走低的形势，合理运用相关政策，确保经济平稳发展。三是鼓励和引导金融机构提高对小微企业、"三农"及中西部、欠发达地区的贷款比例，引导信贷合理增长。

（2）充分发挥金融监管协调部际联席会议的作用

以建立金融监管协调与信息共享机制为切入点，建立和完善相关法规，变原则性、框架性的监管合作为制度化、规范化的合作平台。充分发挥央行在现有金融监管协调部际联席会议制度中的牵头地位，明确金融监管部际联席会议相关各方的职责与权力，以强化对跨市场、跨行业、跨业态的互联网金融、信托、影子银行等金融混业经营的监管。央行通过发挥牵头作用，协调各监管机构，共享监管信息，及时发现系统性风险苗头，并采取必要措施予以化解。

2. 中期：完善系统性金融风险评估能力，逐步强化央行金融监管效力

（1）建立和完善系统性金融风险评估体系

一是微观层面参考 CAMELS 体系及 FI/C（D）体系，结合压力测试，建立适合我国国情的金融机构稳健性评估系统，准确衡量其对金融体系安全的潜在威胁。二是在宏观层面，建立高效的经济金融先行指标体系。通过先行指标，及时分析和预判经济金融运行趋势与潜在风险，先于市场周期波动拐点调整货币与金融调控政策取向，提高政策前瞻性，有效熨平经济金融体系中的顺周期因素，防止因政策因素导致的非理性繁荣与崩溃交替的恶性循环。三是采用大数据技术分析宏微观信息，充分发掘支付结算体系中的系统性风险信息，及时捕捉系统重要性金融机构的风险变化和传导状况，发现苗头性问题，做出风险预警，切断风险传播渠道，以实现防范系统性风险的目的。

（2）制定金融控股公司、影子银行、互联网金融监管法规及实施细则

由央行牵头对金融控股公司、影子银行、互联网金融以及跨市场金融业务、工具进行综合监管、监测，由银行、证券、保险监督管理机构负责对子公司及市场范围内的功能监管。以法律形式明确各监管机构的权责分配、监管效力秩序及信息采集、共享等问题，防止重复监管与监管套利。建立防火墙制度，确保相应机构安全，切断风险蔓延路径。

（3）切实发挥存款保险制度的金融安全作用

2015 年 5 月 1 日起，我国存款保险条例施行，但具体实施细则仍需不断完善。建议借鉴金融危机后美国的做法，借助存款保险制度充分发挥人民银行基层行的机构优势，强化对中小银行的监管职能，同时赋予人民银行对非银行金融机构和控股公司的现场检查权和强制执行权。

3. 长期：推进金融监管体制改革，提高金融服务实体经济效率

（1）建立统筹监管的金融监管体制，实现金融风险监管全覆盖

多头监管下，分立的监管机构往往只关注自己管辖范围内的局部稳定，而对整个金融体系的风险却漠不关心。近来频繁显露的局部风险特别是近期资本市场的剧烈波动说明，现行监管框架存在着不适应我国金融业发展的体制性矛盾，也再次提醒我们必须通过改革现有金融监管体制，建立起统筹兼顾的金融监管体制，有效防范系统性风险。一是建议由国务院建立金融稳定委员会，承担类似欧盟系统性风险理事会、美国金融服务监督理事会和英国金融稳定委员会的职责，监测和评估我国金融业的系统性风险，对涉及系统性风险的重大问题进行分析、决策，并促进央行、各监管者之间信息共享、有效合作，加强宏观审慎监管政策与货币政策和财政政策的协调配合。二是建立统一的金融监管体制。在现有"一行三会"监管体系的基础上，积极推动金融大部制改革，建立统一的金融监管委员会，全面统筹协调宏微观审慎监管。

（2）提高金融服务实体经济效率

金融如果偏离了服务实体经济的轨道，往往就会出现金融危机。即使没有偏离，如果效率不高，也不利实体经济的发展，从而容易引发系统性风险。建议：一是要健全商业性金融、开发性金融、政策性金融、合作性金融分工合理、相互补充的金融机构体系；二是要构建多层次、广覆盖、有差异的银行机构体系，扩大民间资本进入银行业，发展普惠金融，着力加强对中小微企业、农村特别是贫困地区的金融服务。

贫困地区普惠金融发展现状
及影响因素分析研究

中国人民银行三门峡市中心支行课题组①

摘要： 金融在农村经济发展中起着配置资本要素的关键作用。聚焦现阶段贫困地区的农村金融，服务体系不完善、金融供给严重不足、金融供需矛盾突出的问题依然是阻碍农村经济发展和农民致富的瓶颈。发展普惠金融，建立适合贫困地区经济发展水平的普惠性农村金融体系具有重要的现实意义，也是本文研究的目的。

本文选取国家级贫困县卢氏县作为研究对象，设计了调查问卷，运用随机抽样的方法进行调查，从普惠金融基础设施建设、农户普惠金融服务需求、普惠金融供给、民间资本利用情况等四方面对贫困地区的普惠金融发展现状进行深入分析，并依托对农户的调查问卷构建了微观普惠金融指标体系，采用计量经济学的方法，通过建模对农户普惠金融服务的可获得性进行分析与实证，得出农户普惠金融参与程度主要与农户的受教育程度、年龄、家庭收入、投资意识、担保抵押条件等因素密切相关。

在调查的基础上，本文从宏观经济环境、金融需求、金融供给、法规政策等方面分析了影响贫困地区普惠金融发展的主要因素：经济总量小、基础薄弱，金融意识淡薄、抵押担保品缺乏、金融资产单一，金融供给不足、贷款门槛高、金融产品创新不足，规范普惠金融发展的法规政策不健全，对非银行机构监管不力，地方政府激励不够等。

根据以上分析，构建了涵盖面更广、内容更丰富的普惠金融体系，从宏观（含中观）和微观两个层面提出了贫困地区普惠金融目标的实现路径。宏观层面主要是扩大农村普惠金融服务的覆盖范围、发展适合农民需求的普惠金融服务以及充分发挥政府在农村普惠金融发展中的作用等；微观目标的实现主要是通

---

① 课题主持人：白崇建；
　　课题组成员：赵春燕、乔建祥、孙晶、侯春峰、常天恩。

过移动支付业务扩展农村普惠金融服务的广度，依托土地流转来提高农村地区普惠金融服务的深度。

关键词： 贫困地区　普惠金融体系　实现路径

第一章　绪　论

第一节　研究背景与意义

一、研究背景

经济学认为贫富问题的症结在于资本的短缺、市场机制的不健全、效率的低下以及社会消费不足等，认为资本的持续投入和有效利用是解决贫困恶性循环的有效途径。然而，目前贫困主体在信贷市场普遍存在信贷歧视。近年来，国家政策已向贫困地区倾斜，但贫困地区的金融仍然是我国整个金融体系中的薄弱环节。如何改革和发展我国贫困地区农村金融制度，让更多的人尤其是弱势群体通过金融服务来获得福利改善显得尤为重要。

"普惠金融"概念2005年在联合国大会提出，2006年引入我国。由于普惠金融在我国起步较晚，所以在发展初期，我国参考借鉴了很多国外成功模式和发展经验，并且在实践中不断分析和总结。作为一个发展中的农业人口大国，农村的经济发展问题始终是我国经济发展的重中之重。因此，建立适应广大农村地区以及当地经济发展的、可持续的金融服务体系具有重要意义。经过多年的农村金融体制改革，普惠金融的内涵不断丰富、覆盖面不断扩大，但是在满足农村金融市场日益复杂的需求，尤其是针对中低收入者的基本金融需求上，目前的农村金融体系依然显得捉襟见肘。

在这样的背景下，如何有效借鉴国内外的成功经验，结合贫困地区金融发展现状，建立适合贫困地区经济水平不高、农民收入较低、金融知识不足以及抵押担保物品缺乏等实际情况的普惠性农村金融体系具有重要的现实意义，也是本文研究的核心。同时基于贫困地区金融的可持续发展问题，本文力求针对贫困地区普惠金融发展的制约因素，探寻适合贫困地区发展普惠性金融的具体实现路径。

二、研究意义

本文从贫困县域地区的金融需求和金融服务状况入手，采用不同层次的调查问卷对欠发达地区普惠金融现状进行调查研究，阐述了建立普惠金融服务体系对满足贫困地区特殊的金融需求、改善贫困地区金融供给难以适应金融需求的现状以及完善农村金融体系的重大意义，提出了构建普惠金融服务体系的具体思路，并提出了贫困地区普惠金融目标的具体实现路径。

第二节　研究内容与创新

一、研究内容

本文的结构分为五章：

第一章对本文的选题背景以及研究意义做了简要阐述，就本文的行文结构和方法做了简单的介绍，指出本文的创新与不足。

第二章阐述了普惠金融的基本理论，包括普惠金融理念的来源、概念、内涵和普惠金融的具体内容，指出了贫困地区发展普惠金融的重要性。

第三章选取卢氏县作为研究对象，描述了贫困地区普惠金融发展现状。本部分对卢氏县普惠金融发展的历史沿革进行了梳理，从普惠金融基础设施建设现状、卢氏县农户普惠金融服务需求、卢氏县普惠金融供给现状（包括普惠金融政策供给分析、供给机构和普惠保险发展）、卢氏县民间资本利用情况等四方面对贫困地区的普惠金融发展现状进行深入研究。并依托对农户的调查问卷构建了微观普惠金融指标体系对卢氏县普惠金融指数进行测算，对卢氏县农户普惠金融服务的可获得性进行分析，得出影响普惠金融指数的内在因素。

第四章根据前面现状的分析，提炼出影响贫困地区普惠金融发展的因素。

第五章构建了贫困地区普惠金融体系，提出了贫困地区普惠金融目标的具体实现路径。宏观方面主要是扩大农村普惠金融服务的覆盖范围、发展适合农民需求的普惠金融服务以及充分发挥政府在农村普惠金融发展中的作用等；微观目标的实现主要是通过移动支付业务扩展农村普惠金融服务的广度，依托土地流转来提高农村地区普惠金融服务的深度。

二、创新与不足

本文的创新主要表现在两个方面，一是针对贫困地区数据可得性比较差的问题，设计了关于贫困地区普惠金融需求和供给的调查问卷进行调查，获取第一手的资料，对贫困地区现状的分析更加客观，在此基础上提炼的影响贫困地区普惠金融发展的因素更具说服力；二是借鉴已有的研究成果，构建了扩展的贫困地区普惠金融体系，其包含内容更广、更精准，并针对目前影响贫困地区普惠金融发展的最根本因素，提出具体可操作性的路径。本文的不足之处在于作者自身理论水平有限，设计的问卷可能存在一定的不足，研究的高度和深度有限。

第二章　普惠金融相关基本理论

第一节　普惠金融理念的来源

普惠金融理念的萌芽最早可以追溯到 18 世纪爱尔兰的贷款基金和德国储蓄信贷合作社，它们致力于向贫困农户提供无抵押的低息、甚至零息的小额贷款，并通过给贫困人口提供储蓄以及积累金融资产的方式来提高当地居民的福利，同时保证了自身机构的可持续性。到 20 世纪 70 年代，穆罕默德·尤努斯教授在孟加拉国开展了小额信贷扶贫试验并创办了乡村银行，此后，全球小额信贷项目在全世界普及开来。到 20 世纪 90 年代，部分机构开始认识到单一地提供小额贷款并不足以彻底改善贫困人口的生活困境，贫困人群也需要全面、多层次的金融服务，如储蓄、保险、汇款等，由此，国际范围内的小额信贷发展逐步从传统的"小额贷款"向"微型金融"转变。经历了近 30 年的发展，微型金融获得了令人瞩目的成就，但如今，又有很多人提出使用普惠金融取代微型金融的概念，从分散的微型金融机构向建立多功能、包容性的金融体系转变。"Inclusive financial system（普惠金融）"由联合国在推广 2005 国际小额信贷年时提出。在 2006 年的亚太地区小额信贷论坛上，焦瑾璞首次在我国正式提出了"普惠制金融体系"的概念。

第二节　普惠金融的概念及内涵

所谓普惠金融，联合国界定为：能有效、全面地为社会几乎所有阶层和群体提供服务的金融体系，让广大被排斥在正规金融体系之外的农户、城镇低收入群体和微型企业等都能够获得金融服务。中国人民银行行长周小川认为，普惠金融主要是指通过完善金融基础设施，以可负担的成本将金融服务扩展到欠发达地区和社会低收入人群，向他们提供价格合理、方便快捷的金融服务，不断提高金融服务的可获得性。普惠金融是小额信贷和微型金融的延伸和发展，一方面继承了小额信贷和微型金融作为"最有效扶贫"金融机构的美称，同时又超越了小额信贷和微型金融，其先进性主要体现在突破了零散金融服务机构的范畴，旨在建立一个完整的金融体系，以使得针对穷人、带有一定扶贫性质的金融服务不再被边缘化。可见，普惠金融与传统金融相比，具有以下特点：一是普惠金融的服务对象更为广泛；二是普惠金融的提供机构更加多元化；三是普惠金融的业务种类多样化；四是普惠金融机构具备较强的可持续发展能力和健全的内部管理体系。

根据普惠金融的概念，普惠金融实际是一个完整的金融体系。其涵盖的内容较广，包含客户层面、微观层面、中观层面和宏观层面，涉及客户及需求、供给、金融环境等。具体内容如下（见图1）：

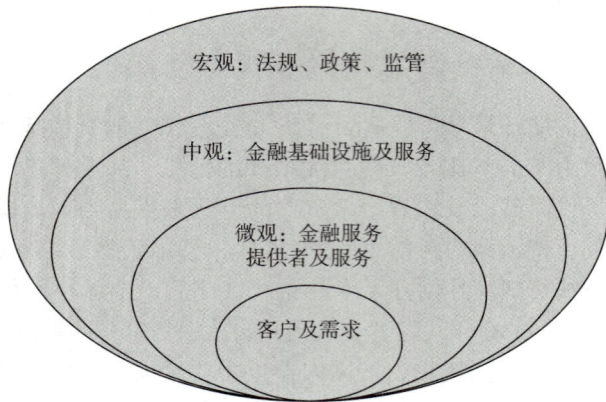

图1　普惠金融的主要内容

一、客户层面

普惠金融的客户是被正规金融排斥但可以通过微型金融获得服务的客户或是被正规金融排斥并且也被现阶段微型金融排斥的客户。客户需求主要包括四个方面。一是贷款需求，是短期的、小额的贷款，并且这部分人群一般不拥有符合正规金融机构要求的抵押品或信贷记录；二是储蓄需求，通常最注重的是安全性和保值性；三是转账汇款服务需求，注重较低的交易成本；四是保险需求，尤其是小额医疗、养老保险及农作物保险。

二、微观层面

普惠金融的微观层面主要是指普惠金融服务的供给者。要求其充分扩展零售能力，覆盖金融服务空白以及匮乏的地区。我国普惠金融的供给者主要包含政策性银行（如中国农业发展银行）、商业银行（如中国农业银行和中国邮政储蓄银行）、农村合作金融机构（如农村信用合作社、农村商业银行和农村合作银行）、新型农村金融机构（如村镇银行、贷款公司和农村资金互助社）以及部分保险公司。近些年来，民间金融业（如民间借贷和私人钱庄）迅速发展，也逐渐普遍存在于农村金融市场上。

三、中观层面

包括金融基础设施（指允许资金在金融机构之间流动，进而促进快速、准确和安全的支付和清算系统）和能够促进金融服务供给者"降低交易成本、扩大服务规模和深度、提高技能、促进透明"的服务实体，例如征信机构、评级机构、行业协会、结算系统、技术咨询服务等。

四、宏观层面

主要指法律法规和政策制度框架。大量研究表明，在普惠金融体系的建设过程中，政府的角色尤为重要。这就要求政府为建设提供一个适宜的发展环境，建立、完善普惠金融相关法律法规，形成规范有序的市场秩序，包括宏观经济环境、制度环境、行业环境、监督管理环境等。

第三章　卢氏县普惠金融发展现状

第一节　卢氏县普惠金融发展的历史沿革

卢氏县普惠金融发展历程基本沿袭了我国普惠金融的发展轨迹。

一、"三会一部"无序竞争

卢氏早期的普惠性农村金融尝试可以追溯到20世纪八九十年代的"三会一部"（农村合作基金会、民改救灾基金会、救灾储金会和供销社股金服务部）。"三会一部"由乡村集体经济组织和城乡居民按照自愿、互利、有偿使用的原则建立，是农村互助组织的雏形。其资金组成以集体资金为主，同时吸纳社员以资金入股。贷款对象主要是入股社员，多为小额贷款。但在90年代初，各"三会一部"开始以代管金为名吸收短期存款，并开始主要向乡镇企业提供大额贷款，合作金融的性质逐步被商业金融取代，普惠性质被淡化。

二、农业银行的早期实践

1997年开始，中国农业银行卢氏县支行开始对农村贫困户投入贷款，通过财政补贴、农行贷款、扶贫部门选择客户的方式实施，但该项贷款福利性质较强，最终虽然对部分地区的农村贫困人口的生活情况有所改善，但扶贫意味较浓，无法实现可持续性发展。

三、四大行市场退出

本世纪初，随着四大国有商业银行的股份制改造全面推开，和其他县域一样，各国有商业银行在卢氏实施了信贷退出机制，农业银行卢氏县支行撤销了其乡镇营业网点，在县域只保留储蓄业务，俨然成了"只存不贷"的资金"抽水机"，使县域资金大量外流。

四、县域信用逐渐恢复

近年来，随着政府部门推动的金融生态环境建设的深入，县域信用开始恢复，资金开始回流。在人民银行的积极引导下，各类金融机构开始回归县域，增设营业网点。银行类机构方面，建设银行在县域恢复机构，中原银行新设网点，新成立了德丰村镇银行、大德小贷公司。目前，卢氏县已形成了以正规金融机构为主导，农村信用合作社为核心，新型农村金融机构为补充的农村金融体系。

第二节　卢氏县普惠金融发展现状研究

卢氏县地处豫西边陲，属秦巴山区东部余脉，总面积4 004平方公里，辖19个乡镇、353个行政村，总人口37万多人，其中农业人口32.8万人，占全部人口的80%以上。全县贫困人口6.7多万人，贫困村110个。是全省面积最大、人口密度最小、平均海拔最高的深山区县，是革命老区县和秦巴山连片特困地区扶贫攻坚重点县。

鉴于普惠金融的对象较广，而研究对象——卢氏县县域内企业较少且代表性不强，以此为基础的研究难免有失偏颇。为提高研究问题的针对性，本文主要以农户作为普惠金融主要服务对象，辅以部分企业调查，依赖多个调查问卷进行研究。本部分不仅描述了卢氏县普惠金融基础设施建设现状、普惠金融服务供给现状以及贫困地区农户借款意愿和借款基本情况，还依托对农户的调查问卷构建了微观普惠金融指标体系对卢氏县普惠金融指数进行测算，得出影响普惠金融指数的内在因素。

一、卢氏县普惠金融基础设施建设现状

截至2015年7月末（见表1），卢氏县金融服务网点（保险除外）共有48个（含小贷公司），其中农村网点（在乡、村区域内设立）共25个，城区（在县、市区域内）网点23个，金融从业联系人员690余人。人民银行积极引导农行、邮政储蓄银行、农商行等涉农金融机构建立并健全金融助农服务点建设。至2015年7月，全县已建立助农取款服务点780个，布放ATM 76台，POS机1 656台，共办理取款业务2.53万笔共307.8万元，办理现金汇款业务0.28万笔共75万元。

表1　　　　　　　　　卢氏县金融基础设施建设相关数据一览表　　　　单位：个

机构名称	2010 年金融机构网点数量			2015 年 7 月末					
				金融机构网点数量			助农取款服务点	ATM数量	POS 机数量
	总数	城区	乡镇农村	总数	城区	乡镇农村			
邮政储蓄银行	8	3	5	8	3	5	211	14	273
农行	5	4	1	5	4	1	200	22	397
农信社（含农商行）	27	9	18	27	9	18	369	17	783
工行	1	1	0	1	1	0			
中原银行	0	0	0	2	2	0			
农发行	1	1	0	1	1	0	0	23	203
建行	0	0	0	1	1	0			
村镇银行	0	0	0	2	1	1			
小贷公司	0	0	0	1	1	0			
合计	42	18	24	48	23	25	780	76	1 656

　　据统计，卢氏县平均每村拥有助农取款服务点 2.2 个，平均每千人拥有助农取款服务点 0.002 个；平均每村拥有 ATM 0.22 个，平均每千人拥有 ATM 0.0002 个；平均每村拥 POS 机 4.7 个，平均每千人拥有 POS 机 0.005 个，均处于较低水平①。据调查显示：贫困地区普惠金融基础设施建设水平较低主要原因是金融机构基于节约成本的考虑。据调查，农村地区的金融机构，特别是正规金融机构大多没有针对农村地区金融需求设计出一整套的金融产品或服务体系，导致城乡金融产品服务体系呈现出较高程度的相似性。在此约束下，金融机构在农村地区开设网点时肯定会偏向于考虑节约成本的思路，导致农村地区尤其是偏远贫困地区金融基础设施建设严重落后。

二、卢氏县农户普惠金融服务的可获得性分析

　　普惠金融旨在让广大被排斥在正规金融体系之外的农户、城镇低收入群体和微型企业等都能够获得金融服务，所以对农户、城镇低收入群体和微型企业等普金融的可获得性分析是反映一个地区普惠金融实施效果的重要手段。为此，本部分主要

---

　　① 目前，金融基础设施的相关数据较难获得。考虑数据的可得性和可比性，我们用可获得的与河南省经济发展较为相近的山东省数据作为参照。山东省平均每村拥有 ATM 台数为 0.94，平均每千人拥有 ATM 机仅 0.07 个；平均每村拥有 POS 机 0.91 个，平均每千人拥有 POS 机 0.68 个（数据来自孙国茂等《山东省普惠金融现状研究》第 7 页）。可见，除每村平均拥有的 POS 机数量外，其他指标均低于山东省的各项指标的平均值，由此可见卢氏县金融服务水平之低。

立足县域，专门针对农户设计了卢氏县普惠金融调查问卷。本部分不仅描述了农户基本情况、借款情况以及其参与的金融活动，而且还通过对卢氏县居民普惠金融服务可获得性的问卷调查与分析，对卢氏县的普惠金融可获得性进行测度。从内因和外因两个方面提出影响因素，为县域普惠金融的进一步发展提供参考。

（一）问卷调查与分析

1. 问卷发放情况

本次调查，采取抽样调查的方法，以问卷调查的形式，对全县19个乡镇，按人均收入为标准进行排序后，随机抽取样本乡镇官坡镇、瓦窑沟乡、汤河乡、徐家湾乡、潘河乡、沙河乡、杜关镇、文峪乡、范里镇、东明镇10个，抽取样本村300个，进行了问卷调查。为了尽可能保证问卷信息的真实性、可得性，调查组采用入户调查、当面访谈并收回问卷的形式，发放、收回问卷2 000份，其中有效问卷1 950份，有效率97.5%。

表2　　　　　　　　　　　　问卷发放情况统计

性别年龄	男	女	18岁以下	18~30岁（含30岁）	30~50岁（含50岁）	50岁以上
	1 214	736	117	708	726	399
人口文化	家庭总人数	其中劳动力	小学及以下	初中	高中或中专	大专及以上
	7 546	3 838	201	769	678	302
月收入	1 000元以下	1 001~1 450元	1 451~3 000元	3 001~5 000元	5 001~10 000元	10 001元以上
	180	221	761	648	96	44

为了尽可能全面反映县域居民家庭金融活动的参与程度，问卷发放对象的选择上，考虑到不同层次、不同年龄的居民间的分配。实际调查了男性居民1 214人，女性736人，大体上与农村目前劳动力状况相当；18岁以下居民117人，18~30岁居民708人，30~50岁726人，50岁以上399人，集中分布在50岁以下成年人阶段；小学及以下文化程度201人，初中文化程度769人，高中或中专678人，大学302人；月收入1 450元（卢氏县最低收入标准）以下401人，1 451~3 000元761人，3 001~5 000元648人，5 000元以上140人（见表2）。

2. 问卷内容及数据处理

问卷内容除了居民基本情况信息之外，突出反映了农村居民参与银行存贷款、支付结算、投资经营、保险活动等金融活动情况。

由于居民家庭真实财产数据的取数较难，本次调查以银行存款数字为代表，为了便于计算，并考虑与其他数据的可比性方面，我们对居民银行存款数字取以e为底的自然对数进行平滑。对户主月收入、户主年龄、户主年龄的平方、户主受教育程度、最近银行网点的距离等变量采用分组序数法进行处理。对户主的银行信贷，民间借贷，网络银行、手机银行的开通情况，参与投资经营活动和保险活动情况等采用逻辑型变量方法进行赋值。而对一年内到银行柜台办理业务次数和银行卡刷卡次数等按问卷填列数据进行统计。

　　3. 描述性统计分析

　　各变量统计结果（见表3），农村居民（户主）存款的自然对数的均值为8.53，标准差为4.22，极差为12.61。户主月收入、户主年龄、受教育程度等变量的均值分别为3.16、2.73、2.55，表明问卷分布得比较平均。户主银行借贷行为的均值为0.39，民间借贷均值0.21，表明农村居民贷款需求大，银行信贷满足率还有待进一步提高。网银和手机银行开通情况的期望为0.33，表明近年来，农村支付环境建设效果还是可以肯定的。年柜台业务办理次数均值为3.05，年银行卡刷卡次数的均值为7.89，表明农村居民与金融的融合程度是比较明显的。投资经营活动的均值为0.14，表明农村居民的投资活动还很有限。

表3　　　　　　　　　　　　　　变量描述性统计

变量	含义	取值说明	均值	标准差	最小值	最大值
Income	户主月收入	1代表1 000元以下；2表示1 001～1 450元；3表示1 451～3 000元4表示3 001～5 000元；5表示5 001～10 000元；6表示10 001元以上	3.16	0.8	1	6
Age	户主年龄	1表示18岁以下；2表示18～30岁；3表示30～50岁；4表示50岁以上	2.73	0.72	1	4
Edu	户主受教育程度	1表示小学及以下；2表示初中；3表示高中或中专；4表示大专及以上	2.55	0.76	1	4
Dcs	户主银行借贷行为	0表示没有；1表示有	0.39	1.78	0	1
Private Lending	户主民间借贷	0表示没有；1表示有	0.21	0.79	0	1
Counter	户主柜台业务次数	根据本调查数据计算	3.05	1.78	0	10
Push	户主刷卡次数	根据本调查数据计算	7.89	13.33	0	100
Insurance	家庭投保情况	0表示没有；1表示有	0.76	0.62	0	1
Invest	家庭投资经营活动	0表示没有；1表示有	0.14	0.35	0	1
Net Bank	网银开通率	0表示没有；1表示有	0.33	0.44	0	1
HB	手机银行开通率	0表示没有；1表示有	0.33	0.44	0	1
Distance	家庭距最近银行网点长度	1表示10公里以内；2表示10～50公里；3表示50～100公里；4表示100公里以上	1.24	0.38	1	4

另外，我们还对农户家庭借款情况进行了详细的调查，调查结果（部分调查项目用1～7来表示重要程度，1为最不重要，7为最重要）显示（具体见表4）：35%的农户有借款意愿，且九成以上的被调查者希望借款期限在3个月以上；借款用途按重要程度依次为：建房（4.08）、子女教育（3.82）、婚丧嫁娶（2.78）、看病（2.61）、生产经营（2.38）和购买大件耐用消费品（2.21）；有意愿借款但没有借到的农户中，最主要的原因是利息太高、缺乏抵押担保品和找不到关系，其次是贷款额度太小期限太短，再次是缺乏对银行贷款品种的了解和路途遥远；近九成的农户认为为了获得借款，需要额外的开销，加大了借款的成本。

53.15%的农户认为银行对抵押担保非常需要。从农户对抵押物品的平均认可程度来看，农户最希望的是以房屋作为抵押品，其次是家庭中的大件，再次是土地、林权等；对存折、牲畜等作为抵押品不太认可。虽然目前农村集体建设用地使用权和宅基地使用权已逐渐确权登记发证，但由于交通、配套设施等不够完备，其流转依然存在较大问题。

表4　　　　　　　　卢氏县借款调查情况统计表

用途的平均重要程度		未借到原因		借款是否需要额外开销		认为银行对抵押的关注		希望何种财产作为抵押品	
项目	程度	项目	程度	项目	占比（%）	项目	占比（%）	项目	程度
婚丧嫁娶	2.78	利息太高，负担不起	3.85	1（完全不需要）	5.16	1（完全不需要）	2.46	家庭财产中的大件	4.08
生产经营	2.38	找不到关系去贷款	3.43	2	8.93	2	2.11	牲畜	3.01
购买大件消费品	2.21	缺乏抵押物、担保品	3.56	3	10.53	3	3.37	房屋	4.91
子女教育	3.82	去银行的路途太遥远	1.36	4	15.61	4	6.77	土地	3.98
建房、购房	4.08	搞不明白都有什么样的贷款	1.55	5	17.56	5	10.97	存折	2.88
看病	2.61	听说贷款额度太小，解决不了问题，不够折腾的	2.49	6	19.21	6	21.17	林权	3.46
—	—	贷款期限太短	2.01	7（非常需要）	23	7（非常需要）	53.15	其他	1.82
—	—	信用记录不好	1.05	—	—	—	—	—	—
—	—	以前的贷款没还上，不给贷	1.23						
—	—	其他	1.11						

（二）普惠金融可获得性测度

按照现行普惠金融指数构建的思路，微观普惠金融指数，主要从农村居民的角度出发，用于度量居民家庭对金融活动的参与程度。主要应包括银行业务活动、投资经营活动、保险活动等各个方面。在银行业务活动方面，主要选择了微观金融相关比率（贷款/存款）、借贷正规化率（贷款/（贷款 + 民间借贷））、支付便利化率（刷卡次数/（刷卡次数 + 柜台业务次数））。由于农村居民家庭投资经营活动相对较少，保险活动相对简单，本文选择投资行为和保险行为两个逻辑型变量。借鉴普惠金融研究的一般做法，采用变异系数法消除各变量取值的差异化程度。构建微观普惠金融指数（见表5）如下：

$P = \sum \lambda_n x_n + \mu$，其中，$\lambda_n$ 为变异系数法下的变量权重，X 为变量，μ 为随机扰动项。如表5所示，根据问卷数据计算，可得卢氏县县域的微观普惠金融指数均值为0.38。

表5   **县域微观普惠金融指数**

变量	指标	取值说明	均值	标准差	变异系数	变量权重
FIR	金融相关比率	贷款/存款	0.53	0.55	1.04	0.22
Lab	借贷正规化率	贷款/（贷款 + 民间借贷）	0.69	0.2	0.29	0.06
Payment	支付便利化率	刷卡/（刷卡 + 柜台）	0.72	0.12	0.17	0.03
Invest	投资行为	投资率	0.14	0.35	2.5	0.52
Insurance	保险行为	投保率	0.76	0.62	0.82	0.17

（三）微观普惠金融函数的提出与影响因素分析

本文参照李实（2000）对我国居民家庭财产水平影响因素进行研究的方法，将影响居民家庭普惠金融参与程度的因素分为三类：居民家庭经济因素、居民家庭特征因素、外部环境因素等。其中家庭经济因素包括家庭收入，家庭存款、金融借贷行为，投资活动；家庭特征因素有户主年龄，受教育程度以及专业技能的掌握，家庭劳动力人数；外部环境因素有网银，手机银行开通率，家庭离最近金融机构网点的距离，银行卡的拥有数量等。提出农村居民家庭金融参与程度的微观普金融函数为：

$$C = f(y, f, e, \mu)$$

其中，C 为农村居民家庭普惠金融参与程度（本文用微观普惠金融指数来度量）；y 代表居民家庭经济因素；f 代表居民家庭特征因素；e 为外部环境因素；μ 为随机变量。

影响农村居民普惠金融参与程度的计量经济模型形式如下：

$$MicFin = C + \beta_1 Age + \beta_2 Age^2 + \beta_3 Edu + \beta_4 Labour$$
$$+ \beta_5 Distance + \beta_6 Carl + \beta_7 NetBank + \beta_8 Income + \mu$$

其中，C，β_1，…，β_{12} 为常数，分别代表回归截距项、户主年龄、户主年龄平方、受教育程度、劳动力数量、银行距离、银行卡数量、网络银行、月收入的弹性系数，μ 为随机误差项。

考虑到截面数据分析中的异方差，随机变量的协方差，以及调查样本数据的稳定性等问题，采用最小二乘法进行了估计回归。根据上式，使用计量软件Eviews 6.0 回归结果如下（见表6）：

表6　　　　　　　　变量综合回归结果（模型 I）

变量	截距	Std. Error	T 值	P 值
C 截距项	0.281676	0.72523	0.388396	0.6982
X1 年龄	− 0.378542	0.561607	− 0.674034	0.5011
X11 年龄平方	0.102001	0.102501	0.995115	0.321
X2 受教育程度	0.027923	0.100324	0.278329	0.7811
X3 劳动力数量	0.104485	0.075721	1.37986	0.1693
Y1 银行的距离	− 0.002299	0.004963	− 0.463203	0.6438
Y2 银行卡	0.019118	0.050411	0.37925	0.7049
Y3 网银	0.342875	0.173179	1.97989	0.0492
Z 月收入	0.008181	0.080172	0.10204	0.9188

为控制解释变量之间可能存在的共线性问题，在模型估计时，对不同类型的控制变量进行分别回归。

表7　　　　　　　微观普惠金融指数影响因素的估计结果

	模型 I	模型 II	模型 III	模型 IV
C 截距项	0.281676	0.189604	0.426711	0.472478
X1 年龄	− 0.378542	− 0.275034		
X11 年龄平方	0.102001	0.079286		
X2 受教育程度	0.027923	0.092098		
X3 劳动力数量	0.104485	0.10826		
Y1 银行的距离	− 0.002299		− 0.002528	
Y2 银行卡	0.019118		0.033446	
Y3 网银	0.342875		0.252492	
Z 月收入	0.008181			0.036786

从回归的结果（见表7、表8）可以看出：户主年龄、户主年龄平方、户主

受教育程度、家庭劳动力数量、最近银行营业网点的距离、人均拥有银行卡张数、网银是否开通、户主月收入等对居民普惠金融的参与程度影响显著。

其中，年龄对居民普惠金融的参与程度影响呈二次函数特征，是开口向下的类抛物线形曲线，在成年以上段函数先增后减，呈现出明显的生命周期特点。居民家庭到最近银行网点的距离与普惠金融的参与程度呈显著负相关，以公里为单位的线性函数斜率为 -0.002299，在贫困县地广人稀银行网点少的情况下，其数值出现成倍增加。网络银行（手机银行）开通情况、居民家庭收入（其中户主月收入函数斜率为 0.008181）呈显著正相关。

表 8　　　　　　　　　　　　因素变量——指数分布

变量		变量描述	微观普惠金融指数（均值）
家庭经济因素	月收入	1 000 元以下	0.509264
		1 001～1 450 元	0.54605
		1 451～3 000 元	0.582836
		3 001～5 000 元	0.619622
		5 001～10 000 元	0.656408
		10 001 元以上	0.693194
家庭特征因素	年龄	18～30 岁（含 30 岁）	0.3870052
		30～40 岁（含 40 岁）	0.3449458
		40～50 岁（含 50 岁）	0.3101288
		50 岁以上	0.2825542
	文化程度	小学及以下	0.537437
		初中	0.571207
		高中或中专	0.604977
		大专及以上	0.638747
	劳动力	1 人	0.39738
		2 人	0.526588
		3 人	0.655796
外部环境因素	最近银行距离	0 公里	0.6169
		10 公里	0.585382
		100 公里	0.270202
	网络银行	开通网银	0.48206
		未开通网银	0.429989
	银行卡	有银行卡	0.790625
		无银行卡	0.490305

（四）结论

通过对 2 000 户居民家庭金融活动情况的调查，从微观层面描述了普惠金融渗透结构、范围和效果，初步探讨了影响农户普惠金融参与程度的因素，通过对数据的详细分析与实证，得出：

1. 近年来，随着普惠金融的不断推进，农村居民金融活动的参与程度逐步提高。居民的银行存款、贷款业务联系得到了长足发展，银行卡拥有量和使用频率提升较快，网络银行、手机银行等得到了普遍接受。

2. 居民家庭普惠金融参与程度符合生命周期理论，且与户主的受教育程度呈显著正相关；户主年龄 18 岁及以下的家庭财产积累少，金融参与程度相对较低。户主 20 岁至 50 岁的家庭财产积累充分，收入稳定，金融活动频繁。户主 50 岁以上家庭金融活动减弱，且集中于传统银行业务。要有效提升普惠金融效率，强化农村教育是必经之路。

3. 农村居民家庭普惠金融的参与程度受居民家庭财产（主要是收入）等居民自主因素的影响突出。要切实提高居民的普惠金融参与程度或普惠金融渗透效果，必须突破收入水平的约束，发展农村经济，提高农村居民家庭收入。

4. 农村居民家庭的投资经营活动较差。政府应当鼓励农户的投资经营活动。应从制度和政策上引导居民的金融行为，满足农村居民的借贷需求，使更多的储蓄存款转换为流动资金，增加资金的流动性和收益性。

5. 由于金融机构和农户之间信息不对称，农户获得贷款普遍存在缺失担保抵押物的问题。在目前条件下，农户短期内拥有足够抵押品的难度较大。虽然农户对房屋作为抵押品的意愿较高，但农村的房屋流通性较差；土地使用权和林权得到农户的认可，但由于交通、配套设施等不够完备，其流转依然存在较大问题。

三、卢氏县普惠金融供给现状

（一）普惠金融政策供给分析

1. 国家层面

一是财政部税务总局 2014 年《关于延续并完善支持农村金融发展有关税收政策的通知》（财税〔2014〕102 号）规定：自 2014 年 1 月 1 日至 2016 年 12 月 31 日，对金融机构农户小额贷款的利息收入，免征营业税，在计算应纳税所得额时，按 90% 计入收入总额。对保险公司为种植业、养殖业提供保险业务取得的保费收入，在计算应纳税所得额时，按 90% 计入收入总额。二是财政部出台涉农贷款增量奖励制度、小额担保贷款贴息制度、扶贫贷款贴息制度、小微企业奖励制度等，以鼓励和加大金融对"三农"、小微企业、下岗失业人员等弱势群体的信贷支持。三是中国人民银行《关于认真组织落实比例考核办法有关存款准备金激励约束措施的通知》，对达标县域法人金融机构执行比同类金融机构正常标准低 1 个百分点的存款准备金率。期间如遇存款准备金率调整，达标县域法人金融机构存款准备金率同时等幅调整，鼓励和引导县域法人金融机构加大对县域经济发展的信贷支持力度。

2. 地市层面

一是市政府出台了《三门峡市人民政府关于强力推进崤函创业扶持行动的实施意见》，积极引导金融机构拓展小额担保贷款业务，扩大国家助学贷款覆盖范围，积极开展商业性助学贷款业务；积极引导金融机构加大对城镇化建设、安居工程、新农村社区、"新农保"、水利灌溉等农村基础设施建设的金融支持；与民政、残联部门联合，开发适合残疾人特点的信贷品种，拓展服务和担保范围，积极支持残疾人扶贫创业。二是中国人民银行三门峡市中心支行制定了《关于加快小微企业和农村信用体系建设的意见》（三银发〔2014〕81 号）。建立了信用信息通报制度并扩大信用信息应用，引导金融机构加大对信用良好的小微企业和农村经济主体的金融支持；构建了信贷激励机制，引导金融机构建立针对小微企业、农户、农民专业合作社、家庭农场的信用评审机制，提高信用评价的真实性；实施了信用分类管理，对信用好的弱势群体在授信、利率、服务等方面给予优惠和便利；建立了信贷风险补偿和奖励基金，给予小微企业、农户信贷的贴息与风险补偿；推进了融资担保和再担保体系建设，发挥担保等中介机构的信用增进作用，提高信贷的可获得性。

3. 县域层面

（1）政策措施。卢氏县政府出台了《关于加大金融支持卢氏县农业产业化发展的意见》、《关于金融支持卢氏县区域发展与扶贫攻坚的实施意见》、《关于金融支持产业集聚区企业的指导意见》、《卢氏县金融支持县域经济发展实施意见（试行）》、《卢氏县关于进一步扩大信贷投入支持实体经济发展的实施意见》（卢政〔2012〕号）、《金融支持扶贫开发贷款风险补偿基金管理暂行办法（试行）》、《卢氏县农村信用体系建设实施方案》、《卢氏县助农取款服务点管理办法》、《卢氏县金融支持扶贫开发工程五年规划（2014—2018 年)》等一系列政策措施。（2）推进农村信用体系和农村支付结算环境优化。要求各金融机构要持续完善信用评定手段，促进农村信用环境的不断提升；加强贫困地区农村信用体系建设，对诚实守信的贫困信用户可适当放宽信贷条件、增加信用额度；积极推进农村助农取款工作，不断加大助农取款服务点建设，提高农村金融服务的覆盖率。（3）加强考核和奖惩力度。以年度为限，对期限内支持区域发展和扶贫攻坚力度大、效果实、金融服务质量好的金融机构给予通报嘉奖，政府将拿出不低于 100 万元的资金进行奖励；对期限内金融服务不到位、工作不力的，在全县范围内予以通报批评，并通报其上级行。

近年来，为推动普惠金融的发展，国家和地方出台了一系列金融扶植政策，也取得了一些成效，但仍未从根本上解决贫困地市弱势群体的金融服务问题。

（二）卢氏县普惠金融供给机构的分析

目前，普惠金融服务涉及机构较多（见图2）。据统计，截至 2014 年末，卢氏县金融机构贷款余额为 31.9 亿元，自 2004 年始 10 年来以 17.1% 的平均增速增长，但仍低于其经济平均增长速度 0.16 个百分点。具体来看（见表9），各政策性银行、国有商业银行、地方商业银行等也纷纷成立小微企业服务中心和涉农服务中心，成为普惠金融供给中不可忽视的部分。但利用间接融资渠道提供普惠金融服务的机构主要还是农村信用合作联社（含农村商业银行）、村镇银行、小额贷款公司。据统计，2004 年卢氏县农村信用社贷款占涉农金融机构贷款的 81.56%，10 年间减少 2.61 个百分点，占比高达 78.95%，仍占垄断地位。

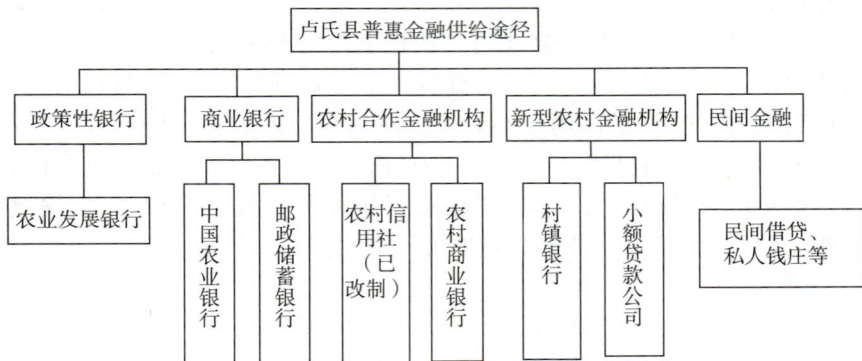

图2　现阶段卢氏县农村普惠金融供给途径架构

表9		卢氏县各涉农金融机构贷款发展情况统计表								单位：亿元	
年份	2004	2005	2006	2007	2008	2009	2010	2011	2012	2013	2014
当年生产总值	15.1	16.9	19.8	23.8	25.2	28.4	43.8	53.7	61	69.6	73.9
金融机构贷款合计	6.58	5.22	7.16	7.88	9.03	12.6	15.7	18.0	23.4	28.1	31.9
涉农金融机构贷款合计	5.26	5.16	7.11	7.82	9	12.5	15.6	13.6	18.5	24.0	27.1
商业银行 农行	0.38	0.23	0.18	0.16	0.18	0.29	0.61	0.44	1.88	1.99	1.53
商业银行 邮政				0.03	0.18	0.17	0.34	0.58	0.9	1.2	1.4
商业银行 小计	0.38	0.23	0.18	0.19	0.36	0.46	0.95	1.02	2.78	3.19	2.93
政策性银行	0.59	0.59	0.8	0.83	0.69	0.7	0.7	0.55	0.65	0.55	0.55

续表

年份		2004	2005	2006	2007	2008	2009	2010	2011	2012	2013	201ᵇ
农村信用社		4.29	4.54	6.13	6.8	7.95	11.4	13.9	12.0	14.3	18.9	21.ᵇ
新型农村金融机构	村镇银行									0.71	1.35	1.69
	小贷公司											0.54
	小计									0.71	1.35	2.23

虽然近年来，卢氏县金融发展速度较快，但在服务农户、农村企业等仍存在较多问题。本节针对以上三类机构，运用调查问卷和座谈调研的基础上，对卢氏县金融机构普惠金融供给现状展开更深入的调查分析。

表 10   普惠金融供给现状调查结果统计表   单位：个

调查内容	调查选项	商业银行及政策性银行	农商行	小贷公司和村镇银行
服务对象	中小型企业	11	18	0
	涉农企业	3	24	3
	小微企业	5	23	3
	普通农户	0	22	3
	城乡低收入者	0	18	3
贷款提供方式	信用贷款	5	7	1
	保证贷款	11	22	0
	抵押贷款	14	24	2
	质押贷款	0	23	0
	联保贷款	0	0	0
小额贷款违约率	2%以下	17	6	2
	2%~5%	1	10	1
	5%~10%	0	7	0
	10%以上	0	0	0
小额贷款的营业成本	非常高	13	9	2
	与其他贷款业务寺平	3	15	1
	较低	3	2	0

续表

调查内容	调查选项	商业银行及政策性银行	农商行	小贷公司和村镇银行
农户贷款制约因素	路途遥远	10	7	1
	缺乏抵押、担保物	18	25	2
	利息低	1	5	0
	资金来源不足	1	8	2
	需求不足	3	13	1
	违约率高	13	19	2
	管理层次多，导致贷款审批速度慢、成本高	12	1	1
	其他	14	0	0
小微企业贷款制约因素	经营业务单一、风险大	12	21	1
	缺乏信用担保及有效的抵押	17	25	2
	款项使用追踪难	4	0	1
	财务制度不健全、财务状况不透明	14	24	1
	其他	1	2	0
发放小微企业贷款障碍	资金紧张	3	7	3
	缺乏专业人才	15	15	1
	经营成本高、利润低	12	18	1
	内控制度不健全	2	11	1
	较难跟踪所贷款项的使用	0	20	2
	其他	0	0	0
资金来源	很不充足	12	2	2
	较充足	4	23	1
	其他	2	0	0

　　我们从服务对象、贷款提供方式、贷款制约因素等多个方面进行调研，得出调查问卷结果整理表（见表10）。可见，贫困地区普惠金融主要供给机构存在以下特点：

　　1. 普惠金融的服务对象以"三农"和小微客户为主。根据调查结果，银行类机构小额贷款的服务对象主要是中小型企业，占比达到60%左右；而农村信用合作联社（含农村商业银行）的主要服务对象则是以涉农、小微企业和农户为主,三者占比达到66%;小贷公司和村镇银行服务对象基本全部集中在涉农、小微企业和农户。

2. 贷款保证方式以担保和抵押为主,信用贷款比重较低。从贷款方式来看,商业及政策性银行以抵押贷款为主,该类贷款比重约占50%,其次是保证贷款。农村信用合作联社(含农村商业银行)除抵押贷款和保证贷款外,质押贷款占比也较高。另外,被调查单位中只有小贷公司和村镇银行存在联保贷款。总的来看,信用贷款在被调查单位中的比重均较低。

被调查单位小额贷款风险总体处于可控状态。总体来看,银行类机构小额贷款违约率最低,违约率在2%以下的占94%。小额贷款公司和村镇银行违约率在2%以下的占67%。农信社由于业务规模较大,小额贷款违约率相对较高,违约率在2%以下的占26%,违约率在5%以下的达到69%。

3. 普惠金融需求主体信用不足。突出表现为缺乏有效的抵押品,主要依赖于担保方式进行融资。表10中的相关数据——农户贷款制约因素占比和小微企业贷款制约因素占比均印证了以上观点。另外,在调查中还发现,即便是抵押贷款也是以房产等通用性较强、容易变现的资产为主,其他资产因为缺乏完善的评估、变现渠道而难以大面积使用。另外,小额贷款公司和村镇银行资金不足、客户违约率高也是主要的因素。

4. 普惠金融业务风险高、成本高。小额贷款营业成本偏高,主要体现在:一是贷款规模小,单位贷款成本高;二是贷款客户缺乏正式信息,只能求助于多种调查手段来获取非正式信息,从而推高经营成本。此外,小微企业财务不规范,资金使用情况难以追踪、缺乏专业人才等也推高了普惠金融供给机构的风险水平和业务成本。

(三)卢氏县普惠保险发展分析

普惠保险是指对于每一个有保险需求的组织和个人,都能够以合适的价格享受到及时、便利、高质量的保险服务,既包括寿险需求,也包括非寿险需求。普惠保险的重点对象目前以农村居民为主。针对农村居民的普惠保险项目目前有农村小额保险、政策性农业保险、普惠式养老保险和普惠式大病保险。

目前在保险机构建设方面,卢氏县的保险机构除大型正规保险机构如中国人寿和中国人保财险外,还有新华保险、大康保险、太平洋保险、中华联合财产保险等补充保险机构。但农民保险意识薄弱,对农村小额保险认识不足。由于受传统体制、思想观念、生活方式、教育程度等因素的影响,农民已习惯于风险自我承担,并对自然灾害等各种风险存在侥幸心理,不能充分认识到保险分散风险的作用,有的甚至对保险还持有偏见,导致贫困地区普惠保险发展缓慢。据统计,截至2015年8月末,卢氏县累计保费收入(含财险和寿险)为

1.04 亿元，仅占三门峡五县一区保费总收入的 5.9%；赔付金额 0.15 亿元，占三门峡全市赔付总额的 5.1%。

（四）卢氏县民间资本利用情况

民间资本一直是卢氏县经济的最活跃，最广泛的融资来源之一。为卢氏县小微企业的发展提供了强力支撑。据不完全统计，卢氏县小微企业对民间资本的利用规模稳定在 5 亿元以上。在对 20 家小微企业的调查（其中房地产行业 4 家、农产品加工行业 5 家、建材行业 4 家、商业服务行业 4 家、矿产开发行业 3 家）中发现，截至 2014 年 12 月末，样本企业共发生跨省区域的民间借贷金额 2 650 万元（余额 900 万元），占样本企业民间借贷总额的 13%。

但是，民间融资跟正规金融相比，有利有弊。调查中，被调查农户反馈：民间借贷最大的好处是时间短、借款期限灵活、不需要抵押担保品，弊端是利息高。

第四章　影响贫困地区普惠金融发展的因素分析

近年来，随着金融体制改革的逐步深化，贫困地区已经在拓展银行的服务范围、提高银行的服务质量方面取得了很大进步，有效地促进了农村金融发展。但是由前面的分析可见，贫困地区的普惠性金融水平仍然较低，且存在多方面的制约因素。

一、宏观经济环境方面

贫困地区经济总量小，金融业整体规模不大，基础性金融服务可得性和便利性仍然比较滞后。以卢氏县为例，该县近年来在国家扶贫开发政策提振下发展较快，截至 2014 年，卢氏县生产总值为 73.95 亿元，2006 年至 2014 年平均增长速度达 17.9%，高于三门峡市平均水平 3.1 个百分点。但经济总量太小，以 2014 年计算，仅占三门峡市生产总值的 5.96%。人均生产总值 1.95 万元，仅相当于全市人均的 35.07%。经济各子行业发展较晚，发展水平低，制约了金融规模的有效扩大。以交通为例，其人口密度小，交通不便，农村居民基础性金融服务可得性、便利性受限。大部分乡镇政府所在地距离县城在 50 公里以上，与县城仅有 209 国道或省道、县道相连。如官坡镇距离县城 90 公里，狮子坪乡、瓦窑沟乡、木桐、徐家湾乡等距离都在 60 公里以上。卢氏县域一直以来无中国银行机构分布，近年来，随着外出务工人员和在外求学学生增多，不少用工单位或院校为务工人员和学生办理中国银行的储蓄卡，用于工资清算、学费收缴扣划。据不完全统计每年有 5 000 多张中行卡持卡人须到县外办理激活或存取。

二、金融需求方面

(一) 金融知识不足

低收入人群大都生活在边远地区，受教育程度不高，对于金融方面的知识相当贫瘠，很多低收入者没有意识到金融服务对其自身的重要性，因此就无法享受金融产品给他们带来的益处，利用金融服务去进行投资和理财少之又少。

(二) 传统习惯制约

受中国传统文化的影响，很多农民在生产生活中遇到资金短缺问题时，更多的是求助于非银行渠道，向亲朋好友借钱，如年轻人会向父辈借钱，一是由于该种非正式贷款不用支付利息；二是与在银行申请贷款相比，获得这种非正式贷款要容易得多。另外，对农村小额保险认识不足。习惯于风险自我承担，并对自然灾害等各种风险存在侥幸心理，不能充分认识到保险分散风险的作用，有的甚至对保险还持有偏见。

(三) 缺乏抵押担保品

资金需求者向银行申请贷款，银行就会要求申请者出具收入证明、资产证明、担保等，通常情况下就是将固定资产或者一些比较贵重的流动资产抵押。然而对弱势群体来说，收入低、储蓄少，没有可以提供给银行的抵押品，因此无法通过银行对借款人的资格审核获得贷款。

(四) 贫困地区资本市场抑制了普惠金融需求

贫困地区资本市场规模总量较小，导致金融资产过于单一，在很大程度上依靠银行贷款，使得巨大的金融风险转嫁到了银行身上。因此为了减少自身的风险，银行不愿向低收入群体提供金融服务，从而抑制了普惠金融的需求。

三、供给方面

(一) 地区限制

不同种类的金融机构吸纳资金的渠道不同，大型金融机构资源多，网络广，资金来源充足，而诸如农村信用社、村镇银行等这样的小型机构，资金来源受到较大限制。在偏远地区，资金存量不足，一般无法设立新的营业点，严重制约了金融业务的规模。

(二) 金融机构的偏好

银行一般会优先放贷给国有企业和国家重点扶植的大企业，在将大量资金分配给上述企业之后，才会考虑贷款给那些农户、小型企业及民营企业等弱势群体，而其在面临着众多审核及无人担保的情况，很难在银行获得资金。这严重阻碍了普惠金融的发展。

（三）贷款条件限制

偏远贫困地区的很多农民没有与银行进行过信用交易，银行也没有相应的信用记录和档案，因此银行会把这类人群划拨在高风险客户群里，要求提供包括可抵押物在内的很多资信证明。对于农民而言，通常能够作为抵押物的就只有自己居住的房屋，但此类房产大多涉及宅基地，交易手续烦琐且房产又不具有保值增值的特性，因此银行会拒绝大部分农民的贷款申请。再者，对于小微企业而言，该类企业即便有好的投资项目，但也缺乏资金和足够的抵押品，最终导致与好的项目失之交臂。

（四）金融机构网点功能趋同，经营同质化现象加剧

一是商业银行与村镇银行同质化。以卢氏县德丰村镇银行和中原银行卢氏支行为例。两行自设立以来，市场定位和产品种类基本一样，都定位于城区优质的中小企业、个体工商户、房贷等，导致同业竞争激烈，缺乏经营特色。二是国有商业银行同质化。以建设银行卢氏支行为例，其市场定位与县域内其他国有商业银行间的服务功能、市场定位和产品种类趋同，缺乏显明的各自经营特色。三是网点布设的同质化。目前，卢氏县新设银行业金融机构全部选择县城区域"扎堆"布点，导致城区金融网点数量相对密集，而广大农村区域网点数量却相对稀少。同质化使农商行（农信社）"一农难支三农"局面未得到根本改变。县城城区以全县五分之一的人口享有全县近半数的金融资源，导致县城区域存贷款竞争激烈，金融资源相对过剩，抵消金融效率。而在远离县城的区域，金融资源匮乏，金融服务滞后。在全县除城关镇外其他18个乡镇，金融机构营业网点少，且仅有农村商业银行与邮政储蓄网点。

四、法规政策方面影响

（一）推进和规范普惠金融发展的法规政策不健全

如目前正在建设的助农服务点、金融综合服务站、人民币反假工作站等惠农网点，虽然从总行层面要求大力推广及普及，但涉及业务规范、风险防范、机具标准设定等方面，在国家层面缺乏统一的规范性的法规或政策加以规范和引导，造成相关服务网点标准不一、管理存在风险和漏洞。

（二）在对融资性担保公司、小贷公司机构网点存在业务监管缺位和机构审批不严问题

如对融资性担保公司、小贷公司，虽然国家规定谁审批谁监管，但由于上述机构一般由工信局审批，但工信局对其监管不到位，造成上述两类机构存在涉嫌超范围经营以及违规高息吸收存款、发放贷款的行为。

（三）地方政府鼓励或奖励性政策实施难度大

以卢氏县为例，2011 年，在人民银行的积极推动下，卢氏县县政府出台《卢氏县金融支持县域经济发展实施意见（试行）》，规定了对金融机构向企业等经济实体一次发放贷款 50 万元以上（期限半年以上）的，由县政府按贷款金额的 0.25% 给予奖励等奖励措施，但由于县财政资金困难，该政策仅实行了 2 年就宣告终止。

（四）涉农和扶贫贷款风险补偿基金成立进度慢

由于涉农贷款、涉小贷款、扶贫贷款管理成本相对较高、风险相对突出，金融机构支持意愿较低。以卢氏县为例，虽然建立了涉农扶贫贷款风险基金，初期基金规模 800 万元，但由于县财政资金困难，资金迟迟不能拨付到位，影响了扶贫贷款的发放。

第五章　贫困地区普惠金融体系的构建和目标实现路径分析

第一节　贫困地区普惠金融体系的构建

根据前面的研究，我们设计了更为详细的贫困地区普惠金融体系框架（见图 3），将包括弱势群体在内的金融服务有机地融入微观、中观和宏观等层面的农村金融体系。

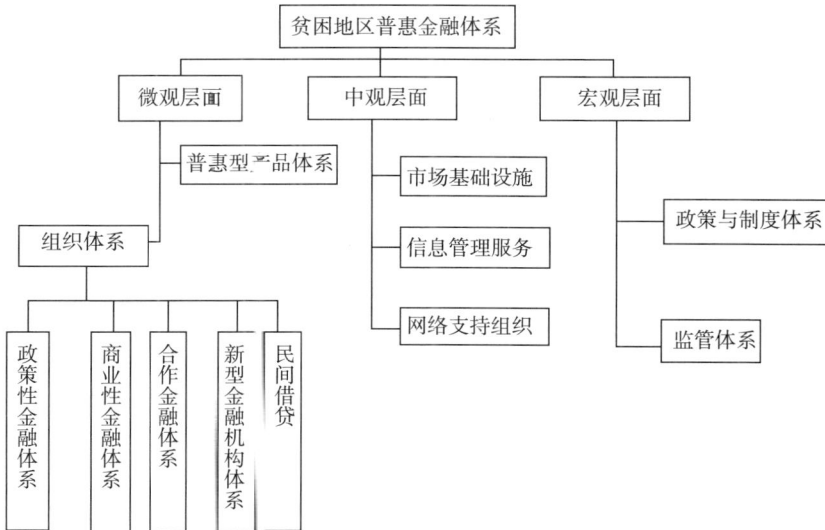

图 3　贫困地区普惠金融体系

微观层面：涉及金融服务的提供者，包括商业性银行、政策性银行和合作性金融机构在内的正规金融体系和包括各种民间金融机构、组织的非正规金融体系。包括政策性金融、商业性金融、合作性金融和新型金融以及其提供的普惠型金融产品。

中观层面：一是增加农村金融基础设施，消除金融服务空白地区。可增设金融机构或其分支机构、网点；开展基于信息技术的无网点金融服务，让正规金融机构向那些缺少网点的偏远地区延伸金融服务。二是提高信息管理服务。正确的信息可以帮助管理者找到有待提高的地方并且做出更好的决策来改善他们的机构；可以使管理者和同行作比较，促使他们提高业绩；信息透明也可以吸引投资者。三是不断优化网络支持组织。微型金融网络支持组织促进了机构间的联系，并且为那些承诺为贫困人群提供金融服务的机构提供支持。

宏观层面：在构建普惠金融体系过程中，政府需要在不违反金融机构基本规则的公平性和金融体系稳定性的前提下，给金融服务的提供者以创新的空间开发适当的金融产品和服务。具体包括制定宏观金融政策如规章制度、激励政策和监管机制，保证金融机构适宜的生存空间，使它们有能力持续性地为贫困和低收入人口提供合适的金融服务或金融产品；通过财政刺激等手段引导资金和鼓励金融机构为贫困和低收入人群服务，主动提高普惠程度。

第二节　普惠金融宏观目标的实现路径分析

考虑到贫困地区普惠金融目标实施的时效性，我们将实现路径分为微观以及宏观（含中观）两大类。本节主要研究普惠金融宏观（含中观）目标的实现路径，可从以下几个方面入手。

一、扩大农村普惠金融服务的覆盖范围

优化现有的农村金融机构。增加普惠金融机构和网点，加大农村金融机构对低收入群体的支持力度。引导农业银行回归"三农"，强化农业发展银行的政策性金融支农作用，督促农村信用社和邮政储蓄银行提升服务功能，扩大普惠金融的执行主体。降低农村金融机构准入门槛。积极培育及进一步规范村镇银行、小额贷款公司等新型农村金融机构，引导各类资本到金融机构覆盖率低、金融服务不足、金融竞争不充分的地区投资设立机构，提高农村金融机构的覆盖率。

二、发展适合农民需求的普惠金融服务

针对当前我国农村经济发展和农民金融需求的特点，农村金融机构应以满

足农民的基本金融需求为出发点，坚持提供适合农民需求的基础性金融服务。简化服务程序，提高服务的便捷性和易得性，并且坚持小额、微利的原则，尽可能降低服务成本，实现可持续性发展。

同时，创新金融产品和服务，降低农村金融服务成本。鼓励金融机构加强与信用合作社等信用共同本的合作，运用担保基金等联合增信方式；鼓励农村信用社、邮政储蓄银行、城市商业银行和新型农村金融机构利用多种方式建立和完善农户资信评价体系，积极发放不需要抵押担保的小额信用贷款。探索发展基于订单与保单的金融产品，鼓励农村地区银行业机构加强与保险公司的合作，以订单和保单等为标的资产，探索开发"信贷＋保险"金融服务新产品，有效防范和分散涉农信贷风险。

三、充分发挥政府在农村普惠金融发展中的作用

加大普惠金融立法力度。加快对村镇银行、小额贷款公司等新型农村金融机构的立法工作，适度调整和放宽准入政策，积极建立带有普惠金融性质的小额信贷组织。规范和引导民间金融，加快制定民间借贷的法律、法规。规范和调整各类民间借贷组织，引导民间资金开展小额信贷业务，鼓励民间融资机构进入普惠金融体系。加强信用体制和机制建设。在农村地区加强诚信教育，督促农民培养守信意识，严惩失信行为，加强农村地区的信用环境建设。同时，建立健全农村征信体系，尽快建立统一、标准的农村信用体系，实现信息共享，着力解决农村金融发展中的信息不对称或信息缺失的问题，努力为农村金融发展提供良好的信用环境。

进一步发挥财税政策的作用。完善地方财政资金扶持办法，确定适当的财政贴息比例，对金融机构的涉农贷款给予适当的财政贴息。对于参加农业保险的农民给予一定的财政补助，加大财政对农业保险的支持力度。

第三节　贫困地区普惠金融微观目标的实现路径分析

普惠金融供给者主体是贫困地区的金融体系，而金融机构是以利益最大化为目标，因此发展贫困地区的普惠金融，既要考虑目标群体收益，又要兼顾金融机构经营效益。本节主要研究微观层面普惠金融目标实现的路径选择，并对目标的具体实现提供现实参考。

一、贫困地区普惠金融目标的解析

农村普惠金融目标是：建立能够以合理价格为农村各群体特别是贫困、低收入农户提供金融服务的金融体系，提升金融服务供给的广度和深度，提高农

村金融服务的可获得性。基于此，我们将农村普惠金融目标大体分为两个层次（见图4）：

一是金融服务是否可得，主要是指金融服务供给的广度（金融机构提供服务的种类及覆盖范围）。金融服务以农村储蓄、支付服务为代表，影响其供给的主要因素是金融机构成本/收益比，此类服务供给应注重扩大其覆盖面从而惠及更广泛群体。

二是金融服务可得程度如何，主要是指金融服务供给的深度（金融服务的质量如何，其价格是否为需求者所承受等）。金融服务以涉农贷款、保险、担保服务为代表，道德风险等风险因素对其供给起着决定性作用。这类服务的供给应注重保障供给机构经营的可持续性。

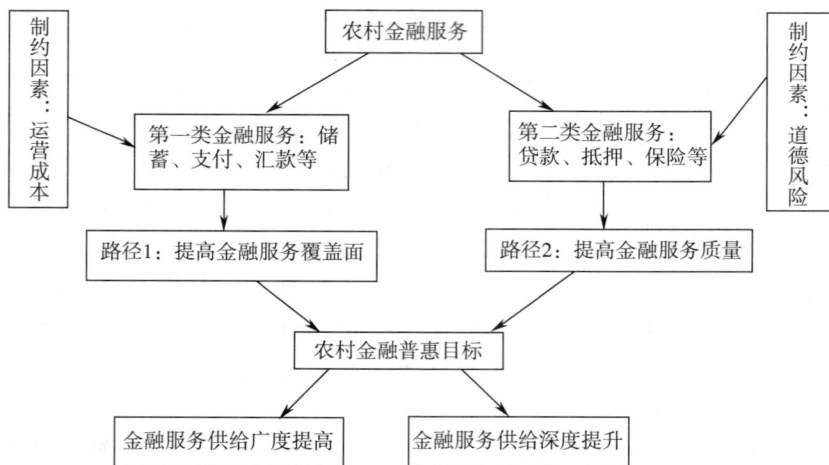

图4 农村普惠金融目标解析及实现路径

对于第一类金融服务而言，金融机构出于盈利考虑不愿为偏远地区、贫困农户提供服务，地方政府一方面可以通过补贴等方式降低金融机构成本，促进金融服务覆盖面的扩大；另一方面可加强农村地区金融服务创新，通过发展移动金融的手段扩大农村地区金融服务覆盖面。对于第二类金融服务的供给，可以因地制宜，大力解决农户有效抵押品不足的问题，例如积极发展"两权抵押贷款"，辅之以必要的配套服务。

二、提高农村地区普惠金融服务深度

通过第三、第四章的分析，我们得知卢氏地区近年来通过增加金融机构网点、推广便民支付结算工具，提高了金融服务的广度。但金融服务供给的深度方面仍显不足。金融机构涉农信贷服务供给水平低下的关键因素在于农村金融需求主体规模小、实力弱，缺乏有效抵押担保物品。国内外研究表明，市场化的土地流转可以有效促进农村经济发展，若能将贫困地区农民手中的土地经营权资本化，并转化为金融机构认可的抵押担保品，可有效缓解农村地区融资困境。

（一）贫困地区土地使用权流转框架（见图5）

1. 规范土地流转，建立土地承包经营权流转市场。建立县—乡（镇）—村三级体系的农村土地流转服务中心，形成规范的土地经营权流转市场。由村级服务中心搜集、汇总土地流转信息，由镇级服务中心完成土地使用权的挂牌交易，由县级服务中心制定交易管理规定。通过建立土地使用权流转市场，可有效构建起农村土地流转的市场化运作机制，实现土地流转由无序到有序，由自发到规范的转变。尤其是政府主导建立的土地流转交易市场可提供准确的土地经营权权属信息，确保流转合约履行，降低交易双方的交易成本。

2. 积极发展规模经营土地的农村经济组织。引导农民发展规模经营土地的诸如土地合作社的农村经济组织，通过集中土地使用权进行统一经营。采取"保底＋分红"的方式组建土地合作社，合作社和农民共同承担风险。一方面可利用先进、高效的农业种植及管理技术对土地统一开发利用，提高土地收益；另一方面可在产权期限内，凭借土地使用产权证向金融机构申请抵押贷款、融资，解决农业发展资金不足问题，实现农村土地使用权的资本化。

3. 确立土地使用产权并进行市场化流转。将农村土地使用产权从农村土地的所有权、承包权、经营使用权三项权能中单独分离出来，强化土地使用权的产权地位，对其予以确认，并由县级人民政府向农民颁发《农村土地使用产权证》，确保农村土地集体所有权的根本性质不改变，农民土地承包权不变，农村土地用途不变；保障持证农民拥有土地的转让、收益和抵押三项权益。在确认土地使用权的同时，依托之前已建立的土地承包经营权流转市场，建立土地使

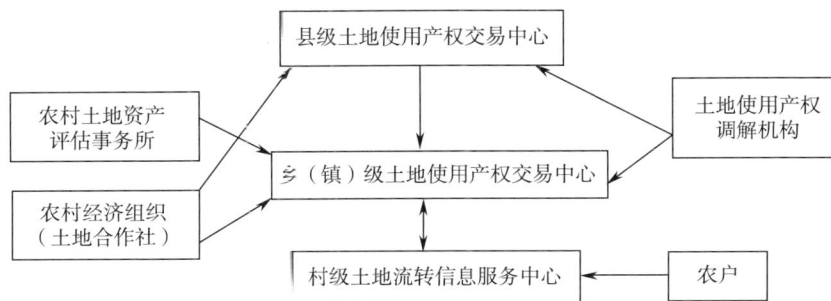

图5　贫困地区土地使用权流转框架

用产权交易市场，便于金融机构开展土地使用权抵押贷款。

（二）土地使用权作为贷款担保的实现过程

1. 政策允许土地使用权作为贷款担保。在政府和金融部门的支持下，中国人民银行郑州中心支行与河南省农业厅等五部门在2015年年初联合印发了《河南省农村承包土地经营权试点抵押贷款管理暂行办法》，从政策明确允许土地使用产权作为贷款担保品。此政策不仅拓宽了抵押品范围，而且扩大了担保者的范围，使形式更加多元化。各金融机构可依据土地合作社不同参与主体的特点及资金需求，创新包括土地产权抵押贷款①、林权抵押贷款②、合作社创业带头人贷款③、大联保体担保贷款④以及保单质押贷款⑤在内的多种金融信贷产品。

2. 规范土地使用权担保贷款。建议可由人民银行、农业局、财政局等相关部门联合制定管理办法，如明确土地使用权抵押贷款的对象仅限于以土地为纽带的农民专业合作社，合作社必须同时取得"农村土地使用产权证"、在工商部门注册登记并按期年检、贷款用途必须是农业生产经营等。此外，作为担保物品的土地使用产权，其价值由农村土地资产评估事务所评估确认，并在此基础上确定贷款及利率上限。

金融机构作为贷款人对贷款申请材料进行审核后与合作社签订授信合同，然后在政府建立的农村土地使用权交易市场进行登记，登记部门将土地使用产权证明出具给贷款人，然后贷款人依据贷款合同发放贷款。如果借款人到期无法偿还贷款，金融机构可以采取转让（由意愿代偿贷款的农村经济组织获得土地使用权）、变现（将土地使用权在交易市场挂牌出售）、托管（将土地委托给从事农业生产的专业企业，并与之约定土地生产收益分配比例）及诉讼等方式维护自身权益。具体流程见图6。

3. 建立评估、担保等相关配套设施。首先，建立专业的资产评估事务所，初期可由政府建立，作为不以盈利为目的的第三方权威评估机构（后期市场发展成熟后可逐步放开由市场提供）。事务所主要提供农村土地使用权中介服务，在土地使用权的流转或抵押贷款交易前，依据评估标准对土地预期经营收益、

---

① 土地产权抵押贷款，指对已在土地交易中心办理登记评估的农村"土地使用产权证"，发放土地抵押贷款。

② 林权抵押贷款，即为县级林业部门登记的合作社持有的林权证开办林权抵押贷款。

③ 合作社创业带头人贷款，"经营户贷款＋合作社＋基金担保贷款"，即土地经营合作社缴纳担保基金，金融机构向经营户发放贷款。

④ 大联保体担保贷款，即合作社社员以合作社为单位建立大联保体，大联保体为社员提供担保，金融机构向社员发放贷款。

⑤ 保单质押贷款，即对合作社及成员持有的农业保险单，根据保额的一定比例，开办保单质押贷款。

```
                    ┌─────────────┐
                    │  土地合作社   │
                    └──────┬──────┘
                           ↓
          ┌─────────────────────┐      ┌─────────────┐
          │ 办理"土地使用产权证" │←─────│ 县级人民政府 │
          └──────────┬──────────┘      └─────────────┘
                     ↓
          ┌─────────────────┐          ┌───────────────────┐
          │  担保物价值评估   │←─────────│ 土地资产评估事务所 │
          └────────┬────────┘          └───────────────────┘
                   ↓
          ┌─────────────────┐          ┌─────────────┐
          │  贷款申请及审核   │←─────────│ 银行等金融机构 │
          └────────┬────────┘          └─────────────┘
                   ↓
          ┌─────────────┐              ┌───────────────────┐
          │  担保品登记   │←─────────────│ 乡镇土地产权交易所 │
          └──────┬──────┘              └───────────────────┘
                 ↓
          ┌─────────────┐              ┌─────────────┐
          │  获得贷款     │←─────────────│ 银行等金融机构 │
          └──────┬──────┘              └─────────────┘
                 ↓
     ┌───────────────────────┐        ┌─────────────┐
     │ 如果违约，违约贷款处置 │←────────│ 银行等金融机构 │
     └───┬──────┬──────┬─────┘        └─────────────┘
         ↓      ↓      ↓      ↓
      ┌────┐ ┌────┐ ┌────┐ ┌────┐
      │转让│ │变现│ │托管│ │诉讼│
      └────┘ └────┘ └────┘ └────┘
```

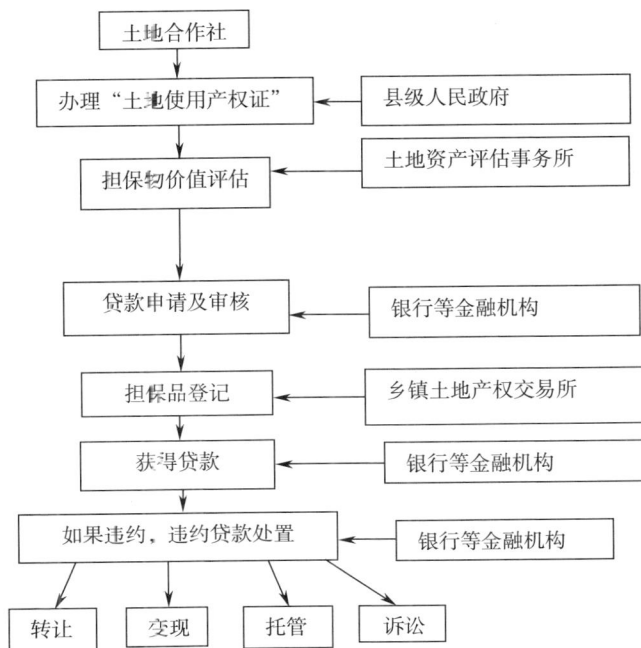

图6　贫困地区农村土地使用产权担保贷款运作流程

农村土地使用产权价值及农村资产价值进行客观公正评估，并出具各类"资产评估报告"，为农村土地交易双方（土地合作社、农民及金融机构）提供参考价格，农民、合作社或银行依据评估的价格在土地交易所进行交易或进行抵押贷款。发展成熟后可将资产评估范围逐步扩大至林权等其他农村产权产品。其次，加强财政支持力度，建立农村土地使用产权贷款担保机制。政府担保可以作为银行、保险公司互保机制的有效补充，建议可由政府授权投融资平台牵头、财政出资，共同组建土地融资担保公司，专职为农村土地合作社、农业企业、家庭种养大户等提供农业贷款担保服务。

4. 开展农村土地合作社信用评级。金融机构在提供涉农服务中普遍存在信息缺失问题，农村地区信用体系不统一、不完整，制约了金融机构的涉农信贷供给。建议由人民银行牵头，联合金融机构建立土地合作社信用评价体系，将那些有信贷需求的、已获得银行贷款且有效信贷需求未满足的、已获贷款且准备与银行建立长期合作关系的农民土地合作社都纳入评价体系内，通过申请、评定、结果确认等阶段，完成对土地合作社的信用评级（初步可分为A、B、C三级），出具评级报告并及时向社会公示。对于评级为A的土地合作社，金融机构可给予贷款利率优惠或一定额度的信用授信；对于评级为 B、C 的土地合作社，金融机构视情况对其贷款需求额度予以下调。

5. 积极发展涉农保险，建立风险分担和补偿机制。保险公司在发展涉农保险方面，一是应结合农民需求，开发小额保险产品。目前，农民享受到的社会保障水平较低，对疾病、自然灾害等风险的规避需要较高，因此，应积极开发适合农民的小额保险产品，例如小额健康保险、小额寿险等产品。二是积极发展政策性农业保险。根据土地合作社经营面积较大的农作物开发政策性农业保险，财政对购买该项保险的土地合作社予以一定比例保费补贴，以此降低合作社农业生产的不确定性，降低其经营失败风险，在客观上也降低了金融机构的业务风险。三是促进银保合作，形成共保体。如银行与保险公司签订合作协议，只要农民或土地合作社购买保险公司提供的专项贷款保险产品，银行就可以凭借保单发放相应金额贷款，甚至可以在贷款利率上予以优惠。一旦出现贷款违约，则由保险公司对银行进行赔付，以此促进三方共赢。

6. 切实保护好金融机构权益。为推动土地流转制度改革顺利开展，法院等相关司法部门应为农村土地产权制度改革提供法律服务工作。金融机构因以《农村土地使用权证》为抵押物产生贷款纠纷起诉到法院的，法院要最大限度地保障金融机构实现抵押权益。对于涉及农村土地使用产权改革的案件，应坚持快立、快审、快结，不贻误农时的原则，强化调解工作，力争使绝大多数涉及农村土地使用产权改革的案件以调解方式和谐解决，让农民和金融机构摆脱后顾之忧，确保土地资本化运作的顺利进行。

（三）扩展的贫困地区普惠金融供给体系微观部分

经过土地流转制度改革及相关金融改革，农村地区土地规模经营的效果会逐渐显现，金融机构提供支付等非信贷类金融服务的积极性将得到提高。例如，山东省枣庄市自 2008 年启动土地使用权制度改革以来，有效破解了农民规模经营的资金"瓶颈"，截至 2014 年上半年，全市土地使用产权抵押贷款累计余额达 5.76 亿元，平均每笔贷款额约 120 万元，有力推动了农业的规模化经营。

这样，在完成土地流转制度改革和相关金融改革之后，在原有农村金融供给体系的基础上，又新增了以各类农村产权担保贷款、配套金融服务两条主线，商业银行、保险公司等多种金融机构参与了金融服务供给，促进了农村普惠金融目标的实现。改革后的农村金融服务供给体系微观部分具体操作如图 7 所示。

三、扩展农村普惠金融服务广度

根据前面的现状分析，金融网点覆盖不足和运营成本过高一直是制约农村地区金融服务发展的主要问题。为有效解决农村地区的金融需求问题，在设法

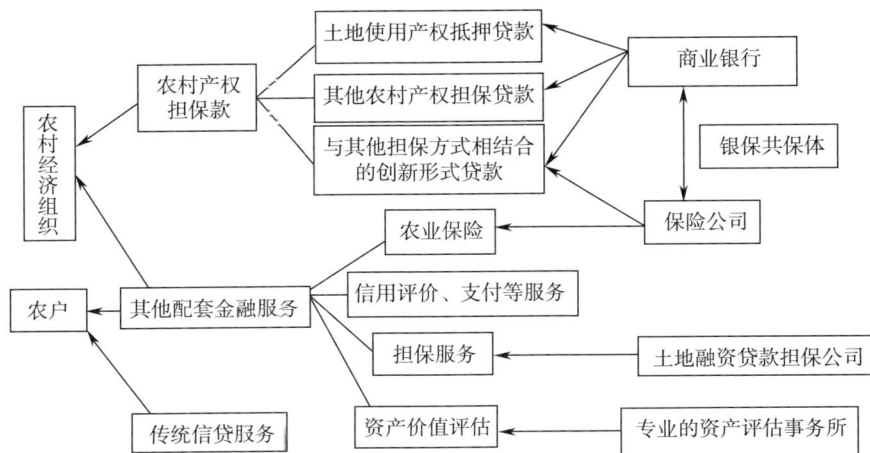

图7　扩展的贫困地区普惠金融供给体系微观具体操作示意图

扩大农村金融机构覆盖范围的同时，更应积极开发便民支付结算工具。肯尼亚在探索移动支付方面的实践，不仅降低了金融机构运营成本、更提高了金融服务水平，值得借鉴。

（一）移动支付业务

移动支付是以手机等移动终端作为工具，通过移动通信网络为农民提供小额转账、汇款、取现、各项补贴发放等基础性金融服务。相对于传统方式而言，通过发展移动支付业务，银行可以在短时间内将服务延伸至其尚未设立分支机构的区域，从而扩大金融服务覆盖范围。设立一个传统银行网点大约需要两三个月甚至更长时间，而设立一个移动支付业务的零售代理点则仅需几天的时间。特别是在偏远地区，差距更为明显。

（二）肯尼亚移动支付发展经验

肯尼亚作为发展中国家，拥有3 000多万人口，外出打工者众多，通过银行或邮局给亲人汇款手续费较高、等待时间较长。该国有近80%的人口没有银行账户，但却有手机用户近千万人，这为移动支付业务的开展提供了有利条件。2007年3月6日，肯尼亚最大的电信运营商Safaricom正式推出M-PFSA移动支付业务，客户在各代理商网点实名注册账号并将现金转换为电子货币，通过发送文本消息和代码实现转账汇款、代理点存取现等多种金融服务。M-PFSA移动支付业务方便快捷、安全有效、成本低廉、受益面广，那些没有固定住址或银行账户的人们可快速进行支付、转账、存取款，且遍布全国的加油站、超市、电信运营商及商业银行均可以申请成为移动支付业务代理商。截至2014年底，

M－PFSA 注册客户已达 1 900 余万户，占全国人口的 61.3％；拥有的代理商接近 5 万家，而同期肯尼亚全国银行网点、ATM 和 POS 机加起来仅有 2.5 万个。

（三）我国农村地区发展移动支付的可行性

1. 大规模的农村流动人口是移动支付的主体。随着户籍制度的改革和城市化进程的加快，很多农村居民外出打工，国内地域间汇款需求逐步增加。与第一代农民工相比，现在的农民工具有一定文化素质，能够熟练使用互联网，是移动支付的潜在客户力量，2014 年抽样调查表明，全国 1.5 亿左右的农民工有85％ 使用手机上网。

2. 电信运营基础设施相对完善。一方面，中国电信、中国联通、中国移动三大运营商下属的天翼电子商务有限公司、联通沃易付网络技术有限公司、中移电子商务有限公司均已获得了第三方支付牌照，为电信运营商推广农村移动支付提供了政策保障；另一方面，《2011 年中国农村消费者通信消费报告》显示，我国农村地区移动手机普及率已达 90％ 以上，移动支付向农村地区渗透的硬件设施已基本完善。

3. 移动支付业务发展迅速。我国的移动支付业务已初具规模，据人民银行发布的《2014 年支付体系运行总体情况》统计，2014 年移动支付业务 45.24 亿笔，交易金额 22.59 万亿元，同比分别增长 170.25％ 和 134.3％。随着"互联网＋"业务的推动，移动支付业务有着广阔的发展前景。

（四）农村地区发展移动支付的具体操作

1. 选择试点地区开展移动支付业务

应针对不同发展阶段、不同类别的金融主体需求，发展有差异化的移动支付业务。在实际推广中，可以根据贫困地区各乡（镇）经济发展情况确定业务重点方向。对于还没有实现金融机构全覆盖的乡镇，可重点发展移动支付的汇款、存取款业务；对于经济较为发达的乡镇，则可选择建立具有多种金融功能的移动支付体系，重点对接当地商品交易电子化的需求。

2. 鼓励多方合作，建立"电信运营商＋商业银行"的合作体制

目前，农村移动支付市场发展还处于初期阶段，政府、电信运营商及商业银行应多方合作，加快农村普惠金融的发展。政府可采取费用补贴、税收优惠等措施鼓励移动支付代理商的积极性；电信运营商可以为移动互联网战略发展打下基础；商业银行参与移动支付体系能够降低实体网点的建设成本，将金融服务网点遍布尽可能多的地区。

3. 人民银行应对移动支付业务采取针对性监管措施

发展移动支付业务的同时，要保障移动支付的安全性。人民银行应密切加强对电信运营商及商业银行后台业务处理安全性的监管，要求运营商在简化移

动支付客户端操作的基础上加强与商业银行的合作，建立健全手机号码等安全信息在二者之间的信息交换和验证机制；同时，要求电信运营商在商业银行设立移动支付资金专用账户，防范资金的流动性风险。

4. 普及、宣传移动支付的相关知识

目前，农村居民通过银行网点发生金融交易的观念已根深蒂固，在面对移动支付这样的新型金融服务方式时，可能对其安全性、操作便利性产生疑虑。为此，人民银行应积极联合地方政府和电信运营商，通过电视、广播、报纸、农村宣传栏等多种方式普及移动支付知识，打消农民对移动支付业务安全性的疑虑。

河南省农村金融资源配置效率研究

中国人民银行周口市中心支行课题组[①]

摘要：我国是传统农业大国，农村金融作为农村经济的核心，为农村改革的发展提供了重要支持并取得很好的成效。从 2004 年起，中央一号文件连续 12 年锁定"三农"问题，在推动农村改革和促进农业生产的同时，也给我国农村金融市场带来了巨大变化。2015 年 2 月 12 日，河南省正式印发了《河南省推进中原经济区农村金融改革试验区建设总体方案》。根据文件精神，河南省将全面深化农村金融体制改革创新，进一步探索农业大省可持续、可推广、普惠型农村金融发展之路，这标志着我国新一轮农村经济社会改革试点工作大幕在河南省拉开。河南是农业大省，也是我国重要的粮食生产基地，率先建设农村金融改革试验区意义重大。近年来，尽管河南省农村金融市场取得了一定发展，但其发展过程面临着诸多问题与挑战。金融资源配置是金融市场发展的核心与关键，因此研究农村金融资源配置效率问题对建设农村金融改革试验区具有重要价值。本文以河南省为研究对象，采用实证分析与规范分析相结合、定性分析与定量分析相结合等方法，对河南省农村金融资源配置问题进行深入研究。首先分析河南省农村资源配置效率的现状；其次以资源配置效率为视角，运用数据包络分析方法（DEA）分析河南省农村金融资源配置效率，并运用模型结果对河南省农村金融资源配置效率进行判断，进而剖析河南省农村金融资源配置中存在的主要问题；最后针对问题提出相应的对策与建议。

关键词：农村金融　资源配置　效率评价

---

① 课题主持人：张宏伟；
课题组成员：陈增良、师学礼、侯帅、陈留锋、王玉林。

第一章　绪　论

一、研究意义

金融作为现代经济的核心，对解决"三农"问题有至关重要的作用，但现阶段农村金融很难充分发挥其促进农村经济的重要作用，主要原因在于中国农村金融资源结构与配置的非均衡性。商业金融的退出，农村合作金融自身治理缺陷等致使对农村金融资源的供给出现短缺，从而使农村经济社会发展受到极大的束缚。农业在产业结构中的基础性地位决定了其在中国的国民经济体系中的一些战略地位，所以农业发展在经济社会进程中必然会得到各层面高度重视与资源投入。所以，从全面系统的农村金融改革入手，来健全和完善农业金融体系，不断增强农业资本形成能力，进而优化农村金融的资源配置体系并提高其配置效率，就成为市场经济的条件下发展农村经济，解放农村生产力的一个战略安排与可靠途径。河南省作为农业大省，发展农村经济对提高本省经济整体实力上具有举足轻重的地位。本文也通过研究河南省农村金融资源配置效率，来探寻完善河南省农村金融资源配置体系与提高配置效率的有效途径，对推进河南省农业增效和农民增收以及新农村建设具有重要意义和现实价值。

二、研究思路

本文通过对农村金融资源配置相关资料的梳理，在相关学者和专家对"农村金融资源配置"问题研究的基础上，以河南省农村金融资源配置为研究对象，分别从金融资源配置现状的货币性、信贷性、非银行性的三个方面对农村金融资源配置现状进行分析。通过进行相关数据统计与实证分析，建立了河南省农村金融资源配置效率影响因素模型，运用模型结果判断影响河南省农村金融资源配置的因素，并提出河南省农村金融资源配置存在的问题，针对相关问题提出优化农村金融资源配置效率的策略建议。本文总体分为五部分，具体内容安排如下：

第一部分：绪论。提出研究的意义、研究思路和方法以及国内外相关研究现状。

第二部分：农村金融资源配置效率研究现状及概念界定。主要介绍我国农村地区金融资配置研究现有成果、农村金融资源的构成、农村金融资源配置内涵以及对农村金融资源配置效率的解释。

第三部分：河南省农村金融资源配置现状定性分析。从货币性、信贷性及非银行性三个方面定性分析河南省金融资源配置现状。

第四部分：河南省农村金融配置效率实证分析。选取合理的经济发展指标，运用数据包络分析方法（DEA）对河南省农村金融资源配置效率进行详细检验，并对检验结论进行原因分析。

第五部分：河南省农村金融资源配置中存在的主要问题。依据河南省农村金融资源配置状况和实证分析结果，分析河南省农村金融资源配置中存在的主要问题。

第六部分：提出相关对策建议。针对河南省农村资源配置中存在的问题，提出优化农村金融资源配置的相关对策建议。

三、研究方法

（一）文献研究与年鉴数据搜集分析相结合

搜集、查阅和整理有关期刊、图书等文献资料，筛选与本文相关的研究文献，以此来掌握农村金融资源配置的研究现状和前沿动态，力图应用最新的研究成果到本文中。数据研究是通过广泛搜集相关的年鉴资料，选取相关数据用于本文研究。

（二）实证分析与规范分析相结合

本文运用规范研究与实证分析相结合的方法，阐述了河南省农村金融资源配置的现状，利用面板数据对农村金融资源配置的实际情况进行深入分析，提出存在的问题和优化河南省农村金融资源配置的对策建议。

（三）定性分析与定量分析相结合

本文通过对河南省农村金融资源配置现状的描述，运用数学统计分析软件对研究调查资料提取信息和分析，采用计量模型剖析了影响河南省农村金融资源配置的因素。

第二章　农村金融资源配置效率研究现状及概念界定

一、研究现状

（一）关于配置现状的研究

关于农村金融资源配置的现状方面，李敬、冉光和（2007）认为，我国农村金融体系是银行主导型的金融体系，由于中国各地区金融发展水平的差异，农村金融资源流失主要表现于金融机构的存贷差。杜黎霞（2012）以甘肃永登县为例，阐述了永登县城乡经济发展中金融抑制的表现：城乡经济发展缺乏多样化的融资渠道；农村贷款难度较大并且业务流程非农化严重；现有农村金融资源供给不足导致供需失衡等。丁家辉（2014）指出，金融和农村的结合将金融机构特定化，现有农村金融体系建设大部分只是戴有农村的帽子，并没有体现为农村、为农民服务的本质核心。在农村金融体系发展中定位不清晰，服务不明了，导致呈现出鱼龙混杂的局面，一些不符合农村经济发展的金融机构，也被认为是农村金融，不能很好地贯彻落实农村经济发展的思想，农村金融机构很难会有好的发展出路。农村特定化也加剧了城乡二元化的趋势，不利于公平的市场竞争，使得农村金融难以服务农村建设。

（二）关于配置方法的研究

在实证研究方面，唐青生（2009）运用面板数据，采用固定效应模型，对我国西部地区和西部各省市的农村金融资源配置效率情况进行分析，实证结果指出，西部地区的农村金融资源配置效率较低，各省市的配置效率具有较大差异。李明贤（2011）采用主成分分析法，分析了我国中部地区农村金融资源配置效率，同时剖析了影响中部地区农村金融资源配置效率的因素，并提出相关政策建议。结果证明：基于我国中部地区农村金融资源配置水平较低的情况，进一步优化农村金融资源配置的措施，不能只增加金融支农的投入，还应重视农村金融资源自身的配置，使金融支农健康发展。张丽娜、王静（2014）采用误差修正模型、格兰杰因果检验、脉冲响应函数对我国农村经济增长与农村金融规模、结构、效率之间进行实证分析，得出农村金融发展使农村经济增长在长期中处于一种稳定的均衡状态，在短期内可以起到自我误差修正的作用。农村金融发展的三个因素受到政策或信息的改变时，对农村经济的影响都是正向冲击。从格兰杰因果检验结果看，农村经济增长影响农村金融的发展，金融发展处在"需求遵从"的地位。

（三）关于配置效率的研究

蒋昭侠、蒋随（2010）总结了农村金融资源配置存在的缺陷，强调选择策略应从金融资源配置与农村产业结构调整联动的角度考虑。李建伟、辛波（2012）提出，农村金融资源配置中的"不包容增长"较普遍，要增强农村地区金融资源配置的包容性，推行金融普惠制，将金融资源有效引入农村民生领域。李晓梅（2012）针对我国当前农村金融生态环境较落后、金融激励机制不健全等问题，提出要建立农村金融企业理性协调机制和创新机制、优化农村金融生态环境，促进农村金融可持续的发展和农村经济的繁荣。李骥（2013）指出，中国农村金融系统存在诸多的功能缺陷，提出要确保监管制度完善，设立农村金融贷款抵押担保等措施防范金融风险；提高农民的诚信意识、加强公民的信用道德建设、改善农村信用状态等十分重要。

二、概念界定

（一）农村金融资源的概念

我国农村金融资源是为了满足农业与农村经济发展需要而衍生出来的，是具有农业产业经济属性的各种类型的货币、资本、信贷、制度与政策以及组织和人力资源等一些金融性资源的总和。农村的金融资源就是金融资源体系的一个有机组成部分，是金融体系中为了满足农业与农村经济发展需要所衍生出来的且具有农业产业的经济属性的一种金融资源。

（二）农村金融资源的构成

农村金融资源是一个含有多种形态的金融资源体系。在本文研究中，这种金融资源体系主要分为以下三个部分：一是货币性农村金融资源。货币性农村金融资源是指农村经济活动中具有价格、支付等货币经济职能，且具有流动性的现金余额。二是信贷性农村金融资源。信贷性农村金融资源是指由涉农金融机构提供信用，并在此基础上具有条件约束和严格规定的银行涉农信贷资金。三是非银行性农村金融资源。非银行农村金融资源是指以服务"三农"为导向，由政府机构、非银行金融机构等提供的各类货币、资本、金融资产等农村金融资源，其中由政府机构提供的农村金融资源主要是指财政支农。

（三）资源配置效率的含义

资源配置效率就是指在一定的技术水平条件之下各投入要素在各产出主体中的分配所产生出的效益。在宏观层面来分析资源配置效率，由整个社会的经济制度安排来实现；在微观层次来分析资源配置效率就是指生产单位的生产效率，由生产单位内部生产管理与提高生产技术来实现。在这个过程中，资金要由资本市场流向企业与行业，再带动人力资源等要素流进企业，然后促进企业与行业的发展。农村的金融资源配置效率不仅是资源配置的出发点，也是其归宿。农村的金融资源配置效率一般就包括了金融资金配置效率与金融机构配置效率以及金融制度配置效率，还有在三者基础上形成且反映三者效率关系的一种综合配置效率。而金融资源配置效率不仅取决于金融制度与体系的完备性，也取决于与相应经济基础和社会背景的适应性。不相同的经济与社会环境有着不相同的金融资源配置方式；与此同理，一种相同的金融资源配置方式运用在不同的地区，其效率一般也是不同的。也就是说，农村经济社会的发展程度决定了农村金融的发展程度，与此同时，农村金融的发展程度也制约了农村经济的发展程度，所以农村金融资源配置效率会在一定程度上决定了农村经济社会的加速发展。

第三章　河南省农村金融资源配置现状分析

一、农村金融资源配置主体状况分析

农村金融机构是农村金融资源配置的主体，金融资源的可获得性将影响农村经济的发展，进而影响农村的金融效率。所以，下面将从金融机构结构、规模等方面分析农村金融效率。在新型农村金融机构成立之前，河南省涉农金融机构主要是以农业银行、农村合作银行、农业发展银行为主，农村合作银行主要是指农村信用社。这三大农村金融主体因其性质不同而在农村经济发展中处于不同的地位，发挥不同的作用。从2005年起，银监会就提出建立我国新型农村金融组织，具体主要包括农村资金互助社、农村商业银行、村镇银行和小额贷款公司。河南省农村金融机构组织的构成见表1：

表1　　　　　　　　　　河南省农村主要金融机构情况表

机构性质	机构名称
政策性机构	农业发展银行
商业性机构	农业银行
	城商行
	农商行
	邮储银行
合作性机构	农村信用社
	村镇银行
农村新型机构	小额贷款公司
	农村资金互助社

二、货币性农村金融资源配置现状

货币性的金融资源是指农村经济活动中的农村居民收入和农户储蓄存款。消费剩余决定居民的储蓄规模，同时河南省农村金融资源规模也决定储蓄规模。因此，在分析河南省农村金融配置现状时首先要分析居民收入和居民储蓄情况。

（一）河南省居民收入现状

由图1可知，从2001—2013年，河南省整体城乡居民收入不断增长，2007年城镇居民人均收入增长率为16.99%，农村居民人均收入增长率为18.11%，城镇居民收入的快速增加对储蓄资源的聚集起到了积极的推动作用。但是农民人均纯收入的实际增长率只在2001—2003年超过城镇居民的人均可支配收入，此后其增长率一直落后，说明河南省城乡居民的家庭人均收入差距不仅没有缩小，反而一直在拉开差距。二者差额呈逐步上升趋势，如表2所示，2001年差额为3 169元，2013年扩大为13 922元，较2001年扩大了4.39倍。特别是2003—2006年期间，城镇居民的人均可支配收入是农民人均纯收入的3倍多，其中2005年增长率差距最大，城镇居民人均收入为农村居民人均收入的3.02倍。

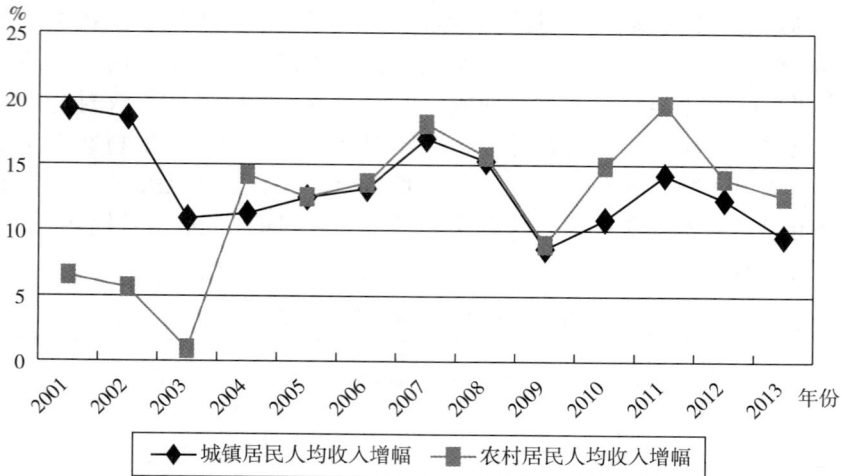

图1　河南省城乡居民收入增幅对比图

表2　　　　　　　　　　　　河南省城乡居民收入情况统计表　　　　　　　　单位：元

年份	城镇居民人均收入	农村居民人均收入	二者收入差额
2001	5 267.42	2 097.86	3 169.56
2002	6 245.4	2 215.74	4 029.66
2003	6 926.12	2 235.68	4 690.44
2004	7 704.9	2 553.15	5 151.75
2005	8 667.97	2 870.58	5 797.39
2006	9 810.26	3 261.03	6 549.23
2007	11 477.05	3 851.6	7 625.45
2008	13 231.11	4 454.24	8 776.87
2009	14 371.56	4 806.95	9 564.61
2010	15 930.26	5 523.73	10 406.53
2011	18 194.8	6 604.03	11 590.77
2012	20 442.62	7 524.94	12 917.68
2013	22 398.03	8 475.34	13 922.69

（二）河南省居民储蓄现状

在城乡居民收入快速增长的同时，河南省城乡居民储蓄存款也在不断增长，由图 2 可以看出，从 2005—2014 年，河南省居民储蓄存款的增长较为稳定，年平均增速高达 13%，这表明农村居民人均收入的增加在一定程度上扩大了居民储蓄的积累，但储蓄存款占各项存款的比重呈下降态势，2005 年为 76.3%，2014 年为 55.4%，2011 年最低为 55%。

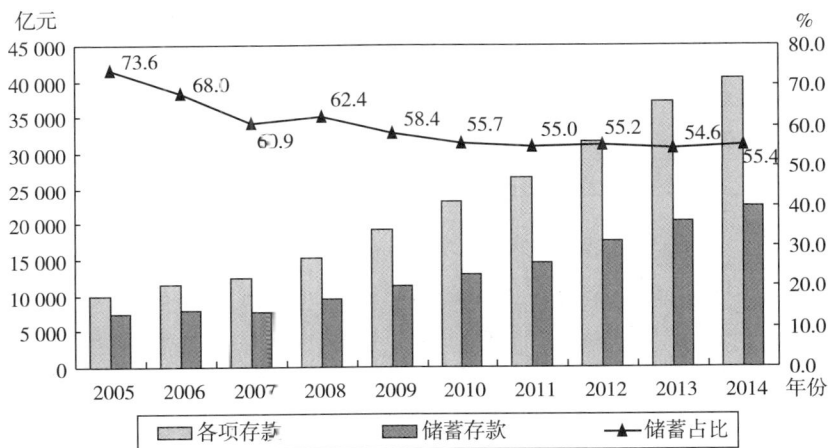

图 2　河南省居民储蓄存款趋势图

三、信贷性农村金融资源配置现状

（一）河南省支农贷款发展现状

近年来，河南省涉农贷款余额和农村资金总量（主要包括涉农贷款和财政支农）呈现出逐年增长态势。图 3 显示，2007—2014 年涉农贷款余额由 3 740 亿元增加到 11 686 亿元，涉农贷款资金总量增长 3.12 倍，农村资金总量由 2007 年的 3 893.45 亿元增加到 2014 年 17 909.87 亿元，增长了 4.6 倍，涉农资金总量占农村资金总量的比重均在 92% 以上，2007 年高达 96.08%，但 2007—2009 年呈下降态势，2009—2014 年呈逐步上升态势。同时涉农贷款余额和财政支农总量相差较大，二者差额呈逐步扩大态势。由 2007 年 3 588 亿元扩大到 2014 年 10 988 亿元，差额扩大了 3.1 倍。

（二）河南省支农机构分布现状

从涉农贷款资金的机构分布情况看，截至 2015 年 6 月，河南省 87% 涉农贷款余额主要集中在三类机构，其中国有商业银行涉农贷款余额 2 789 亿元，占

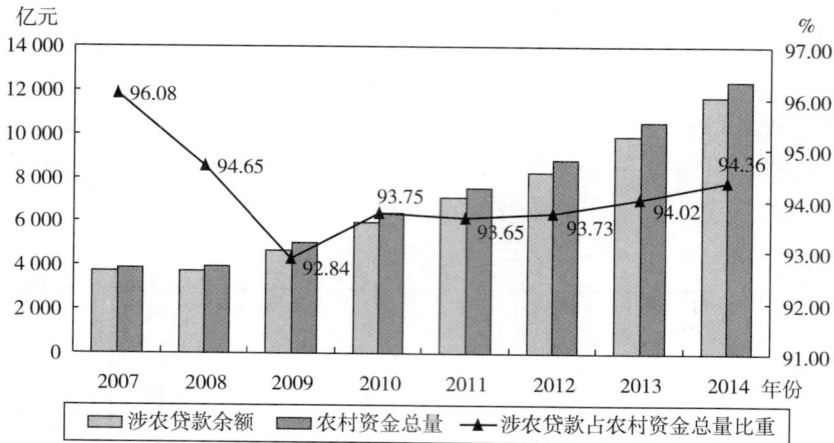

图3 河南省涉农贷款余额和农村资金总量对比情况

22.31%；政策性银行涉农贷款余额2 215.34亿元，占17.72%；农村合作机构涉农贷款余额4 713亿元，占37.69%。目前城商行、股份制银行、邮储银行、村镇银行支农力度有待提高，涉农贷款占比较低，其中邮储银行余额仅为619亿元，占比为4.95%；村镇银行余额为341.49亿元，仅占2.73%（见图4）。

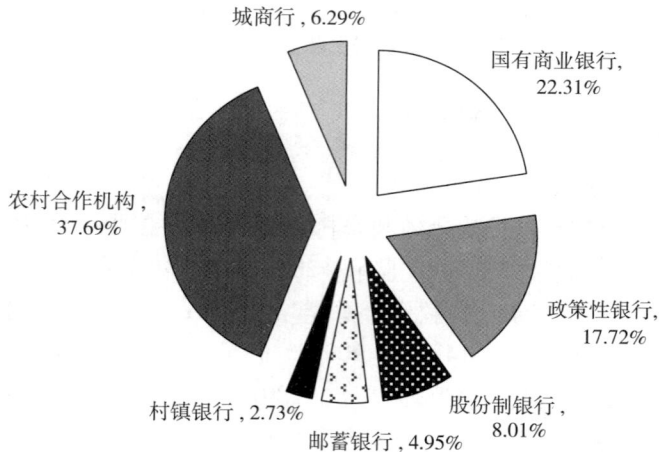

图4 河南省金融机构涉农贷款占比分布图

四、非银行性金融资源配置现状

非银行性金融资源的内涵就是指由政府机构与非银行金融机构提供把服务

"三农"作为导向的各类货币与资本以及金融资产等金融资源的总和。其中由政府机构提供的那种金融资源主要就是指财政资源。

（一）财政资源配置现状

近年来，河南省农村经济实现了健康持续地发展，第一产业生产总值由2000年1 162亿元增加到2013年的4 058亿元，增长3.5倍，财政资金支出是农村经济发展的重要保障，财政支农资金由2000年34亿元增加到2013年630亿元，增加596亿元，增长18.5倍，2000—2013年河南省财政支农资金占河南省GDP的比重和第一产业的比重和占财政总支出比重走势基本趋同，均呈逐年递增趋势，但2009年以后占比增速明显减缓。从财政支农在总支出中所占比重这一指标分析，在美国、加拿大与英国以及澳大利亚等一些农业发达国家中，政府对于农业提供的财政支持就相当于农业GDP中的25%以上，日本与以色列等国的农业财政支出就相当于农业GDP中的45%～95%，2000年以来，河南省财政支农在农业GDP中所占比重却一直都处于较低水平，长期处于2%以下。同时，地方政府对农业投入缺乏积极性，致使第一产业占GDP的比重呈不断下降趋势，数据显示，11年间该指标降低了7.4个百分点（见表3）。

表3　　　　　　　　2000—2013年河南省农业、财政投入对比情况表　单位：亿元、%

年份	GDP	第一产业	财政支农	第一产业占GDP的比重	财政支农占GDP的比重	财政支农占第一产业的比重	财政支农占财政支出的比重
2000	5 053	1 162	34	23.00	0.67	2.93	7.64
2001	5 533	1 234	37	22.30	0.67	3.00	7.28
2002	6 035	1 288	44	21.34	0.73	3.42	7.00
2003	6 867	1 198	48	17.45	0.70	4.01	6.70
2004	8 554	1 649	66	19.28	0.77	4.00	7.51
2005	10 587	1 892	82	17.87	0.77	4.33	7.35
2006	12 363	1 916	114	15.50	0.92	5.95	7.92
2007	15 012	2 217	153	14.77	1.02	6.88	8.16
2008	18 018	2 659	210	14.76	1.16	7.88	9.18
2009	19 480	2 769	362	14.21	1.86	13.06	12.45
2010	23 092	3 258	399	14.11	1.73	12.25	11.69
2011	26 931	3 512	480	13.04	1.78	13.68	11.31
2012	29 599	3 769	552	12.73	1.86	14.64	11.02
2013	32 155	4 058	530	12.62	1.96	15.52	11.28

（二）保险资源配置现状

保险除具有风险转移功能而且具备储蓄功能，涉农保险能够有力地支持全省农业生产，提高农户抗风险能力，较好地发挥经济补偿作用。河南是我国的农业大省，自然灾害对其农业生产有着巨大的影响。作为一种分散农业风险、补偿农业损失、提高农业综合生产能力和促进农民增收的农业保险，在农村金融资源配置中发挥着重要的作用。近几年，河南省农业保险快速发展，河南省保险业市场主体不断增加，竞争更加充分，形成了各层级保险机构并存、经营互补的市场结构，对农业和农村改革发展起到了重要的推动作用。2013 年，全省新增省级保险公司 5 家，市级分支机构 103 家，保险中介及代理机构 83 家。保险业务发展迅速，保险行业对经济补偿和保障民生的功能日益显著。

河南省自 1951 年开始利用农业保险来分散农业风险，1982 年开始尝试商业化经营，1984 年全省种植业和养殖业保险业务开始全面发展。1998 年后，河南省农业保险和全国其他地区农业保险一样，急剧萎缩。2003—2005 年期间，中国人保在南阳、商丘、周口和新乡等地区开展了小麦、棉花等农作物种植保险，但因赔付率高达 87%，严重影响了其开拓农村保险市场的积极性。2006 年年底，全省人均保费 0.83 元，农业保险收入呈负增长趋势，除小麦火灾保险、农房保险以及列入农业保险的变压器保险外，其他险种基本停办。2007 年河南省人民政府批转了《河南省政策性农业保险试点方案》，保障范围覆盖种养两业，拉开了河南省农业保险发展的序幕。同年，河南省农业保险的金额达到 27.5 亿元，同比增长了 28 倍，保费收入同比增长了 177 倍，赔款支出同比增长了 30 倍，呈现出快速增长的发展态势。2010 年 8 月，河南省推出了《2010 年农业保险工作方案》，对政策性农险承保品种、金额、责任、费率、范围、保险经营方式、财政补贴、风险控制、业务操作等都做出了具体规定。农业保险承保品种包括玉米、小麦、水稻、棉花、能繁母猪、奶牛、烟叶、肉鸡等。2010 年河南省在洛阳和驻马店两市新增了小麦保险试点，以后将在试点基础上逐步向全省推开。2013 年河南省出台制定了《河南省 2013 年农业保险工作方案》，将保险范围和保险金额进一步扩大。

（三）证券资源配置现状

近年来河南省证券业保持较好发展势头。特别是中小板、创业板推出以来，河南省上市公司数量和券商经营机构不断增加，市场规模持续扩大，再融资能力不断提升，融资金额数量稳健增长。截至 2013 年末，河南省境内上市公司共有 66 家，占我国 A 股上市公司的 2.69%，其中主板公司 36 家、中小板 22 家、创业板 8 家；实现筹资 133.45 亿元，定向增发股票 5 家，融资额 47.45 亿元，发行公司债 6 家，融资额 86 亿元；全省证券营业部投资者开户数量 41.5 万户，客户托管资产总额 3 425.3 亿元，代理买卖证券总额 6 648 亿元；期货营业部 75 家，营业部账户数量 7.3 万户，代理成交量 12 090 万手，代理成交金额 80 388 亿元。从河南省上市公司地域分布情况看，位于郑州市的上市公司数量最多，共有 21 家，占比 31.8%。从河南省上市公司数量和市值情况看，河南省上市公司市值在 25 亿元的公司数量最多，共 27 家，市值超过 100 亿元的上市公司仅 7 家。但涉农上市企业较少，仅有 6 家，占上市企业总数的 6.3%，具体包括华英农业、雏鹰农牧、好想你、三全食品、莲花味精和双汇发展，六家企业市值合计为 41.77 亿元，募集资金总量为 39.59 亿元（见表 4），分别占河南省的所有上市企业总市值的 1.4%，与募集资金总量的 2.2%（见图 5）。

表 4　　　　　　河南省涉农上市企业发行市值和募集资金情况表　　　　　单位：万元

企业名称	发行市值	募集资金
莲花味精	70 100	68 000
双汇发展	31 200	30 046
三全食品	50 737	48 864
华英农业	62 826	58 884
雏鹰农牧	117 250	108 623
好想你	85 560	81 478
六家合计	417 673	395 895
河南省	29 920 000	18 310 000

　　本章分别从货币性、信贷性和非银行性的角度分析了河南省农村金融配置的现状，从城乡居民收入、储蓄余额现状可以看出农村居民收入增长较快，农村居民人均收入增长不仅促进了农户储蓄的增长，也加快了农业储蓄资源积累的速度；从涉农贷款等信贷性农村金融配置现状可以看出，涉农金融机构网点逐步地增加和新型农村金融机构的逐步建立，使城乡金融差距缩小，农村地区金融服务得到明显的改善，弥补了农村金融供给不足、竞争不充分等问题，河南省银行信贷在当地经济增长的融资需求满足中，外源性融资的比例较小，更多的是依赖内源性融资。从支农情况和保险业配置现状来看，河南省的财政自给率呈下降趋势，涉农保险品种的需求跟不上现代农业发展的需求。

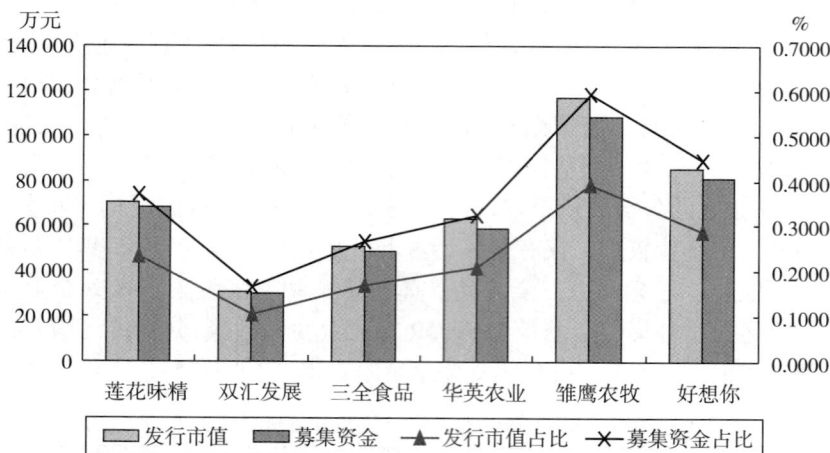

图5 河南省涉农上市企业发行市值和募集资金情况对比图

第四章 河南省农村金融资源配置效率实证分析

一、研究方法及模型

数据包络分析（Data Envelopment Analysis，DEA）方法是一种非参数的效率评估技术。DEA模型的最初形式是由Chames等（1978）提出的假定规模收益不变（CRS）的投入导向的CCR模型，后来Banker等（1984）对CCR模型加以改进，提出了规模收益可变（VRS）的BCC模型。在这以后，DEA模型得到了大量的拓展和运用。本文运用DEA模型对农村金融资源的配置效率作整体评价。

假设将对 n 个地区的农村金融资源的配置效率进行比较，每个地区都有 m 种投入变量和 s 种产出变量，x_{ij} 表示第 j 个地区第 i 种金融资源的投入总量，y_{ij} 表示第 j 个地区第 i 种金融资源的产出总量。那么第 j 个地区金融资源的投入和产出分别为：

$$x_j = (x_{1j}, x_{2j}, \cdots, x_{mj})^T > 0, j = 1, 2, \cdots, n$$
$$y_j = (y_{1j}, y_{2j}, \cdots, y_{sj})^T > 0, j = 1, 2, \cdots, n$$

为了将所有的投入和所有的产出进行综合统一，即将这个生产过程看做是一个只有一个投入量和一个产出量的简单生产过程，我们需要对每一个输入和输出进行赋权，设输入和输出的权向量分别为：$v = (v_1, v_2, \cdots, v_m)^T, u = (u_1, u_2, \cdots, u_s)^T$。$v_i$ 为第 i 类型输入的权重，u_r 为第 r 类型输出的权重。

这时，则第 j 个决策单元投入的综合值为 $\sum_{i=1}^{m} v_i x_{ij}$，产出的综合值为

$\sum\limits_{r=1}^{s} u_r y_{rj}$，我们定义每个决策单元 DMU_j 的效率评价指数：

$$h_j = \frac{\sum\limits_{r=1}^{s} u_r y_{rj}}{\sum\limits_{i=1}^{m} v_i x_{ij}}$$

模型中 x_{ij}，y_{ij} 为已知数（可由历史资料或预测数据得到），于是问题实际上是确定一组最佳的权向量 v 和 u，使第 j 个决策单元的效率值 h_j 最大。这个最大的效率评价值是该决策单元相对于其他决策单元来说不可能更高的相对效率评价值。我们限定所有的 h_j 值（$j=1,2,\cdots,n$）不超过 1，即 $\max (h_j) \leqslant 1$。这意味着，若第 k 个决策单元 $h_k = 1$，则该决策单元相对于其他决策单元来说生产率最高，或者说这一系统是相对而言有效的；若 $h_k < 1$，那么该决策单元相对于其他决策单元来说，生产率还有待于提高，或者说这一生产系统还不是有效的。

根据上述分析，第 j_0 个决策单元的相对效率优化评价模型为：

$$\max h_{j_0} = \frac{\sum\limits_{r=1}^{s} u_r y_{rj_0}}{\sum\limits_{i=1}^{m} v_i x_{ij_0}}$$

$$s.t. \begin{cases} \dfrac{\sum\limits_{r=1}^{s} u_r y_{rj}}{\sum\limits_{i=1}^{m} v_i x_{ij}} \leqslant 1, j=1,2,\cdots,n \\ v = (v_1, v_2, \cdots, v_m)^T \geqslant 0 \\ u = (u_1, u_2, \cdots, u_s)^T \geqslant 0 \end{cases}$$

线性规划中一个十分重要，也十分有效的理论是对偶理论，通过建立对偶模型更易于从理论及经济意义上作深入分析，进一步引入松弛变量 s^+ 和剩余变量 s^-，将不等式约束化为等式约束：

$$\min \theta$$

$$s.t. \begin{cases} \sum\limits_{j=1}^{n} \lambda_j x_j + s^+ = \theta x_0 \\ \sum\limits_{j=1}^{n} \lambda_j y_j - s^- = y_0 \\ \lambda_j \geqslant 0, j=1,2,\cdots,n \\ \theta \text{ 无约束 } s^+ \geqslant 0, s^- \geqslant 0 \end{cases}$$

通过执行 Crste 和 Vrste，可以获得各地区的规模效率，其关系可以表示为：Crste = Scale × Vrste

其中，Crste 表示规模收益不变的技术效率得分，Vrste 表示纯技术效率得分，Scale 表示规模效率得分。根据这些指标，本文就可以对河南省各地区农村金融资源配置效率做出整体的评价。

二、变量数据的选取

要运用 DEA 模型对河南省农村金融资源的配置效率进行分析，必须确定农村金融在各地区的投入指标和产出指标，提高农村金融资源配置水平就是要求在一定的投入总量水平上能够达到支持农村地区经济发展的最佳效果。本文根据上述的农村金融资源配置的评价体系进行计算，同时基于样本数据的可比性、可得性及科学性，本文构建了农村金融资源配置效率评价指标体系，指标体系如表5所示：

表5　　　　　河南省农村金融资源配置效率评价指标体系

投入指标	财力投入指标	财政农业支出（X1）
		金融机构县域贷款（X2）
		农业保费收入（X3）
	人力投入指标	金融机构从业人员数（X4）
产出指标	产出效果指标	农民纯收入（Y1）
		第一产业人均生产总值（Y2）

（一）决策单元格（firm）

由于河南省的各农村数据很难取得，统计结果的误差很大，而国家对河南省各地市的农村经济的统计数据是以市为单位的，可以在一定程度上减少数据误差，统计数据相对比较真实，所以本文选取的决策单元是河南省 17 个地市和 4 个经济区，具体包括郑州市、洛阳市、商丘市、安阳市、南阳市、开封市、平顶山、焦作市、新乡市、鹤壁市、濮阳市、许昌市、漯河市、三门峡市、信阳市、周口市、驻马店市、中原城市群、豫北经济区、豫西南经济区、黄淮经济区。

（二）投入指标（IN）

基本的金融资源投入应该包括人、财、物三个方面，因此选取各地区财政农业支出（X1）、农村贷款（X2）、农业保费收入（X3）、金融机构从业人员数（X4）作为投入指标。其中，金融机构从业人数包括银行、证券、保险三类机构从业人员数，财政支农数据主要指财政支出中农林牧渔业支出，农村贷款数据主要为县域贷款。

（三）产出指标（OUT）

农村金融资源配置的作用是带动当地经济的发展和人民生活水平的提高，所以选取农民人均收入（Y1）与第一产业人均生产总值（Y2）作为产出指标。其中第一产业生产总值主要为县域地区第一产业生产总值。

受2014年河南省农村居民纯收入排名未公布影响，本文研究数据选取的是2013年统计数据，各地市农村居民纯收入指标数据来源于《2014年河南省统计年鉴》，其余指标来源于人民银行半年报数据，在分析各地区农村金融资源配置效率时，根据《河南省全面建设小康社会规划纲要》中将全省划分为中原城市群、豫北地区、豫西南地区和黄淮地区四个经济区。其中中原城市群包括郑州、洛阳、开封、新乡、焦作、许昌、平顶山、漯河、济源，豫北经济区包括安阳、鹤壁、濮阳，豫西南经济区包括三门峡和南阳，黄淮经济区包括驻马店、商丘、周口和信阳（见表6）。

表6　　　　　　　　　河南省农村金融资源配置效率数据表　　单位：元、万元、个

地市	农民纯收入	县域第一产业人均生产总值	财政农业支出	金融机构县域贷款	农业保费收入	金融机构从业人员数
郑州市	14 009	102 299	357 703	8 068 641	193 672	10 556
开封市	8 355	2 635 538	209 777	2 457 370	167 751	8 145
洛阳市	8 756	2 249 716	356 615	4 957 763	159 032	12 852
平顶山市	8 541	1 534 468	201 846	4 306 324	244 140	12 256
安阳市	9 670	1 906 112	180 447	3 384 210	116 953	8 594
鹤壁市	10 608	491 000	66 841	1 702 071	29 621	1 561
新乡市	9 728	128 312	21 202	1 254 927	6 455	1 157
焦作市	11 367	1 201 725	160 291	3 338 925	165 342	10 132
濮阳市	7 904	1 312 135	193 065	1 562 983	141 811	9 056
许昌市	11 007	307 000	43 515	1 005 768	14 400	1 000
漯河市	9 876	571 014	59 394	711 242	24 194	4 592
三门峡市	8 926	930 257	138 369	3 814 605	105 960	7 831
南阳市	8 729	3 906 036	513 288	6 936 034	168 108	16 571
商丘市	7 217	2 904 780	341 057	5 068 963	225 610	8 553
信阳市	7 982	353 9381	344 923	5 403 674	219 580	13 323
周口市	6 950	4 376 474	444 326	4 727 523	344 505	13 984
驻马店市	7 437	3 687 064	354 420	4 245 920	104 036	8 644

续表

地市	农民纯收入	县域第一产业人均生产总值	财政农业支出	金融机构县域贷款	农业保费收入	金融机构从业人员数
河南省	8 475	36 106 887	4 371 002	71 253 230	3 180 356	169 814
中原城市群	10 098	9 730 072	1 410 343	26 100 960	974 985	60 690
豫北经济区	9 127	3 709 247	440 353	6 649 264	288 385	19 211
豫西南经济区	8 764	4 836 293	651 657	10 750 639	274 068	24 402
黄淮经济区	7 379	14 507 699	1 484 726	19 446 080	893 731	44 504

三、实证结果分析

运用 DEAP 2.1 软件，将各投入产出指标代入求解，得到 2013 年河南省各地市区农村金融资源配置的效率评价结果，见表 7。

表 7　　　　　　　　　河南省农村金融资源配置效率评价结果

地区	Crste	Vrste	Scale	
郑州市	0.313	1	0.313	drs
开封市	1	1	1	—
洛阳市	0.578	0.581	0.995	drs
平顶山市	0.627	0.629	0.996	irs
安阳市	0.904	0.974	0.927	drs
鹤壁市	0.904	0.907	0.996	irs
新乡市	1	1	1	—
焦作市	0.652	1	0.652	drs
濮阳市	0.836	0.856	0.976	irs
许昌市	1	1	1	—
漯河市	1	1	1	—
三门峡市	0.586	0.589	0.995	irs
南阳市	0.722	1	0.722	drs
商丘市	0.815	0.819	0.995	irs
信阳市	0.865	0.907	0.954	drs
周口市	0.912	1	0.912	drs
驻马店市	1	1	1	—
河南省	0.674	1	0.674	drs

地区	Crste	Vrste	Scale	
中原城市群	0.57	0.791	0.721	drs
豫北经济区	0.705	0.805	0.876	drs
豫西南经济区	0.678	0.878	0.772	drs
黄淮经济区	0.869	1	0.869	drs

注：Crste 代表技术效率，Vrste 代表纯技术效率，Scale 代表规模效率（drs：规模报酬递减；—：规模报酬不变；irs：规模报酬递增）。

（一）技术效率

该资源配置效率是技术与规模的综合效率，表示农村金融资源在最大产出下的最小投入，这个效率值可以衡量在投入导向下河南省各地区农村金融资源的投入是否存在不合理现象，即是否存在资源利用的不足或者浪费。从表 7 可以看出，河南省农村金融资源配置的总体效率偏低，仅为 0.674。处于技术效率前沿的仅有开封、新乡、许昌、漯河和驻马店，仅占全体样本的 29.4%。其中郑州的配置效率最低，仅达到 0.313。从四大经济区域来看，黄淮经济区效率最高，高于全省 0.11，中原城市群配置效率较低，仅为 0.57，较全省低 0.1。

（二）纯技术效率

该效率值表示在同一规模的最大产出下的最小投入量，可以衡量在投入导向下农村金融资源配置的无效率状态到底在多大程度上是由技术无效率造成的，该指标侧重反映相关制度运行的效率和管理水平。从表 7 可以看出，处于纯技术有效前沿的地区有 9 个地市，占整个地区的 52.9%。从四大经济区域来看，黄淮经济区配置效率最高，中原城市群最低。四大区域的纯技术效率平均值均大于其技术效率平均值，四大经济区域变化幅度比技术效率大。这充分说明，制度运行效率和管理水平的不足正是困扰中部城市群金融资源配置的障碍。

（三）规模效率

规模效率表示农村金融资源在最大产出下技术效率的生产边界的投入量与最优规模下投入量的比值。该值衡量在投入导向下农村金融资源的利用是否处于最优的规模。从表 7 中可以看出，河南省农村金融资源配置的规模效率整体来讲较高。其中，黄淮经济区最高达到 0.869，中原城市群和豫西南地区均达 0.7 左右。这说明农村金融资源配置的最优规模在豫北经济区。

（四）规模报酬

从表 7 可知，有 7 个地市呈规模报酬递减的技术特征，也就是说这些地区的金融资源配置效率的低下是由于金融资源投资过剩造成的；5 个地市呈规模报酬递增，这些地区的金融资源配置效率的低下是由于金融资源投资不足造成的；5个地市呈规模报酬不变，这些地区的金融资源配置效率的低下是与金融资源投入的多少无关，是其他因素造成的。

综上所述，中原城市群农村金融资源配置效率低下主要原因在于主要技术效率低下、金融资源浪费严重等，因此必须不断加强和完善相关的制度建设来提高金融资源管理水平和提高金融资源利用效率。虽然黄淮地区具有纯技术效率的优势，即较为完善的制度体系，但其规模效率却并不高，有待进一步优化。

四、结果分析

整体而言，河南省农村金融资源配置的效率整体不高，并且地区之间差异较大，且影响各地区资源配置效率的因素并不完全相同。提高农村金融资源配置的效率，是发展农村金融的关键。中原城市群农村金融资源配置效率低下是由于纯技术因素，需要不断完善相关的制度建设来提高管理水平和效率，而豫西南地区农村金融资源配置效率低下是因为没有规模效应带动，需要进一步提高金融支农规模。

在推进农村现代化建设过程中，通过加大金融支农投入以推进农村发展是必要的，但金融支农绝不仅仅是依靠金融支农的投入，更重要的是提高农村金融资源配置效率。实现农业又好又快发展离不开金融支持，如果忽视农村金融资源配置效率问题，不但会致使农村金融资源供给不足，有些地方还可能产生浪费现象，将无法实现农业现代化目标。因此，为了推动农村经济快速发展，在加大金融支农投入的同时，还需要将更多精力投入到资源配置效率上，既要将"蛋糕"做大，又要着力分好"蛋糕"。

第五章　河南省农村金融资源配置中存在的问题

在对河南省农村金融资源配置效率现状分析的基础上，利用农村金融效率评价指标体系对河南省农村金融效率进行实证分析后，本文认为目前河南省农村金融资源配置存在如下问题。

一、农村金融资源配置主体缺位

（一）国有商业银行支农力度不足

20世纪90年代中后期，国有商业银行进行了一系列的金融体制改革，出于成本、收益和防范风险等多方面的考虑，国有商业银行的运营模式逐步由分散经营转向集中经营。由于乡镇企业规模一般比较小，经营管理水平低、回报率低、风险较大，基于市场风险考虑，国有商业银行不断撤并农村网点和上收信贷管理权限，将经营重心向城市转移，国有商业银行理所当然地在县域经济中成为存储机构，却很难发挥支农信贷作用。另外，"股东利益至上"的价值追求使一些商业银行不愿意将资金放贷到期限长、见效慢的农业项目，以及放贷成本较高、风险较高的普通客户和农村中小企业身上。县域中商业银行无论是机构数量还是职能履行都明显不足，这是农村金融市场发展缓慢的关键因素，结果是农业信贷资金投入逐年减弱，农村金融市场进一步萎缩。2015 年 6 月河南省国有商业银行机构数量为 3 132 个，比 2002 年减少了 2 516 个。这使得农户和乡镇企业获得贷款的渠道日益减少，农业产业化和集约化生产成为"无本之木"。

（二）农业发展银行支农职能单一

中国农业发展银行是中国目前唯一的农业政策性银行，2004 年中央就批准其可以开展对农业产业化龙头企业、粮油加工企业等的多项商业化信贷业务。实际中，中国农业发展银行业务较为单一，主要负责管理农副产品的收购资金，成为单纯的粮棉收购贷款银行，在支持农业开发与农村发展方面并未有大的作为，支持农村金融的职能并未得到充分实现。目前中国农业发展银行存款业务较少，其资金主要依靠财政拨款，资金有限，这使得农业发展银行不得不缩小对"三农"的金融服务范围，反而限制了其政策性金融作用。在农业发展银行内部业务运作流程中，财政与金融界限模糊，在职能履行中往往"政策性"不够突出，而"商业性"浓厚。农业发展银行没有充分发挥其"农业"比较优势和农村金融服务的职能，出现了"政策性的项目商业化运作，与商业银行争利润"的局面。截至 2015 年 6 月河南省农业发展银行涉农贷款余额 1 683.61 亿元，其中农村企业及各类组织贷款余额为 871.28 亿元，仅占涉农贷款总量的51.75%。同五大国有商业银行相比，农发行在业务能力和实力上还存在一定差别，这在一定程度上限制了其对农村金融发展的支持力度。

（三）农村信用社支农对象不专

目前，随着国有商业银行对县及以下分支网点的撤离，农村信用社成为农户和乡镇企业获取贷款资金的中坚力量，成为农村金融市场的垄断者理所当然。农村信用社在农村地区的营业网点较为密布，但农村信用社为追求利润和防控风险的需要，其在选择放贷范围和对象上戴"有色眼镜"，使得一般农户很难获得贷款。截至 2015 年 6 月末河南省农村信用社农户贷款余额为 120.97 亿元，占涉农贷款总量的 40.35%，较去年同期下降了 2.15 个百分点，较 2011 年下降了10.26 个百分点。表面上，农村信用社的贷款质量和回报率都得到提升，但是农信社作为服务农村经济和农户的金融组织，却忽视了服务"三农"的根本宗旨。

加上农村信用社经营规模较小、经营风险较大、不良资产所占比重较高，管理效率低、结算手段落后、电子化程度低等因素制约，依靠农信社一家金融机构难以支撑"三农"经济发展的信贷资金需求。近年来，农村信用社积极增加城区网点，发展中心有向城市中心区转移的趋势，和以前比服务"三农"意识在逐渐淡化。以河南省辖内某市农村信用社为例，2011—2014 年贷款余额占当地贷款总量的比例分别为 45.63%、42.97%、39.86%、36.59%，而上存资金却不断加大，分别为 145.26 亿元、157.69 亿元、198.57 亿元、210.98 亿元。

（四）邮政储蓄银行支农能力较弱

20 年来邮政储蓄只能吸收存款、不能发放贷款，虽然 2006 年 3 月银监会下发的《关于加强邮政储蓄机构小额质押贷款业务试点管理的意见》，允许邮储机构逐步开展仅限于"定期存单质押"的小额质押贷款试点业务，但全国大部分县域地区邮政储蓄机构仍然不能办理贷款业务。邮政储蓄银行成立后虽然能够发放贷款，但由于缺少有经验的信贷管理人才从而导致其实际上贷款余额不高。截至 2015 年 6 月河南省邮政储蓄银行各项存款余额为 4 667.31 亿元，各项贷款余额 1 143.38 亿元，涉农贷款余额 618.49 亿元，仅占各项贷款的 54.09%。尽管在职能和业务上，邮储比农发行更加广泛，但与商业银行相比仍有不小差距。同时，邮储在资金来源上比农发行更加多元，但在金融市场份额中所占比重较小，在市场导向上仍是商业利益为重，所以对农村金融资源尤其是支农方面显然能力不足。

二、农村金融资源配置机制缺陷

（一）农村金融市场缺乏竞争机制

以国有商业银行、农村合作社、中国农业发展银行和邮政储蓄银行为主体的河南省农村金融体系，本应形成彼此之间激烈竞争的局面，但综观这些金融机构在县域的分布，发现良好的竞争格局并未完全实现。中国农业发展银行县域机构信贷业务主要是粮棉油收购贷款，而四大国有商业银行除农业银行外，大多数选择撤销县以下分支机构，农村信用社承担了主要的农村金融业务服务，由于商业化和政策性经营的矛盾，使得农村信用社不得不对一些长年亏损甚至资不抵债的网点进行撤并，加剧了农村金融服务网点的迅速萎缩。这些因素的叠加首先是减少了农村金融市场主体，其次是由于主体减少形成的竞争机制不足，最严重的是现有农村金融市场无法满足农村经济发展所需要的信贷服务。

（二）农村金融变迁下的金融抑制

中国农村金融在很长时间内都处于政府的严厉管制中，农村金融制度改革事实上成为了一种政府强制性行为。金融制度变迁也逐渐致使农村金融机构资源配置功能弱化。目前河南省农村金融体系格局主要是由农村合作金融机构、中国农业银行以及农业发展银行组成。对政府而言，这种格局由形式上来看是完美的，因为它降低了政府监管投入，但却无益于农村金融市场的发展。农村金融市场竞争格局中，各类金融机构的业务范围与功能界定上主观色彩浓厚，缺乏市场导向。与此同时，国有商业银行机构的撤并造成了农村经济活动中获得的金融资源的下降，农村金融机构功能的严重萎缩，进而形成了现在农村严重的一种金融抑制格局。

（三）农村金融风险转移机制缺失

农村金融风险转移机制包括农业保险和担保机制，不但可以稳定农业生产、保障经营者利益，还可以降低商业金融资源进入农村经济的风险。从实际情况来看，河南省农业保险发展比较滞后，主要表现为保险数额规模小，保险对象参与不足，保险产品欠缺及保险市场难拓展等。截至 2015 年 6 月底，河南省的保险费收入达到了 916.52 亿元，在其中农业保险费收入仅有 36.75 亿元，农业保险费收入仅占全部保费收入中的 4%；同期要支付农业赔款累计是 10.23 亿元，仅仅相当于全省全部赔款和给付支出的 1.35%。由以上数据能够看出河南省的农业保险市场发展不足，同时农村各种资源要素的固化，使得农户与农村中小型企业难以提供有效的资产抵押，且贷款担保也往往很难落实。需要信用担保服务的农村地区的小企业、种植大户以及农业龙头企业在农村地区，而信用担保机构大多都分布在县与城镇，所以导致担保服务不到位。如果农村金融风险不能够分散，在一定程度上就提高了金融机构对农业与农村企业风险程度评估指数，压抑了农村的金融机构放贷方面的积极性，使农村金融供给变得紧张。

（四）农村金融信贷转换能力较低

农村金融机构信贷转换是指农村金融机构将吸收的储蓄资金，通过信贷途径转换为农村社会化投资的过程。这一过程也是农村金融机构通过有效使用金融工具实现自身运营职能的基本途径。虽然在农村金融市场农村合作社有相对垄断优势，但是由于其管理水平、员工素质等都存在一定的缺陷，使得农村合作社的信贷转换能力相对较低。农业银行由于经营战略调整，信贷向城市转移，转移了部分农业资金。邮政储蓄对农村资金以吸收存款为主。这些都导致了河南省农村资金外流现象严重。农村金融机构无法有效将农村储蓄资源向信贷资源转换，说明农村金融机构的信贷配置效率较低。从河南省的实际出发，从表 8 能够直观地看出，在 2000—2015 年 6 月的金融机构的存贷差逐年大幅度的增加，存贷差由 2000 年的 396 亿元增加到 2015 年 6 月的 17 121 亿元，存贷比曲线在总体上呈现下降的趋势明显，由 2000 年的 91.66% 下降到 2015 年 6 月的 63.53%

这说明了河南省农村的金融机构信贷转换的能力在不断降低。

表8　　　2000—2015 年 6 月河南省存贷款业务对比情况表　单位：亿元、%

年份	存款余额	贷款余额	存贷差	存贷比
2000	4 753	4 357	396	91.66
2001	5 530	4 886	644	88.35
2002	6 452	5 554	898	86.08
2003	7 618	6 423	1195	84.31
2004	8 632	7 092	1 540	82.16
2005	10 004	7 435	2 569	74.32
2006	11 493	8 567	2 925	74.55
2007	12 576	9 545	3 031	75.90
2008	15 255	10 368	4 887	67.96
2009	19 175	13 437	5 738	70.08
2010	23 149	15 872	7 278	68.56
2011	26 646	17 506	9 140	65.70
2012	31 649	20 031	11 617	63.29
2013	37 049	23 101	13 948	62.35
2014 年	40 439	27 228	13211	67.33
2015 年 6 月	46 949	29 828	17 121	63.53

　　从农户的角度来看，农户以"净存款人"的身份为经济的其他部门贡献自己的储蓄资源，却很难在正规金融部门得到贷款。也就是说，即使农村金融机构从农户那里吸收到了较多的储蓄资金，但很难有效地将这些储蓄资源转换成信贷资源进而投向农村市场，这说明农村的金融机构信贷配置效率总体上仍处于比较弱的状态。

三、农村金融资源配置环境脆弱

（一）农民收入增长缓慢抑制农村资金的供给

　　农村金融发展与农村经济发展是相互影响、相互促进的。在河南省工业化和城市化的进程中，农村资金被转移到城市，但广大农村地区农户和乡镇企业的信贷需求却得不到应有的重视。这严重抑制了农村金融市场发展，也是农村经济发展缓慢，农业产业经营停滞不前的重要因素。河南省农村经济发展水平落后，农民收入增长缓慢，严重抑制了农民的信贷需求。1998 年以后，河南省农产品市场供给基本平衡，开始出现地区性相对过剩，农业和农村经济发展出现瓶颈，农业结构层次一直没有得到提升。虽然国家财政支农的数额逐年增加，但比重却在不断下降，农业投资不足，农业生产环境差，这些严重影响了农业生产效率和产值，截至 2015 年 6 月底，河南省第一产业占生产总值的比重仅为 16.25%。河南省产业结构层次低，农业领域增收渠道比较狭窄，很多农村居民特别是年轻人选择去城镇打工；农民受文化教育程度比较低，这些因素综合起来影响了农村居民收入水平。农民收入增长缓慢使得农民投资需求和消费需求水平下降，抑制了农村资金需求和供给。

（二）农业发展滞后制约着农村金融的发挥

农业、农村以及农民一直都是我国的"弱质"产业与"弱势"领域以及"弱势"群体。虽然国家一直在强调增加农业发展投入，推动农业生产现代化，建设社会主义新农村，增加农民收入，但目前河南农村地区经济依然十分落后，农业生产现代化不足，"粗放型"生产较为普遍，受自然灾害和气候变化因素影响较大，抗风险的能力弱。所以，在遇到自然灾害后，当农户与农村中小企业遭受损失后，就无力归还贷款。另一方面因为农产品价格波动以及缺乏保护机制等，让农业的预期收益降低，造成逐利资本由农业领域流出，使农业和农村的各项建设事业金融资源缺乏。因为农业是一种弱质产业，周期长、风险大且收益低，所以一些涉农金融机构就不愿发放涉农贷款，害怕贷款发放后收不回会被追究责任，于是就把在农村吸收到的大量资金投放到了城区中小企业与个体工商户以及居民房屋装修还有房地产开发，或者其他短期收益高且见效快的非农企业，结果就是能够投入到农村金融资源中的资金非常有限，而且只有比较富裕的农民与个体工商户能够获得金融机构贷款，真正的贫困农户很难获得贷款。以河南省某农村信用社作为例子，到 2015 年 6 月底，它的不良贷款余额高达至 8.98 亿元，占各项贷款的 11.25%，不良贷款的绝对额比年初增加了 7 301 万元，从中可以看到，因为传统农业的弱质性与"三农"问题的严峻性，也相应地加大了农村信用社的一些经营风险，也就抑制了农村信用社的发展。

（三）农村担保体系滞后导致信贷资金满足度低

由于法制环境、财产分布及产业特性等因素制约，现有的各种信用担保方式要求与当前河南省农村实际需求仍存在较大差距，融资需求难以得到满足。原因在于以下几方面：

第一，农村信用担保机构规模太小，提供的担保数额低、普遍存在注册资金少、担保能力弱、期限短等问题，难以满足众多农户及农村中小企业的担保需求。

第二，随着农户经营的规模化和资金需求数量的增加，农村信用担保方式单一，现在普遍采用的"多户联保"担保方式无法适应信用社防范信贷风险的要求。

第三，河南省农村信用担保机构由于缺少相关的法律法规，内部管理较为混乱，经营运作不规范，内控制度不完善。

当前，河南省农村金融信用担保体系在信用担保组织、经营运作方式和征信体系上也存在一些问题：信用担保组织不健全，信用担保机构的经营运作模式不规范，农村征信体系不健全，农村征信体系配套的管理措施和相关法律不健全等。

通过对河南省农村金融资源配置的现状分析，可以看出河南省在农村金融资源配置上还存在着明显的不足：涉农金融机构职能缺位，农村金融机构涉农资金供给不足，支农融资渠道狭窄，农村金融涉农服务品种匮乏且结构单一，农村金融保险体系不健全，农村金融生态环境较差等。

第六章　提出河南省农村金融资源配置效率的对策建议

在有效防范风险前提下，完善国有商业银行与政策性银行还有农村合作金融机构的相关配置功能，积极引导其他金融机构增加一些支农投入，鼓励支农融资方式创新，逐步完善金融支农配套制度建设。

一、加强农村金融资源配置的主体功能

中国现阶段农村的金融资源配置供给不足，很难满足农村经济发展中的资金需求。规模化与产业化是农业可持续发展的未来主方向，但农业的规模化与产业化发展的前提是实现农业信贷投入的集约化。在政策性金融与合作金融难以满足农业深化对于农村金融资源投入需求的情况下，提升商业性金融对农村经济发展的支持力度，充分发挥商业性金融支持的主导地位与作用，具有重要的战略意义。河南省支农金融机构中，农业发展银行、四大商业银行、邮政储蓄银行和农村信用社占到了86.95%的比例，村镇银行和民间借贷占比仅为3.5%。中国农业发展银行承担着统一管理与运作农业政策性的金融业务这个职责，然而农发行河南省分行职能履行不到位，也使得河南省地区的涉农金融机构很难全面满足我省农业规模化、产业化发展的需求。支农信贷供给严重不足，制约着我省农村经济的发展。2015年河南省实现了辖区部分城市商业银行的有效整合，改组成立中原银行，这将有效提升河南金融机构的整体竞争力，将有更多的城市商业银行和新型的金融机构加入到支持农业经济可持续发展的队伍中，这也有利于加快对农村领域的金融机构的改革步伐，建立规范化、多元化的农村金融市场。其次，科学规划金融机构网点，不断创新农村金融产品和服

务，缓解我省农业金融供给不足问题，最终建立一个商业可持续的农村金融市场。农村金融资源配置主体的多元，全面的、完善的金融服务覆盖率是完善的农村金融市场的基本特征，只有农村金融按照市场运行机制发展，才能有效提高农村金融资源配置效率。

二、优化农村金融资源配置的路径选择

当前河南省农村金融资源配置中还存在诸多不足，缺乏市场机制运行的金融平台，因此河南省应转变资源配置方式，优化农村金融资源配置路径。首先，开放河南省农村金融领域，鼓励非银行金融机构、外资机构、私人机构积极参与农村金融的发展，开展农村互助组织，从半封闭式金融体系向开放式金融体系转变，整合有效的社会资源为农村金融服务。其次，在改建农村金融机构的基础上要不断加强机构效率，明确金融产权。农村金融机构不但要提供存款、信贷等服务，还应调整传统金融业务，创新多元金融服务，满足农村经济发展多元化需要。最后是转变监管方式。河南省农村金融领域还主要依靠政府监管，重点对象是农村金融机构，细化监管一定程度上抑制了河南省农村金融的发展，因此政府应转变传统管理方式，由细化监管转向宏观指导。在监管上，应该注重的是功能监管，针对不同的金融产品和金融业务，分类指导，差别化监管，建立更加完善的农村金融风险方法体系，只有这样才能保证优化河南省农村金融资源配置效率。

三、完善农村金融资源配置竞争机制

竞争是市场运行的最重要特征，金融市场的不断完善根本上取决于金融机构和外部环境之间的一些传导渠道与互动机制，再由竞争和互动过程来实现资源的流动，从而实现金融资源的优化配置。完善竞争机制的重点是完善利率的定价机制，让金融市场上的价格信号可以准确地反映出整个市场资金的供求状况，让市场发挥对金融资源配置作用。其次，逐步放松对利率的管制，根据成本与效益以及风险匹配原则，再研究农村的存贷款利率的浮动幅度以及适应市场需要的一些利率定价。

河南省农村金融市场还没有形成完善的竞争机制，金融资源没有形成有效的传导机制，市场处于不完全竞争状态，贷款利率还不能根据农村市场资金的供求情况变化，农村金融的信息情况存在披露时滞，没有做到持续性预警性的跟踪防范，因此要完善河南省农村金融资源配置机制就要放开农村市场的准入机制，建立更加完善的贷款利率与风险管理体系，优化农村金融市场竞争机制。目前河南省农村金融市场的主体主要是国有商业银行，竞争并不充分，只有放

松管制，让更多的新型机构和个人金融参与到农村金融市场，才有助于农村金融市场竞争机制的完善。河南省要加快制定和出台符合农村地区金融市场实际情况的定价方式，以及科学合理的风险管理制度，如农业贷款担保体系。市场利率要能够全面反映农户或乡镇企业的信用与经营情况，做到以市场为导向，选择相适应的贷款利率水平，对不同客户做到区别对待，完善河南省农村金融市场竞争机制，加快农村金融资源配置。

四、建立农村金融资源风险补偿机制

目前河南省农村领域保险补偿已经有了一定发展，理赔时间也大幅缩短，在一定程度上支持了河南的农业生产，有利于农村的防灾减损工作，但与农业发达地区仍存在较大差距，建立完善的农业保险体系任务仍十分艰巨。河南省是一个自然灾害多发的省份，要做到减少受灾损失，降低投资风险，就要不断发展农业保险，扩大农业保险对农村地区的覆盖面积。结合河南实际情况，政府部门应制定并完善农业保险的政策体系，积极引导金融机构加快农业保险产品的服务与创新，逐步推动农村地区建立现代农业保险保障体系。例如，深入到农村地区宣传农业保险知识，做好农业的科技推广工作，建设农田的水利设备，做好对自然灾害的预警与防范体系等。在建立农户的投资风险的同时，还应发展建立农村信用担保体系，降低农村银行机构的风险，有助于提高银行等机构发展农村领域业务的积极性。具体而言，一是大力发展农业保险业务。健全的农业保险体系对促进农业生产的可持续发展具有重要作用，河南省粮食种植面积占全国比重较高，要加大对农业保险的投入力度，降低农业投资风险预期，提高农户生产的积极性和收入水平。二是建立农户和乡镇企业的信用担保组织。河南省应健全信贷担保组织，对农户和乡镇企业的各种资产进行有效的认证，发挥其金融杠杆的职能，降低和控制金融机构的系统性风险，提高其对农村居民和乡镇企业的贷款比重。同时，政府部门还可以制定一系列的优惠政策，拨出一部分财政专项资金支持信用担保公司的运营，从根本上落实对乡镇农业企业的融资担保、贴息等扶持政策。

五、加大农村金融服务创新力度

随着农村经济的不断发展，农村金融产品和服务的单一化逐渐成为制约农村经济发展的突出因素，特别是在贫困地区，加快金融产品的创新，完善金融服务体系显得尤为重要。这样一方面可以节约融资主体成本，提高其经营效益；另一方面金融机构在不断完善基础设施的同时，也可以不断创新金融产品和服务，这些都有利于提高农村金融运转与服务效率。农村金融资源配置效率的提高，可以促进农村经济的持续发展，因此河南省还要不断加快农村金融服务和产品创新。首先，进一步提高农村地区的金融服务的信息化、电子化，形成便利的农村金融网络体系，科学规划建设自助银行设施等措施来弥补农村金融网点不足。其次，金融机构应增加中间业务种类，大力推广临时性小额贷款或是农户联保贷款，可以不出村就给农户办理国债、基金等的买卖业务，满足农户多层次的金融需求。再次，金融机构互相之间展开合作，实现优势互补，不断加强与保险业的合作，建立完善的再保险的市场体系。涉农金融机构在农村地区开展金融知识讲座或是提供金融咨询服务，提高农户的金融意识。最后，根据河南实际情况，开创更多的金融涉农衍生品，如丰富农产品期货交易品种，改善农村金融服务环境，创新金融服务方式，进而推动河南省农村金融资源配置效率的提升。

六、优化农村金融生态环境

农村经济持续发展的一个关键就是要建立资金聚集这种长效机制，核心就是优化农村金融生态的环境。金融生态环境具体是指能够让各种金融机构在寻求到自我平衡的过程中，来实现良性发展，不断对外部环境产生比较有益影响的一种机制。良好的金融生态环境有利于提高金融的资源配置效率，并且在理顺了农村资金运行机制后，可以防范好金融风险，来引导资金回流，用于改善农村地区的相关投资环境，在真正意义上形成资金聚集的一种"洼地"效应。

河南省农村信用体系建设稳步推进，截至 2014 年底，建立了农户信用档案 422.96 万户，建立的支付终端达到了完全覆盖农村地区，做到了农村人均持卡一张的目标，农村金融生态环境不断优化，但还存在很大的进步空间，相匹配的金融中介机构还很缺乏，省政府应该努力动员社会的力量，与金融机构一同努力，打造一个与农村金融资源相匹配的金融体系，建设良好的生态环境。当然良好的信用体系需要多方联动，共同努力。一是河南省政府应制定和出台为农户提供信贷支持的相关政策意见，给予农村金融机构一定的政策支持，使得农村经济更快发展。二是农村金融机构应该完善内控制度，增加乡镇网点覆盖率，加强农村特殊服务的风险控制，加强信用管理人才的培养力度，积极向农户和企业宣传金融知识，提醒可能出现的问题，积极清收不良贷款。三是农户和中小企业作为授信对象，强化大众的诚信观念，提高守信意识，形成与金融机构的良性互动，形成可持续的良好发展机制。相关部门也应根据党中央政策，完善农村金融市场准入机制，与国有商业银行形成互补，优化河南省农村金融生态环境，使得农村金融体系实现良性循环。

互联网金融与支持小微企业发展问题研究

——以河南省为例

中国人民银行郑州中心支行办公室课题组[①]

摘要： 近年来，随着互联网技术、信息通信技术不断取得突破，推动互联网与金融快速融合，以 P2P 网络借贷、股权众筹等的发展为代表，我国互联网金融发展后来居上，对整个金融业态产生了重要影响。互联网的兴起，促进了金融创新、提高了资金资源配置效率，降低了融资成本，使经济社会效率和质量得以提高，对于稳增长、调结构、促发展、惠民生具有重要的意义。

目前小微企业已成为我国国民经济的重要组成部分，其健康发展有效地完善了我国社会主义市场经济体系。但是，由于小微企业自身的不利因素和外部不利的环境，使得其从金融机构获取的信贷资源与社会经济地位明显不相匹配，融资问题成为我国小微企业发展进程中的严重羁绊。互联网金融的蓬勃发展，为破解小微企业融资困境开辟了一条全新的路径。与传统的间接融资和直接融资方式相比，互联网金融具有信息、成本、效率和普惠的优势，更加契合小微企业的融资需求，但其中所蕴含的风险也不容忽视。

本文围绕互联网金融支持小微企业这个中心，分析了互联网金融支持小微企业发展的耦合性与不足，对我国互联网金融的业态、最新发展和政策规范引导情况进行归纳，重点描述了河南省互联网金融发展现状、存在的突出问题，对河南互联网金融支持小微企业发展的典型案例进行剖析，最后从监管引导、政府支持、互联网金融企业自身等方面提出有针对性的政策建议。

关键词： 互联网金融　小微企业　风险　建议

---

① 课题主持人：李建华；

课题组成员：周玉敏、单科举、李玲、孙芳、张一、蔡星星、陶霖聪、李奇朋、裴栋梁。

第一章 绪 论

一、选题背景和研究意义

（一）选题背景

小微企业是我国国民经济和社会发展的重要组成部分，在促进经济增长、促进就业、科技创新等方面发挥着不可替代的作用。对国内大多数小微企业来说，融资难是阻碍其发展的突出问题。我国近几年虽然出台了很多法规、条款分别从财税、融资方面给予小微企业支持，银行等金融机构也在政策的号召下，提高了对小微企业融资的服务力度，但小微企业融资难的问题仍然十分严峻。

近年来以第三方支付、网络借贷、股权众筹等为代表的互联网金融改变了传统的资金融通方式和交易支付方式，为破解小微企业融资困境开辟了一条全新的路径。但与此同时，互联网金融行业在当前面临着监管机制不完善、法律法规不健全、信贷风险控制等问题，这些问题都在一定程度上制约了互联网金融进一步支持小微企业的发展。

（二）研究意义

互联网金融融资模式具有普惠性、便捷性、针对性等特点，和小微企业融资之间具有协同合作优势，与传统方式相比，能够更好地为小微企业融资提供服务。本文试图在对互联网金融支持小微企业发展的理论和应用研究的基础上，探讨互联网金融相对于传统信贷模式在解决小微企业融资中的优势与不足，并通过对河南省目前互联网金融发展总体情况及已有的 P2P 平台、股权众筹平台等具体案例具体分析，提出一些可行性建议和对策，对规范引导互联网金融发展以及缓解小微企业融资难等问题具有较强的现实意义。

二、文献综述

（一）国外研究综述

Kauman（2000）、Sunday Telegraph（2006）等指出，网络贷款平台可以在较短时间内完成审核，同时还提供更低的利率，因此更吸引那些被银行遗漏的中小投资者。

Steelman（2006）的观点是互联网金融融资模式最特色的地方就在于匿名交易，这是目前世界各国互联网金融融资平台共有的特点。而匿名交易存在的重要风险在于可能导致筹融资双方都无法取得与自己交易者的可靠信息，从而产生信息不对称的问题。同时，以互联网金融为平台的小微企业融资多为无抵押的信用贷款，所以其信用风险较其他方式更大。

Hauswald 和 Agarwal（2008）认为，导致小微企业在信贷市场较难满足资金需求的最重要原因是小微企业普遍缺乏市场认可的信用评级，以网络借贷为特色的互联网金融融资模式相对其他融资模式，在信用评级的审核上要更加宽松。

Chircu，Duarte 和 Siegel（2010）认为，无论是互联网金融融资模式还是传统融资模式，其关键问题都在于企业的信用。其研究数据显示，已在某些国家实行的网络联保模式对解决小微企业融资难起到一定作用，因为网络联保的企业捆绑比企业单独向银行贷款更利于认可。因为通过相关企业联保捆绑模式，参与联保的企业相互约束限制，可以在一定程度上降低贷款的信用风险。

（二）国内研究综述

1. 关于互联网金融的概念

在我国，互联网金融这一概念首先由谢平提出。谢平，邹传伟（2012）通过对互联网金融模式的研究，提出互联网的大范围覆盖和现代信息科技的发展，出现了搜索引擎、移动支付、网络社区和云计算等前沿信息技术。在这种趋势下，一种既不是类似商业银行间接融资，也不是资本市场直接融资的全新融资模式将会出现，这将对现有金融模式产生巨大的影响，可以将其定义为"互联网金融模式"。

巴曙松，谌鹏（2012）认为平安、腾讯和阿里巴巴联合组建互联网金融企业代表了一种新的混业形态。这种混业形态不仅仅是金融内部的资源整合，甚至在互联网企业的介入之下，呈现出与过往完全不同的全新金融混业形态。

刘英，罗明雄（2013）认为互联网金融即利用互联网技术进行资金融通或者金融服务的创新金融。互联网金融与传统金融的最大区别在于经济学基础甚至金融理论不同，传统金融以二八定律为基础，互联网金融以平台经济和长尾效应为基础。在长尾效应的影响之下，原来被传统金融领域所不重视的零散资金和短期存款资金为互联网金融创造了巨大的效益。

李耀东，李钧（2014）认为，互联网金融不是互联网和金融业的简单结合，而是在实现安全、移动等网络技术水平上，被用户熟悉接受后（尤其是对电子商务的接受），自然而然为适应新的需求而产生的新模式及新业务。互联网金融是基于互联网思想的金融，而不是基于某个或某类主体的金融。

中国人民银行2014年4月发布的《中国金融稳定报告（2014）》提出，一般来说，互联网金融是互联网与金融的结合，是借助互联网和移动通信技术实现资金融通、支付和信息中介功能的新兴金融模式。广义的互联网金融既包括作为非金融机构的互联网企业从事的金融业务，也包括金融机构通过互联网开展的业务。狭义的互联网金融仅指互联网企业开展的、基于互联网技术的金融业务。

2015 年 7 月，中国人民银行等十部委发布的《关于促进互联网金融健康发展的指导意见》指出，互联网金融是传统金融机构与互联网企业利用互联网技术和信息通信技术实现资金融通、支付、投资和信息中介服务的新型金融业务模式。这是官方首次为互联网金融给出明确的定义，本文所探讨的互联网金融也是基于此概念展开。

2. 关于互联网金融支持小微企业

谢平，邹传伟（2012）研究了互联网金融的支付方式、信息处理和资源配置，认为互联网金融模式能通过提高资源配置效率、降低交易成本来促进经济增长，有利于解决中小企业融资难问题。

李安朋（2011）指出，互联网金融融资模式非常符合小微企业融资所表现的特点。第一，网络平台降低了对小微企业融资的高门槛要求。第二，依托于网络平台积累的网络信用可以一定程度上弱化小微企业融资过程中信贷双方的信息不对称问题。但互联网金融领域运行不规范、风险控制不合理，缺乏统一监管也缺乏政策上的支持和引导，仍然需要国家发挥其主导性作用去进一步规范和引导互联网金融信贷模式的健康运行。

刘芸（2013）认为小微企业之所以融资困难，最主要的原因是其信息不对称。而把大量数据应用作为基础的互联网金融，恰恰可以帮助它缓解这种状况，从而增强借贷风险的可控性。

高国华（2013）认为互联网金融模式下最大的获利方将是一直受到传统金融忽视的小微企业，互联网金融将是服务小微企业的最好的方式。由于第三方支付平台上小微企业规模的不断累积增加，企业众多相关的交易数据变成重要的数据信息，因此互联网金融机构可以凭借互联网大数据平台的辅助在提供金融服务的同时控制风险，从而可以为更多的小微企业服务。

王兵磊（2014）通过对阿里金融和宜信 P2P 两种融资模式的运行机理分析、比较优势分析和风险分析，认为互联网金融融资模式为解决小微融资难的问题提供了新的解决思路，但是其还有很多不足之处亟须完善。

吴晓求（2015）认为，互联网金融十分有效弥补了传统金融的内在缺陷，开创了一个新金融运行结构，被传统金融所忽视的小微企业在互联网金融上获得了适当的服务。金融服务第一次摆脱了对身份、地位、名望、财富、收入的依赖，很显然是对普惠金融理念的践行。

（三）文献评述

无论国内还是国外，运用互联网金融支持小微企业发展都是一个比较新的领域，目前国内外在这方面的研究不是很多，但是在基础理论、风险分析、实践探索等领域也有一些重要的研究成果。从上述国内外研究现状来看，主要具有如下特征：

第一，国内外研究普遍认为，互联网金融的特征决定了其在支持小微企业融资方面具有先天的优势，互联网金融的快速发展为小微企业开辟了一个新的并且非常适合的融资渠道。

第二，互联网金融在为小微企业提供融资等服务过程中，可能会产生新的风险。国外已有部分涉及互联网金融在小微企业融资应用的风险研究和制度研究，国内有学者也提出应注重互联网金融领域的风险，不断加强行业自律、加强安全建设与风险管理。

第三，与国外相比，国内的研究更偏重于对互联网金融在支持小微企业实践应用中的分析和探讨，在理论研究方面较为薄弱。

三、研究思路和方法

（一）研究思路

本文围绕互联网金融支持小微企业发展这条主线展开，首先对国内外研究现状进行回顾，结合相关理论对互联网金融支持小微企业发展问题进行分析，然后对我国互联网金融各业态的发展情况、政策规范引导情况和互联网金融支持小微企业的模式进行了梳理，随后结合典型案例研究了河南省互联网金融行业发展及支持小微企业的现状和问题，最后为互联网金融更好地支持小微企业发展提出切实可行的政策建议（见图1）。

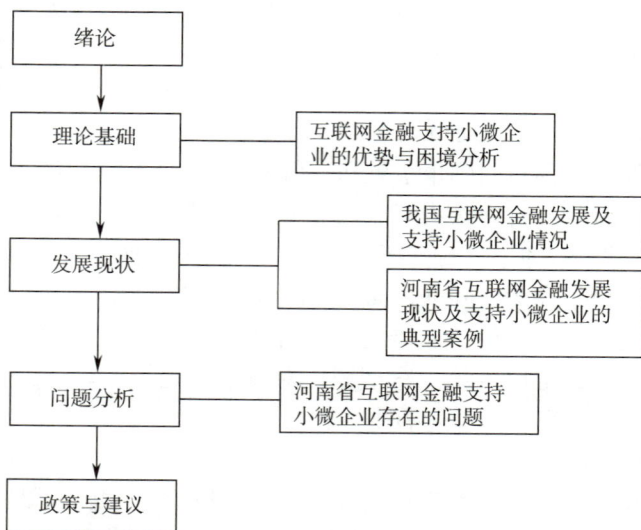

图1　技术路线图

（二）研究方法

1. 文献回顾法。前期通过搜集阅读大量的有关互联网金融支持小微企业发展的文献，了解到国内外此领域的最新研究动态和研究进展，奠定了一定的理论知识基础，并选取了其中与本文密切相关的理论研究成果应用在本文中，增强本文的理论科学性。

2. 对比分析法。本文通过对互联网金融与传统金融模式进行比较，分析了互联网金融支持小微企业发展的优势和不足；通过对省内外互联网金融支持小微企业的情况进行对比找出差距，提出相应的政策建议。

3. 案例研究法。本文选择河南省内大数云融、遇见天使等案例为研究对象，详细分析了 P2P、股权众筹等平台运作模式以及其在对小微企业融资操作时的广泛应用，佐证了前文的理论分析。

四、创新点和不足

（一）可能的创新点

1. 根据 2015 年 7 月人民银行等十部委《关于促进互联网金融健康发展的指导意见》的最新分类，对互联网金融各业态的最新情况进行描述，并就其如何支持小微企业的发展进行了全类型的模式分析。

2. 对近年来国家层面和地方政府规范引导支持互联网发展的政策进行了较为完整的梳理，特别是针对各地出台的互联网金融支持小微企业发展的政策措施进行了概括和归纳。

3. 在此前国内关于互联网金融及支持小微企业的研究中，大多是集中在全国层面或选取国内发达地区的成功案例进行分析。本文重点探究了河南省互联网金融发展及支持小微企业过程中出现的问题、制约因素及机遇，并选取了河南的互联网金融企业作为案例进行研究，提出具有针对性的对策和建议，具有一定的独创性。

（二）本文的不足之处

由于河南省互联网金融正处于起步阶段，可借鉴的河南省互联网金融研究资料较少，缺乏权威机构发布的相关数据，数据的获取具有较大难度。各业态总体业务量等数据缺乏，给全省互联网金融发展和支持小微企业情况的分析和评估带来了难度。

第二章　互联网金融支持小微企业发展的耦合性与不足

一、互联网金融与小微企业发展的耦合性分析

克里斯·安德森（Chris Anderson）在 2004 年 10 月提出"长尾理论"，用来描述诸如亚马逊等网站的商业和经济模式。他认为："只要存储和流通的渠道足够大，需求不旺或销量不佳的产品共同占据的市场份额就可以和那些数量不多的热卖品所占据的市场份额相匹敌甚至更大"。与传统银行金融服务偏向"二八定律"里面的 20% 客户不同，互联网金融在面对资金需求市场中，争取更多的是 80% 的"长尾"小微客户（如小微企业和个体工商户）。虽然处于尾部的小微客户单个不能像头部的大客户为银行带来较高收益，但是数量庞大、集结成总体的小微客户市场带来的利润也相当可观。此外，这些小微客户的金融需求既小额又个性化，在传统金融体系中往往得不到满足。互联网金融在服务小微客户方面有着先天的优势，可以高效率地解决小微资金需求者的个性化需求。

（一）信息收集处理优势

David M. Kreps、Paul Milgrom、John Roberts 和 Robert Wilson 于 1982 年建立 KMRW 声誉模型，阐述了声誉在多阶段博弈中的重要性。上一阶段的声誉将直接影响下一阶段甚至以后阶段的效用，良好的声誉将有助于交易的达成。声誉是反映行为人历史记录与特征的信息，声誉信息在各个利益相关者之间交换、传播，形成声誉信息流、声誉信息系统及声誉信息互联网，成为信息的显示机制，能有效抑制信息扭曲、增加交易透明度。KMRW 声誉模型很好地解决了小微企业信用评估的问题，使互联网金融企业为小微企业提供贷款融资打下了良好基础。

基于大数据和云计算基础上的互联网金融在融资信息的收集和处理上的优势是传统金融机构不能比拟的。与传统金融机构借贷重点关注财务报表、抵押担保品等硬性信息不同，互联网金融企业更加关注交易数据、信用记录、客户评价、货运数据、认证信息、纳税记录等软性信息。传统金融机构很难对这些软信息进行归纳提取利用，而互联网金融企业能通过大数据处理技术快速地对这些碎片式的低密度价值数据整合起来通盘分析，进而判断出小微企业实际财务状况，进行风险评估和定价。

（二）低成本优势

与传统银行相比，互联网金融不仅具有资金成本和时间成本上的优势，而且还具有较低的信息成本优势。互联网金融企业具有交易平台集中建设、信息

收集与分析模型集中组建的优势。这种前期大规模投入形成的虚拟规模优势在系统与模型规范和成熟后，收集与处理信息的成本可以无限接近于零。互联网增加一个使用者的边际成本几乎为零，这势必造成规模效应。基于云计算和行为分析理论的大数据挖掘技术，可以在海量的信息中挖掘到最基本、最关键的能够预测预警欺诈风险和信用风险的信息，因而使互联网金融可以以极高的效率和极低的成本，动态地算出借贷的风险定价和违约概率。

在运营及交易方面，互联网金融主要是让借贷双方通过互联网通信平台直接对接，流程在线完成，客户根据自身需求向借贷平台了解信息进行申请，这个交易过程具有快捷性和广泛性的特点，可以不受时间和空间限制。对客户来说贷款成本降低；而对投资者来说省掉了传统的多层次营销体系，交易过程中的搜索、协商和签约等管理成本，同时，也节省了设立营业网点的各类成本。

（三）普惠性及服务多样性优势

2005 年，联合国提出普惠金融（inclusive financial system）的理念，希望推动建立为社会各阶层所有成员提供公平、便捷、安全、低成本服务的金融体系。普惠金融的实质就是将需要金融服务的所有人纳入金融服务范围，让所有人得到适当地与其需求相匹配的金融服务。由于互联网金融独有的开放性和共享性，融资业务边界得到了极大地扩展，融资参与者更为广泛。互联网金融由于是在线交易，只要网络可到达的地方，不论小微企业位于如何偏远的地理位置都能申请贷款。交易者几乎可以不受时间和空间的影响，融资金额灵活，通过网络自主达成自己需要的合作，能让更多人参与其中。借助于网络的共享性和开放性，互联网金融服务的目标群体则主要是"长尾"客户群体，多属于中等和中下等收入群体。

同时，通过网络平台，资金的供需双方接触的频次和宽度大幅增加，深度互动，可以针对小微企业融资需求及时进行产品的设计与调整，满足小微企业在传统金融机构那里达不到的贷款需求。小微企业经营业务各不相同，相应地对资金需求也复杂多样，互联网金融除了为企业提供了更多的融资选择，提供符合需求的资金，还为企业提供其他相关服务或针对企业提出个性化的贷款方案。

（四）便捷性及时效性优势

互联网金融服务摆脱了物理网点、营业时间的约束，服务门槛低，自由度高，且贷款的流程简单、手续简化，贷款渠道更加畅通。由于互联网具有先进的信息处理与传导机制，通过先进的技术突破了时间和空间的约束，很多流程达到了自动化，极大地节约了耗费在审批等流程上的时间，审批流程和放款速度更为迅捷，对于小微企业来说，融资的时效性更高，更能符合小微企业贷款需求急的特点。从目前来看，小微企业向传统金融机构贷款的时间最短为 1 周左右，有的甚至能达到一个月以上，而通过互联网融资机构贷款往往可能只需几分钟就能完成贷款的全部流程，几天之内就能拿到贷款，互联网金融的这种融资速度，极大地满足了小微企业短急的融资需求。

二、互联网金融支持小微企业发展的困境与不足

互联网金融在服务小微企业方面具有广泛的、先天性的优势，但从目前互联网金融各业态发展情况来看，其也面临着暂时无法克服的困境，各类风险依然制约着其充分有效地服务小微企业融资发展。

（一）先天的系统性风险较高

由于依赖于计算机或者移动设备的软硬件配置，互联网金融具有较高的系统风险。互联网金融业务的数据要求绝对安全和保密，用户基本信息、支付信息、资金信息、业务处理信息、数据交换信息等的丢失、泄露和篡改都会产生不可估量的损失。具体来看，其风险主要表现在：一是外部技术支持风险。目前，许多互联网金融企业在系统开发、运行过程中，是通过购买第三方外部服务的方式提供业务技术支持。如外部技术支持者遇到财政困难或者违背职业道德，就会导致互联网金融企业无法得到高品质的网络服务设施，进而发生欺诈风险，金融机构的内部客户数据泄露的风险也会导致金融盗窃。二是系统漏洞风险。互联网金融业务应用系统和数据库，在技术上固然存在一些系统漏洞和隐患，这些漏洞往往会被黑客、计算机病毒所利用，为其带来巨大实际利益。三是信息通信风险。互联网金融业务通过网络在银行、互联网金融机构、用户之间进行数据传输，数据传输过程要求进行数据加密，如果一旦网络传输系统和环境被攻破，或者加密算法被黑客所攻破，将使得互联网金融业务客户的资金、账号、密码在网络中明文传输，造成客户信息泄露，严重影响互联网金融业务用户信息安全。四是系统应急风险。目前，大多数互联网金融机构在系统建设和运行中，没有很好地执行按照业务运行应急计划，应对电力中断、地震、洪水等灾害不到位，一旦发生灾害，将带来巨大损失。

（二）信用风险依然突出

信用是金融的核心要件。现阶段我国信用体系尚不完善，不但互联网金融还没有接入人民银行征信系统，而且缺乏信用信息共享机制。国外的 P2P 机构通常将企业的信用评级外包给市场认可的评级公司，而我国目前没有此类专业评级公司，也没有专门针对小微企业的评级条款。互联网金融公司无法通过第三方来获取客观的客户信用历史数据信息，在进行交易撮合时，主要是根据借款人提供的身份证明、财产证明、缴费记录、熟人评价等信息评价借款人的信用。数据总量的爆发式增长，在带来数据挖掘与分析便利的同时，也会增加金融市场的信息不对称程度。

（三）有效的用户积累与信息共享难

互联网金融是一种较为新鲜的融资模式，扩大其应用范围存在两大挑战。一是如何能够使互联网金融企业拥有一个有效的客户群体与数据来源。就目前市场存在的阿里小贷来说，其拥有三个具有规模的平台，其中付费的平台客户达到了数百万。如果算上免费客户，其用户数量已经接近千万，更难得的是如此庞大数量的企业还在三大平台中进行频繁地交易获得借款，这才导致阿里小贷迅速发展成互联网金融企业的"大型企业"。阿里小贷成功模式的背后却存在一个复制推广的问题。对于后来发展互联网金融的企业来说，其难度将会十分巨大。二是互联网金融的规模效应必将使大企业的成本较小较低，从而比小企业更具成本上的竞争优势，占据更大的市场份额，以致出现行业垄断现象。比如在当前的互联网支付领域，就出现支付宝、财付通独大的格局。

（四）消费者权益保护薄弱

在信息不透明的背景下，互联网投资平台往往向投资者承诺很高的收益，但最后在风险控制这一环节没有做好，以及在资金的用途、投融资的项目等方面都很不规范，难以有效保护消费者的权益。此外，有些网络金融平台公司存在非法集资、高利贷等违法违规行为。同时，部分小微企业作为金融活动参与者进行互联网金融活动时只注重其便利性和收益性，盲目乐观，忽视风险。互联网金融发展时间较短，维护消费者权益的法律存在较大空白，互联网金融业务一旦发生经济纠纷，投资者缺乏相应的法律依据维护自身权益。

第三章　当前我国互联网金融发展及支持小微企业发展概况

一、我国互联网金融的业态及其最新发展情况

作为一种新兴的金融模式，事实上互联网金融谱系的各种形态之间并不存在清晰界限，而且是动态变化的，目前各类研究对互联网金融类型的划分，还达不到严格分类应有的"不重复，不遗漏"标准。结合国内互联网金融发展的现状，本文所指的我国互联网金融的业态主要有以下六种①。

（一）互联网支付

互联网支付是指通过计算机、手机等设备，依托互联网发起支付指令、转

---

① 本文关于互联网金融业态的划分主要借鉴了《关于促进互联网金融健康发展的指导意见》。

移资金的服务，其实质是新兴支付机构作为中介，利用互联网技术在付款人和收款人之间提供的资金划转服务。目前，我国互联网支付业务发展迅速，截至2015年6月末，在获得许可的270家第三方支付机构中，提供互联网支付服务的有112家。2014年，支付机构共处理互联网支付业务215.30亿笔，业务金额17.05万亿元，分别比上年增长43.52%和90.29%。①互联网支付业务的应用范围也从网上购物、缴费等传统领域，逐步渗透到基金理财、航空旅游、教育、保险、社区服务、医疗卫生等。

（二）网络借贷

网络借贷包括个体网络借贷（即P2P网络借贷）和网络小额贷款。

P2P网络借贷指的是个体和个体之间通过互联网平台实现的直接借贷。我国的P2P网贷从2006年起步，近几年一直保持快速的发展势头，截至2015年6月底，我国P2P网贷正常运营平台数量为2 028家，行业的累计成交量已经超过了6 835亿元，总体贷款余额达2 087.26亿元，为2014年年末的201.47%。2015年上半年我国P2P网贷总体综合收益率为14.78%，平均借款期限为6.74个月，行业投资人数与借款人数分别达218万人和106万人。

网络小额贷款是指互联网企业通过其控制的小额贷款公司，向旗下电子商务平台客户提供的小额信用贷款。典型代表如阿里金融旗下的小额贷款公司。蚂蚁金融COO杨光2015年3月透露，阿里小贷服务用户已超过140万，贷款余额近4 000亿元，网上借款平均借款期限127天，坏账率为1%多一点点。②

（三）股权众筹融资

众筹融资是指通过网络平台，项目发起人筹集从事某项创业或活动的小额资金，并由项目发起人向投资人提供一定回报的融资模式。股权众筹融资属于众筹融资的一种，其主要是指通过互联网形式进行公开小额股权融资的活动。众筹融资在我国起步时间较晚，但2014年开始进入了发展的快车道。相关数据显示，截至2015年7月31日，全国113家股权众筹平台交易额达到54.76亿元，项目成交数量达1 335个。③

（四）互联网基金销售

互联网基金销售指基金销售机构与其他机构通过互联网合作销售基金等理

---

① 数据来源于中国人民银行网站和中国支付清算协会发布的《中国支付清算行业运行报告（2015）》。

② 蚂蚁金融COO杨光：《阿里小贷余额接近四千亿，坏账率1%多一点点》见http://www.jpm.cn/article－1479－1.html。

③ 数据来源于上海交通大学互联网金融研究所联合京北智库发布的《2015中国股权众筹行业发展报告》。

财产品。按照网络销售平台的不同，基于互联网的基金销售可以分为两类：一是基于自有网络平台的基金销售；二是基于非自有网络平台的基金销售。互联网基金销售在我国广受欢迎，以支付宝"余额宝"和腾讯"理财通"为例，截至 2015 年 5 月 31 日，"余额宝"规模达 6 678 亿元，用户数已经超过 2.2 亿人；① "理财通" 2015 年 1 月发布的一周年账单显示，其用户已超过 1 000 万，资金规模突破 1 000 亿元。②

（五）互联网保险

互联网保险业务，是指保险机构依托互联网和移动通信等技术，通过自营网络平台、第三方网络平台等订立保险合同、提供保险服务的业务。近几年来，互联网保险在我国发展迅速，截至 2014 年末，全行业经营互联网保险业务的保险公司达到 85 家。2014 年，互联网保险业务保费收入 858.9 亿元，同比增长 195%，占总保费收入的比例由 2013 年的 1.7% 增长至 4.2%。2015 年以来，互联网保险继续保持高速发展的势头，根据保监会发布的最新数据显示，2015 年上半年互联网渠道保险收入 324.99 亿元，同比增长 67.27%。③

（六）互联网信托和互联网消费金融

互联网信托是通过网络平台进行的信用委托，即由委托人依照契约或网站条款的规定，为自己的利益，将自己财产或财产权利委托给受托人（信托公司），由受托人利用信托公司互联网平台或者第三方网络平台向投资人募集资金，然后将资金投向较好收益的项目，利用项目产生的效益归还投资者本金与预期收益的行为。在目前的互联网信托实践中，信托公司主要是通过互联网拓展渠道，与互联网公司等机构合作设立新的营销平台等，大部分信托公司已在布局微信公众号、手机 APP 客户端等强化网络渠道。

互联网消费金融指利用线上互联网手段来为消费群体提供对应的金融服务，目前主要包括银行的消费金融贷款、消费金融公司的分期、P2P 平台的信用贷款以及电商平台的消费金融产品。2014 年，京东、阿里、苏宁等各大电商纷纷开始进入消费金融领域，使得我国互联网消费金融迎来产业快速发展的时期。2015 年 6 月，我国首家线上线下结合的互联网消费金融公司——马上消费金融股份有限公司正式开业，也表明消费金融行业在业务扩展及创新方面再上了一个新台阶。

---

① 《余额宝出 2 周年账单》见 http：//epaper. voc. com. cn/sxdsb/html/2015 - 06/18/content_ 984445. htm？div = -1。

② 《微信理财通规模破千亿》见 http：//szsb. sznews. com/html/2015 -01/15/content_ 3122797. htm。

③ 数据来源于前瞻产业研究院发布的《2015—2020 年中国互联网保险行业商业模式与投资战略规划分析报告》和保监会网站。

二、政策规范引导支持情况

（一）规范和引导互联网金融发展的政策
1. 国家层面规范和引导互联网金融发展的政策

作为传统金融业与互联网业相结合的新兴领域，近几年来互联网金融得到了金融监管部门的高度关注，相应的管理规定也应运而生（见表1）。

表1　　　　　　　　　我国引导和规范互联网金融发展的政策

出台政策	出台时间	制定部门	主要内容
《非金融机构支付服务管理办法》（中国人民银行令〔2010〕第2号）	2010年6月	中国人民银行	规范了包括网络支付、预付卡的发行与受理、银行卡收单等非金融机构支付业务，在申请与许可、监督与管理、罚则等方面作出了规定。
《支付机构互联网支付业务风险防范指引》（中支协网络支付发〔2013〕2号）	2013年3月	中国支付清算协会	提出了互联网支付机构整体风险管理体系的基本要求，涵盖了支付机构风险管理体系、用户风险及防范、商户风险及防范、资金安全管理、系统信息安全管理、支付机构反洗钱和反恐怖融资管理要求、风险信息共享和风险事件处理等内容。
《私募股权众筹融资管理办法（试行）（征求意见稿）》	2014年12月	中国证券业协会	对股权众筹的性质、平台准入门槛、投资者准入资格、行业自律作出了规定。
《关于推动移动金融技术创新健康发展的指导意见》（银发〔2015〕11号）	2015年1月	中国人民银行	明确了移动金融技术创新健康发展的方向性原则，提出了推动移动金融技术创新健康发展的保障措施。
《关于积极推进"互联网＋"行动的指导意见》（国发〔2015〕40号）	2015年7月	国务院	鼓励互联网与银行、证券、保险、基金的融合创新，为大众提供丰富、安全、便捷的金融产品和服务，更好满足不同层次实体经济的投融资需求，培育一批具有行业影响力的互联网金融创新型企业。
《关于促进互联网金融健康发展的指导意见》（银发〔2015〕221号）	2015年7月	中国人民银行等十部委	明确了互联网金融主要业态的监管职责分工，落实了监管责任，规定了各业态应当遵守的基本业务规则。在互联网行业管理，消费者权益保护，网络与信息安全，反洗钱和防范金融犯罪等方面提出了具体要求。

续表

出台政策	出台时间	制定部门	主要内容
《互联网保险业务监管暂行办法》（保监发〔2015〕69号）	2015 年 7 月	中国保监会	从经营条件、经营区域、信息披露、监督管理等方面明确了互联网保险业务经营的基本经营规则。
《非银行支付机构网络支付业务管理办法（征求意见稿）》	2015 年 8 月	中国人民银行	对非银行支付机构的客户类型、业务范围以及支付账户的支付金额等方面进行了限制。

　　在 2015 年 7 月之前出台的互联网金融政策中，基本都是局限在某一领域，各部门的职责划分也没有明确的规定，缺乏统一的顶层设计，而《关于促进互联网金融健康发展的指导意见》的出台结束了这一历史。按照"依法监管、适度监管、分类监管、协同监管、创新监管"的原则，《指导意见》确立了互联网支付、网络借贷、股权众筹融资、互联网基金销售和互联网信托、互联网消费金融等互联网金融主要业态的监管职责分工，落实了监管责任，规定了各业态应当遵守的基本业务规则，明确了业务边界，并在互联网行业管理，客户资金第三方存管制度，信息披露、风险提示和合格投资者制度，消费者权益保护，网络与信息安全，反洗钱和防范金融犯罪，加强互联网金融行业自律以及监管协调与数据统计监测等方面提出了具体要求。该《指导意见》被业内誉为互联网金融行业"基本法"，第一次从中央政策的角度肯定了基于互联网的金融创新，明确了互联网金融的内涵和法律实质，是中国互联网金融发展的一个新的起点和里程碑。

　　前述《指导意见》刚刚公布不久，我国首个互联网金融分类监管细则便已落地。7 月 26 日，中国保监会公布了《互联网保险业务监管暂行办法》，标志着我国互联网保险业务监管制度正式出台。继保监会之后，7 月 31 日，央行发布《非银行支付机构网络支付业务管理办法（征求意见稿）》，这也是第二个互联网金融监管细则。根据媒体报道，股权众筹和网络借贷等的监管细则也正在研究制定中，将适时向社会公开征求意见①。随着各项实施细则的陆续出台，我国引导和规范互联网金融发展的政策体系也将日趋完善。

　　2. 地方政府支持和引导互联网金融发展的政策

------

　　① 《股权众筹试点监管规则正在制定将促行业规范》，见 http：//news. xinhuanet. com/info/2015-07/29/c_ 134457074. htm。银监会：《P2P 监管细则年底前征求意见为大概率》，见 http：//money. 163. com/15/0919/06/B3RUFCR400252H36. html。

互联网金融的热潮也引来了地方政府的关注，全国各地纷纷出台政策进行支持和引导。多地设立了互联网金融产业发展专项资金，用于支持互联网金融企业和产业园区等载体的发展，另外在落户、财政贡献、办公用房等方面提供补贴和优惠（见表2）。

表2 部分地方政府出台的互联网金融政策

地区	出台时间	出台政策
北京市	2013 年 8 月	《石景山区支持互联网金融产业发展办法（试行）》
	2013 年 10 月	《海淀区关于促进互联网金融创新发展的意见》
	2013 年 12 月	《关于支持中关村互联网金融产业发展的若干措施》
天津市	2014 年 2 月	《天津开发区推进互联网金融产业发展行动方案（2014—2016）》
深圳市	2014 年 3 月	《深圳市人民政府关于支持互联网金融创新发展的指导意见》
贵阳市	2014 年 6 月	《关于支持贵阳市互联网金融产业发展的若干政策措施（试行）》
南京市	2014 年 7 月	《关于加快互联网金融产业发展的实施办法》
上海市	2014 年 8 月	《关于促进本市互联网金融产业健康发展的若干意见》
	2014 年 9 月	《长宁区关于促进互联网金融产业发展的实施意见》
杭州市	2014 年 11 月	《杭州市关于推进互联网金融创新发展的指导意见》
广州市	2015 年 1 月	《广州市人民政府办公厅关于推进互联网金融产业发展的实施意见》
浙江省	2015 年 2 月	《浙江省促进互联网金融持续健康发展暂行办法》

2013 年 8 月，北京市石景山区率先发布支持互联网金融产业发展试行办法，为互联网金融产业发展提供一系列人才、政策、服务保障。办法主要内容有：建设互联网金融产业基地；设立互联网金融产业发展专项资金；支持传统金融机构互联网化，积极探索金融机构开展互联网金融业务等。同年 12 月，北京市海淀区出台了《关于促进互联网金融创新发展的意见》，鼓励传统金融机构向互联网金融模式转变，设立电商机构和互联网金融研发中心；探索建立互联网金融机构政府专项服务通道，在落户、子女入学、公租房等方面政策支持；支持主要面向互联网金融企业服务的孵化器、加速器、大学科技园、大学生创业实践基地等创新创业服务载体的发展，给予相应房租补贴。

上海市 2014 年 8 月出台的《关于促进本市互联网金融产业健康发展的若干意见》，鼓励有条件的企业发展互联网金融业务、申请有关业务许可或经营资质；支持有条件的互联网金融企业进行软件企业、高新技术企业、技术先进型服务企业等方面认定，按照规定享受相关财税优惠政策；鼓励互联网金融企业合理集聚，对优秀互联网金融产业基地（园区），市、区县两级政府可给予一定支持。除了各项支持政策外，《意见》同时也提出要强化风险防控，引导规范发展。

地处内陆经济欠发达地区的贵阳市，为了把握住互联网金融发展的机遇，于2014年7月出台了《关于支持贵阳市互联网金融产业发展的若干政策措施（试行）》，提出要加快推进打造中国西部科技金融创新城市和互联网金融创新城市，在注册登记、资金奖励、配套服务、保障机制等方面给出了具体的引导支持政策。

而作为互联网金融领域的创新与发展最为迅猛的省份，浙江在2015年初开始向规范化行业迈出关键一步。2月份，浙江省正式发布了《浙江省促进互联网金融持续健康发展暂行办法》，针对第三方支付、P2P网络借贷、股权众筹、金融产品网络销售等较为详细地提出了应当遵守的主要规则，并特别指出，这些规则如与今后国家出台的监管规定不一致之处，服从国家出台的法律法规以及监管规定。在监管体系方面，《办法》表示，由省级相关部门、中央在浙金融管理部门参与，建立促进浙江省互联网金融持续健康发展联席会议机制，跟踪分析全省互联网金融发展情况，推动建立风险防控和应急处置机制。

（二）引导互联网金融支持小微企业发展的政策措施

中央政府高度重视利用互联网与金融的融合支持小微企业发展，推动大众创业、万众创新。2015年7月《国务院关于积极推进"互联网＋"行动的指导意见》提出，要积极拓展互联网金融服务创新的深度和广度，鼓励互联网企业依法合规提供创新金融产品和服务，更好满足中小微企业、创新型企业和个人的投融资需求。2015年9月18日的国务院常务会议提出"以众筹促融资"，发展实物、股权众筹和网络信贷，有效拓宽金融体系服务创业创新的新渠道新功能。

多地政府也结合本地区互联网金融发展的实际情况，出台了引导其支持小微企业发展的具体政策措施。笔者通过对各地互联网金融政策的梳理发现，地方政府引导互联网金融支持小微企业发展的政策，主要有以下两类：

一是明确互联网金融企业加强小微企业服务的相应奖励措施。如北京市海淀区对通过互联网金融模式开展中小微企业融资业务的机构按照海淀区中小微企业金融服务专营机构予以支持，根据其业务量规模给予其风险补贴和业务增量补贴，补贴上限400万元。北京市石景山区指出，金融机构通过互联网模式切实降低中小微企业融资成本的，按相应额度给予一定补贴。上海市长宁区的政策是，对互联网金融企业切实降低中小微企业融资成本的，按照长宁区科技金融相关政策予以支持。广州市越秀区对传统金融机构和民间金融机构转型升级开展互联网金融业务，扶持中小微企业发展，经认定后给予不超过20万元的一次性奖励。

二是引导建立相应的合作平台促进互联网金融为小微企业服务。如贵阳市提出，建立互联网金融企业与实体企业的交流对接机制、搭建合作平台，引导企业尤其是中小微企业加强对互联网金融行业的理解，结合自身需求和互联网金融企业开展业务合作，尝试通过互联网金融模式进行高效率低成本的融资。南京市提出，建立互联网金融综合服务平台，优化南京联合产权（科技）交易所网络门户功能，利用"融动紫金"平台为中小微企业提供 24 小时在线融资信息发布、产品对接、在线交易等综合金融服务；打造线上投贷保联盟，整合创业投资、科技银行、担保、小贷、科技保险等投融资机构，通过金融产品的发布，信息的撮合，实现小微企业线上线下融资新模式。

三、互联网金融支持小微企业发展的典型模式

以网络借贷、众筹融资、互联网信托为代表的互联网金融模式发展最为迅速，也最能够直接有效解决小微企业传统渠道未能解决的融资问题，目前已经有不少成功的案例。随着互联网与金融行业进一步深度融合，其他互联网金融业态对小微企业的作用也开始逐步显现。

（一）网络借贷支持小微企业发展模式

1. P2P 网络借贷。P2P 平台融资具体操作模式是由借款人在网络平台上发布借款需求信息，一个或多个有意向的投资者依据发布人的相关信息，为其提供固定利率贷款（见图 2）。P2P 是建立在一个开放的网络平台上，借贷双方无直接联系，其为小微企业融资提供了很好的机会。目前国内 P2P 网络借贷的主流平台有拍拍贷、人人贷、融信、红岭创投等。

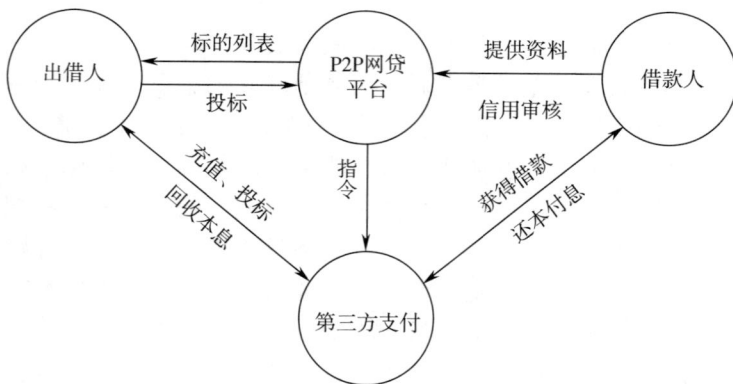

图 2　P2P 网络借贷模式流程图

拍拍贷是国内首家 P2P 纯信用无担保网络借贷平台，与国内其他 P2P 平台相比，拍拍贷的最大特点在于采用纯线上模式运作，平台本身不参与借款，而是实施信息匹配、工具支持和服务等功能，借款人的借款利率在最高利率限制下，由自己设定。拍拍贷将带有借款人照片的借款列表放在拍拍贷网站首页的显著位置。借款人把自己的借款原因、借款金额、预期年利率、借款期限列在上面，投标人可以根据其显示的信用等级（由系统进行评价）及个人详情进行投标。网页上会有该借款人借款进度以及完成投标笔数的显示。拍拍贷的平台上，每笔借款少则 3 000 元，最多 50 万元，还款期限从 1 个月至 1 年不等，81% 的借款用户是小微企业主，主要用于经营周转。

2. 网络小额贷款。网络小额借贷的主要代表公司有阿里巴巴旗下的蚂蚁金服和京东旗下的京东金融。其共同之处主要在于都是借助自身网络销售、支付交易等业务数据积累，通过建立小额贷款公司提供放贷资金，面对线上客户提供短期资金支持。

以阿里巴巴旗下的蚂蚁金服推出的蚂蚁微贷为例，其为小微企业和网商个人创业者提供互联网化、批量化、数据化的小额贷款服务，致力于帮助小微企业解决融资难题，用信用创造财富（见图 3）。这一模式的优势在于，它建立在庞大的数据流量系统的基础之上，对申请金融服务的企业情况十分熟悉，相当于拥有一个详尽的征信系统数据库，能够很大程度解决风险控制的问题，降低企业的坏账率；依托于企业的交易系统，具有稳定、持续的客户源。

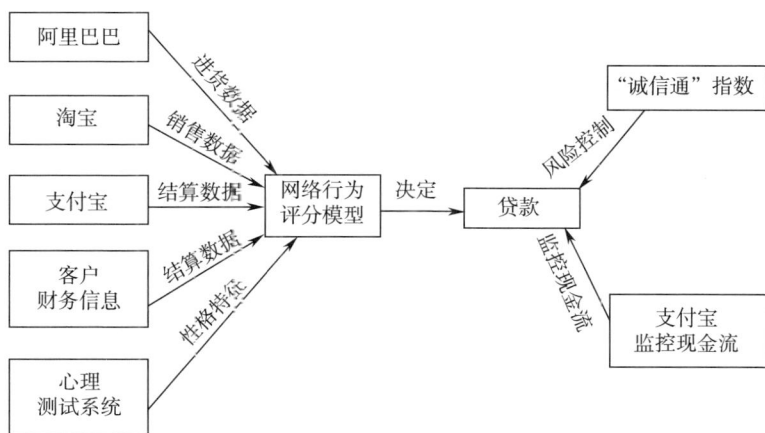

图 3　阿里金融网络小额信贷模式流程图

（二）股权众筹融资支持小微企业发展模式

股权众筹融资是创业小微企业通过互联网向多个投资者募集资金，利用"团购 + 预购"的形式，向网友募集项目资金的模式（见图 4）。众筹网站运用互联网技术来实现小微企业与投资者的直接对接，在破解小微企业融资难题上起了一定的作用。目前，代表性的平台有天使汇、点名时间、店堂网等。

图4　股权众筹模式流程图

天使汇是中国起步最早、规模最大、融资最快的天使合投和股权众筹平台。最初天使汇只是一个创业项目和投资人之间的信息中介平台，随后借鉴国外的先进经验，提出了"领投＋跟投"的运行机制，并创造性地推出"快速团购优质创业公司股权"的快速合投功能，打车软件"滴滴打车"与"黄太吉煎饼"都是在天使汇上成功募集到了天使投资的资金。

（三）互联网信托支持小微企业发展模式

互联网信托主要指P2B金融行业投融资模式与O2O电子商务模式结合，通过互联网实现个人和企业之间的投融资。采取类似信托项目风控的方式，投资者在风险可控的条件下获得最大化收益，同时中小微企业又能以远低于民间借贷的利率获得中短期发展需要的资金。互联网信托作为一种创新的互联网金融商业模式，在我国的发展才刚刚起步。目前比较知名的平台有普资华企、企易贷、金银猫和地产投融界等。

企易贷是一家基于O2O线上线下相结合的金融服务平台，其根据广义信任托付理念，为有资金需求的中小微企业和有投资理财需求的个人搭建了一个线上及线下资金出借撮合平台。平台上的企业用户严格按照金融行业标准风控规则审核后获得信用评级，可以发布企业借款需求；而个人投资会员则可以把自己的闲余资金通过"企易贷"平台出借给信用良好、有资金需求、并提供全资产抵押或担保的中小微企业。投资者委托"企易贷"对借款项目的各项风险要求与抵（质）押条件进行审慎审查，实施严格的贷前核查、贷中管理及贷后处置。

（四）其他互联网金融业态支持小微企业发展模式

1. 互联网支付。从互联网支付本身看，其并不具有融资功能，但随着第三方支付公司实力增强和信誉保障，其业务已从最初的互联网支付逐渐发展成为线上线下融合。在互联网金融竞争加剧的背景下，快钱、汇付天下第三方支付公司纷纷将发展中心转移到小微企业，通过与银行或小额贷款公司合作，创新和升级小微企业金融服务模式，并依靠自身拥有大量数据信息和数据分析处理能力的优势，为其线上线下的数万中小微企业提供贷款业务。如快钱金融服务平台以数据为基础，整合信用评级、风险评估等各类措施，形成一整套综合化金融服务解决方案，为中小企业等资金需求方提供成本合理、获取便捷的全方位金融服务；推出"快钱央易融"产品解决小微企业中短期经营资金周转，并使其享受快捷结算、快捷电子账户、理财等在内的全面综合金融服务，满足小微企业发展成长过程中的每一个金融需求。

2. 互联网基金销售。互联网基金销售对小微企业的支持，主要体现在满足企业日常现金管理的需求上。对国内数以千万计的小微企业来说，在日常经营的收款到用款阶段，资金动向存在较大的不确定性，传统的固定期限理财产品不能满足其对于资金流动性的需求，银行活期储蓄收益又普遍较低，而目前国内部分互联网基金销售产品的推出恰好弥补了这两个方面的不足，既能满足小微商户日常现金管理的流动性需求，同时又具有高收益性，银联"天天富"基金理财就是其中的代表。"天天富"互联网金融服务平台面向旗下服务的 250 多万线下收单和专业化服务商户，尤其是中小微商户的资金流转和理财需求，提供集贷款、融资、理财于一体的金融类增值服务。使用该平台服务，商户可以在不影响日常运营资金流动性管理的同时，获得高倍资金收益。

3. 互联网保险。在之前的传统投保方式下，国内的融资类保险因为存在费率偏高、担保门槛较高、手续烦琐等问题，阻碍了其对小微企业发展的支持。而"互联网＋保险"的模式将承担探索解决上述问题的使命。通过与互联网的结合，保险公司可以搭建便利的投保平台，优化承保操作流程，简化投保手续，为小微企业提供"低门槛、低成本、易操作"的保险服务。国内首家非政策性专业信用保证保险公司——"阳光渝融信用保证保险股份有限公司"于 2015 年上半年获批筹建。其将坚持传统信用保证业务与互联网金融信用保证业务创新模式相结合、线上与线下相结合的业务模式，建立专业完善的信用保证保险产品体系、服务体系和风控体系，另外，还将运用大数据、移动互联网等新技术进行销售和服务创新。尽管目前还没有太多的实践经验，但是可以看出，将信用保证保险与互联网相结合，势必成为未来保险业为小微企业服务的主要方向。

第四章　河南省互联网金融支持小微企业发展研究

一、河南省互联网金融发展现状

2015 年，在河南省"政府工作报告"中，明确提出加快"金融豫军"的发展，积极协同、服务地方发展的内容。从商业银行存贷款的各项指标来看，河南的金融发展在全国范围内比较靠前，但互联网金融发展暂时落后。

（一）互联网支付

据人行郑州中心支行发布的公告显示，截至 2015 年 10 月，在第三方支付领域河南省共有 36 家支付机构。其中，法人支付机构 2 家，分别为河南汇银丰信息技术有限公司与郑州建业至尊商务服务有限公司，业务许可种类仅为预付卡发行与受理，没有开展互联网支付的业务权限；备案支付机构 34 家。各机构中业务许可种类包含互联网支付的有 25 家，占比达到 69.4%；在河南实际发生互联网支付业务的仅有 8 家，占比仅为 22.2%。

（二）P2P 网络借贷

在 P2P 网络借贷领域，河南省部分企业抓住机遇，不断探索，填补了河南省互联网金融行业的空白。

据零壹数据统计，截至 2015 年 7 月，河南省已成立 P2P 借贷平台 64 家，其中正常营业 50 家，问题平台 14 家。2009—2012 年属于起步阶段，每年新上线 P2P 平台数量不超过 2 家。2013 年至 2014 年，平台数量增长迅速，逐年增长率分别达到 125%、254%。2015 年增速回落，新增 18 家，较 2014 年底增长 39.1%（见图 5）。平台主要集中于河南中部地区，创建机构多数属于金融服务公司、科技公司。据 10 家[①]平台的相关统计数据显示，截至 2015 年 7 月，平台总成交 1.44 万笔，成交额达 13.63 亿元，投资人数达 1.01 万人次。

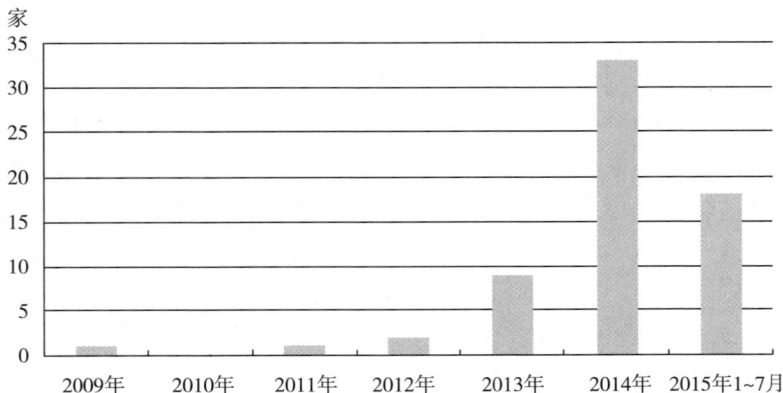

图 5　河南省 P2P 平台数量情况

---

① 10 家平台名称为：豫商贷、百融网、铭人普惠、诺辰财富、速贷融创、好融贷、红兴 E 贷、润达贷、中原贷、中州易贷。

与其他发达地区相比，河南省 P2P 网贷平台虽然在数量上不占优势，但问题平台占比（21.9%）低于全国 28.1% 的水平，更是低于多数发达地区。河南省注册资本在 1 000 万元以上的达 32 家（占比 50%），占比高于多数发达地区，数量占全国同指标的 3.0%，风控安全指数相对较高，但仍需进一步改进（见表3）。

表3　　　　　　　截至 2015 年 7 月部分地区 P2P 网贷平台基本情况

地区	平台总数（家）	正常平台（占比%）	问题平台（占比%）	1 000 万元≤注册资本 <5 000 万元（家）	5 000 万元≤注册资本（家）
全国	3 012	2 167 (71.9%)	845 (28.1%)	736 (24.4%)	332 (11.0%)
北京	293	252 (86.0%)	41 (14.0%)	48 (16.4%)	62 (21.2%)
上海	231	182 (78.3%)	49 (21.2%)	58 (25.1%)	55 (23.8%)
广东	529	391 (73.9%)	138 (26.1%)	126 (23.8%)	76 (14.4%)
江苏	153	104 (67.9%)	49 (32.1%)	39 (25.5%)	8 (5.2%)
山东	511	331 (64.8%)	180 (35.2%)	151 (29.5%)	16 (3.1%)
浙江	340	237 (69.7%)	103 (30.3%)	77 (22.6%)	30 (8.8%)
湖南	74	48 (64.9%)	26 (35.1%)	21 (28.4%)	3 (4.1%)
安徽	121	81 (66.9%)	40 (33.1%)	49 (40.5%)	13 (10.7%)
河南	64	50 (78.1%)	14 (21.9%)	23 (35.9%)	9 (14.1%)

数据来源：零壹数据。

在资金流转上，河南部分网贷平台走到了行业前沿，主动与银行合作对投资人资金进行监管，避免自身建立资金池嫌疑，但也有部分平台对此并不重视。如作为河南省内最早的某 P2P 平台，在网站直接公示公司账号，投资人可用汇款转账的方式投资，增加了平台运营方的法律风险。

（三）众筹平台

上海交通大学互联网金融研究所联合京北智库共同发布《2015 中国股权众筹行业发展报告》显示，截至 2015 年 7 月 31 日，全国 113 家（见图6）股权众筹平台交易额达到 54.76 亿元，项目成交数量达 1 335 个。河南省仅有两家，分别是华夏海纳网络科技有限公司创建的"遇见天使"众筹平台和河南富城资产管理有限公司设立的"全民创投"众筹平台，成交金额分别为 2 600 万元和 151.5 万元（见表4）。

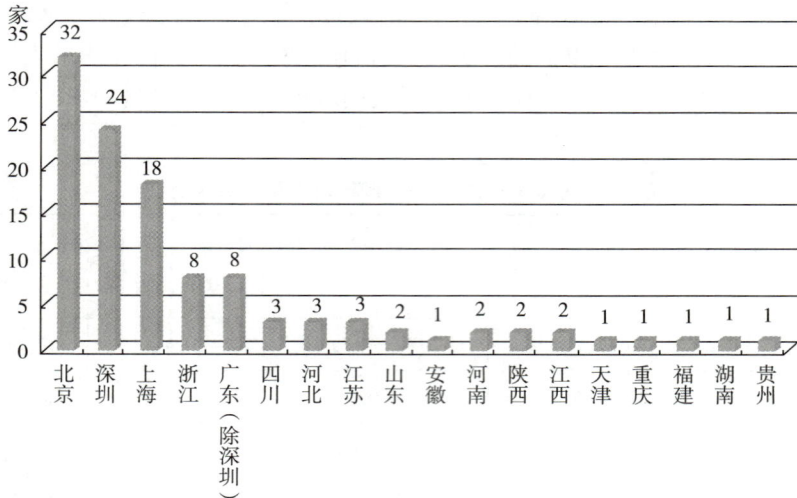

图 6　全国各地股权众筹平台数量

表 4　　　　　　　　　　　河南股权众筹平台统计表

公司名称	平台名称	注册地	成立时间	认筹额	成功项目	在线项目
华夏海纳网络科技有限公司	遇见天使	郑州	2014 年 5 月 20 日	2 600 万元	5	170
河南富城资产管理有限公司	全民创投	郑州	2014 年 9 月 1 日	151.96 万元	7	41

数据来源：遇见天使和全民创投网站，数据截至 2015 年 9 月底。

（四）行业协会建设

近年来，随着河南省互联网金融行业的不断发展，行业自律组织逐渐形成。2014 年 11 月 23 日，河南省电子商务协会互联网金融分会正式成立，目前已经审议通过了《河南省互联网金融行业自律公约》和《河南省互联网金融行业入会条件》两个草案，我省互联网金融行业在经营活动中有了自己制定的行为准则和共同遵守的自律规范，对规范会员经营行为，协调会员关系，维护行业形象与公平、竞争的市场环境具有深远的意义。另外，河南省互联网金融协会筹备会议已于 2015 年 2 月 13 日在郑州召开，决议成立筹备小组，落实场地、资金、起草《章程》和《自律公约》、登记注册等工作。该协会如果成立，将对整合互联网金融资源、实现互联网金融与传统行业的融合创新、促进互联网金融行业的健康规范及推动中小微企业发展具有重要意义。

二、河南互联网金融支持小微企业发展的典型案例

（一）大数云融 P2P 网络借贷平台

1. 公司概况

大数云融上线于 2014 年 6 月 10 日，是河南省运作较早的一家互联网金融平台，隶属于洛阳市涧西中小企业金融超市有限公司，是由涧西区政府引导、金鑫集团等企业参股的综合类金融服务机构，是一家综合性、多层次、一站式服务中小企业的投融资平台。致力于满足投资者多样化理财需求及解决中小微企业融资难问题。

截至 2015 年 9 月 15 日，大数云融平台投资人数已达 5 千余人，其中四分之三为洛阳用户，用户集中在 31～50 岁年龄段。平台累积对接资金 1.39 亿元，贷款余额 3 000 余万元。客户投资收益在 8%～16%，已为客户赚取 307 万元收益。已完成 233 个融资项目，平均融资金额为 59.8 万元。主要分布在商贸、置业、家居、机械等行业，以小微企业为主，一般贷款期限在 1～6 个月，获得贷款时间最长为两周左右，平均一周左右。企业融资平均成本在 15% 左右，其中平台收费 0.5%～1%，担保费率 3% 左右。投资人投资起点为 100 元，单家单笔贷款上限为 200 万元。

2. 业务模式及流程

大数云融主要提供互联网金融中介服务，由合作机构提供借款项目，线下独立风控，发布项目资料到平台募集资金，监督企业按时还本付息。平台本身不承担风险，不接触资金，所有资金往来都由第三方支付进行托管。大数云融采用的是线下项目风控、线上资料发布、资金募集和还款的 O2O 模式。投资人均为个人，所有投资客户注册平台及第三方支付账号，即可在线上进行投资。第三方支付会对客户真实姓名、身份证、银行卡、电子邮箱等信息，进行校对，身份匹配后注册成功。业务主要流程如下（见图 7、图 8）：

（1）业务接洽及受理。大数云融与合作机构签订合作协议，合作机构缴纳保证金，推荐优秀项目至大数云融。业务经理考察项目情况，初步审核资料，提交至风控部。

（2）经营场所认证，抵押和公证。业务经理根据借款申请，确认资料（房产证、身份证、个人征信、银行流水等）真实、准确、完整，对实业经营场所进行认证考察、价格评估，对还款来源进行审核评估。项目初审通过后，风控专员陪同借款客户进行资产查证，完成他项权证办理，协议公证，完成抵押手续。

（3）线上资金募集。项目线下手续办理完成，即可在线上进行项目信息披

露和资金募集。投资人自主投资，募集完成后，通过第三方支付托管账户，将资金匹配给企业。

（4）贷后管理。资金借出后，线下会进行贷后管理，及时跟进企业的资金用途和还款情况。平台督促企业按期还本付息。

（5）还本付息。大数云融目前采用的是"按月付息、到期还本"的还款方式，用户可以在"我的账户"清楚查到自己的资金状况。

图7　个人投资流程图

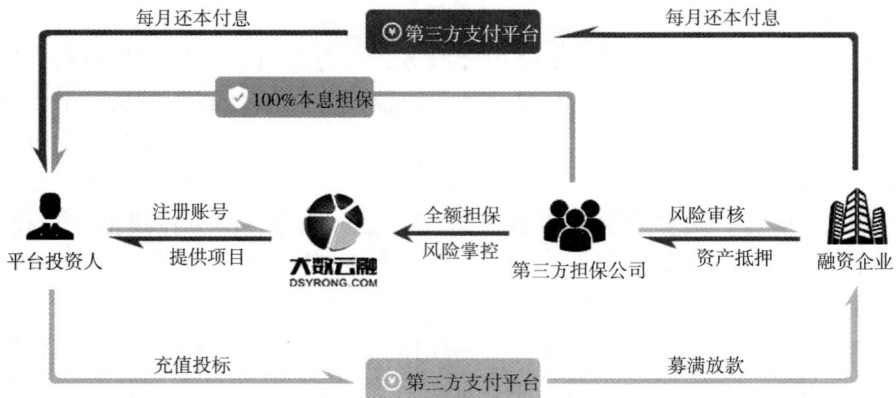

图8　业务流程图

3. 风险防控及投资收益保障

（1）政府背景，企业参股。大数云融属于金融超市，金融超市的股东包括涧西区政府和金鑫集团，其中政府占股40%，政府监管力度更强、业务更规范。

（2）超额抵押物。在审核过借款方实际经营场所后，风控专员将前往抵押物所在地进行实地认证考察。确保抵押物真实存在，并且考察抵押物周边环境，根据抵押物所在区位规划进行价值评估。项目资料初审通过后，风控部门主管与风控专员陪同借款客户前往房管局做资产查证，打印房屋登记簿，再次确认房屋的抵押与他项权证现状。完成他项权利证书办理，完成抵押手续。

（3）风险备用金。投资用户的每笔出借资金与利息均在本金保障计划覆盖之内，一旦出现逾期坏账，均由第三方担保机构或风险备用金垫付。

（4）担保公司担保。鑫融基对线上项目提供本息担保。

（5）资金第三方支付托管。第三方支付平台签订资金托管协议，充值、提现、融资、还款均存入第三方账户，平台和资金真正实现分离。

（二）遇见天使众筹平台

1. 公司概况

"遇见天使"是河南首家互联网非公开私募股权融资平台，由华夏海纳创业投资集团出资100万元成立，是使投资人和创业者通过互联实现投融资行为的一个网站。网站聚合了具有潜力的创业项目和具有投资判断力的投资人，为创业者与投资人提供更简单的创业投资解决方案。自2014年5月20日上线以来，为众多项目策划线上众筹、线下路演活动。

2. 业务模式

在平台，创业者可以为项目寻找天使投资人；天使投资人可以线上挖掘项目，约谈创业者；同时网站专家团队还会为项目提供创业辅导等一站式服务。融资成功前不收费，融资成功后收取融资额的2%～5%作为佣金（见图9）。平台为创业者提供的服务如下：

（1）融资前：遇见天使平台的专家导师团队对入驻平台的创业者就项目进行点评并提供建议，帮助创业者挖掘项目优势，找到吸睛点，对项目进行全方位的包装，将项目推介给领投人。提供的服务主要包括：商业计划书（BP）撰写、项目估值、财务分析、投资协议、风险把控、融资谈判等各方面的指导。

（2）融资中：定期举办项目路演等线下活动，为创业者和投资人提供面对面沟通的机会，在平台主要页面进行展示推广，帮助创业者寻找投资人，并为创业者选择最优投资方案，投资谈判等各项事宜进行全程跟踪服务。

（3）融资后：项目将获得遇见天使在工商注册、经营计划、市场推广、法律咨询、财务咨询、风险控制、人力资源等方面的服务支持，并拥有被推介到"中国创新创业大赛"和豫企五百企业家俱乐部的特权。

3. 业务概况

目前，平台共有待筹资项目170个，行业覆盖互联网、生物医药、新能源等多个领域。已经在网站筹得资金的案例有：四鸿实业通过众筹路演获得500万元股权投资；昂尼斯特获得UFO众创空间资本领投的500万元投资；蛋花店

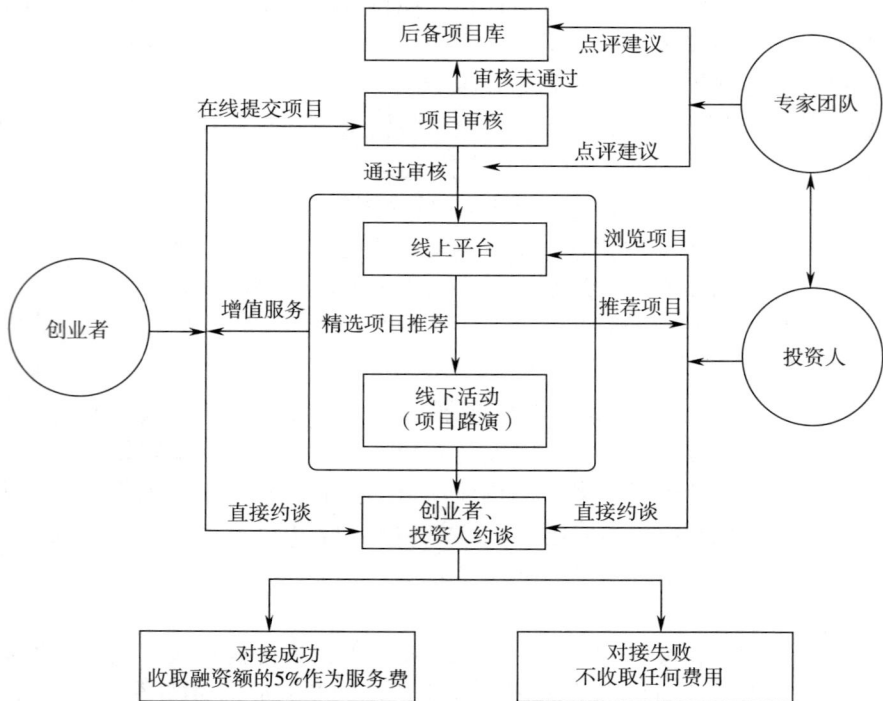

图9　遇见天使业务运作流程图

经遇见天使众筹指导，最后获200万元投资。

三、河南省互联网金融发展存在的突出问题

目前，河南省互联网金融尚处于起步阶段，存在业态单一、机构数量较少、地域分布失衡、平台事故多发、政策支持缺位等问题。

（一）互联网金融业态较为单一

十部委《关于促进互联网金融健康发展的指导意见》中提到，目前互联网金融共包括六种业态，即互联网支付、网络借贷、股权众筹融资、互联网基金销售、互联网保险、互联网信托和互联网消费金融。而河南省由于互联网金融业务起步较晚，业态类型不完整。形成了以P2P网络借贷为主，互联网支付、股权众筹融资模式兼有的互联网金融业态模式。

（二）行业规模较小

河南省互联网金融发展尚处于初步阶段，机构数量及业务量均偏小。截至2015年10月，仅有8家互联网支付机构在河南省实际发生业务，且均为全国性

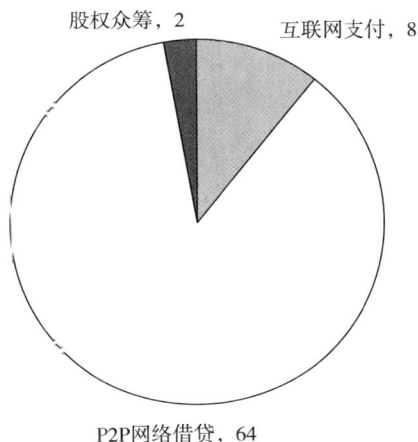

股权众筹，2　　互联网支付，8

P2P网络借贷，64

注：本图中互联网支付企业河南统计指标为在河南省分支机构实际发生业务机构数。

图 10　河南省互联网金融业态分布图（单位：家）

支付企业的分支机构，非独立法人。2 家具备支付牌照的独立法人企业没有开展互联网支付业务，64 家 P2P 借贷平台（正常营业 50 家，问题平台 14 家），2 家众筹平台（见图 11），各类数量在全国占比甚微（见表 5）。以 P2P 平台为例，平台数量与邻省山东有较大差距（见图 13），在中部地区六省中处于中下游位置（见图 12）。

表 5　　　　　　**截至 2015 年 6 月河南省互联网金融企业基本情况**

业态模式	全国（家）	河南（家）	机构占比	全国成交（亿元）	河南成交（亿元）	金额占比
互联网支付	103	8	—	40 261.1	—	—
P2P 网贷平台	3 010	54	2.13%	678.34	13.63	2.01%
众筹平台	211	2	0.95%	46.66	0.27	0.59%

注：1. 互联网支付企业河南统计指标为在河南省分支机构实际发生业务机构数。因均为全国性机构，因此与全国总量不具有可比性；

2. P2P 网贷平台河南成交量指零壹数据有记录的 10 家平台交易量。

数据来源：1. 网贷之家《2015 年中国众筹行业半年报》；

2. 速途研究院《2015 年 6 月 P2P 网贷市场报告》；

3. 比达咨询《2015 年上半年中国移动支付研究报告》。

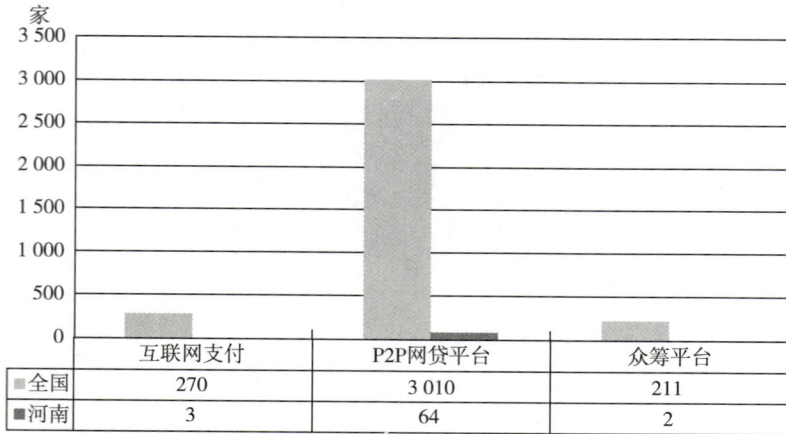

	互联网支付	P2P网贷平台	众筹平台
全国	270	3 010	211
河南	3	64	2

注：互联网支付企业河南统计指标为在河南省分支机构实际发生业务机构数。

图11　河南省与全国互联网金融平台数量对比

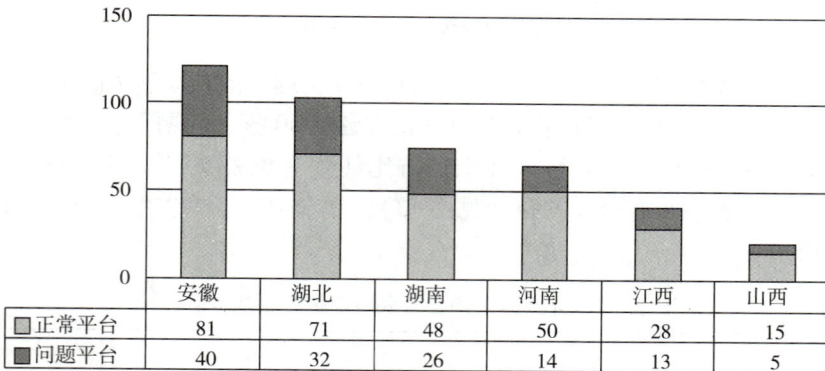

	安徽	湖北	湖南	河南	江西	山西
正常平台	81	71	48	50	28	15
问题平台	40	32	26	14	13	5

图12　中部六省P2P平台数量对比（单位：家）

（三）互联网金融机构地域分布不均衡

根据统计，目前互联网金融企业分布主要集中在郑州，周边城市零星分布。郑州作为河南省省会城市，是河南省交通、经济金融、教育科技中心，其地域、科技、人才、资金优势明显，能够吸引大批互联网金融企业在此落地生根。64家P2P网贷平台中，郑州50家，新乡4家，平顶山3家，南阳2家，洛阳、安阳、濮阳、漯河、开封各1家（见图14）；3家互联网支付机构（全国性支付机构的分支机构）、2家众筹融资平台均集中在郑州。地域分布严重失衡，不利于构成较为完整的互联网金融业务网络，不利于全省互联网金融行业的均衡发展。

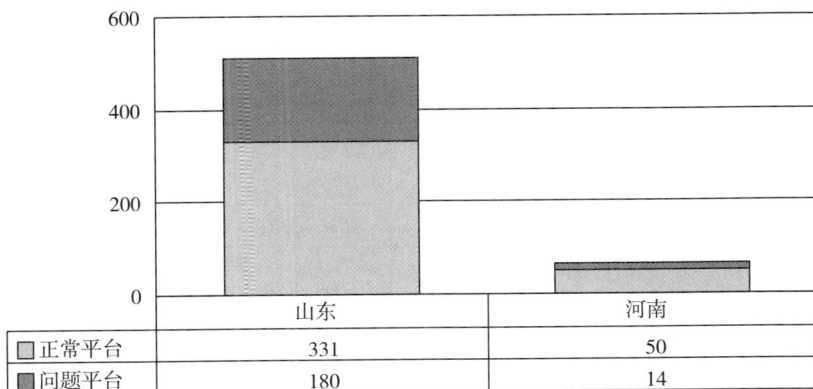

	山东	河南
正常平台	331	50
问题平台	180	14

图 13　河南、山东两省 P2P 平台数量对比（单位：家）

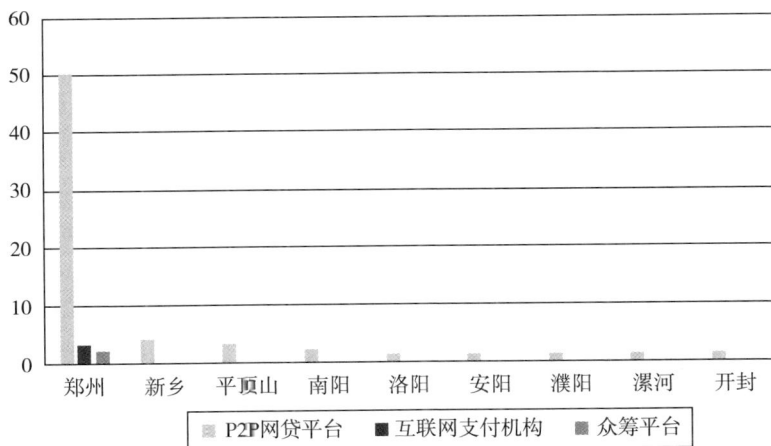

注：互联网支付企业河南统计指标为在河南省分支机构实际发生业务机构数。

图 14　河南省互联网金融机构分布示意图（单位：家）

（四）P2P 平台事故频发

根据网贷之家和零壹数据，截至 2015 年 7 月，河南 P2P 行业问题平台达 14 家（见表 6），占河南网贷行业总量的 21.9%，10 家（占 71%）注册资本在 1 000 万元以上，多数运营时间不超过 1 年，问题主要集中在诈骗、跑路、提现困难、停业等方面（见图 15）。原因为：一是恶意自融，在传统融资渠道中难以融到资金，便开办网贷平台进行融资以作经营使用，后因背后企业或投资项目运营不善而引发资金断裂，平台只能倒闭跑路；二是经营不善，目前部分平台缺乏技术实力，安全管理与风险控制较弱，在遭遇黑客袭击或其他原因导致投资人集中进行资金提现时，平台自有资金应付不了，只能停止经营。

表6 河南省14家问题平台统计表

平台名称	创建机构	注册地	注册资本（万元）	成立时间	出事时间	问题原因
润达贷	郑州润达投资有限公司	郑州	100	2014－01－15	2014－09－07	跑路
中诚财富	河南中诚晟通信息技术服务有限公司	郑州	10 000	2014－04－11	2015－05－30	提现困难
润恒贷	河南润泓投资有限公司	郑州	5 100	2014－09－10	2015－05－17	失联
德亨在线	河南德亨投资有限责任公司	郑州	3 000	2015－04－03	2015－04－05	失联
中原贷	郑州树诚科技有限公司	郑州	501	2012－08－01	2015－03－16	提现困难
国银投资	河南国银投资担保有限公司	郑州	10 001	2015－07－20	2015－07	诈骗
新乡贷	新乡市中兴投资有限公司	郑州	1 018	2011－04－06	2015－01－28	诈骗
中州易贷	河南邦欣电子商务有限公司	郑州	600	2013－03－18	2014－12－08	停业
豫诚财富	河南真诚网络技术有限公司	新乡	1 000	2014－11－27	2015－01－04	提现困难
汴京财富	开封市旭航企业管理咨询有限公司	开封	1 000	2014－10－05	2015－04－10	停业
新中金财富	河南新中金投资有限公司	郑州	1 001	2009－07－10	2014－12－16	停业
中青创投	郑州盛丰金融服务有限公司	郑州	1 000	2014－10－17	2015－02－28	停业
福易贷	河南汇通信业电子商务有限公司	新乡	510	2013－12－28	2015－02－28	失联
惠嘉金融	郑州惠嘉金融服务有限公司	郑州	1 000	2014－07－02	2015－01－06	提现困难

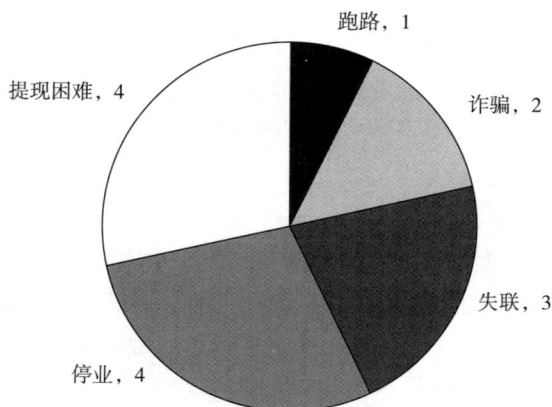

图15 河南省14家问题平台类型分布（单位：家）

（五）政策支持缺位

北京、上海、广州、贵阳等地都出台了相关配套政策，明确互联网金融支持小微企业的具体措施。而我省尚没有支持互联网金融支持小微企业发展的相关政策。目前河南省可查到的有关互联网金融支持小微企业的表述，也仅有河南省人民政府办公厅《关于加强金融服务着力缓解企业融资成本高问题的意见》提出，"规范发展互联网金融，促进公平竞争；支持银行通过社区支行、小微支行、手机银行等提供多层次服务，发展普惠金融"；省保监局等部门联合出台的《关于保险支持小微企业发展的指导意见》要求，"各保险公司要充分利用网络销售、电话销售等方式，进一步拓宽保险营销渠道，因地制宜地探索推行区域共保、行业共保等做法，提高保险销售的针对性和便捷性。"

第五章　政策建议

一、监管引导方面

（一）完善互联网金融监管法律法规体系

在《关于促进互联网金融健康发展的指导意见》的基础上，各监管部门要明确自身职责，完善分类指导的法律法规基础。在法律法规体系建设过程中要修正和完善金融立法体系，使之更适合现代金融市场的特征；制订互联网金融行业的规章制度，强调行业规范要求。

（二）严格市场监管

由于互联网金融行业同时具有金融行业风险集聚和互联网行业灵活创新的双重特点，严格的市场监管是保证互联网金融行业健康发展的必要条件。第一，市场准入监管，即对互联网金融机构的成立进行重点考察审批。针对不同类型的融资企业进行分类管理，考察其经营模式的可行性、盈利能力的真实性等。第二，市场运作监管，即对互联网经营过程进行日常监督，依据其网络管理数据对其业务范围合理性、营业资本充足性、货币资金流动性、经营能力优劣性和市场风险防范性进行监管。第三，市场退出监管，即对严重违规或濒临破产的互联网金融机构给予退市处理。监管机构主要是进行法律程序监管，监督其顺利并购、接管或清算、解散。

（三）探索互联网金融企业接入央行征信系统

目前仅有为数不多的互联网金融企业被纳入到央行征信系统。互联网金融企业无法查询贷款客户在银行的贷款和负债结构，同时商业银行也无法查询客户在互联网金融企业的借贷情况，这直接导致了传统银行信贷和互联网金融在融资对接中的信息不对称问题。应允许有条件的互联网金融机构接入央行征信平台，建立传统金融机构、互联网金融企业等对接机制和信用信息交换机制。互联网金融也可通过自身平台上的"软信息"对央行征信系统起到完善作用。

（四）加强互联网金融消费权益保护

在互联网金融领域中应加大对小微企业等金融消费权益的保护力度。一是要健全互联网金融消费权益保护制度，出台相应的互联网金融消费权益保护的制度规范，规范市场主体的各项行为。二是要加强对互联网金融企业和金融消费者的教育，提高互联网金融消费者风险意识和自我保护能力。三是健全投诉处理工作机制，使互联网金融消费者投诉有门，监管部门也能结合投诉开展相应的监督检查。

（五）健全失信惩罚机制

互联网金融监管部门要联合司法等部门出台政策和制度，健全和完善失信惩罚机制。一是建立健全互联网金融黑名单制度和市场退出机制，明确对失信行为的处罚措施。二是完善失信信息记录和披露制度，增加失信者市场交易成本，形成市场性惩罚机制。三是建立健全社会性信用奖惩机制。利用社会媒体和网络资源，加强对失信行为的披露和曝光。四是建立健全司法性信用惩罚机制。依法追究严重失信者的民事或刑事责任。

二、政府支持引导方面

（一）实施财政扶持政策，加大财税支持和补贴力度

一方面，加大财政直接对互联网金融支持小微企业的扶持力度，充分发挥财政政策的引导作用。一是从财政预算中安排一定比例的资金，用于设立针对互联网金融行业的小微企业投资基金和贷款风险补偿基金，引导互联网金融资金向小微企业倾斜。二是将互联网金融企业纳入当前地方政府对金融机构关于小微企业、"三农"贷款投放奖励体系中。三是为互联网金融产业发展提供一系列服务保障，在注册登记、资金奖励、配套服务等方面给出了具体的引导支持政策。

另一方面，政府应给予互联网金融企业充分的税收优惠，尤其是给予在支持小微企业发展方面有突出贡献的互联网金融企业一定的税费支持。目前，互联网金融有很多的发展空间，但许多尚不能实现盈利。鉴于它们却能够给小微企业的发展提供有力的支持，政府部门的税收干预很有必要，建议对于新成立3年之内的平台，可以少缴税，对于盈利额少于一定数量的平台，也可以施行免税政策。

（二）将政府担保引入互联网金融领域

政府担保也可以引入到互联网金融融资当中，形成一种新的担保形式，同时也能够降低风险。可以选取一些地方进行试点，如果在为小微企业提供资金的过程中，自己有比较好的发展，就可以缓解这些资金问题并且将这种方式进一步推广到全国，这样能够体现政府的引导作用。如果有政府的担保就能够降低很多的风险，放款人对于财产的借出也就会更加安心，小微企业获得资金的便利性和时效性都得到进一步增强。

（三）支持技术系统研发和信息安全保障基础设施建设

互联网金融有很强的自由性和灵活性，小微企业又为数众多和分布广泛，相互之间的业务往来易存在安全隐患，所以对互联网金融技术系统要建立完善的排查制度，定期进行维修和升级，对于用户信息也要给予安全的保障，保证互联网金融的良性运行。互联网金融是新生事物，所以应基于国家和信息安全行业的安全能力，支持完善互联网金融信息安全保障基础设施，包括互联网金融系统信息安全服务平台、互联网金融系统仿真信息安全分析、信息安全态势联防联控感知与监测预警、信息安全大数据分析、深度运维系统工程、国产化设备与系统替代、信息安全服务替代、基于可信计算的加固防护等。

三、互联网金融企业自身方面

（一）成立行业自律组织

由行业内的大企业牵头成立行业自律组织，通过行业自律引领互联网金融行业的发展。可以采用互助担保模式，互助担保模式对于专业的互联网金融平台更加适合，在同类型的企业中能够更好地发挥作用。其长处第一就是同类企业对于整个行业的发展格局和自己的竞争对手都有很多的了解，彼此信息互通性较好，也会更有效率；第二就是平台提供服务的客户就是自己的会员，因此对于信用等方面都更加地熟悉，能够根据不同的信用来决定自己的放款情况；第三就是因为实行了捆绑，所以大家会相互监督，也会降低风险的发生。

（二）建立互联网金融信息共享平台

为了控制互联网金融的整体风险，有必要建立覆盖全国、全行业的互联网金融信息共享平台。如果互联网金融信息不能共享，那么很可能会出现借款人在多个互联网金融平台重复贷款的情况，互联网金融企业之间因信息不对称就会导致合成谬误。同一企业往往与多家互联网金融平台建立业务联系，而且存在多头贷款的情况，各家公司一般只了解与之发生信用关系的部分信息，无法动态、及时地获取整个企业在其他网络平台的贷款情况及其信用表现，这就容易导致对某一企业的过度贷款，且无法实施对信贷资金使用状况的有效监督。

（三）与专业担保机构合作

网络平台本身是一个虚拟的世界，所以对于交易双方的了解都是通过这个虚拟的形式，对于大量的小微企业就会有更多的不确定性，对于网络平台自身来说，它们虽然在一定程度上能够进行监管，但是总有力量不到位的地方，所以与专业的担保机构合作能够降低自己的风险，也能够及时发现借款方的动向，查清借款方的收益等信息，来判断自己的风险。专业担保机构并不是一味进行监管来承担风险，它们最大的作用是能够提前去预知可能存在的风险并提前采取措施补救，所以与专业担保机构的合作既能分散互联网金融平台的业务风险，又能够对小微企业进行一定的约束和监督。

金融支持农业现代化创新与实践

——以河南省为例

中国人民银行漯河市中心支行课题组[①]

摘要： 河南是一个人口大省、农业大省，是全国重要的畜产品、粮棉油生产加工基地。在党的十一届三中全会之后，河南农业现代化快速发展，农业综合生产、加工能力取得明显提升。然而通观全局，河南在农业生产以及农村经济的发展过程中还存在着某些问题亟须解决。从金融支持农业现代化发展来看，目前最突出的问题仍是农户信贷服务不足，分析发现提高农村金融发展规模和金融支农效率，对于推进农业现代化进程至关重要。

本课题研究的出发点基于农业现代化进程中新型经营主体信贷需求视角，通过对河南省416家农村新型经营主体进行调查，详细分析农业现代化发展与金融服务的供需现状及存在问题；构建涵盖农业生产条件、农业产出能力、农村经济社会发展水平、农业可持续发展四方面10项指标的综合评价体系，通过因子分析方法测算河南省农业现代化发展综合水平；在此基础上，运用多元回归方程分析等现代计量方法，对农村金融规模、农村金融效率与农业现代化发展水平指标之间的相关性进行了比较分析。在借鉴国外先进经验基础上，结合省内实际情况提出了创新金融服务推进农业现代化发展的政策建议。

关键词： 农业现代化 金融支持 信贷创新

第一章 引 言

一、研究背景和意义

中央一直把"三农"问题作为全党工作的重中之重，发展现代农业、保障

[①] 作者单位：漯河市中心支行；
    课题组成员：郭立、许胜利、刘妙珍、刘志兰、郭玲玲、周志珍。

国家粮食安全是解决"三农"问题的核心内容之一。十八大报告指出,加快发展现代农业,增强农业综合生产能力,确保国家粮食安全和重要农产品有效供给,粮食安全已上升到国家战略层面,确保国家农产品供给安全必须促进农业现代化发展。2013年中央一号文件以"加快发展现代农业"为主题,进一步明确了推进中国特色农业现代化建设的战略部署。当前,我国农业正由传统农业向现代化农业转型,农业现代化进程不断加快,成为农业经济发展的主要方向和目标,并呈现农业生产经营专业化、农村经济组织形式多样化、金融需求日趋多元化等特点。

2011年,随着《国务院关于支持河南省加快建设中原经济区的指导意见》的发布,中原经济区的建设已上升为国家战略。意见的原则是"三化协调",农业现代化则是"三化协调"的难点。如何利用优势加快实现由传统农业向新型农业现代化的转化是摆在面前的迫切课题。这其中,作为现代经济的核心和资金流通的血脉——金融首当其冲成为重要角色。因为现代农业更加依赖金融的支持。但是在农业现代化进程中,出现了农村金融机构服务能力持续减弱;金融产品与服务规模小,品种单一;资金使用效率低等问题,支持农业现代化发展的金融亟须创新。本课题将对金融服务体系与农业现代化发展的互动关系进行研究,剖析金融在支持农业现代化发展中存在的问题,并通过创新金融服务,满足农业现代化发展的金融需求,对转型时期撬动金融因素推动我省农业现代化的发展具有重要的理论意义和现实意义。

理论意义。本课题在分析河南农业现代化发展中新型经营主体对金融需求的基础上,进一步对金融服务体系与农业现代化发展的互动关系进行研究,解决了在农业现代化进程中新型经营主体金融创新不足的问题,进一步促进农村金融的发展。

现实意义。河南省是农业大省,农业现代化先行示范区,农业人口比重大,农村结构复杂,农村信贷需求呈现多样化趋势,"三农"问题突出。因此,基于该省的农业现代化信贷调查报告,研究其背后的深层原因,提出解决金融支持农业现代化发展的思路,对于提高农村信贷水平,大力发展农村经济,改善农民收入状况都有着显著的现实意义。

二、新型农业现代化的内涵

农业现代化的内涵随着经济发展不断延伸,在新中国成立初期,我国大多农业学家和经济学家在研究农业现代化问题时,更多的是学习借鉴苏联的模式,从生产力的角度出发,普遍认为农业现代化即是农业的机械化、电气化、水利化和化学化。到了改革开放初期,我国学者对农业现代化的研究也不断拓展,农业现代化的内涵有了很大的拓展与深化，农业基础设施现代化、农业生产技术现代化和农业经营管理现代化，逐渐成为新时期农业现代化的内容，农业现代化的内涵与外延扩大、延伸了经营管理领域，涉及到了农业经济运行体制的创新与变革。到90年代中后期，我国学者又开始对农业现代化内涵进行新一轮的研究与思考，并逐步融入了可持续发展的观念，如顾焕章在其研究中指出：农业现代化即规模化、信息化、科技化和农民的组织化。

2011年河南省省委省政府结合实际，提出了发展新型农业现代化的要求，对新型农业现代化进行了重新定义，并赋予了它新的内涵。

新型农业现代化是以粮食优质高产为前提，以绿色生态安全、集约化标准化组织化产业化程度高为三要标志，基础设施、机械装备、服务体系、科学技术和农民素质支撑有力的农业现代化。

新型农业现代化新体现在：一是新在不简单就现代农业谈现代农业，而是与新型工业化、新型城镇化相融合，与新型城镇化、新型工业化是有机整体，不可分割、不争资源、互促共进、协调发展。二是新在有力推动农业社会化大生产，从根本上提高农业劳动生产率、资源利用率和土地产出率，为新型工业化提供原料和劳动力，拓展新型城镇化的发展空间，加快现代化进程，改变全社会发展的面貌。三是新在通过新型城镇化发展有效减少农村人口，推进适度规模经营、集约化标准化生产，提高农业效益。充分利用新型工业化强大的技术和物质生产能力、信息化优势，为新型农业现代化提供有力支撑。四是新在为转变农业发展方式指明了方向。更加凸显粮食安全、突出农产品质量、重视综合生产能力提升，走的是数量、质量效益并重之路，建设的是可持续农业，实现的是社会化大生产，目标是盈仓富农、强基固本。

三、国内外金融支持农业发展研究综述

（一）国外学者的研究

国外学者研究金融支持农业发展是从金融对经济增长影响的研究过渡而来的，大部分研究主要集中于理论研究，主要观点有：

1. 构建完善的投融资体制有利于农业发展。对于农村金融支持农业发展的影响，戴维斯和戈德伯格（1957）在提出"农业一体化"理念时指出，要提高农业生产和经营的效率，就必须在农业生产经营体系中建立起较为完善的投融资体制。费景汉和拉尼斯在对刘易斯的二元经济理论进行修正后认为，二元经济结构的改善，关键还在于农村经济的实质性发展，农业现代化正好能很好地解决这个问题，但相应的资金和制度支持与保障是产生以上效应的根本保证。

2. 资本市场的发展对农业经济具有积极作用。Drabenstot和Meeker（1997）

分析了资本市场在农业经济中所起的作用，并从三个方面提出如何发展农村资本市场以扩大农村金融产品和服务的供给，即扩大社区银行的可贷资金、发展农村二级市场和开发农村股票资本市场。

3. 农业现代化和农村金融体系存在紧密的内在关系。哈特穆特·皮希特（2001）在研究货币竞争时指出：一旦我们了解了农业现代化和农村金融体系的内在关系，摸清了农业现代化和金融现代化的相互转化规律，并且形成一种以各自的功能实现共同发展的方式，在有效的契约和法律框架之下协调有序地运转。

（二）国内学者的研究

国内学者研究农村金融对农业发展的影响是从国外学者的研究基础上开展的，既有理论研究也有实证研究。

1. 关于农业现代化发展的金融支持体系的理论研究，大部分研究主要集中在其内涵、必要性、体系构成等方面。如邓俊锋、温晓平等人（2001）认为，农业现代化的金融支持体系是指为了实现农业现代化的目标，在中国人民银行领导下，以中国农业银行、中国农业发展银行为主体，以农村合作金融为基础，以农业保险公司为保障，以证券市场融资（直接融资）为重要补充所形成的农村金融组织体系。周新德（2006）在其研究表明，农业现代化资金供给不足，龙头企业的发展、农户的生产、农业科技创新以及农业现代化的外部环境建设都需要大量的资金投入，若资金不足农业现代化则难以深化和发展。李敏（2007）认为农业现代化发展需要多层次、多渠道的资金投入，而金融投入是农业现代化发展的投入主体，但相对于农业现代化发展巨大的金融需求，现有的农村金融信贷产品和服务仍难以有效满足客户需要，这就引起农业资金金融供给数量与农业现代化的资金需求不匹配。邓俊锋、温晓平等人（2001）认为，从我国农村金融结构来看，某些要素（如农业保障、农业风险投资基金等）的缺位，造成金融结构不完善，金融的整体功能难以得到发挥。刘希宋（2002）认为完善的龙头企业金融支持体系由三个子系统构成：直接融资系统、间接融资系统和信用担保体系。其中，直接融资系统包括并购、公开上市、主板二板和债券产业投资基金等四个层次；间接融资包括商业银行、政策性银行、农村合作金融组织等金融机构融资；信用担保体系由政策性的中小企业信用担保机构、非盈利性的企业间互助担保机构和盈利性的民营商业性担保机构等三个层次的组织结构。宋彤（2003）认为，金融支持体系包括金融政策体系、金融组织体系和金融功能体系三个相互联系又各有侧重的子系统。其中，金融政策支持体系包括金融文化、金融政策、金融智力等方面；金融组织支持体系包括金融机构质性和量性的有机统一；金融功能支持体系又可细分为资本筹集与资本运营支持体系、货币信贷支持体系和金融服务支持体系。

2. 关于农业现代化发展的金融支持体系的实证研究，主要是探讨农业现代化与金融支持的相关关系。如徐冯潞（2007）首次运用定量的方法分析了农业现代化与金融支持的相关度，阐述了农业现代化水平与金融支农程度之间是相辅相成互为条件的关系，其实证分析结果显示，我国大部分地区目前的农业现代化水平及金融支农程度仍不是很高，并没有达到良性均衡状态，呈现为信贷不饱和供给下的金字塔效立，研究指出解决问题的政策着眼点应放在完善农村金融体系，培育农业资本市场，优化农村金融资源配置，安排高效率的金融制度，完善信用担保机制强化保险市场风险管理功能，以促进农业现代化与金融发展共同发展，使农业资源与金融资源实现良性均衡。李喜梅等人（2010）以哈罗德—多马模型为基础，探索到底是储蓄率、储蓄转换为投资的比率还是投资效率是支持农业现代化发展的主因，最后其研究表明在中国农业现代化过程中，资金的可得性是最重要的影响因素，资金的取得成本反而是次要考虑的内容。

四、本课题主要研究思路

本课题主要采用问卷调查分析、实证分析和案例分析方法对河南省农业现代化发展中金融支持及金融服务创新进行全方位系统性分析（见图1）。

1. 从农业现代化新型经营主体金融需求新视角对河南省416家农户（主要种植大户、家庭农场、农民专业合作社及农业现代化龙头企业等新型经营主体）进行问卷调查，依据调查结果对农户金融需求和金融供给两方面进行分析。

2. 利用因子分析法提取农业现代化发展水平公共因子，与农村金融发展规模、金融效率进行关联互动分析，进一步测算农村金融推动实现农业现代化贡献度，探讨两者之间的内在规律。

3. 通过对国内外在金融支持新型农业现代化发展比较成熟的案例分析，积极借鉴他们的先进经验。

4. 最后从河南金融发展和农业现代化发展的实际出发，提出金融如何更好地支持农业现代化发展的对策建议。

五、本课题可能的创新点和不足

本课题通过调查问卷来详细了解我省农业现代化进程中金融支农的真实情况和新型经营主体对金融提出的新需求，同时通过计量分析方法分析农村金融与农业现代化两者之间的互动关联效应，提出解决问题的方法及途径，较有针对性和实用性。

（一）本课题可能创新点

1. 根据我国经济发展和农业发展的区域不平衡性，跳出全国性的研究，而将着眼点放在农业大省河南省农业现代化发展上，比较微观地分析金融如何更好地支持农业现代化的发展，能以点带面，普及推广。

2. 运用多种计量经济学方法，计量分析的角度论证农村金融推动农业现代化发展的具体效果。

（二）本课题存在的不足

受数据采集的难度影响，本课题在全省范围收回了416份调查问卷，样本量相对较小，对金融需求情况的总结和分析有一定的代表性，另外，本课题在现代农业发展水平的评价指标选取上仍有待完善。

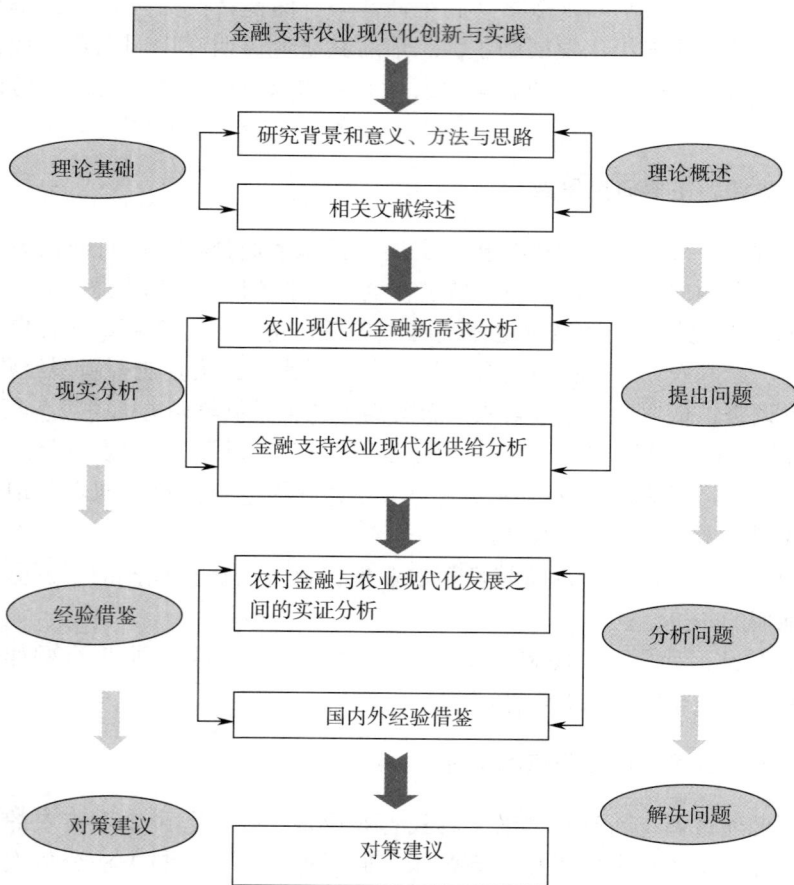

图1　研究技术思路图

第二章 河南省农业现代化发展中金融服务分析

一、农业现代化发展口金融需求分析

本章节主要根据漯河市中心支行课题组对河南省粮食核心区 18 个地市, 416 家农业现代化新型经营主体(主要以家庭农场、种养大户、农民专业合作社、农业龙头企业)为调查样本,对农业现代化建设中的资金需求情况进行调查分析,进而归纳梳理农业现代化资金需求状况和需求特点。

(一)农户资金需求状况

1. 农户需求意愿强烈

针对农户资金需求情况,通过对 245 户家庭农场主和种养大户走访交谈和问卷调查的形式进行调查。调查发现,这些农户贷款需求较强烈,需要资金支持。95% 的农户有资金借贷意愿,在缺少资金的状况下 100% 的农户会向银行等相关金融机构或组织进行信贷。

2. 农户资金用途多元化

河南大部分农民从事种植业生产,收入普遍低,抵御自然风险的能力不足,自我积累和储蓄不够,不能应付大项和临时性支出,资金需求不断增加,资金用途呈多元化取向。调查显示,农户融资的资金中 41.2% 用于种植及粮食生产机械设备购买,12.1% 用于土地租金和工人工资,6.1% 的用于种子和农药等购买,仅有 1.9% 的资金用于农业科技创新,其余 38.7% 的资金用于生活性支出。

3. 农户金融需求总量增加且单笔额度呈大额化趋势

近年来河南省农业经济发展迅速,加之原始积累先天不足,农户在经济短期快速发展的背景下,由于自身原始积累薄弱和融资渠道单一的缺陷,导致贷款需求面的逐渐扩大和贷款总量的持续增加。而农业经济的发展也使得农业经济呈规模化和集约化发展趋势,尤其在新的土地法实施以来。各项优惠政策开始向农户倾斜,因此农户的经营规模化程度提高,农户个体的资金需求增加也越来越明显。调查显示,2014 年,397 户有借贷需求的农户需求贷款在 20 万 ~ 50 万元的占比 41.3%,50 万 ~ 100 万元的占比 37.9%,100 万元以上的占比 12.2%。

4. 农户资金借贷渠道不断拓宽

农业现代化建设要求农户进行多元化生产经营以及农村产业结构调整,资金需求总量日益扩大,需求范围不断拓宽,因此及时有效的信贷供应显得尤为迫切和重要。调查结果显示:大部分的农户选择向亲戚和朋友借款,占 55.2%;

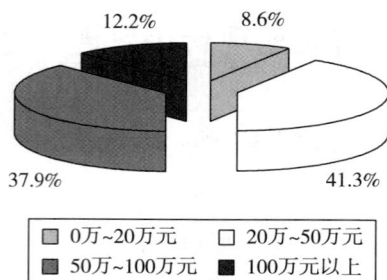

数据来源：河南省金融支持农业现代化发展情况的调查问卷。

图2　2014年397户农业新型经营主体贷款需求情况

一部分农户选择从金融机构获得贷款，占39.4%；少数农户选择从民间借款，占4.2%。原因是一些人认为金融机构的利率高，手续烦琐，向亲戚和朋友借款无利息，借款相对容易。

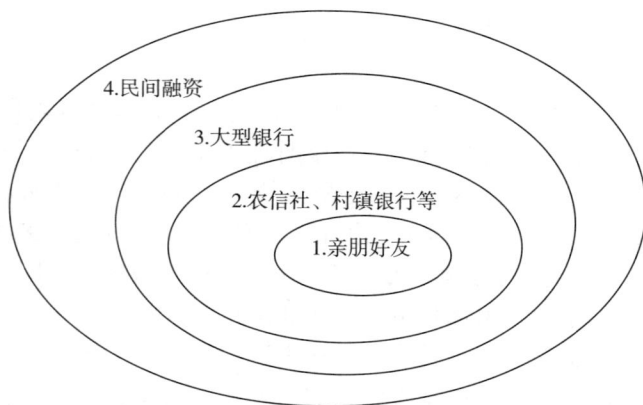

图3　农户资金借贷渠道

（二）农民合作社及农业龙头企业资金需求状况

调查样本中有171户农民合作社及农业龙头企业，在对这些组织和企业进行调查中，合作组织和企业规模无论大小，都需要融资。调查发现，规模大的企业融资相应容易些，通过外部筹措到资金占所需资金的65.4%，规模小的就比较困难；规模大的企业所需资金一般选择通过银行或信用社贷款，占60.12%，规模小的企业所需资金一般向民间借贷，规模大的企业将大部分筹措到的资金用于企业后续发展，包括产品更新、技术升级等，规模小的企业将大部分筹措到的资金用于满足企业生存需求，即购置原料、设备和建造厂房等。

说明农村企业在发展过程中，需要资金支持，但渠道少、难度大。

（三）基础建设资金需求状况

河南省农村基础设施薄弱，总体表现为建设力度滞后于经济社会发展的速度，基础设施规模小、水平低、配套陈旧等问题明显。中原经济区建设内容之一是农业现代化建设，农村基础设施建设是农业现代化建设的一项庞大的系统工程，更是一项长期而艰巨的任务。农业基础设施建设需要持续投入大量资金，农户和企业个体自身实力有限，需要当地乡级政府和村委会承担，由于农业税和乡统筹、村提留已取消，乡级政府和村委会资金积累较少，需要资金进行农村基础设施建设。

由于调查受限，这次调查没有对乡镇、村委会进行问卷调查，我们借鉴《河南省农业现代化建设资金流动状况调查分析》。[①] 一文中的调查数据，文中他们在 2013 年对河南省粮食核心区部分县（市）的 30 个乡镇的 162 个村庄调查，100% 的调查样本都需要金融支持，并且都希望获取上级政府财政拨付；如若需要贷款，在选择贷款期限上，94.61% 的乡镇、村委会选择 "贷款期限在 3~5 年"。

二、农业现代化发展中金融需求特征分析

从以上对河南省农业现代化进程中新型经营主体的资金需求现状可以看出，农业的现代化经营已经不同于传统农业了，其所使用的资金就和传统农业生产之中所需资金存在着一些根本不同的特征。以下结合河南省农业现代化发展的新趋势分析农业现代化新形势下金融需求的新特点。

1. 金融需求模式集约化

随着以 "规模化、机械化和科技化" 等为主要目标的现代化农业迅速发展，农业产业化龙头企业、农民专业合作组织、种植大户等新型农业生产主体增多，"三农" 资金需求向产业化组织的生产经营需求集中的趋势越加明显。部分农户的分散资金需求逐渐整合为农业产业组织的资金需求，农业产业组织开始在 "三农" 信贷需求中发挥领头人作用，成为金融机构开展 "三农" 信贷业务的新平台。

2. 金融需求链条延伸化

随着现代农业的发展、农业产业化的推进，"公司＋基地＋农户"、"公司＋专业合作社＋农户"、农超对接、订单农业等产业链合作模式成为常态化，具备了发展农业供应链金融的基本条件。农业龙头企业等经济主体涉及的产业链越

---

① 宋保圣，《江苏农业科学》，2013（9）。

来越长，各个部分都将对金融服务产生更高的要求，金融对整个农业产业链条的系统性支持尤其重要。依托农业产业链，为金融创新提供了可能，"公司＋合作社＋农户＋银行"等信贷模式创新和订单农业贷款等金融产品创新不断涌现。

3. 资金需求巨大性

农业现代化的生产，其实质也就是产业链的不断生产。在这一个生产过程中，它包括了科研、基地种植与企业加工以及市场营销还有社会消费等多个不同的环节。在全部这些环节之中，都伴随着对于资金的大量需求。与此同时，想要为农业现代化创造一个较好的适合外部发展的环境，政府还要加大对于交通运输与农副产品市场的建设等巨大的资金投入。所以不难知道，农业现代化的金融中的另外一个最重要特点，也就是资金的需求量是非常巨大的。

4. 金融需求的高风险性

一般农业的现代化实施过程中总是会伴随着高度的一些风险性。这是由于，商品化的一些农产品生产，和其他工业产品的生产是不一样的，会更多地受到一些自然灾害的影响与自然环境的制约。特别是在中国这个自然条件差异巨大与自然灾害频发的一些地区从事农业的生产，就不得不面临一个比较高的自然风险。而除此之外的，农业现代化所生产出来的一些农副产品，还会面临着是否适合消费者的相关需要、是否要全部销售出去这样的市场风险。所以，农业现代化的过程之中伴随着高风险，自然也就会传导给为其提供了大量资金支持的一些金融机构，进而让金融机构为农业现代化来提供资金和为其他的行业来提供融资相比较，会面临更大的一些金融风险。

5. 资金的需求数量和回收周期的差异性

在农业现代化的过程之中需要资金投入的相关环节较多，所以资金的存在形式会具有相应的多样性的特征：其一，对于基地建设与市场体系的完善等一些资金的投入，其回收的周期会较长，进而形成对于资金的一个长期占有。但龙头企业会在农副产品的相关收购季节，要有大量的比较短暂的收购资金，而这些资金一般占用时间是较短的，循环的周期是较快的；其二，在农业现代化的过程之中，重点的环节集中在了种养基地与龙头企业这两个环节的投入与建设。对于龙头企业，一般需要有大量资金在某一时间段集中投放，使包含在内的龙头企业迅速发展且壮大起来，进而起到对于整条生产线的一个"火车头"的带动作用。但对于种养基地所投入的建设资金，因为基地归根结底还是会通过成千上万农户来完成种养的过程，所以上述提到资金的一个存在形式，一般就变得相对的分散。正是由于这种短暂资金和长期资金互相交织，集中资金和分散资金互相结合，进而就形成农业的现代化金融中的另外一个非常重要的特征。

三、农业现代化发展中金融供给分析

农业发展，金融先行。近年来，人民银行按照省委省政府的要求，动用支农再贷款等货币政策工具，推动商业银行积极创新金融产品，加大支持农业现代化力度，不断满足农业现代化发展所带来的金融产品创新需求和资金需求，为农业现代化发展提供了有力的金融支持。

1. 农村金融业务规模发展迅速

改革开放 30 年来，河南省农业发展迅速，这离不开金融的支持，这点可以从河南省涉农贷款①增长看出，从 1978 年河南省农业贷款只有 0.54 亿元，2014 年涉农贷款高达 11 677.8 亿元，和 1978 年数据不可同日而语，同时涉农贷款数额也高于同期第一产业生产总值 4 160.81 亿元的近 3 倍，36 年间，剔除可比口径原因，涉农贷款增长速度也是惊人的。

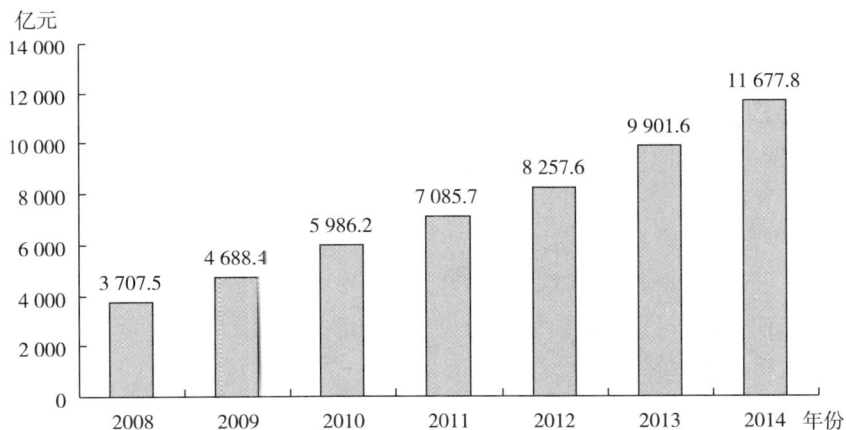

数据来源：郑州中支调查统计处金融统计数据上报系统。

图 4   2008 年以来涉农贷款增长情况

2. 金融支农服务体系逐步完善

1994 年开始的金融体系改革，达成了农村金融机构多元化、构建竞争性农村金融市场体系的共识，建立了政策性金融、商业性金融、合作性金融三位一体的农村金融体系。2003 年启动的农村信用社改革取得了显著成效，农村信用社已成为农村金融服务的重要力量。与此同时，村镇银行和分散的、小规模的

---

① 涉农贷款是 2007 年 9 月实施的《涉农贷款专项统计制度》在农业贷款的基础上新设指标，所以 2008 年以前的指标用农业贷款指标代替。以下均同。

以民间借贷为代表的农村非正式金融迅速发展，加大了金融支农力度。《2014 年河南省金融运行报告》显示：截至 2014 年底，河南省小型农村金融机构个数达到 5 268 家，资产总额 9 524.4 亿元，新型农村金融机构 246 家，资产总额达到 529.7 亿元，部分农户能顺利从这些机构贷款。问卷调查显示，78.3% 的农户认为当前成立和发展新型农村金融机构组织对农民贷款帮助很大，很好地补充了大银行对农户贷款的缺失。目前，河南省已经逐步形成了以农信社为基础、农业银行和农业发展银行为重要组成部分，其他商业银行和非银行金融机构分工协作的金融组织体系。

3. 农村金融创新力度不断提高

近年来，人民银行不断推动农村金融创新，以金融服务和金融产品创新为农业现代化发展提供了有力的支撑。建立了乡村金融服务站、加大了农村信用体系建设、组织了贷款村村通活动等，这些金融服务载体把信用体系建设、金融产品创新与社会管理有机结合，促进了农业加快发展。金融机构结合农村金融需求特点，也积极创新农村金融服务和产品，如针对大、中、小、微型农业龙头企业，推出差异供应链融资模式；结合农村实际用人特点，推出农村青年创业贷、妇女小额担保贷款、巾帼创业贷款、农房抵押贷款、扶贫项目贷款、农民工贷款等有力地支持农业现代化的发展。河南银监局的统计数据显示，截至 2014 年 6 月底，正式营业的 59 家村镇银行的贷款主要投向本地的中小微企业、个体工商户和农户，采取的贷款方式主要有抵押循环贷款、担保公司贷款、企业联保、固定资产抵押贷款、小额信用贷款等。已开业的村镇银行中，涉农贷款余额在其全部贷款余额中占比为 93.43%，其中，农户贷款余额占比为 44.06%，单户最大贷款余额多集中在 300 万 ~ 500 万元不等。

四、农业现代化发展中金融服务存在的问题

从上面分析可以看出，河南农户虽然从表面上看其金融需求得到了相应的贷款支持，但在金融支农过程中还存在着一定的金融抑制现象。问卷调查显示：农村新型经营主体 52% 的生产资金来自自有资金，10% 的生产资金来自民间高息借贷，38% 的生产资金才来自银行贷款。80% 调查者表示制约当前进一步扩大规模的主要因素还是资金不足，可见农户信贷服务不到位问题仍然比较突出，这与中原经济区"振兴河南，实现中原崛起"的目标相比，金融对实现农业现代发展的贡献还远远不够。具体如下：

（一）农村新型经济经营主体的资金需求难以满足

随着经济的发展和农业产业结构的调整，以往单一类型和小规模经营的农户逐渐被取代，现阶段涌现了许多种植和养殖大户等市场导向型的新型经营主体。农业产业化的发展使得传统农户生产经营开始转变为专业化和规模化，并随着农村新型经济合作组织的建立，农户逐渐由单一经营向合作经营转变，相应地对生产型资金的需求程度也开始加大。现有金融机构仍沿用以往传统贷款模式，贷款的规模较小，显然难以满足新型农户和经济合作组织对资金的需求。调查显示，在 2014 年，有贷款需求的 397 户农村新型经营主体的需求贷款在 20 万 ~ 50 万元的占比为 48.2%，50 万 ~ 100 万元的占比为 35.8%，100 万元以上的占比为 6.5%，而需求贷款的满足指数①较低，达到 51.75%，其中满足率低于 10% 的占比为 15.5%，10% ~ 50% 的占比为 63%，50% ~ 100% 的占比为 20.5%，大于 100% 占比仅有 1%。

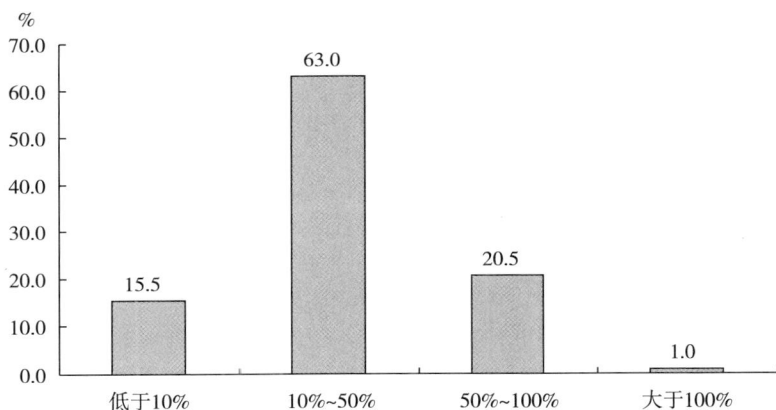

数据来源：河南省金融支持农业现代化发展情况的调查问卷。

图 5　2014 年 397 户有贷款需求的农业新型经营主体贷款满足情况

（二）金融产品和服务创新适应性不足弱化了对农业现代化支持力度

农业现代化的过程也是传统农业向现代农业的转变过程，它不仅包括物质装备、产业体系的现代化，更包括农民的现代潜在需求被激发出来。农业产业化经营、农业科技推广、农村基础设施建设等都需要金融服务的支持，这对农村金融产品和服务提出了新要求，需要我们不断创新金融产品和服务。但是，在农业现代化进程中，金融产品少、服务方式单一仍然不同程度的存在。如有些金融机构只是对原有的业务重新包装宣传，推出的创新产品主要是信贷产品，在贷款方式、抵押担保形式及具体的手续办理上并没有太大的突破，咨询服务类、投融资类等技术含量高的服务提供得比较少等。缺乏适销对路的金融产品，

---

① 贷款需求满足指数 = 1 × 1% + 0.75 × 20.5% + 0.5 × 63% + 0.25 × 15.5%

金融服务创新不足，使得农业现代化对金融的需求不能得到很好地满足。调查显示，在不选择向银行等相关金融机构借贷的原因中，87％的农户认为银行产品单一，贷款期限短不符合他们种养生产周期，无法及时还款从而放弃银行贷款。

（三）农村信贷资金分流严重制约农业现代化发展

从近几年河南涉农贷款总额与各项贷款的占比来看，涉农贷款所占份额呈现逐年小幅上升的态势，但涉农贷款增速低于各项贷款的增速，说明农业生产的金融支持还存在不足（见图6），其原因是邮政储蓄银行和涉农商业银行高度集中的信贷管理体制，制约了农村金融机构的放贷能力，同时农业现代化经营初期，大投入、高风险和低效益的特征明显，金融机构为了信贷资金安全，不愿承担过多风险，抑制了农业信贷有效投入，导致不少有发展前景的农业现代化项目贷款投入甚少，并且农村金融机构为了自身的收益，将大量的信贷资金投向城镇的高收益项目，导致农村资金分流严重，直接影响农业现代化的推进。

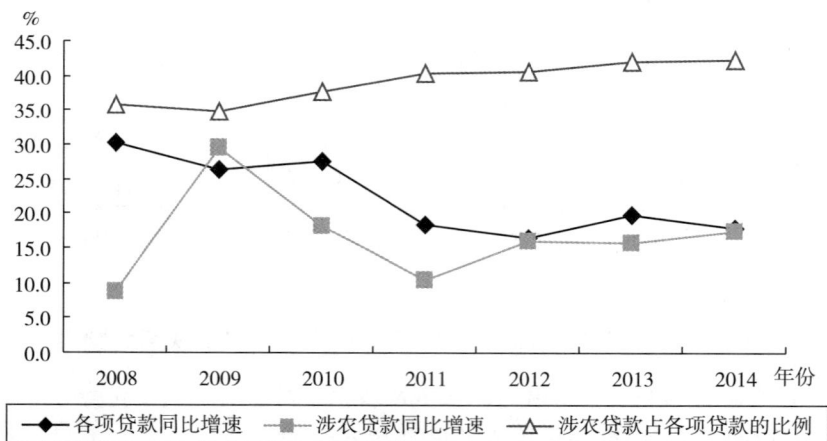

数据来源：《河南金融年鉴》及郑州中支调查统计处金融统计系统。

图6　2008年以来河南省金融机构涉农贷款及各项贷款增速情况

（四）农业保险的发展相对缓慢，发挥作用有限

农业保险的发展相对缓慢，业务范围覆盖面小，业务程序存在不合规现象。而政策性农业保险因其规模小、保险种类结构单一、覆盖层面窄等特性，更是难以有效分散并消除农业风险。由于国家保费匹配倒挂政策的实施，从事涉农保险业务的金融机构只有当地方配套资金到位后，国家资金才会到位。例如，河南省漯河市在2014年政策性玉米保险推出时，保费为每亩15元，其承担比例

分别是：农户占 20%，其余 15%、5%、20% 和 40% 分别由县级财政、市级财政、省级财政、中央财政来承担，即中央财政负担 6 元/亩，省财政负担 3 元/亩，市财政负担 0.75 元/亩，县财政负担 2.25 元/亩，农户负担 3 元/亩。而在实际操作中一些乡镇由于自身经济条件限制，很难拿出该笔资金，致使了整个农业保险推进步伐的放缓。

第三章　金融支持农业现代化发展的实证分析

一、河南省农业现代化发展的综合评价

（一）指标的选取

综合现有的关于农业现代化的指标体系，以及数据的可得性，本课题选取了固定资产投向农业的比重、当年机耕地面积占耕地面积比重、农村用电量、单位面积平均施肥量、有效灌溉面积占耕地面积比重、单位面积平均机电井数、单位面积粮食产量、人均肉产量、农业就业人口占总就业人口数比重、森林覆盖率 10 个指标作为原始变量以反映农业现代化水平，分别用 $X_1, X_2, X_3, X_4, X_5,$ $X_6, X_7, X_8, X_9, X_{10}$ 来表示。本课题采用主成分分析方法提取代表农业现代化发展水平的公共因子，来综合评价农业现代化发展水平。考虑提出公共因子得具有代表性，本文所选指标的数据是 2000—2014 年的平均数。数据来源于各年的《河南统计年鉴》。

（二）因子分析的实证结果

1. 因子分析的可行性检验。在做因子分析之前，要进行相关的统计检验，确定上述的指标数据是否适合进行因子分析。主要的检验方法是 KMO 检验和巴特利特球形检验。一般来说，KMO 值至少要大于 0.7 才适合做因子分析。本文应用 SPSS16.0 统计软件，对上述 10 个农业现代化指标进行 KMO 检验和巴特利特球形检验，结果见表 1，从表 1 可知 KMO 值大于 0.7，适合做因子分析；巴特利特球形检验的相伴概率值为 0.00 小于显著性水平 0.05，因此拒绝原假设，认为可以做因子分析。

表 1　　　　　　　　　**KMO 检验和 Bartlett 球形检验结果**

Kaiser – Meyer – Olkin Measure of Sampling Adequacy.		0.849
Bartlett's Test of Sphericity	Approx. Chi – Square	279.001
	df	9
	Sig.	0.000

2. 提取因子变量。本文用主成分分析法来提取因子变量。从农业现代化水平的因子特征根及方差贡献率分析结果（见表2）中可知最大的两个特征值分别为7.321和2.689，它们一起解释了总方差的91.191%，能反映原始变量所提供的绝大部分信息，我们这里就取前两个主成分分别作为公共因子F1、F2。

表2　　　　　　　　　　**Total Variance Explained**

Component t	Initial Eigenvalues			Extraction Sums of Squared Loadings		
	Total	% of Variance	Cumulative %	Total	% of Variance	Cumulative %
1	7.321	70.255	70.255	7.321	70.255	70.255
2	2.689	20.936	91.191	2.689	20.936	91.191
3	1.671	2.165	93.356			
4	1.286	1.864	95.220			
5	1.020	1.023	96.243			
6	0.669	1.011	97.254			
7	0.388	0.856	98.110			
8	0.309	0.767	98.877			
9	0.165	0.625	99.502			
10	0.088	0.498	100.000			

Extraction Method：Principal Component Analysis.

3. 解释因子变量。为了加强公共因子对F1、F2的分析解释能力，先对提取的两个主因子变量建立原始因子载荷矩阵，然后用方差最大旋转法（Varimax）对载荷矩阵进行因子旋转。从旋转后的成分矩阵（见表3）可看出，第一主成分X1、X2、X3、X4、X5、X6、X9、X10在旋转后的公共因子F1上因子载荷系数大，说明F1主要反映这八个变量，因此将公共因子F1定义为生产投入因子。同理可以看到公共因子F2在X7、X8这两个变量上拥有很大的载荷值，这两个变量与农业现代化产出效率有关，可将F2定义为生产效率因子。

表3　　　　　　　　　　**Rotated Component Matrixa**

	Component	
	1	2
Zscore（固定资产投向农业的比重）	-0.737	-0.247
Zscore（当年机耕地面积占耕地面积比重）	0.879	-0.174
Zscore（农村用电量）	0.977	0.203
Zscore（单位面积平均施肥量）	0.946	0.221
Zscore（有效灌溉面积占耕地面积比重）	0.992	0.030

	Component	
	1	2
Zscore（单位面积平均机电井数）	− 0.841	− 0.107
Zscore（单位面积粮食产量）	0.428	0.894
Zscore（人均肉产量）	− 0.351	0.980
Zscore（农业就业人口占总就业人口数比重）	− 0.752	− 0.296
Zscore（森林覆盖率）	0.789	− 0.253

Extraction Method：Principal Component Analysis.

Rotation Method：Varimax with Kaiser Normalization.

4. 计算因子得分。根据因子得分函数和综合得分函数的表达式，可列出各主成分变量与原变量的函数表达式：

$$F_1 = -0.737X_1 + 0.879X_2 + 0.977X_3 + 0.946X_4 + 0.992X_5 - 0.841X_6$$
$$+ 0.428X_7 - 0.351X_8 - 0.752X_9 + 0.789X_{10}$$

$$F2 = -0.247X_1 - 0.174X_2 + 0.203X_3 + 0.221X_4 + 0.03X_5 - 0.107X_6$$
$$+ 0.894X_7 + 0.98X_8 - 0.296X_9 - 0.253X_{10}$$

在此基础上，再以各因子的贡献率为权重（即各主因子方差与累计方差的比例）将两个因子的得分进行加权平均，构建出能够反映农业现代化发展水平的综合因子得分函数 $F = 0.71F_1 + 0.21F_2$，计算得到 2000—2014 年每年的农业现代化水平综合因子得分。

二、河南省农村金融发展与农业现代化实证研究

（一）模型构建

金融因素指标。鉴于数据的可得性，金融对农业现代化综合发展水平影响的指标主要使用农村金融发展指标，包括农村金融规模和农村金融效率两个维度，由于农业存款和农业贷款指标均已停用，因此本文用县域存、贷款指标来衡量农村金融发展情况。

一是农村金融规模：金融相关比率（FIR）。目前农村金融资产主要集中于银行系统，主要包括存款和贷款。基于此，本文借鉴戈德史密斯（1969）提出的金融相关比率（FIR）作为农村金融发展规模指标，其值为农村存贷款的规模占第一产业增加值的比重。

二是农村金融效率指标：储蓄投资转化率（FE）。金融效率是反映金融机构投入与产出关系的一个重要指标。它是指金融机构将储蓄转化为投资的效率，转化

率越大说明金融机构的运营效率越高，那么由它所带动的其他生产要素的流动性也就会相应越快，从而促进农业经济增长、农业现代化水平提高的作用也就会越大。本文用农村贷款余额与农村存款余额之比来表示农村金融发展效率。

综合以上分析，本文构建如下模型来对农村金融发展与农业现代化之间的关系进行实证研究：

$$LAMI = c + \alpha LFIR + \beta LFE + \mu$$

其中，LAMI、LFIR 和 LFE 分别是 AMI、FIR、FE 的自然对数形式，AMI 表示农业现代化指数，FIR 表示农村存贷款余额之和与农业增加值的比值，用来衡量农村金融发展规模，FE 表示农村贷款余额与农村存款余额之比，用来衡量农村金融发展效率。对 AMI、FIR 和 FE 三组变量数据进行了取自然对数的处理，主要是为了减少异方差和非平稳性，使实证分析更加可靠。

（二）数据来源

在数据可获得性约束条件下，为了保证样本的容量和自由度，本文选取 2000—2014 年的河南省农业现代化发展指数、第一产业增加值、县域存款余额和贷款余额等指标的年度数据作为研究对象。其中，河南省农业现代化发展指数按本文设计的因子分析方法计算所得，第一产业增加值来自于河南省统计局网站，县域存款余额和贷款余额来自人民银行金融信息统计系统。

（三）实证分析

1. 单位根检验。为了避免模型中出现伪回归，需要对时间序列进行平稳性检验，本课题使用目前最为有效的时间序列稳定性检验工具——ADF 检验来考察数据的平稳性，滞后阶数按 SIC 准则选取。运用 Eviews 6.0 进行 ADF 检验，结果表明，在5%的显著水平下，LAMI、LFIR 和 LFE 的 ADF 值均大于临界值，因此原假设不能被拒绝，即三组序列均存在单位根，是非平稳的时间序列。而它们的一阶差分序列在5%的显著水平下，均不存在单位根，是平稳的时间序列，因此 LAMI、LFIR 和 LRLD 是一阶单整序列，可以进行协整检验（见表4）。

表4　　　　　　　　　变量单位根检验的分析结果

变量	ADF 检验值	检验类型	滞后阶数	伴随概率 P 值
LAMI	− 3.057442	线性趋势项和常数项	1	0.0529
ΔLAMI	− 2.615510	无	0	0.0112
LFE	− 1.828876	线性趋势项和常数项	1	0.6602
ΔLFE	− 2.317661	常数项	0	0.0225
LFIR	− 3.579219	线性趋势项和常数项	1	0.0524
ΔLFIR	− 4.166121	常数项	1	0.0037

2. 协整检验。本文采用 Johanson 检验方法，即通过建立基于最大特征值的似然比统计量来检验 LAMI 和 LFIR、LFE 之间是否存在一种长期稳定的均衡关系（见表5）。

表5　　　　　　　　　　Johanson 协整检验的结果

HypothesizedNo. of CE（s）	Eigenvalue	TraceStatistic	0.05 Critical Value	Prob. **
None *	0.814816	52.94569	29.79707	0.0000
At most 1	0.346632	14.15841	15.49471	0.0387
At most 2 *	0.173015	4.369276	3.841466	0.0306

结果显示在5%显著水平下，变量之间只存在一个长期协整关系。其表达式为：

$$LAMI = 2.56011 + 0.40558 \times LFIR + 0.23988 \times LFE$$
$$(1.88) \qquad (2.66)$$

括号里数字为相应的 T 检验值。从表达式可知，就长期而言，农业现代化发展水平与农村金融发展规模和农村金融发展效率均正相关，河南省农村金融发展规模 LFIR 每增加1%，农业现代化水平 LAMI 就相应提高0.41%；农村金融效率 LFE 每提高1%，农业现代化水平也相应提高0.24%，这与前面关于农村金融发展能够促进农业现代化水平提高的理论分析相一致。

3. 格兰杰因果检验。协整检验表明河南省农业现代化水平和河南省农村金融发展规模、农村金融发展效率存在着长期稳定的均衡关系，但它们之间因果关系的检验还需要通过 Granger 因果关系检验来进行。本文在协整检验的基础上，进一步对 LAMI 和 LFIR、LFE 之间的因果关系进行检验，检验结果如表6所示。

表6　　　　　　　　　　Granger 因果检验的结果

Null Hypothesis：	obs	F – Statistic	Probability
LFIR does not Granger Cause LAMI	15	6.94506	0.00295
LAMI does not Granger Cause LFIR		2.16595	0.92957
LFE does not Granger Cause LAMI	15	12.3588	0.00016
LAMI does not Granger Cause LFE		1.13037	0.06477

表6结果表明，在5%显著水平下，河南省农村金融发展规模指标 LFIR 和金融发展效率指标 LFE 是农业现代化水平 LAMI 的单向 Granger 因果关系。即河南省农村金融发展规模的扩大和发展效率的提高是河南省农业现代化水平提高的格兰杰原因，而农业现代化水平提高不是农村金融发展规模扩大的格兰杰原

因，也不是农村金融发展效率提高的原因。

三、结论及原因分析

本章节利用协整检验和 Granger 因果检验发现：第一，河南省农业现代化水平和河南省农村金融发展规模、发展效率之间存在一种长期稳定的均衡关系，即从长期看，河南省农村金融发展规模每增长 1%，农业现代化水平就相应提高 0.41%；农村金融效率每提高 1%，农业现代化水平也相应提高 0.24%。第二，河南省农村金融发展规模的扩大和发展效率的提高是河南省农业现代化水平提高的格兰杰原因，而河南省农业现代化水平提高并不是河南省农村金融发展规模扩大和发展效率提高的格兰杰原因。

河南省农村金融发展规模和发展效率对河南省农业现代化有显著作用，其作用原理在于，农村金融发展一方面扩大了金融媒介在农村经济交易中的应用范围，节约了交易成本，提高了交易的速度和效率；另一方面也增加了农村资本存量，提高了农业投资的规模和效率，为农业现代化提供了充分的资金支持。

农业现代化不是农村金融发展的原因，可以从三个方面进行分析：

一是尽管这与传统理论相背离，但确与河南省农村的现实情况存在契合之处：随着改革开放的不断深入，河南省农业现代化水平不断提高，但农业的弱质性和高风险性依然没有改变，而在市场经济体制不断完善的情况下，其他行业和领域的更高收益和更低风险也对金融机构具有更大的吸引力，农村金融机构出现了网点减少、业务"脱农"的现象。

二是从金融发展的指标构建来看，存款方面，虽然农民收入不断提高，农村存款的数量不断地增加，但河南省城乡二元经济特征依然明显，广泛存在的小农经济缺乏规模效应，农村大多数居民的存款被金融机构吸走为城镇建设和企业发展服务，而不是农村建设和农业投入积累资金，农村金融机构缺乏发展农村金融的动力。贷款方面，贷款取得的资金并不一定投入在农业生产上面，非农村化、非农业化现象相当严重。农村正规金融存在的表面化使农村金融活动方向已经偏离了农村和农业。农村金融机构经营和管理水平的低下，使得贷款投向了不合理的领域从而导致农业投资效率的偏低和农村资源配置的扭曲（陈文俊，2011）。

三是从金融发展与产业进化的关系来看，农业现代化发展带动金融增长或许存在一定的门槛效应。河南省虽然是农业大省，但仍然以传统农业和小农经济为主，抗风险能力不强，和工业和服务业的利润率相比，农业利润率较低且波动较大，金融业是一个高风险行业，严格控制风险是金融业的第一要务，在高利润的工业和服务业竞争下，只有当河南省的农业现代化水平达到足够高度，农业经济利润足够高，农业经济规模足够大而能抵御自然灾害风险时，才能够带动金融业大规模参与农业经济。即只有当农业现代化发展水平突破一定的门槛，农业现代化才能够带动整体农村金融规模扩张，从而使两者形成良性互动，共同发展。

第四章　国内外金融支持农业现代化发展经验对比分析

世界各国金融对农业发展的支持体系因各国发展情况的不同而具有各自的特点，其在发展过程中的成功经验值得我们吸收借鉴。

一、发展中国家以印度为例在支持农业现代化发展的经验做法

发展中国家农业发展普遍呈现劳动力多，生产技术较为传统，生产效率普遍不高，资金较为有限的特点。其在发展过程中形成的经验对于处于现代农业发展初级阶段的漯河具有实际意义。

印度是发展中国家，就人口数量、国土面积、经济结构而言，是较典型的农业大国。20世纪60年代中期以前，印度合作金融机构是印度农村信贷资金的主要提供者，此后，商业银行开始在印度农村经济发展中发挥作用，但流向农村的信贷资金从未充分地满足农户的需要。1969—1980年，印度政府先后进行了两次银行国有化运动，直接控制国有银行，并在农村设立大量的金融机构。印度政府还要求私人银行与外资银行也必须增加农村网点；颁布一系列法令设立土地发展银行和地区农村银行，调整监管体系；还规定银行对优先部门的贷款比例，以保证有机构进入农村的同时还有相对充足的资金进入农村，增加对农户信贷资金的供给。目前，印度农村金融体系具有鲜明的多层次性，各金融机构之间既分工明确，又相互合作。这一金融体系主要包括印度储备银行（主要负责监管和协调）、印度商业银行（国有以及私人）、地区农村银行、合作银行（或合作社）、国家农业和农村开发银行、存款保险和信贷保险公司等。其中，国有大型商业银行支农力度最大。2006年，印度国家银行的农业贷款余额占各项贷款余额的40%，在农村地区有5 800个分支机构，占国内机构总数的62%。在政府一系列政策的引导和推动下，印度金融机构普遍在广大农村地区建立了自己的网络。如印度商业银行在农村地区建立了3万多家分支机构，基层农业信贷协会的数量达到9万多家，土地发展银行在农村的分支超过2 000家，地区农村银行的分支机构也达到1万~4万多家。此外，为了支持农村金融发展，鼓励和促进金融机构参与农村金融市场。印度于1982年正式成立了国家农业和农村开发银行，其主要职能就是为信用合作机构、地区农村银行以及从

事农村信贷工作的商业银行提供再融资服务。

二、发达国家以日本为例在支持现代农业发展的经验做法

日本的农村金融体系既有政府官办的政策性金融，又有强大的合作金融。日本支持农业发展的政策性金融机构是农林渔业金融公库，它是负责农林渔业到食品产业的唯一的政策性金融机构，主要对从事农林渔业生产、加工、流通的个人和企业提供融资服务。该机构主要是把资金用于土地改良、造林、建设渔港等基础设施的融资，同时用于农业现代化投资、农业改良资金的融资、对国内大型农产品批发市场及交易市场提供市场设施贷款等。不过，农林公库的贷款一般不直接办理，而是委托农协组织代办，并付给一定的委托费。农林公库的贷款利率虽会因贷款种类和工程性质的不同而有不同的规定，但总的来说，要比民间金融机构优惠，而且贷款的偿还期限从 10～45 年不等。

日本支持农业发展的合作金融主要是农协系统。农协系统是按照农民自愿、自主的原则登记成立的，主要由三级组成：第一，最基层的是农业协同组合，为市町村一级，直接与农户发生信贷关系，不以盈利为目的，它可以为农户办理吸收存款、贷款和结算性贷款，并适当兼营保险、供销等其他业务；第二，中间层是信用农业协同组合联合会（信农联），为都道府县一级，帮助基层农协进行资金管理，并在全县范围内组织农业资金的结算、调剂和运用；第三，最高层机构是中央金库，为中央一级，是各级农协内部以及农协组织与其他金融机构融通资金的渠道，它在全国范围内对系统内资金进行融通、调剂、清算，并按国家法令营运资金。同时，它还指导信农联的工作，并为信农联提供咨询。

三、漯河地区金融支持农业现代化发展的案例分析

案例：小组联保"贷"来的"红"色经济

漯河市王岗镇具有种植辣椒的悠久传统，2009 年前后逐步形成了一个以王岗镇为中心，种植面积超过 15 万亩，辐射带动周边地市种植 10 万多亩，总面积近 30 万亩的辣椒种植区，和拥有购销市场 500 多亩，摊位 800 多家，200 多座冷库，年冷储量 3 500 万公斤，年交易额超 10 亿元的辣椒收购、交易市场。2014 年，因辣椒种植农民增收超亿元。

（一）信贷产品量身定做

临颍县金融机构创新贷款模式，通过三户联保、上下游企业联保以及"农户贷款＋涉农科技创新基金"等模式发放椒农贷款。临颍县农信社、邮储银行等涉农金融机构在王岗辣椒种植协会设有专门办事机构，通过协会建立风险保证金制度，从贷款发放到现在，没有出现一笔不良贷款。与此同时，推动当地

政府组织十多期农业实用技术培训班,对种植、养殖大户、农业经纪人、协会成员进行实用技术、农村经济等方面的培训;同时,利用互联网络、农村党员远程教育等平台,为广大农民提供信息,传播种植、管理技术,引导群众走绿色无公害种植之路。

(二)生产组织方式创新成效显著

王岗镇建立了14个农村辣椒专业合作经济组织和行业协会,拥有经纪人80多人。当地金融机构通过"专业合作社 + 农户 + 保证金"模式,首先由合作社社员缴纳数量不等的保证金存入合作社在农业银行的保证金专户,按照三户联保的方式以1:5的放大比例进行放贷。合作社实行统一技术管理、统一备料、统一收购、统一销售、统一回收货款、统一核算的管理方式,一方面减小了农户种植的风险,提高了产量和效益;另一方面通过公司化管理,避免了农户间的价格竞争,通过统一销售提高了产品的增加值。通过由专业合作社为社员担保融资的方式,实现了社会效益和经济效益的良性发展。良好的种植经济效益,促进当地辣椒种植面积逐年扩大。在主种植区,辣椒种植面积占可耕地面积的95%以上。

(三)金融支持品牌化战略

当地金融机构积极引导专业户先后注册了"绿隆"、"颍川王"等5个小辣椒商标,以扩大影响,提高知名度,极大提升了市场形象和增强抵御市场抗风险能力。同时,积极依托"省小辣椒绿色无公害基地"的金字招牌,坚持"种植大户带动专业村、专业村催生基地化、基地化形成规模化、规模化促进品牌化"的发展模式,引导群众走上绿色无公害种植之路,组织部分优势明显、发展意识强的种植户、辣椒经纪人到广东省惠州、佛山等地参观当地辣椒产业,学习他们的经验,与当地知名企业进行合作洽谈,使小辣椒产业按照规模化、品牌化经营轨道良性发展。

四、国内外经验对比分析及启示

通过分析比较以上国外的农村金融如何支持农业发展和漯河本地相对成熟的农业融资案例比较分析,可以看出:

国外的农村金融体系较为完善,能满足现代农业发展的各类信贷需求,而我国虽然农村企业组织能从部分金融机构融到资金,但比较有难度,这主要因为我国缺少政策性金融、合作金融和商业性金融组成等有效的竞争机制,因此要支持现代农业的发展,构建多元化的农村金融服务体系必不可少。

多样化的金融支农产品和融资担保模式。农业发展尤其是现代农业发展,在信贷需求期限、结构、利率、用途上各自不同,为满足多样化的需求,国外对农村金融体系的组成部分分工明确，不同的职能部门开发不同的金融产品，如印度，长、中、短各期限的贷款分别由不同的信贷机构提供，满足了不同期限的信贷需求，而目前漯河本地的支农金融产品较为单一，并没有根据农作物或养殖业的生产周期设计不同的信贷产品，在担保形式上也应该有进一步的创新，比如有土地流转抵押，应收账款抵押等形式灵活应用，满足不同类型的贷款客户的需求。

政府大力支持的合作金融为供给主体。农业是一个高投入、低产出、期限长、见效慢的产业，农业的弱质性与金融机构的盈利性产生矛盾。因此，合作金融成为各国的选择，在政府的大力支持下更好地支持当地农业的发展。各国政府通过直接补贴、税收优惠、提供担保等方式支持金融机构开展农业信贷业务，并且根据需要直接出资建设农村金融机构。我国农村合作金融的参加者多是农民等市场竞争中的弱者，因此应当借鉴国外经验，对合作金融给予必要的政策支持。

第五章　金融支持农业现代化发展的对策建议

基于以上对河南省农业现代化发展和金融支持之间的互动关联分析及金融在支持农业现代化发展过程中存在的问题，本课题认为只有发展多层次农业金融服务体系，强化金融机构支农职能，探索金融支持农业现代化发展的新模式，优化外部环境，才能有效地支持农业现代化更好更快地发展。

一、发展多层次农业金融服务体系，强化金融机构支农职能

目前河南省的金融体系从形态上看基本上形成了一个较为完整的农村金融体系，商业银行在县域设置了营业机构，邮储银行、农村信用社也实现了乡镇全覆盖，村镇银行、小额贷款公司也逐年增多，农民资金互助社也风生水起，但实际上各个金融部门功能发挥不完善，还难以适应农业现代化发展的需要，因此需要对农村金融机构的功能进行重新定位。

（一）加强政策性银行的支农力度

政策性银行是世界各国政府为支持农业普遍运用的重要手段，其本质是财政手段和金融手段有效结合，弥补金融市场"失灵"。首先，农业发展银行主要是集中精力管好粮棉油等主要农副产品的收购、储备、调销贷款，保证收购资金的供应，支持国家保护价政策的实施，以稳定农产品的价格，保护农民的利益，而且作为政策性金融机构，农业发展银行要支持农村经济的发展，配合国家宏观经济政策的贯彻实施，仅仅承担粮棉油的收购资金支持是远远不够的，

政策性金融还应该承担起农业开发、农村基础设施建设的资金支持，以体现政府支持农村经济的决心和力度。其次，针对农业发展银行业务单一，难以发挥政策性金融职能的局面，合理界定它的业务范围，使农业发展银行真正从单纯的"粮棉油银行"，转变为支持农业开发、农业基础设施建设、农业结构调整甚至是农产品进出口的综合型政策性银行。

（二）提高商业性金融机构发挥金融支持农业现代化发展服务水平

目前，河南省商业性金融机构主要包括四大国有商业性银行及各股份制银行、商业性保险机构、担保机构以及投融资机构，商业性银行中的中国农业银行和中国邮政储蓄银行则是全国性的涉农机构。现阶段，不能简单认为商业性金融机构不适合农村金融市场，关键还要看政府如何给予政策支持诱导其在农村金融市场发挥功能，发挥商业性涉农金融机构的作用，需做好以下四个方面的工作：第一，尽快改变涉农商业银行的基层支农机构、业务萎缩的态势，进一步完善差别存款准备金率和县域金融机构将一定新增存款用于投放当地贷款的考核办法，适当降低支农功能较强的涉农商业银行存款准备金率，鼓励其加大对县域经济的信贷投入力度。第二，考虑将商业性金融机构的资金委托农村信用社或新型金融机构使用，解决农村信用社和新型金融机构资金不足的问题，开辟涉农商业性银行支农的新途径。第三，商业性金融机构要提高管理水平和服务能力，在充分防范金融风险的前提下，适当下放贷款审批权限，降低信贷审批发放条件。第四，加大财政补贴力度，通过减免税收，提高政府审批效率等多种途径鼓励和引导商业性金融机构到农村地区设立分支机构开展业务，有效扩大农村金融市场的金融供给。

（三）继续深化农村信用社改革

自 2003 年启动改革以来，目前，河南省农村信用社改革取得了阶段性成果，股本金结构趋于合理，资本充足率进一步提高，不良贷款率持续下降，内控制度和法人治理结构都得以不断完善，支农功能进一步增强。当前的主要任务是在现有改革的基础上继续深化改革，一是进一步深化产权制度改革，解决产权主体缺位问题。只有解决了农村信用社产权主体缺位问题，才能真正实现"谁出资、谁管理、出了问题谁负责"的目标，从而从根本上改善农村信用社的经营管理，大大降低金融风险。二是巩固改革成果，壮大资金实力。近几年，随着农村信用社改革试点资金扶持工作的逐步落实到位，在人民银行支农再贷款、差额存款准备金率以及专项央行票据等资金支持政策的综合运用下，河南省农村信用社资金实力明显壮大，已占据当地农村贷款市场首位，但农村信用社存款市场份额增幅远小于贷款，因此，河南省农村信用社应从根本上消除对央行政策扶持的依赖思想，积极组织存款，努力扩大信贷资金来源，夯实壮大自身资金实力。三是健全农信社内控管理机制，提高风险防控能力。通过建立健全各项规章制度严格落实清收盘活"一把手"负责制，对信贷决策要实行严格的问责制，推行客户经理办法，落实贷款"三查"制度，减少不良贷款的形成。同时要重视人才队伍建设，引进高素质人才，加强培训，减少由于人员素质低带来的操作风险。

（四）加快新型农村金融机构的发展

目前河南省的村镇银行、小额贷款公司等新型金融机构数量、规模逐年增加，但还无法与其他金融机构相提并论。在新型农业现代化发展过程中，村镇银行、小额贷款公司等新型农村金融机构应明确市场定位，瞄准农村商业银行等金融机构较少涉及的领域，抓住大型金融机构收缩农村分支机构和调整经营战略的时机，加快发展，适当加强与大中金融机构的合作，以发挥自身的优势与特长，提高竞争力。业务经营进行灵活调整，开发和创新差异化的金融产品，加快建立存款保险制度，更好地满足农村客户的金融服务需求。

（五）合理规范和引导民间资本流向农业现代化发展需要的项目，有效利用民间金融为农业现代化服务

据调查，在一些农业发展比较先进的地区，民间借贷还是很活跃的，比如在漯河临颍"三村"、杜南木业加工区、王岗辣椒交易基地等地区民间融资较为活跃，它以交易成本低、市场效率高、信息渠道广和经营灵活、适应性强的特点弥补了正规金融的服务不到位，但民间金融毕竟游离于央行监管之外，在某种程度上具有很大风险，因此，要尽快通过法律约束和政策指导，进行规范和引导民间金融的发展。同时根据地方发展规划，引导和鼓励民间资本向农业现代化发展需要的项目流动，有效推动农业现代化的发展。

（六）大力发展农村保险业

鼓励发展以农业订单为依据的跟单农业保险，引导商业性保险公司开拓农村保险市场，也应给予相应的税收等政策优惠，以刺激其继续开办农业保险的积极性，分散农业经营风险及涉农贷款风险。随着金融的全球化和金融的一体化，金融的混业经营已是大势所趋。因此，应积极探索建立农村信贷与农业保险相结合的银保互动机制，农业银行、邮政储蓄、农村信用社、小额信贷金融机构等可以凭借其在农村的机构网点开展农村保险业务，拓展农村市场，通过业务的多元化来化解和分散风险，在促进农业和农村经济发展的同时自身也得到良好的发展。

二、加大金融创新力度，探索金融支持农业现代化发展新模式

随着农业现代化的推进，农户和农业企业对资金需求发生了改变。订单农

业的开展使得农户扩大再生产投入增加，农业产业结构的调整以及农产品的加工，优势产业资金需求增加，机械化作业使人们认识到农业的规模效应，这些变化以及农业自身特点均意味着农业的资金需求规模大、期限长，与之相对应的农业贷款条款也应发生变化，规模、期限应结合项目的需求而调整。

（一）创新担保模式

积极推进"农户联保"、"社员互保"、"企业联保"等多种形式贷款模式的推广运用，除了种植、养殖户联保贷款模式，目前可行的担保和抵押创新模式主要有：

"信用担保＋养殖信贷"模式贷款。建立养殖产业化龙头企业参与的担保体系，按担保基金的一定倍数对订单养殖户发放担保贷款。

农业生产订单模式贷款。积极推动和发展"公司＋种植户"、"公司＋专业合作组织、协会＋农户"等促进农业产业化经营的贷款模式。通过中介组织的协调和合作而解决贷款问题。

"合作社＋金融机构"的垂直合作模式。以合作社为贷款担保平台，来向正规金融机构融资，解决社员扩大生产所需的资金，把合作组织培育成市场主体，真正成为信用共同体，在风险可控的情况下，以大额授信的方式提供贷款，同时还可以采取灵活的变通，考虑"金融机构＋公司＋合作社＋农户"的模式，由龙头企业为农户提供担保，合作社解决技术和销售等问题，便于进一步扩大生产和交易的规模，同时还能提高农户抵御市场风险的能力。

（二）创新抵押模式

对于传统的农户贷款，抵押担保主要采取联保的方式，但是贷款的额度小，有时难以满足现代农业发展需求，而大额贷款要求的抵押担保物不足，想要突破农村抵押担保物缺乏的关键问题，首先要打破以不动产抵押为核心的贷款抵押机制，因为农民缺少可抵押的不动产。积极借鉴农村"三权"（宅基地使用权、林地经营权、承包土地使用权）抵押贷款模式探索建立适应河南农村新型农村产权抵押贷款模式，切实解决农户担保难、贷款难问题。

（三）建立并完善农业信贷担保体系

农业生产受自然条件限制，具有高风险性和脆弱性，高风险、低信用是农村金融机构加大农业信贷动力性不足的主要原因。应采取政府扶持、财政资金支持、农民互助合作、各方投资入股、金融机构联合等方式建立新型农业担保机构，为农业产业化发展提供专业的金融服务。

三、优化河南省金融支持农业现代化发展的外部环境

针对外部环境制约河南省金融支持新型农业现代化发展的实际，推进农村

金融生态环境建设、以政府为主导提供涉农金融服务方面的优惠政策，从两个方面优化金融支持新型农业现代化发展的外部环境。

（一）推进农村金融生态建设，建立并完善信用评估体系

提高农户和农业企业、农民合作经济组织的诚信度，推进农村金融生态建设。一是强化农村市场环境建设。政府和农业组织应大力宣传信誉美德，确立讲信用、重诚信的理念；同时充分发挥地方政府的领导和示范作用，运用法制、经济、行政手段，维护金融秩序、强化对守信者的奖励和失信者的惩罚力度，主动维护区域金融生态环境，为农村金融机构支持农业发展创造良好的社会信用环境。二是金融机构应通过业务经营宣传信用观念，建立客户"红榜、黑名单"制度，对诚信好的企业和农户给予政策优惠和资金倾斜，对诚信差的企业和农户，其借款额度和资格将会受限，甚至被取消。三是建立并完善农村信用评估体系。针对涉农中小企业信用评估体系应该从市场、经营管理、技术创新、财务状况、基本素质以及历史信用活动记录等方面来考虑，符合新型农业企业经营特点。

（二）政府应加大对农村金融机构支农政策支持

由于农业生产的弱质性、季节性，农业生产吸引资金的能力较弱，农村金融建设离不开政府财政投入和政策支持，政府应制定和完善相关扶持农村金融发展的政策和措施，比如减免税收、注入资金、实行利息补贴、损失补贴和债务担保等对支农金融机构提供一定的政策和资金支持，鼓励金融机构支农的积极性。

新常态下农村合作金融组织
可持续发展研究

中国人民银行信阳市中心支行课题组①

摘要： 从 1952 年发展农村合作金融至今，我国的农村合作金融之路已经走过了 60 多年的历程。然而，历经 60 载的发展，我国农村合作金融的制度框架、行为模式依然没有固定下来，当前，我国新型的农村合作金融组织依然面临着能否持续发展下去，以及若能持续发展下去，该如何去发展的重大难题。本文着眼于推动我国农村合作金融长期可持续发展的视角，首先回顾和评价了农村合作金融组织在我国的发展历史和实践，并对当前影响我国农村合作金融组织可持续发展的障碍因素进行分析。然后，对国内外农村合作金融组织可持续发展方面的实践经验进行研究，总结出值得借鉴的模式，在此基础上，就新常态下我国农村合作金融组织可持续发展问题进行可行性分析。最后，将工程学中的"人—机—料—法—环"全要素分析方法运用于课题研究中，提出具体的政策建议。

关键词： 农村合作金融　可持续发展　政策研究

一、研究背景和意义

合作金融的可持续发展是个难证真伪的棘手课题。合作经济组织起源于 17 世纪欧文、傅立叶等人的空想社会主义。合作经济组织内部经济合作自然会延伸到资金的合作，进而出现合作金融组织。从 1848 年德国第一家拉夫什信用合作社到现在，合作金融已经走过了 160 多年的历程。关于合作金融，国内外学者从不同视角给出定义。我国著名金融学家白钦先强调合作金融"自愿、互信、合作、自治、互助"是其本质特征。从我国合作金融发展的实际轨迹看，参与

---

① 课题主持人：高玉成；
　　课题组成员：高玉成、祁敬之、彭守天、郑伟、章玉佩、吕丽、李红宇、刘俊峰。

合作金融的人群一般是特定区域内农户和个体经营生产者，合作金融的服务对象主要是入社社员和社员居住区域内经社员介绍担保个体经营生产者。

我国农村合作金融主体最初是以城乡信用合作社面貌展示于人的。随着我国市场经济体制的改革，生产合作社、供销合作社、人民公社等集体经济组织的解体和弱化，城乡信用合作社经营困难、功能不断异化，逐步背离了合作制原则。首先是全国城市信用合作社改革重组，全部改革为股份制的城市商业银行。之后，银监会在农村信用社系统开展股份制改造，明确提出把农村商业银行作为农村信用社改革目标，我国合作金融主体逐步沦陷。

我国官办农村合作金融主体的沦陷并非证明中国完全缺乏合作金融生存的土壤，也并非说明城市化、工业化快速推进的中国经济不需要合作金融的存在。

当前，中国社会仍处于全面转型之中。中国社会经济发展的差异性和非均衡性决定了经济主体对金融有着多样性的需求。尤其是2003年以来，以股份制改造为主要抓手的金融改革，使得商业金融与农村市场渐行渐远。大量农户、个体生产经营者、微小企业由于难以满足商业金融贷款条件，弱势群体融资难的问题在金融市场化中改革显得尤为突出。为进一步推动农村金融改革创新，2006年，中央1号文件明确提出了"引导农户发展资金互助组织，规范民间借贷"。同年，银监会先后下发《关于调整放宽农村地区银行业金融机构准入政策，更好支持社会主义新农村建设的若干意见》，出台了《农村资金互助社管理暂行规定》等规范性文件。2008年，人民银行、银监会又联合发文，对农村资金互助社有关业务管理做了详细的规定，同年10月，中央十七届三中全会上通过的《中共中央关于推进农村改革发展若干重大问题的决定》明确提出"允许有条件的农民专业合作社开展信用合作"，这为合作金融的发展提供了政策保障。近10年过去了，作为新型农村金融机构的村镇银行、小贷公司如雨后春笋不断发展。而农村合作金融组织发展却一波三折。截至目前，全国经过银监会批准开办的农村资金互助社只有49家，资金总量在20亿元左右，在整个金融体系总量中占比微小。由于农村合作金融主要处于偏远、分散的农村乡村，资金量非常小，银监部门缺乏相应的监管力量对其管理，从2012年起停止了农村资金互助社牌照的发放。

与法定监管部门不作为形成鲜明对照的是地方政府、农民个人对合作金融的积极探索。2008年10月，中央十七届三中全会决定"允许有条件的农民专业合作社开展信用合作"和2014年中央1号文件进一步提出"发展新型农村合作金融组织"，之后，各地对合作金融开展了有益的探索。从目前情况看，我国合作金融主体是农民资金互助社，另有少量的农民合作担保互助社。据不完全统计，地方政府批准开办的合作金融组织有15 000家。主要类型有：地方政府推动、村干部出面管理，动员农民入股的资金互助社；扶贫资金参与、农民入股、村干部出面管理农民资金互助社；依托农村职业合作经济组织开展的资金互助；乡村能人带动发展的农村资金互助社。

地方政府对合作金融的探索，为解决农村融资难问题开辟了一条新路。信阳市作为河南省政府批准的农村改革综合试验区，从开始设立，就把农村发展"资金从那里来、到那里去"作为试验区改革的重要抓手，大力开展农村金融改革创新，全市各区县按照市委、政府的统一部署，积极发展农村合作资金组织，发展高峰期的2009年，全市登记注册农村资金互助社500余家，发动农民入股10多亿元。为农村经济发展、金融改革创新进行了有益的探索。但是，依靠行政力量推动建立的农村合作金融组织，由于有的在成立之初就偏离了合作金融的发展方向，全心为社员服务的动力不足；有的存在管理运作不规范，甚至高息吸收存款，风险控制能力不足；有的规模过小，经营收益不能很好地覆盖风险成本，财务持续能力不足。这些因素，使信阳农村合作金融经历了"过山车"式的发展。到2015年6月，全市农村资金互助社不到150家。

与此同时，国内许多农村合作金融也全面步入发展"冬眠"期。2012年以来，河北、河南、江苏等许多省份先后发生多起利用农村资金互助社名义高息吸收存款、形成风险的事件，给当地社会稳定带来很大隐患。农村合作金融生存发展的现实困境，成为摆在我们面前一个亟须解决的现实问题。农村合作金融在市场经济条件下持续发展究竟需要什么样的人文环境、法律制度、内部治理、风险可控的法定业务边界条件，是合作金融长期稳定发展必须研究的现实课题。

二、我国农村合作金融组织发展历程、评价和可持续发展障碍

新中国成立后，我国农村合作金融组织大致经历了三个阶段，发端于建国初的农村信用合作社彻底异化为商业金融；从20世纪80年代兴起的农村合作基金会到1999年被全部取缔，从2006年银监部门审批组建的农村资金互助社的艰难发展再到现阶段探索发展农村新型合作金融组织，可谓历经60多载的发展，我国农村合作金融组织尚未形成成熟的制度框架和发展模式，其中的发展经验、教训很值得分析、总结，同时，合作金融发展能否持续、发展障碍问题亟待解决。

（一）第一阶段：农村信用合作社的产生与异化

1. 发展历程

新中国成立后，我国农村合作金融组织最初主要以农村信用社为代表。其发展经历了从合作金融到商业金融蜕变的过程。一是1951—1957年合作化产生，

基本上坚持了合作制原则。二是 1958—1979 年合作化反复阶段，在这一阶段，农信社三次被下放给基层组织，又两度被收归国家银行，农信社演变成"政企合一"的集体所有制组织。三是 1979—2003 年"恢复三性"与"重新规范"阶段。1979—1996 年恢复和加强农信社组织上的群众性、管理上的民主性和经营上的灵活性。这段时期，农信社在自主经营方面有了很大发展，但农行管理体制下的农信社已按照商业金融模式进行经营。1996—2003 年回归央行"重新规范"阶段。这一时期的农信社承担着与其合作金融性质不相吻合的政策性支农贷款任务。四是 2003 年至今农信社向商业金融改革发展阶段。按照 2003 年《深化农村信用社改革意见》精神，农信社开始了商业金融改造。经过十几年的改革，目前农信社基本完成股份制改造，绝大部分已改制为商业银行或合作银行。

2. 异化原因分析

我国农信社在改制过程中，已经彻底异化为商业金融机构。第一，合作文化的蜕变。信用社"互助性组织"没有得到社员认可，合作精神无法体现，缺乏对合作精神和合作文化的认同土壤。第二，信用社和社员信息不对称。信用社和社员缺乏良好的沟通和监督机制，社员监督权力虚化。第三，官办替代民办合作性本质弱化。长期以来在管理体制上的选择，农信社始终未摆脱"官办色彩"。第四，中国金融体制改革以市场化、商业化、股份化的成功改革路径，起到了很好的示范效应，加剧了中国农村合作金融的异化。第五，农信社交给地方政府管理后，地方政府为了自己利益最大化，极力促使农信社变为商业性大银行。

（二）第二阶段：农村合作基金会的产生与退出

农村合作基金是在农村社区自发形成的，为了盘活集体资金，以内部融资的方式发展起来，继而由政府对之进行调控的一种农村融资组织。

1. 兴衰历程

农村合作基金会的发展历程可分三个阶段。一是 1984—1987 年由农村集体经济组织和农户主导自发产生，尚未取得国家认可。二是 1987—1995 年是农村合作基金会发展的政府主导阶段，这一阶段，行政干预严重，与商业银行竞争，逐渐远离合作金融目标，局部出现挤兑风波。三是 1996—1999 年农村合作基金会的清理整顿阶段。针对农村合作基金会普遍出现挤兑风波，1999 年 1 月国务院发布命令，在全国统一取缔了农村合作基金会。

2. 原因分析

农村合作基金会被关闭的原因在于，为稳定当时农村金融秩序和社会稳定，实现中央政府对地方政府经济行政控制权的上收。农村合作基金会从诱致性制度变迁转变到政府主导的制度变迁后，就逐渐失去了会员的参与，并在"集体所有、行政控制"的管理体制下成为地方政府控制下的地方经济组织，特别是在集体所有权虚化、个人所有权弱化以及所有者控制缺位的状况下，依靠地方政府的信用盲目扩大发展。农村合作基金会投资非农化和业务经营的银行化，在1998年中国面临严峻的经济和社会形势下，就成为中央政府化解宏观金融风险而遏制地方权力、控制地方投资膨胀的取缔对象，将其整顿并最终关闭。

（三）第三阶段：新型农村合作金融组织的探索与发展

基于农信社的异化、农村合作基金会的取缔的现实，我国并没有放弃对新型农村合作金融组织发展的试点与探索。目前，我国新型农村合作金融组织已初步形成了正规合作金融组织、准正规合作金融组织、非正规合作金融组织并存的发展格局。

1. 基本情况

正规合作金融组织：农村资金互助社是新型农村合作金融机构第一次探索，但未达到预期的政策效果。正规合作金融组织由银监部门批准正式挂牌营业的农村资金互助社，是具有独立企业法人资格的社区互助性机构。其依据《农村资金互助社管理暂行规定》等规定标准、程序组建。正规合作金融组织市场准入门槛高、数量少、规模小，截至目前，全国农村资金互助社仅有49家，其发展严重滞后于同期的农民专业合作社的发展。

准正规合作金融组织：现处于试点阶段，实践效果还待检验。准正规合作金融组织主要是政府鼓励推动型的合作金融组织，受地方政府监管，没有金融许可证，具有较为健全的章程和组织结构。从运作模式来看，主要有三种类型：第一种由扶贫办和财政部门批设的贫困村村级互助资金，由扶贫办和财政部门管理，没有金融业务许可证，运作较为规范，其资金来源于社员股金、政府专项扶持基金、社会捐赠等。第二种由农业、民政、供销等部门推动并依托农民专业合作社，由农民专业合作社发起设立并独立运行的各类农民资金互助合作组织。第三种由农业、民政、供销、金融办等部门推动或审批，在农民专业合作社内部设立的资金互助部或信用合作部，它不单独从事资金互助业务，而以农民专业合作社为基础进行社员间的资金互助和信用合作，社员之间具有紧密的生产合作基础和经济联系。从合作资金功能来看，合作金融组织有资金借贷、合作担保和合作金融之分。实践中，基于专业合作社的内生型资金互助组织是此类机构的主体。据估计，在全国约60万家农民专业合作社内部，存在资金互助部的超过15 000家；从可贷资金规模来看，基于专业合作社的内生型资金互助组织占总量的96.7%。

非正规合作金融组织：就是未经任何部门审批，由农民自主兴办、具有内生性特点的各类农民资金互助合作组织或农民信用合作组织，其数量难以统计。这类组织既有产业合作基础上的资金互助，也有以资金互助为主兼顾产业合作。由于没有登记注册，与民间融资机构难以区分，处于自发状态。

2. 正规合作金融机构滞后于准正规合作金融组织、非正规合作金融组织的原因分析

从生成路径上看，非正规合作金融组织是由农户自发组建的，农户是主体，其发展的动力最强，也最有判断力和监督力，但易滋生高利贷和非法吸储；准正规合作金融组织，包括由中央政府推动的贫困村村级资金互助和地方政府推动组建的专业合作社资金互助，是强制性制度变迁，前者取决于扶贫办和财政部门的判断，后者发展取决于地方政府态度，一般情况下，出于政绩的需要，地方政府推动发展动力较强，而农户处于跟随被动接受状态；正规合作金融组织即经银监会批准农村资金互助社，出于风险防控和监管力量缺乏等因素考量，银监部门对推动发展农村资金互助社动力较弱。从准入门槛和后续监管上看，非正规合作金融组织没有门槛；准正规合作金融组织有一定的门槛，一般按照"谁审批谁负责"和属地管理的要求实施监管指导责任；正规合作金融组织门槛最高，实行"全面、从严"监管。上述原因导致了我国正规合作金融机构滞后于准正规合作金融组织、准正规合作金融机构落后于非正规合作金融组织的发展。

（四）当前新型农村合作金融可持续发展的障碍

从我国农村合作金融发展的历程来看，农村合作金融已在我国处于一个关键的发展节点，原来的农村信用社已发生变异、农村合作基金会又被取缔，原有合作金融组织"构想"全军覆没，而通过银监会批准设立的"农村资金互助社"，虽有正规金融许可牌照，却到了举步维艰的发展境地，规模和数量早已停滞不前，而新常态下自发形成的农村新型合作金融组织又面临着于法无据、重整和规范管理的状态。无疑，合作金融具有商业金融无法比拟的优势："熟人社会"优势，信息对称优势，能够节约管理、融资成本，等等，这些特点，使合作金融具有一定市场需求，也与国家提倡的"大众创业、万众创新"战略举措相匹配，合作金融的"短、频、快"的业务特点，能契合草根创业的发展需求。但是，仅有发展的市场前景是不够的，还要创造有利于合作金融可持续发展的各种条件。当前，我国新型农村合作金融组织尚处于试点探索阶段，与商业金融相比，其可持续性发展尚存障碍因素，主要表现在以下几个方面。

1. 各地制定的农村合作金融组织制度法律效力低，难以给交易当事人形成稳定的预期。现行合作金融组织制度多以部门文件来发布，一方面，按照《立法法》第八条第八项规定，涉及"财政、税收、海关、金融和外贸的基本制度"只能由法律明确规定，而现行各地出台的关于农民专业合作社互助业务制度规

定，由于欠缺合法性来源或合法性授权（有违"重大改革应于法有据"的基本要求），而不具有法律上的约束力和法律上的效果。另一方面，农村合作金融业务以政策性文件等形式来表现，具有不稳定性。政策性规定相对于法律而言，具有灵活性、针对性强等特点，易随形势改变而变化，由此构建的权利义务关系不具有稳定性。由此带来一系列问题，如合作金融组织的相关业务得不到国家政策和法律的保护，一旦产生纠纷或风险隐患，就会被清理整顿，甚至关闭，合作金融组织、社员和其他利益相关者权益难以保障。

2. 风险监管缺位与错位并存，监管目标、措施不明。首先监管不明。目前，除正规合作金融组织由银监会监管和准正规合作金融组织按照"谁审批、谁负责"和"谁主管、谁负责"的要求管理外，其他绝大部分资金互助组织基本处于无人监管的状态。外部监管的缺失严重影响了农村合作金融组织的发展。其次，合作金融监管框架亟待完善。在准正规合作金融中，由于主管部门不同，监管规则不相同，如农民专业合作社开展信用合作是由农业主管部门进行监管、供销合作社系统内的农民专业合作社由主管部门进行监管、民政部门对资金合作社监管。这些部门对金融业务进行专业化和技术化监管的能力存在一定局限性。最后，对合作金融监管的实质在于有效提升社员的民主治理能力，应在最大程度上弱化资本对合作社原则的影响，监管措施应在监管目标之下进行合理的安排，并实行有限监管。

3. 自身发展不规范，融资渠道单一。自身发展不规范。在业务操作上，缺乏规范的金融业务操作规程，所放贷款没有任何风险准备金；在账户管理上，无标准的账目管理；在治理结构上，缺乏民主管理，由理事长等少数人说了算，社员权利的运用流于形式。自有资金不足，融资渠道单一。目前农村合作金融组织的资金主要来源于社员股金、合作社积累或社员存款，这一单一资金来源，很难满足社员对农业生产资金扩大化的需求。

4. 相关扶持保障措施缺失。合作金融作为"三维金融架构"中一项重要的基础性制度安排，应有相关配套制度的支撑，诸如贷款风险补偿基金、针对合作金融运作规律和特点设立的存款保险制度、财政补贴、税收优惠、土地制度等，这些在商业金融和政策性金融中已有的扶持政策，而合作金融中却处于探索阶段，这也在很大程度上制约了合作金融组织的发展。

三、国内外农村合作金融组织主要模式、可持续发展的经验与借鉴

（一）国外农村合作金融组织主要模式

研究发现，在国外，无论是发达国家还是发展中国家都不乏成功发展的模式，一些国家农村合作金融组织经久不衰。

1. 日本附属式行业合作金融组织体系

日本为了促进农村合作金融工作，防止农林渔业各专业合作金融组织边缘化，在多方面给予积极支持。日本的农村合作金融组织为非独立型附属式，合作体系依附于农村综合合作组织"农协"。分为三个层次：即基础农协合作金融部、信用农业协同组合联合会（信农联）、全国信用农业协同组合联合会中央会（农林中央金库）。基础农协合作金融部为市町村一级，直接为农户办理吸收存款、贷款和结算性贷款，并适当兼营保险、供销等其他业务；信用农业协同组合联合会（信农联），为都道府县一级，帮助基层农协进行资金管理，并在全县范围内组织农业资金的结算、调剂和运用；农林中央金库，为中央一级，是各级农协内部以及农协组织与其他金融机构融通资金的渠道，它在全国范围内对系统内资金进行融通、调剂、清算，并按国家法令营运资金。

2. 孟加拉国小额信贷发展模式

孟加拉国乡村银行（简称 GB）模式不仅是一种扶贫方式，还是一种金融创新，实现了公益性和商业性的完美结合。它比较成功地解决了传统金融机构长期以来无法为贫困农户提供有效信贷服务的问题，成为国际公认的一种有效的扶贫方式。孟加拉国乡村银行创建于 1976 年，其主要业务是为贫困农民，尤其是妇女提供小额贷款，使农民摆脱高利贷，实现脱贫和自我发展。GB 的运作系统由两部分组成：一是自身机构，分为 4 级：总行—分行—支行—营业所；二是贷款人机构，分为 3 级：即中心—小组—贷款人。以小组为基础的农民互助组织是 GB 模式的支柱，按照"自愿组合，亲属回避，互相帮助"原则，一般 5 人组建一个小组，形成"互助、互督、互保"的组内制约机制；此外，贷款人和 GB 还要各拿出少量资金，共同建立救济基金，用于紧急情况时帮助借款人。

3. 空想社会主义发源地德国信用合作体系

德国合作金融组织是欧洲最大的合作金融系统，其农村合作银行体系在农村市场中占有举足轻重的地位。它是一个典型的金字塔结构，处于金字塔底层的是地方性合作银行，它是由农民按照自愿的原则自发地组织起来的，直接为社员提供金融服务。处于中间位置的是地区性的合作银行。它是由地方性的合作银行入股而形成的，其主要职能是对下一级的银行和客户提供金融服务，并且为地方性合作银行保存存款准备金和提供闲置资金融通。金字塔的最顶一层就是德意志中央合作银行。中央合作银行虽然是政府出面成立的，但是实质上政府只占不到 1% 的股份，地区和地方合作银行则占了 80% 多的股份。

（二）国外农村信用合作金融对我国的借鉴和启示

1. 重视农村合作金融的法律制度建设

以上各国在金融机构创立初期就制定了相关法律，从而使合作金融的发展有法可依。并且在经济发展过程中不断地修订和完善，甚至还把农村金融的运作融合到其他的相关法律体系中。如日本政府，1947 年就颁布了《农业协同组合法》，详细规定了农村合作金融机构的经营范围、监管事项和权限等。自颁布后，根据农协经营的实际需要，还先后进行了 28 次修改，使之日臻完善。

2. 普惠金融上升到国家层面，重视配套设施建设

从各国经验来看，中央政府一般都制定了一系列扶持农村金融发展的政策，并实施一些配套措施。一是不断改进农村金融基础设施建设。如美国政府将农村金融基础设施建设作为推进农村金融发展的一个重要举措，不断对农村金融机构 IT 设施、结算清算体系进行完善升级，实现了农村金融与城市金融的协调发展。二是实行减免税收、利息补贴、损失补贴和债务担保等财政补贴。农业经营风险大、周期长、季节性波动强、盈利水平低等特点决定政府必须提供一定的补贴。美国、日本对农业贷款都普遍实行贴息制度。三是注入资金，如美国的联邦土地银行、联邦中期信用银行和合作社银行等三家农村合作银行创建之初都由政府拨付款项。四是建立完善的农业保险体系。由于农业弱质性及周期性特点，各国农业保险也是支持和保护合作金融健康发展的有力支撑。

3. 建立完善的风险防范体系

各基层合作金融组织自身在内部建有本组织的风险防范制度和规定。此外，还成立有贷款风险担保基金，如德意志中央合作银行设有贷款担保基金，由各基层合作银行按风险资产的一定比例存入，对贷款风险进行补偿。各个发达国家监管部门还有完善的合作金融监管组织形式。如德国，非现场监管的机构是联邦金融监察局，这一层次的监管主要是通过法律形式进行约束，而联邦中央银行及其分行和合作社审计联合会主要是对合作银行进行现场流动性的监管。发达国家均建立了存款保险制度。如日本的合作金融体系的存款保险制度规定由日本政府（财政）、中央银行、农林中央金库和农协县级联合组织各按 25％ 的比例出资组建农林水产协同组合贮金保险机构，对农民在农协的存款给予保险保障。

（三）国内农村合作金融组织主要模式

1. 南阳市南召县扶贫社模式

南召县扶贫社是我国较早设立的带有试验性质的农村合作金融组织之一。于 1995 年 10 月正式成立，是中国第一个规范借鉴孟加拉国乡村银行的经验，开展的小额信贷扶贫研究与实践项目，在县民政局注册为社团法人，其项目发起人为中国社会科学院农村发展研究所"小额信贷扶贫研究课题组"。经费上获得了福特基金会、孟加拉乡村信托基金（GT）等一些国际机构和个人的资助，组织上获得了国务院扶贫办领导和地方政府的支持。扶贫社在项目操作方式上，

主要借鉴了 GB 模式。一是把贫困家庭的妇女作为主要目标客户。二是实行分期还款制度。三是按灵活性原则确定利率，财务上自负盈亏。四是实行中心会议制度。由社区内的 6~8 个小组组成一个中心，定期召开会议，实现还款、借款人之间的互助和监督。五是实行小组基金和强制储蓄。扶贫社从成立之初就借鉴采取了从贷款额中扣留 5% 的小组基金和强制储蓄，小组成员间实行互保和联保。该社成立以来，一直坚定秉持扶贫社的建社宗旨和经营理念，得到了广大贫困妇女的认同、参与和支持，业务经营比较顺利，经营基本状况良好，创造了良好的经济和社会效益。

2. 信阳市郝堂村夕阳红养老资金互助社模式

郝堂"夕阳红"养老资金互助社成立于 2009 年 10 月。成立初期，资本金只有 34 万元，其中，15 名老人社员每人出资 2 000 元，8 名敬老者出资 19 万元，平桥区政府、村委会出资 12 万元。互助社设有理事会，互助社章程规定：年终盈利的 40% 分配给老人社员，15% 用于风险金，15% 用于管理，30% 用于公益金；8 位敬老的出资者和政府均不参与分配，老人社员的资金可以获得月息 6 厘的利息收入。2012 年，入社老人达到 200 人，占全村所有老人的 95% 以上，资金总规模达到 500 万元。"夕阳红"资金互助社贷款手续非常简捷。首先，请本村两位老人签字担保；然后，由村委会主任胡静根据自己对贷款人品行、背景的了解，行使第一轮否决权；最后，项目再提交"夕阳红"理事会，在获得 70% 理事（共 10 名）同意后，确定到底能不能贷，能贷多少。贷款通过的同时，贷款者的林地经营权流转至郝堂村注册成立的集体所有制企业——绿源公司，形同"抵押手续"。从成立到现在，从未出现一笔呆、坏账。"夕阳红"的成功展示了经费少、成本低、熟人社会等"内置式金融"模式的优势。

3. 信阳市浉河区浉河港茶叶协会资金互助社模式

浉河港茶叶协会资金互助社地处信阳毛尖主产区浉河港镇。互助社成立于 2010 年，5 年来，资金规模就从几十万元发展到 1 000 多万元，社员总数达 400 多人，经营状态良好。一是依托熟人社会，本镇范围内发展。二是自我约束，守住资金安全线。浉河港茶叶协会资金互助社规定凡申请入社必须符合四个硬性条件：即住址必须在本镇范围内；必须是农民身份；必须承认合作社章程；必须认购不少于最低限度的股金。此外，他们还采取短信监控方式来控制资金风险，每位社员账户资金一有变动，都会同步发短信到经理的手机上。

（四）国内农村合作金融组织可持续发展经验启示

1. 基于"熟人社会"，充分发挥信息对称优势

同一资金互助社的社员本身具有血缘、地缘、业务缘等纽带。如浉河港茶叶协会资金互助社成员成立之初都是同一茶叶市场从事茶叶交易的商户，在郝

堂村"夕阳红"互助社，整个农村村庄构造成一个"大家庭"。这种"熟人社会"环境造就了互助社的信息优势，方便互助社通过日常生活交流，迅速了解借款社员在借款前的信誉状况、借款后的资金使用情况以及可能发生的风险情况，降低对信贷资金管理和监督所需要付出的大量信息成本，解决借款人与放贷人之间信息不对称的问题。

2. 农村合作金融与农民专业合作社相互支持，可实现双赢

在很多地区，农村资金互助社和农民专业合作社互为依托、相互推进。农村资金互助社为农民专业合作社提供资金支持；而农民专业合作社快速发展的同时，也给资金互助社带来存贷款业务不断扩大的支持因素。以浉河港茶叶协会和资金互助社为例，资金互助社了解茶叶社员的种植面积和种植技术，以及社员的贷款底子，能针对茶叶种植的真实需求和情况，做出精确的资金支持。而有了互助社的支持，茶叶专业合作社的发展更是如虎添翼。

3. 有一名长期在当地工作生活、品德高尚的实际控制人

调查中发现，大部分可持续发展的资金互助社都有一名威望较高的实际控制人。如浉河港茶叶协会资金互助社的经理张××，原是浉河港镇农村信用社副主任，2008年从农信社内退，对附近几个村情况非常熟悉。社员们对其品行、能力都很赞赏；是当地社员眼里的"能人"，威望较高。

4. 应突出"灵活性"可持续性原则

实践证明，农村合作金融是一种特殊的金融形式，没有覆盖其成本与损失的利率，财务上的可持续性很难维持，农村合作金融机构放贷的积极性自然就会受到影响，反而抑制了农村合作金融事业的发展。南召扶贫社以适当高于银行同期基准利率，主要针对农村贫困妇女这一最弱势的群体发放小额贷款，却实现了自身财务可持续性和社会效应的"双赢"。对于穷人来说，"授之以渔"（即享受到金融服务，给他们以发展机会）远比"授之以鱼"（优惠利率）更重要，小额信贷的客户也完全有能力承担相对较高的利率。

四、新常态下农村合作金融的可行性条件分析

（一）农村合作金融存在的必要性

1. 农村合作金融与我国小农经济特点有制度匹配优势，并可将资金留在农村

农业资金需求"急、小、散、频"的特征，与农村合作金融组织借款"短、频、快"的特点相互适应、相得益彰。如资金互助社简化了贷前调查、贷时审查、贷后检查及抵押担保等诸多环节，实现了真正意义上的随到随贷，通过缩短资金使用的时滞，极大方便了广大农户，起到了真正意义上的互帮互助作用。

互助社不需要正规金融机构那样的抵押物，信贷合同比较简单，缓解了农户抵押品高认同性的抵押担保约束。再则，农村金融目前存在的问题主要表现是金融供求之间的不平衡，农村资金通过银行存款大量流失转移到城市，农村金融的覆盖面、供给规模以及深度都有很大差距。为此，2014 年中央 1 号文件提出要"发展新型农村合作金融组织"。商业金融的利益最大化经营原则，对农村资金产生较大的抽离作用，而合作金融取之于民、用之于民，"农民用自己的钱，办自己的事"，能够实现自我积累、自我发展。

2. 农村合作金融内生于"熟人社会"，具有先天的成长土壤

农村合作金融组织一般由一个村的农民共同发起设立，或依托农民专业合作社、行业协会组建而成，天生具有血缘、地缘、业务缘等纽带关系。如本文第三部分列举的南阳市南召县扶贫社、浉河港茶叶协会资金互助社、郝堂村"夕阳红"互助社均是基于同村、同行的"熟人圈"。这种"熟人社会"环境造就了互助社的信息优势，方便互助社通过日常生活交流，迅速了解借款社员在借款前的信誉状况、借款后的资金使用情况等，能够降低对信贷资金管理和监督所需要付出的大量信息成本。在郝堂村"夕阳红"互助社案例中，"三农"专家李昌平等人还专门提出了一个"村民共同体"概念。他们认为，在信息发达、交流便捷、熟人社会的新时代环境下，整个农村村庄可以构造成一个"大家庭"。而在"家庭"里，风险可以得到最恰当的防范和控制。"如果有哪个村民不还钱，全村人都不会同意"既实现了有效防范风险的目的，又避免了传统金融机构那些烦琐而机械的风险管理程序，这也正是正规金融机构在农村所无法企及的优势所在。可以说，农村资金互助社是一种内生于农村经济、真正具有合作制原则的新型金融组织，是目前出现的农村资金互助社、村镇银行、小额贷款公司三种新型农村金融机构中，最贴近农村、农民实际的一种。

3. "双创"战略的实施，需要农村合作金融提供融资支持

2014 年 9 月李克强总理在夏季达沃斯论坛上，首次提出"大众创业，万众创新"的战略新举措。在我国，中小微是"双创"的主体，其注册数量占到企业总数的 99％以上，是我国市场经济的重要组成部分，对稳增长，扩就业、惠民生意义重大。中小微企业从业人员大多是高校毕业生、农民工、失业人员等社会弱势群体，属草根阶层，"体制外"成员，他们有梦想和意愿，但无创业创新的本钱（正所谓"兜里没钱，心中有梦"）。融资找钱是创业者的第一要务，这客观上促使创业创新者必须在生产、销售、信用等方面联合起来，互利合作、互助发展、抱团取暖，将自有资金聚合起来变成创业创新资本，建立起创业创新的初始平台，再以此平台为基础向银行贷款，进而形成投贷联动发展，实现草根创业梦。

（二）农村合作金融可持续发展的充分条件

1. 遵循三个原则，发挥合作金融的内在动能

（1）在治理机制上，贯彻合作民主原则

合作的基础是平等，即权利和地位的平等。合作金融实行股权分散，实行一人一票，要从制度上保障每位成员具有平等的地位和权利。防止大股东控制话语权，垄断决策，背离合作金融"平等、互助、合作"的原则。值得注意的是，许多资金互助社在创办初期，大多是发挥"民主性"，在自愿申请的前提下，广泛吸纳社员。之后，一人一票决策模式逐渐被经理个人决策替代，出现一人掌控的局面，最终导致权力的失控，由于合作金融规模小、资金少，一旦决策失误，将是灾难性的，甚至导致灭亡。过去，农村信用社发展的教训就是鲜活的例证。

（2）在经营机制上，突出灵活高效原则

农村合作金融组织与大银行相比，"体形"较小，管理层次、管理环节简单，经营上必须体现出灵活高效的原则。一是应在管理上体现高效。合作制度本身是一种有效率的制度，它在满足成员和社区金融需求方面，在所有金融模式中是效率最高的，它基于成员和社区的资金互助，成员和客户信息是对称的，且成本低、效率高。二是应在经营上体现灵活。比如，在资金定价上不能一概而论，灵活定价、随行就市。在传统观念中，我们总片面地认为，利率优惠才是真正的合作帮扶，农村合作金融都应实行较低的利率，而没有充分认识到农村合作金融是一种特殊的金融形式，利率不覆盖其成本，财务上不可持续，其放贷的积极性自然就会受到影响，反而抑制了农村合作金融的发展。农业银行商业化后扶贫贷款业务的急剧萎缩就是例证。南召扶贫社以16%这一近乎于银行同期基准利率3倍的平均利率，针对农村贫困妇女这一最弱势的群体发放小额贷款，却实现了自身财务可持续性和社会效应的"双赢"。正反两方面的经验和教训都表明，新型农村合作金融机构，在业务经营中绝不能脱离我国"三农"经济低收益、高成本、高风险的客观现实，从一开始就要利用自身紧贴市场、信息对称的优势，发现识别资金价格，准确灵活定价，随行就市，确保收益能够有效地覆盖风险并实现盈余。

（3）在道义责任上，体现利义兼顾原则

合作金融是弱者间的合作联合，也是自救和自助。它不能以利益最大化为宗旨，而应以追求组织内享有金融服务的最大公平为最高目标，它体现了人与人信任、仁爱和情义。义在利先，利义兼顾是合作金融的应有之义。在国际区内，利义兼顾的成功案例也不少。如孟加拉国乡村银行其主要业务是为贫困农民，尤其是妇女提供小额贷款，使农民摆脱高利贷，实现脱贫和自我发展。孟

加拉国乡村银行模式不仅是一种扶贫方式，还是一种金融创新，实现了公益性（义）和商业性（利）的完美结合。它比较成功地解决了传统金融机构长期以来无法为贫困农户提供有效信贷服务的问题，成为国际公认的一种有效的扶贫方式，被复制到世界上许多国家和地区。在国内，从 2006 年至今，国务院扶贫办和财政部主导，在全国中西部为主的地区约 2 万个贫困村推行开展了"贫困村互助资金"项目，当地农民不同程度的参与运作，现有近百亿元的资金在周转。这些贫困村互助资金项目的多数开展得红红火火，形成了政府支持，农民自有、自管、自享的初级阶段的合作金融形态。该项目惠及数以亿计的中国贫困人口，对国家扶贫公益事业贡献巨大，并让农民在参与项目的合作中，得到了实惠和利润返还，实现了良好的经济效益和社会效益。

2. 适度扩展业务边界，保证风险可控"底线"

我国农村新型合作金融在业务运转上大致有两种类型，一是在农民合作社（专业或综合社）和供销合作社基础上，开展信用合作，培育发展农村合作金融。二是坚持社员制、封闭性原则，在不对外吸储放贷、不支付固定回报的前提下，推动社区性农村资金互助组织发展。第一类信用合作强调与农业生产、供销环节相结合；第二类强调信用合作限于社员、社区内。第一类内在机理在于通过生产链间的紧密联系，让成员了解生产状况，从而控制风险。第二类的逻辑基于地缘血缘人缘因素，缓解控制信息不对称和道德风险。两类组织形态的顶层设计，方向上都是防风险，但实践运行中往往出现一些问题，如：依托单一生产合作社的信用合作往往会出现农闲时贷不出款、农忙时贷不到款的问题，只有跨社经营才能合理配置涉农资金在季节的分布；再则，合作金融组织社员同质性高，资金需求同一性明显，过于强调只在社员内部开展信用合作，降低收益，影响可持续发展。因此，适度放宽合作金融的经营空间，将服务对象适当扩展到特定人群内（本地域内的非社员属特定人群而非社会公众），只要控制一定比例，不仅不会形成大的风险，而且能够实现增加经营收益。

3. 政府支持、有效监管及良好外部环境，是合作金融可持续发展的保证

合作金融虽然在我国有强大的内生性，但要可持续发展，也离不开外部环境的有力支持，必须站在战略的高度，为其营造良好的环境，具体包括：

（1）需要法律法规支持

市场经济是法制经济，"法无授权不可为"，任何经济活动都需要法律法规的保护和规范。我国新型合作金融组织处于试点阶段，其发展面临的困难和问题，表面是农民内部民主化制度成本较高，实质是外部化的法律及政策条件没有配套产生的问题。结合合作金融组织实际，应尽快出台相关法律法规，将合

作金融的监督管理和风险责任全面交给地方政府，明确合作金融组织的登记管理机构和监管机关。近期，央行已明确表示，按适度监管的原则，鼓励多种业态的微型金融组织的发展，实现监管方式从"严准入＋松监管＋无退出"向"公平准入＋适度监管＋市场化退出"转变，进一步释放微型金融的供给能力，据此，需及时修订现行的合作金融管理制度。

（2）需要政策支持

从各国经验来看，通过各种宏观政策对农村合作经济组织进行保护和扶持是较为普遍的做法。目前我国对新型合作金融机构的政策扶持力度显然不够，而且监管部门出于风险控制要求，用近乎现代正规金融机构的审批程序和标准，对各类新型合作金融组织的成立实施严格审批，加大组建成本和操作成本。另外，在社员红利分配比例、股金退出、附加表决权、非农民社员和社会组织借款数额等方面的限制性规定也不利于其发展。我国的农村合作经济组织规模偏小，资金偏少，抵御市场风险的能力较弱，更需要政府制定和落实各项扶持政策。适度的财政扶持与税收优惠政策有利于新型合作农村金融机构在公平的竞争环境中健康成长。

（3）需要合作文化支持

合作金融不同于商业金融，在价值取向上兼顾利义，义在利先；在组织内部讲求"自愿、平等、合作、互助互利"精神；在经营管理中，遵循"民主合作、自我管理、互相监管"等理念。合作金融秉持的这些发展理念及所体现的文化因素，是我国传统宗法社会比较缺乏和陌生的，带有一定的异质性，也是千百年来自给自足的农民小生产者未曾见识经历过的，因而认同度不高。在我国，特别是农村地区，合作文化不彰，是制约合作金融发展的一个重要的软性环境约束，它看似无形，实则无处不在，是千百年来形成的习惯势力的一部分，消极作用不可低估。合作金融组织经常出现的诸如个人专断、人情贷、搭便车等现象，无一不是合作意识、民主监督意识缺乏的典型表现。当前，需要大力倡导合作文化，对农民开展合作金融知识教育培训，提高农民对合作文化的认知度、认同感，为合作金融的发展提供文化精神支持。

五、我国农村合作金融组织可持续发展的建议

根据本课题借用的研究方法（TQC）全面质量管理全要素，我们从人、机、法、料、环五个方面，全要素地对涉及农村合作金融组织可持续发展提出建议。

（一）尽快出台《中华人民共和国合作金融组织管理条例》，对涉及合作金融组织法规、政策及监管体制进行变革、创新

合作金融组织可持续发展需要一个较完善的法律环境，结合合作金融组织

的实际，建议由国务院尽快颁布《中华人民共和国合作金融组织管理条例》。总结合作金融组织几十年发展的经验教训，出台《条例》首先要法定解决监管部门不作为和无力作为的问题，从制度安排上确立地方政府为合作金融组织监管责任人。要重点管控两点、放宽一点。重点防控两点：一是要防止合作金融异化为商业金融，要充分保证社员行使合作金融重大问题的决策权、日常管理的监督权；二是要管控一些人利用合作金融组织"入股自愿、退股自由"合作原则，演变为非法集资，重点管控合作金融的股金吸纳行为和入社社员的存款行为。更直接地说，《条例》要明确限制合作金融组织"入股自愿、退股自由"，对其入股、退股将有既定的流程限制，对吸收社员存款规模和社员股金规模有最高比例限制。放宽一点：适当放宽合作金融组织的业务范围，明确规定合作金融组织已经成立，就具有地域业务许可范围内常住居民的信贷融资和担保功能，包括向法定经营地域和行业的非社员贷款和担保。

重新修订现行的合作金融管理制度，对合作金融的监督管理、合作金融组织核准登记最低股本金额要求、发起设立时最少社员人数要求，社员股金管理、单一最大社员股本金比例、内部管理人员选取、业务运作和财务管理基本要求作出明确规定。根据目前经济发展和农民收入情况，建议村级合作金融组织核准登记最低股本金总额提高到 30 万元，乡级合作金融组织和县域行业领域的合作金融组织核准登记最低股本总额提高到 100 万元。

重点加强对合作金融增资扩股行为、吸收社员存款业务的管理。考虑我国合作金融监督管理的实际情况，建议《条例》将合作金融的监督管理和风险责任全面交给地方政府。明确合作金融组织的登记管理机构和监管机关。同时，从国外合作金融组织发展情况看，大多数合作金融发展好的国家，自下而上地建立合作金融联盟性的组织，因此，我国政府对合作金融发展较好的地区，应积极组织在乡村合作金融组织的基础上逐步组建合作金融联盟，使其成为合作金融组织的利益诉求代言人，并为基层合作金融组织提供服务和业务指导。同时，建议中央政府对吸收社员存款规模较大的合作金融组织开展参加存款保险的试点。

采用非审慎、分层次有限监管方式管理农村合作金融。无论如何，合作金融组织运作是限定在较小地理空间、"熟人社会"的小微金融活动，其风险的传染性小。因此，应采取非审慎、分层次有限监管方式管理农村合作金融。具体来说，对仅在一个行政村地域范围或专业合作社内部开展资金的合作金融组织，采取登记备案制，监管部门每年对其经营的合规性进行检查。对资金规模较大，在一个乡镇范围内开展资金合作的农村合作金融组织，应采用核准制。核准制的合作金融组织应采取比备案制更加严格的监管标准。如在一个乡镇范围内开展经营的合作金融组织，必须要求其在每个行政村发展有两名以上的村民入社，并且至少有一名社员进入理事会，对该村非社员的贷款或担保必须该村入社社员签名同意。

（二）坚守合作金融组织"熟人社会"的经营优势要求，严格把控合作金融组织实际控制人的选取

所有研究表明，合作金融组织可持续发展的最大优势是基于"熟人社会"的信息对称。合作金融组织必须在熟人、熟事之间开展信用合作。一是加入合作金融的人相互熟知，经常发生联系，合作金融经营必须体现"熟人、熟事、熟情况"的经营优势，明确是在特定社区和专业合作组织内部开展信用合作。这就对合作金融的经营范围必须有地域和行业的严格限制；二是必须有合作金融社员来选举合作金融组织的管理人。即由熟人选择他们熟悉的人，用毛泽东时代的话说，群众的眼睛是雪亮的。可以说，最了解一个人的人是和他朝夕相处、经常联系的一群人。合作经济组织不是一个纯商业性的经济组织，它具有一定的公益性，是普惠金融的范畴，很多发起创办合作经济组织人，一般不是抱着自己发财的梦想创办合作经济组织的，而是抱着做成一定的事，服务身边的人的想法创办合作经济组织（这不论是早期的空想社会主义的欧文、傅立叶，还是诺贝尔奖的获得者尤努斯，包括我国计划经济时代大量存在的各种合作经济组织负责人）。因此，对合作金融组织的实际控制人（指有权支配组织行为的人）管理机关要进行严格的资格审查。我们调查研究合作金融组织的所有案例表明，合作金融组织的实际控制人对合作金融的可持续发展起着决定性的作用。由于合作金融是微小金融，不可能依靠一个团队进行管理，因此，合作金融组织既缺乏正规金融组织的层次控制，也没有部门间的相互制约，对于绝大多数合作金融组织来说，它的管理不是依靠一个团队进行，而是一个自然人。因此，对合作金融的实际经营管理人有明显的"道德"要求（在我们多年对合作金融组织的调查中，凡是经营管理较好的合作金融组织经常向我们说这样一句话：这十里八村，你随便问问我们这个人怎么样？）。选取合作金融组织的管理者，必须有在其经营社区工作生活最低年限要求，无不良记录，并需要适当的测试流程对实际经营管理人在当地公信力、集体主义情怀进行判断。不能把合作金融组织的经营管理交给想拿高薪、发大财的人，甚至想利用合作金融组织招牌豪赌的人。同时，要求管理机关必须现场监督合作金融组织依据其《章程》选举合作金融组织的实际控制人。总之，合作金融组织必须是熟人、熟事间的信用合作，并且有一定集体主义情怀的人在其熟人、熟事的经营环境中来经营管理，避免现代合作金融组织股份制倾向中出现的大股东说了算，脱离合作金融运作方向。

（三）与时俱进，优化合作金融的内部治理结构和风控管理水平，增强内生发展动力

合作金融内部治理结构的优化，一是解决部分入股数额小的社员不关心合作金融经营管理的问题；二是要在保护合作金融组织的社员民主管理权利和出资额较大股东权益寻找平衡点。即防止合作金融异化为股份制，大股东实际控制，成了"钱老大"长期发声，"人老大"不说话问题；也要保护出资额较大社员出资的积极性；三是建立对合作金融实际经营管理者经营规模和盈利水平相适应的适度激励机制。

解决入股数额较小社员不关心合作金融的经营问题，主要是提高入社社员股金数额门槛。一是合作金融组织发起设立入社社员最低入股金额应不少于总登记核准股本金的1%；二是对合作金融组织内部社员存款、贷款（含其担保的非社员贷款）最高限额应和其入股股金数挂钩。

合作金融组织的民主管理，既要充分体现社员民主管理权利，又要与时俱进地保护入股比例较大的社员出资权利。在坚持一人一票的大原则下，合作金融组织可对出资比例较大的社员设立附加表决权票。对出资额超过社员平均出资的部分给予附加表决权票。原则上，一个合作金额组织设立的附加表决权票不超过社员总票的1/3。

合作经济组织一般是弱者的联盟，社员入股的利益诉求是获得合作金融组织的服务，与股份制企业追求股东利益最大化形成鲜明对比。一般来说，合作经济组织的发起者，往往有一定的集体主义情怀，合作金融组织一般不注重对实际经营管理者的薪酬激励。因此，市场经济条件下，合作金融组织必须建立对合作金融实际经营管理者经营规模和盈利水平相适应的适度正向薪酬激励机制，满足实际经营者适度的物质追求，提高经营效率，强化其管好、发展好合作金融的内在动力。

强化合作金融的风控管控水平。一是合作金融内部必须建立钱账分离、双人控钱的内部管理机制，通过"钱账分离"托管机制建立资金风险防范机制。二是合作金融组织必须制定贷款的发放有既定的流程，严禁跨法定经营地域放款，特别要明确较大额度贷款的信贷流程。三是合作金融组织必须按《条例》要求，在《章程》中明确吸收和退还社员股金基本流程，对其每年增资扩股额度计划必须按《章程》要求批准通过，并报管理机关核准。严禁合作金融组织以"入股自愿、退股自由"名义随意增资扩股，最终自然演变成吸收公众存款。四是对合作金融组织的每年吸收的社员存款实行按股金比例管理。目前，合作金融组织风险问题的突出表现是变相吸收公众存款，形成了金融风险。因此，对合作金融组织吸收社员存款规模和股金比例应实行报备管理，并重点监管。

具体说，对吸收社员存款的合作金融组织，其吸收社员存款的最高限额必须和社员股金规模相适应，即社员存款数额和社员股金有最大比率限制，防止变相吸收公众存款，防止合作金融任意扩大金融杠杆。对合作金融违规扩股和吸收公众存款的非法行为一经发现，管理机关必须对合作金融组织和实际控制人进行处罚。

（四）放宽合作金融组织的业务范围，突破合作金融"封闭运行"业务监管理念，使其具备融资、服务、发展三大功能，推动大众创业

科学合理地界定合作金融的业务范围，在风险可控的范围内，给合作金融更加广阔的业务运作空间，保证合作金融业务经营具有商业上的可持续性。合作金融组织资金规模小，内部社员差异性小、同质性高，社员资金使用的一致性高，因此，仅在社员内部开展信用合作，必然降低合作金融组织资金使用效率，影响财务上的可持续性。科学合理地界定合作金融的业务范围，给合作金融更加广阔的业务运作空间是合作金融可持续发展的重要一环。一是严格设定合作金融组织的业务经营的地域范围、专业范围。原则上说，单个合作金融经营地域不超出乡镇社区，不突破专业合作组织专业经营领域。确保合作金融组织的业务运行不脱离"熟人、熟事、熟情况"的经营优势。二是允许合作金融组织可以在法定经营区域内向非社会融资。信阳市平桥区郝堂村"夕阳红"农民资金互助社是个非常典型的案例，该资金互助组织是个具有公益性的扶老、助老金融合作组织。建立初期，入社社员的主体是该村超过法定劳动年龄的男女社员，由于其社员大多不具备经营劳动能力，其贷款对象绝大部分并不是入社的社员，而是该村具有一定经营能力的村民。在我们近8年中调查走访的各种合作金融组织，没有一家把合作金融资金的运用完全投入到社员之中。因此，合作金融组织贷款的发放应定位于其特定的地域范围和行业范围，不能把仅在社员内部开展信用合作作为其经营"红线"。三是明确规定合作金融组织一经成立，就具有地域业务许可范围内常住居民的信贷融资和担保功能，包括向法定经营地域和法定行业的非社员贷款和担保。

（五）大力培育专业合作社，对合作金融组织进行财税扶持，政府应推动开放征信端口、结算端口，培育优化合作金融良好的发展环境

加快农地产权制度改革，夯实农村合作金融组织发展的财产基础。借鉴国外农地金融制度的经验，建立农村合作金融组织必须利用农民的土地资源，逐步构建以农民成员权为基础、集体所有权为核心的农村土地产权制度，全面推进农村集体土地所有类型的确权办证工作，鼓励、引导农民以土地经营权转让、出租、入股创设农民土地合作组织，以土地合作组织为基础发起设立农民土地合作金融机构，农民以农地经营权、宅基地等农地作价申请贷款。农民土地合

作金融机构将农民抵押的土地集中起来达到一定规模，可分批分组发行土地债券或进行法律许可的其他土地资金融通活动，并以此募集到资金向农民发放贷款，这样可以盘活农地资源，解决农村合作金融的融资难和可持续发展问题。

发展各种农业产业化组织，夯实农村合作金融组织发展的组织化基础。一要加快建立适应现代农业发展的农业生产经营组织体系，不断从传统的集体土地"农户经营"转向"集体经营"，即家庭农场、合作经营、企业经营等各种经济组织形态。二要推动农业专业化、科学化、适度规模化经营，推动农业采用专业化的生产方式，以最大限度地把资源和生产要素向优势农产品的生产集中，提高生产效率。三要构建以公共服务机构为依托，以种养大户、村集体、农民专业合作社和农业企业为骨干，以其他社会力量为补充，集体土地公益性服务和经营性服务相结合、专项服务和综合服务相协调、自我服务和社会化服务相配套的规模化经营的服务体系。

加强农村合作文化建设，营造农村合作金融组织发展的良好氛围。良好的合作意识和精神、合作社知识对于农村合作金融组织内部的利益冲突解决，以及社会对合作金融组织发展的认知、认同度，是非常重要的。要加强有关法律和规章的宣传和培训，规范其经营方针，促使其严格遵循社员合作的基本原则，依法经营，民主管理，最为关键的是要引导决策人正确处理好合作社的利益分配问题。

强化包括财政、银行、经贸等在内的发展农村合作金融组织的支持体系。一是要实行资金扶持，各级政府要加大财政投入力度，将财政支农资金通过农村合作金融组织来运作，央行也要积极探索通过农村合作金融组织发放支农、支小再贷款；在征信端口接入等方面给予支持；二是根据国家有关税收政策规定，研究出台支持农村合作金融组织的低税率或免征所得税等相关政策；三是在审批、登记、注册、基础建设、信息提供、技术培训、社会保障等方面提供便利条件；四是建立起农村合作金融组织的风险防范机制，包括设立风险补偿金、购买农业保险、成立政策性担保公司或开展存款保险等。

加强农村合作金融组织与村镇银行之间的合作。目前，"村镇银行城市化"的问题非常突出。据我们了解，一方面绝大部分村镇银行都设在地级市和县城，而在最需要村镇银行的乡镇和农村地区，尤其是经济相对比较落后地区的乡镇和农村，设立村镇银行的，微乎其微。在市场定位上，绝大多数村镇银行都以所在县城的企业客户为主，而非农户，特别是远离处于偏远农村地区的农户。另一方面，农村合作金融组织也有自己的优势，从诞生之日起，就是用自己的钱，服务自己的人，能够保证较低的不良率和控制风险外溢。因此，建议加强农村合作金融组织与村镇银行之间的合作，把双方的优势互补结合起来。比如，可以将农村合作金融组织作为农村金融的"分销点"，作为村镇银行的延伸，实现村镇银行真正村镇化，同时，也可以提高农村合作金融组织的声誉和流动性管理能力。

　　研究不足：因农村资金互助社管理不够规范，此次研究无法掌握互助社经营的详细数据，无法进行数据模型分析，是一个遗憾。再加上水平有限，论文中部分段落的用词和用语可能有不当之处。

民间融资规范发展研究

中国人民银行焦作市中心支行课题组①

摘要：民间融资这一融资活动在我国存在的历史久远。改革开放以后，伴随着我国经济体制改革的持续深入，非公有制经济不断发展壮大，巨大的需求催生出迅速发展的民间融资市场，并延伸出第三方支付、认证、评估、催收等服务市场。这些形式多样的民间可流动资金，游离在国家正常监控之外，长期缺乏有效监管，大量不可预估的风险时有发生。同时，在我国民间融资活动蓬勃发展的背后，一方面反映了严重缺乏实体经济的投资机会，另一方面则深刻反映了我国大部分中小企业融资困难。近年来，受内蒙古额尔多斯、浙江温州、山东部平、陕西榆林等地方民间高利贷资金链条断裂的案例影响，民间融资风险开始由发达地区向中西部欠发达地区蔓延，也让后金融危机时代的一系列金融风险问题显露于世人面前。我国民间融资对中小企业发展的重要性不言而喻，但是民间融资发展与管理一直处于一种模糊的失范状态。本文针对我国现有民间融资的发展问题和发展现状的探讨，找出其他国家和地区在民间融资发展过程中的立法特点和监管办法，结合我国的民间融资探讨引导和促进我国民间信贷健康发展的措施，正确引导、疏堵结合，促其形成规范风险监测和监管的制度，引导民间融资规范、有序发展。

首先，通过对国内外民间融资相关理论与研究的论述和探究，我国民间融资是在金融抑制的体制根源下，二元经济结构及正规金融信贷配给，民间融资与民营经济金融创新的必然产物；其次，通过对民间融资概念的讨论，我们认为，民间融资是游离于正规金融之外融资活动的总称，并对我国民间融资的相关词语进行总结与解释；第三，通过对国内外民间融资发展演进情况的探讨，认为民间融资与经济发展相互伴随、互相支持，在不同时期有着不同的形式与特征。国外发达国家对民间融资活动逐步采取赋予合法地位、纳入监管体系和引导向正规金融发展以促进规范化发展；第四，通过对民间融资与正规金融交易成本的分析比较，发展民间融资

---

① 课题主持人：王雨舟；
课题组成员：李新民、刘建伟、陈曾明、张安高、曹晓黎。

在一定交易金融内或区域范围内具有成本优势，在超出一定金额或地域范围后，正规金融则具有比较优势；通过对民间融资对中小企业融资影响的实证分析，民间融资作为中小企业融资的重要渠道，在推动中小企业发展扮演着非常重要的角色。同时，民间融资也极为容易异化成高利贷等非法行为，必须进行规范和引导；通过对民间融资对经济增长的实证分析，民间融资对我国经济增长有促进作用，但我国经济增长是资本、技术水平、劳动等方面共同努力的结果，民间融资在促进我国经济增长中发挥了重要的作用。第五，在我国民间融发展中存在着非法集资屡禁不止、高利息融资缺乏规制、内在缺陷难以自我控制、法律法规不健全、外部监督缺位等现象。虽然近些年来我国在灵间融资的规范化、阳光化方面也做了许多探索，从温州和北京两地实践情况看，对民间融资的规范发展有一定作用，但探索还是主要集中在具体操作层面，并未能在法律制度、政府管理、市场机制等方面有深入的推进。如何对民间融资进行改革和治理，已成为我国金融改革发展中面临的重要课题。

在促进民间融资规范发展方面，我们根据我国民间融资的特性提出了民间融资规范发展坚持"法治化原则、公开化原则、市场化原则、正规化演进原则和有效监管原则"五项原则，在实施民间融资规范发展上我们设计出"健全法律制度、完善监管制度、完备内控机制、形成市场化利率融通机制和相关配套机制"五项并行规范策略，这也是本文最重要的创新点。

在理论观点方面，我国民间融资发展是金融抑制所导致正规金融对民间经济发展信贷配给的供给不足造成。同时，改革开放以来民间资本的大量集聚，投资渠道欠缺与民间经济发展资本饥渴相互融合而成，说明在我国对民间融资发展简单实施压制是行不通的。只有加强金融深化，发展民间融资，促进金融体制的改革和国民经济的发展。引导民间融资的发展，必须完善立法体系和监管体制。在具体实践上，政府应放宽对民间融资的限制，放大民间融资对正规金融的补充作用，合理借鉴其他国家和地区的发展经验，制定单行法规。用法律对民间融资进行疏导，使民间融资有法可依，疏通民间资本进入金融领域的渠道，使灰色金融阳光化。

关键词： 民间金融　规范化　发展

第一章　绪　言

一、课题的背景与意义

（一）选题背景

民间融资这一融资活动在我国存在的历史久远。改革开放以后，伴随着我国经济体制改革的持续深入，非公有制经济的不断发展壮大，巨大的金融需求催生出迅速发展的民间金融市场，并延伸出第三方支付、认证、评估、催收等服务市场。我国民间融资活动蓬勃发展的背后，一方面反映了严重缺乏实体经济的投资机会，另一方面则深刻反映了我国大部分中小企业融资困难。近年来，受内蒙古鄂尔多斯、浙江温州、山东邹平、陕西榆林等地方民间高利贷资金链条断裂的沉重案例影响，民间融资风险开始由发达地区向中西部欠发达地区蔓延，把"民间融资"陷入尴尬的境地，也让后金融危机时代的一系列金融风险问题显露于世人面前。我国民间融资对中小企业发展的重要性不言而喻，但是民间融资发展与管理一直处于一种模糊的失范状态，被定义为"灰色金融"。本文针对我国现在民间融资的发展问题，对民间融资发展现状进行探讨，找出其他国家和地区在民间融资发展过程中的立法特点和监管办法，学习借鉴有利经验。同时，结合我国民间融资的发展现状，探讨引导和促进我国民间信贷健康发展的措施，正确引导、疏堵结合，促其形成规范风险监测和监管的制度，引导民间融资规范、有序发展。

（二）理论意义

在对民间融资进行界定的基础上对其发展方向和模式进行探讨，得出发展民间融资是合理的、势在必行的重要结论。运用斯蒂格利茨和韦斯的信贷配给理论，证明在我国的金融体系下民间融资具有广阔的发展空间。通过金融抑制理论和金融自由化理论的分析，说明在我国压制民间融资发展是行不通的。只有加强金融深化，发展民间融资，才能打破我国现阶段存在的金融垄断局面，促进金融体制的改革和经济的发展。我国已经到了引导、规范民间融资发展的时期，大力促进与规范民间融资发展，才能解决我国许多企业的融资难题，稳定经济发展。

（三）现实意义

引导民间融资的发展，必须完善立法体系和监管体制。我国现在没有针对民间融资的单独立法，也没有形成规范其发展的监管体系，民间融资一直游离于正规金融之外，亟须采取规范措施。所以，在具体实践上，政府应放宽对民间融资的限制，放大民间融资对正规金融的补充作用，合理借鉴其他国家和地区的发展经验，制定单行法规。用法律对民间融资进行疏导，使民间融资有法可依，疏通民间资本进入金融领域的渠道，使灰色金融阳光化。

二、技术路线

（一）研究方法

综合运用规范分析法、计量分析法、比较分析法等研究方法，使用经济学、计量经济学、统计学、数量经济学等理论，试图全面地、系统地对民间融资相关的研究成果进行整理和归纳，深入分析，指出当前我国民间融资的现实水平、动态、应当解决的问题和未来的发展方向。本文通过收集和整理其他国家和地区在规范民间融资发展方面的情况，总结其先进的发展经验，结合我国实际，提出规范我国民间融资发展的观点和建议。

（二）技术路线

首先对民间融资进行界定，明确本文的研究主体，然后通过对我国民间融资发展现状的分析，得出立法缺失和监管缺位是制约民间融资发展的主要问题。在如何对民间融资进行治理的问题上，本文对比总结了其他国家和地区在民间融资的各个发展阶段所采用的监管措施和立法情况，总结其先进经验，针对我国民间融资现状，提出规范我国民间融资发展的政策和建议。

（三）课题的研究结构与框架（见图1）

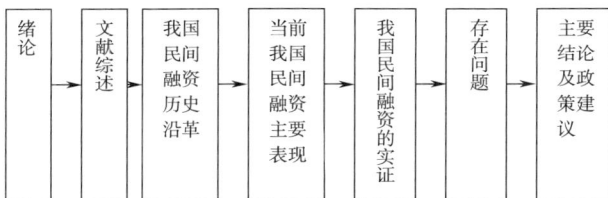

```
绪论 → 文献综述 → 我国民间融资历史沿革 → 当前我国民间融资主要表现 → 我国民间融资的实证 → 存在问题 → 主要结论及政策建议
```

图1　本文的研究框架

三、课题的主要创新点与不足

本文在立足前人研究成果的基础上，整理归纳多个国家和地区在民间融资问题上采取的措施和立法状况，结合我国民间融资的发展现状，提出对民间融资的规范和引导不应止于对现存政策上的修修补补，应从顶层制度设计的高度上弥补立法缺失，制定规范发展原则，完善监管体系，使民间融资在法制化、阳光化、正规化、保障化的轨迹上发展。

多年来，国内外许多专家学者对民间融资都有深入细致的研究，取得了丰硕的成果。本课题就目前的研究成果进行了梳理，根据近年来国内民间融资的现状和各地采取的对民间融资的治理情况进行总结，站在顶层设计的高度对我国规范化发展民间融资进行了制度设计。由于受研究者的精力与能力的限制，存着认识不到位、方式方法欠缺等情况，都有待在以后的研究中不断丰富与完善。

第二章　民间融资理论综述与我国民间融资的发展沿革

一、民间融资相关理论分析

（一）金融抑制和金融深化

麦金农和爱德华·肖提出在经济发展和金融发展之间存在相互促进、相互制约的关系，提出了"金融抑制"理论。该理论指出正是由于金融抑制的存在才导致部分经济主体无法从正规金融渠道获得融资，给民间融资提供了发展的空间，揭示了发展中国家民间融资产生的体制性根源。为解决这一问题，提出了金融深化理论。政府应减少或放开对金融市场的管制，允许多种形式的金融形式共同发展，建立多样性、竞争性的金融市场，充分发挥其在资源配置方面的作用。根据这一理论，在中国现有的经济形势和金融环境下，民间融资有其发展的必然性，鼓励发展民间融资，促进金融深化改革势在必行。

（二）逆向选择和信贷配给理论

乔治·阿克尔洛夫较早地注意到了由于信息不对称问题所导致的信贷活动困境，提出了以不对称信息研究为核心的逆向选择理论。Stiglits 和 Weiss（1981）证明了由于道德风险和逆向选择的存在，银行为了降低较高的信贷风险，就会实行信贷配给。我国银行因大部分中小企业信用风险较大，不愿向其提供贷款，导致中小企业只能转向其他渠道进行融资，而我国改革开放之后的富余民间资本，正好对接了民营中小企业的资金需求，给了民间融资很大的发展空间。

（三）二元结构与民间融资

我国在经济发展中呈现明显的"二元结构"特征。落后的农村地区和中小企业部门的金融供给形式仍然较为单一，农村居民和中小企业部门的融资问题没有得到充分的重视。近些年，我国的农村金融虽然得到了一定的发展，但无论在金融机构的数量还是业务种类上都落后于城市金融，现有的农村金融体系根本不能满足农户及大部分民营企业和私营企业的资金需求，而民间融资成为解决资金短缺的主要途径。

二、国内外学者对民间融资的相关研究

麦金农 1973 年提出了发展中国家的金融抑制假说与市场分割假说揭示了民间金融在发展中国家产生的体制性根源。IKropp（1989）认为，民间融资和正规金融是同一国家中同时并存的，相互割裂的，正规金融处于国家信用和相关金融法律控制下，而民间融资则在这种控制之外进行运转，二者利率不同、借款条件不同、目标客户不同，更为重要的是，融资资金不能跨市场流动。Krahene 和 Schmidt（1994）认为，民间融资和正规金融之间的区别在于交易执行所依靠的对象不同。正规金融活动依靠的是社会法律体系，而民间融资活动则依靠的是社会法律体系以外的体系。Stiglitz（1990）根据孟加拉国格莱珉银行利用非正规群体组织进行信贷机制创新的实践，认为群体贷款的有效性，关键在于连带责任的特征；非正规金融组织背景下的人们彼此相熟，比银行和保险公司等正规金融组织更有能力相互监督，这解释了为什么在正规金融组织失灵的地方非正规金融能够有效地运转。Chiteji（2002）以滚动储蓄信贷协会为例深入地研究了非正规金融的契约执行机制，探讨了最优组织规模与执行成本的关系。他认为，成员间相互监督的能力、个人声誉的价值以及能够获得彼此之间信息的关系，三个因素都影响合约的执行能力；这三个方面又都与组织的规模密切相关，随着组织规模的扩张，合约执行成本随之上升。

Besley 和 Levenson（1996）认为非正规金融组织在快速增长的转型经济中具有非常高的灵活性，满足了那些被正规金融机构拒之门外的中小企业和客户的融资要求，有助于跨期平滑生产经营和生活中的风险与不确定性，促进了经济增长。Kellee S. Tsai（2001）通过对我国民间融资较发达地区的状况进行了分析，指出在我国民间资本之都温州有促进其民间融资发展的必然因素，在改革开放之后，国家鼓励一部分人先富起来，鼓励以东部沿海经济带动全国的经济发展，各种民营经济在温州地区如雨后春笋般迅速发展起来，为民间融资的盛行提供了优厚的土壤。

针对我国民间融资情况，我国许多学者对民间融资展开了探讨。史晋川（1997）强调民间金融业的兴起与发展是在传统国有金融体制的深化难以有实质性推进的情形下，我国国民经济市场深化所引致的结果。民间金融已成为促进我国经济发展中金融深化的一支重要力量。张杰（2000）关于民营经济的金融困境与融资次序的研究，从金融制度结构变迁的角度认为民营经济金融困境的解除不能依赖于现有的国有金融框架，而要寻求以内生性为特征的金融制度创新。而民间金融恰恰具有对民营经济的内生性支持的特点。林乐芬、林彬乐（2002）认为，我国民间金融的形成是同我国的金融制度安排紧密相连的，是体制内金融制度所提供的信贷工具不能适应体制外产出增加的金融需求而不断内生出来的，成为非公有制经济筹集资金的重要渠道。杜朝运（2001）认为，在我国，长期以来政府一直被认为是制度的唯一合法供给者，改革开放后，政府对经济活动的管制逐步弱化，附着在经济资源上的权利已不再单纯为政府所有，相当一部分被转移到私人部门手中，多样化权利主体的产生为市场得以运作创造出必要的前提条件，市场化的环境能够为响应获利机会的自发行为提供相当的制度创新空间，使得个人或团体有可能构建一些符合市场需要的新制度，民间金融的兴起就是市场经济诱生的一项制度安排。

任旭华、周好文（2003）认为，金融制度供求失衡，意味着现存制度下的巨大利益空间。而当现存制度存在巨大的难以开发的潜在利益时，必然存在制度变迁需求，孕育着丰富的制度变迁收益。民间金融正是因其激励效率高，运作灵活，信息传递快，交易成本低以及所有制关系对称等而成为市场机制诱生的一种制度变迁。张庆亮（2002）从新制度经济学的角度出发，系统地分析了民间融资活动的兴起，认为中国的民间融资是在体制转轨过程中产生的一种金融制度安排，它内生于民营经济在发展壮大过程中对金融的需求。目前我国的民营经济发展已成为促进社会经济发展的重要推动力量，而正规金融机构对民营经济发展的资金支持有限时，民营经济的发展只能依靠民间融资，民间融资是内生于民营经济发展的金融制度安排。温铁军（2001）认为，我国农村民间融资放贷人的收入来源主要来自商业、其他非农收入和工业。同时认为，虽然农村也有无息与低息融资行为，但高利贷现象十分严重，高息的融资行为普遍存在。并从国家的宏观经济环境入手，认为由于我国现阶段存在着农业成本上涨、乡镇企业离农倾向、乡村债务问题突出等问题，再加上我国原来长期存在的两个基本矛盾——"人地关系高度紧张"的基本矛盾和"城乡分割的二元结构"的基本矛盾，导致农村资本的高度稀缺。然而既有的制度安排没能化解农村资本稀缺的问题，因此小农经济与民间融资的结合是一种理性替代行为。

燕小青（2012）在《民间金融发展的理论与实证：基于宁波中小企业和农户的视角》中将民间金融作为解释宁波地区民营经济增长之谜的一个视角，从农户、中小企业信贷需求的角度对宁波地区民间金融运行及效率进行了实证检验，认为民间金融作为诱致性制度变迁是为了获得正规金融无法实现的潜在收益而进行的制度创新，民间金融在中国不应该是过渡性的制度安排；民间金融市场在农村金融结构演进的过程中，充当着不可或缺的角色并起着不可替代的作用；民间金融作用并非简单的拾遗补阙，实际上是与正规金融并存的必要的融资方式；在一定秩序框架下必须给予民间金融应有的合法地位。

三、民间融资相关词语的概念及界定

当前对于民间融资的概念或者定义在国内并没有一个统一的说法和定义。通常会有民间金融、民间融资、非正规金融、地下金融、未观测金融等称谓。同时也存在这些称谓混用，没有明显的概念界定的现象。国内较早对民间融资问题有所研究的学者应该算是姜旭朝（1996），他用所有制的标准来界定民间融资，认为民间融资就是为民间经济融通资金的所有非公有经济的资金运动。姜旭朝、丁昌锋（2004）后来又对民间金融的定义做了一定的修正，提出了以符合公司法的规定为标准来界定民间融资，凡是没有正式登记注册的金融融资形式都是民间融资。左柏云（2001）认为，民间融资就是没有被纳入到正规金融监管之下的金融活动，这样的金融活动游离于正规金融体制外，包括了合法的和不合法的，无法受到法律的保护，也无法得到监管机构的监管和统计。王相敏、张慧一（2009）则对民间融资、非正规金融和地下金融这三个概念加以阐

述和区分，认为这三者不能混为一谈，地下金融和非正规金融是两个完全不同的概念，但两者都包含在民间融资的概念之中。江曙霞（2001）认为民间融资是相对于正式金融而言的，是一种得不到法律保护的金融形态。李建军（2010）首次提出未观测金融这一概念，是指金融统计体系应该包括却未被统计监测的金融活动，是根据未观测经济衍生而来，并指出了民间融资可以用未观测金融来概括。

国外的学者 Anders Isaksson（2002）对于民间融资的定义以金融当局是否监管作为界定民间融资的标准，凡是金融监管部门无法监管到的金融活动都是属于民间融资活动。对于民间融资的定义，应当从其英文翻译来看更为透彻，相对于银行、证券、保险等传统正规金融模式——"formal finance"，民间融资并不处在正规金融的体制内，故一般称为"informal finance"，即指未经政府批准且不受正规金融监管机构，并进行金融活动或金融组织的金融行为。一般地，民间融资是在我国经济背景下对游离于国家金融体系外运行的融资活动的统称。随着我国对外金融交流的深入，学界普遍认为国外的非正规金融定义更加适合我国当下民间融资的概念。

综合考虑当下民间融资活动实际情况，将其狭义地定义为：国家依法批准设立的金融机构之外，未由专门法律调整的，出资人与受资人之间以货币资金为标的的价值转移及本息支付或股息支付为形式的融资行为。基于此，当前民间融资活动至少具有以下特征：首先，民间融资并不特指某种融资的方式，而是对不属于正规金融的融资行为的总称，故多样性是重要特征。现在可以明确已经成形的有民间直接融资、企业内部集资（集股）、典当融资、合会（抬会、标会）、有价证券融资、民间票据贴现、地下钱庄和融资租赁以及当下流行的互联网金融融资等，并且随着发展形势将更加多样化。民间融资形式的多样化也导致了参与主体的多样化。

四、我国民间融资发展的历史沿革与特点

民间融资存在于我国已有数千年历史，是伴随着私有制经济的发展以及社会贫富差距的出现逐步产生的。民间融资的出现是在西周时期，在《孟子》、《世纪》、《汉书》上均有关于民间融资的事例或者是言论。从我国历史记载中我们看到的有关民间融资的材料说明，我国古代民间融资一直是以实物借贷和货币借贷两种形式存在的。随着古代商品货币关系的发展，货币越来越成为借贷的主要对象。到了近代国民党统治时期，尽管资本主义生产方式已经开始发展，现代银行体系开始形成，但是这些银行并不能控制全国的金融市场，民间融资仍然存在，并且在广大的农村地区占主导地位。

新中国成立后我国民间融资的发展大致可分为三个时期：一是 1949 年至 1978 年间，这一时期以计划经济体制为主。二是 1979 年至 2005 年，这一时期是我国由计划经济体制向社会主义市场经济体制转变的过程，允许民间私人借贷，但禁止企业间借贷。三是 2005 年至今，在打击非法集资和高利贷的同时，对各类民间融资采取默许态度，同时决策部门开始考虑制定专门的《民间融资条例》，引导和规范民间融资有序发展。

（一）1949 年至 1978 年我国民间融资规制与发展情况

从新中国成立到改革开放前的 30 年间，我国民间融资经历了一个由宽容、限制到改造直至被禁止的过程。新中国成立初期国家对民间融资采取管制和利用的政策，在整顿清理后允许其恢复与发展。1950 年 8 月，中国人民银行在《人民银行区行行长会议关于几个问题的决定》中指出："大力提倡恢复与发展农村私人借贷关系，我们应结合当地党政部门宣传借贷自由政策，鼓励私人借贷的恢复与发展。利息数不要限制，债权应予保障。"可见，当时政策不但允许私人借贷，而且高利贷也是合法的，债权同样受法律保护。社会主义改造成功之后，民间融资受到强烈打压，大多数形式的民间融资基本消失，仅剩以个人之间互助友情借贷形式的私人借贷还存在，但其活动范围与规模已相当狭小。1954 年 11 月，中国人民银行召开反高利贷座谈会，进一步提出了"代替私人借贷"的方针，主张发展信用合作社，配合国家农贷工作，以取代私人借贷。

（二）1979 年至 2005 年我国民间融资规制与发展情况

改革开放后，非国有经济迅速发展，但是改革开放初期的资金供给主要是通过财政拨款和专业银行贷款来实现，而且对象以国有经济为主。无法得到正规渠道资金支持的民营经济开始求助于民间渠道，民间融资开始逐渐发展。为扩大资金供给渠道，解决非公经济体资金供给不足问题，我国政府对民间融资的管制逐渐趋向宽松，除允许私人借贷外，还相继出台政策允许设立合作基金会、农村合作银行等，赋予部分民间融资合法身份和地位。这一时期的相关法律法规对民间融资进行了规范，对民间融资中私人借贷的合法性予以承认。根据最高人民法院的有关司法解释，利息高于银行同期贷款利息 4 倍就属于高利贷，超出部分不受法律保护，实际上肯定了民间融资的合法性，并给予了民间融资前所未有的法律保护和支持。但这一时期的民间融资主要是民间私人借贷，各类资金互助会仍然不允许发展，也禁止企业集资和各种形式的非法吸收公众存款行为，同时继续保持对高利贷的高压打击政策，并规定了相应的刑事处罚措施。

进入 21 世纪后，我国非公经济发展迅速，民间融资的作用越来越大。2005 年 5 月 25 日，中国人民银行公布了 2004 年中国区域金融运行报告，首次提出要正确认识民间金融的补充作用，要因势利导、趋利避害，这是国家金融主管部门第一次对民间融资公开地正面、积极评价。

（三）2005 年以来我国民间融资规制与发展情况

这一时期主要以对民间融资阳光化、规范化为标志，在打击非法集资和高利贷的同时，对民间融资采取默许和放松的政策，同时决策部门开始考虑制定专门的《民间融资条例》。如 2006 年，中国人民银行确定在陕、川、黔、晋四省实施小额信贷试点，推行"只贷不存"机构运作模式。2008 年 8 月，中国人民银行在《货币政策执行报告》中开辟专栏讨论民间融资问题，对民间融资的作用加以肯定，并指出民间融资作为正规金融有益和必要的补充，在一定程度上缓解了中小企业和"三农"的资金困难，增强了经济运行的自我调整和适应能力，并在一定程度上填补了正规金融不愿涉及或供给不足所形成的资金缺口。

进入新世纪，政府逐渐认识到了民间融资的重要性，对民间融资的作用加以肯定，对民间融资主体采取了放松的政策，不但允许私人借贷，还默许企业之间、企业和自然人之间的民间融资行为。这一时期不仅是我国民间融资快速发展的时期，也是政府对其发展进行规范的重要时期，以小额贷款公司为标志的改革，逐渐实现民间融资的阳光化、规范化。

五、国外先进国家民间融资的发展对我国民间融资发展改革的启示

（一）赋予民间融资的法律地位

由于民间融资长期游离于法律监管体系之外，不可避免地出现了一系列负面的影响。从美国、日本和中国台湾地区的发展来看，这些国家和地区都依法承认了民间借贷的合法地位，并制定了相关的一系列的法律法规，比如日本的《轮转储蓄和信贷协会金融法案》和《互助银行法案》，这些法律法规的设立都为引导和规范民间融资的发展提供了法律依据。因此，我国要借鉴境外国家或地区相关经验，以法律形式确定民间融资的合法地位，充分发挥民间融资对经济发展中的积极作用。

（二）将民间融资纳入法律监管体系

从前文所介绍的美国、日本的发展历程可以看到，这些国家为了促使民间融资可以更好地服务于本国或地区的经济，都通过法律的形式确定了民间融资的合法性，并将民间融资纳入了法律监管体系。对于我国而言，政府要根据我国民间融资现实情况，按照其不同特点和运作模式，针对不同类型的民间融资实行不同的监管政策，从而降低市场风险。

（三）引导和规范民间融资向正规金融发展

民间融资具有双面性，对一国经济的发展既产生了积极的作用，又存在消

极的影响。通过境外国家民间融资的发展历程来看，各国政府积极引导和规范民间融资的发展，促使民间融资向正规金融发展。如1951年，日本通过的《互助银行法案》促使轮转储蓄和信贷协会向商业银行转变等。

六、民间融资的特点

民间融资的主体是自然人、企业及其他经济主体，起于民间，具有正规金融所不具有的自身特性。

（一）自发性和普遍性

民间融资存在和发展的历史悠久，是社会经济不断发展的必然产物。民间融资是资金紧缺状态下民间自愿、自发的融资关系。在我国经济比较活跃的地区，民间融资为各类型的民营经济、个体经济等提供了大量的资金来源，是与民间经济主体相辅相成的。当民间经济主体面临资金短缺问题而又无法获得充足的融资时，民间融资就成为了解决资金不足问题的主要途径，因此民间融资是在经济发展进程中自发产生的，独立于正规金融之外的金融活动。

（二）地缘性

民间融资的手续简单，方便快捷，出于对借款人的品德、资本、能力等方面的考虑，民间融资常在有一定的血缘、地缘和业缘关系的人群中进行，对彼此的经济状况和信用情况非常了解，因此，民间融资的流动范围一般集中在本地区，跨地区发生的民间融资资金流动相对较少。

（三）趋利性

民间融资都是有偿融资，具有非常强的趋利性。民间融资的利率相比银行存款利率一般较高，虽然有法律明确规定了民间融资的利率上限，但是在资金供给不足的背景下，高利息回报成为了民间资本提供者的主要目的，近些年来，我国资金供求严重不平衡，民间融资以此为契机不断提高借款利率，趋利性是现代民间融资的一大特点。

（四）灵活性

由于民间融资的资金规模相对较小，服务的重点多为中小企业，交易双方鉴于对交易成本的考虑，都尽量地简化了融资活动的各种手续，与银行贷款相比，表现出明显的简便灵活的特点，不仅在贷款人信用资格审查上减少了审核流程，而且在交易合同办理上也追求简便。民间融资的灵活性、高效性是正规金融中大中型银行所不能比拟的，这是民间融资的主要特点。

（五）非监管性

我国对正规金融建立了非常完善的、多层次的监管体系，而民间融资一直没有与之相对应的监管制度，既没有对其交易方式、存在形式上的规定，也没有对交易纠纷的有效治理，是一种长期游离于金融监管体系之外的交易活动。虽然国家的宏观调控政策能在一定程度上对民间融资加以管制，但管制面极其狭窄，调控力度甚微。总的来说，我国对民间融资的规范性指导相当欠缺，既无法准确地评估其资金流向，也无法测算其融资规模，甚至不能有效地调节其融资资金供求。我们对民间融资的掌握是模糊的。

（六）隐蔽性和风险性

由于民间融资长期处于金融监管体系之外，发生交易活动时交易双方都没有实行登记备案，交易金额以及资金流向都不能被监管部门获得，具有很强的隐蔽性。除此之外，还有许多不合法的民间融资，只有在发生纠纷时才会被披露出来。由此可见，民间融资信息具有非常强的隐蔽性。由于民间融资交易隐蔽，造成融资活动的风险不易控制，当等风险聚集到一定程度就会爆发出来引起严重的后果。

第三章　实证分析

一、民间融资与正规金融融资的交易费用比较

制度经济学所说的交易费用是指经济制度的运行费用。具体来说，交易费用包括两个组成部分：一是交易的保障费用，如交易规则制定和实施的费用；二是每一项具体交易实施的费用；如获得交易信息的费用，交易的谈判、签约、监督和纠纷处理的费用等。交易费用对于制度经济学的重大意义表现在，交易费用是比较经济制度孰优孰劣的决定因素。

（一）民间融资与正规金融机构融资的交易费用比较

我们将民间融资与正规存款类金融机构融资进行比较，交易费用的比较按照交易费用的两个组成部分分别进行。

1. 比较交易的保障费用。交易的保障费用是指保障制度顺利运转和交易顺利实施的费用，包括制定交易规则的费用和保证交易规则实施的费用。由于民间融资属于非正式制度，其一切交易规则都是自然演变的结果，是约定俗成的，因此，民间融资的交易保障费用几乎为零。而对于正规金融机构来说，交易的保障费用要高得多，无论是制定各种金融法律和法规，还是监督金融法律法规的实施，都会产生大量的费用。

2. 比较每一项具体交易实施的费用。在交易具体实施的过程中，一般会发生如下费用：交易信息收集的费用、交易的谈判费用、交易的签约费用、对交易合约执行情况进行监督的费用以及交易纠纷的解决费用等。

（1）交易信息收集的费用。对于民间直接融资来说，由于借贷多发生在熟人和亲戚朋友之间，交易信息的收集是与日常生活结合在一起的，是日常生活的副产品，因此，交易信息收集的费用很低。即使交易通过民间金融机构进行，由于民间金融机构的规模和服务的地域范围都较小，日常生活是其交易信息收集的主要途径，因此，交易信息收集的费用也很低。而对于正规金融机构来说，交易中的信息收集活动是一种专门的活动，因此，交易信息收集的费用较高。

（2）交易的谈判费用和签约费用。对于民间融资来说，交易的谈判和签约非常简单，交易的签约可能是个欠条或者干脆就是个口头约定，因此，交易的谈判和签约费用都很低。而对于正规金融机构来说，交易的谈判和签约是一个麻烦的过程。首先，借款人要提出借款申请，其次，金融机构要对借款人进行信用分析和贷款可行性分析，在同意贷款的情况下，金融机构还要与借款人就贷款的具体条款（包括贷款的用途、金额、期限、利率、违约责任、担保等）进行谈判，最后，在谈判达成一致时，借贷双方要签订贷款合同以及附属的担保合同，要对抵押物进行登记，对质押物进行过户。与民间融资相比，正规金融机构贷款的谈判和签约将花费较长的时间，交易的费用也会很高。

（3）对交易合约的执行情况进行监督的费用。对于民间融资来说，对交易合约执行情况的监督是与日常的生产生活结合在一起的，因此，监督的费用很低。而对于正规金融机构来说，对于交易合约执行情况的监督，需要专门的人员运用特有的技术进行，不仅要经常检查借款人和保证人的情况，还要定期对抵押物和质押物的价值进行检查和分析，因此，监督的费用较高。

（4）交易纠纷的解决费用。交易纠纷解决费用的高低取决于两个因素，一是交易违约率的高低，二是交易违约时解决费用的高低。对于民间融资来说，由于交易多发生在亲戚朋友、乡里乡亲之间，交易的双方都以自然人的面貌出现，债务具有无限责任，再加上血缘关系、业缘关系和地缘关系构成的巨大的声誉压力，所以，债务人的道德风险较小，交易的违约率较低。一旦交易发生违约，往往采取双方协商或中间人说和的办法解决，因此，每桩交易纠纷的解决费用也较低。而对于正规金融机构来说，情况则完全不同。首先，由于交易发生在个人和机构之间或机构和机构之间，债务不具有无限责任，再加上借贷双方的信息不对称程度较高，因此，债务人的道德风险往往较大，债务的违约率也较高。其次，如果发生债务纠纷，往往通过诉讼程序解决，因此，每桩交易纠纷的处理费用也较高。

（二）民间融资的约束条件

民间融资的交易费用低并不是无条件的，民间融资一旦离开其生存的土壤，交易费用就会迅速攀升，超过正规金融机构的交易费用，可以通过图2来比较民间融资与正规金融机构的交易费用。

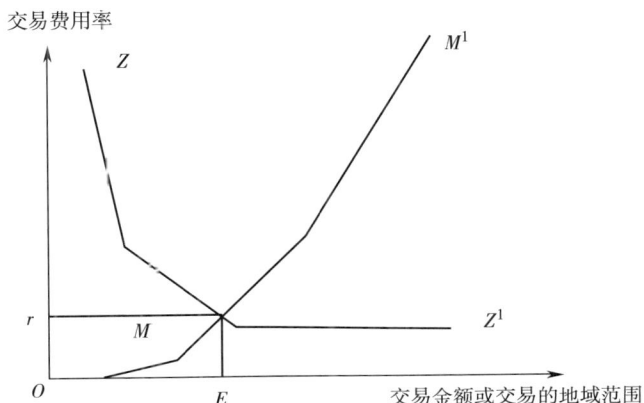

图 2 正规金融与民间融资的交易费用率

在图 2 中，用纵轴代表金融交易的交易费用率，横轴代表金融交易的交易金额或交易的地域范围，MM¹ 代表民间融资的交易费用率曲线，ZZ¹ 代表正规金融机构的交易费用率曲线。可以看出，民间融资只有在小额交易或小地域范围内交易时才具有交易费用优势，随着交易金额或交易地域范围的扩大，民间融资的交易费用率会迅速上升。与之相反，正规金融机构的交易费用率则会迅速下降，并逐步取得对民间融资的交易费用优势。在民间融资与正规金融的竞争达到均衡时，民间融资的交易金额或交易的地域范围为 OE。

导致民间融资交易费用率迅速上升原因主要有两个：一是随着交易金额或交易地域范围的扩大，民间融资所拥有的信息生产优势会迅速丧失。在亲戚朋友、乡里乡亲之间进行的民间融资，其信息生产的成本几乎为零。一旦超出这个范围，民间融资必将面临与正规金融机构同样的信息生产问题，而民间融资由于制度和人力资本的缺失，再加上借贷规模较小，每笔借贷的相对信息生产成本必然会高于正规金融机构。二是民间融资在超出既定的范围后，由亲缘、业缘和地缘等形成的对借款者的声誉压力将不复存在，借贷的签约费用、监督费用和纠纷解决费用会迅速上升。

（三）民间融资的经济作用和文化价值

从上面的分析可以看出，民间融资在小额或小范围金融交易中具有交易费用优势，从经济的角度考虑，民间融资是社会底层具有效率优势的制度安排。不仅如此，民间融资作为一个载体，还传承了中国数千年来形成的"借债还钱"、"诚信为本"、"友爱互助"等良好的社会价值观，为正规金融机构的金融活动提供了良好的社会伦理和道德基础。我国的民间融资大都发生在亲戚朋友和街坊四邻之间，这类民间融资表面上看是个人与个人之间的经济行为，实质上却是家庭与家庭之间的超经济行为，民间融资不仅是家庭与家庭之间的经济互助和生产合作的必然组成部分，而且是家庭与家庭之间感情交流和日常交往的一个组成部分。在这种交往中，我国在没有西方国家的个人信用制度的情况下，优秀的信用文化通过家庭之间的民间融资得以不断地延续。

二、民间融资对中小企业融资影响的实证分析

（一）数据采集

本文选取了我国国有控股和集体经济以外经济体的工业总产值作为中小企业、私营经济、个体工商户经济规模的数据。再根据中金公司的《中国民间融资分析》报告推算出 2012 年我国民间融资规模。对工业总产值取对数用 lnOEIO 表示，对民间融资规摸取对数，用 lnIF 表示。

（二）单位根检验

使用 ADF 检验方法对 lnOEIO 和 lnIF 进行平稳性检验。lnOEIO 在滞后 13 期时，符合 AIC 与 SC 最小准则，此时 T 统计量小于 5% 显著水平的临界值，表示序列 lnOEIO 是平稳的。lnIF 在滞后 13 期时也是在 5% 概率下为平稳序列，可以建立一元回归模型。

（三）一元线性回归模型

建立 lnOEIO 对 lnIF 的回归模型，并用普通最小二乘法进行估计，得到残差序列 E，并对序列 E 进行 ADF 检验。得到的检验结果是在 1% 的显著性水平下，可以拒绝序列 E 存在单位根的原假设，即这个残差序列是一个平稳的序列。并得到回归表达式：

$$lnOEIO = -2.927028252 + 1.590384831 \times lnIF$$

由以上公式可知，lnIF 增长 1%，lnOEIO 将增长 1.59%，说明中小企业通过民间融资能提高其产值。

改革开放以来，我国中小企业的快速发展已成为经济增长的重要动力。然而，融资困难一直是制约中小企业发展的主要问题。中小企业融资困难的同时也极大地促进了民间融资市场的发展，民间融资的快速发展是我国当前经济发展内生性制度变迁的结果，是当前正规金融资源缺乏环境下的有效补充。从实证分析结果可以看出，民间融资作为中小企业融资的重要渠道，在推动中小企业发展中扮演越来越重要的角色。同时，民间融资对我国中小企业发展的负面影响也必须重视。缺乏有效监管的民间融资易引发高利贷，损害借款人利益并破坏社会稳定。我们要充分发挥其优点并清除弊端以促进我国中小企业的健康发展，这就需要采取相应的有效政策来规范和引导民间融资的发展。

三、民间融资发展对我国经济增长的影响

我国民间融资在信息不对称理论和二元经济结构理论上有存在和发展的必要性。因此深入研究民间融资对我国经济发展的影响是有必要的。本节在定量分析和定性分析相结合的基础上分析了我国民间融资对我国经济增长的影响。

（一）民间融资发展对我国经济增长影响的实证分析

被解释变量：选取了国内生产总值（GDP）作为衡量经济发展的指标。这里的国内生产总值取自然对数来消除异方差，即 lnGDP。

解释变量：选取的民间融资规模（IC）作为衡量经济增长的指标。由于民间融资的隐蔽性和不可得性，本文选取了计算得出的民间融资规模。这里的民间融资规模取自然对数来消除异方差，即 lnIC。

控制变量：（1）资本指标。这里是指经济学意义上的用于生产的基本生产要素，即资金、厂房、设备、材料等物质资源。考虑到数据的可得性，选取各地区全社会固定资产投资额（FAI）作为资本指标的衡量指标。这里的全社会固定资产投资额取自然对数来消除异方差，即 lnFAI。（2）技术水平指标。联合国经合组织认为，技术是从产品的研究、开发到销售整个过程中所应用的知识。由于技术水平概念太抽象，本文用高技术产业的科研经费（R&D）、科技人员、专利等来衡量。鉴于数据的可获得性，本文选取科研经费（R&D）作为技术水平的衡量指标。这里的科研经费取自然对数来消除异方差，即 lnRD。（3）劳动指标。劳动是指有劳动能力和劳动经验的人在生产过程中有目的地支出劳动力的活动。本文用就业人数（QE）作为劳动指标的衡量指标。这里的就业人数取自然对数来消除异方差，即 lnQE。

（二）模型的设定

本文研究的目的是分析民间融资发展对我国经济增长的影响。由于我国各省份之间差距很大，面板数据能够综合利用时间序列数据和地区间横截面数据进行分析，所以本文选择面板数据模型为计量模型。

通过上述分析，本文的经济计量模型可用下式来表示：

$$lnGDP = a + \beta_1 lnIC + \beta_2 lnFAI + \beta_3 lnRD + \beta_4 lnQE + \mu$$

其中，lnIC 表示全国各省市的民间规模指标，lnFAI 表示全国各省市全社会固定资产投资额指标，lnRD 表示各省市高技术产业的研究经费指标，lnQE 表示各省市就业人数指标，β_1、β_2、β_3、β_4 分别代表民间融资规模、全社会固定资产投资、高技术产业的研究经费、就业人数的系数，a 表示常数项，μ 代表随机误差项。参数估计需要采用广义最小二乘法（GLS）对面板数据模型进行回归情

况是无法满足该模型中以下两个方面中的任一方面：一是随机误差项的等方差，二是随机误差相互独立的假设。我国 29 个省民间融资差异化发展现象比较明显，导致面板数据的异方差比较大，本文采用 GLS 来估计模型以消除此异方差现象，并采用 Eviews 6.0 软件来拟合回归方程。

（三）面板数据的单位根检验与协整检验

（1）单位根检验

判断变量之间是否存在协整关系的前提条件是单位根检验，首先需要检验变量的平稳性，避免产生伪回归和确保估计结果的有效性，然后判断民间融资发展和经济增长之间是否存在面板协整关系。本文采用了四种常用的检验方法：LLC 检验、IPS 检验、Fisher – ADF 检验和 Firsher – PP 检验。四种检验方法中 LLC 检验假设是所有的截面单位有相同的单根过程，而 Fisher – ADF 检验和 Firsher – PP 检验则没有此要求。各变量进行单位根检验是建立正确面板数据协整检验和回归的前提条件。面板数据上述四种单位根检验方法都有缺陷，并且无法通过自身进行克服，在这种情况下，本文采用四种常用的单位根检验方法来克服使用其中一种方法存在的缺陷。结果显示，各变量在 1% 显著水平下都是非平稳时间序列。而它们所有序列的一阶差分序列除序列 $\Delta lnPL$、$\Delta lnRD$、$\Delta lnQE$ 结果表明在 1% 的显著性水平下均拒绝原假设外，其他序列需要二阶差分做单位根检验。所以需要再对所有序列的二阶差分值做单位根检验，结果表明在 1% 的显著性水平下均拒绝原假设，即认为所有序列是平稳的。综上所述，经单位根检验，所有变量为二阶单位根可以进行协整检验。

（2）协整检验

时间序列变量的样本达不到一定时期的长度，将会使协整检验的效力不明显。为了判断民间融资、社会固定资产投资额、高技术产业科研经费（R&D）、就业人数和国内生产总值之间是否存在面板协整关系，首先运用 OLS 估计残差，结果显示：存在单位根残差的平稳过程，说明民间融资、社会固定资产投资额、高技术产业的科研经费（R&D）、就业人数和国内生产总值之间存在面板协整关系。可以判断民间融资、社会固定资产投资额、高技术产业的科研经费（R&D）、就业人数和国内生产总值之间存在面板协整关系。

全国面板数据协整检验结果显示：P 统计量不能拒绝没有协整的原假设，而 Panel v、Panel PP 和 Panel ADF 检验统计量拒绝没有协整的原假设，而 Group PP 和 Group ADF 检验的统计量同时也拒绝没有协整的原假设，表明它们存在异质性协整关系。7 个协整检验统计量中有 5 项通过拒绝没有协整的原假设，可以判断民间融资、社会固定资产投资额、高技术产业的科研经费（R&D）、就业人数和国内生产总值之间存在面板协整关系，即民间融资发展与经济增长之间存在面板协整关系。

（四）面板数据模型的参数估计与实证结果分析

关于模型形式的确定上，由于样本个体间存在特征差异，因此直接选择变截距模型，然后用 F 检验确定固定效应模型和混合模型哪个较好，最后通过 Hausman 检验确定模型的固定效应或随机效应。用 Eviews 6.0 基于模型进行回归检验，得到混合模型、固定效应模型和随机效应模型的各个变量的系数回归估计值。

通过对 1999—2011 年中国 29 个省市民间融资对我国经济增长影响的实证分析，固定效应模型回归实证结果表明：民间融资对我国经济增长存在促进作用，固定资产投资额和高科技研究经费和就业人数在一定程度上也促进我国经济增长。因此，我们得出结论是：民间融资对我国经济增长有促进作用，但我国经济增长是资本、技术水平、劳动等方面共同努力的结果，即很多因素共同作用促进我国经济增长。民间融资在促进我国经济增长中发挥了重要的作用。

第四章 民间融资发展中存在的主要问题

改革开放以来，蓬勃发展的民营经济为民间融资提供了广阔的发展空间，是经济发展和金融发展的必然。但我国目前还没有形成对民间融资规范的正式立法，也没有健全的监管体系。而民间融资是经济主体自发而又分散的资金融通行为，在缺乏普遍约束和未得到有效金融监督管理的情况下，民间融资的市场活跃和利率提高，使部分居民储蓄进入融资市场用于房地产等投机领域，容易出现流动性风险。近年来，我国接连发生了许多地方企业资金链断裂导致老板跑路的事件。出于涉及面广，影响力大，严重地危害了社会稳定和经济发展，许多专家提出必须迅速采取措施，则很可能演变成为"中国式的次贷危机"。

一、民间融资行为问题的外在表现

（一）非法融资活动屡禁不止

过度放任民间融资活动所铸成的"双刃剑"，第一刀就砍在了非法融资这个词上。非法融资行为成为民间融资的"重灾区"，原本不为大众所关注的民间融资，成为了风口浪尖的犯罪行为的代名词。实际上，民间融资活动不受合理监管是众所周知之事，非法活动一直以来靠"打"，行政和司法管理以压制政策为主，这显然不能从根本上解决问题。即使处于高压状态，各种不良事件依然频发。截至今年上半年，浙江省的温州等诸市，宁夏回族自治区的固原，内蒙古自治区的鄂尔多斯，河南省的安阳，江苏省的泗阳，福建省的厦门、安溪、福安等相继爆出由民间融资产生的各种老板"跑路"，相关参与人自杀等恶性事件，对当地家庭造成重大损失，对当地经济发展和社会稳定造成了极为不利的影响。

（二）高利息融资缺乏规制

对于高利息融资行为并无明文的法律定义，一般来说，以常规的"4倍于同期银行贷款利率"为准，但就算有这个最高人民法院的司法解释，实际中超过"4倍利率"的情况比比皆是。"高利贷"最大的问题在于将含过高利息的大额资金贷款给不具有偿付能力的企业和个人，并且往往在贷款时不加辨认，且时间过长，酿成了严重的财务危机，产生贷款收不回的风险；当财务危机发生时，借款方却依然采用"拆东墙补西墙"致使恶性循环，最终的结果只有彻底的资金链崩溃；随之而来便是暴力催债、打砸抢事件等犯罪行为。此外，高利的诱惑滋生了非法套用银行资金转贷放债牟利的行为。大量的正规金融资金经过企业却变成了高利贷资金，看似安全稳健的银行信贷系统完全忽视了一连串融资之后的危机，这也是近年众多银行频发坏账，核销数额巨大的原因之一。

（三）促进融资活动合规运行的需要

现在国家鼓励民间融资发展，但任由民间融资自由化而不考虑施以有法可依的合理监管以及配套的风险防范规则，即使有富有良心和道德责任感的企业家创造财富，但它给金融市场和地方社会带来的损失远大于前者。同时，民间融资的自发性、盲目性与趋利性使得民间融资的资金投向有悖于国家的产业政策实施，削弱了信贷政策的宏观调控效果。民间融资活动处在国家整体金融监管系统之外，隐蔽性和自由性很强，我国传统的机构监管制度很难对其进行到位的监控，这就导致了民间融资具有纯粹的市场性，完全依靠市场的规律自行调控。在触碰到刑法界限之前，民间融资活动的保证仅仅是各种交易习惯、信用原则和平等的民事法律规制。所以，我们除了要给民间融资划出一片"安全港"，也要制定出这个进出港口和港内运作的规则，即准入标准、运行标准和退出机制，民间融资不是完全自由融资，也需要详尽法律法规的指引。

二、民间融资的内在缺陷

（一）民间融资的客户集中风险

与正规金融客户的高度分散不同，民间融资客户相对比较集中：一方面，民间融资资金提供者的资金规模有限，客户不可能实现高度分散：另一方面，民间融资实际上是一种"关系性"的融资，能否达成交易的主要依据不是企业的财务报表或抵押担保，而是信贷资金提供者对需求者的了解，因此，绝大部分交易都是在熟人之间进行的，这就决定了民间融资的客户被限定在某一地域或行业范围之内。这种客户同质性使民间融资极易受外界因素的干扰，较小的冲击都可能会引发连锁反应并引发区域性融资风险。

（二）民间融资的"羊群效应"风险

民间融资的参与者有很大部分都是居民、个体工商户和民营企业，法制意识和金融知识都比较薄弱，容易形成"跟风"效应，特别是在一些中小城市，民间融资涉及部分政府机关和金融系统工作人员，更容易产生"羊群效应"，刺激更多民众为追求高盈利而盲目地加入到民间融资队伍中来。

（三）民间融资的不规范性风险

民间融资的不规范性，一方面是指融资交易手续不规范，交易形式多为口头约定或者打借条，容易形成纠纷；另一方面是与正规金融机构通过司法体系催贷不同，民间融资存在暴力催收行为，容易使融资双方的人身安全受到威胁，严重的甚至会造成违法犯罪，对社会危害性极大。而从本质上来说，民间融资手续不规范也是其不愿通过司法体系解决纠纷的原因所在。

（四）民间融资资金流向异化风险

资金流向异化，一方面是指民间融资资金由"实"转"虚"的倾向逐渐明显。传统的民间融资主要是用来解决企业的生产经营所需，但近些年来，民间融资利率持续走高，企业生产已不可能承担如此之高的利率，因此很多民间资金开始进入房地产炒作等投机领域，甚至成为纯粹的资金炒作。另一方面是民间融资资金的使用者和供应者之间呈现出分离倾向，许多资金提供者几乎完全不知道资金流向，其信息优势完全消失，导致民间融资从传统的直接融资异化为间接融资，加速了金融风险的聚集。

三、民间融资立法的现状与缺陷

（一）立法现状

现阶段，我国对民间融资主要依靠《宪法》、《刑法》、《民法通则》、《公司法》以及《合同法》等法律中的一些相关法律条款和《非法金融机构和非法金融业务活动取缔办法》、《最高人民法院关于人民法院办理融资案件的若干意见》、《关于当前形势下加强民事审判切实保障民生若干问题的通知》等由人民法院发布的司法解释来对民间融资进行规制，而没有全面系统地对民间融资进行管制，这严重妨碍了我国民间融资的规范发展和社会经济的稳定运行。

（二）立法缺陷

1. 立法缺失。我国目前还没有专门针对民间融资的立法，缺少对民间融资规范性的引导和管制。尽管社会各界一直呼吁出台《放贷人条例》，中国人民银行也起草了《放贷人条例》（讨论稿），甚至有学者起草了《民间投资促进法》

和《民间融资法》等建议稿，力图推动对民间融资尽快立法，但多年来却是"千呼万唤不出来"，系统的民间融资法律至今仍未颁发。

2. 现有法律条款无统一标准。我国现有的关于民间融资的法律条款散落于不同的法律位阶，具体规定不清晰，如在《最高人民法院关于审理诈骗案件具体应用法律的若干问题的解释》中我们无法有效区分非法融资和非正规融资，只能单纯地以是否"经有权机关批准"作为判别标准，致使绝大多数民间融资都被划入非法范围。

3. 与现实脱节，可操作性差。我国现有的关于民间融资的法律中有许多是已经过时的、不符合实际情况的条款，如国务院于1998年颁布的《非法金融机构和非法金融业务活动取缔办法》中对民间融资以取缔为主，显然已经不适合我国的现实情况。这样的法律无法真正地对民间融资进行规范和引导。

四、我国对民间融资的监管缺失

受民间融资法律缺失的影响，我国对民间融资的监管体系更是无从谈起了。央行主要通过对利率、再贴现率和存款准备金的调控来对正规金融机构进行监管，这些监管手段虽能很好地控制正规金融机构的信贷规模，但对民间贷款的调控力度微乎其微。

（一）对部分民间融资形式的监管缺陷分析

1. 私人融资

对于私人融资，只能采用法律手段进行管理，我国在法律上是承认私人融资合法性的，但是缺少私人融资的具体规定，应出台法律或制度规章，明确私人融资的主体范围、借贷金额、利率等内容，引导私人融资主体订立书面合同，并可制定合同的标准格式，以减少私人融资中因缺少证据而引发的纠纷。

2. 小额贷款公司

我国法律法规一直没有明确对小额贷款公司的态度，既没有承认其合法地位，也没有认为是违法行为。我国近几年来下发了许多涉及小额信贷公司的文件，都表明了目前我国政府对小额信贷公司的发展持越来越宽容的态度。但小额信贷公司的地位始终未上升到法律法规的高度，发展前景难以预测。

3. 地下钱庄

我国政府对地下钱庄一直坚持严厉禁止的政策。如1998年国务院下发的《非法金融机构和非法金融业务活动取缔办法》和2002年央行发布的《关于取缔地下钱庄及打击高利贷行为的通知》，都要求必须严厉打击并坚决取缔地下钱庄，显然这是不符合我国现阶段经济发展要求的。除此之外，我国对于民间融资的许多相关规定甚至有相互矛盾之处。如对"非法吸收公众存款"的规定为

"未经中国人民银行批准，向社会不特定对象吸收资金，出具凭证，并在一定期限内还本付息的活动"。但在现实社会中，许多民间融资行为都是没有经过央行批准的，但只要其融资利率符合国家的相关规定，该融资行为就受《合同法》的保护。

4. 融资担保公司等平台公司

客观上讲，我国融资担保公司等平台公司发展还不足 20 年的时间，存在着市场认可度不高、行业机制不健全、发展良莠不齐等情况，其中也有部分投机分子，借担保之名放高利贷、实施商业诈骗等情况。当前国家也开始出台《融资性担保公司管理暂行办法》来规范担保行业，但也存在着法律制度建设滞后、行业监管缺位等现象。行业准入有审批，但对运行监管手段缺乏，存在重准入、轻监管、无退出等现象。

5. 新型互联网融资平台

近年来，我国互联网融资平台呈现蓬勃发展势头，然而由于我国互联网融资尚处于起步阶段，无论是法律规定还是行业监管标准均处于空白，成为行业发展的隐患。互联网融资发展对我国传统的监管体系产生了挑战，主要表现为：一是分业监管体制难以适应互联网融资混业经营的趋势；二是基于传统金融制定的法律法规体系对互联网融资有效性不足；三是互联网融资的无序发展伴生着巨大的风险；四是互联网融资风险爆发可能影响总体的金融稳定与安全；五是对国家经济政策以及反洗钱、金融消费者利益保护等产生影响。

（二）民间融资监管缺位

通过对我国不同民间融资形式监管现状的分析，除了法律缺失导致监管缺位之外，我国在对民间融资监管体系中根本没有明确的监管主体和监管手段，造成民间融资的利率过高，投机盛行，救济乏力，甚至个别地区民间融资的资金流向六合彩、赌博等非法领域，并出现依靠黑社会势力暴力追讨贷款的现象。

1. 没有明确的监管部门

人民银行、银监会、金融办、发改委、工信、工商等部门对民间融资的部分参与主体或行为都负有监管职责，但总体来看，这些部门监管责任不明确，在某些方面职能相互交叉，而某些方面又完全缺位，负责机构设立审批的部门不负责监管，而负责监位的部门又没有市场准入等有效监管手段。

2. 缺乏有效的监管措施

监管规则操作性差。对民间融资的监管只采取简单的策略来防范风险，监管措施非常简单。从操作层面看，政府和金融管理部门发布的关于民间融资的行政法规、部门规章和人民法院的司法解释中原则性显示成分多，操作性差。缺乏对民间融资组织的治理结构、交叉互动、信息披露和信用制度等方面的监管措施。这导致社会集资等民间融资活动实际上处于没有审批部门，也没有全面监管部门，出了问题部门间相互推诿的尴尬局面，难以提前发现风险并解决问题。

五、部分地区对民间融资进行的改革

近年来，许多民营经济比较发达的地区民间融资乱象频发，严重危害了社会的稳定和经济的发展，地方政府不得不对民间融资进行治理，如温州市的金融综合改革试验、北京市旅游发展民间融资登记服务等。

（一）温州市的金融综合改革试验

温州市是我国的民间资本之都，中小企业众多，国家意图通过温州金融改革试验展开对民间融资进行全面治理的探索。该试验对于民间融资的发展主要采取了以下几项措施：第一，建立民间融资登记服务中心，为民间融资提供中介服务，汇集发布资金的供求信息，为融资合约进行公证和登记，资产评估登记和法律咨询等。切实做好对民间融资信息的跟踪和风险预警工作。第二，打造多层次的金融服务体系。积极向上争取新型金融组织优惠政策，鼓励和支持民间资金参与地方金融机构改革，依法发起设立或参股村镇银行、贷款公司、农村资金互助社等新型金融组织；设立侨资民营银行和温州信托投资公司、融资租赁公司、消费金融公司等地方性金融组织；设立创业投资企业、股权投资企业等风险投资机构，逐步形成不同类型、不同规模、互补性较强的金融组织体系和多层次、差异化的金融服务体系。第三，建立风险防范机制。清晰界定地方金融管理的职责边界，强化和落实地方政府处置金融风险和维护金融稳定的责任。制定加强各类融资性中介机构管理意见，指导、协调各类融资性中介服务公司的风险控制和处置，规范发展典当、投资公司、寄售等行业，实施高管资格审查制度，提高准入门槛，严格外部会计制度。坚决取缔非法金融机构和非法金融活动，严厉打击非法集资及非法吸收公众存款行为，防范区域金融风险。

（二）北京旅游发展民间融资登记担保服务中心

北京市结合民间融资改革和京郊小微旅游项目发展的现实资金需求，设立专门的北京旅游发展民间融资登记担保服务中心，引导民间融资资金投向北京旅游产业，提高民间资金的利用效率，维护社会稳定，实现北京民间融资市场规范发展和旅游市场持续快速发展的有机结合。其具体做法如下：

第一，服务中心性质为公司化运营的政策性机构。服务中心由北京旅游委和北京农业投资公司共同出资，北京农业投资公司负责运营，北京旅游委实行业务指导。服务中心理事会是决策机构，理事长由北京旅游委指派；经理是执行机构，总经理由北京农业投资公司指派；监事会是监督机构，监事长由北京财政局指派。

第二，服务中心提供的主要服务。该服务中心可提供的服务主要有三种：1. 为民间融资的资金供需双方提供登记和中介服务，确保资金来源合法，资金需求符合北京旅游产业发展方向。2. 按照保本微利的原则为需要提供担保的民间融资提供规定比例的担保。3. 协调征信、司法等相关机构为民间融资提供信用查询、合同签证、抵押登记等相关服务，并按优惠政策减免相关收费。

（三）民间融资改革的缺陷及启示

近些年来我国在民间融资的规范化、阳光化方面也做了许多探索。从温州和北京两地民间融资实践情况看，对民间融资的规范发展有一定作用，如提供中介服务，加强市场竞争性，强化地方政府对民间融资风险的防范等。但很明显的是，这两个地方的探索还是主要集中在具体操作层面，并未能在法律制度、政府管理、市场机制等方面有深入的推进。如何对民间融资进行改革和治理，已成为我国金融改革发展中面临的重要课题。

第五章 结论与规范发展民间融资的建议

一、主要结论

第一，通过对国内外民间融资相关理论与研究的论述和探究，我国民间融资是在金融抑制的体制根源下，二元经济结构及正规金融信贷配给，民间融资与民营经济金融创新的必然产物。第二，通过对民间融资概念的讨论，我们认为，民间融资是游离于正规金融之外融资活动的总称，并对我国民间融资的相关词语进行总结与解释。第三，通过对国内外民间融资发展演进情况的探讨，认为民间融资与经济发展相互伴随、互相支持，在不同时期有着不同的形式与特征。国外发达国家对民间融资活动逐步采取赋予合法地位、纳入监管体系和引导向正规金融发展以促进规范化发展。第四，通过民间融资与正规金融交易成本的分析比较，发展民间融资在一定交易金额内或区域范围内具有成本优势，在超出一定金额或地域范围后，正规金融则具有比较优势；通过民间融资对中小企业融资影响的实证分析，民间融资作为中小企业融资的重要渠道，在推动中小企业发展中扮演着非常重要的角色。同时，民间融资也容易异化成高利贷等非法行为，必须进行规范和引导；通过民间融资对经济增长的实证分析，民间融资对我国经济增长有促进作用，但我国经济增长是资本、技术水平、劳动等方面共同努力的结果，民间融资在促进我国经济增长中发挥了重要的作用。

第五，在我国民间融资发展中存在着非法集资屡禁不止、高利息融资缺乏规制、内在缺陷难以自我控制、法律法规不健全、外部监督缺位等现象。虽然近些年来我国在民间融资的规范化、阳光化方面也做了许多探索，从温州和北京两地实践情况看，对民间融资的规范发展有一定作用，但探索还是主要集中在具体操作层面，并未能在法律制度、政府管理、市场机制等方面有深入的推进。如何对民间融资进行改革和治理，已成为我国金融改革发展中面临的重要课题。

二、我国民间融资规范发展的理论基础与规范发展原则

（一）金融深化——民间融资规范发展的理论基础

通过讨论，我国民间融资面临的各种问题的根源是由于政府对金融的过度干预造成的，解决问题的关键在于实现金融深化，这也是解决"金融抑制"问题的根本途径。金融深化理论主张对金融制度进行改革，倡导政府部门允许金融市场自由发展，在放松各种管制的同时鼓励金融创新，鼓励成立更多的银行机构为社会经济的发展提供资金来源，通过市场竞争来提高我国金融市场的筹资功能，保证在经济发展过程中各类经济群体对资金的需求供应，金融自由化有利于促进金融市场实现利率市场化，使金融市场在经济发展中的资源配置功能和对经济的推动功能得到有效的发挥。

（二）民间融资规范化发展的原则

规范民间融资的发展，必须先确定民间融资的发展原则，为我国民间融资所采取的一切治理对策都应在这些原则的基础上开展。

1. 法治化原则。民间融资的法治化原则就是指对民间融资的法治化治理。首先是地位的合法性，即在法律上明确确定民间融资的合法地位，没有法律的规范和引导，民间融资在发展过程中不可避免地会引发各种负面问题。其次是行为合法，即在法律明确规定的范畴下开展民间融资行为受到法律保护，超越法律界限的行为将受到法律的惩罚。现阶段我国亟须确认民间融资的合法地位。再次是民间融资法律的系统性与全覆盖性。通过不断完善与修订民间融资法律与法规，使法律治理与民间融资的发展变化相适应。

2. 公开化原则。在民间融资交易过程中，虽然自主自愿原则、效率优先原则和兼顾公平原则等也非常重要，但行为公开后，都会促使自主自愿、效率优先和兼顾公平等原则的施行。让民间融资逐步由地下转为地上，成为社会大众随时可了解的融资行为。

3. 市场化原则。在规范发展民间融资过程中，要紧紧依靠市场化的方向，充分发挥民间融资的市场化资源配置功能，坚决摒弃不切实际的"一刀切"模式，应顺应经济发展和市场需求，不断推进民间融资的市场化改革。

4. 正规化演进原则。即是国家通过深化金融体制改革，逐步引导民间金融向正规化金融演进。首先，放开金融牌照，成立正规的民间融资机构；其次是成立社区银行，促进民间融资发展成为正规金融；再次是开展信用合作，构建多层次的民间融资体系；最后是开放多种投资领域，拓宽民间资本的投融资渠道。

5. 有效监管原则。即对民间融资活动实施有效的监测管理，才能促进民间融资的健康稳定发展。首先要明确划分相关管理部门的职责，在法律或政策的框架下实施监管；其次是监管不留空白点，不存在交叉执法；再次是对民间融资的测量与发展要提前判断，为政策调整留足空间；最后对民间融资的准入、退出、交易活动等行为都要纳入监管范围。

三、实现民间融资规范发展的政策建议

本文认为，实现我国民间金融规范化发展的路径主要包括五个方面，分别是：健全的民间融资法律制度、完善的监管体系、完备的内控机制的建设、多种市场相互融通的利率机制和配套机制的建设等。具体内容如图 3 所示：

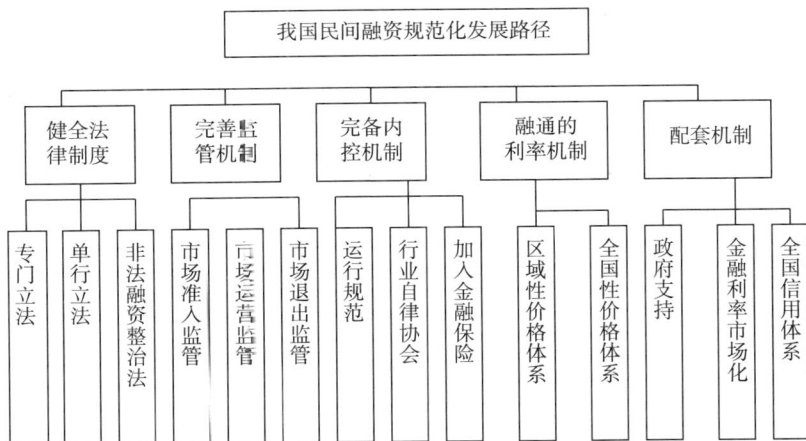

图 3　民间融资规范化实现路径

（一）逐步构建较为完整的促进民间金融规范化发展的法制环境

很多国家和地区对民间融资的发展都制定了专门立法，而在我国目前的法律体系当中，没有一部专门规范民间信贷活动的法律，更没有系统规范的监管体系，我国民间融资处于一种无序的发展状态。如香港制定了《放贷人条例》，南非制定了《高利贷豁免法》，美国有《消费者信贷保护法》、韩国有《信贷业务法》等。为了发挥民间信贷在促进经济发展方面的作用，保护合法的民间融

资，我国有必要制定专门的"民间信贷法"，旨在确立民间信贷业务经营主体的设立、变更和终止规则、业务范围和经营规则，并通过赋予银行业监管机关对经营主体及其经营行为的监管职权，保障和扩大民间融资的供需，促进民间融资的规范发展。除此之外，还应制定单行法规，具体规范我国的民间融资活动，如日本 1954 年的《利率限制法》、美国 1966 年的《利率限制法》等，通过单行法规的制定，对民间融资的各方面如融资利率、期限长短、金额大小等都加以具体地引导和扶持，促进其规范发展。

除了通过法律使民间融资合法化之外，其他国家和地区还制定了专门打击各类非法金融活动的规定，如日本 2006 年《违法金融整治法》和美国各州的反高利贷法律规范等。我国也应从实际情况出发，制定"非法民间融资整治法"，打击和取缔民间非法融资，终结民间融资乱象。

在制定各类法律的同时，我国还需要结合具体国情和现有的法律规范，确定划分非法民间融资和合法融资的界定规则，明确对非法融资的取缔程序和方法，指定监管和执行机关等，实现与《刑法》、《治安管理处罚法》等现有法规的衔接。

综上所述，促使民间融资合法化是一项系统的法律工程，我国应尽快出台《放贷人条例》，加强监管立法和监管机构主动执法，制定单行法规，并适时修改《民法通则》和《合同法》等民事法律，注重对民间融资交易的合同规范，及时补充刑法罪名，将高利贷等非法民间融资纳入其中，强化对非法融资行为的刑事制裁，形成一套适合我国国情的能够对民间融资进行系统规制的法律体系（见图 4）。

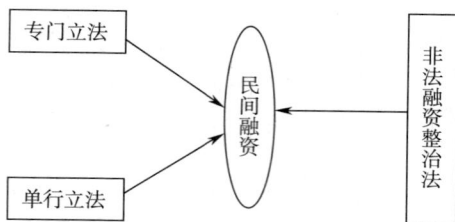

图 4　民间融资立法示意图

（二）建立健全民间金融监管体系

1. 建立民间金融的市场准入机制

金融业所具有的特殊性，决定对民间金融的市场准入必须采取审慎监管的原则，处理好新机构进入后的金融业竞争和稳定的关系，力求实现整个金融市场协调、有序和健康的发展。在严格执行民间金融机构市场准入标准的基础上，我们可以借鉴其他国家，尤其是与我国情况类似的国家在向民间资本开放金融业时的经验和教训，总结出一条在我国行之有效的办法，不断完善银行业监管制度。在众多的经验和教训中，有以下几方面是非常重要的：

第一，在民间金融的所有权和经营权关系方面，一定要真正体现民有和民营，也就是说要保证民间金融机构的独立性，既不能让政府所有，也不能让某些大企业所有，更不能让他们去经营。应在排除政府和大企业的资本大规模进入的前提下实现民间金融产权多元化，以避免出现政府强压和大企业控制现象。

第二，在业务类型准入方面，应按照审慎性标准来规范民间金融的业务范围以及开办新业务的条件，明确规定允许或禁止民间金融从事的业务类型，以及允许从事业务必须具备的条件。对于新进入市场的民间金融而言，审慎监管无疑是维护其安全的有效保证。为了有效地规范民营银行行为，应该对其实行分级管理。关于分级管理问题，可以考虑借鉴国外一些国家的银行分级管理制度来对民营银行进行管理，即根据不同民营银行的资本实力、管理水平、经营状况发给不同的牌照、规定不同的经营范围。这样既可以增强民营银行的自我约束能力，又可以减轻相应监管部门的压力。

第三，在民间金融机构管理人员准入方面，应避免政府对管理人员的选择施加任何形式的影响，而是应该按照现代公司治理结构的要求以及金融业的特点来规定管理人员的选任。例如，20 世纪中期私有化后的韩国银行由于政府及银行业的监管者仍然对银行管理人员的选择施加种种影响，使得银行依旧带有一定的官办色彩，令银行的独立性受到一定程度的侵害。这种情形在我国的股份制商业银行以及地方城市商业银行中也普遍存在，这使得银行资金仍无法彻底摆脱某些政策性业务的负担。因此，要建立真正意义的民间金融，必须要实现通过市场机制选拔高级管理人才，只有这样，才会形成高效率的金融企业公司治理结构。

2. 建立民间金融的运营监督机制

第一，民间金融机构应该在监管体系框架内运营，在符合运营监管标准的基础上去寻求最大的利益。各地市银监局应对民间金融机构的运营情况做到定期和不定期的审查，督促民间金融机构按期发布相关的信息披露，重点关注那些交易额超过规模交易边界的资金转移行为，看这些资金转移是否符合国家货币政策和经济发展的要求，防止国外的游资通过民间金融机构进入我国。另外，监管部门还应监督民间金融机构的经营范围是否符合营业执照上规定的范围。

第二，民间金融机构不得向与机构有密切关系的人发放信用贷款，向关系人发放担保贷款的条件不得优于其他借款人同类贷款的条件，如遇特殊情况应当征求超过 2/3 的股东的同意。对于大额资金的放贷，应设专门的人员去监督资金的运用情况，并把情况及时向所有股东汇报。

第三，民间金融机构应按照国家有关规定，建立审慎、规范的资产分类制度和资本补充、约束机制，准确划分资产质量，充分计提呆账准备，及时冲销坏账，真实反映经营成果，确保资本充足率在任何时点不低于8%，资产损失准备充足率不低于100%。

另外，必须对经营者建立惩戒制度，不能把破产简单地等同于一般企业的破产。设立金融机构破产犯罪这样的法律条文，要求金融业的经营者承担由于主观原因造成的资产损失和金融风险的责任，对其分别采取"列入黑名单"、"取消资格"、"限制行为"、实施经济处罚、追究刑事责任等惩戒措施，以强化其责任意识，保证其合法经营并主动防范金融风险。

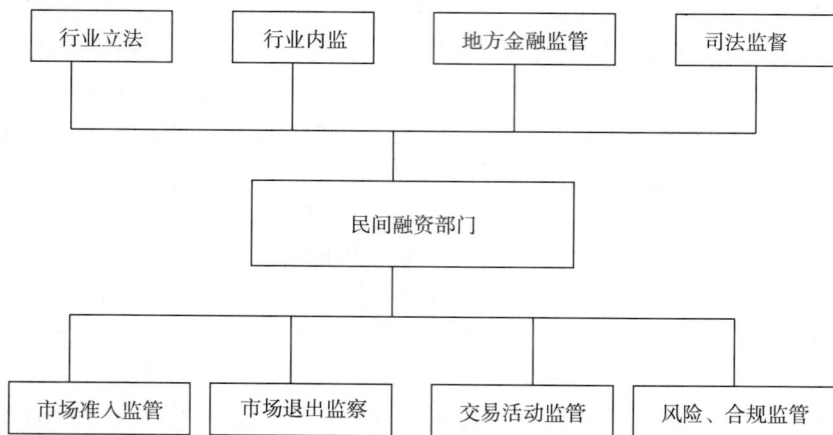

图5　民间融资全方位监管体系图

3. 建立民间金融的市场退出机制

在加快民间金融市场准入制度建设的同时，应积极完善市场退出机制建设。20世纪90年代台湾金融当局在向民间资本开放金融业的时候，没有设计好有问题金融机构的市场退出机制，对有问题的金融机构只能采用由官方出面组织几家较好的机构集体注资进行改组，结果造成金融业只进不出，产生相当严重的道德风险，使经营好的机构很容易受到经营差的机构拖累和牵制，导致整个金融体系抗风险能力较弱。这是一个非常值得注意的问题。一个健康稳定、有效率、可持续发展的金融业市场，必然是市场进入与市场退出协调合理、互为前提的市场，让有问题不合格的金融机构妥善退出市场是体现银行体系公平竞争和保证金融体系稳定性的根本措施，因而，对于完善金融业监管而言，建立有效的市场退出制度和建立合理的市场准入制度一样重要。

（三）建立民间金融的内部控制机制

一个规范化的民间金融机构，其内部控制机制是其发展的重要内容。民间金融机构的发展不可能只依靠外部的监管，还应从自身方面去规范。

1. 建立完善民间金融行业自律协会

民间金融组织的自律，是指通过建立同业协会和制定同业公约，来加强行业管理，协调各方面的关系，从而有效地沟通监管机构和金融机构之间的关系。同业协会应该是由民间金融组织自发组成的一个具有自我管理、自我约束的民间组织，其主要职能是：作为民间金融机构的代言人，维护民间金融组织的相关利益；制定金融合作的相关规章制度，加强自我约束；加强中小金融机构之间的信息交流；对协会内各机构进行培训，提高机构内从业人员的素质；使资金可以在大范围内进行调剂；帮助其成员完善其通汇结算功能等。从世界各国的经验来看，合作金融管理体制普遍采取以基层合作组织的民主管理为基础，金融管理局的金融监管和行业自律管理相结合的模式。同业协会的建立有利于金融监管当局对民间金融的宏观金融管理，协调维护有序的金融环境。

2. 将民间金融纳入我国金融机构存款保险制度中来

民间金融保险制度，是民间金融发展的重要条件，只有保险制度建立以后，才能坚定民间金融投资的信心，给中小投资者以保障，减少未来不确定性带来的风险。让民间金融纳入我国现行的存款保险制度也是民间金融机构顺利实行市场化"退出"的必要配套措施。若没有纳入我国的存款保险制度，便可能因社会震荡过大而增加"退出"的困难。只有将我国民间金融纳入存款保险制度篮子里，才能使民间金融机构与国有金融机构进行相对公平的市场竞争，以打破国有金融机构的垄断，提高金融资源的配置效率，使资金进行良性循环。

（四）多种市场的相互融通的利率生成机制

1. 形成区域性民间融资利率融通机制。从民间融资的固有特性看，民间融资通常在熟人社会下具有有效性，因此，民间融资利率的区域性特征明显。目前，我国许多地方政府在促进民间融资公开化方面做了许多尝试，如设立民间融资登记中心、编制民间融资利率指数，设立民间金融街，实现民间融资对外公开挂牌制度等措施，目的主要是通过公开化的市场利率达到一定区域内民间融资的公开透明化，促进该区域内的民间融资利率生成。目前，我国民间融资利率指数仅有温州一地，我们可以借鉴地域、商品交易所、股票交易所等形成模式，在不同区域、不同行业建立独自差异化的民间融资指数，以丰富我国民间融资的不同利率生成，在此基础上，逐步形成一个区域以内的均衡民间融资利率。在民间融资利率的引导下，实现民间资本的市场化资源配置。

2. 逐步促进区域性民间融资指数与全国货币市场交易指数相衔接。从目前情况看，民间融资与全国货币市场指数是相互割裂的，我们可以将区域性的民间融资指数纳入全国性货币市场利率指数一揽子监测之中，逐步让民间融资指数与货币市场指数相衔接，形成相互促进、相互影响、双边互动的指数体系，实现货币市场与民间融资的市场化资源配置。

3. 促进民间融资指数与资本市场、外汇市场、生产要素市场多边的指数衔接互动。

4. 促进民间金融指数与国际金融市场利率指数衔接。

（五）其他配套措施

1. 国家应设立对中小金融机构的激励措施

民间金融机构作为一个地方性的金融机构，当地政府要在成长与发展进程中大力扶持。一是要在税收上给予优惠，如菲律宾政府对中小金融机构除所得税和地方税外，免交其他税收五年，并且允许它们的法定准备金与其他金融机构相比小两个百分点。二是发挥地方政府的主导作用，拨出专门的资金建立中小金融机构应急保障基金。当中小金融机构出现风险时，政府可以动用政治工具，组织公检法力量，帮助中小金融机构清收贷款，维护社会治安，防范支付风险蔓延。三是政府要在民间金融中占有不超过10%的股份，以保持必要的知情权和发言权。但政府在执行这个责任的同时必须避免对民间金融机构的过度干涉。

2. 加快我国利率市场化改革步伐

民间金融机构和国有大金融机构的发展一样都与我国利率进一步市场化密切相关，加快我国利率市场化改革的进程，不仅可以使民间中小金融机构充分利用其先天优势健康发展，而且可以使我国金融体系与国际上顺利接轨。因为民间金融相对国家金融来说，监管相对容易，所以应该先从民间金融放开对利率的控制，并对其进行适时控制，其实民间金融的利率不会太过脱离市场利率，因为假使利率过高，很多人就会向正规金融转移。实行利率市场化，可以加快民间非正规金融机构向正规金融机构的转变。

3. 加快全国信用体系的建立

在发达国家，个人信用制度已经有150多年的历史。信用需要一个长期的积累。民间金融机构的服务对象主要是中小企业，只有提高中小企业的信用才能从根本上提高民间金融的信用。短期内，民间融资通过积累沉淀了部分历史记录，但与全国性的信用体系还未连接。同时，民间融资也很难从全国性信用体系中获取信用信息形成"瓶颈"制约。因此，促进民间融资与我国信用信息连接，形成信息共享是促进民间金融规范发展的重要环节，我国建立全国性的信用体系势在必行。

四、我国民间融资未来的发展趋势

通过民间融资在促进民营经济发展，缓解资金需求和更高更好地配置资源方面起重要作用。但不可否认的是，民间融资也是一个鱼龙混杂的地方。会出现一部分人从事非法行为，使另一部分人的利益受损。即便是国家全面放开了对民间融资的管制，承认其合法地位，但从利益的角度出发，他们首先考虑的就是合法化后可以取得的收益和为了取得合法化所必须支付的成本，来判断是否进行合法化。但是我们可以肯定一点，那就是未来我国的民间资本和民营金融机构将会被大量的纳入正规金融体系，有明确的制度规范。我们可以用一个简单的图形来佐证这一点。

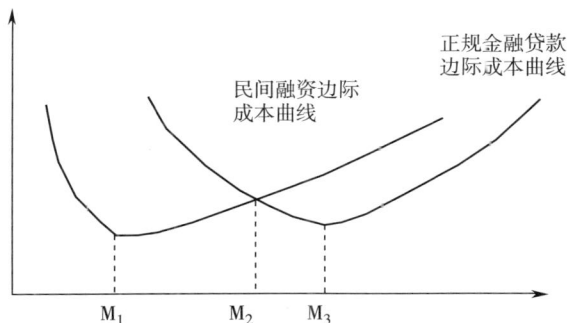

图6 民间融资与正规金融贷款边际成本曲线

如图6所示，曲线代表的是民间融资的边际贷款成本曲线和正规金融的边际贷款成本曲线。我们知道王规金融机构在一定范围内是规模经济的，也就是说现代正规金融机构的边际贷款成本是随着客户数量的增加，越来越少的；而民间融资的边际贷款成本却是先下降，到达最低点后不断增加的。之所以会发生如此的变动，是因为民间融资在一定的范围内是有信息优势的。这也是因为，如果在一定的范围内，是存在由血亲、宗亲等维系的熟人约束的，这个范围内，信息比较共通。但是如果这个范围越来越扩大，圈子内的信息优势就没有了。那么交易的成本也会增加，这就是为什么民间融资的客户增加到一定数量后，再增加就会增加成本。那么，在这种状况下，如果想降低交易成本，就需要为超越范围的个体提供超范围信任，政府无疑是个好的人选。这样，民营企业也要受正规规则的约束，这样就迫使民营企业的运作就会进入正规制度的范畴。两条曲线的交点设为 M_2，当民间融资的规模发展到大于 M_3 点时，民间融资的边际贷款成本就将高于正规金融机构的边际贷款成本。这也意味着现在的机制下，是存在着潜在的利润空间的。融合后将其变成是一种既有民间融资的有效性，又有正规制度规范性的新的正规的金融制度。

　　具体来说就是，一部分的民间融资很可能会演变为正规的民间融资机构，例如可以入股农村信用社或地方商业银行等的方式，甚至是成立新的民间资本控股的股份制民营银行。在这种情况下，国有银行将面临民间融资机构竞争压力，也会改变其运营模式，很可能会转变成股份制银行。这样一来，民间融资的服务对象，将不会再局限于中小企业、家庭和个体商户，只要实力允许，同样可以向大企业进行金融服务。而改造过后的国有商业银行也将不再只关注大型企业，优质的民营中小企业，也会成为他们的争夺对象。这样就实现了制度的变迁。

小微企业融资的帕累托改善

——互联网金融视阈下小微企业融资的相机抉择

中国人民银行郑州中心支行内审处课题组[①]

摘要： 当前，小微企业数量庞大，已成为国民经济的重要支柱，经济持续稳定增长的坚实基础，在劳动就业、促进实体经济发展、繁荣消费市场等方面均做出了巨大贡献，但仍然普遍面临融资难、发展难的问题。互联网金融的发展为缓解小微企业融资难的问题提供了新路径。本文从当前小微企业发展现状、融资困境出发，结合小微企业的融资需求特点和互联网金融特点、优势，对互联网金融融资创新模式进行分析，提出在互联网金融大背景下适合小微企业的创新型融资方式，运用互联网金融去解决当前我国小微企业面对的筹融资困境，同时，根据当前互联网金融所暴露的一些问题，对完善我国互联网金融服务小微企业信贷提出一些对策和建议，为切实解决小微企业融资困境提供参考。

关键词： 互联网金融 小微企业融资 帕累托改善

第 1 章 导 论

一、研究背景

小微企业的概念是由我国著名的经济学家郎咸平教授提出的，是指小型企业、微型企业、家庭作坊式企业、个体工商户的统称。小微企业数量庞大，已成为国民经济的重要支柱，是经济持续稳定增长的坚实基础。2015 年 4 月底，全国实有各类市场主体 7 204.6 万户，企业总数为 1 927.6 万户。其中，小微企业 1 653.8 万户，占到企业总数的 85%。若将 5 139.8 万户个体工商户纳入统计

---

① 课题主持人：李杰；
　课题组成员：聂彦军、耿楠、张晖、刘琳、杨晨。

后，小微企业所占比重已达94%[①]。同时，据统计，我国小微企业创造的最终产品和服务价值相当于国内生产总值（GDP）的60%，纳税占国家税收总额的50%，完成了65%的发明专利和80%以上的新产品开发，在促进就业方面也有着突出的贡献，是新增就业岗位的主要吸纳器[②]。但自2008年世界金融危机以来，众多小微企业难以摆脱困境，扶持其走出困境健康发展就意味着创造社会就业岗位，意味着使小微企业在解决民生问题、推进经济增长方面发挥更大的作用，有利于增强整个经济社会活力。

与小微企业在国家经济发展中起到的巨大作用严重不对称的是其融资额度只占企业总融资额的很小部分。目前，小微企业的融资首选渠道仍然是银行。但是相关数据显示，只有四成的小微企业通过银行得到了贷款，融资十分困难和一般困难的企业分别占小微企业总数的69%和14%，正常生产经营过程中出现的资金短缺成为导致企业停产的最根本因素。我国近几年逐渐给予小微企业更多的重视，出台了很多法规、条款，分别从财税、融资方面给予小微企业以支持，银行等金融机构也在政策的号召下，提高了对小微企业融资的服务力度。

国有大中型企业是我国国民经济的支柱。尤其是现阶段，我国存在多种所有制经济，国有大中型企业的支柱作用更显得重要。首先，国有大中型企业在国民经济的关键领域和重要部门中处于支配地位，对整个经济发展起着决定性作用。其次，在国家财政收入的主要来源中，国有大中型企业的贡献最大。如果片面、强制性地要求金融企业加大对小微企业融资需求的支持力度，必然影响到大多数国有大中型企业资金需求，进而影响其在国民经济的关键领域和重要部门中处于支配地位。如何既解决小微企业融资需求、又不影响国有大中型企业资金获得，是一个研究命题。

当前，以移动支付、手机银行为代表的金融创新业务发展迅猛，逐渐渗透到人们的日常生活中，传统金融焕发了新的生命力，表现出一种崭新的运行模式，我们将其称之为"互联网金融"。传统金融与移动通讯、现代互联网信息处理技术相结合，改变了传统的资金融通方式和交易支付方式，同时互联网金融的出现也使得传统的民间借贷借网络平台合法化、阳光化，拓宽了小微企业的融资渠道。

结合"互联网金融"发展和现有运作模式研究，我们提出一个概念模型和观点认为，基于小微企业原有融资契约关系，通过制度创新、金融创新、互联网金融运行平台，可以改变原有契约关系格局，从而实现小微企业契约融资状

---

① 国家工商总局网站：《2015年4月全国市场主体发展报告》。
② 国家工商总局网站：《全国小型微型企业发展报告》。

况的帕累托改善。

二、文献回顾

在国内，对小型企业和微型企业的融资研究，主要是针对造成其融资困难的因素和丰富融资途径等方面。因为我国正处于互联网金融初步发展阶段，互联网金融还是一个对大多数人十分陌生的新鲜事物。因此，基于互联网金融视角的小微企业融资研究还较少。

林毅夫（2001）认为，我国十分有必要创建专门服务于小微企业的专一性服务机构，进而促进解决小微企业融资难的问题，同时这些专门服务小微企业融资的服务机构应主要以非国家导向的机构为主体，政策性金融机构只是作为补充，一方面避免政策性金融服务机构因缺乏有效竞争而导致的低效率，另一方面也促进金融机构的市场化。

吴晓求（2013）认为，互联网金融有两个前提，即一是基于互联网平台，二是必须是一种金融产品或者说提供某种金融功能。而金融系统具有六项基本功能，即跨期、跨区域、跨行业的资源配置；提供支付、清算和结算；提供管理风险的方法和机制；提供价格信息；储备资源和所有权分割；创造激励机制。目前互联网金融已经提供其中四种功能，也即是互联网金融的四条产品线：快捷、低成本和安全的支付系统；服务更广大人群的理财服务；服务更广大企业和个人的信贷服务和金融产品的销售渠道。

徐诺金（2014年）认为，互联网金融三大优势显著，三条红线不能碰，互联网金融与传统金融相比，其三大优势显著：第一，没有边界没有时间的渠道优势；第二，大数据的优势；第三，识别优势。三条红线一定不能碰：第一，乱集资的红线；第二，吸收公众存款的红线；第三，诈骗的红线。

吴晓灵（2014年）指出，互联网金融对传统金融业不会产生太大的影响，最大的影响是在理念上。互联网金融的出现让银行感受到了切肤之痛。能够帮助银行进行改革，同时也提升银行的服务意识和竞争力。互联网金融打开的是对更小的货币所有者的服务，和更小的货币所有者的投资渠道，比如P2P、余额宝。这些都是过去银行所服务不到的。因为它的成本太高，或者说，它根本就不想为他们服务，他们太小了，以银行的成本去服务这样的客户是不合算的。

周慕冰（2015年）指出，小贷公司和P2P网贷公司，作为专业的民间放贷机构和互联网贷款平台，鲜明体现了普惠金融供给的包容性和多样性。在传统金融体系之外，小贷公司、P2P网贷公司等新型金融业蓬勃发展，总体运营稳健，丰富了金融服务的机构载体，成为缓解小微企业融资难的重要补充。对小微企业金融服务的发展，除了传统银行体系的供给之外，P2P等新型金融业也起到了重要补充作用。

三、理论基础

帕累托最优（Pareto Optimality），也称为帕累托效率、帕累托改善。是博弈论中的重要概念，并且在经济学、工程学和社会科学中有着广泛的应用。帕累托最优是指资源分配的一种理想状态，假定固有的一群人和可分配的资源，从一种分配状态到另一种状态的变化中，在没有使任何人境况变坏的前提下，使得至少一个人变得更好，这就是帕累托改善或帕累托最优化。

埃奇沃思盒状图（见图1）。方形的长和高分别代表两个消费者（或生产者）所拥有的两种商品（或生产要素）的总量，盒状图中各点表示两种商品（或要素）的总供给量在两个消费者（生产者）之间的配置状态。埃奇沃思盒状图揭示了当所有消费的总量或经济活动中使用的投入品总量固定时，如何配置资源，考察生产的效率。交易的一般均衡是指当社会生产状况既定，收入分配状况既定条件下，通过要素所有者之间的交易使得交易者达到效用最大化的均衡状况。

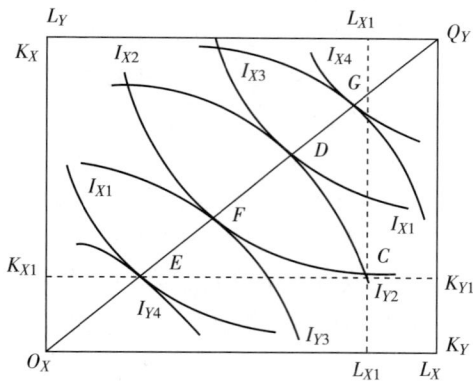

图1　埃奇沃思盒状图

四、研究思路

基于埃奇沃思方框图的帕累托改善分析。由于我国经济转轨过程中金融市场和金融体制的复杂性，中小企业融资达到帕累托最优有相当难度，但能够进行帕累托改善也是一大进步。见图1如果C点既不沿着I也不沿着I_{Y2}移动，而是在I_{X2}和I_{Y2}这两条无差异曲线相交的两个点所围成的梭形区域内的任何一点，商业银行和中小金融机构将分别移动到比初始状态更高的无差异曲线上，这样双方均从交换中得到好处。显然，任何两条无差异曲线的交点所围成的梭型区域都是一个互利区域，即帕累托改善。

五、具体研究框架

本文从当前我国传统金融业的改革发展与小微企业融资困境出发，分析运用埃奇沃思盒状图，提出在不减少国有大中型企业资金支持的情况下，如何结合小微企业的融资需求特点和互联网金融融资模式、特点、优势，相机寻找适合小型企业和微型企业的创新型融资方式，以期达到小微企业融资的帕累托最优。

第1章，介绍了本文研究背景和研究意义，提出具体的理论基础、研究思路和研究方法。第2章，介绍了传统金融业到互联网金融的发展历程，分析互联网金融相较于传统金融业的的优势，指出互联网金融对我国金融体系的影响。第3章，结合当前我国小微企业的融资现状，分析小微企业融资困境的成因，通过运用无差异曲线、埃奇沃思盒理论对垄断条件下中小企业进行信贷分析，提出中小银行、互联网金融能有效对接小微企业融资需求，解决小微融资难的最后"一公里"。第4章，对互联网金融如何解决小微企业融资问题进行研究，对互联网金融视域下的小微企业的融资模式进行比较，分析探索运用互联网金融去解决当前我国小微企业融资困境的模式；得出互联网金融是普惠金融、能有效地对小微企业融资需求予以全覆盖，是小微企业融资的帕累托改善。第5章，对互联网金融隐含的潜在风险进行分析，提出进化路径安排。第6章，结论与展望。

第2章 互联网金融的兴起与影响

一、互联网金融的兴起与发展

（一）互联网金融的兴起

在互联网金融出现以前，传统金融业的概念是指由于人们习惯上把银行从事的存款、贷款、结算三大业务称之为传统金融活动，就把从事这三大传统金融活动的银行业称之为传统金融业。在互联网金融出现后，为了迎合互联网金融改革的诞生，同时也是为了能够更加方便地在金融业概念的外延上对其内容进行框定，因而，传统金融业的概念随之便发生了改变。

改变后的传统金融机构是指那些被称之为正规金融机构的金融机构，而传统金融机构从事的金融业务自然而然地就被称之为传统金融业，对此，传统金融业就是指当前的现代银行业、现代证券业、现代保险业和现代信托业。显然，"传统"二字的意义在这里发生了改变，它被赋予了"过去的"意思；与之相对应，由于新兴的金融模式——互联网金融，这一非正规金融模式虽然诞生在现代，但它并不包含完整意义上的现代金融的内涵，因而，互联网金融也就不能由于"新兴"或者"现代"就与传统金融业对应的称之为现代金融。又由于互联网金融并不能在完整意义上代表非正规金融，也就不能把互联网金融简单称之为非正规金融。再者，如果把互联网金融称之为第三种金融，又由于"第三种"的意义和内涵容易造成金融业在概念外延上的模糊不清，于是，人们就直接了当地根据这种金融模式的表象——"互联网＋金融＝互联网金融"。因此，互联网金融业就是指包括互联网企业、电商企业、网商企业等相关机构与相关的金融领域。

这样，传统金融业在互联网金融出现以后，就被赋予了一种与过去的传统金融业不同的全新内容，即今天的传统金融业已经不再是原来意义上的传统金融业，它已经成为一个"相对的"金融概念，即当一种新兴的金融模式出现以后而被赋予的相对概念。

"2014 年，我国第三方支付机构共发生互联网支付业务 374.22 亿笔，金额达 24.72 万亿元，同比分别增长 93.43% 和 137.6%。P2P 网络借贷市场交易规模达 2514.7 亿元，同比增长 157.8%，连续 6 年保持 150% 的年增长率。众筹融资规模虽然仅为 4.4 亿元，但同比增长 123.5%。同时金融机构积极发展互联网支付业务，开发互联网金融平台，推出网络商城。部分电子商务企业也涉足金融领域，以京东商城、阿里巴巴等为代表的电商企业，依托平台交易数据和信用信息优势，运用大数据技术深入挖掘金融业务价值，搭建区别于传统银行模式的融资平台。保险集团、基金公司也不断加强与平台公司合作，保险、基金行业渠道电商化，保险、基金直销及第三方销售网站快速发展。"①

（二）互联网金融的优势

"二八定律"是由意大利经济学家帕累托提出的。该定律认为：在任何事物中，最重要的、起决定性作用的只占其中一小部分约 20%，其余的 80% 尽管是多数，却是次要的、非决定的。长期以来，"二八定律"被我国传统金融机构奉为经营管理的"金科玉律"。在 20% 的关键客户可以带来 80% 的利润这一理念下，我国传统金融机构重视客户的现象普遍存在。

商业银行"嫌贫爱富"的形象是路人皆知的。民间更是将中国最大国有银行——中国工商银行的英文简称"ICBC"解读为"爱存不存"，这在一定程度上反映商业银行对待小微客户的态度。在授信方面，商业银行"弃小取大"的倾向也较为突出。出于提高利润率、降低信用风险的考虑，商业银行优先向中

---

① 人民银行党校 2015 年春季进修班课题组：《互联网金融发展的系统性影响及其应对》。

大型企业发放贷款。一方面，小微企业融资需求往往具有"短小频急"的特点，即期限短、金额小、用款需求急，而商业银行每笔贷款的发放程序、经办环节等大致相同，因而对中小微企业的贷款存在规模不经济问题，经营成本高，效率低下；另一方面，小微企业普遍具有信用记录缺乏、财务信息不透明、抵押担保品匮乏等特点，导致其信用风险较高，因此进一步降低了商业银行在小微企业贷款方面的积极性。

与传统金融奉行"二八定律"相反，互联网金融奉行"长尾理论"，该理论认为只要渠道足够大，非主流、需求量小的商品销售也能够与主流的、需求量大的商品销量相匹敌。

相比传统金融，互联网金融在服务小微客户方面具有独特的优势。其一，互联网金融突破了空间及物理网点的限制，使得居民在没有金融机构的偏远山区也可以通过电脑、手机上网享受到金融服务。其二，互联网金融通过网络生成和信息传播，通过搜索引擎对信息进行组织、排序和检索，通过云计算处理信息，整个交易过程都在网络上完成，交易成本极低；同时，由于互联网金融企业不需要设立众多分支机构、雇佣大量人员，大幅减低了经营成本。金融机构从事小微业务原本缺乏盈利前景，而互联网金融模式下综合成本的显著下降扭转了这一局势，使得服务小微客户变得有利可图。其三，借助现代信息技术，互联网金融能够将大量、杂乱无章、没有头绪的信息迅速搜集、处理并运用信用评估，大大减少了信息不对称，使得符合条件但缺乏信用记录和抵押担保品的小微企业也能获得贷款。

二、互联网金融对我国金融体系的影响

从1994年首次拥抱互联网开始，互联网在中国已经走过了20年的光影。当下的中国，无论是偏远山区的民众，还是一线城市的精英，但凡是社会里的群居者或多或少都被互联网掀起的浪潮所波及。互联网对于个体家庭、机构和社会的改变，可以毫不夸张地说是"彻底而深远的"。

（一）互联网金融对银行业的影响

互联网金融引发的技术脱媒、渠道脱媒、信息脱媒、客户关系脱媒正在逐步削弱银行传统金融的中介功能，挤压银行的生存空间，将深刻改变银行整体的经济管理"面貌"，银行业逐步沦为互联网产业链的末端。一是在支付领域，第三方支付的蓬勃发展使得存、贷、汇等服务多渠道化，成为银行支付结算体系的一个竞争者。同时第三方支付将逐步向主体性和实质性金融服务渗透，将在信用创造和融资服务等领域与银行等机构展开正面竞争，从而使商业银行的主体地位受到挑战。如在国际结算领域，第三方支付公司已经介入跨境结算业

务；在国内计算领域，快钱、支付宝、财付通等也已经成为一种新型的结算工具；国际汇兑方面，阿里巴巴已经实现境外买家向境内卖家支付；中间业务方面，快钱等已经进入基金和保险平台代销业务。2014 财年阿里巴巴旗下的淘宝和天猫交易额已突破 1.68 万亿元（人民币，下同），相比 2013 财年提升了 55.8%，活跃买家达到 2.55 亿，仅 2014 年第一季度就增加 2 300 万；实现总收入 525 亿元，同比增加 234 亿元。

二是在服务领域，银行传统信贷业务和中间业务都面临新的竞争。2012 年"阿里小贷"开始在江浙沪试点，2013 年已经如燎原之势推广到全国。腾讯、京东、苏宁、华为等互联网企业试水金融业务，推出各种小额信贷金融服务。淘宝、腾讯、中国平安联合成立众安在线保险公司，已开始在互联网金融领域进行新一轮跑马圈地。据不完全统计，2014 年底网贷运营平台已达 1 575 家，较 2013 年的 800 家有爆发式增长，截至 2014 年底全行业历史累计成交超过 3 829 亿元，其中 2014 年度成交量高达 2 528 亿元、月均增速 10.99%，贷款余额（也称待收金额）达 1 036 亿元，是 2013 年的 3.87 倍，月复合增长率达到 11.64%。相比其他成熟的固定收益市场，网贷行业的规模仍然十分微小，但其增速不可小觑①。

比尔·盖茨先生的一个著名预言："传统商业银行不能对电子化做出改变，商业银行将成为 21 世纪灭绝的恐龙。"

（二）互联网金融对资源配置的影响

改革开放 37 年来，我国已经建立了庞大的金融体系，形成了银行、证券、保险及信托等完备的金融机构和多层次金融服务体系。然而，以人人都有机会获得金融消费为宗旨的"普惠金融"的缺失，以多样性、分散性、差异性为主要特征的"草根"金融需求被大型金融机构所忽视，使得金融市场上金融产品同质化严重，缺乏竞争性，这是现阶段我国金融体制的一种诟病，也是今后金融体制改革需要不断深化之处。

根据金融学理论，资金使用权的让渡必须以到期偿还本息为代价。目前，同业存款利率已完全市场化，同业存款收益率是资金市场竞争的结果，也是存款利率管制的深刻反映。通过余额宝等互联网金融产品的"鲶鱼效应"，也就是通过互联网金融倒逼金融创新的改革效应，以此加快我国利率市场化改革的进程，提高资源配置的效率。

（三）互联网金融对我国金融市场运行效率的影响

对小微企业、弱势群体的金融支持不足，是全世界的共性问题。在严重的信息不对称以及小微企业、弱势群体的高经营风险环境下，"收益覆盖风险"是

---

① 凤凰财经：《网贷之家 2014 年中国网络借贷行业年报》。

全球公认的小额信贷基本经营法则，对小微企业要求较高的贷款利率正是资本"嫌贫爱富"的体现。过去几年，在人民银行和监管部门的信贷政策指导下，我国小微企业信贷、涉农贷款增长超过各项贷款平均增速。但是通过信贷理财产品、券商资产管理产品等影子银行，社会资金向房地产领域过度聚集造成部分实体及实体经济部门"失血"的问题也相当严重，这也是当前实体经济融资成本居高不下的重要原因之一。不仅如此，为追求额外收益，金融机构过度扩张同业业务和表外业务。使得其资金链条高度绷紧，不得不以较高的收益获取同业存款资金，即使这样，商业银行仍有利可图。

互联网金融发展可以提高我国金融市场的运行效率，它产生的整体收益是正数。从某种意义上说，互联网金融可以倒逼金融机构提升利率定价能力。因为利率市场化能否顺利推进，是受金融机构利率定价能力制约的。而余额宝的冲击明显提升了金融机构的负债成本，这样可以促使金融机构加快利率定价能力的改善。不仅如此，以 P2P、众筹为代表的互联网融资模式，与信息化社会的小额融资、创业融资特点相适应，符合创新驱动发展的基本要求。

（四）互联网金融对我国金融机构体系的影响

金融监管体制是金融体系的重要组成部分。但随着人人贷、宜信等网络信贷机构，支付宝等第三方支付机构相继在国内异军突起，成为当前我国互联网金融发展最为迅速、最为活跃的领域。由于互联网金融缺乏有效的规范、引导与约束，在发展过程中暴露出一些问题。例如出现部分网络信贷机构涉嫌非法诈骗、非法吸储、非法集资，第三方支付机构恶意竞争、资金管理风险隐患大等特点。同时，以余额宝为代表的互联网金融创新产品开始涉足于客户理财等金融领域，类似产品的发展越来越多地面临着政策和法律的双重风险。因此，无论是从规范合理还是推进创新的角度看，我国对互联网金融的监管亟待加强和完善。互联网金融引发的金融创新势必会加速我国金融机构体系由分业监管向功能监管的转换。

第 3 章　小微企业的融资困境与帕累托改善分析

一、小微企业融资现状

（一）银行对小微企业的信贷支持存在障碍

在我国，大部分小微企业的外源性资金来源主要是银行贷款，而在这一融资渠道中，小微企业一般又被限定在抵押或担保贷款这一条件苛刻的狭窄通道中。在银行贷款方面，由于小微企业的市场淘汰率远远高于国有大中型企业，银行贷款给小微企业要承担更大的风险。这就使得部分商业银行对小微企业信贷管理的要求高于对大型企业，特别是对不发达地区的信贷管理的条件更高。能符合这些条件、具有合格资信等级的小微企业为数很少，这实际上将大多数小微企业排除在支持对象之外，同时也限制了基层银行支持小微企业发展的积极性。

（二）小微企业自有资金缺乏，互相担保申请贷款风险大

我国非公有制小微企业从无到有、从小到大、从弱到强，企业发展主要依靠自身积累、内源融资，从而极大地制约了企业的快速发展和做强做大。部分小微企业仍存在产权不明晰、缺乏现代化的企业管理制度等问题，缺乏自负盈亏、自我积累的意识。企业只靠自我积累进行融资将影响自身的发展规模，但是缺乏自我积累机制，高度依赖银行信贷，将会出现自有资金的严重不足。为了获得企业生存和发展的资金，小微企业往往互相担保，申请贷款。一旦一家企业的经营出现问题，面临资金链断裂和破产倒闭风险，就会引起连锁反应。

（三）民间融资活动较活跃，但处于"非法"状态

鉴于正式金融体系无法满足小微企业的融资需求，部分小微企业转向民间借贷市场融资，成为民间借贷市场的主要参与者，特别是对于不具备一定规模的小微企业，更要依靠民间借贷市场来融资。由于在这一领域金融监管基本是空白，民间融资活动大体呈现自发和不规范发展状况。不仅市场发育程度很低，仅仅依靠血缘和地域关系而非社会信用关系进行操作，难以发展真正市场化的融资活动，而且在一定程度上扰乱了金融秩序。

二、小微企业融资困境的成因分析

（一）小微企业自身的特点和性质

一是小微企业融资能力不足。与大中型企业相比，小微企业具有规模小、稳定性差、信用度较低的特点，其资金需求又受到额度小、时效性强、担保能力弱、用途监控难等的制约，致使小微企业长期处于融资弱势地位。二是小微企业信贷管理缺位。长期以来，由于小微企业信贷风险高、成本高、效率低，加上信贷管理体制上的不完善，商业银行对小微企业的信贷营销还存在诸多盲点，如缺乏小微企业信贷专营机构。三是小微企业增信难度较大。目前针对小微企业的信贷扶持政策中，通过建立政策性担保、组建"信用共同体"、开展产业链融资等方式增强小微企业信用能力，但在实践中由于小微企业客户数量多、行业分布广、担保物及担保方式匮乏，以及客户信息采集较难等，增信效果不明显。

（二）信息不对称

小微企业为了获得银行的信任，往往会在与银行进行交易之前向其提供虚假的财务报表，可以回避不利的财务信息，使商业银行进行逆向选择。在我国由于契约存在不完全性，事后契约无法观察，从而会在小微企业与商业银行达成交易之后，逆向选择和道德风险变本加厉。银企之间的信息不对称严重影响了商业银行的信贷资源的配置，"惜贷"现象的出现就变得理所当然。

（三）信贷配给问题

我国商业银行对小微企业的信贷制度是配额制，总体配额仅占贷款总额的25%左右，其余的都被分配给了大中型企业。而与商业银行的信贷配给形成鲜明对比，我国小微企业的资金缺口巨大。小微企业主要通过相互赊欠和民间借贷以解决企业发展过程中的资金缺口问题。

（四）贷款风险控制巨难

小微企业无法得到银行等正规金融机构的融资支持一个很大的原因就是小微企业相对大型企业来说，信用风险更大。小微企业自身缺乏有效抵押物，使得银行在向它们发放贷款时，更多只能选择无抵押、无担保信用贷款。信用贷款本来风险就相对较高，加上小微企业的经营很不稳定，抵抗市场风险能力很差，不能及时还款甚至无法还款的可能性很高。加之，其流动资产大多以现金和短期应收款的形式存在，总量小且无法控制，也没有大型企业所具有的比较有价值的专利技术等无形资产，所以通常也被拒绝于担保公司的门外。

三、我国对中小微企业发展及融资问题解决的制度安排

针对中小微企业面临的需求减弱、成本上涨、融资困难、税费负担偏重等问题，近年来国家密集出台了一系列扶持政策。仅2013年国家各部委共出台23项重要政策扶持中小微企业发展，其中综合性政策2项、金融政策8项、财税政策5项。

（一）综合性政策

2012年国务院出台了《国务院关于进一步支持小型微型企业健康发展的意见》（国发〔2012〕14号），以促进小微企业发展。为贯彻中央精神，深入贯彻落实14号文件，加快小微企业服务体系建设，进一步改善融资服务，工业和信息化部于2013年3月出台了《扶助小微企业专项行动实施方案》（工信部企业〔2013〕67号）。2014年4月，财政部、工信部、科技部、商务部联合印发了《中小企业发展专项资金管理暂行办法》（财企〔2014〕38号），整合后的专项资金用于中小企业特别是小型微型企业科技创新、改善中小企业融资环境、完善中小企业服务体系、加强国际合作等。

（二）金融政策

信贷融资方式不匹配、金融体制不健全、金融监管不力、信用体系不健全、融资渠道窄造成了我国小微企业融资难的现状。为进一步做好小微企业的金融服务工作，全力支持小微企业良性发展，国务院办公厅、国家发改委、中国人民银行、中国证监会等发布多项金融政策支持中小企业尤其是小微企业发展，以期突破小微企业融资瓶颈，推动小微企业发展。

表1　　　　　　　　　　2013、2014 国家部委颁布的金融政策

出台时间	金融政策	部门
2013.3.21	《关于深化小微企业金融服务的意见》	中国证监会
2013.7.23	《关于加强小微企业融资服务支持小微企业发展的指导意见》	国家发改委
2013.8.8	《国务院办公厅关于金融支持小微企业发展的实施意见》	国务院办公厅
2013.12.13	《关于全国中小企业股份转让系统有关问题的决定》	国务院
2014.1.7	《关于大力推进体制机制创新 扎实做好科技金融服务的意见》	中国人民银行
2014.1.29	《中国人民银行办公厅关于做好 2014 年信贷政策工作的意见》	中国人民银行
2014.3.20	《关于开办支小再贷款 支持扩大小微企业信贷投放的通知》	中国人民银行
2014.12.29	《关于完善信贷政策支持再贷款管理 支持扩大"三农"、小微企业信贷投放的通知》	中国人民银行

资料来源：中国中小企业信息网

（三）财税政策

小型微型企业是发展的生力军、就业的主渠道、创新的重要源泉。近年来，国家出台了一系列惠及中小企业尤其是小型微型企业发展的税收政策，大大降低了小型微型企业的税收负担，小型微型企业税收政策落实取得了较好的效果，为小型微型企业创造了更为健康的生存发展环境。

表2　　　　　　　　　　2013、2014 年国家部委颁布的财税政策

出台时间	金融政策	部门
2013.4.27	《地方特色产业中小企业发展资金管理办法》	财政部
2013.6.15	《中央预算内投资补助和贴息项目管理办法》	国家发改委
2013.7.24	《关于金融支持经济结构调整和转型升级的指导意见》	国务院常务会议
2013.9.14	《关于加强小微企业融资服务支持小微企业发展的指导意见》	国家发改委
2014.9.25	《关于进一步支持小微企业的增值税和营业税政策的通知》	″财政部和税务总局

资料来源：中国中小企业信息网

四、小微企业信贷市场融资的帕累托改善分析

（一）垄断条件下中小企业信贷市场融资低效率分析

根据垄断市场的价格决定理论，对于垄断银行而言，其所面对的需求曲线就是整个银行业所面对的市场需求。垄断条件下，垄断资金供给者（四大国有商业银行）的边际收益曲线 MR 总是位于垄断银行所面对的逆需求曲线 r =（q）的下方，如图 2 所示。假设需求曲线为线性，并且忽略短期成本曲线，且长期规模报酬不变。在完全竞争条件下，根据厂商利润最大化原理，当需求等于供给时，即逆供给曲线（边际成本线）MCs（q）= r（q）时，交点 F 处对应的资金供给量为 q_f，资金的价格为 r_f，此时资金供给者获得经济利润，消费者剩余可以用，FDr_f 的面积表示。根据福利经济学第一定律，即竞争的均衡是帕累托有效的，因此可以说在图中的 F 点达到了帕累托最优状态，在这一点上 r_f = MC。而在垄断条件下，决定资金供给者利润最大化目的条件是 MC = MR，亦即垄断者每供给一单位资金所增加的成本必须等于这一单位资金贷出给其带来的收益，如图中的 C 点，均衡的资金供给量为 q_h，均衡利率为 r_h，垄断者不会在 C 点之外的任何一点放贷，如在 Oq_h 段，MR > MC，垄断者每增加一单位资金供给所得到的收益大于成本，放贷合算，但利润尚未达到最大化；而在 q_hq_f 段，MR < MC，垄断者每增加一单位资金供给所获得的收益小于成本，放贷不合算。因此理性的垄断者必然会选择在 C 点经营，结果是其资金供给量大为减少，减少量为 $q_f - q_h$，而资金的价格却提高了 $r_h - r_f$，消费者剩余为，HDr_h 的面积。相比完全竞争条件下的消费者剩余，垄断条件下的消费者剩余减少了一个梯形 HFr_fr_h 面积的数量，此为重复损失。很显然，如果 q_h 的基础上扩大资金供给量，重复损失就会减少，资金需求者的损失将减少。帕累托最优理论认为，资源的配置达到了帕累托最优时，r（q）不可能通过重新组合增加一个人或多个人的福利而不使其他人的福利减少。反需求曲线 r =（q）的含义为在每一信贷供给量上，r（q）为衡量人们额外购买一单位商品（信贷产品）所愿意支付的价格，在垄断资金供给者利润最大化 C 点处，r_h > MC，资金需求者愿意对额外一单位信贷额支付比单位资金成本更高的价格。假定垄断者愿意接受 r_e（$r_h > r_e >$ MC）的价格，提供额外一单位的资金，那么这个资金需求者的状况会变好，同时垄断的资金供给者为提供这一额外的资金，所增加的成本为 MC，但却按 r_e > MC 的价格贷出其资金，而所有其他单位的资金都按以前的价格 r_h 贷出，没有出现利润减少，可是在额外这一单位的信贷中，市场上的每一方（信贷供需双方）的状况都比过去有所改善，而没有任何人的状况变坏。所以垄断条件下的信贷市场均衡是缺乏效率的，存在帕累托改进的余地。

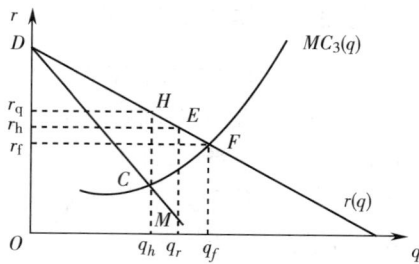

图 2　垄断条件下中小企业信贷市场融资的低效率

（二）对信贷供求的埃奇沃斯盒状图描述

埃奇沃思方框图的构建。由以上分析可知，我国中小企业信贷融资市场中，国有商业银行垄断的状况，造成中小企业融资效率低下，融资需求得不到应有的满足。从长期来看，要改变这种状况，就要放松银行业的准入限制，发展地方中小银行、互联网金融，建立一个以地方中小银行及互联网金融为主体的金融体系（以下简称中小金融机构）。可以借助于埃奇沃思方框图来分析我国中小融资机构为什么在中小企业信贷融资市场中有存在和发展的基础。由于国有商业银行受国家的宏观政策限制，在决定其贷款量时以利润最大化为目标必然受到影响，因此，国有商业银行的无差异曲线就体现出了一定的特殊性。利率降低时，意味着国家将实行扩张性的货币政策，增加货币供给，国有商业银行必然提供较大规模的资金供给。提高利率时，意味着国家将实行紧缩性的货币政策，控制货币供给，国有商业银行要选择提供较小规模的资金供给。假设国有商业银行在由利率和贷款量组成的坐标平面上存在一组相同效用水平的不同利率和贷款量的组合点，将这些点用一条平滑的曲线连接起来，就构成了国有商业银行的无差异曲线，如图 3 所示。相对于国有商业银行而言，中小金融机构仍然受宏观政策的影响。当利率提高时，国家紧缩银根，中小金融机构的资金供给也会随之减少。当利率降低时，与之相反，中小金融机构的资金供给也相应增加。假设中小金融机构在由利率和

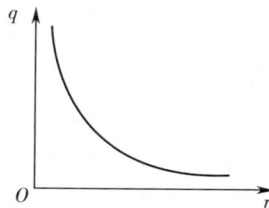

图 3　货币政策调控下放贷者无差异曲线

贷款量组成的坐标平面上存在一组相同效用水平的不同利率和贷款量的组合点，
将这些点用一条平滑的曲线连接起来，就构成了中小金融机构的无差异曲线，其
图形与国有商业银行相似。如果把国有商业银行的无差异曲线图绕原点按顺时针
旋转180度，并将其横轴与纵轴分别与中小金融机构的无差异曲线图的横轴与纵轴
相连，可得到一个埃奇沃思方框图，如图4所示。

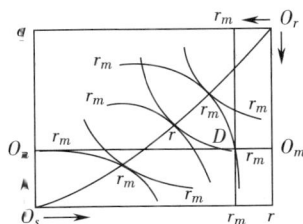

图4　垄断条件小中小企业信贷市场埃奇沃思方框图

（三）中小企业信贷市场融资的帕累托改善分析

基于埃奇沃思方框图的帕累托的构建分析。由于我国经济转轨过程中金融
市场和金融体制的复杂性，中小企业融资达到帕累托最优有相当难度，但能够
进行帕累托改善也是一大进步。如图4，如 D 点既不沿着 I_{1B} 也不沿着 I_{2S} 移动，
而是在 I_{1B} 和 I_{2S} 这两条无差异曲线相交的两个点所围成的梭形区域内的任何一
点，国有商业银行和中小金融组织将分别移动到比初始状态更高的无差异曲线
上，这样双方均从交换中得到好处。显然，任何两条无差异曲线的交点所围成
的梭型区域都是一个互利区域，即帕累托改善。但是达到这种帕累托改善的条
件是，政府重视中小金融机构的发展。众所周知，经济建设需根据各地资源禀
赋优势选定主导产业，而与主导部门相联系，需要形成一个产业链，进而形成
产业集群。国有商业银行在参与地方经济建设时，通常将资金主要投放于当地
的主导性产业，其资金供给难以完全满足当地产业链旺盛的资金需求，这部分
差额的资金需求就需要地方中小金融机构来提供。如果中小金融机构得到充分
发展，其高利率有所降低，而贷款量有相当大的提高，总效用还是可以增加的。
而国有商业银行，贷款利率有所提高，因中小金融机构发展后，分流了一部分
中小规模贷款，其贷款量有所减少，但总效用并没有减少。因为分流的这部分
贷款，对国有商业银行来说，是风险相对较大，成本较高而利润较低的部分，
这部分贷款过去在国家政策控制下，不得不贷，而又难于形成优良资产，这也
是国有商业银行一部分不良资产的来源。如果国有商业银行能够将一部分贷款
分流至中小金融机构，不仅能减轻国有商业银行的政策性负担，而且能使其集
中资源投向能产生规模效益的资产，当然能增加其效用。对于中小企业来说，

由于中小金融机构的介入，融资需求得到了满足，生产和生活得以顺利进行下去，而且使得金融领域中的竞争加剧，亦有利于打破垄断的金融市场，减少借贷中的寻租成本，实际借贷利率得到降低，从而降低中小企业的融资成本，相应地增加了效用。

第四章　小微企业信贷市场融资的相机抉择

一、基于互联网金融的创新型融资模式

从融资资金的供求关系角度看，可把互联网金融融资模式具体划分为以下四种。

（一）P2P融资模式

P2P网络贷款（下称"P2P借贷"）指的是个体和个体之间通过网络实现直接借贷，中国通常称其为"人人贷"。P2P借贷的模式主要表现为个体对个体的信息获取和资金流向，在债权债务属性关系中脱离了传统的资金媒介。从这个意义上讲，P2P借贷涵盖在"金融脱媒"的概念里。具体服务形式包括但不限于借贷信息公布、信用审核、法律手续、投资咨询、逾期贷款追偿以及其他增值服务等。有些P2P借贷平台事实上还提供了资金中间托管结算服务，也依然没有逾越"非债权债务方"的边界。

与银行贷款的比较，P2P网络贷款接近直接融资。如果将票据视为借款人发行的一种债券，那么P2P网络贷款实际上类似一个债券市场，投资人购买借款人发行的债券，直接承担借款人的信用风险。而且因为不存在期限转换，P2P网络贷款中也没有流动性风险。P2P平台本身既不承担信用风险，也不承担流动性风险，其盈利不是来自对风险承担的补偿，而是来自向投资人和借款人提供的服务，包括促成借贷交易、风险定价、贷款清收和票据服务等，本质上是一种中介业务。而银行存贷款则代表了另一种资金融通方式——间接融资，具有期限转换、监督等功能，同时银行承担了信用风险和流动性风险。

图5　P2P融资模式流程

P2P融资模式的流程（见图5）：第一步，小微企业在互联网金融平台自主

选择对其有吸引力的利率条件进行比对，双方进行初步借贷合作双向筛选工作，达成初步合作意向。第二步，通过互联网平台（以"合力贷"为代表）以视频、网络认证等方式对小微企业进行线上资格、信用、还款能力等审核，包括确认企业营业执照、银行流水账单等贷款资格材料。此外，某些互联网平台采取线上接受贷款申请、线下代理商入户的方式审核小微企业的资信。第三步，双方借贷匹配并量化贷款防控风险。

（二）基于大数据的贷款融资模式

网络贷款最核心的内容仍然是信用。基于大数据的网络贷款，其核心工作与传统贷款并无太大的区别，其流程如下：针对客户群体收集建立数据库、并在一定的技术方法下研究出客户行为数据与客户信用之间的内在联系、给出客户违约的预期概率和违约预期损失。在对大数据进行挖掘、总结客户信用等级规律的基础上，根据客户提出的贷款申请信息，通过计算机系统评估出客户违约风险，确定信用额度、贷款利率和贷款期限，同时给出偿还方式和违约罚则。其过程，可以归纳为贷款申请、审批发放、贷后管理。

阿里小贷是国内网络贷款的典型。阿里小贷最大的优势在于信息优势。阿里小贷与阿里巴巴、淘宝网、支付宝底层数据完全打通，通过大数据和云计算，客户网络行为、网络信用得以在小额贷款中得到运用。小企业在阿里巴巴和淘宝店主在淘宝网上的经营信用记录、交易发生的状况、投诉纠纷情况等百余项指标信息都在评估系统中经过计算分析，并最终作为是否放贷的评价标准。

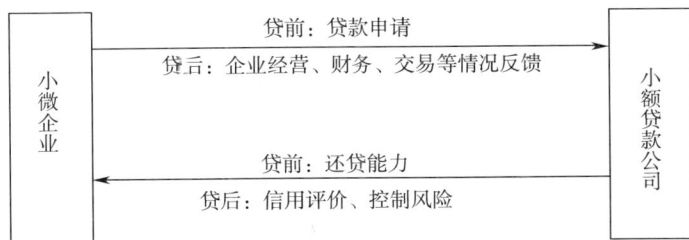

图6　基于大数据的小额贷款融资模式流程

基于大数据的小额贷款融资模式的流程（见图6）：第一步，贷前考察小微企业还贷能力。小微企业向小额贷款公司提出贷款申请，小额贷款公司通过引入网络数据模型和在线视频资信调查的方式，交叉检验小微企业电子商务经营及第三方认证数据，考察小微企业的营业现状及财务的真实性，评估其还贷能力。第二步，贷后监控小微企业状况。小额贷款公司通过电子商务平台监控已贷款小微企业的经营行为、现金流等财务情况与交易状况，将小微企业在电子商务网络上的行为数据换算为信用评价，以控制贷款风险。

（三）众筹融资资模式

众筹融资源于众包模式。众包的目的是有效利用一个新项目潜在参与者的知识、智慧、技能，构建一个庞大的资金池。互联网的迅速发展为众包提供了新的网络基础。许多专门为众包任务设计的在线平台已经用于孵化企业项目，形成众筹融资。众筹融资中，主要有两类使用者：一是生产者或项目管理者。他们介绍新项目给平台，如果能筹集、管理足够的资金，他们将按照募资计划执行项目生产；二是众筹出资者。尽管大多数众筹融资平台是"购买你想要的"（pay – what – you – want）模式，但一般会给众筹出资者提供其他非物质的补偿，例如感谢的电子邮件、公司发行音乐的 CD、观看电影制片工厂、在电影中扮演一个小角色或者具有文化价值的纪念品等。众筹融资主要的回报是产品本身，但对于金额大的参与者还有其他奖励计划，例如更高的股权回报率。

图 7　众筹资融资模式流程

目前，我国的众筹资融资模式是指小微企业通过互联网平台和社会性网络服务平台，以合资资助或预购的形式，向公众募集融资资金的模式。该模式具体有两种类型，分别是小微企业的股权众筹模式以及创新项目众筹模式。其一，股权众筹融资模式的流程特点在于，小微企业融资是在股权众筹平台进行股权融资信息发布，其实质是以互联网金融创新在传统资本市场直接融资之外，开辟一条小微企业网络融资的新道路。其二，创新项目众筹模式的流程特点在于，小微企业融资是在市场宣传平台 进行创新产品的提前预售或者是在梦想实现平台（以"淘梦网"等为代表）进行创新性项目发布。

第一步由筹资人小微企业作为项目的发起人，在互联网平台社会性网络服务平台发起项目并公布，并将本企业的股权（或创新产品、项目）授权于该服务平台；第二步作为出资人的社会公众可以选择适宜的股权（或创新产品、项目），选定后付出相应的资金；第三步互联网平台社会性网络服务平台将资金划转于小微企业；第四步在此过程中，小微企业便可获得所需的融资资金；第五步未来项目成功，则项目发起者就会以一定的方式来回报投资者（见图7）。从上述流程可以看出，众筹融资模式主要有两种类型：小微企业的股权众筹与创新项目众筹模式。股权众筹融资模式要求公众能够向众筹融资平台上列出的小型企业及初创公司进行投资（只要这些公司符合一定的财务要求），但目前这些证券只能向那些合格投资者提供，但其却为小微企业的融资路径开辟了新天地。项目众筹融资模式的优点除了能使小微企业获得融资资金，还为本企业的产品、项目起到了很大的宣传作用。

（四）电子金融机构——门户融资模式

互联网金融门户是指利用互联网进行金融产品的销售以及为金融产品销售提供第三方服务的平台。它的核心就是"搜索＋比价"的模式，采用金融产品垂直比价的方式，将各家金融机构的产品放在平台上，用户通过对比挑选合适的金融产品。互联网金融门户多元化创新发展，形成了提供高端理财投资服务和理财产品的第三方理财机构，提供保险产品咨询、比价、购买服务的保险门户网站等。这种模式不存在太多政策风险，因为其平台既不负责金融产品的实际销售，也不承担任何不良的风险，同时资金也完全不通过中间平台。互联网金融门户最大的价值就在于它的渠道价值。互联网金融分流了银行业、信托业、保险业的客户，加剧了上述行业的竞争。随着利率市场化的逐步到来，随着互联网金融时代的来临，对于资金的需求方来说，只要能够在一定的时间内，在可接受的成本范围内获得赏金即可，具体的钱是来自工行也好、建行也罢，还是 P2P 平台、小贷公司，或是信托基金、私募债等，已经不是那么重要。

电子金融机构——门户融资模式流程（见图 8）。第一步电子金融机构的积极参与是电子金融机构——门户融资模式可以顺利进行的前提条件，电子金融机构除了提供资金支持还需要提供一定的技术支持；第二步小微企业选择互联网金融门户平台；第三步被小微企业选中的互联网金融门户平台向小微企业提供各种信贷产品，小微企业通过价格对比各种信贷产品，做出最终选择；第四步小微企业运用电子银行立体服务向选定的电子金融机构（如微众银行）提出贷款申请，此时的电子银行立体服务主要包括手机银行和网上银行等先进的现代化服务；第五步电子金融机构在得到小微企业的申请后进行资料审核，从而向小微企业提供融资资金。

二、传统融资模式与互联网金融融资模式比较

通过表 3 我们发现，对于制约小微企业融资难的三大问题，互联网金融融资模式都有一定的改善。比如"电商＋平台"的融资方式，就从获取企业"软信息"的角度很好地缓解了信贷双方的信息不对称问题。但是对于 P2P 理财式中介融资模式，这一问题仍然严峻，而且对于纯信用贷款，信息不对称可能使

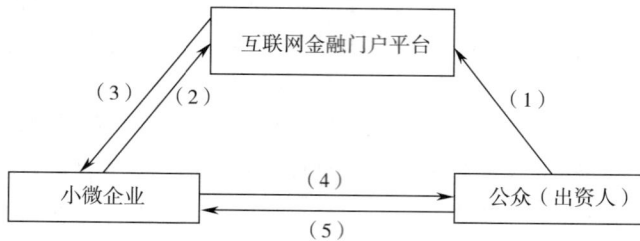

图8　电子金融机构 – 门户融资模式流程

贷款的信用风险更大。对于银行而言，小微企业贷款成本较高，互联网融资模式通过简化流程，系统评估并结合数据分析，很好地降低了小微企业贷款审批和贷后监管成本。但是值得注意的是，对于 P2P 融资模式，其流程的简化，也一定程度上可能造成对某些风险的忽视，使贷款的风险敞口增大。传统融资模式中的高成本贷后管理通过系统的实时自动监控得到改善，但是 P2P 的贷后管理相对传统融资模式的贷后管理成本更大，而且更难执行。综上，对于以平台数据为风控支持的"电商 + 平台"融资模式表现出相当良好的发展前景，对于缓解电子商务平台上的小微企业融资难问题是一个极为有效的路径；P2P 融资模式虽然降低了小微企业申请贷款的门槛，丰富了小微企业的融资路径选择并对其融资困难起到一定缓解作用，但是我们不可忽视，在我国目前征信体系并不完善的情况下，这种纯信用融资模式，无论对于小微企业还是投资者而言都有相当大的风险，需谨慎对待。

表3 – 1　　　　　　　两种典型互联网融资模式与传统融资模式对比

对比条件	传统融资模式	"电商 + 平台"融资模式	P2P 理财式中介融资模式
贷款成功率	客户对贷款业务、贷款产品、政策法规不甚了解，容易被银行拒绝	平台上的小微企业申请，只要其数据分析结果符合量化分析系统的审核要求即可放款。成功率很高。	对申请贷款企业门槛降低，只要企业提供真实的经营信息，一般可得到一定额度贷款。
贷款利率	一般情况下实际贷款利率远高于基准利率	有融资平台决定贷款利率及偿还方式，企业可自行选择合适的利率及还款方式	平台根据企业的审核信息最终决定对该企业的贷款利率
贷款成本	请客送礼，灰色成本高，针对小微企业的贷款利率通常高于基准利率。	在线提交贷款申请，系统审核，额外成本低，利率多按日计息。	在线提交贷款申请，人工审核，可能也有一定的灰色成本

续表

对比条件	传统融资模式	"电商＋平台"融资模式	P2P 理财式中介融资模式
办理周期	按传统贷款流程走，先咨询产品、提交申请、提交文件证明、资产信用评估、协商额度、利率，贷款周期较长	客户在线快速提交贷款申请，平台进行贷款预评估，代替银行做了大部分前期初审工作，大大缩短了贷款办理周期	客户在线提交申请，由人工线下调查，但与银行对比来说，调查内容较少，流程简单，一般 3～7 天完成放款流程
便利性	要反复跑银行咨询产品、贷款信息	通过网络即可提交贷款申请，实时在线查询贷款进度	企业可自行注册，申请贷款，相比传统融资方式方便快捷

三、传统金融与互联网金融的风险管理对比

互联网金融下的大数据改变了信息结构，也促进了风险管理理念的转化。（见表4）

表4　　　　　　　　　传统金融与互联网金融的风险管理对比

	传统金融	互联网金融
风险补偿手段	高利率、抵押或担保	考核与监控企业稳健经营
考察企业信息	资产负债表、利润表等	经营和交易数据、单据等
调查手段	人力调查、实地调查	电子系统实时监控
获贷可能性和授信额度制约条件	抵押资产额、资产质量	交易数据通过数据挖掘得到的真实经营状况
贷后监管能力	贷后持续性监管成本较高，能力不足	系统自动化监管
是否符合小微企业融资"短、小、急、频"特点	不符合，手续繁杂，过程缓慢	符合，全年 365 天 24 小时不间断服务
还款方式	约定时间，相对固定，不灵活	按日计息，随借随还，高效灵活

四、互联网金融对小微企业融资困境的解决

（一）信息不对称问题的解决

互联网金融所具备的大数据优势与移动通信技术使得小微企业融资中的信息不对称问题得以解决。互联网金融的大数据获取、处理与公开其实一定程度上替代了征信体系在金融发展中的作用。互联网金融的大数据获取能力与分析能力使得小微企业在借贷关系中能够具有如经营信息、财务信息以及信用信息等数据。这些数据都是由互联网金融企业主动获得，使得互联网金融企业能够

更加主动积极地去对小微企业的资质进行评估。

（二）信贷配给问题的解决

信贷配给问题的根源也在于信息不对称问题的存在，所以大数据和移动通信技术对于信息不对称问题的解决是信贷配给问题解决的前提。下面是信贷配给问题在互联网金融模式下是怎样被消除的。一是电子商务平台模式。在以阿里金融为代表的以电子商务平台为基础的互联网金融模式下，互联网金融机构主要依靠其建立的评价模型辅以人工审核对小微企业进行流水线式的审批，小微企业是否能够获得贷款是基于数字定量化的模型进行判断的。在依靠数据进行判断的情况下，很难对部分企业进行差异化对待而实行信贷配给。二是 P2P 模式。在 P2P 模式下，网站中所有借款人的信用与风险信息以及愿意提供的贷款利率都是公开透明的，在这种情况下，资金供给方会在所能够承受风险范围内选择回报率最高的资金需求方。三是众筹模式。在众筹模式下的情况与 P2P 模式类似，只是回报方式由资金转变为了项目的物质回报，资金供给方会根据同等风险下项目质量及回报质量来决定自己资金的配给，不存在贷款配给现象。

（三）贷款风险控制困难的解决

大数据时代里，信息结构的改变，直接驱动风险控制理念发生根本性变化。原来是要求补偿覆盖风险损失（无论是高利率还是抵押担保要求），现在变为持续考核与监控企业稳健经营、创造现金并还款的能力；原来集中考察"硬信息"（资产负债表等），现在变为重点考察"软信息"（经营和交易数据、单据等）。从依赖人力转变到依赖电子系统，风险管理的激励不相容问题不再成为制约小微金融发展的桎梏。在传统的信贷理论中，企业抵押资产额、资产质量与获贷可能性、授信金额成正比，但是由于贷后管理过程中持续性监管的能力不足、风险暴发后抵押品变现的难度大、折价幅度大，这种风险补偿手段往往不能为金融机构避免损失。同时，对于越来越"轻"的小微企业来说，足额的担保和抵押几乎是不可求的。因此，信贷理念的变化契合了解决小微企业融资难题的思路。不仅如此，基于大数据挖掘的系统处理与实时监控显著缩短了业务流程，提升了信贷业务效率，具有符合小微企业贷款需求"短、频、快"特点的灵活性。例如阿里金融推出的"按日计息、随借随还"的信贷产品，依托信息技术的强大保障，既解决了客户的短期资金需求，又有效提高了资金的周转速度，通过金融创新为企业增加了价值。

（四）直接融资市场欠发达问题的解决

互联网金融的各种存在模式虽然并不完全符合直接融资市场的定义，因为如 P2P 及众筹模式，相关网站在融资环节中充当了中介的职能。但是从本质上来讲，虽然仍然存在中介，但是互联网金融模式都为资金需求方与资金供给方提供直接接触的条件，使得资金直接在双方间进行流动，中介平台只是起到了一个提供信息收集与披露的作用。互联网金融之所以能解决直接融资市场欠发达的问题，是因为互联网金融本身提供了多种形式的直接融资方式。

五、互联网金融是小微企业的帕累托改善

从图 9 可见，目前，我国各种类型的小微企业都能根据自身特点及融资需

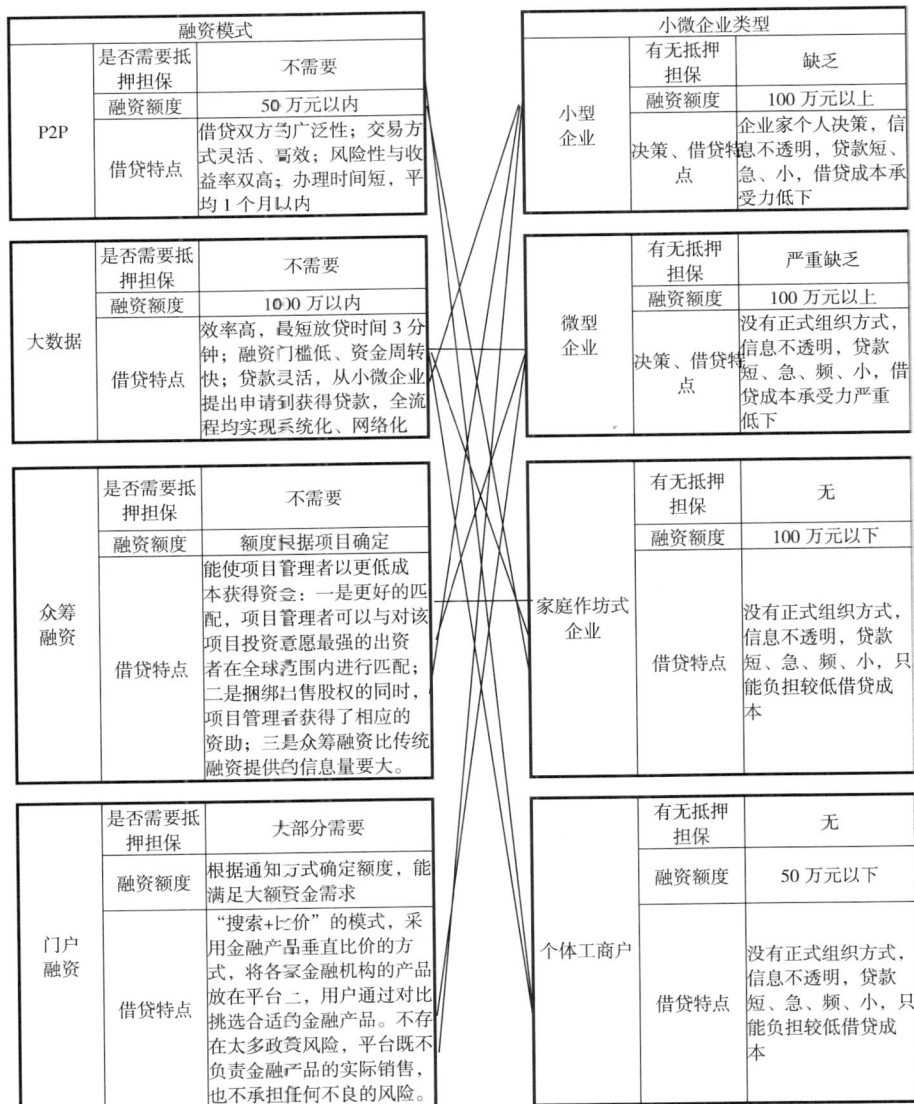

融资模式		
P2P	是否需要抵押担保	不需要
	融资额度	50 万元以内
	借贷特点	借贷双方与广泛性；交易方式灵活、高效；风险性与收益率双高；办理时间短，平均 1 个月以内
大数据	是否需要抵押担保	不需要
	融资额度	1000 万以内
	借贷特点	效率高，最短放贷时间 3 分钟；融资门槛低、资金周转快；贷款灵活，从小微企业提出申请到获得贷款，全流程均实现系统化、网络化
众筹融资	是否需要抵押担保	不需要
	融资额度	额度根据项目确定
	借贷特点	能使项目管理者以更低成本获得资金：一是更好的匹配，项目管理者可以与对该项目投资意愿最强的出资者在全球范围内进行匹配；二是捆绑出售股权的同时，项目管理者获得了相应的资助；三是众筹融资比传统融资提供的信息量要大。
门户融资	是否需要抵押担保	大部分需要
	融资额度	根据通知方式确定额度，能满足大额资金需求
	借贷特点	"搜索+比价"的模式，采用金融产品垂直比价的方式，将各家金融机构的产品放在平台上，用户通过对比挑选合适的金融产品。不存在太多政策风险，平台既不负责金融产品的实际销售，也不承担任何不良的风险。

小微企业类型		
小型企业	有无抵押担保	缺乏
	融资额度	100 万元以上
	决策、借贷特点	企业家个人决策，信息不透明，贷款短、急、小，借贷成本承受力低下
微型企业	有无抵押担保	严重缺乏
	融资额度	100 万元以上
	决策、借贷特点	没有正式组织方式，信息不透明，贷款短、急、频、小，借贷成本承受力严重低下
家庭作坊式企业	有无抵押担保	无
	融资额度	100 万元以下
	借贷特点	没有正式组织方式，信息不透明，贷款短、急、频、小，只能负担较低借贷成本
个体工商户	有无抵押担保	无
	融资额度	50 万元以下
	借贷特点	没有正式组织方式，信息不透明，贷款短、急、频、小，只能负担较低借贷成本

图 9　互联网金融融资模式特点与小微企业融资需求比对

求与互联网金融不同融资模式一一对应，互联网金融覆盖了小微企业所有融资需求，可以说互联网金融是目前真实意义上的普惠金融。互联网金融的发展，在既没有影响到国有大中型企业资金获得的情况下，从融资理念、融资渠道、资金获得等诸多方面改善了小微企业融资难等问题。所以说，互联网金融是小微企业帕累托改善。

第5章　互联网金融隐含的潜在风险和进化路径安排

一、互联网金融隐含的潜在风险

互联网金融在增加微型金融可获得性、扩大金融覆盖面等带来普惠金融的正能量，并且相对传统金融外部性并不强，但是互联网金融具有虚拟性、跨界性等特点，增加了构建宏观审慎政策框架的复杂程度。

（一）没有完善的法律保障依据

当前，互联网金融超常规发展很大程度得益于政策默许与监管边界。虽然国家相继发布了《电子签名法》、《电子银行安全评估指引》、《电子银行业务管理办法》、《非金融机构支付服务管理办法》以及2015年7月央行等十部委颁布的《关于促进互联网金融健康发展的指导意见》等法律法规，但法律定位、市场准入、资金监管、身份认证、电子合同有效性、隐私信息保护、消费者权益保护等立法存在一定空白。

（二）信息技术存在缺陷

一是信息技术存在漏洞。移动支付普遍采用短信认证、预留信息验证、预约码验证等技术，不法分子诱骗客户登陆钓鱼WiFi网站、假冒短信提示密码器升级等手段，套取或篡改客户资料、证件号码、账户密码等敏感信息；海量数据集中存储互联网云服务端，存在客户资料泄露或交易记录截获等风险；二维码技术尚无统一检测认证标准，扫描二维码存在泄露个人信息、盗取账户资金等隐患。二是突破传统实名制规定。互联网金融无法现场验证客户真实身份，没有采用传统签字盖章、"个人同意原则"，突破银行开户面签、存款实名制、理财产品协议面签等限制规定。

（三）资产负债期限结构错配，存在流动性风险

"余额宝"、"理财通"等产品账户是"实时期限"、承诺"T+0"赎回，而所投资的货币市场基金却有相对"固定期限"、同业存款久期化，存在资产与负债之间期限结构性错配问题。目前余额宝涉及9000万散户，庞大数量的投资者是一把"双刃剑"：一方面，大数定律意味着日常较难发生流动性波动概率；另

一方面，众多散户一旦受恐慌情绪影响，引发非理性的流动性"挤兑"效应，或者出现极端"小概率、大损失"黑天鹅事件，将面临大规模集中赎回的流动性风险。

（四）第三方托管制度缺失，资金安全存在隐患

一是普遍未建立资金第三方托管机制。P2P网贷平台自有资金与贷款人账户资金没有完全隔离，沉淀大量在途资金，若没有相应条款控制时间差，极易发生"挪用资金、携款潜逃"的道德风险，例如2011年贝尔创投、2012年淘金贷等先后曝出"卷款跑路"事件。相关统计数据显示，2013年以来，百余家P2P平台发生倒闭、跑路或兑付危机。二是涉嫌非法集资风险。P2P网贷平台原本承担居间交易"信息中介"功能，但部分P2P网贷平台涉及担保、债项分拆和资金池业务，逐渐演变成"信用中介"，极易引发"羊群效应"。

（五）缺乏信用评级标准

互联网金融独立采集客户历史行为及交易记录等信用信息，完全依赖自身技术甄别评估借款人信用水平，有效控制信用违约仍有难以逾越障碍。互联网金融作为非金融机构无法加入覆盖面广泛的央行征信系统、解决信用信息缺失问题，根据《个人信用信息基础数据库暂行管理办法》，目前个人信用报告仅限于商业银行办理信贷业务时查询使用。互联网金融对实现与央行征信系统信用信息共享有着迫切需求。

（六）日常反洗钱机制无法落实

互联网金融没有建立客户身份识别、交易记录保存和大额可疑交易报告机制，客户身份的审查识别、资金流向的跟踪监测等缺少有效验证手段，日常反洗钱机制无法有效落实，第三方支付机构内部账户之间藏匿大额转账、套现、洗钱等潜在风险。例如，央行勒令8家第三方支付机构2014年4月1日起停止收单，主要由于部分收单机构未落实特约商户实名制、交易监测不到位等问题。

二、互联网金融进化路径的安排

当前，既要包容和鼓励互联网金融的创新机制、发挥市场在资源配置中决定性作用，又要防范和避免自由放任的潜在风险、作出理性而适度的监管安排，在普惠金融的金融创新与规避风险的适度监管之间寻找均衡点，实现提高金融效率与维护金融稳定之间的辩证统一。

（一）理性认识层面

一是辩证看待互联网金融的功能定位。互联网金融和传统金融各具比较优势、并非相互排斥，无法在对方绝对优势领域颠覆扩张。互联网金融优势在于大众化、标准化的金融长尾市场，专注于小额支付、零售业务等弱势群体；商

业银行优势在于个性化、定制式、专业性的金融服务领域，集中在大额支付、批发贷款、财富管理、顾问咨询等高端客户。互联网金融和传统金融难以相互替代，共同构成"私人定制"与"大众服务"的多层次金融体系。二是客观看待互联网金融的发展特征。标准互联网金融是依托互联网平台构建的具有独立生存空间的完整金融功能链（吴晓求，2014）。"支付宝"只具有支付清算功能，自身没有独立资金来源，上游资金源自客户银行卡存款；"余额宝"集聚闲散小额资金团购银行协议存款，只是基于金融垄断和利率管制引发的渠道创新；"P2P网贷"接近互联网金融，信用评级、风险对冲机制没有突破，评估信用风险技术与商业银行并无显著区别；"阿里小贷"受制度规则和信用瓶颈制约，没有独立生存空间，只是特定范围、片段式互联网金融。

（二）宏观调控层面

一是扎实推进存款利率市场化改革。随着存款利率管制放开、商业银行具有利率价格制定权、金融要素价格彻底市场化，届时资金价格"双轨制"得以扭转、形成完整无风险收益率曲线，普通存款利率水平与货币基金投资收益最终达到市场均衡状态，银行同业异化的制度缺陷得以弥补，"余额宝"类超高收益率将不复存在。二是有效推进互联网金融统计监测工作。明确互联网金融相关指标定义、统计范围、监测时机等项技术标准，加强支付、融资、理财等项交易规模、资金流向的动态监测、统计分析，加强数据信息共享形成全覆盖统计体系。三是构建覆盖互联网金融的征信系统。构建包括互联网金融征信子系统的发达社会信用体系，弥补互联网金融大数据不足。四是加强日常流动性管理。建立科学量化流动性动态评估模型，准确预测流动性是控制流动性风险的首要因素；做好资产负债期限结构匹配，"余额宝"类货币基金要配备相当数量的国债、金融债、信用债券等高流动性债券，一旦发生超预期赎回事件，即时卖出债券或质押式回购等向银行间市场融资；建立风险准备金制度。

（三）金融监管层面

根据互联网金融特点，采用前瞻性、动态调整的监管思维，监管制度设计要有效平衡硬监管、软约束，实现监管成本最小化、监管效益最大化，构筑起外部金融监管、行业自律约束和内部风险控制的多层次、差异化、有弹性的防控体系。一是加强法律框架顶层设计。二是建立市场准入退出机制。三是强化金融功能监管机制。应从传统的"分业监管"、"机构监管"逐步转向"功能监管"、"行为监管"，避免监管不规范领域与灰色地带。四是培育行业自律组织。2014年3月26日筹备多时的中国支付清算协会互联网金融专业委员会正式成立，2014年4月3日国务院正式批复成立中国互联网金融协会。要构建行业自律与行政他律相互补充、协同的行业秩序。发挥行业沟通协调机制，强化行业自律约束，推动互联网企业标准上升为行业惯例、行业公约甚至行业标准，实现自下而上的良性互动。五是完善内部控制机制。如加强数据信息安全管理、推行实名登记认证制度、弱化借款者的身份审核、信用审核、风险防控等执行力度、构建第三方托管机制。

第六章 结论与展望

本文在对传统金融与互联网金融特点的对比，分析在小微企业融资理论下，以互联网金融为研究对象，结合福利经济学、埃奇沃思盒子的理论指导，指出互联网金融是普惠金融，是进行中小微企业融资的帕累托改善。同时，探讨了互联网金融与小微企业融资模式创新的问题，分析互联网金融具体融资模式，以供不同类型小微企业融资按需进行针对性抉择。主要结论为：第一，互联网金融融资模式具有普惠性、便捷性、针对性等特点，能够解决小微企业融资问题，互联网金融与小微企业融资之间具有协同合作优势。第二，小微企业传统融资渠道分为直接融资渠道和间接融资渠道，从供求关系角度探讨小微企业的融资需求与互联网金融的供给，并将对应的需求和供给进行匹配，可最终归纳为P2P融资模式、基于大数据的小额贷款融资模式、众筹融资模式和电子金融机构——门户融资模式四种主要模式。第三，指出当前互联网金融隐含的潜在风险，建议性提出进一步规范互联网金融发展的进化路径安排。

在未来的研究中，可从以下方面进行展开：第一，对国外互联网金融支持企业融资的现状进行梳理，并为国内研究提供案例借鉴。第二，从定量研究对互联网金融与小微企业融资协同合作关系进一步分析。第三，从调查小微企业融资金额、融资周期获取大量数据，进一步论证互联网金融与小微企业供需匹配关系。